dtv

Im Januar 1943 trafen sich der britische Premierminister Winston Churchill und US-Präsident Franklin D. Roosevelt mit ihren Stabschefs in Casablanca, um die Strategie der Alliierten auszuhandeln. Ziel war die bedingungslose Kapitulation der Achsenmächte. Das bedeutete, die «Festung Europa» von England aus zu erobern, Russland mit Waffen und technischem Material zu unterstützen und Japan im pazifischen Raum und Fernen Osten zu schlagen. Paul Kennedy schildert fundiert und spannend, wie die Alliierten diese Herkulesaufgabe lösten. Er beleuchtet die Ereignisse und Entscheidungen, auch die Fehlentscheidungen, und richtet sein Augenmerk insbesondere auf den Einfallsreichtum der «Problemlöser» auf den mittleren Ebenen. Dabei zeigt sich, dass entgegen der landläufigen Auffassung nicht allein die wachsende materielle Überlegenheit der Alliierten ausschlaggebend für den Sieg war, sondern unkonventionelle technische Lösungen, taktische Innovationen und das effektive Zusammenwirken aller Beteiligten.

Paul Kennedy, geboren 1945 in England, ist Professor für Geschichte an der Yale University. Er war Berater von Bill Clinton und Al Gore, ist Autor zahlreicher historischer Werke, darunter des internationalen Bestsellers ‹Aufstieg und Fall der großen Mächte›, und schreibt regelmäßig u. a. für die ‹New York Times›.

Paul Kennedy

Die Casablanca-Strategie

Wie die Alliierten
den Zweiten Weltkrieg
gewannen

Januar 1943
bis Juni 1944

Aus dem Englischen
übersetzt von Martin Richter

Deutscher Taschenbuch Verlag

Ausführliche Informationen über
unsere Autoren und Bücher
finden Sie auf unserer Website
www.dtv.de

MIX
Papier aus verantwortungsvollen Quellen
FSC® C019821

Ungekürzte Ausgabe 2014
Deutscher Taschenbuch Verlag GmbH & Co. KG, München

Titel der englischen Ausgabe: ‹Engineers of Victory› (Penguin Books 2013)

Umschlagkonzept: Balk & Brumshagen
Umschlagfoto: ullstein bild/histopics
Satz: Fotosatz Amann, Memmingen
Druck und Bindung: Druckerei, C.H.Beck, Nördlingen
Gedruckt auf säurefreiem, chlorfrei gebleichtem Papier
Printed in Germany · ISBN 978-3-423-34809-6

Für Cynthia

Inhalt

Einleitung **9**

Kapitel 1 Wie schickt man Geleitzüge sicher über den Atlantik? **23**

Der strategische und operative Kontext **26** – Der Kampf auf See und der Triumph der U-Boote **34** – Die vielen Schwächen der Alliierten **49** – Neue Elemente im Kampf **54** – Wie? **61** – Die letzten Schläge **78** – Schlussgedanken **86**

Kapitel 2 Wie erringt man die Luftherrschaft? **89**

Theorie und Ursprünge des strategischen Bombenkriegs **91** – Von Folkestone (1917) bis Dünkirchen (1940) **96** – Die Luftschlacht um England – welche Lehren wurden gezogen und welche nicht? **103** – Die alliierte Bomberoffensive und ihr Zusammenbruch, Ende 1940 bis Ende 1943 **113** – Merlin und Mustang **133** – Endlich die Luftüberlegenheit **143** – Nach der Normandie und Reflexionen **152** – Ein Blick nach Osten **157**

Kapitel 3 Wie stoppt man einen Blitzkrieg? **161**

Blitzkrieg in der Wüste **175** – Das Ringen der Giganten **186** – Der seltsame Fall des T-34-Panzers **200** – Die Panzerkiller: Pak und Minen **209** – Sowjetische Luftmacht? **217** – Der Anfang vom Ende: Von Bagration bis Berlin **221** – Schlussüberlegung **227**

Kapitel 4 Wie erobert man eine feindliche Küste? **231**

Seelandungen in der Vergangenheit **232** – Amphibische Operationen von 1940 bis 1942 **241** – Dieppe und Nordafrika: Warnung und Ermutigung **246** – Nach Operation «Torch» **254** – Wie man es richtig macht: die Strände der Normandie und der Vorstoß im Juni 1944 **264** – Reflexionen **295**

Kapitel 5 Wie überwindet man die «Tyrannei der Distanz» im Pazifik? **299**

Strategische Optionen der Alliierten im Krieg gegen Japan **308** – Die Ausführung von «War Plan Orange» **318** – Angriff am Strand **323** – Kontrolle auf See und am Himmel **330** – Die Bombardierung Japans **343** – Der Bau von Stützpunkten im Pazifik: die Seabees **349** – Die stumme Waffengattung **356** – Die amerikanische Angriffswelle **364** – Ein paar allgemeinere Gedanken **373**

Reflexionen **377**

Danksagung **397**

Anhang Anmerkungen **403**
Bibliographie **430**
Bildnachweis **441**
Register **442**

Einleitung

«Der junge Alexander eroberte Indien.
Er allein?
Cäsar schlug die Gallier.
Hatte er nicht wenigstens einen Koch bei sich?
Philipp von Spanien weinte, als seine Flotte
Untergegangen war. Weinte sonst niemand?
Friedrich der Zweite siegte im Siebenjährigen Krieg.
Wer Siegte außer ihm?»

Bertolt Brecht,
«Fragen eines lesenden Arbeiters» (1937)

Dieses Buch versucht eine neue Sichtweise auf den Zweiten Weltkrieg. Es ist keine weitere allgemeine Geschichte des Krieges und konzentriert sich auch nicht auf einen bestimmten Feldzug oder Kriegsherrn. Stattdessen betrachtet es Problemlösungen und «Problemlöser» in der mittleren Kriegsphase von Anfang 1943 bis Hochsommer 1944.

In einem Buch wie diesem sollte man gleich zu Beginn sagen, wovon es *nicht* handelt und was es nicht behauptet. Es wendet sich gegen alle Versuche, den Ausgang des Krieges auf eine einzige Ursache zurückzuführen, etwa allein auf materielle Überlegenheit oder eine Wunderwaffe oder ein magisches Dechiffriersystem. Behauptungen, der Krieg sei von den Bombern der Royal Air Force (RAF) oder den T-34-Panzern der Roten Armee oder durch die amphibische Kriegführung des US Marine Corps gewonnen worden, werden im Folgenden ernsthaft geprüft. Doch der Zweite Weltkrieg war so komplex und wurde an so vielen Schauplätzen und mit so unterschiedlichen Mitteln ausgefochten, dass nur ein multikausaler Ansatz erklären kann, warum die Alliierten ihn gewannen.

Diese Komplexität spiegelt sich in den fünf Kapiteln dieses Buches. Jedes Kapitel erzählt davon, wie eine begrenzte Zahl von Einzelpersonen und Organisationen aus dem militärischen ebenso wie aus dem zivilen Bereich es der politischen Führung ermöglichte, in den entscheidenden mittleren Kriegsjahren den Sieg zu erringen. Es beschreibt, was die militärisch-operativen Probleme und wer die «Problemlöser» waren, wie sie Lösungen fanden und warum es wichtig ist, ihre Arbeit zu erforschen. Die Geschichte beginnt mit der Konferenz von Casablanca im Januar 1943, wo die ursprüngliche Strategie der Alliierten zu einem viel kohärenteren und weitreichenderen Plan für die Niederwerfung der Achsenmächte zusammengefasst wurde. Sie endet 18 Monate später im Juni/Juli 1944, als alle fünf in Casablanca definierten operativen Herausforderungen gelöst waren oder kurz davor standen gelöst zu werden. Die fünf an diesen Herausforderungen orientierten Kapitel des Buches analysieren, wie eine Gesamtstrategie, die «grand strategy», in der Praxis umgesetzt wird, und sie zeigen, dass Siege nur zu begreifen sind, wenn man weiß, wie und von wem diese Erfolge tatsächlich ermöglicht wurden. Auf diese Weise kommen Akteure in den Blick, die in gewisser Weise unter die allgemeinere Definition für «Ingenieure» (engineers) in *Webster's Dictionary* fallen: «Eine Person, die auf geschickte oder einfallsreiche Weise ein Vorhaben durchführt».

Natürlich beginnen die fünf Kapitel nicht im Januar 1943, denn in jedem Fall gibt es eine Vorgeschichte, die dem Leser das Verständnis von Hintergründen und Konturen der folgenden Analyse erleichtert. Dennoch folgen die Kapitel keinem einfachen schematischen Aufbau. Frachtschiffe in Geleitzügen über den Ozean zu bringen (Kapitel 1) und die Landung an einer feindlichen Küste (Kapitel 4) waren so traditionelle militärische Herausforderungen, bei denen so viele Lehren und Grundsätze aus früheren Kriegen zur Verfügung standen, dass diese Kapitel eine längere historische Einleitung verdienen. Im Gegensatz dazu waren die Panzeroffensiven der Wehrmacht (Kapitel 3) und der Kampf mit feindlichen Abfangjägern (Kapitel 2) so neue Erfahrungen, dass diese beiden Kapitel direkt im Jahr 1943 beginnen. Kapitel 5 bewegt sich in der Mitte. Die Aufgabe, nach 1941 große Streitkräfte über den Pazifik zu bringen, erforderte sicherlich neue Waffen und Organisationen. Aber über diese operative Herausforderung wurde schon seit über zwei Jahrzehnten nachgedacht, so dass hier ebenfalls eine gewisse Einbettung nötig ist.

Der Schluss ist dagegen bei allen Kapiteln recht ähnlich gestaltet. Sie verfolgen das Geschehen ausführlich bis Juni/Juli 1944 und skizzieren dann nur noch in groben Zügen die Entwicklung bis zum Kriegsende. So wird zwar noch kurz dargestellt, wie der Weg bis nach Berlin und

Hiroshima führte, aber die Argumentation dieses Buches ist um den Juli 1944 herum abgeschlossen. In den 18 entscheidenden Monaten seit Januar 1943 neigte sich die Waage zugunsten der Alliierten, und keine noch so verzweifelten Aktionen der deutschen oder japanischen Führung konnten diese Entwicklung abwenden.

Bücher werden aus vielen unterschiedlichen Gründen geschrieben. In meinem Fall legte wohl ein längerer Abstecher in ein neues Forschungsgebiet, den ich in den neunziger Jahren unternahm, den Grundstein für das vorliegende Werk. Damals wirkte ich an einer Studie mit, deren Ziel es war, die Effektivität der Vereinten Nationen zu verbessern. Im Zuge dieser Arbeit begann ich, mich für die Rolle der «Problemlöser» in der Geschichte zu interessieren.[1] Später verstärkten die jährlichen Seminare in «grand strategy», die ich in Yale abhielt, dieses Interesse. Sie beinhalten die Lektüre der großen Klassiker (Sun Tzu, Thukydides, Machiavelli, Clausewitz) und verbinden diese mit einer Reihe historischer Beispiele erfolgreicher oder erfolgloser «grand strategies» und einer Analyse aktueller Weltprobleme.[2] Pädagogisch ist dieser Ansatz leicht zu rechtfertigen. Wenn wir talentierte künftige Führungspersönlichkeiten in Politik, Militär, Wirtschaft und Bildungswesen ausbilden, ist ihre Lebensphase als fortgeschrittene Studenten wahrscheinlich die beste Zeit, sich mit klassischen Schriften und historischen Fallstudien auseinanderzusetzen. Nur sehr wenige Regierungschefs oder Manager haben die Zeit, mit 50 oder 60 Jahren intensiv Thukydides zu lesen!

Aufgrund ihres Aufbaus stellen diese Seminare jedoch zwangsläufig Strategie und Politik von oben, von der höchsten Ebene der Politik und des Militärs, dar. Was auf der mittleren Ebene oder der Ebene der praktischen Umsetzung dieser Politik geschieht, wird oft für selbstverständlich gehalten. Große Staatslenker befehlen etwas und siehe da, es gelingt, oder siehe da, es scheitert. Nur selten wird wirklich tief in die Mechanik und Dynamik strategischer Erfolge oder Misserfolge eingedrungen, aber dies ist ein sehr wichtiges, wenngleich noch immer vernachlässigtes Forschungsgebiet.[3]

Historiker wissen zum Beispiel, dass Philipp II. von Spanien und seine Nachfolger zwischen 1568 und 1648, erstaunliche 80 Jahre lang, versuchten, den Aufstand der protestantischen Niederlande zu beenden. Doch nur selten wird gefragt, wie dieser Feldzug weit nördlich von Madrid und von Spanien getrennt durch Europas viele Flüsse und Gebirge überhaupt so lange so erfolgreich geführt werden konnte, denn Truppen und Material mussten unter Vermeidung französischer Territorien mühsam über das Mittelmeer, Italien und Gebiete des Heiligen Römischen Reiches entlang der sogenannten «Spanischen Straße» Richtung Norden transportiert werden. Forscher wissen auch, dass die englische Marine 1588 die weit größere spanische Armada ausmanövrierte und zusammenschoss, geben sich aber nur selten Rechenschaft, dass erst Sir John Hawkins' entscheidende Verbesserung der englischen Galeonen zehn Jahre zuvor ihnen die dafür notwendige Geschwindigkeit und Feuerkraft verlieh. Die erstaunliche Expansion des britischen Empire im Lauf der großen Kriege des 18. Jahrhunderts ist in vielen Büchern beschrieben, meist aber ohne zu erwähnen, wie stark sie durch die Kaufleute in Amsterdam und anderen kontinentalen Handelszentren finanziert wurde. Die Historiker erzählen uns, dass bei der englischen Kriegserklärung an Deutschland im August 1914 dasselbe Empire rund um den Globus sofort in militärische Alarmbereitschaft versetzt wurde, sagen aber wenig über das erstaunliche Kommunikationssystem unterseeischer Kabel, das diesen Befehl übermittelte.[4] Strategen, Staatsführer und Professoren setzen vieles als selbstverständlich voraus.

Die Historiker des Zweiten Weltkriegs wissen, dass sich Churchill, Roosevelt und das Gemeinsame Oberkommando (Combined Chiefs of Staff) im Januar 1943 nach den erfolgreichen Landungen in Nordafrika in Casablanca trafen, um über die künftige Kriegführung zu entscheiden, und dass aus diesen intensiven Beratungen sowohl die politischen als auch die operativen Richtlinien für die angloamerikanische «grand strategy» der kommenden Jahre hervorgingen. Der Feind sollte bedingungslos kapitulieren. Da Deutschland als stärkster Gegner galt, sollten für den Sieg in Europa die größten Ressourcen bereitgestellt werden, aber Fleet Admiral Ernest J. King, der Oberbefehlshaber der US-Marine im Zweiten Weltkrieg, stellte sicher, dass diese Entscheidung keine gleichzeitigen Gegenangriffe im Pazifik und im Fernen Osten ausschloss, so ehrgeizig das auch scheinen mochte. Der russische Verbündete musste so viel Hilfe wie möglich beim Widerstand gegen die deutschen Armeen erhalten, auch ohne direkte Unterstützung auf den Schlachtfeldern der Ostfront. Auf kürzere Sicht sollten die westlichen Heere, See- und Luftstreitkräfte drei operative Ziele erreichen: a) die Herrschaft über die Seewege im Atlantik, um Geleitzüge sicher nach England zu bringen; b) die Luftherrschaft über

Posieren für die Journalisten: Roosevelt und Churchill in Casablanca. Hinten von links nach rechts die Vereinigten Stabschefs der Westalliierten: Field Marshal John Dill (Leiter der britischen Delegation bei den *Combined Chiefs of Staff*), General Henry «Hap» Arnold (Commanding General, USAAF), Fleet Admiral Ernest J. King (Commander-in-chief, US Navy), General George C. Marshall (Chief of Staff, US Army), Sir Alfred Dudley Pound (First Sea Lord, Royal Navy), Lord Alanbrooke (Chief of the Imperial General Staff, British Army), Sir Charles Portal (Chief of the Air Staff, RAF), Lord Mountbatten (Chief of Combined Operations, Royal Navy).

ganz Westmitteleuropa, damit England nicht nur als Sprungbrett für die Invasion des Kontinents dienen konnte, sondern auch als Plattform für die systematische Zerstörung des Dritten Reichs aus der Luft; c) schließlich die Landung an von den Achsenmächten gehaltenen Küsten, um den Kampf ins Zentrum Europas zu tragen. Als all dies beschlossen war, konnten der Präsident und der Premierminister für die Konferenzfotos posieren, die strategischen Direktiven absegnen und nach Hause fliegen.[5]

Bekannt ist auch, dass kaum ein Jahr später all diese operativen Ziele entweder erreicht waren oder kurz vor ihrer Verwirklichung standen; nur die «bedingungslose Kapitulation» sollte noch ein Jahr länger auf sich warten lassen. Nordafrika wurde erobert, dann Sizilien, dann ganz Italien. Die Politik der bedingungslosen Kapitulation wurde aufrechterhalten, allerdings wurde Mussolinis zusammenbrechendes Italien aus dem Krieg gezogen und neutralisiert. Das Prinzip «Deutschland zuerst» blieb bestehen, und wie erhofft zeigten die USA ihre Fähigkeit, den Krieg im Pazifik mit so gewaltigen Ressourcen zu führen, dass die japanische Kapitulation nur drei Monate nach dem Fall des Dritten Reichs erfolgte. Die atlantischen Seewege wurden gesichert. Die Luftherrschaft über Europa wurde errungen, und mit ihr kam die verstärkte strategische Bombardierung deutscher Industrieanlagen, Großstädte und Menschen. Die Sowjetunion bekam mehr Hilfe, obwohl ihre eigene Kraft und ihre eigenen Ressourcen die bei weitem stärksten Gründe für ihren Sieg an der Ostfront waren. Amerikanische Truppen stießen über den Pazifik vor. Die Invasion Frankreichs fand im Juni 1944 endlich statt, und weniger als ein Jahr später trafen sich die verbündeten Armeen an der Elbe, um ihren gemeinsamen, hart erkämpften Sieg in Europa zu feiern. Die Beschlüsse von Casablanca waren Wirklichkeit geworden.

Doch wie so oft täuscht der Augenschein. Es führt keine direkte kausale Linie von der zuversichtlichen Verkündung der alliierten Strategie in Casablanca zu ihrer Verwirklichung. Anfang 1943 waren die Alliierten schlicht noch nicht in der Lage, ihre Absichtserklärungen auch erfolgreich umzusetzen. Stattdessen verschlechterte sich in den Monaten nach Casablanca die Situation auf vielen Gebieten, vor allem beim entscheidenden Kampf um See- und Luftherrschaft. Der Sieg von 1945 hat diese Wahrheit fast überdeckt, so wie durch die schließlich errungenen Siege über Philipp II. von Spanien und über Napoleon in Vergessenheit geriet, wie schwierig die Lage für ihre Gegner in der mittleren Kriegsphase gewesen war.

In der Schlacht um die Kontrolle der atlantischen Seewege, dem Feldzug, von dem Churchill bekannte, er habe ihm mehr Sorgen gemacht als jeder andere während des ganzen Krieges, erhöhten sich die Verluste an Frachtschiffen in den Monaten nach Casablanca zunächst noch. So versenkten Dönitz' U-Boote im März 1943 108 alliierte Schiffe mit zusammen 627 000 BRT, eine Verlustrate, die die Planungsstäbe der britischen Admiralität bestürzte, besonders weil sie wussten, sie würden im Sommer mit noch mehr deutschen U-Booten zu rechnen haben. Anstatt große

Mengen an Truppen und Munition für eine zweite Front per Geleitzug über den Atlantik zu bringen, breitete sich nun in England die Sorge aus, auf diesem Weg noch nicht einmal die zum eigenen Überleben nötige Menge an Treibstoff zu bekommen. Unter diesen Bedingungen war an eine Invasion des Kontinents nicht zu denken.

Auch bei der strategischen Bombardierung Deutschlands verschärften sich im Lauf des Jahres 1943 die Probleme. Durch Albert Speers außergewöhnliche Reorganisierung der deutschen Kriegsindustrie verdoppelte sich die Zahl der Nachtjäger. Air Marshal Arthur «Bomber» Harris' berühmte 1000-Bomber-Angriffe, etwa auf Köln und Hamburg, fügten dem Deutschen Reich ein paar schwere Schläge zu, aber bei Angriffen auf das weiter entfernte Berlin wurden so viele Bomber der Royal Air Force abgeschossen, dass das Bomberkommando kurz vor der Lähmung stand. Bei den 16 großen Luftangriffen auf die Reichshauptstadt von November 1943 bis März 1944 verlor es 1047 Maschinen, 1682 weitere wurden beschädigt. Die bei Tag erfolgenden Angriffe der US Army Air Forces (USAAF) brachten pro Einsatz noch größere Verluste. Bei dem berühmten Angriff am 14. Oktober 1943 auf die wichtigen Kugellagerfabriken von Schweinfurt wurden von den 291 Flying Fortress-Bombern 60 abgeschossen und 138 beschädigt. Die englische wie die amerikanische Luftwaffe mussten mit der Tatsache fertig werden, dass das geflügelte Wort der Zwischenkriegszeit «Der Bomber kommt immer durch» nicht stimmte. Damit war die alliierte Luftherrschaft ebenso illusorisch wie die Seeherrschaft. Ohne diese beiden war ein Sieg über Deutschland aber unmöglich.

Nicht geklärt hatten die Westalliierten zudem, wie ihre dritte militärische Aufgabe zu lösen sei – wie man an einer vom Feind gehaltenen Küste mit den defensiven Kapazitäten des Atlantikwalls landete, die unausweichlichen und massiven Gegenangriffe der Wehrmachtspanzer gegen die Landeköpfe zurückschlug und wie man zwei bis drei Millionen Soldaten von den Kanalstränden nach Deutschland brachte. Die Landungen in Nordafrika vor der Konferenz von Casablanca waren relativ einfach gewesen, da der militärische und politische Widerstand dort schwach war. Denn diese Gebiete gehörten zum Vichy-Regime unter Marschall Pétain, das nach der Niederlage Frankreichs 1940 den unbesetzten Teil Südfrankreichs und die französischen Kolonien verwaltete. Dies trug vielleicht zum allgemeinen Optimismus bei, den Roosevelt und Churchill in Casablanca ausstrahlten (gewiefte Praktiker wie Alanbrooke und Eisenhower allerdings weniger). Doch die Eroberung des deutschen Atlantikwalls war etwas völlig anderes, wie die Stabschefs wissen mussten. Denn der einzige Versuch, diese Befestigungen zu testen – der katastrophale Angriff auf Dieppe im August 1942 –, führte zum Tod oder zur Gefangennahme der meisten eingesetzten kanadischen Soldaten. Die alliierten Planer zogen daraus den Schluss, es sei nahezu unmöglich, einen gut verteidigten Hafen einzunehmen. Wenn das aber der Fall war, wo sollte man dann mit Millionen von Männern und Tausenden von Schiffen landen? An einem offenen Strand, über dem die üblichen Atlantikstürme tosten? Auch das schien nicht praktikabel. Wie sollte der Westen also erfolgreich eine Invasion Frankreichs durchführen – oder Japans bei turbulentem pazifischem Seegang?

Die Herausforderung, deutsche Gegenangriffe an den Landeköpfen zurückzuschlagen, führt zu einer weiteren wichtigen Frage. Wie stoppt man einen Blitzkrieg? Aus bestimmten historischen und operativ-technischen Gründen hatten die deutschen Truppen der späten dreißiger und frühen vierziger Jahre eine Form der kombinierten Kriegführung entwickelt (Stoßtruppen, mobile tragbare Waffen, motorisierte Infanterie, Panzer, taktische Luftunterstützung), die rasch die gegnerischen Stellungen durchbrach. Polnische, belgische, französische, dänische, norwegische, jugoslawische und griechische Armeen wurden zerschlagen. 1940/41 wurde die stolze britische Armee auf eine Weise vom Kontinent vertrieben (Norwegen, Frankreich/Belgien, Griechenland/Kreta), wie es seit Mary Tudors Verlust von Calais 1558 nicht mehr vorgekommen war.

Zum Zeitpunkt der Konferenz von Casablanca gab es wenigstens bei dieser Art des Kampfes ein paar gute Nachrichten. Westlich von Kairo hatten britisch geführte Armeen den Vormarsch des charismatischen Wehrmachtsgenerals Erwin Rommel bei El Alamein gestoppt, seine wichtigsten Einheiten geschwächt und mit dem Gegenangriff entlang der nordafrikanischen Küste begonnen. Fast zur selben Zeit hatte die Gegenoffensive der Roten Armee im Südabschnitt der Ostfront die gewaltige deutsche Offensive in Stalingrad zum Stehen gebracht, die Stadt Haus für Haus zurückerobert und die Reste von Feldmarschall Paulus' 6. Armee gefangen genommen.

Angesichts dieser beiden Niederlagen zu Lande legte das Dritte Reich seine Selbstzufriedenheit ab und organisierte sich neu. Seine Waffenproduktion war 1943 mehr als doppelt so groß wie 1941, seine Flugzeugproduktion war 1941 halb so groß gewesen wie die englische, 1943 übertraf sie diese wieder. Die deutschen Truppen erhielten bessere Flugzeuge, bessere Panzer, bessere U-Boote. Hitlers besorgte Reaktion auf die angloamerikanischen Landungen in Nordafrika am 8. November 1942 bestand darin, auch die Kontrolle über das Gebiet des Vichy-Regimes in Südfrankreich zu übernehmen und Elitedivisionen nach Tunesien zu schicken. Während die alliierten Staatschefs nach Hause flogen, schlugen Rommels frische Truppen die unerfahrenen US-Einheiten am Kasserinpass. Nach Stalingrad waren die Fronttruppen der Roten Armee erschöpft, und schon im Februar und März 1943 hatten die verstärkten Panzerarmeen Erich von Mansteins, damals Oberbefehlshaber der Heeresgruppe Süd, die Winteroffensive der Sowjets gestoppt und Charkow zurückerobert. Nun sammelte Manstein eine gewaltige Panzerstreitmacht für eine Sommeroffensive in Richtung Kursk. Wenn Berlin außerdem weiterhin die Atlantikgeleitzüge stören, die Luftoffensive des Westens stoppen und den angloamerikanischen Truppen die Landung in Frankreich verwehren konnte, würde es womöglich auch weitere Kräfte an der Ostfront konzentrieren können, bis vielleicht sogar Stalin auf eine Kompromisslösung einging.

Die fünfte große operative Aufgabe war der Sieg über Japan. Sie stellte sich in erster Linie den USA, wenn nicht ausschließlich, so doch zum größten Teil. Natürlich würden britische und britisch-indische Truppen die Rückeroberung Burmas, Thailands und der malaiischen Halbinsel versuchen, und australische Divisionen würden sich einer Eroberung Neuguineas und einem Vorstoß auf die Philippinen anschließen. Doch die sinnvollste operative Route bestand darin, den Dschungeln Neuguineas, Burmas und Indochinas auszuweichen und stattdessen über den Zentralpazifik zu «hüpfen», von Hawaii direkt nach Westen zu den Philippinen, dann nach China, schließlich nach Japan. Innovative US-Offiziere hatten mit diesem «War Plan Orange» schon vor dem Krieg gespielt, und auf dem Papier sah er höchst vielversprechend aus; es war schließlich der einzige Feldzugsplan, der nach den großen Erfolgen der Achsenmächte zwischen 1939 und 1942 nicht verworfen oder stark verändert werden musste.

Wie im Fall einer Invasion Frankreichs war das Problem ein praktisches. Wie genau landete man auf einem Korallenatoll, dessen Küstengewässer voller Minen und Barrieren und dessen Strände mit Sprengfallen übersät waren und wo der Feind sich in tiefen Bunkern verschanzt hatte? Erst im November 1943 begann das Kommando Zentralpazifik (Central Pacific Command) seine langerwartete Offensive mit einem Großangriff auf die 3000 Mann starke japanische Garnison auf Tarawa, eine der Gilbert-Inseln. Der Erfolg stand außer Frage, weil die japanische Armeeführung beschlossen hatte, die Gilbert-Inseln lägen außerhalb ihrer «absoluten nationalen Verteidigungszone» im Pazifik; aber die Verluste der US-Marines, die an den äußeren Korallenriffen unter schweres Feuer gerieten, schockierten die Bevölkerung in der Heimat. Egal welchen Weg man über den Pazifik nahm, die Aussichten waren düster. Es war gut und schön, wenn der publicitybewusste General MacArthur versprach: «Ich komme zurück», als er Anfang 1942 von den Philippinen abzog, aber die japanische Garnison zählte dort inzwischen 270 000 Mann, von denen sich keiner ergeben würde. Wie lange würde es also dauern, die japanischen Küsten zu erreichen? Fünf Jahre? Und um welchen Preis, wenn die feindlichen Garnisonen auf den Philippinen 20- oder 50-mal so groß waren wie auf Tarawa?

Es war also eine wahrhaft eindrucksvolle Liste von Hindernissen, die von den Alliierten zu überwinden waren, und sie wurde dadurch nur noch eindrucksvoller, dass fast alle dieser Herausforderungen nicht unabhängig voneinander existierten, sondern von Erfolgen an anderer Stelle abhingen. So setzte das «Hüpfen» über die Pazifikinseln die Seeherrschaft voraus und die wiederum die Luftherrschaft und danach die Errichtung gewaltiger Stützpunkte auf kleinen Koralleninseln – und ein großer Rückschlag im Atlantik oder in Europa würde verzweifelte Rufe nach einer Umleitung amerikanischer Ressourcen vom Pazifik an die dortigen Kriegsschauplätze erzeugen (sowie einen gewaltigen Krach zwischen den alliierten Stabschefs). Eine Invasion Frankreichs war unmöglich, solange die Bedrohung der Atlantikgeleitzüge durch deutsche U-Boote nicht beseitigt war. Erst wenn alliierte Werften genug von den neuen, seltsam aussehenden Landungsbooten bauten, die Barrieren überwinden und sich an Land vorkämpfen konnten, war eine Invasion von See möglich, egal wo. Obwohl Stalin es nie zugegeben hätte, wurden die Erfolge der Roten Armee dadurch erleichtert, dass der strategische Bombenkrieg der Angloamerikaner Deutschland dazu zwang, enorme Zahlen von Arbeitern (und Arbeiterinnen) für die Flugabwehr, die zivile Kontrolle und den Wiederaufbau bereitzustellen, um das Dritte Reich funktionsfähig zu halten.

Die äußerst wichtigen Dodge Studebaker-Lastwagen, die Lastengäule der sowjetischen Divisionen auf ihrem Weg nach Westen, konnten nicht von Amerika nach Russland gebracht werden, wenn die britische Marine nicht die Seewege offen hielt. Umgekehrt ist schwer zu sehen, wie die angloamerikanischen Armeen im Westen hätten vorstoßen sollen, wenn nicht Dutzende von kampferprobten Wehrmachtsdivisionen im Osten festgehalten und dezimiert worden wären. Kurz gesagt, während ein Teilerfolg der Alliierten ihnen an anderer Stelle helfen konnte, konnte umgekehrt ein schwerer Rückschlag die Chancen auf das Erreichen der anderen Ziele mindern.

Bemerkenswerterweise wurden alle fünf der unterschiedlichen, aber miteinander verbundenen Herausforderungen zwischen Anfang 1943 und Sommer 1944 gelöst – ungefähr zwischen Casablanca und dem vierfachen Erfolg der Landung in der Normandie, dem Fall Roms, der Landung auf den Marianen-Inseln im Zentralpazifik und der Operation Bagration an der Ostfront. Manche strategischen Probleme (Luftherrschaft über Deutschland, «Inselhüpfen» im Pazifik) nahmen mehr Zeit in Anspruch als andere (Kontrolle der atlantischen Seewege, Stoppen des Blitzkriegs), aber binnen anderthalb Jahren trat im größten Krieg der Menschheitsgeschichte die Wende ein.

Warum war das so und wie ging es vor sich? Eine Antwort liegt nahe, dass nämlich die faschistischen Staaten so unklug waren, den Rest der Welt anzugreifen. Wegen ihrer früheren Aufrüstung in den dreißiger Jahren erzielten die Achsenmächte große und atemberaubende Erfolge, aber sie konnten keinen ihrer drei Hauptfeinde besiegen. Als der Rest der Welt sich von diesen Rückschlägen erholt hatte, setzte er seine weit größeren Ressourcen ein, kämpfte sich zurück und errang schließlich den Sieg. (So die Argumentation in meinem Buch *Aufstieg und Fall der großen Mächte*. Frankfurt 1987, S. 519–532.)

Doch ein weiterer, ebenso wichtiger Punkt muss untersucht werden. Wie genau erholten sich die Alliierten und kämpften sich zurück? Die relativen Produktionskapazitäten beider Seiten deuteten 1943/44 tatsächlich auf die wahrscheinlichen Sieger. Aber was, wenn die U-Boote im Sommer 1943 nicht besiegt oder die deutsche Luftwaffe Anfang 1944 nicht zerstört worden wären oder wenn die Rote Armee keinen Weg gefunden hätte, die deutschen Panzer zu stoppen? Was, wenn die legendären Waffen der «Wende» wie der Langstreckenjäger und das mobile Radar – deren Einführung auf den Schlachtfeldern 1943/44 die meisten Historiker anscheinend als gegeben hinnehmen – nicht zu diesem Zeitpunkt zur Verfügung gestanden hätten oder gar nicht entwickelt worden wären?

All dies legt zumindest nahe, der «unausweichliche» alliierte Sieg hätte sehr viel später als Mai bzw. August 1945 kommen und viel verlustreicher sein können. Die Geschichte der zweiten Hälfte des Zweiten Weltkriegs hätte ganz anders aussehen können, als wir sie heute kennen.

Wer die Geschichte der strategischen, operativen und taktischen Wende zwischen Anfang 1943 und Mitte 1944 erzählen will, der kann nicht bei den bloßen Erklärungen der obersten Politiker und Militärs stehen bleiben. Vielmehr muss der Blick nach *unten* gerichtet werden, dorthin, wo die verkündeten Ziele tatsächlich verwirklicht wurden. Es war eine Sache, den Sieg über die deutschen U-Boote zur Priorität zu erklären. Aber wie erreichte man das? Und es war zweifellos nobel (und klug), dass London und Washington dem besorgten Stalin 1942 und 1943 immer wieder versicherten, bald eine zweite Front in Frankreich zu eröffnen. Aber wie? Bestimmte Personen und Organisationen mussten diese Fragen beantworten; sie mussten diese Probleme lösen und damit die Anstrengungen von Millionen alliierter Soldaten, Matrosen und Flieger ermöglichen.

Hier unterscheidet sich das vorliegende Buch von anderen, weil es die Geschichte eben dieser Personen und Organisationen darstellen will; nicht nur anekdotisch oder romantisch oder für Fans der Militärgeschichte, sondern als Schlüsselelemente für das Verständnis des Zweiten Weltkrieges. Viele Leser werden etwas vom Ultra-Dechiffrierteam in Bletchley Park und seinen Kollegen im Pazifik gehört haben. Manche werden die – in dem Film *Mai 1943 – Die Zerstörung der Talsperren* erzählte – Geschichte kennen, wie Barnes Wallis die Rollbomben erfand, die die Möhne- und Eder-Talsperren im Ruhrgebiet zerstörten. Nur wenige kennen die Entwicklung ungewöhnlicher Panzer durch den exzentrischen Percy Hobart, die mitten durch die Minenfelder und den Stacheldraht der normannischen Strände pflügen konnten, oder die Konstrukteure der schwimmenden Mulberry-Häfen. Nur sehr wenige Leser im Westen haben eine Ahnung von den schwachen Leistungen des berühmten T-34-Panzers oder kennen gar die extrem wichtige Rolle der Panzerabwehrwaffen der Roten Armee. Und nur wenige wissen etwas von der Bedeutung des Hohlraummagnetrons oder warum es so wichtig war, einen Merlin

61-Motor von Rolls-Royce in den eher schwachen Jäger P-51 Mustang einzubauen, oder wie bedeutsam die außergewöhnliche Laufbahn Admiral Ben Moreells, des Gründers der «Seabees», der Pioniere der US Navy, war. Vieles von dieser Weltkriegsfolklore ist für die, die sie kennen, in sich faszinierend. Doch nur selten, wenn überhaupt, wird der Blick erweitert und die Arbeit der «Problemlöser» genauer untersucht. Wie kam es zu Neuentdeckungen und Erfindungen, wie wurden diese weiterentwickelt und dann auf die aktuellen Probleme angewandt? Und wie fügten sich all diese höchst unterschiedlichen Puzzleteile der taktischen und technischen Neuerungen ins Gesamtbild des Kriegsverlaufs mit seinen vielfältigen und miteinander verwobenen Schauplätzen ein?[6]

Dieses Buch versucht zu einem solchen Verständnis beizutragen. In mancherlei Hinsicht ist es eine Rückkehr zu meiner Arbeit für Sir Basil Liddell Harts *Geschichte des Zweiten Weltkrieges* vor rund 40 Jahren, obwohl ich hoffe, diesmal eine klarere Sicht der Dinge zu haben. Mein Buch ist jedoch keine persönliche Pilgerfahrt, sondern ein Versuch, die Debatte über Entscheidungsfindung und Problemlösung in der Geschichte auszuweiten. Diese Geschichte scheint mir wert, erzählt zu werden. Und wenn dem so ist, könnte es auch produktiv sein, die hier benutzte Untersuchungsmethode anderswo anzuwenden.

Kapitel 1

Wie schickt man Geleitzüge sicher über den Atlantik?

Als Churchill und Roosevelt im Januar 1943 nach Casablanca und wieder zurück reisten, war das Wetter im Nordatlantik so rau geworden, dass sich erfahrene Seeleute kaum an Schlimmeres erinnern konnten, und es ließ nicht nach. Gewaltige Stürme behinderten im Dezember und Januar Marine und Luftwaffe. Handelsschiffe wurden von gewaltigen Wellen getroffen, ihre schwere Fracht riss sich los und rutschte im Laderaum umher. Kleinere Kriegsschiffe, die sie eskortierten, wurden wie Korken umher geworfen. Kriegsschiffe mit größeren Aufbauten und Geschütztürmen rollten hin und her. Deutsche U-Boote konnten beim Auftauchen nicht über die 30 Meter hohen Wellen sehen und tauchten lieber in ruhigeres Wasser ab oder nahmen Kurs nach Süden. Hunderte, vielleicht Tausende von Seeleuten wurden verletzt und nicht wenige bei Unfällen getötet oder über Bord gespült. In einigen Extremfällen waren Geleitzugkommandanten gezwungen, die Rückkehr zur Basis zu befehlen oder wenigstens beschädigte Schiffe zurückzuschicken. Alanbrooke, britischer Generalstabschef und engster Berater Churchills, hielt in seinen Tagebüchern fest, wie er, die übrigen britischen Stabschefs und Churchill ihre Reise nach Casablanca in der Luft (oder auf dem Wasser) immer wieder verschieben mussten.[1] Die Natur hat keinen Respekt vor VIPs.

Daraus folgte natürlich, dass die Konvoiaktivität auf den sturmgepeitschten Nordatlantikrouten in diesem Winter weit unter der normalen Stärke lag. Ganz abgesehen von diesem physischen Hindernis gab es einen zweiten und angenehmeren Grund, warum sie abnahm. «Operation Torch», die alliierte Landung in Nordafrika, erforderte eine große Zahl von Geleitzügen, um die Besetzung der Vichy-Kolonien Marokko und Algerien zu unterstützen – die Royal Navy stellte 160 Kriegsschiffe verschiedener Typen dafür bereit[2] –, darum mussten die Gibraltar-, Sierra

Leone- und Arktis-Konvois zeitweise unterbrochen werden. Da Schiffe mit alliierten Soldaten, Landungsgerät und unmittelbarem Nachschub den höchsten Grad an Schutz genossen und die Achsenmächte wegen ihrer starken Konzentration auf die Ostfront bzw. im Mittelmeerraum auf Ägypten schlecht auf die Invasion in Nordafrika vorbereitet waren, überrascht es nicht, dass die Landungstruppen kaum auf Widerstand durch U-Boote stießen.

Die alliierten Verluste durch U-Boote gingen daher im Winter 1942/43 stark zurück. Weniger Konvois überquerten den Atlantik, und diese wenigen wurden zwar von Stürmen geschüttelt, aber durch das schlechte Wetter auch geschützt. Manche fuhren weit im Norden auf einer Art Umgehungsroute und nahmen die Gefährdung durch Treibeis in Kauf, um vor den U-Boot-Rudeln sicher zu sein. Die monatliche Zählung der Verluste durch die Admiralität spiegelte diesen Rückgang wider. Im November 1942 verloren die Alliierten 119 Handelsschiffe mit beängstigenden 729 000 BRT. Viele dieser Schiffe wurden in entfernten Gewässern vor der Küste Südamerikas versenkt, aber diese Nachschubrouten waren essentiell. Jeder Frachter, der eine Ladung von einem freundlichen Hafen zu einem anderen und dann nach Großbritannien brachte, zählte, und ebenso jeder, der versenkt wurde.

Wegen des rauen Wetters gingen die Verluste alliierter Schiffe durch U-Boote im Dezember und Januar auf 200 000 BRT zurück, und die meisten fielen auf südlicheren Routen (z. B. Trinidad-Gibraltar) an. Aber diese Zahlen waren eben die Ausnahme, daher gaben sich Churchill und Roosevelt bei ihrem Treffen in Casablanca keinen Illusionen über die Schwere der Krise bei den Schiffsverlusten hin. Im Jahr 1942 hatten die alliierten Handelsflotten atemberaubende 7,8 Millionen BRT verloren, davon fast 6,3 Millionen durch U-Boote. Die großen amerikanischen Werften waren noch in der Ausbauphase, aber selbst ihre Jahresproduktion 1942 (rund 7 Millionen BRT) bedeutete, dass die alliierte Transportkapazität in absoluten Zahlen gesunken war und das zu einem Zeitpunkt, als weitere Schiffe zusätzlich für die noch größeren Anforderungen des Pazifikkriegs gebraucht wurden. Anfang 1943 lagen britische Importe daher ein Drittel unter denen von 1939. Amerikanische Lastwagen und zerlegte Flugzeuge konkurrierten mit Lebensmitteln, Eisenerz und Benzin aus den Kolonien um den Platz auf den gefährdeten Frachtschiffen. Diese düstere Tatsache bedrohte *alle* Elemente der Kriegsstrategie in Europa. Sie beeinträchtigte die britische Kriegsanstrengung; wenn es noch schlimmer wurde, drohte der englischen Bevölkerung die Unterernährung. Die großen Verluste an Tankschiffen bedeuteten, dass nur noch für zwei bis drei Monate Benzin in Reserve war, und wie konnte man ohne Benzin kämpfen oder leben? Die Transportschwierigkeiten bedrohten auch die arktischen Hilfskonvois für die Sowjetunion und die Mittelmeergeleitzüge zur Unterstützung von Malta und Ägypten. Dadurch gefährdeten sie den ganzen Feldzug in Ägypten, denn England konnte kaum militärische Verstärkungen über Sierra Leone und das Kap nach Suez schicken, wenn seine eigenen Lebensadern abgedrückt wurden. Es war sogar zu befürchten, dass sie Unruhen in Teilen Ostafrikas und Indiens erzeugen würden, die von Nahrungsimporten aus Übersee abhängig waren. Schließlich unterminierten sie die Voraussetzungen von «Operation Bolero» (später umbenannt in «Overlord»), die Invasion in Frankreich, die eine rasche und umfangreiche Stationierung amerikanischer Truppen und Flugzeuge auf den britischen Inseln erforderte; es wäre absurd gewesen, 2000 schwere amerikanische Bomber und Millionen von GIs nach England zu schicken und dann zu merken, dass kein Benzin für sie da war. Churchill schrieb später in seinen Memoiren, von allen Kämpfen habe ihn die Schlacht im Atlantik am meisten beunruhigt; wenn sie scheiterte, konnte es seinem 1940 gefassten riskanten Entschluss zum Weiterkämpfen ebenso ergehen.

Überdies besaß die Admiralität zwar keine genaue Aufstellung der Zahl feindlicher U-Boote, aber es schien sehr viele davon zu geben. 1942 hatten alliierte Kriegsschiffe und Flugzeuge 87 deutsche und 22 italienische U-Boote versenkt, aber auch das Dritte Reich kurbelte seine Kriegsproduktion an (noch bevor Albert Speer oberster Rüstungsorganisator wurde) und hatte in diesem Jahr 17 neue U-Boote *pro Monat* in Dienst gestellt. Ende 1942 kommandierte Admiral Dönitz daher 212 kampfbereite U-Boote. Deutlich mehr als die 91, die Anfang des Jahres Jagd auf Geleitzüge hatten machen können. Insgesamt verfügte er sogar über 393 Boote im Vergleich zu 249 Anfang 1942. Die nicht eingesetzten Boote wurden repariert, überholt oder bekamen neue Mannschaften und Ausrüstung.[3] Obwohl der Sieg im Zweiten Weltkrieg entscheidend von Erfindungsreichtum, Technologie, Organisation beider Seiten und nicht nur von bloßen Zahlen abhing, waren Zahlen dennoch wichtig. Und zum Zeitpunkt von Casablanca sah es so aus, als seien die Deutschen erfolgreicher beim Versenken alliierter Frachtschiffe als die Alliierten beim Versenken von U-Booten.

In den folgenden Monaten schien Churchills Alptraum sich also zu bewahrheiten. Als die Geleitzüge nach England im März und April 1943 wieder zunahmen, stiegen auch die Verluste. Im Februar waren sie doppelt so hoch wie im Monat zuvor, und im März verloren die Alliierten 108 Schiffe mit zusammen 627 000 BRT, das war der drittschlimmste Monat des Krieges. Überdies wurden fast zwei Drittel dieser Schiffe in Konvois versenkt; es ging nicht länger um die Versenkung einzelner Handelsschiffe vor der gut beleuchteten amerikanischen Küste wie noch Anfang 1942 oder die fast ebenso einfachen Angriffe auf alliierte Schiffsrouten im Südatlantik. Die meisten Verluste waren nun auf der wichtigsten Konvoiroute überhaupt zu beklagen, der zwischen New York und Halifax und den Zielhäfen Glasgow und Liverpool.

Zwischen dem 16. und 20. März kam es zum größten Gefecht in der Atlantikschlacht. Dönitz griff mit nicht weniger als 40 U-Booten die beiden ostwärts fahrenden Geleitzüge HX 229 und SC 122 an. Das Ergebnis war für die Alliierten alarmierend und wird noch genauer analysiert. 21 Frachtschiffe mit 141 000 BRT wurden versenkt, von den U-Booten ging nur eines verloren. In der offiziellen Kriegsgeschichte der Admiralität heißt es: «Niemals kamen die Deutschen dem Ziel einer Unterbrechung der Verbindungslinien zwischen Neuer und Alter Welt so nah wie in den ersten 20 Tagen des März 1943.»[4]

Der strategische und operative Kontext

Die Schwierigkeiten der britischen Admiralität waren in der Geschichte des Seekriegs nichts Neues. Der Schutz von Frachtschiffen vor feindlichen Angriffen ist eines der ältesten Probleme der Kriegsgeschichte. Selbst zur Zeit der größten Machtentfaltung des Römischen Reichs beklagten sich Händler und Konsuln in Sizilien und Nordafrika über den Schaden, den Piraten dem Korn-, Wein- und Ölhandel zufügten. 1500 Jahre später mussten spanische Kapitäne hilflos zusehen, wie niederländische und englische Freibeuter Silber und wertvolle Gewürze von ihren Galeonen raubten, und nur eine Generation später wurde der niederländische Ostindienhandel durch französische und englische Attacken in Mitleidenschaft gezogen. Im Zeitalter der europäischen Expansion und dann der

Handelsrevolution zwischen dem 16. und 18. Jahrhundert wurde ein immer größerer Anteil des nationalen Wohlstands auf unsichere Seewege verlagert. Im Zeitalter Karls des Großen waren Fürsten und Völker kaum von der Seeherrschaft abhängig gewesen. Zur Zeit des Siebenjährigen Krieges (1756–1763) war sie dagegen im Atlantik wie im Indischen Ozean entscheidend, zumindest für alle fortgeschrittenen Volkswirtschaften. Verlor ein westeuropäisches Land die Kontrolle über die Handelswege, dann verlor es wahrscheinlich auch den Krieg oder gewann ihn zumindest nicht. Das war die klare Botschaft des Klassikers *Der Einfluß der Seemacht auf die Geschichte* (1890), geschrieben vom amerikanischen Marinestrategen Alfred Thayer Mahan.

Mahans Ideen beeinflussten die Admiralitäten in England, Deutschland, Japan, den USA und vielen kleineren Staaten. Ihr zentraler Punkt war, dass der einzige Weg zur Seeherrschaft darin lag, die mächtigste Schlachtflotte zu besitzen, die alle anderen zerschlagen konnte. Schwächere Formen des Seekriegs wie das Kapern von Frachtschiffen, Kreuzer- und Torpedobootoperationen galten als zweitrangig, weil sie keine Kriege entschieden. Es stimmte, dass französische Schiffe während der napoleonischen Kriege viele einzeln segelnde britische Handelsschiffe aufgebracht hatten, aber sobald diese in Konvois organisiert waren und eine Eskorte von Kriegsschiffen erhielten, waren die Seewege durch Nelsons Flotten geschützt. Die gleiche Wahrheit zeigte sich im Ersten Weltkrieg, wenngleich unter hohen Kosten. Drei Jahre lang wurden trotz der britischen Seeherrschaft einzeln fahrende alliierte Handelsschiffe in wachsender Zahl von deutschen U-Booten versenkt. Nachdem die Admiralität 1917 durch das Kabinett gezwungen wurde, zum Konvoisystem zurückzukehren, sanken die Verluste durch U-Boote rapide. Wenig später, wenngleich erst nach Ende des Ersten Weltkrieges, besaßen die alliierten Schiffe außerdem Sonar, so dass zum ersten Mal Objekte unter Wasser zu orten waren. Wenn man auf dem Wasser die Seeherrschaft besaß, konnte man auch das Meer unter sich kontrollieren. Ein U-Boot wurde damit ebenso sichtbar wie die Segel einer französischen Fregatte 150 Jahre zuvor. Das war die vorherrschende Meinung der Marineleitungen in den Jahren nach Versailles. Geleitzüge plus Sonar funktionierten.[5]

Diese Gewissheit wurde durch die beeindruckenden Erfolge der deutschen U-Boote in der ersten Hälfte des Zweiten Weltkriegs in Frage gestellt. Bevor wir uns der Frage zuwenden, wie und warum dies geschah, gilt es zunächst den strategisch-operativen Rahmen näher zu beleuchten, in dem die Schlacht um den Atlantik stattfand. Die Alliierten besaßen theoretisch zwei, in einem gewissen Spannungsverhältnis zueinander stehende, strategische Optionen. Die erste beruhte auf der Einsicht, dass man eigentlich keine feindlichen Schiffe oder U-Boote zu versenken *brauchte*, um den Seekrieg zu gewinnen. Solange die Royal Navy beispielsweise eine Gruppe von 50 Frachtern ohne Verluste von Halifax nach Liverpool bringen konnte, hatte sie gewonnen. Die allgemeine alliierte Strategie lag darin, England kampffähig zu halten und es dann als Sprungbrett für eine gewaltige Invasion Westeuropas zu benutzen. Wenn also jeder Konvoi aus Nordamerika (und aus Südamerika, Sierra Leone und Südafrika) sicher den Hafen erreichte, ohne auf U-Boote zu stoßen, wurde der Krieg Schiff für Schiff und Ladung für Ladung gewonnen. Selbst wenn die Geleitschiffe von U-Booten angegriffen wurden, sie aber zurückschlagen konnten, war alles gut. Der Hirte sollte die Herde beschützen, nicht die Wölfe töten.

Das Gegenargument lautete, im Zentrum der alliierten Seestrategie müsse das Töten der Wölfe stehen. Auch das hatte seine Logik. Wenn die Bedrohung der Seewege gewaltsam beseitigt würde, wäre alles gut, und eines der Kriegsziele von Casablanca ließe sich endlich umsetzen. In heutigen Begriffen könnten die Behörden nicht warten, bis Terroristen das internationale System angriffen, sondern müssten sie von sich aus bekämpfen. Auf den Seekrieg bezogen, musste die für den Schutz ihrer Handelsschiffe verantwortliche Kriegsmarine entweder U-Boote jagen oder, eine noch kühnere Taktik, ihre Geleitzüge durch U-Boot-gefährdete Gewässer führen und diese zum Kampf – und zur Niederlage – zwingen.

Die erste dieser beiden Strategien war klar defensiv, die andere (ob U-Boot-Jagd oder Durchbruch mit Konvois) ebenso klar offensiv. Beide Visionen umfassten ein komplexes Dreiecksverhältnis zwischen Frachtschiffen, U-Booten und Geleitschiffen und -flugzeugen, nicht unähnlich dem Spiel Stein-Schere-Papier. Wenn die Geleitzüge dem Kampf auswichen oder die U-Boote zurückschlugen, gut für sie; wenn die U-Boote an die Konvois kamen, ohne von den Geleitschiffen versenkt zu werden, gut für sie; und wenn die Geleitschiffe genügend U-Boote versenken konnten, gut für sie.

In der rauen Welt des Nordatlantik zwischen 1939 und 1943 war aber weder eine rein defensive noch eine rein offensive alliierte Strategie möglich. Die Lösung musste eine Kombination beider Optionen sein, die vom Auf und Ab der Atlantikschlacht, des längsten Feldzugs des Zweiten Weltkriegs, abhing. Und diese Route war geopolitisch der wichtigste Seeweg der Welt. Natürlich waren auch die anderen alliierten Handelswege von Bedeutung, und alle standen vor denselben oder manchmal (wie bei den Arktiskonvois) noch größeren operativen und logistischen Schwierigkeiten. Doch die Sicherheit der Atlantikrouten war der Grundpfeiler der gesamten angloamerikanischen Strategie in Europa. Briten, Amerikaner und ihre Verbündeten mussten die Seeherrschaft im Atlantik erringen, wenn sie Europa vom Faschismus befreien wollten.

Die Schlacht im Atlantik war ein operatives und taktisches Kräftemessen, das von vielen Faktoren abhing. Der erste, aus dem alle anderen folgten, war der Besitz einer effizienten und zuverlässigen *Organisation*. Dies wird oft für selbstverständlich genommen, aber nach kurzer Reflexion wird klar, wie wichtig Befehlsstrukturen, Informationswege und Integration der Waffensysteme waren. Beide Seiten profitierten natürlich sehr von den Erfahrungen der Atlantikschlacht im Ersten Weltkrieg und den nach 1919 daraus gezogenen Lehren. Was die Einfachheit der Befehlsstrukturen anging, hatte Dönitz es leichter, denn die U-Boote waren von der Überwasserflotte getrennt; noch leichter wurde es für ihn, als es einem Schlachtschiffgeschwader Ende 1942 nicht gelang, einen Arktiskonvoi zu zerstören. Hitler bekam einen Wutanfall und setzte Admiral Raeder als Oberkommandierenden der Marine ab. Dönitz wurde Ende Januar 1943 sein Nachfolger. Er beschloss allerdings, Befehlshaber der U-Boote (BdU) zu bleiben, um ihre Operationen weiterhin lenken zu können; und offensichtlich fiel es ihm leichter als seinem Vorgänger, die Unterstützung Hitlers zu bekommen. Das bedeutet nicht, dass er keine organisatorischen Konflikte auszutragen hatte. Es herrschte ein ständiger Kampf um den notwendigen Anteil an Material und Kriegsgerät (Stahl, Kugellager, Elektronik, Flak) gegenüber dem enormen Bedarf von Heer und Luftwaffe. Und wie wir noch sehen werden, hatte Dönitz die größten Schwierigkeiten, für seine U-Boote Luftunterstützung zu bekommen. Dennoch war es ein großer Vorteil, eine einzige und sehr erfahrene Autorität an der Spitze des gesamten U-Boot-Feldzugs zu haben.

Auf Seiten der Alliierten war die Organisation viel komplexer. In den Jahren der amerikanischen Neutralität war sie sogar einfacher gewesen. Die Seeherrschaft zu erringen, war die traditionelle Aufgabe der Admiralität in Whitehall, die den Schutz der Atlantikkonvois dem Kommando Westliche Gewässer (Western Approaches Command) in Liverpool unterstellte. Zum Zeitpunkt, an dem unsere Analyse beginnt, war deren Chef der beeindruckende Admiral Sir Max Horton, der wie Dönitz im Ersten Weltkrieg selbst ein erfahrener U-Boot-Kommandant gewesen war. Die viel kleinere Royal Canadian Navy, die von Häfen wie St. John's und Halifax aus operierte, fügte sich erneut in die Kommandostruktur des britischen Empire ein. Das galt aber nicht für die US Navy, als sie im Dezember 1941 in den Konflikt eintrat. Fleet Admiral Ernest J. King war für seine Empfindlichkeit gegenüber den Briten bekannt, und obwohl man hätte annehmen können, die USA hätten so viel im gewaltigen Pazifikkrieg zu tun, dass sie es praktisch fänden, einige ihrer Kriegsschiffe unter anglokanadischem Kommando im Atlantik operieren zu lassen, war die Realität komplizierter. In jedem Fall war die schwerste Bedrohung für den Großteil des Jahres 1942 von U-Booten in amerikanischen Gewässern vor der Ostküste und im Süden auf den Karibikrouten ausgegangen, also war die US-Marine zentral betroffen. Trotz aller Vorteile, die eine integrierte Organisation der drei Flotten geboten hätte, mussten die alliierten Seestreitkräfte zunächst mit drei verschiedenen, jeweils einem der Bündnispartner zugeordneten Zonen arbeiten. An fest vereinbarten Punkten übergab daher die eine Marine die Geleitzüge an die nächste.

Diese Lage verbesserte sich Anfang März 1943 deutlich nach einer wichtigen Konferenz in Washington über Atlantikkonvois. Was zu einer schweren Krise zwischen den Alliierten hätte führen können – King wollte eine Weile lang *alle* US-Kriegsschiffe aus dem Nordatlantik abziehen, um die militärischen Nachschubrouten für amerikanische Truppen in Tunesien zu schützen –, endete mit einem vernünftigen Kompromiss. Die US Navy sollte vor allem für Konvois nach Gibraltar und Nordafrika verantwortlich sein und auch alle Karibikkonvois schützen, während die britische und kanadische Marine die Hauptrouten nach Großbritannien übernahmen. Wichtiger noch, King stimmte zu, einige Kräfte (darunter einen neuen Geleitträger) in den Nordatlantik zu schicken, und widersprach nicht der Verstärkung des RAF-Küstenkommandos und der rasch wachsenden, aber überlasteten kanadischen Luftwaffe durch B-24-Langstreckenmaschinen. Wie wir noch sehen werden, kamen diese letzteren Verstärkungen gerade rechtzeitig.

Der wichtige Faktor von Aufklärung und Gegenaufklärung fügte sich gut in diese größeren Kommandostrukturen ein. Die älteren Formen der Informationssammlung über die Truppen des Gegners und ihre möglichen Absichten existierten auch in diesem Krieg, und vor allem die Briten benutzten Luftaufklärung, Berichte ihrer Agenten und antideutscher Widerstandsbewegungen sowie die technische Analyse erbeuteter Waffensysteme, um ihr Wissen auszubauen. Beide Seiten entwickelten auch sehr hochentwickelte Stellen für operative Analyse, deren Spezialisten Datensätze studierten, um den besten Einsatz der eigenen Ressourcen und Mittel zu finden. Im Zweiten Weltkrieg gewann aber die Funkaufklärung beim großen Spiel der Erkundung des Gegners gegenüber menschlicher Aufklärung eine immer größere Bedeutung. Nirgends war das wichtiger als in der Atlantikschlacht. Wenn die deutschen U-Boote den Standort der Geleitzüge kannten oder die Alliierten die Anordnung der U-Boote, bedeutete das einen entscheidenden Vorteil. Kein Wunder, dass zu den Code-Brechern in Bletchley Park auch eine Marineabteilung gehörte, die direkt an die Admiralität berichtete, oder dass Dönitz sich so stark auf seinen Beobachtungsdienst (B-Dienst) verließ.

Dennoch mussten die Abwehr eines U-Boot-Angriffs und die Zerstörung des Angreifers durch Technologie geschehen, d. h. durch offensive und defensive Waffensysteme. Das gilt natürlich für jeden Kriegsschauplatz und jedes Zeitalter, aber es ist erstaunlich, wie sehr die Anforderungen des totalen Kriegs und die lebenswichtige Bedeutung eines Siegs im Atlantik auf beiden Seiten allein im Jahr 1943 zu einer rasanten Zunahme der Methoden zur Ortung des Gegners und neuer Mittel zu seiner Zerstörung führten. Dieser Kampf war mehr als jeder andere Seekrieg einer der Wissenschaftler.

Gleichzeitig musste jedoch sichergestellt werden, dass die neuen Technologien zum Aufspüren und Abwehren des Feindes oder zu seiner Verfolgung und Zerstörung auch effizient zum Einsatz kamen. Dies erforderte Verbesserungen bei Taktik und Ausbildung, sowohl von einzelnen U-Booten, Geleitschiffen und Flugzeugen als auch von gemeinsam operierenden Verbänden. Hier hatten die U-Boote einen klaren Vorteil. Sie hatten Besatzungen aus Freiwilligen, einige sehr junge, aber höchst fähige Kommandanten und sahen sich als Elitetruppe. Sie hatten nur eine Aufgabe – alliierte Frachtschiffe zu versenken und nicht selbst versenkt zu werden. Lange Zeit genossen sie den taktischen Vorteil, dass Dönitz ihre Angriffe nachts und über Wasser stattfinden ließ. Sie besaßen auch ein

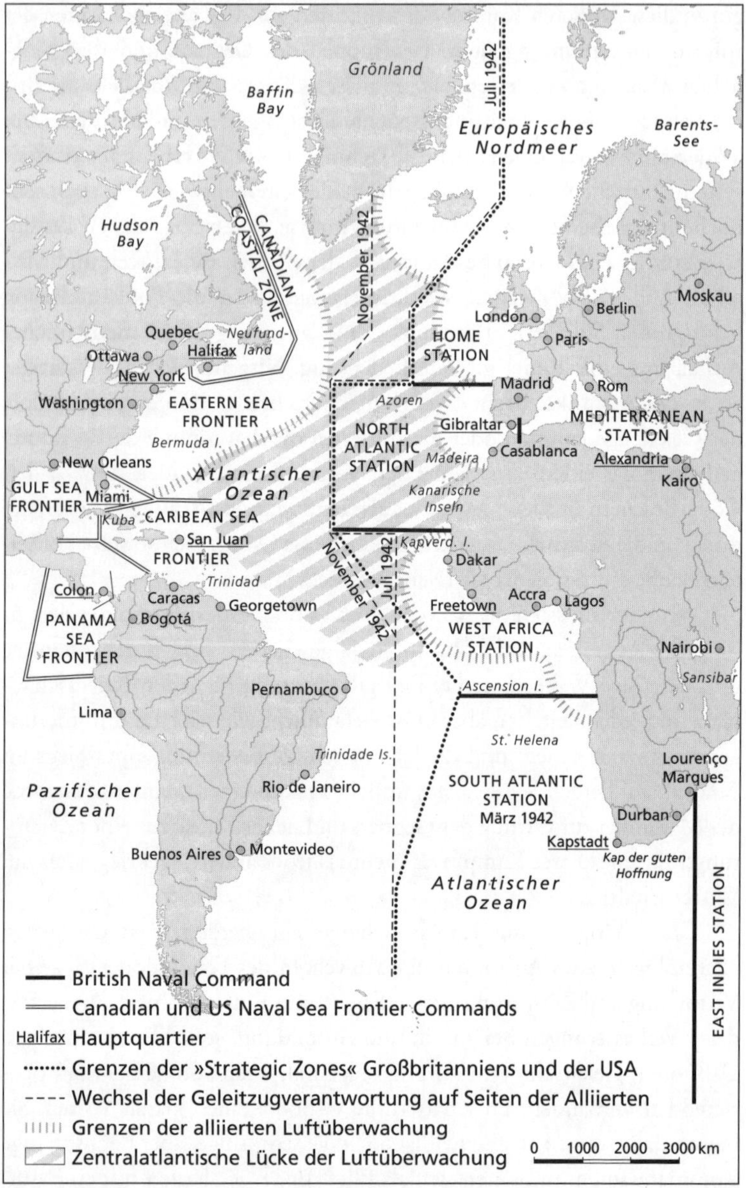

Alliierte Geleitschutzzonen und die zentralatlantische «Lücke» in der Luftüberwachung, 1942.

sehr robustes Funksystem, so dass bei der Entdeckung eines Konvois durch ein U-Boot rasch andere Angehörige des «Wolfsrudels» davon erfuhren und ihre Position änderten. Schließlich waren die Ziele meist sehr langsam, darum gab es oft wiederholte Angriffschancen. Selbst wenn die U-Boote warteten, bis die Geleitzüge in der zentralatlantischen «Lücke» der Luftüberwachung waren, hatten sie noch viel Zeit.

Gegen ein so starkes Blatt hatten die Alliierten zunächst nur wenige Trümpfe in der Hand. Die kleine Zahl britischer Flugzeugträger musste für die Luftunterstützung der Schlachtflotten und Mittelmeerkonvois eingesetzt werden. Zudem war die noch 1939 angewandte Taktik, Flugzeugträger auf die Jagd nach feindlichen Angreifern im Atlantik zu schicken, rasch als Zeit- und Energieverschwendung erkannt worden. Dieselben wichtigen Ziele verschlangen auch die Energie der schnellen Zerstörerflottillen. Deshalb wurden die Geleitzüge von wenigen kleineren, langsameren und oft veralteten Schiffen geschützt, denen im Zentralatlantik die Luftunterstützung fehlte, die oft keine Ortungsausrüstung hatten und deren Bewaffnung im Grunde aus dem Ersten Weltkrieg stammte. Und ein U-Boot konnte die meisten der frühen alliierten Geleitschiffe abhängen, zumindest über Wasser, wenn sein Kommandant bereit war, das Risiko einzugehen, gesichtet zu werden – obwohl weder Jäger noch Gejagte in den Atlantikstürmen mit voller Geschwindigkeit fahren konnten. Viele verbesserte Ausrüstungskomponenten waren versprochen und manche schon in der Produktion, aber ließen sie sich rechtzeitig nach Liverpool und Halifax und an die im Atlantik operierenden Flugstaffeln liefern?

Weitere äußerst wichtige Faktoren in Kämpfen mit so viel Strapazen, Angst und Verlusten wie den Geleitzugschlachten waren Führung und Kampfmoral. Wie wir noch sehen werden, wandte sich die Kampfmoral ab Mitte 1943 entscheidend zugunsten der alliierten Seite, aber im Großen und Ganzen waren die Gegner in dieser Hinsicht recht ähnlich. Dönitz und Horton waren ebenbürtige Gegenspieler, und letzterer erhielt starke Unterstützung, als Air Marshal Sir John Slessor im Februar 1943 Oberkommandierender des RAF-Küstenkommandos wurde – hier war jemand, der unbedingt die U-Boote besiegen wollte und entschlossen für die Kooperation von See- und Luftstreitkräften eintrat, selbst wenn das regelmäßig zu Konflikten über die Zuweisung von Flugzeugen führte. Denn der Oberkommandierende des Bomberkommandos, Arthur Harris, benötigte diese in großer Zahl für seine Flächenbombardements im Deutschen Reich. Dönitz hatte Konteradmiral Godt als extrem kompetenten Stellvertreter für die tägliche Leitung der U-Boote, aber nur einen kleinen «mittleren Stab». Damit lag eine enorme Verantwortung auf den Schultern der einzelnen U-Boot-Kommandanten, von denen viele zur Legende wurden, ähnlich den Fliegerassen des Ersten Weltkriegs, mit einem Instinkt zum Töten wie zum Überleben trotz der sehr hohen Verlustrate. Auch auf alliierter Seite blieb die Kampfmoral, ob bei Kapitänen oder Mannschaften, in der Kriegs- und Handelsmarine, hoch, selbst als die Verluste am schlimmsten waren. Als großer Vorteil erwies sich allerdings, dass die Westalliierten deutlich mehr ausgebildete Offiziere im Rang eines Kapitäns oder Fregattenkapitäns besaßen als die deutsche Seite, ganz zu schweigen von den zur Verfügung stehenden Reserveoffizieren.

Der letzte Faktor war die relative Stärke der Streitkräfte. Durchhalten ist nicht nur eine Frage der körperlichen und mentalen Stärke der Mannschaften während einer 14-tägigen Geleitzugschlacht, sondern auch, wie die jeweilige Seite Verluste durch Verstärkungen ersetzen und die eigene Kampfkraft erhalten kann. Auch hier hätte man Anfang 1943 annehmen können, das Gewicht verschiebe sich zugunsten von Dönitz; gewiss deutete die stete Zunahme an U-Booten in diese Richtung. Außerdem konnte der deutsche Schiffbau sich immer mehr auf U-Boote und leichte Angriffsboote (Schnellboote) konzentrieren. Britische Werften mussten dagegen leichte Flugzeugträger für künftige Einsätze im Fernen Osten, neue Kreuzer- und Zerstörerklassen, Landungsfahrzeuge und eigene U-Boote bauen. Ohne die gewaltige Expansion der amerikanischen Rüstungsproduktion 1942/43 hätte es eine sehr einseitige Produktionsschlacht werden können. Zum Zeitpunkt von Casablanca betrachtete jedenfalls niemand auf alliierter Seite das Kräfteverhältnis im Atlantik sehr optimistisch.

Der Kampf auf See und der Triumph der U-Boote

Als Hitlers Angriff auf Polen im September 1939 zur englischen und französischen Kriegserklärung führte, ähnelte die strategische Lage im Atlantik und in Westeuropa auf unheimliche Art derjenigen von 1914. Erneut überquerte ein kleines britisches Expeditionskorps den Kanal, um den

Franzosen beizustehen. Die anderen Länder Europas blieben neutral und, wegen eines Kongressbeschlusses, auch die USA. Die britischen Dominions traten bis auf de Valeras Irland in den Krieg ein, ebenso die abhängigen Teile der anglofranzösischen Kolonialreiche. Die Royal Navy sammelte sich in Scapa Flow und Dover, um die beiden Ausgänge der Nordsee zu blockieren, außer natürlich für wenige deutsche Kaperschiffe, die sich bereits auf den Ozeanen befanden. Der allgemeine Eindruck, dass die Geschichte sich wiederhole, wurde symbolisch und physisch durch Churchills Rückkehr an die Spitze der Admiralität verkörpert, seinen Posten von 1914. «Winston is back!» wurde an die Flotte gefunkt.

Die strategische Position auf See hätte für die deutsche Marine unter Großadmiral Erich Raeder nicht schlechter sein können. Sie besaß zwar Pläne (den berühmten Z-Plan) für eine große transozeanische Flotte mit riesigen Schlachtschiffen und Flugzeugträgern, aber selbst die eindrucksvollen industriellen Kapazitäten des Dritten Reichs konnten bis 1939 keine solche Streitmacht – oder auch nur ein Viertel davon – produzieren. Man brauchte noch mindestens vier oder fünf Jahre, und Raeder glaubte, Hitler werde solange keinen großen Krieg führen. Wie viele Wehrmachtsgeneräle irrte auch er sich. Somit war die deutsche Kriegsmarine der alliierten zunächst völlig unterlegen, und ihr fehlten Ressourcen, die an Heer und Luftwaffe gingen. Sogar ihre U-Boot-Flotte war schwach, zahlenmäßig klein, von geringer Reichweite und gezwungen, den Atlantik um Nordschottland herum zu erreichen. Das Kräfteverhältnis schien hoffnungslos.

Im Mai und Juni 1940 änderte sich dieses Kräfteverhältnis auf die dramatischste Weise. Der Zusammenbruch Frankreichs und Belgiens und die Flucht des britischen Expeditionskorps aus Dünkirchen bedeuteten, dass es keine Westfront mehr gab. Schlimmer noch, die deutsche Luftwaffe konnte jetzt von Stützpunkten am Pas de Calais aus gegen England operieren und die deutsche Kriegsmarine von Brest und der Gironde aus. Verstärkt wurden diese Desaster durch die schwindelerregend rasche Besetzung der Niederlande, Dänemarks und Norwegens durch das Reich mit all ihren strategischen und geopolitischen Konsequenzen. Nun standen alle Gewässer zwischen dem Kanal und der Nordsee deutschen Überwasserschiffen und U-Booten offen. Das Kräfteverhältnis verschob sich noch weiter, als der opportunistische italienische «Duce», Benito Mussolini, der im September 1939 vorsichtig neutral geblieben war, am 10. Juni 1940 dem britischen Empire und dem kollabierenden Frankreich den Krieg erklärte.

Eine völlig neue Marine mit einigen der größten U-Booten der Welt trat auf Seiten Berlins in den Krieg ein, während die meisten französischen Kriegsschiffe den Kampf aufgaben und in Toulon und den nordafrikanischen Häfen ankerten.

Die Folge war, dass – abgesehen von der Luftschlacht um England und dem Überleben des Inselstaates selbst – die Atlantikschlacht ins Zentrum des alliierten Kampfes rückte. Alle britischen Gegenmaßnahmen, die in Angriff genommen wurden, als die unmittelbare Gefahr einer Invasion nachließ, wie die Unterstützung Gibraltars, Maltas und Kairos von See aus, der Schutz der Routen um Südafrika nach Osten, die militärische Verstärkung in Ägypten, Irak und Indien (auch durch Dominion- und Empire-Truppen) und die Anfänge des strategischen Bombenkriegs gegen Deutschland, waren jedoch kaum aufrechtzuerhalten, wenn nicht ein ständiger Strom von Lebensmitteln, Treibstoff und Munition das Mutterland über See erreichte und neue britische Divisionen und Waffen von dort nach Afrika und Indien kamen. Diese einfache strategische Tatsache änderte sich nicht, als Deutschland im Juni 1941 die Sowjetunion überfiel oder als Japans Angriff auf Pearl Harbor im Dezember 1941 und Hitlers unbesonnene Kriegserklärung an die USA den europäischen zu einem Weltkrieg machten. Tatsächlich wurde ein Sieg im Atlantik durch den angloamerikanischen Entschluss, Millionen von Soldaten in England für eine spätere Invasion Westeuropas zu sammeln, nur noch wichtiger.

Zum Glück für die Engländer erreichte die Bedrohung durch die deutsche Überwasserflotte nie ihr volles Potenzial, genau wie Raeder befürchtet hatte. Die Versenkung des Schlachtschiffs *Bismarck* im Mai 1941 eliminierte die größte einzelne Gefahr, und der «Kanalausbruch» der anderen deutschen Schlachtschiffe aus Brest nach Deutschland zurück war im Februar 1942 zwar sehr peinlich für den Stolz der Royal Navy, doch damit kamen diese Schiffe in eng begrenzte Gewässer, wo sie von der britischen Flotte in Scapa Flow ständig beobachtet und wiederholt von der RAF bombardiert wurden. Nutzlose und halbherzige Schläge gegen Arktiskonvois waren keine Herausforderung für die alliierte Seeherrschaft. Dazu waren nur die U-Boote in der Lage.

Und das machten sie sehr gut. Während die Zahl der U-Boote, die Dönitz zur Verfügung standen, nach 1941 stetig anstieg, wurden ihre Besatzungen erfahrener, ihre Ortungsgeräte zuverlässiger und ihre Reichweite durch den Einsatz von Tank-U-Booten («Milchkühen») größer. Sie wurden

Bereit zur Jagd: Vier deutsche U-Boote des Typs VIIC vor dem Auslaufen in einem französischen Atlantikhafen, 1941.

vom Befehlshaber der U-Boote meisterhaft koordiniert. Amerikas Kriegseintritt bescherte ihnen einen neuen Feind, der auf diese Art der Kriegführung fast unvorbereitet war, und dessen Handelsflotte entlang der noch hell erleuchteten Ostküste sich zunächst leicht angreifen ließ. U-Boote mit größerer Reichweite wurden ausgeschickt, um Ziele vor Sierra Leone, in der Ostkaribik, vor Buenos Aires und dem Kap zu versenken. Dönitz verlor dabei aber nie die entscheidenden Nordatlantikrouten aus dem Blick.

Die Schiffsverluste der Alliierten waren von rund 750 000 BRT 1939 auf schreckliche 3,9 Millionen im chaotischen Jahr 1940 und weiter auf 4,3 Millionen 1941 gestiegen. 1942 erreichten sie kolossale 7,8 Millionen BRT. Natürlich gab es auch in anderen Regionen hohe Verluste – vor Dünkirchen, im Südatlantik, im Mittelmeer und 1941/42 im Fernen Osten, aber die schwersten Verluste (5,4 Millionen von der Gesamtsumme 1942) gab es im Nordatlantik. Im Vergleich dazu waren Dönitz' U-Boot-Verluste in diesen Jahren bescheiden: 1939 etwa 12, 1941 etwa 35 und 1942 etwa 87. Diese konnten vollständig ersetzt werden, die Verluste von alliierten Frachtschiffen und ihren erfahrenen Mannschaften dagegen nicht.[6]

Es überrascht also nicht, dass die Schiffsverluste vom März 1943 Churchill und die Admiralität beängstigten. Wenn Dönitz' Wolfsrudel so viel Schaden bei Dunkelheit und Sturm anrichten konnten – die Hauptangriffe hörten erst nach dem 20. März auf, als ein gewaltiger atlantischer Hurrikan aufkam –, sorgten sich die Planer, wie ihre Konvois ruhigere See und Mondlicht überstehen sollten. Würden sich die Verluste im Mai und Juni erneut verdoppeln? Und würden die U-Boote immer schwerer zu orten und zu versenken sein? Die frohlockenden U-Boot-Fahrer und ihr entschlossener Admiral müssen es geglaubt haben.

Trotzdem sollte sich der einseitige Ausgang der Schlachten vom März nicht wiederholen. Tatsächlich bildeten sie den Höhepunkt der U-Boot-Offensive gegen die alliierte Schifffahrt, einen vorübergehenden Gipfel, der danach so steil abfiel, dass beide Seiten verblüfft waren. Man findet kaum einen anderen Umschwung der Kriegslage, der so schnell und zugleich so entscheidend in seinen langfristigen Folgen war.[7]

Gerade weil dies so war, ist es wichtig, die dramatischen Geleitzugschlachten von März bis Mai 1943 näher zu betrachten, als das Pendel so entschieden vom U-Boot-Triumph zur U-Boot-Katastrophe ausschlug. Zum Glück sind die Quellen für diese Geschichte hervorragend, bis hin zum minutiösen Protokoll der Bewegungen jedes U-Boots und jedes Konvois.[8]

Der März begann für die Alliierten nicht gut. Während die amerikanischen, kanadischen und britischen Marineleitungen bei ihrer Atlantikkonvoi-Konferenz Beschlüsse über Kontrollzonen, Nachschub und anderes trafen, schickte der zuversichtliche Dönitz immer mehr U-Boote, um die vier großen Wolfsrudel zu verstärken, die er im Zentralatlantik unterhielt, meistens zwei im Zentrum und je eines an der Nord- und Südflanke. Außerdem waren die Deutschen zu diesem Zeitpunkt im Aufklärungs- und Dechiffrierkrieg stark im Vorteil; der B-Dienst lieferte dem Admiral außergewöhnlich akurate Berichte über Zeit und Kurs der Atlantikkonvois, manchmal noch bevor sie ausliefen. Die Codebrecher in Bletchley Park und bei der Admiralität hatten dagegen noch Tage nach dem Eingang deutscher Funksprüche Schwierigkeiten, sie zu lesen. Alles in allem waren die Schäfer zwar mutig, aber schwächer als sonst und tasteten sich im Dunkel voran. Die Wolfsrudel waren dagegen bereit zum Kampf.

Geleitzug SC 121 verließ am 5. März New York, um verschiedene britische Häfen zu erreichen. Trotz des schlechten Wetters, durch das einige

U-Boote keinen Funk empfangen konnten, und einer späten Verstärkung durch einige alliierte Geleitschiffe, war Dönitz eindeutig im Vorteil. Der große Experte für diese Geleitzugschlachten im März, Jürgen Rohwer, liefert uns eine minutiöse «Schlachtordnung»:

«SC 121, der ursprünglich aus 59 Schiffen bestand, [wurde] durch die Escort Group A.3 unter Captain Heineman, USN, mit dem USCG-Cutter *Spencer*, dem US-Zerstörer *Greer*, den kanadischen Korvetten *Rosthern* und *Trillium* sowie der britischen Korvette *Dianthus* gesichert ... Der BdU setzte als Gruppe ‹Westmark› gegen diesen Konvoi U 405, U 409, U 591, U 230, U 228, U 566, U 616, U 448, U 526, U 634, U 527, U 659, U 523, U 709 U 359, U 332, und U 432 ein. Gleichzeitig gab er den ... anmarschierenden Booten U 229, U 665, U 641, U 447, U 190, U 439, U 530, U 618 und U 642, die in erreichbarer Nähe standen, den Befehl, auf dem vermuteten Konvoikurs einen weiteren Vorpostenstreifen ‹Ostmark› zu bilden.»[9]

59 verletzlichen und langsamen Frachtern mit anfangs nur fünf Geleitschiffen standen also 26 U-Boote gegenüber, und erst am dritten Tag der Schlacht gab es Luftunterstützung für den Konvoi – aber was nützte Luftunterstützung, wenn die U-Boote meist bei Nacht angriffen? Als Dönitz seine Boote am 10. März zurückzog, war das Ergebnis verheerend. 13 Frachtschiffe mit zusammen 62 000 BRT waren versenkt worden, aber kein einziges U-Boot. Es war vielleicht die einseitigste Schlacht des ganzen Weltkriegs. Hitler, dem Dönitz regelmäßig Bericht erstattete, war höchst zufrieden.

Es gab allerdings Anfang März auch andere Geleitzüge über den Atlantik, die besser abschnitten. Konvoi ON 170 beispielsweise wich den tödlichen Schlachtfeldern im Zentralatlantik geschickt nach Norden aus und erreichte ohne Verluste und (soweit wir wissen) ohne einem U-Boot zu begegnen sein Ziel. Hier wurde eine Variante gewählt, bei der Schäfer und Schafe einfach über das Hochgebirge zogen und die Täler voller Wölfe mieden. Viele alliierte Geleitzüge überstanden die Fahrt unbeschadet, entweder durch geschickte Wahl einer Route oder weil Dönitz alle seine Boote auf einen anderen Konvoi gehetzt hatte.

Am interessantesten ist vielleicht die Geschichte von Konvoi HX 228, der sich vom 7. bis 14. März in einer Konfusion über den Atlantik kämpfte, die Marinehistoriker an Nelsons Kampf mit der französischen Flotte in der Schlacht bei Abukir 1798 erinnern könnte. Als der Zerstörer HMS

Harvester U 444 gerammt hatte, verfing sich seine Propellerwelle in dessen Ruder und kam erst frei, als die französische Fregatte *Aconit* das U-Boot rammte und versenkte. Am nächsten Tag wurde die *Harvester* von einem Torpedo getroffen, aber die *Aconit* versenkte U 432, das ihn abgeschossen hatte. Am Ende verlor HX 228 nur vier Frachtschiffe und den Zerstörer. Die U-Boot-Besatzungen bestanden aus furchtlosen Männern, aber die britischen, amerikanischen und kanadischen Seeleute, darunter wenige erfahrene Männer und eine große Mehrheit neuer Offiziere und Mannschaften in Handels- und Kriegsmarine, zeigten sich diesmal ebenbürtig.

Obwohl all das eine mögliche alliierte Erholung im Seekrieg anzudeuten schien, wurde diese Illusion von den Erfolgen der U-Boote gegen die Konvois HX 229 und SC 122 vom 16. bis 20. März weggefegt. Das schreckliche Schicksal dieser beiden Geleitzüge brachte den vielleicht schwierigsten Moment für die Konvoistrategie insgesamt. Dies bestätigte der Royal Navy und ihren Verbündeten, dass sie vor einer der größten logistischen Herausforderungen der Militärgeschichte standen. Tausende von alliierten Frachtschiffen waren gleichzeitig auf See, wahrscheinlich bis zu 20 Geleitzüge, dazu Hunderte einzeln fahrender Schiffe. Von Trinidad nach New Jersey (Öl) und von Adelaide zum Kap (Getreide, Lammfleisch) spannten sich die Routen, wobei ein Großteil der Fracht letztlich für die kritische Nordatlantikpassage bestimmt war. Bei den Diskussionen über die Transportkrise in Casablanca hatte Professor P. M. S. Blackett, der Chef des Büros für Operationsanalyse, seine Zuhörer mit der Einschätzung beeindruckt, ein Geleitzug von 60 oder sogar 90 Schiffen sei effizienter als einer von 30; die Zahl der Begleitschiffe bliebe etwa gleich, denn sie würde durch die Schiffbaukapazität und andere Aufgaben (etwa Operation Torch) begrenzt, und die U-Boote hätten nur eine begrenzte Zahl von Tagen und Stunden für den Angriff und auch nur eine begrenzte Zahl von Torpedos. Zweifellos war diese mathematische Analyse richtig und bestärkte die Überzeugung der Planer, das Geleitzugsystem sei am besten geeignet. Aber sie ließ immer noch ein praktisches Problem ungelöst: Wie bekam man einen so großen und heterogenen Haufen von Frachtern von einer Seite des Ozeans auf die andere, vor allem wenn die alliierten Kriegsschiffe selbst eine so bunte Mischung aus Zerstörern, Fregatten, Korvetten, Kuttern, Schleppern usw. waren?

Denn im Gegensatz zu einer klassischen Landschlacht, bei der beide Gegner über ähnliche Mittel verfügen, waren beide Seiten in der Atlantikschlacht sehr unterschiedlich. Dönitz' U-Boote waren nahezu gleich; die Kommandanten und Besatzungen der älteren Baureihe VII beneideten zweifellos die der größeren, schnelleren und besser ausgerüsteten Baureihe IX – zu Unrecht, wie sich herausstellte –, aber alle konnten weit in den Atlantik vorstoßen, ihre tödlichen Torpedos abfeuern und rasch vor dem Gegenangriff abtauchen.[10] Dagegen bestanden die alliierten Geleitzüge aus alten Frachtschiffen, Erzfrachtern, Öltankern, Post-, Passagier- und Kühlschiffen. Ihre Fracht war ebenso bunt gemischt – Getreide, Leinsamen, Nachschub für die Armee, Flugzeugbenzin, Zucker, Bauxit, Stahl, Tabak, «afrikanische Produkte» (so die Aufschrift) und alles andere, was man brauchte, um ein Land von 40 Millionen Menschen im Krieg zu halten. Britische und amerikanische Schiffe wurden zudem durch solche unter panamaischer, norwegischer, griechischer, polnischer und niederländischer Flagge ergänzt, was die Koordination nicht einfacher machte. Der wachsende Strom amerikanischer und kanadischer Soldaten nach England wurde im Übrigen anders transportiert: Die großen «Queen»-Passagierschiffe der Cunard-Linie konnten, wenn sie völlig ausgeweidet waren, jeweils 15 000 GIs befördern, und das mit einer Geschwindigkeit, die kaum ein Zerstörer, geschweige denn ein U-Boot erreichte. Aber um die frühere Frage zu wiederholen: Was sollten zwei bis drei Millionen frische Soldaten in Großbritannien, wenn ihnen Verpflegung und Munition fehlten?

Um die Vielfalt innerhalb der Handelsflotten und ihrer Geleitschiffe wenigstens ein bisschen abzufedern, wurde fast seit Kriegsbeginn zwischen «schnellen» und «langsamen» Geleitzügen unterschieden. Hieraus ergaben sich viele Konsequenzen, angefangen mit der Bezeichnung. «SC» war ein «slow convoy», «HX» ein schnellerer, meist aus Halifax, aber auch aus New York. Diese Geleitzüge konnten aus verschiedenen Häfen auslaufen und so terminiert werden, dass sie an verschiedenen Tagen in England (oder bei der Rückfahrt in Ostküstenhäfen) einliefen. Langsamere Geleitschiffe wie Sloops und bewaffnete Schlepper wurden eher den langsamen Konvois zugeordnet. Die Luftunterstützung ließ sich entsprechend einteilen. Alliierte Kriegsschiffe, die einen Konvoi in der Mitte des Atlantik übernehmen sollten, konnten einem anderen zu Hilfe geschickt werden, wenn er angegriffen wurde. Natürlich hatten dennoch alle Geleitzüge, ob schnell oder langsam, zur Verzweiflung jedes Geleitzugkommandanten Nachzügler – wie war das bei 40, 50 oder 60 zusammengewürfelten Schiffen zu vermeiden? Alles in allem war es sehr sinnvoll, große Geleitzüge zu schicken und die Frachtschiffe in schnelle und langsame Gruppen aufzuteilen. Was aber, wenn die Zahl der U-Boote einfach zu groß wurde?

Schon am 13. März 1943 wusste der B-Dienst, dass der langsame Konvoi SC 122 mit 51 Schiffen und vier oder fünf Geleitschiffen New York verlassen hatte. Wenige Tage später sollte ihm der schnelle Konvoi HX 229 mit 41 Schiffen und vier Geleitschiffen vom selben Hafen aus folgen. Letzteres war den Deutschen zunächst nicht klar, aber die vorhandenen Informationen gaben Dönitz reichlich Zeit, seiner westlichen Patrouillengruppe den Befehl zu geben, sich zum Angriff bereit zu machen, und weitere U-Boote nach Westen in die Schlüsselzone inmitten des Ozeans zu beordern. Eine Untersuchung der Routenpläne, Verluste und Berichte der Geleitzüge (unter anderem gab es sogar noch einen weiteren schnellen Konvoi weiter nördlich vor Grönland, HX 229A mit 25 Schiffen) und vor allem Jürgen Rohwers minutiöse Rekonstruktion der Manöver der einzelnen U-Boote vermitteln dem Leser nicht nur den komplexen Charakter dieses Kampfes, sondern auch seine gewaltige Dimension. Der Historiker Corelli Barnett schreibt zu Recht: «Man könnte sagen, dass zum ersten Mal ein Gefecht im U-Boot-Krieg den Umfang und entscheidenden Charakter der großen Seeschlachten der Vergangenheit erreichte.»[11] Wahrscheinlich müsste man bis zu den heftigen, tagelang dauernden Geleitzugschlachten der Mitte des 17. Jahrhunderts zwischen niederländischer und englischer Marine zurückgehen, um einen guten Vergleich zu finden.

Der deutsche Angriff auf diese beiden Geleitzüge schien wie ein Uhrwerk abzulaufen, obwohl auch Glück eine Rolle spielte. Wegen Maschinenproblemen fuhr U 653 langsam westwärts auf einen Sammelpunkt zu, als es den Geleitzug HX 229 am Horizont sah. Sein Kommandant, der erstaunte, aber geistesgegenwärtige Kapitänleutnant Feiler, tauchte so lange, bis der ganze Geleitzug über ihn hinweggefahren war. Als er wieder auftauchte, war der Ozean frei, HX 229 war weitergefahren, und U 653 konnte die entscheidende Meldung an Dönitz' Hauptquartier funken, das sofort handelte. 21 U-Boote reagierten auf die Nachricht, ein klarer Beweis dafür, wie elektronische Kommunikation die Kriegführung veränderte.[12]

Die See war sehr rau, aber diesmal kamen die Wolfsrudel näher, denn sie spürten, dass die Gelegenheit günstig war. Die klare, mondbeschienene Nacht vom 16./17. März gab den Jägern klare Vorteile, und viele Frachtschiffe fielen ihnen zum Opfer. Die Angreifer profitierten zudem davon, dass die Kapitäne der Geleitschiffe von HX 229 beschlossen, den Konvoi zu bremsen, um auf Nachzügler zu warten, und dadurch unwissentlich in die erste Gruppe von U-Booten gerieten. Ohne die Entscheidung zum Abbremsen wären die U-Boote sicherlich «achteraus vorbeigestoßen».[13] Doch Lt.-Commander Luther auf dem Zerstörer HMS *Volunteer* hätte ohnehin nicht viel tun können, um seinen Geleitzug in Sicherheit zu bringen. Seine Geräte hatten zwei sich nähernde U-Boote in 30 Kilometer Entfernung geortet, also hatte er ein anderes Begleitschiff geschickt, um sie zu verjagen. Doch wenn eine Gruppe von U-Booten ihr Ziel verfehlt hatte, würden andere es sicher nicht tun. Inzwischen fingen die amerikanische und die britische Admiralität U-Boot-Signale von überall um den Geleitzug herum auf, darum hätten Kursänderungen, um einer Gruppe von Angreifern auszuweichen, HX 229 nur näher an eine andere gebracht.

Der Kommandant von U 603 sah also gegen zehn Uhr abends am 16. März einen ganzen Atlantikkonvoi langsam an sich vorbeifahren, dessen vier Geleitschiffe weit auseinander gezogen waren. Inzwischen hatte Dönitz seine U-Boote mit den tödlichen Flächenabsuchtorpedos (FAT) ausgerüstet, die mit 30 Knoten einem geraden Kurs folgten und dann im Zickzack die Ausweichbewegungen des Gegners ausglichen. Da der Horizont voller Ziele war und U 603 sich bis auf 3000 Meter nähern konnte, war die Zickzackmöglichkeit diesmal wahrscheinlich unnötig. Das Boot feuerte drei Bug-Torpedos und dann den rückwärtigen ab und hörte eine gewaltige Detonation, bevor es abtauchte. Der Frachter *Elin K.* sank binnen vier Minuten. Die Attacken hatten begonnen.

Weil die Geleitschiffe dadurch abgelenkt waren, Schiffbrüchige aufzunehmen und nach U 603 zu suchen, war die Nordflanke fast ungeschützt. Das erlaubte es Kapitänleutnant Manseck in U 758 mit Torpedos um sich zu schießen wie ein Cowboy in einem Saloon: «Um 23.23 Uhr schoß Kptlt. Manseck einen FAT-Torpedo gegen einen Frachter von 6000 BRT in der Steuerbordkolonne, eine Minute später einen G7e gegen einen Frachter von 7000 BRT, um 23.25 einen FAT-Torpedo gegen einen dahinter marschierenden Tanker von 8000 BRT und um 23.32

einen G7e gegen einen Frachter von 4000 BRT»[14] – vier Torpedos in neun Minuten. Kurz danach wurden der niederländische Frachter *Zaaland* und sein amerikanischer Nachbar *James Oglethorpe* getroffen; der erste sank, der zweite bekämpfte ein Feuer an Bord und fuhr langsam weiter, wurde aber im Morgengrauen von U 91 versenkt. Für die alliierten Handelsschiffe war es ein wahrer Spießrutenlauf. Selbst die auf der Innenseite fahrenden Frachter konnten getroffen werden, wenn ein Torpedo die äußere Linie verfehlte.

Die Torpedosalve von U 758 hatte Auswirkungen, die weit über ihr unmittelbares Zerstörungswerk hinausgingen. Denn die zwei versenkten Frachtschiffe fehlten nun in der ohnehin begrenzten Zahl an Transportern, die den Atlantik überqueren konnten. Dann waren da die Mannschaften, obwohl viele vom Zerstörer HMS *Beverly* und der Korvette HMS *Pennywort* gerettet wurden – es gab übrigens eine Phase in dieser chaotischen Nacht, als der Hauptkonvoi nur *ein* Geleitschiff hatte. Aber der wichtigste Punkt war vielleicht, dass die *Zaaland* Gefrierweizen, Textilien und Zink transportierte und die *Oglethorpe* Stahl, Baumwolle und Nahrungsmittel im Frachtraum sowie Flugzeuge, Traktoren und Lastwagen für die US Army auf Deck. Jedes auf See verlorene Schiff schwächte die strategischen Beschlüsse der Konferenz von Casablanca; der Verlust von zehn, 20 oder mehr Schiffen bedeutete, dass diese strategischen Proklamationen in Trümmern lagen.

Es ist 65 Jahre danach schwierig, wahrscheinlich unmöglich, sich in die geistige Welt des Kapitäns eines der vier Geleitschiffe einzufühlen, die eine so gewaltige Verantwortung trugen (am selben Tag kam noch die HMS *Mansfield* dazu). Ihr Bezugsrahmen war ein anderer als etwa der von Generalstabschef Alanbrooke mit seinen weitreichenderen Sorgen und Frustrationen, die seine Tagebücher in Casablanca und in den verzweifelten Monaten danach füllten.[15] Es war auch ein anderer als der der gewöhnlichen Soldaten, Seeleute und Flieger, von denen fast alle in diesem scheinbar endlosen Jahr aus dem Zivilleben in eine neue Existenz von Gefahr, Härte und Schrecken versetzt worden waren. Die Kapitäne der Geleitschiffe operierten auf der mittleren Ebene – genau wie die deutschen U-Boot-Kommandanten – und hatten enorme Pflichten zu erfüllen, Rückschläge zu meistern und Verluste zu akzeptieren. Doch von dieser mittleren Ebene hing nun der Ausgang des Krieges ab.

Um 0.30 Uhr am 17. März feuerte U 435 einen Torpedo auf den amerikanischen Frachter *William Eustis* ab, der sofort stoppte und Schlagseite bekam. Geleitzugkommandant Luther, der gerade zur Hauptgruppe zurückgekehrt war und wusste, dass die anderen Begleitschiffe mehrere Kilometer entfernt Überlebende aufnahmen, setzte sich mit der HMS *Volunteer* ans Ende des Konvois. Hier fand er die getroffene *William Eustis*, die zwar ihre Rettungsboote ausgebracht hatte, von der aus aber dennoch viele Matrosen in unterschiedlicher Richtung im Wasser schwammen und um Hilfe riefen. Dies war eine der Gelegenheiten, wo es keine gute Lösung gab, nur schlechte und noch schlechtere. Luther wies die Bitten des Kapitäns und Ersten Ingenieurs des Frachtschiffs, die an Bord des Zerstörers geklettert waren, ab, das Schiff zu retten, nahm so viele Schiffbrüchige auf, wie er finden konnte, und da er befürchtete, ein U-Boot-Team könne wichtige Codes und Papiere von den verlassenen Schiffen erbeuten, versenkte er die *William Eustis* mit Wasserbomben und fuhr zurück zum Geleitzug. Und dies war noch früh in der Nacht.

Um 2.50 Uhr hatte der überlastete Zerstörer gerade wieder den Geleitzug erreicht, als die Explosion eines weiteren sinkenden Frachters in der Ferne zu sehen war. Schlimmer noch, zwei Stunden später gelang Kapitänleutnant Zurmühlen mit U 600 einer der perfektesten Torpedoangriffe des Zweiten Weltkriegs, bei dem er eine Salve aus vier FAT-Torpedos vom Bug und einen vom Heck auf die völlig ungeschützte Steuerbordseite des Geleitzugs abfeuerte. Binnen weniger Minuten waren der britische Frachter *Nariva* und das Walfangmutterschiff *Southern Princess* einmal getroffen und der amerikanische Frachter *Irene Du Pont* zweimal. Die HMS *Mansfield* nahm die Überlebenden auf. Es war eine fürchterliche Nacht, und bei Morgendämmerung blieb nur, die verlassen treibenden Frachtschiffe zu versenken. Die Korvette HMS *Anemone* erledigte die eine Hälfte des Jobs, das ein oder zwei Stunden später eintreffende U 91 die andere. Die britischen Geleitschiffe waren jetzt zum Bersten voll mit überlebenden Matrosen.

Weiter östlich war nun auch Konvoi SC 122 unter Feuer geraten. Inzwischen genossen die 51 Schiffe den Schutz von sieben Geleitschiffen, darunter des amerikanischen Zerstörers USS *Upshur* und eines speziell ausgerüsteten Rettungsschiffs, der *Zamalek*, das mehr als genug zu tun bekam. Gegen zwei Uhr nachts raste U 338 westwärts, um sich dem Angriff auf HX 229 anzuschließen, als sein Kommandant Kapitänleutnant Kinzel 18 Kilometer entfernt zahlreiche Schiffe im klaren Mondlicht am Horizont sah. Kinzels Trefferquote war mörderisch. Die ersten beiden Torpedos bohrten sich in die britischen Frachter *Kingsbury* und *King Gruffyd.* Die zweite Salve (ebenfalls zwei Torpedos) erwischte den niederländischen Viermastfrachter *Alderamin* und zerbrach ihn in drei Teile; er sank binnen zwei Minuten. Als U 338 abdrehte, feuerte es den Hecktorpedo auf ein weiteres Schiff ab. Er verfehlte sein Ziel, schoss aber mitten durch den Konvoi hindurch und riss am anderen Ende ein großes Loch in den britischen Frachter *Fort Cedar Lake.* Fünf Torpedos, vier Schiffe.

Im Lauf des Vormittags wurde den alliierten Marineleitungen klar, dass sie vor einem doppelten Desaster standen, der Dezimierung von zwei ihrer lebenswichtigen Geleitzügen und der Aussicht, dass Dönitz immer mehr U-Boote in diesen Kampf schicken würde. Die beiden Konvois hatten sich noch nicht zusammengeschlossen – das sollten sie erst in der Nacht vom 17. auf den 18. März tun –, aber das Gesamtbild war eindeutig. 70, 80 oder mehr alliierte Handelsschiffe befanden sich mit ihrer Fracht in der Mitte des Atlantik mit viel zu wenig Geleitschutz, und die feindlichen U-Boote sammelten sich für den Gnadenstoß.

Doch mit dem Morgen des 17. März kam das Licht, und mit dem Licht kamen Flugzeuge. Und nichts machte einem U-Boot-Kommandanten mehr Angst als der Anblick oder auch nur das Geräusch eines sich nähernden alliierten Flugzeugs. Es war tatsächlich ein Spiel Stein-Schere-Papier. Frachtschiffe waren durch U-Boote und ihre Torpedos extrem verletzlich, aber U-Boote hatten eine viel geringere Feuerkraft als Flugzeuge, wenn sie an der Oberfläche blieben und kämpften. Häufig hatte das U-Boot kaum mehr als ein oder zwei Minuten Zeit zum Feuern, weil das Flugzeug so rasch näher kam; das einzige was blieb, war das Abtauchen … und dann das Warten auf die Wasserbomben. Catalina-, Liberator-, Sunderland- und Wellington-Maschinen waren furchterregende Anti-U-Boot-Waffen, die schwarzen Reiter am Himmel. Deshalb warteten die U-Boote in der zentralatlantischen «Lücke» auf die alliierten Frachtschiffe.

Diese Lücke begann sich nun zu schließen. Auf Drängen des Kommandos Westliche Gewässer wurden die ersten B-24 Liberator-Langstreckenbomber von ihrer Basis bei Londonderry in Nordirland verlegt. Aus verschiedenen Gründen waren zu dieser Zeit alle Staffeln des RAF-Küstenkommandos in Nordirland, Island, Schottland und auf den Hebriden stark unterbesetzt, aber die Liberators konnten wenigstens den für sie nächsten Geleitzug, SC 122, erreichen. Im Lauf des 17. März sichteten die

Flugzeuge mehrfach U-Boote und flogen sechs Angriffe, bevor sie zum Stützpunkt zurückkehren mussten. Keines der U-Boote wurde versenkt oder beschädigt, aber sie wurden wiederholt zum Tauchen gezwungen. Bis zum Sonnenuntergang wurde nur noch ein Schiff im Geleitzug versenkt, erneut durch den unermüdlichen Kinzel in U 338, der panamaische Frachter *Granville* mit Nachschub für die US Army.

Konvoi HX 229 war dagegen zunächst noch außer Reichweite der Luftunterstützung, und die wenigen Geleitschiffe, die sich bei der Hauptgruppe befanden oder nach der Rettung von Schiffbrüchigen oder der Jagd auf eine Sonarspur zurückfielen, waren völlig überlastet. Das erlaubte den Angreifern die Versenkung der niederländischen *Terkoelei* und der britischen *Coracero*. Bei Einbruch der Nacht näherten sich die U-Boote bei guter Sicht erneut dem Geleitzug. Doch dann tauchte eine B-24 auf, die in rascher Folge zwei U-Boote sichtete und mit Wasserbomben angriff und dann drei weitere und schließlich ein sechstes mit Maschinengewehren beschoss, weil ihr die Wasserbomben ausgegangen waren. Keines wurde beschädigt, aber alle waren erschrocken. Die Liberator war insgesamt 18 Stunden in der Luft geblieben, zwei Stunden länger als die normalerweise empfohlene Zeit. Wie lange die Besatzung schlief, als sie nach Nordirland zurückkehrte, ist nicht belegt. Für Geleitzug SC 122 verlief der Abend dagegen alles andere als ruhig. Er verlor nach Einbruch der Dunkelheit zwei weitere wertvolle Schiffe, die *Zouave* durch einen Volltreffer von U 305 und die *Port Auckland*, die vom selben U-Boot getroffen, aber wahrscheinlich von Kinzel endgültig versenkt wurde.

Diese Versenkung zweier weiterer Frachter ließ die *Volunteer* auf die Steuerbordseite des Konvois eilen, aber ihre Ortungsgeräte waren defekt, und die wenigen anderen Geleitschiffe fischten Überlebende auf. Man vermutet, dass Luther entweder sehr mutig, sehr stur oder beides war, aber erst beim Anblick der Versenkung der *Terkoelei* und der *Coracero* war der Kommandant der Meinung, «es war der Zeitpunkt gekommen, Hilfe anzufordern». An diesem Punkt beschloss einer der schnelleren amerikanischen Dampfer, die *Mathew Luckenbach*, aus dem Geleitzug auszuscheren und vorauszufahren, trotz wiederholter Botschaften der Geleitschiffe und des Konvoikommandanten. Zwei Tage später wurde sie versenkt, es gab nur wenige Überlebende.

Noch vor Luthers Hilferuf hatten beide Admiralitäten beschlossen, weitere Kräfte in den Kampf zu werfen. Das war für Dönitz leichter, da er bereits frische U-Boote im Atlantik hatte. Die britischen Planer standen vor einer viel schwierigeren Aufgabe, weil es gleichzeitig so viele *andere* wertvolle Geleitzüge im Nordatlantik gab. Die beiden Gibraltar-Konvois KMS 11 (62 Frachter mit 9 Geleitschiffen) und KMF 11 (9 Frachter mit zwei Geleitschiffen sowie von anderen Aufgaben abgezogenen Zerstörern) würden sich wahrscheinlich durch den Golf von Biskaya kämpfen müssen, wo nicht nur eine weitere U-Boot-Gruppe auf sie wartete, sondern womöglich auch deutsche Langstreckenbomber; man konnte dort keinen Schutz abziehen. Konvoi ON 172 (17 Frachter mit ebenfalls nur sechs Geleitschiffen) war vor der Südspitze Grönlands nicht nur zu weit weg, sondern befand sich auch in einem Gebiet, wo sich eine weitere U-Boot-Gruppe sammelte. Und Konvoi ON 173 (39 Frachter mit sechs Geleitschiffen) fuhr weit nördlich der Schlacht und war selbst sehr schwach. Die aus St. John's (Neufundland) zur Verstärkung geschickten Korvetten waren nicht schnell genug, um rasch einzugreifen, und die beiden aus Island gesandten US-Zerstörer wurden am 17./18. März in schwerer See beschädigt.

Ebenso war die Lage bei den so wichtigen und doch so raren alliierten Flugzeugen. Außerdem gelang es den B-24 oft nicht, Kontakt zu den Geleitzügen herzustellen. Also gab es am 18. März weitere alliierte Verluste bei HX 229. Einer davon war die *Walther Q. Gresham*, eine brutale Ironie, denn sie gehörte zu den ersten Schiffen der Liberty-Reihe, deren Massenproduktion schließlich den Schiffsmangel behob, der zweite war die ebenfalls neu gebaute *Canadian Star*. Als die weit überlastete Korvette *Anemone* Überlebende von diesen beiden Schiffen aufgefischt hatte, befanden sich mit den zuvor Aufgenommenen 163 erschöpfte Zivilisten bei ihr an Bord, darunter sechs Frauen und zwei Kinder. Dann nahm sie wieder ihre Position ein und kämpfte die ganze nächste Nacht gegen U-Boot-Angriffe auf HX 229. Manchmal funktionierte das Sonar, manchmal nicht, zweimal versagten die Hedgehog-Granaten, und obwohl die Wasserbomben funktionierten, waren die U-Boote schon weg, bevor sie die eingestellte Tiefe erreichten. Zahlreiche Gerettete schliefen in dieser Nacht auf der *Anemone*, während Geleitzug SC 122 das Glück hatte, ein richtiges Bergungsschiff zu besitzen.

Am 19. März zeigte die große Lagekarte des Nordatlantik, die eine ganze Wand im Kontrollraum der britischen Admiralität einnahm, ein außergewöhnliches Bild. Signale von feindlichen U-Booten wurden aus fast jedem Quadranten des Ozeans aufgefangen. Die Gibraltar-Konvois kamen unter schwere U-Boot- und Fliegerangriffe, als sie die Nordwestspitze Spaniens passierten. Weit im Norden war HX 229A den U-Booten ausgewichen, aber auf Eisberge gestoßen. Der sehr große dänische Walfänger *Svend Foyn* sank mit zahlreichen zivilen Passagieren in der eisigen See, nicht weit von dem Punkt, wo die *Titanic* untergegangen war. Der einzige Trost lag darin, dass HX 229/SC 122 endlich den 900 Kilometer-Radius der alliierten Flugzeugbasen in Nordirland und Island erreicht hatte. Den ganzen Tag sahen die erschöpften Mannschaften der Frachter und ihrer Geleitschiffe, wie Liberators, Fortresses, Sunderlands und Catalinas die Kriegsschiffe zu den U-Booten leiteten und selbst am Angriff teilnahmen. Einige U-Boot-Kommandanten gaben immer noch nicht auf, unter ihnen Kinzel, dessen Boot erst die Heimfahrt antrat, nachdem es von aus der Luft abgeworfenen Wasserbomben schwer beschädigt war. 300 Kilometer hinter ihm wurde der weniger erfahrene Kapitän von U 384 am Morgen des 20. März von einer tief fliegenden Sunderland an der Oberfläche erwischt und versenkt. Dies war das einzige U-Boot, das in der ganzen langen Schlacht verloren ging. Abends zog Dönitz seine Boote zurück.

Am nächsten Tag schickten die Geleitzugkommandanten einige der Geleitschiffe voraus in den sicheren Hafen. Die ersten waren passenderweise Kriegsschiffe wie die *Anemone*, *Pennywort* und *Volunteer* mit Hunderten geretteter Zivilisten an Bord. Alle waren am Rande ihrer Kräfte. 42 der 60 Schiffe von SC 122 und 27 der 40 Schiffe von HX 122 erreichten ihre Ziele. Der Kommodore (d. h. der Kommandant der Handelsschiffe) des langsameren Konvois berichtete lakonisch, es sei «abgesehen von den U-Booten» eine normale Atlantiküberfahrt gewesen. Diese Männer waren nicht leicht zu erschüttern.

Die alliierten Besatzungen hatten zwar ein Höchstmaß an Einsatz und Ausdauer gezeigt, dennoch hatten ihre Flotten schwere Schläge einstecken müssen. Die Schlacht im Atlantik stand vor der Niederlage.

Die vielen Schwächen der Alliierten

Warum waren die Begegnungen der alliierten Konvois und Geleitschiffe mit den U-Booten in diesen Wochen so negativ verlaufen? Der Kriegsschauplatz war so komplex, dass es nicht an einem einzelnen Faktor liegen konnte; einige wichtige Historiker dieses Feldzugs, unter ihnen ein zentraler Teilnehmer wie Sir Peter Gretton, fühlen sich daher sogar unbehaglich dabei, überhaupt einen bestimmten Faktor als Hauptgrund für den Ausgang anzugeben.[16] Für mich sind jedoch einige Gründe deutlich wichtiger als andere.

Zunächst war da der rein zahlenmäßige Unterschied Anfang 1943. Zweifellos hatten die britische, kanadische und amerikanische Marine in diesen Wochen noch viele andere drängende Aufgaben bei angespannten Ressourcen zu erfüllen, aber einen Nordatlantikkonvoi von 50 langsamen Frachtern von nur vier bis fünf Kriegsschiffen begleiten zu lassen, und zwar zu einer Zeit, wo bekannt war, dass immer mehr U-Boote in Dienst gestellt wurden, bedeutete ein großes Risiko, wenn dies 1943 tatsächlich der entscheidende Kriegsschauplatz für die Alliierten war. Bei Betrachtung der Karten mit den Schiffspositionen in den Stunden und Tagen vor den Angriffen auf die Geleitzüge wird klar, dass ein Kommandant wie Lt.-Commander Luther vor einer völlig unmöglichen Aufgabe stand – wie konnte sein Schiff U-Boote vertreiben, die sich an einer Seite des Geleitzugs sammelten, Überlebende von gesunkenen oder sinkenden Frachtern aufnehmen und die übrigen Schiffe schützen? Er konnte es nicht, jedenfalls nicht ohne weitere Verluste. In dem Spiel Stein-Schere-Papier sind alle drei Seiten gleich stark und schwach. Das galt nicht für das Spiel zwischen U-Booten, Konvois und Geleitschiffen, das mit HX 229/SC 122 gespielt wurde. Die Zahlen waren entscheidend. Es gab viel zu wenig Geleitschiffe, und die späte Verstärkung durch Flugzeuge und Schiffe kam tatsächlich zu spät.

Dann bestand ein Ungleichgewicht bei der Aufklärung, denn zu diesem Zeitpunkt war der B-Dienst wohl auf dem Höhepunkt seiner Leistungsfähigkeit und entschlüsselte die Befehle der Admiralität in eindrucksvollem Tempo. Natürlich verpassten U-Boote manchmal Meldungen, die für sie bestimmt waren, und fuhren in die falsche Richtung, wenngleich sich dort zuweilen eine unerwartete Angriffschance ergab. Insgesamt wurden die Boote aber von Dönitz streng auf Kurs gehalten – er leitete nicht nur eine, sondern vier U-Boot-Gruppen, die manchmal Tausende von Kilometern voneinander entfernt waren. Dagegen scheint die alliierte Aufklärung zu diesem Zeitpunkt deutlich im Hintertreffen gewesen zu sein. Selbst wenn das Kommando Westliche Gewässer dechiffrierte Enigma-Meldungen erhielt, kamen sie oft mehrere Tage zu spät – und solche Verzögerungen forderten im Nordatlantik einen hohen Preis.

Ein weiteres wichtiges Element war, wie schon erwähnt, die Luftunterstützung, oder besser ihr Fehlen. Wenn irgendetwas die geostrategische Bedeutung der zentralatlantischen «Lücke» unterstrich, war es die *Position* der Verluste alliierter Frachter in den schrecklichen Monaten Ende 1942 und Anfang 1943. Natürlich versenkten U-Boote auch Handelsschiffe vor Trinidad, Buenos Aires und Kapstadt, und die Gibraltar-Route war immer gefährlich, weil sie so nah an den deutschen Marine- und Luftwaffenstützpunkten in Westfrankreich vorbei führte. Wenn man aber die lebenswichtige Verbindungslinie von den USA und Kanada nach Großbritannien betrachtet, ist die Evidenz unabweisbar. Captain Roskills offizielle Kriegsgeschichte enthält eine Karte der Versenkungen: alle fanden in der «Lücke» der Luftunterstützung statt.[17]

Dies war der Schauplatz des dreiseitigen Spiels zwischen Konvois, Geleitschiffen und U-Booten. Selbst ein schwach eskortierter Konvoi mit etwas Luftunterstützung am Tag wie SC 122 hatte in diesen Stunden eine größere Chance als ein schwach eskortierter ohne jede Luftunterstützung wie HX 229. Was aber, wenn die Schlacht im Atlantik auf der ganzen Fahrt ein vierseitiges Spiel zwischen Frachtern, Geleitschiffen, U-Booten und Flugzeugen wurde? Was, wenn Tag und Nacht patrouillierende alliierte Flugzeuge Überwasserangriffe von U-Booten zu gefährlich machten?

Ein vierter Faktor war die Qualität der jeweiligen Waffensysteme. Das wichtigste U-Boot dieser Zeit, die Reihe VII C war schmal, eng und sehr einfach mit nur 800 BRT, 67 Metern Länge und 44 Mann Besatzung, die unter unglaublichen Bedingungen zusammengepfercht waren. Es war auch extrem robust und zuverlässig und konnte rasch abtauchen, wenn Gefahr am Horizont drohte. Die Reihe IX dagegen war größer, mit stärkerer Feuerkraft über Wasser, aber beim Angriff durch ein britisches oder kanadisches Geleitschiff etwas unbeweglich. Zu seinem Glück besaß Dönitz genug Boote der kleineren Reihe im Nordatlantik und konnte die größeren Boote auf entfernte Positionen schicken, wo sie ihre Stärken ausspielen konnten.

Im Gegensatz dazu war das alliierte Kriegsmaterial zu diesem Zeitpunkt unbefriedigend. Bei einer Reihe 25 Jahre alter Kriegsschiffe hatte man neue Ausrüstung an Bug oder Heck angebracht, eine verzweifelte Zwischenlösung, bis neuere Schiffe vorhanden waren. Fast alles war im Versuchsstadium und neigte zu Kinderkrankheiten. Die Geleitschiffe konnten rund 15 Minuten lang nach Abfeuern einer Wasserbombe oder eines Torpedos keine Sonarsignale empfangen. Es ist auch wichtig, dass die meisten neuen Waffen ein großes Potenzial, aber auch operative Probleme hatten und darum in ihrem Wert von den Mannschaften der Royal Navy unterschätzt wurden. Ältere Korvetten hatten meist nicht den hochgezogenen Bug der späteren Typen, darum wurden sie von den 50 Meter hohen Atlantikwellen fast überspült. Dass die meisten Kriegsschiffe nicht die neueren Kurzwellenfunkpeilgeräte besaßen (HF-DF, genannt «Huff-Duff») war natürlich ein großer Nachteil. Doch die kleinen Funkteams der *Volunteer*, die so eine Ausrüstung besaß, als sie HX 229 über den Atlantik begleitete, mussten sich entscheiden, ob sie die Bewegungen des Feindes verfolgen oder die besorgten Anfragen der Admiralität empfangen wollten – beides ging nicht. Und fast alle kleinen Geleitschiffe besaßen eine zusammengewürfelte Mannschaft und Reserveoffiziere, die oft erst ein Jahr lang dienten, während die Berufsoffiziere natürlich für die Zerstörer und Kreuzer der Heimatflotte aufgespart wurden. England spielte seine stärksten Karten gar nicht aus, und Kanada mühte sich, eine große Geleitflotte praktisch aus dem Nichts aufzubauen. Ihre Zeit sollte kommen, aber noch nicht im Frühjahr 1943.

Andere Aspekte erscheinen weniger zentral. Das Wetter scheint beispielsweise höchst neutral geblieben zu sein. Der angesehene kanadische Erforscher der Geleitzugschlachten, Marc Milner, stellt fest, dass die Verteidiger im Vorteil waren, als das Frühjahr kam und das Wetter besser, die See ruhiger und die Tage länger wurden.[18] Die Dokumente legen aber nahe, dass bei einer Geleitzugschlacht in rauer oder eisiger See alle Kombattanten – U-Boote, Geleitschiffe, Flugzeuge – so von den Stürmen gebeutelt waren, dass sie weniger Zeit und Energie darauf verwenden konnten, den Gegner zu finden und zu versenken. Ruhigere See und längere Tage gaben alliierten Kriegsschiffen und vor allem Flugzeugen zwar mehr Zeit, nicht getauchte U-Boote zu finden, boten aber auch den U-Booten eine bessere Gelegenheit, den verräterischen Rauch eines Frachtschiffs zu erkennen. So ließen sich bei besseren Wetterbedingungen alle anderen Elemente – Sicht, Ortung, Manövrierfähigkeit und Feuerkraft – von beiden Seiten besser ausnutzen.

Die operativen Nachteile der alliierten Konvois waren Anfang März 1943 also sehr groß: unzureichender Geleitschutz, schlechte Aufklärung, fehlende oder zu schwache Luftunterstützung und bei Nacht gar keine, dazu mangelhafte und veraltete Ausrüstung. Unter diesen Umständen verwundert es, dass die Verluste nicht noch größer waren. HX 229 und SC 122 waren schließlich in der atlantischen «Lücke» kaum in einer besseren Position als der tragische und berüchtigte Arktiskonvoi PQ 17, der nicht weniger als 23 Schiffe durch deutsche U-Boote und Flugzeuge verlor, als er sich auf halbem Wege nach Nordrussland im Juli 1942 auflösen musste.[19]

Die außergewöhnliche ozeanische Turbulenz des Frühlingsbeginns 1943 – ein älterer Erzfrachter brach während der Stürme einfach in zwei Teile – hatte den Kampf für kurze Zeit unterbrochen. Dönitz nutzte die Gelegenheit, seinen Booten eine Atempause zu geben und sie zu ihren französischen Häfen zurückzuschicken, während er andere in den Südatlantik beorderte. Die Briten nutzten sie, um nachzudenken und sich neu zu gruppieren, während die Planer der Admiralität gleichzeitig noch weiter entfernte Geleitzüge zu schützen versuchten, die etwa Truppen und Nachschub über den Indischen Ozean brachten.

Als Anfang April aber das Treibeis weniger wurde, erreichte die entscheidende Schlacht um die Kontrolle des Atlantik ihren Höhepunkt. Inzwischen besaß Dönitz die atemberaubende Zahl von rund 240 einsatzfähigen U-Booten (und weitere 185, die umgebaut oder deren Mannschaften ausgebildet wurden), darum konnte er 40 oder mehr Boote auf jeden Geleitzug hetzen. Die alliierten Schiffe und Flugzeuge hatten ebenfalls ihre Feuerkraft verstärkt, aber die wichtigste Veränderung lag in der aggressiveren Haltung, wie sie der kämpferische Chef des Kommandos Westliche Gewässer, Max Horton, vertrat, der rasch die Unterstützung seiner Vorgesetzten in der Admiralität gewann. Die Lehre, die aus der schlimmen Erfahrung der Angriffe auf die Geleitzüge SC 122/HX 229 gezogen wurde, war, wie der Erste Lord der Admiralität, Sir Dudley Pound, Ende März vor dem Kabinettsausschuss für Anti-U-Boot-Kriegführung sagte, dass «wir uns nicht länger darauf verlassen können, den U-Boot-Rudeln auszuweichen, und uns künftig mit den Konvois durchkämpfen müssen».[20] Im Rückblick ist das vielleicht die wichtigste Aussage über die Schlacht im Atlantik. Ohne dass Pound es vielleicht selbst ahnte, gab die Entscheidung, die Geleitzüge viel aggressiver in einem Kampf auf Leben und Tod um die Kontrolle der Seewege zu verteidigen, den Alliierten ein viel klareres Ziel als vorher.

Neue Elemente im Kampf

Admiral Pounds Aussage war keine der romantischen Erklärungen «bis zum Tod zu kämpfen», um Mut in düsterer Lage zu mobilisieren. Mut sollte in den Monaten nach dem März/April 1943 weiterhin nötig sein, aber nun wurden die Geleitzüge von Kräften verteidigt, die stetig mehr und bessere Waffen bekamen. Diese neuen Ressourcen stärkten die Alliierten und schwächten Dönitz' Strategie, obwohl ihm immer mehr U-Boote zur Verfügung standen. Man muss aber betonen, dass die Verbesserungen der Alliierten stückweise erfolgten; manche wurden schon lange erwartet, andere waren für die Empfänger eine Überraschung. Dieses Kapitel unterscheidet sich daher von dem über den Kampf um die Luftherrschaft über Deutschland (Kap. 2), bei dem die Einführung eines einzigen neuen Waffensystems die Wende brachte, oder dem über den Pazifikkrieg (Kap. 5), wo eine bemerkenswerte Serie von Durchbrüchen – die amphibische Kriegführung des US Marine Corps, die schnellen Flugzeugträgergruppen, die Seabees-Bautruppen und die B-29-Bomber – Amerika die Oberhand verschaffte. Und obwohl der Umschwung zwischen der deutschen Marine und den Alliierten in der Atlantikschlacht viel früher erfolgte als jene beiden, ist die Geschichte viel unübersichtlicher.

Dies ist also die Phase – ab März 1943 –, wo die Historiker der Atlantikschlacht eine Reihe hochinteressanter Entwicklungen und Innovationen verzeichnen, die das Gleichgewicht zugunsten der Alliierten verschoben. Sie entsprangen nicht einem großen Plan aus dem Büro von Max Horton, vielmehr standen sie der Royal Navy nach und nach zur Verfügung, und einige der neuen Systeme brauchten Monate, bis sie sich ins Gesamtkonzept einfügten. Doch ein U-Boot-Kommandant, der Ende März nach Süden geschickt wurde, um vor Freetown (Sierra Leone) auf Jagd zu gehen, wäre völlig von dem überrascht worden, was er bei der Rückkehr zur Basis in Brest im Juli erfahren hätte. Die folgenden Passagen erklären, warum.

Wäre der U-Boot-Kommandant von seinem Flottillenführer informiert worden, so hätte er von der großen und wachsenden Zahl alliierter Verbesserungen in diesem Zeitraum erfahren. Die Luftunterstützung durch das Küstenkommando verstärkte sich, wenn auch ungleichmäßig, als zusätzliche Staffeln eintrafen. Neue Geleitträger, kleinere, besonders für den Schutz von Konvois geeignete Flugzeugträger, wurden in Dienst gestellt, manche zusammen mit neu gebildeten Korvetten- und Fregattenverbänden. Dazu konnten einige Geleitverbände aus sehr schnellen Zerstörern von der Heimatflotte geschickt werden, da die in Norwegen stationierten deutschen Schlachtschiffe völlig untätig blieben. Neue oder stark verbesserte Ortungs- *und* Zerstörungstechnik kam endlich an die Front. Immer mehr Antennen von Kurzwellenpeilgeräten tauchten sogar [illegible] kleinen alliierten Geleitschiffen auf. Der berühmte 10 cm-Well[illegible] stand ebenfalls zur Verfügung. Wellington- und Catalin[illegible] Leigh-Scheinwerfern machten den Golf von Biskaya f[illegible] U-Boote gefährlich. Auch der «Hedgehog»-Gr[illegible]kere und präzisere Wasserbomben und der Luf[illegible]geführt. Schließlich neigte sich die Aufklärung[illegible]dem B-Dienst und den Dechiffrierteams in Bletch[illegible]der Alliierten. Kurz gesagt, während der U-Boot-K[illegible]uden leichtes Spiel gehabt hatte, waren die Dinge i[illegible]sehr schlecht gelaufen.

Das schlechte Wetter i[illegible]e interessanterweise die vielen Verbesserungen auf alliier[illegible]Weile verdeckt. Die Rekordstürme von Anfang 1943 gingen w[illegible]ass die Geleitzüge, die Ende März fuhren, stark beschädigt wurden, die beiden größten, HX 230 und SC 123, verloren aber jeweils nur ein Schiff durch U-Boote. Das Gleiche galt für die Konvois HX 233, ONS 3 und ONS 4 Anfang April. Somit war HX 231 der einzige Geleitzug, der zu dieser Zeit unter schwere Angriffe kam, als seine Geleitschiffe am 5./6. April eine ganze U-Boot-Gruppe zurückschlugen und stark beschädigten, so dass die meisten ihrer Frachter die Zielhäfen erreichten. Nicht weniger als 22 der 61 Schiffe waren Öltanker, und viele andere transportierten das, was man «Prä-D-Day»-Ausrüstung nennen könnte – Lastwagen, Panzer, Flugzeuge und Landungsboote, dazu große Mengen an Munition.[21] Und das war der Schlüssel. Allein diese gewaltige Gruppe von Öltankern nach England zu bringen, wendete in dieser Zeit eine Ressourcenkrise ab.

Und es gab noch bessere Neuigkeiten. Zwischen Juni und Mitte September gingen im Nordatlantik nur 15 Frachter verloren, und davon bloß einer in einem Geleitzug. Während die Alliierten sich für weitere Vorstöße im Mittelmeer und für einen massiven Aufbau von Truppen und Kriegsgerät in England zur Vorbereitung der künftigen Invasion Frankreichs rüsteten und die Anforderungen der Feldzüge im Pazifik und in Südostasien immer größer wurden, verstärkte sich eigentlich ihre Transportkrise.

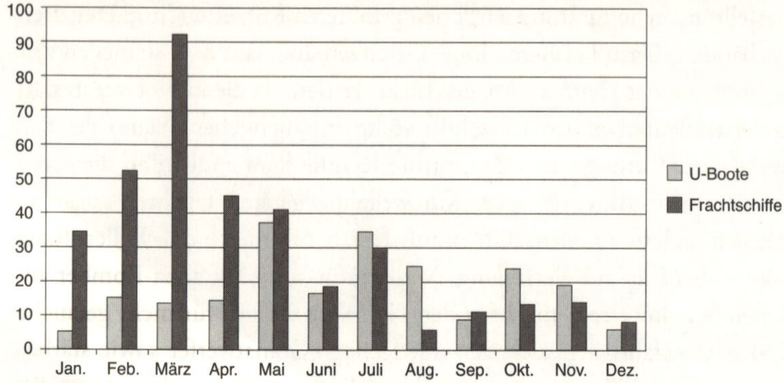

Schiffsverluste in der Atlantikschlacht 1943. Der zeitweise Anstieg der Frachterverluste im Juli kommt von Versenkungen außerhalb des Nordatlantik, als die U-Boote nach Süden vertrieben wurden. Die Statistik wurde von William Owen aus den Tabellen 69 u. 72 in J. Ellis, *World War II: A Statistical Survey*. London 1989, S. 266, zusammengestellt.

Aber diese Krise war wesentlich eine von Angebot und Nachfrage, die durch die gewaltige Produktionssteigerung der amerikanischen Industrie gelöst wurde. Die alliierte Handelsflotte drohte nicht mehr auf den Geleitzugrouten zwischen New York/Halifax und Glasgow/Liverpool auszubluten. Den Zehntausenden von Handelsmatrosen, die zum ersten Mal ohne einen einzigen Angriff über die stürmische See fuhren, muss das unglaublich, unerklärlich und sogar ein wenig unheimlich vorgekommen sein. Es wurden sogar mehr U-Boote als Frachtschiffe versenkt.

Um diese Wende zu verstehen, die schnellste in den großen Feldzügen des Zweiten Weltkriegs, sollten wir die entscheidenden Geleitzugschlachten vom Mai 1943 analysieren, vor allem die erste, denn sie war die wichtigste. In ihrem Mittelpunkt stand die Fahrt des langsamen Konvois ONS 5 nach Westen, der am 23. April von seinem Sammelpunkt bei Glasgow abfuhr und am 11. Mai die nordamerikanischen Häfen erreichte. Hier wiederholte sich die Saga von SC 122/HX 229. Diesmal gewannen die Alliierten – nicht mühelos, aber entscheidend.

Dies erschließt sich am besten, wenn man die elegante, aber vereinfachte Karte des Geleitzügekurses und der U-Boot-Linien, die er durchbrechen musste, betrachtet. Diese Karte zeigt die Schlichtheit und zugleich die außerordentliche Komplexität dieser Atlantikschlachten. 43 Handelsschiffe aus fünf englischen Häfen hatten sich mit ihren Geleitschiffen vor dem Mull of Kintyre gesammelt und begannen Ende April die Überfahrt nach Amerika auf einer Nordroute. Sie hatten nicht viel Ladung, aber das war nicht entscheidend; wenn sie nicht wiederkamen, würde es künftig immer weniger alliierte Schiffe für den Transport von Öl, Eisenerz, Lastwagen, Getreide oder Flugzeugteilen nach Großbritannien geben. Und es war entschieden ein *alliierter* Geleitzug: zu den 28 britischen Schiffen kamen fünf amerikanische, drei norwegische, zwei niederländische, zwei griechische und je ein jugoslawisches, panamaisches und dänisches. Die Geleitgruppe B7 bestand aus zwei Zerstörern und einer Fregatte, zwei Rettungsschleppern und den vier wertvollen Korvetten *Sunflower*, *Snowflake*, *Pink* und *Loosestrife*. Kommandant der Geleitschiffe war Commander Peter Gretton, dessen große Leidenschaft das Versenken von U-Booten war; er war kürzlich aus dem Mittelmeer zurückgekehrt, wo er den Kriegsverdienstorden für das Rammen und Beschädigen eines italienischen U-Boots bekommen hatte. Gretton hatte in den frühen Nordseekonvois gekämpft, in der zweiten Schlacht um Narvik, im Atlantik, im Mittelmeer und bei den Landungen in Nordafrika. Nach dem Kampf um HX 231 hatte er gerade Atem geschöpft.

Der Geleitzug fuhr nach Nordwesten, wo er vom 25. bis 27. April einen willkommenen «Kokon» alliierter Luftunterstützung aus Island genoss. Die nächsten beiden Tage fuhr er mit Glück nördlich an der U-Boot-Gruppe «Star» vorbei in Richtung Kap Farvel und der auf Grönland stationierten Luftunterstützung und danach in schweres Wetter. Bis dahin hatte es keine Sichtung gegnerischer U-Boote gegeben, und die einzigen Ausfälle – neben den Sturmschäden an einigen Schiffen – waren einige wegen Treibstoffknappheit abgezogene Zerstörer, darunter der von Gretton. Zu diesem Zeitpunkt war das Betanken auf See während solcher Stürme noch unmöglich. Wie schlecht das Wetter geworden war, zeigt sich daran, dass der gesamte Geleitzug sich gezwungen sah, eine Weile allein zu fahren, und dass die fünf Zerstörer der zusätzlichen 3. Unterstützungsgruppe über einen Tag brauchten, um seine Position herauszufinden. Doch die viel größere Gefahr lag vor ihnen, denn Dönitz hatte die Wolfsrudel angewiesen zu warten. In der Nacht vom 4. auf den 5. Mai lauerten sie in zwei langen Linien (21 Boote in den Gruppen Fink und Specht), während der Geleitzug quälend langsam Richtung Neufundland fuhr. Eines der U-Boote war am Tag von Flugbooten der kanadischen Luftwaffe versenkt worden, aber bei Sonnenuntergang kam ihre Stunde.

Es folgten zwei Nächte und ein Tag außergewöhnlicher Seegefechte. Die U-Boote griffen den geschwächten Geleitschirm immer wieder an; unter diesem Druck konnten die Zerstörer, Fregatten und Korvetten nichts anderes tun, als auf ein U-Boot zuzufahren, um es zu vertreiben, Wasserbomben zu werfen und zurück zum Geleitzug zu eilen. Vier Schiffe im Konvoi und ein Nachzügler wurden in dieser Nacht versenkt. 26 Frachtschiffe blieben übrig, und bei Sonnenaufgang befanden sie sich wieder in einer Luftlücke zwischen Grönland und Neufundland. An diesem Tag wurden vier weitere Frachter versenkt. Die zweite und noch größere U-Boot-Gruppe wartete derweil noch auf ihren Einsatz. Den einzigen Lichtblick lieferte die kleine Korvette *Pink* unter ihrem unermüdlichen Leutnant Robert Atkinson, der nach einer achtmonatigen Kur gegen Seekrankheit gerade wieder den Dienst angetreten hatte. Nachdem der Geleitzugkommandant ihn zum Aufsammeln der Nachzügler geschickt hatte, führte Atkinson plötzlich einen eigenen kleinen Konvoi aus drei britischen, einem norwegischen, einem griechischen und einem amerikanischen Frachter.[22] Die *Pink* hatte nur noch wenig Treibstoff, fuhr mit nur einem Kessel, legte einen Dynamo still und rationierte das Wasser – bis zu dem Zeitpunkt, an dem Atkinsons Gruppe wiederholt von dem ebenso entschlossenen U 192 unter Oberleutnant Happe angegriffen wurde und die Korvette wieder Volldampf geben musste. Stundenlang kämpften die beiden Schiffe, verloren mehrmals den Kontakt, wobei Atkinson fast die Wasserbomben ausgingen und die neuen Hedgehog-Granaten nicht funktionierten. Nach der letzten Wasserbombensalve beschloss Atkinson sich wieder dem Konvoi von Nachzüglern anzuschließen, der inzwischen mindestens 15 Kilometer voraus war. Beim Wenden hörte die Mannschaft der Korvette eine gewaltige Explosion hinter sich im Wasser. U 192 war explodiert. Es war Happes erstes und letztes Atlantikkommando.

Als die *Pink* ihren Minikonvoi wieder erreichte, wurde der amerikanische Frachter *West Madaket* von einem Torpedo getroffen und begann zu sinken. Nachdem die *Pink* mögliche weitere U-Boote vertrieben hatte, musste sie als nächstes Überlebende aufnehmen – schon jetzt hatte sie 61 Menschen zusätzlich an Bord. Inzwischen hatte das Kommando Westliche Gewässer Atkinsons Gruppe als eigenen Untergeleitzug eingestuft und verstärkte ihn durch die HMS *Sennen*, einen früheren Kutter der US-

Küstenwache, die weitere U-Boote vertrieb, bevor der Konvoi durch dichten Nebel gerettet wurde. Am 9. Mai geleitete die *Pink* ihre Schützlinge schließlich nach St. John's, und Atkinson schrieb seinen Bericht.

Der Hauptteil von Geleitzug ONS 5 war in der Nacht vom 5. auf den 6. März in eine langwierige Schlacht verwickelt, in der die U-Boote nicht weniger als 24-mal angriffen, und die Geleitschiffe nicht zurückwichen. Die *Loosestrife* wehrte die ganze Nacht U-Boot-Angriffe auf die Steuerbordseite des Konvois ab. Um 2.30 Uhr traf sie auf das nur 500 Meter entfernte U 638, das vor dem Tauchen Torpedos auf die *Loosestrife* abfeuerte. Bei der Verfolgung warf die Korvette zehn Wasserbomben ab. Die Explosion war so nah und so stark, dass die Männer im Maschinenraum meinten, das Heck sei weggesprengt worden. Aber es war das U-Boot. Und der lauteste Jubel kam von den 71 Handelsmatrosen an Bord, die gerettet worden waren, als ihre Schiffe sanken. Ronald Seth, der Chronist von ONS 5, bemerkt dazu: «Für die Opfer von U-Booten war die Jagd und Vernichtung eines Gegners besonders faszinierend … und wenn moralische Unterstützung bei der Versenkung von U 638 eine Rolle spielte, konnten die Handelsmatrosen an Bord einen Anteil daran beanspruchen.»[23]

Anderthalb Tage zuvor hatte Horton seinen nächsten Trumpf ausgespielt und die 1. Geleitschiffgruppe zum Konvoi befohlen. Ihr Führungsschiff, die Sloop HMS *Pelican*, griff bald U 438 an, aber schon zuvor hatte der Zerstörer HMS *Oribi*, einer der letzten der 3. Geleitschiffgruppe, U 531 gerammt und versenkt. Etwa zur selben Zeit griff der Zerstörer HMS *Vidette* U 125 mit seinen Hedgehog-Granaten an; diesmal funktionierten die Geschosse einwandfrei, und das U-Boot sank. Das war für die Mannschaft des Geleitschiffs sehr befriedigend, denn genau wie die *Pink* und die *Loosestrife* hatte die *Vidette* den Konvoi auf dem ganzen Weg über den Atlantik begleitet und alle Leiden, Stürme und Gefahren geteilt. Nach dieser dramatischen Nacht war der Himmel an den folgenden Tagen voller Flugzeuge, die kanadischen Geleitschiffe kamen hinzu, die U-Boote zogen sich zurück, und die beschädigten und erschöpften Kriegsschiffe wurden voraus in den Hafen geschickt. Die *Oribi* schaffte es mit vom Rammen beschädigtem Bug nach St. John's, die unermüdliche Korvette *Pink* hatte nur noch 18 Tonnen Treibstoff in den Tanks. Sie hatten diese Geleitzugschlacht gewonnen.

Insgesamt hatten 39 U-Boote ONS 5 angegriffen und 12 Frachter torpediert, aber die Alliierten hatten sieben U-Boote versenkt, zwei stießen im Nebel zusammen, und fünf weitere waren schwer beschädigt. Außerdem wurden die U-Boote nicht nur im direkten Gefecht versenkt (U 638 hatte kaum eine Chance, als es sich nur 500 Meter von der angreifenden *Loosestrife* entfernt fand), sondern auch bis zu 80 Kilometer vom Konvoi entfernt über Wasser von amerikanischen, britischen und kanadischen Flugzeugen getroffen. Dieser chaotische Kampf bedeutete die Wende, obwohl das wegen des mühsamen Verlaufs des Geleitzugkriegs damals nicht leicht zu erkennen war.

Wenn Dönitz wegen dieser Verluste besorgt war, zeigte er es jedenfalls nicht. Mitte Mai hatten seine um viele neue Boote verstärkten Wolfsrudel sich wieder im Nordatlantik gesammelt. Sie wurden aber von den Kriegsschiffen und Flugzeugen vertrieben, die Geleitzug SC 129 schützten. Danach versuchten sie Geleitzug SC 130 zu zerstören, aber die Verteidiger waren zu stark. Der Konvoi aus 37 Frachtern, acht Geleitschiffen und einer nahen Unterstützungsgruppe lief unter dem Kommando von Peter Gretton aus Halifax Richtung Glasgow aus. Gretton war wütend, weil er mitten im Kampf um ONS 5 hatte abdrehen müssen, um sein Schiff neu zu betanken, und entschlossen, sich diesmal zu rächen. Zu den Geleitschiffen zählte neben seinem Zerstörer *Duncan* auch der Kutter *Sennen*, der den Minikonvoi der *Pink* unterstützt hatte, dazu der Zerstörer *Vidette* und die Korvetten *Sunflower*, *Snowflake*, *Pink* und *Loosestrife*.[24] Und inzwischen gab es am Tag ununterbrochene Luftunterstützung.

So wurde fast jedes der 33 U-Boote, das auftauchte, rasch von Liberator- und Hudson-Bombern angegriffen und drei davon versenkt, darunter U 954 mit Dönitz' Sohn Peter an Bord. Die *Duncan* half bei der Zerstörung eines vierten Angreifers und die *Sennen* und die *Jed* bei einem fünften. Erstaunlicherweise wurde kein einziger Frachter versenkt, ihre Mannschaften hörten entfernten Lärm und sahen große Explosionen am Horizont, aber näher kamen die U-Boote nicht. Trotz dieses harten Schlags befahl Dönitz seinen Booten, sich für den nächsten großen Geleitzug HX 239 neu zu formieren, aber seine Befehle enthielten den folgenden Satz, der in Bletchley Park, wo man die «Shark»-Codes nun wieder knacken konnte, rasch übersetzt wurde: «Derjenige, der nun glaubt, daß die Geleitzugbekämpfung nicht mehr möglich ist, ist ein Schwächling und kein echter U-Bootkommandant.»[25]

Etwa zu diesem Zeitpunkt begannen Horton beim Kommando Westliche Gewässer und hohe Vertreter der Admiralität sich zu fragen, ob die deutschen U-Boot-Besatzungen langsam ihre Entschlossenheit verlören. Vielleicht war das der Fall (darauf wird gleich einzugehen sein), aber man muss fragen, *was* selbst ein entschlossener U-Boot-Kommandant in dieser Phase des Kampfes noch tun konnte. Neben den entfernteren Luftpatrouillen des Küstenkommandos wurde Konvoi HX 239 nämlich auf der ganzen Fahrt von zwei der neuen Geleitträger, USS *Bogue* und HMS *Archer*, begleitet, die zwei der drei getroffenen U-Boote versenkten. Der Konvoi traf am 25. Mai in England ein, am selben Tag wie der langsamere SC 130, der Tag und Nacht aus der Luft geschützt worden war. Die Langstreckenflugzeuge hatten 28 U-Boote gesichtet, zehn angegriffen und zwei versenkt. Die Frachtschiffe waren unbeschadet geblieben. Das war eine außergewöhnliche Wende seit HX 229/SC 122.

Ende Mai 1943 bilanzierte der nüchterne Realist Dönitz die Ergebnisse des letzten Monats – 41 verlorene U-Boote in vier Wochen – und kam zu dem Schluss, dass der Nordatlantik zu gefährlich für seine Boote geworden war. Sie wurden daher zu den Routen zwischen den USA und Gibraltar, vor die brasilianische und westafrikanische Küste oder in die Karibik verlegt. Bei der Fahrt aus ihren französischen Stützpunkten fuhren sie eng an der Küste Nordspaniens entlang, um dem Gegner auszuweichen. Der Großadmiral war sicher nicht geschlagen, aber er brauchte Zeit um nachzudenken und um seinen Kommandanten neue U-Boote mit besserer Ausrüstung zu geben. Er wusste nicht genau, wie es passiert war, sah aber, dass die Alliierten große Fortschritte bei der *Ortung* wie bei der Fähigkeit zur *Zerstörung* gemacht hatten.

Wie?

Es sollte noch fast genau ein Jahr vergehen, bis viele der neuen alliierten Flugzeuge und Geleitschiffe vor den Stränden der Normandie patrouillierten, also war noch einiges zu leisten. Aber man kann genauso gut hier mit einer detaillierteren Analyse des zunehmenden alliierten Übergewichts im Atlantik beginnen. Der erste und wahrscheinlich wichtigste Faktor waren die Flugzeuge. Der Zweite Weltkrieg war der erste in der Kriegsgeschichte, bei dem Seemacht entscheidend durch Luftherrschaft beeinflusst wurde. Ohne Letztere war Erstere nicht möglich.

Die beste Bestätigung dieser Tatsache kommt von dem Mann, den die alliierte Luftmacht auf See am direktesten betraf, Karl Dönitz. Obwohl er als Person ein überzeugter Nazi war, sind die Kriegstagebücher der Seekriegsleitung bemerkenswert offen und von analytischer Nüchternheit. Dönitz' persönliche Berichte an Hitler über die wachsenden Probleme der deutschen U-Boote waren ebenfalls unverblümt. So schrieb er trotz der oben zitierten verzweifelten Botschaft an seine U-Boot-Kommandanten schon eine leidenschaftslose Bewertung der Wende, während die Konvois HX 239 und SC 130 noch auf See waren. Am 24. Mai 1943 notierte er: «Bei der Höhe der Verluste hat die Luftwaffe eine entscheidende Rolle gespielt. Zurückzuführen ist dies auf den verstärkten Einsatz der Landluft[waffe] und von Flugzeugträgern, verbunden mit den durch die feindliche Ortung bei Tag und Nacht festgestellten Überraschungsmöglichkeiten.»[26] Und Jahre nach dem Krieg beschrieb Dönitz in seinen Memoiren als größtes Problem: «Deutschland führte seinen Seekrieg im zweiten Weltkrieg ohne Luftwaffe; das war eines seiner am wenigsten zeitgemäßen und zugleich eines seiner am meisten ausschlaggebenden Kennzeichen.»[27] Dies bedeutete in der modernen Welt mit nur einem Arm zu boxen.

Die alliierte Luftherrschaft über dem Atlantik wuchs in zweifacher Hinsicht. Die erste war der Einsatz der Langstreckenflugzeuge von Küstenstützpunkten, vor allem der außergewöhnlich robusten B-24 Liberator-Bomber, aber auch der B-17 Flying Fortresses, der eleganten Catalina-Flugboote und der stabilen britischen Wellingtons und Sunderlands. Entscheidend waren aber die Liberator-Langstreckenmaschinen. Die andere war der Bau von Geleitträgern speziell für diese Aufgabe, nicht sehr schnell und stark im Vergleich mit den Flugzeugträgern der Essex- und Illustrious-Klasse (siehe Kap. 5), aber sehr geeignet für den Schutz eines Atlantikkonvois. Ihre Maschinen konnten das Meer kilometerweit absuchen und trugen wie die Langstreckenbomber ein ganzes Waffenarsenal für die U-Boot-Zerstörung. Da sie über Nacht auf den Trägern betankt und neu bewaffnet wurden, konnten sie bei Tagesanbruch starten, um deutsche U-Boote zu verjagen oder, wenn möglich, zu versenken. Die Flugzeugträger begleiteten die Konvois von Halifax nach Liverpool.

In der weiteren Geschichte der Atlantikgeleitzüge in diesem Kapitel und in der Darstellung der Landung von See (Kap. 4) und der Wiedereroberung des Pazifik (Kap. 5) ist das Phänomen der «Luftherrschaft auf See» so allgegenwärtig, dass man es leicht für gegeben hinnehmen kann.

Doch abgesehen vom Abwurf der beiden Atombomben bei Kriegsende ist es einer der wichtigsten und neuartigsten Aspekte des gesamten Weltkriegs. Dönitz muss das von Anfang an gewusst haben, und es ist schwer, kein Mitgefühl mit seiner schlechten Ausgangslage zu empfinden, als er Anfang 1943 Oberbefehlshaber der Marine wurde. Er verfügte über keinen einzigen einsatzfähigen Flugzeugträger. Stattdessen verfügte er über ein paar sündhaft teure Schlachtschiffe, die durch die geographischen Bedingungen an ihre Basen gefesselt waren, und eine U-Boot-Streitmacht, die sich nicht nur den feindlichen Kriegsschiffen gegenüber sah, sondern auch den alliierten Flugzeugen, ohne eine nennenswerte eigene Luftunterstützung zu besitzen.

Man kann gar nicht genug betonen, was das für den Kampf im Nordatlantik bedeutete. Dönitz' U-Boot-Mannschaften standen vor einem ganzen Spektrum alliierter Gegenmaßnahmen, die von Frühjahr bis Herbst 1943 ins Spiel kamen; der Gegner besaß stark verbesserte Ortungs- und Zerstörungssysteme, denen selbst die modernsten U-Boote immer weniger gewachsen waren. Ganz oben stand dabei der Faktor der ununterbrochenen Luftunterstützung für die Geleitzüge und die wachsende Möglichkeit, ein U-Boot sogar während der Fahrt an der Oberfläche zu attackieren, vielleicht Hunderte Kilometer von einem Konvoi entfernt. Flugzeuge hatten stets den Vorteil von Geschwindigkeit und Überraschung gegenüber Überwasserschiffen gehabt. Nun besaßen sie die zusätzlichen Vorteile stärkerer und genauerer Waffen. Vor allem hatten sie eine größere *Reichweite*. Mitte 1943 konnte eine Liberator einen Geleitzug 1800 Kilometer von ihrer Basis entfernt unterstützen, eine phänomenale Verbesserung. Sogar viel früher, Ende Mai 1941, wurde das gewaltige Schlachtschiff *Bismarck* auf der Fahrt nach Brest von einer Catalina des Küstenkommandos bemerkt, die 1500 Kilometer nördlich auf Island stationiert war. Die Versenkung der *Bismarck* vier Tage später bestätigte Dönitz' negative Meinung über schwere Überwasserschiffe, doch die allgemeine Lektion von 1941 war die: ohne Luftherrschaft war Seeherrschaft unsicher oder unmöglich, selbst für U-Boote.

Das war vor dem Zweiten Weltkrieg nicht die herrschende Meinung gewesen. Die deutsche wie die britische Marine sahen sich durch die Schaffung unabhängiger Luftstreitkräfte betrogen, die sich vor allem Ziele auf dem Festland setzten. Die deutsche Luftwaffe war für die taktische Unterstützung des Heeres, für Mittelstreckenbombardements und (immer mehr) für die Verteidigung des Reichsgebiets bestimmt; die Royal Air Force war von der Fixierung des Bomberkommandos auf die Zerstörung der deutschen Industrie und der Kampfmoral der Bevölkerung beherrscht und baute erst nach 1935 widerwillig ein Jägerkommando zur Verteidigung Englands auf. Die Zuweisung von Flugzeugressourcen war in Deutschland zumindest verständlich, wenn man mit den deutschen Admirälen und Generälen annahm, Hitlers Eroberungen würden zu Lande stattfinden und seine Diplomatie werde das britische Empire neutral halten. Doch die Präferenzen der Royal Air Force waren für einen Inselstaat, dessen langfristiges Überleben so sehr vom Überseehandel abhing, eine Katastrophe. Nicht nur war die Marineluftwaffe dadurch eingeschränkt, dass sie keine speziell für Flugzeugträger geeigneten Maschinen anschaffen konnte wie die amerikanische und die japanische Marine, sondern auch das RAF-Küstenkommando war im Vergleich zu den üppigen Ressourcen an anderer Stelle ein Stiefkind.

Als die Bedeutung der Luftherrschaft auf See langsam verstanden wurde, gab es aber zahlreiche Initiativen auf der *mittleren* Ebene, zumindest bei den Briten. Der brillante und aggressive Peter Gretton erwähnt in seinen Memoiren, dass Offiziere vom RAF-Küstenkommando an Marineübungen mitwirkten, sogar an einer ganzen Überfahrt von Glasgow bis Neufundland, und dass Kapitäne der Royal Navy an Flügen teilnahmen – er selbst will zwischen 1940 und 1943 in jedem vorhandenen Typ von Patrouillenflugzeug geflogen sein. Doch was nützte eine so wertvolle Erfahrung, wenn es nicht genug Fliegerstaffeln gab? Für Arthur Harris, der im Juni 1942 zum Oberbefehlshaber des Bomberkommandos ernannt worden war, um besonders die Bombardierung der deutschen Industrie zu steigern, war die Abgabe wertvoller Langstreckenbomber an das Küstenkommando (z. B. für die Atlantikschlacht) nur ein «Kratzen am Rand der gegnerischen Macht … eine Suche nach Nadeln im Heuhaufen».[28] Erst starker Druck des Gemeinsamen Oberkommandos (Combined Chiefs of Staff) erzwang eine gewisse Umverteilung; in dieser Hinsicht erkannten George C. Marshall, der Generalstabschef der US Army (Chief of Staff of the Army) im Zweiten Weltkrieg und sogar sein Pendant bei der Navy, Fleet Admiral King, viel deutlicher als Harris die drängende Notwendigkeit, die «Luftlücke» im Frühjahr 1943 durch Langstreckenflugzeuge zu schließen. Dönitz hatte nicht solches Glück, wenigstens nicht, bis Hitler zusätzliche Luftunterstützung für die Schlachten im Golf von Biskaya anordnete.

Die transatlantische «Luftlücke» wurde geschlossen, aber nicht weil irgendjemand von oben es befahl. Es gab ein Team von hauptsächlich kanadischen Ingenieuren, das einen Bombenschacht der B-24 Liberator durch zusätzliche Treibstofftanks ersetzte und damit endlich ein Flugzeug schuf, das diese Aufgabe erfüllen konnte. Es gab die Kombination aus US-Wissenschaftlern und Rüstungsherstellern, die den akustisch gelenkten Lufttorpedo mit dem Spitznamen «Fido» entwickelten, um getauchte U-Boote zu orten und zu zerstören.[29] Dann gab es die Gruppen, welche die Wirksamkeit der Kurzwellenpeilgeräte steigerten, die Konstrukteure der wenig eleganten, aber wirkungsvollen Geleitträger der Bogue-Klasse (davon später mehr) und die Managementteams der Werften in Tacoma bei Seattle, die ihre Produktion in einer kritischen Phase steigerten. Schließlich waren da die Ausbilder der ausgezeichneten Luftwaffenschulen in Schottland, Nordirland und Neufundland, die Tausenden unbeleckter Novizen beibrachten, professionelle Flieger zu werden und so große Verantwortung inmitten einer harten Schlacht im Atlantik zu übernehmen.

Zu Beginn des Krieges wurde nur selten ein U-Boot durch ein an Land stationiertes Flugzeug versenkt, und es standen keine Flugzeugträger zur Verfügung. Ab 1943 nahm die Versenkung deutscher und italienischer U-Boote aus der Luft spektakulär zu und überstieg die durch alliierte Kriegsschiffe. Zwischen Juni und August 1943, als die U-Boote sich aus dem Nordatlantik zurückzogen und vor Sansibar oder Montevideo auf Jagd gingen, wurden sie von den Liberators und Catalinas verfolgt. 79 U-Boote wurden Ende 1943 in entfernten Gewässern versenkt, 58 davon durch alliierte Flugzeuge. Selbst mitten im Indischen Ozean gab es kein Entkommen. 1943 wurden insgesamt 199 U-Boote versenkt, 140 durch alliierte Flugzeuge, und dieser Anteil blieb bis Kriegsende meist konstant.[30]

Das führt uns zum Aspekt der Zerstörung. Aus deutscher Sicht kam es nur auf ein Waffensystem an – den Torpedo. Er war und ist vielleicht immer noch die verbreitetste und zerstörerischste Angriffswaffe im modernen Seekrieg. Torpedos ließen sich von kleinen Schiffen, großen Schiffen und Flugzeugen aller Art abfeuern. Während der epischen Jagd auf die *Bismarck* wurde das gewaltige Schlachtschiff von einem Torpedo beschädigt, den ein Swordfish-Doppeldecker abwarf, dann die ganze Nacht von britischen Zerstörern mit Torpedos attackiert und schließlich von den Torpedos des schweren Kreuzers HMS *Dorsetshire* erledigt. Vor allem waren sie die Waffe der U-Boote. Jeder moderne Torpedo war stark genug, ein Loch in die Bordwand eines feindlichen Schiffs zu reißen. Normalerweise war dieses Projektil so schnell, dass es während der Fahrt nicht abgelenkt oder gestoppt werden konnte. Sobald ein U-Boot nah genug war, um eine Salve auf einen Konvoi abzufeuern, waren seine Zerstörungsmöglichkeiten, wie schon gesehen, enorm. Darum war die Schlüsselaufgabe für den Geleitschutz, ob auf dem Wasser oder am Himmel, gegnerische U-Boote vom Abfeuern ihrer Torpedos auf die Frachtschiffe abzuhalten. Die spätere Einführung akustisch gelenkter Torpedos oder viel weiter entwickelter U-Boote gegen Ende des Krieges änderte nichts an dieser Tatsache.

Das wichtigste alliierte Gegenmittel, die Wasserbombe, war weniger zuverlässig, zumindest in ihrer Frühphase. Sie war zunächst keine Kontaktbombe. Nach der – recht plausiblen – Theorie sollten diese großen trommelförmigen Bomben in dem Gebiet versenkt werden, wo das U-Boot geortet worden war, und ihre Sprengkraft, die sich unter Wasser erhöhte, würde die Schweißnähte des U-Boots aufreißen. Es war eine attraktive Waffe, weil ein Bombenabwurfgerät auf dem Achterdeck kleiner Schiffe wie Korvetten, Kutter und Sloops ebenso aufgestellt werden konnte wie auf größeren Zerstörern und Fregatten. Es war natürlich auch die Hauptwaffe aller Anti-U-Boot-Flugzeuge, bis sie später akustische Torpedos abwerfen konnten. Ihre größten Nachteile wurden im Lauf des Krieges rasch sichtbar. Ein Kriegsschiff musste die Stelle überqueren, wo ein U-Boot gesichtet worden war, und das konnte einem wachen U-Boot-Kommandanten Zeit zum Abtauchen geben, und die Admiralität brauchte lange, um zu verstehen, wie tief und schnell ein U-Boot tauchen konnte; die Abstandszünder mussten im letzten Moment auf die vermutete Tiefe des U-Boots eingestellt werden, und die Explosion unter Wasser verzerrte die Sonarsignale. Dennoch waren Wasserbomben für alle U-Boot-Besatzungen die schrecklichsten Waffen, und das Warten auf das Krachen während der vielleicht tagelangen Jagd war unglaublich nervenaufreibend. Obwohl im Durchschnitt Hunderte von Wasserbomben nötig waren, um ein getauchtes U-Boot zu versenken, blieb dies den ganzen Krieg über die wichtigste Anti-U-Boot-Waffe für Schiffe wie für Flugzeuge, und mit der Zeit wurde ihre Effektivität gesteigert.[31]

Das «Hedgehog» (Igel) war etwas anderes, so einfach, dass man sich fragt, warum es nicht schon im Ersten Weltkrieg oder viel früher im Zwei-

Der Jäger wird zum Gejagten: Die HMS *Starling* beim Abwurf von Wasserbomben, Februar 1944.

ten produziert wurde. Es war ein Multigranatwerfer, der vom Schiff nach *vorne* abgefeuert wurde; meist wurde der vordere Vier-Zoll-Geschützturm abmontiert und durch dieses schreckliche Abschussgerät ersetzt. Gegenüber der Wasserbombe hatte es verschiedene Vorteile, und alliierte Geleitzugkommandeure begrüßten seine breite Einführung 1943 trotz einiger

Anfangsprobleme mit großer Begeisterung. Es senkte spürbar die Zeit, die zum Feuern gebraucht wurde. Im Gegensatz zu den Wasserbomben mit Abstandszündern besaß es einen Aufschlagzünder – entweder man traf das U-Boot oder nicht. Außerdem verzerrte es keine Sonarsignale. Und bei 24 Granaten, die gleichzeitig auf das U-Boot herabregneten, war die Trefferchance recht gut. Nach dem Abschuss ähnelten die Reihen leerer Stahlzapfen den Stacheln eines Igels.[32]

Erfindung und Entwicklung des Hedgehog verdienen eine etwas ausführlichere Beschreibung. Die Geschichte ähnelt ein wenig der Erfindung des Hohlraummagnetrons an der Universität Birmingham (siehe unten), ist aber auf noch exzentrischere Art britisch. Der «Brutkasten» war in diesem Fall eine kleine Abteilung der Admiralität namens Department of Miscellaneous Weapons Development (DMWD, Abteilung für Waffenentwicklung, Spitzname «Wheezers and Dodgers» – Trickser und Drückeberger). Ihr Personal, vor allem Wissenschaftler, Marineoffiziere und pensionierte Militärs, war womöglich die exzentrischste Truppe vor der Gründung von Monty Python's Flying Circus, doch sie nahm ihre Aufgabe ernst. Im Sommer 1940 war die strategische Lage Englands verzweifelt, seine Ressourcen knapp und seine Armee angeschlagen. Churchill trieb die Nation an, mit allen erdenklichen Mitteln weiterzukämpfen. Es verwundert nicht, dass eine Gesellschaft, die mit den Romanen von H. G. Wells und Jules Verne und den Zeitschriften *Boy's Own Weekly* und *Amateur Mechanics* aufgewachsen war, nun eine große Zahl von Amateurerfindungen hervorbrachte, mit denen man Hitler schlagen wollte. Die meisten waren lächerlich. Einige konnten sich aber mit vielen Modifikationen als nützlich herausstellen. Die Untersuchung all dieser Pläne und der Entwurf von eigenen war Aufgabe des DMWD. Damit unterstützte es die englische «Kriegsmaschinerie», denn es gab nun ein wissenschaftlich-technologisches System, um neue Ideen zu verwirklichen.[33]

Zum DMWD gehörte auch Lt.-Colonel Stewart Blacker, der 1942 schon über 50 war, aber sich seit seiner Schulzeit in Bedford dafür interessiert hatte, Sachen in die Luft zu sprengen. Blackers frühester Erfolg war in gewisser Weise sein Versuch, die Mörser nachzuahmen, die die Japaner im Russisch-Japanischen Krieg von 1904/05 gegen die russischen Stellungen einsetzten. Mit einem Stück Rohr und etwas «geborgtem» Schießpulver schoss Blacker sein Projektil (eine Krocketkugel) ins 100 Meter entfernte Gewächshaus des Schulrektors. Das war der Beginn einer Karriere. 1940 hatte er einen elektrisch gezündeten Zapfen entworfen, um eine Granate abzufeuern. Weitere Arbeit des DMWD erweiterte die Waffe zu einem Ring von Mehrfachmörsern. Dann gab es viele bürokratische Hindernisse, dazu die Konstruktion eines konkurrierenden, aber viel schlechter funktionierenden vorwärts feuernden Mörsers. Durch einen glücklichen Zufall sah Churchill persönlich einen frühen Test auf einem Stützpunkt für experimentelle Waffen nahe seinem Landhaus Chertwell und hauchte dem Plan Leben ein. Dennoch gab es Verzögerungen, und es fehlte an einer guten Ausbildung an dieser neuen und unorthodoxen Waffe; 1943 musste eine große Zahl ängstlicher Teams zurück nach Tobermory oder Loch Fyne zur «Neuausbildung». So kam «Blackers Bombarde» erst Mitte 1943 richtig zum Einsatz.

Bei Kriegsende hatten die Hedgehogs fast 50 feindliche U-Boote zerstört. Ihre weiterentwickelten Nachfolger Squid und Limbo, die größere Tiefen erreichen und U-Boote suchen konnten, versenkten etwa ein Dutzend weitere. Es überrascht nicht, dass Squids in stark verbesserter Form auch heute noch von der Marine benutzt werden.

Die dritte Verbesserung auf alliierter Seite gab es bei der Ortung des Gegners, besonders durch Radar. Ortung bedeutete zunächst, dass ein U-Boot einen sich nähernden Geleitzug (oder seine Rauchfahne) bzw. ein Flugzeug oder ein Schiff ein entferntes U-Boot entdeckte. Doch ein entdecktes U-Boot konnte natürlich abtauchen. Und ein deutsches Boot konnte durch neue Horchausrüstung auf einige Entfernung das willkommene Geräusch der Schiffsschrauben eines Konvois oder das bedrohlichere Geräusch einer rasch näher kommenden Korvette hören. Auch für die Gegner des U-Boots blieb Sonar das wichtigste akustische Mittel, um einen Gegenstand unter Wasser zu orten. Doch wie schon gesagt, hatte die Admiralität nach 1919 viel zu selbstzufrieden gemeint, Sonar sei die Wunderwaffe. Es konnte genauso gut einen Wal wie ein U-Boot orten, ohne den Unterschied zu erkennen. Unterschiedliche Wassertemperaturen bildeten eine akustische Barriere. Knirschende Eisberge in der Nähe waren ein Alptraum für das Ortungspersonal. Vor allem Dönitz' Erkenntnis – die aus seiner Erfahrung als U-Boot-Fahrer im Ersten Weltkrieg stammte –, dass U-Boote alliiertes Sonar einfach dadurch neutralisieren konnten, dass sie an der Oberfläche angriffen, verschaffte den Deutschen einen großen Vorteil. Ein Rudel von acht, zehn oder 20 U-Booten, das sich über Wasser an einen Geleitzug heranpirschte, oder ein einzelnes

Der Anti-U-Boot-Mörser Hedgehog montiert auf dem Vordeck von HMS *Westcott.*

Boot, das vor der hell erleuchteten Küste Floridas amerikanische Frachter angriff, setzte *alle* Unterwasserortungssysteme außer Gefecht. Solche Instrumente funktionierten nur unter den richtigen Umständen gut.

Dönitz' geänderte Strategie bedeutete, dass die U-Boote an der Oberfläche und bevor sie angriffen entdeckt werden mussten. Die Geleitschiffe mussten wissen, wo die Angreifer waren, wie weit entfernt und wie viele sie waren und auf welcher Linie sie angriffen. Wenn all das bekannt war, ließen die Frachtschiffe sich verteidigen. Die U-Boote konnten mit den richtigen Waffen vertrieben oder sogar versenkt werden.

Erst 1943 besaßen die alliierten Schiffe wirksamere Überwasserortungssysteme, zuerst die schon erwähnten Kurzwellenfunkpeilgeräte (HF-DF), aber auch das unschätzbare Fernempfangssystem der Admiralität, das es erlaubte, Dönitz' Botschaften mitzulesen, sofern sie rechtzeitig dechiffriert wurden. Letzteres System war zu Beginn des Krieges an der englischen Ostküste installiert worden, um deutsche Funkanlagen auf der anderen Seite der Nordsee zu lokalisieren. Es war nicht allzu schwierig, den Apparat zu verkleinern und 1943 Kriegsschiffe damit auszurüsten. «Huff-Duff», wie die alliierten Matrosen es nannten, war relativ einfach und zuverlässig und funktionierte gut auf den Frequenzen, auf die es ankam. Es konnte die Funksignale eines nahen U-Boots auffangen und so ein Geleitschiff auf die gefährdete Konvoiflanke zu einem Gegenangriff lenken; es konnte aber auch den Funkverkehr eines U-Boots bis zu 25 Kilometer entfernt auffangen und erlaubte damit eine Kursänderung des Konvois und/oder die Anforderung zusätzlicher alliierter Luft- und Seeunterstützung durch die Admiralität, die die Fernfunksprüche des Feindes las. Noch heute erscheint bemerkenswert, dass Dönitz seinen U-Boot-Kommandanten so viele Funksprüche erlaubte, aber er selbst machte es genauso. Obwohl der Inhalt der Funksprüche den Alliierten erst nach der Dechiffrierung in Bletchley Park verständlich war, ließ sich die *Position* des nahe einem Konvoi funkenden U-Boots wirksam feststellen. Wenn das Team der Admiralität, das aktuelle Positionen sammelte, Berichte der Geleitzugkommandanten bekam, dass sich z. B. acht U-Boote zu einem Wolfsrudel sammelten, brauchte es nichts anderes zu tun, als britische Kräfte im gleichen Gebiet zu alarmieren. Interessanterweise bezeichnet Jürgen Rohwer in seiner Reflexion über den Ausgang der großen Geleitzugschlachten im März 1943 das Kurzwellenfunkpeilgerät als «entscheidend».[34]

Der Zehn-Zentimeter-Wellen-Radar war ein noch größerer Durchbruch, vielleicht der größte. HF-DF konnte die Funksprüche eines 30 Kilometer vom Konvoi entfernten U-Boots auffangen, aber eine in diese Richtung geschickte Korvette oder ein Flugzeug musste dennoch ein so kleines Objekt wie einen Kommandoturm sichten, vielleicht bei Dunkelheit oder bei Nebel. Die gewaltigen Radartürme an der Südostküste Englands, die dem Jägerkommando in der Luftschlacht um England das Kommen deutscher Flugzeuge anzeigten, ließen sich inmitten des Atlantik nicht kopieren, weil sie viel zu groß waren. Man brauchte eine Miniversion, doch alle britischen und amerikanischen Versuche waren an einer Tatsache gescheitert: Es schien kein Gerät zu geben, das die nötige Leistung liefern konnte, um Mikrowellen zur Ortung von Objekten zu erzeugen, die viel kleiner waren als etwa eine Staffel Junkers-Maschinen über dem Ärmelkanal, und das doch klein genug war, um auf ein kleines Geleitschiff oder in die Nase eines Langstreckenflugzeugs zu passen. Es hatte frühe Modelle in alliierten Flugzeugen gegeben, aber bis Ende 1942 warnten die deutschen Metox-Detektoren, mit denen die alliierten Radiowellen grob geortet werden konnten, die U-Boote frühzeitig davor. Ein weiterer Durchbruch war nötig, und gegen Ende des Frühjahrs 1943 war dieses Problem durch den Einbau des Zehn (später 9,1)-Zentimeter-Wellen-Radars in alliierte Aufklärungsflugzeuge und selbst kleinere Korvetten der Flower-Klasse gelöst. Mit diesem Gerät konnten sie den Kommandoturm eines kilometerweit entfernten U-Boots aufspüren, ob am Tag, in der Nacht oder bei Nebel. In ruhigem Wasser konnte das Radargerät sogar ein Sehrohr orten. Das Schöne daran war aus Sicht der Alliierten, dass keines der deutschen Systeme seinerseits diesen Radar wahrnehmen konnte.[35]

Woher stammte dieser Zehn-Zentimeter-Wellen-Radar? In vielen Büchern über den Krieg erscheint er einfach aus dem Nichts; Liddell Harts Darstellung ist darin nicht schlechter als andere: «Aber auch Radar auf der neuen 10-cm-Wellenlänge, welche die U-Boote nicht abfangen konnten, war ein sehr wichtiger Faktor».[36] Bis dahin waren alle Versuche der Wissenschaftler gescheitert, kleine Radargeräte mit genügend Leistung zu bauen – darum hielten Dönitz' Ratgeber es für unmöglich, und deutsche Kriegsschiffe erhielten nur ein primitives Feuerleitradar, kein echtes Ortungssystem. Der Durchbruch kam im Frühjahr 1940 an der Universität Birmingham in den Labors von Professor Mark Oliphant (selbst ein Schüler des großen Physikers Ernest Rutherford), als seine Assistenten John Randall und Harry Boot in einer bescheidenen Holzbaracke ein Hohlraummagnetron bauten.

Dieses Objekt von der Größe einer Untertasse besaß die bemerkenswerte Fähigkeit, kleine Metallobjekte wie den Kommandoturm eines U-Boots zu orten, und brauchte dafür auch eine viel kleinere Antenne. Am wichtigsten war, dass das Gehäuse nicht wegen der extremen Strahlungsenergie brach oder schmolz. Später im Jahr fanden wichtige Tests im Telecommunications Research Establishment an der Südwestküste Englands statt. Im Sommer fing das Radar das Echo eines in einiger Entfernung an den Klippen entlang radelnden Mannes auf, im November ortete es den Kommandoturm eines an der Küste entlang fahrenden britischen U-Boots. Ironischerweise hatte Oliphants Team seine erste Anregung in 60 Jahre zuvor veröffentlichten Aufsätzen des großen deutschen Physikers Heinrich Rudolf Hertz gefunden, in denen die ursprüngliche Theorie eines Metallgehäuses entwickelt wurde, das stark genug war, der sehr hohen

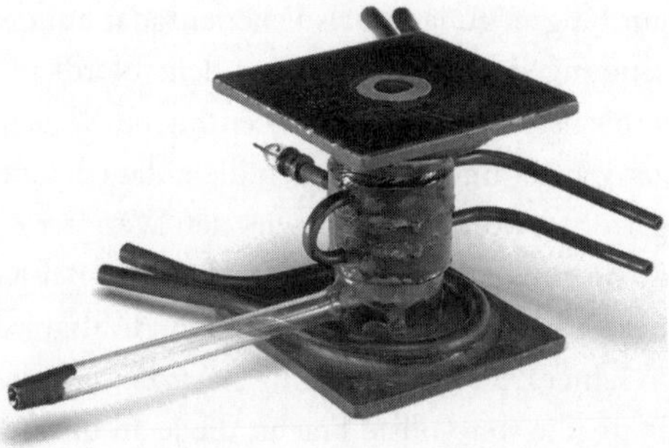

Wertvolle Fracht: Das Original des Hohlraummagnetrons von John Randall und Harry Boot, das die Tizard-Mission 1940 in die USA brachte.

ausgesandten Strahlung standzuhalten. Randall hatte in den dreißiger Jahren Strahlenphysik in Berlin studiert und in dieser Zeit Hertz' Aufsätze gelesen. In Birmingham hatten die beiden jungen Physiker dann einfach die Teile bei einem Altmetallhändler gesammelt und das Gehäuse zusammengebaut.

Unvermeidlicherweise traten zunächst Probleme bei dem neuen Apparat auf: niedriges Budget, unzureichende Forschungskapazitäten und die verständliche wissenschaftliche Konzentration darauf, bessere Wege zur Ortung deutscher Luftangriffe auf die britischen Inseln zu finden. Doch im September 1940, auf dem Höhepunkt der Luftschlacht um England und lange vor dem formellen Kriegseintritt der USA, reiste die Tizard-Mission in die USA, benannt nach ihrem Leiter, Henry Tizard, dem Vorsitzenden des britischen Aeronautical Research Committee. Ihr Ziel war, die wissenschaftliche Zusammenarbeit zwischen Großbritannien und den USA zu befördern. Neben vielen anderen Geräten brachte die Mission ein Hohlraummagnetron mit und übergab es den erstaunten Amerikanern, die rasch erkannten, dass dies alle eigenen Versuche zur Überwindung des Miniradarproblems übertraf. Produktion und Verbesserungen wurden beschleunigt – an den Bell-Laboratorien und durch die schnelle Gründung des Radiation Laboratory (RadLab) am Massachusetts Institute of Technology im Oktober 1940. Dennoch gab es Verzögerungen – wo platzierte man das Gerät und seine Bedienungskraft in einer Liberator-Maschine, wo installierte man die Antenne? –, darum standen den Alliierten in der Atlantikschlacht erst ab den Krisenmonaten März/April 1943 mit dem neuen Instrument ausgerüstete Fliegerstaffeln zur Verfügung.

Bald forderten alle das neue Radar, ob für Geleitschiffe, für Flugzeuge auf Flugzeugträgern, als Feuerleitradar auf den Schlachtschiffen. Die Versenkung der *Scharnhorst* vor dem Nordkap am 26. Dezember 1943, die zunächst durch das Zehn-Zentimeter-Wellen-Radar der britischen Kreuzer geortet und dann durch die radargeleiteten Geschütze der HMS *York* getroffen worden war, bewies den Wert der Apparats, der in einer Baracke in Birmingham erfunden worden war. Bei Kriegsende hatte die amerikanische Industrie über eine Million Hohlraummagnetrone produziert, und in seiner frühen Darstellung *Scientists against Time* nannte James Baxter es 1946 «die wertvollste Fracht, die je an unsere Küste gebracht wurde» und «das wichtigste Objekt des umgekehrten Lend-Lease».[37] Ein nicht unwichtiger Nebeneffekt war, dass Schiffe Rettungsboote und -flöße nun auch bei Dunkelheit oder Nebel ausmachen konnten. Viele Seeleute der Alliierten und der Achsenmächte wurden dadurch gerettet.

Zu dieser Liste von Ortungsgeräten kann man auch die Erfindung jenes eigenwilligen Fliegers aus dem Ersten Weltkrieg, Staffelführer Humphrey de Verd Leigh, rechnen, der starke Suchscheinwerfer für Patrouillenflugzeuge entwarf, um U-Boote, die nachts ihre Batterien aufluden, zu sichten und zu blenden, daher Leigh-Scheinwerfer. Leigh hatte ihn *persönlich* erfunden, getestet, finanziert und die technischen Probleme gelöst (einschließlich der Flüge mit Prototypen), wartete dann aber länger auf die Unterstützung des Luftfahrtministeriums für die Produktion. Dadurch verzögerte sich der Einsatz um mindestens ein Jahr. Zweifellos wünschten sich U-Boot-Kommandanten, die nachts den Golf von Biskaya durchquerten, er hätte sich für immer verzögert.[38] Dieser starke Scheinwerfer ortete Dutzende, wenn nicht Hunderte von U-Booten, kurz bevor die Bomber ihre zahlreichen Waffen einsetzten.

Es ist höchst unwahrscheinlich, dass der pensionierte Staffelführer Leigh von den immer besseren Varianten des Kurzwellenpeilgeräts wusste und unvorstellbar, dass er vom Hohlraummagnetron oder vom akustisch gelenkten Torpedo gehört hatte. All diese Dinge wurden einzeln durch unterschiedliche Gruppen und Einzelpersonen entwickelt. Doch als sie als einander ergänzende Teile auf einer Plattform wie dem Sunderland-Bomber kombiniert wurden, gingen die Chancen eines U-Boots, der Ortung, dem Angriff und der Versenkung zu entgehen, stark zurück.

Im Vergleich dazu erscheint der Krieg der Dechiffrierteams in Bletchley Park und ihrer Erzrivalen beim B-Dienst als weniger entscheidender Faktor in der Atlantikschlacht, sobald man die wichtigsten Geleitzug-

Es ward Licht: Der Leigh-Scheinwerfer am Flügel einer B-24 Liberator des RAF Küstenkommandos.

schlachten von 1943 im Einzelnen analysiert hat. Seine Bedeutung war jedenfalls viel kleiner, als die meisten populären Bücher über die «Codeknacker» nahelegen. Von den ersten Enthüllungen um 1970 bis heute ist das Publikum von der Idee fasziniert gewesen, dass die deutschen Truppen während des Krieges eine superintelligente Maschine besaßen, die alle Funksprüche und Berichte in einen unentzifferbaren Zeichensalat verwandeln konnte, der nur verständlich war, wenn der Empfänger eine ähnliche Maschine zum Dechiffrieren besaß. Noch faszinierender war, als man erfuhr, dass die Briten in einer streng geheimen Einrichtung zunächst mit Hilfe der Polen und später der Amerikaner Apparate besaßen, die diese Funksprüche lesen konnten – bis die Deutschen die Übertragung erschwerten und die Teams in Bletchley Park Monate brauchten, um das neue System zu knacken. Ebenso aufregend war, dass Dönitz' B-Dienst dasselbe tat und verschlüsselte Funksprüche der britischen Admiralität las. Und im Pazifik lasen die Dechiffrierteams der Amerikaner militärische und diplomatische Funksprüche der Japaner mit ihren Magic- und Purple-Systemen. Dies war gewiss eine neue Art, den Verlauf des Zweiten Weltkriegs zu betrachten. Hier, so glaubte man, lag die eindeutige Erklärung, warum die Alliierten gewannen.

Ganz so ist es nicht gewesen. Die außerordentlich wichtige Rolle des Aufklärungskriegs zwischen Achsenmächten und Alliierten soll nicht bestritten werden. Doch hatte er physische und operative Grenzen, die berücksichtigt werden müssen. Je nachdem, wie geschickt eine Seite beim Verschlüsseln der eigenen Funksprüche und beim Lesen der gegnerischen war, bot dies wertvolle Informationen, die eine Disposition der Kräfte für einen bevorstehenden Kampf erlaubte. Deutsche wie Alliierte profitierten sehr von der Fähigkeit, die Botschaften des anderen zu lesen. Selbst wenn ein Dechiffriersystem nicht vollkommen war, hatte ein Einäugiger gegenüber einem Blinden noch einen unschätzbaren Vorteil. Und 1942 verloren die Briten tatsächlich die Fähigkeit, Dönitz' Funksprüche zu lesen oder sie brauchten zumindest viel länger für die Entschlüsselung, während der B-Dienst den Großadmiral fast ohne Verzögerung mit Informationen über die alliierten Geleitzüge versorgte. In den düsteren Monaten Ende 1942, Anfang 1943 hatte das großes Gewicht.

Was aber, wenn aber die Geleitzüge besser geschützt waren *und* die Briten ebenso gut sehen konnten wie die Deutschen? Dann war die Lage völlig verändert. Betrachten wir z. B. eine tatsächliche Situation Mitte

Mai 1943, als beide Seiten recht gut den Funkverkehr des Gegners lasen und die Informationen an die eigenen Kräfte auf See weiterleiteten. Zum Zeitpunkt der großen Geleitzugschlachten um HX 237 und SC 129 (7.–14. Mai) hatte der Aufklärungskrieg ein bemerkenswertes Niveau der Raffinesse, von Stoß und Gegenstoß, erreicht, so dass keine Seite lange im Vorteil war. Das Gleiche galt eine Woche später bei den Kämpfen um Geleitzug HX 239. Zunächst ortete der B-Dienst Position und Kurs der großen Frachtschiffgruppe. Kurz darauf dechiffrierten die britischen Kryptographen Dönitz' Anweisungen im Shark-Code für einen Hinterhalt der Wolfsrudel, daher ließ das Kommando Westliche Gewässer den Konvoi den Kurs ändern, aber der B-Dienst las diese Anweisung mit und formierte die Angriffslinien – nicht weniger als 22 Boote – neu. Zum Unglück der U-Boote stießen sie dann aber auf die geballte Kraft der alliierten Luft- und Seemacht im Atlantik. Der neue Geleitträger *Bogue* versenkte U 569, und die inzwischen mit Raketen ausgerüsteten Flugzeuge der *Archer* versenkten U 752. Kein Frachter ging verloren.[39] Tatsache ist, dass die Experten von Bletchley Park in den Geleitzugschlachten helfen, aber sie niemals *gewinnen* konnten. Als die Briten die Entscheidung trafen, sich mit den Geleitzügen durch die U-Boot-Linien zu kämpfen, fiel der Sieg der Seite mit dem neuesten und stärksten Waffenarsenal zu, nicht der mit den besten Dechiffriermaschinen.

Diese großen Fortschritte bei den alliierten Ortungs- und Zerstörungssystemen hatten Auswirkungen auf die beiden anderen oben erwähnten Faktoren: Zahlen und Kampfmoral. Als die *Volunteer* Mitte März das einzige Geleitschiff des Konvois HX 229 mit Kurzwellenpeilgerät war und ihre Funker sich entscheiden mussten, ob sie U-Boote orten oder Befehle der Admiralität empfangen wollten, war dessen Potenzial begrenzt. Als aber alle Geleitschiffe HF-DF besaßen, gewannen die Alliierten einen gewaltigen Vorteil, und das galt auch für den neuen Kurzwellenfunk zwischen Kriegsschiffen. Auch als nur wenige überlastete Flugzeuge jeweils für wenige Stunden über dem Zentralatlantik operieren konnten, nützte das den U-Booten. Sobald aber ganze Staffeln von Langstreckenmaschinen von Stützpunkten auf den Shetland-Inseln, Nordirland, Island, Grönland und Neufundland aus operierten und Flugzeuge mit Zehn-Zentimeter-Wellen-Radar, Leigh-Scheinwerfern, Wasserbomben und akustischen Torpedos, sogar Raketen, die ganze Nacht über dem Golf von Biskaya patrouillierten, gab es für Dönitz' Boote keine Ruhe mehr. Ein einziger

Geleitträger war für einen Konvoi ein willkommener Anblick, beeinflusste das taktische Kräfteverhältnis aber nicht sehr stark. Als Ende 1943 ein Dutzend Geleitträger auf See waren, hatte die ganze Situation sich verändert.

Es verwundert also kaum, dass die Dechiffrierteams nach den Schlachten vom Mai 1943 einen rapiden Abfall in der Kampfmoral der U-Boot-Besatzungen feststellten und dass Dönitz' Ermahnungen verzweifelter klangen. Obwohl er mehr U-Boote besaß als je zuvor, schienen weniger zum Angriff zu kommen, mehr meldeten Schäden oder kehrten zum Stützpunkt zurück oder ihre Matrosen wurden von den Alliierten aufgefischt, während das getroffene Boot langsam sank. Dass ein U-Boot-Fahrer seinen Erfahrungsbericht später *Die eisernen Särge* nannte, sagt alles.[40]

Die letzten Schläge

Die überwältigende Bedeutung der Luftherrschaft wurde in den beiden nächsten Etappen der Atlantikschlacht unwiderleglich bewiesen, den Luftoffensiven der Alliierten im Golf von Biskaya und den gescheiterten U-Boot-Angriffen auf die US-Geleitzüge nach Nordafrika. Diese Schlachtfelder waren geographisch getrennt, aber beide Kämpfe fanden in der zweiten Jahreshälfte 1943 statt und waren in vieler Hinsicht verbunden, denn wenn die U-Boote, die an Nordspanien vorbei nach Westen fuhren, unterwegs versenkt werden konnten, blieben weniger übrig, um die amerikanischen Geleitzüge nach Gibraltar oder andere Ziele anzugreifen. Und wenn die US-Konvois auf der Nordafrikaroute Dönitz' Wolfsrudel ebenso hart bekämpfen konnten, wie es die überwiegend britischen und kanadischen Flotten im Nordatlantik getan hatten, würden in jedem Fall weniger Boote in ihre französischen Häfen zurückkehren.

Das taktisch-technische Problem für die U-Boote war in dieser Phase des Krieges folgendes: sie konnten den Golf von Biskaya entweder über oder unter Wasser durchfahren und entweder am Tag oder bei Nacht. Wenn sie unter Wasser fuhren, waren sie viel langsamer, ihre Batterien waren schneller leer, und sie konnten dennoch durch das Sonar eines gegnerischen Schiffes geortet werden. Wenn sie dagegen über Wasser fuhren, erreichten sie den offenen Atlantik schneller, ließen sich aber durch Radar viel leichter orten und waren Angriffen von Flugzeugen oder Schiffen ausgesetzt, wenn sie am verletzlichsten waren. Außerdem war Bletchley Park jetzt viel schneller und erfolgreicher beim Dechiffrieren der deutschen Marinecodes als der B-Dienst bei der Anpassung an die veränderten und schwierigeren alliierten Codes.

Zu diesen Problemen gesellte sich ein noch größeres. Durch die vielen technologischen Innovationen waren alliierte Flugzeuge und Schiffe zu furchteinflößenden U-Boot-Vernichtungsmaschinen geworden. Die Alliierten setzten jetzt nicht bloß die neuen Geleitgruppen aus Sloops, Zerstörern und den für diesen Zweck gebauten Geleitträgern ein, sondern auch vorhandene «Arbeitstiere» wie die Korvetten der Flower-Klasse, und Mittelstreckenflugzeuge wie die Wellingtons, Hudsons und Sunderlands wurden stetig verbessert. 1940/41 waren diese Korvetten zu schwach bewaffnet gewesen, hatten zu wenig Mannschaft und kamen kaum gegen die riesigen Wellen im Nordatlantik an. Ein amerikanischer Beobachter forderte sarkastisch, die Besatzungen sollten U-Boot-Sold bekommen, weil die Schiffe so häufig überspült würden. Nach 1943 hatten diese Schiffe und die neuen Korvetten- und Fregatten-Typen, die sie nach und nach ablösten und speziell für den Atlantik gebaut waren, viel stärkere Turbinen und viel mehr Platz für die vielen Aufgaben des Kommandanten. Auf größeren Schiffen wurde eines der Buggeschütze durch ein Hedgehog und später ein Squid ersetzt; die Wasserbomben waren wirksamer und bekamen genauere Zeitzünder, und der Aufbau der Schiffe zeigte alle möglichen Antennen, nicht nur den Funkmast, sondern auch für HF-DF- und Zehn-Zentimeter-Wellen-Radar.

Die gleiche Veränderung galt für die Wellington-Maschinen von 1943. Der robuste, aber einfache zweimotorige Bomber, den Barnes Wallis ursprünglich für Bombenangriffe auf den Westen Deutschlands entworfen hatte, wurde beim Küstenkommando zu einer erstaunlichen elektronischen Maschine, die Antennen sowohl an der Nase, auf dem Rücken und an den Seiten trug. Zu ihrer Bewaffnung gehörten eine nach vorne gerichtete Bordkanone, Raketen, wirksamere Wasserbomben, sogar die neuen akustischen Torpedos. Wenn ihr Radar sie nachts nahe genug an ein U-Boot heranführte, schaltete sie die großen Leigh-Scheinwerfer ein, und der Angriff begann.

Dönitz war niemand, der klein beigab, und die deutschen Werften bauten 1943 mehr U-Boote als je zuvor, die immer noch den Atlantik auf dem Umweg durch die «Lücken» zwischen Grönland, Island und den Faröer-Inseln erreichen konnten. Da er erkannte, dass die alliierte Luftherrschaft der Schlüssel war, überzeugte er im Herbst 1943 Berlin, seinen U-Booten im Golf von Biskaya viel mehr Unterstützung zu geben. Die deutschen Luftangriffe auf die Anti-U-Boot-Staffeln des Küstenkommandos wurden sogar so heftig, dass die RAF ihrerseits Beaufighter- und Mosquito-Nachtjäger schicken musste, um sie zu schützen. Zusätzlich bekamen einige U-Boote weit stärkere Luftabwehrkanonen, etwa vierrohrige Flak, denn Dönitz ermutigte seine Kapitäne, sich wenn möglich über Wasser zu verteidigen. Schließlich war auch die deutsche Luftwaffe – wie die neueren U-Boote – mit akustischen Torpedos ausgerüstet, und Ende August griffen deutsche Maschinen zum ersten Mal zwei der Geleitgruppen mit Gleitbomben an.[41] Seit Anfang 1944 erhielten Dönitz' Boote zudem sogenannte «Schnorchel», Luftzufuhrmasten, durch die eine Benutzung der Schiffsdiesel und damit die Aufladung der Batterien für den Elektroantrieb auch in getauchtem Zustand möglich war. Dies bedeutete einen deutlich verbesserten Schutz vor der Ortung durch gegnerischen Radar.

Abgesehen vom Rückgang der Angriffe im Nordatlantik ab Juni 1943 wurde der Kampf um die Geleitzüge also nicht weniger hektisch, und die Wolfsrudel waren nicht weniger gefährlich. Einzelne Aktionen waren ebenso wild wie zuvor. Eine Sunderland wurde beim Rückflug über den Golf von nicht weniger als acht JU 88 angegriffen, schoss drei davon ab und landete auf dem Kieselstrand von Chesil Beach mit nur drei Motoren – wegen ihrer Robustheit und starken Bewaffnung hieß die Sunderland bei den Deutschen das «fliegende Stachelschwein». Etwas später gab es ein heftiges Gefecht zwischen fünf U-Booten, die zusammen den Golf von Biskaya über Wasser durchfuhren, und vier Mosquito-Jägern mit polnischen Piloten. In dieser Phase der Kämpfe gab es britische, amerikanische, australische, polnische, kanadische und tschechische Staffeln.[42] Gelegentlich trieben die Überlebenden von Frachtern, Geleitschiffen, Flugzeugen *und* U-Booten (in jeder Kombination) in ihren Rettungsbooten und -flößen in denselben Gewässern und hofften von einem Rettungsschiff aufgenommen zu werden. Rammen war üblich, und für manche Zerstörerkapitäne war es anscheinend fast die bevorzugte Angriffsart – man versenkte das U-Boot und bekam wahrscheinlich noch drei Wochen Heimaturlaub, bis die Reparaturen beendet waren.

Tempo und Verbissenheit dieser Episoden konnten aber nicht die

Tatsache verdecken, dass «die alliierten See- und Luftstreitkräfte … endlich die richtigen Schiffe und Flugzeuge hatten, sehr gut ausgebildet und mit einem umfangreichen Arsenal zum Aufspüren und Zerstören von U-Booten versehen waren».[43] Die Qualität der Ausbildung war stark gestiegen, und viele Geleitgruppen und Fliegerstaffeln hatten inzwischen sowieso eine Menge Erfahrung, was ihnen immer wieder zugute kam. Als sich Mitte Oktober eine große Schlacht um die Konvois ON 206 und ONS 20 entwickelte, wurden die Frachter und Geleitschiffe von nicht weniger als drei sehr kompetenten Liberator-Staffeln und einer Unterstützungsgruppe unter Gretton eskortiert, zu der erneut die Korvetten *Duncan*, *Vidette*, *Sunflower*, *Pink* und *Loosestrife* gehörten. Ein Handelsschiff wurde versenkt, aber fünf U-Boote ebenfalls.

Der außerhalb der direkten Geleitschutzarbeit operierende Captain Frederick John «Johnny» Walker und seine 2. Unterstützungsgruppe scheinen nahezu freie Hand bei ihrer großen Leidenschaft, dem Versenken von U-Booten, gehabt zu haben. Zu diesem Zeitpunkt hatte Walker im Katz und Maus-Spiel sein «Anschleichen» perfektioniert, bei dem nur eines seiner Schiffe Sonar-Signale aussandte und empfing und sich von einem getauchten U-Boot fernhielt, dessen Kapitän nicht wusste, dass die anderen Schiffe mit ausgeschaltetem Sonar leise näher kamen und über Funk vom Kontrollschiff gelenkt wurden. Bei anderer Gelegenheit ließ Walker drei seiner Sloops *Starling*, *Wild Goose*, *Cygnet*, *Wren*, *Woodpecker* und *Kite* nebeneinander fahren und gleichzeitig Wasserbomben abwerfen, wie bei einem Artilleriebeschuss an Land. Und sie verfolgten ihre Beute tagelang. Von den beiden oben beschriebenen strategischen Schulen gehörte Walker definitiv nicht zu der, die sagte, man solle nur die Frachter heil nach Hause bringen. Seine Anweisungen an die 2. Unterstützungsgruppe, die nach dem Krieg von der Captain Walker's Old Boys Association in Liverpool aufbewahrt wurden, fordern: «Unsere Aufgabe ist es, zu töten, und alle Offiziere müssen den aggressiven Angriffsgeist voll entwickeln. Egal wie viele Geleitzüge wir in Sicherheit bringen, wir sind gescheitert, wenn wir keine U-Boote vernichten.»[44] Walker hielt sein Wort. Seine kleine Gruppe versenkte ab 1943 nicht weniger als 20 U-Boote, und er erhielt vor seinem frühen Tod durch Überanstrengung 1944 viermal den Kriegsverdienstorden.

Walkers Katz und Maus-Taktik war Teil eines größeren Plans der Admiralität. Erinnern wir uns, dass Geleitschiffe wie *Vidette* und *Pink*

Koordination durch neue Technik: Captain «Johnny» Walker an Deck seiner Schaluppe *Starling*, während er die *Woodpecker* per Funk zum Angriff auf ein U-Boot dirigiert. Man beachte das neue taktische Funksystem.

während der Geleitzugschlachten Anfang 1943 die Verfolgung von U-Booten abbrechen mussten, um ihre Schützlinge zu bewachen. In den entscheidenden Monaten März bis Juni 1943 erstellte das Forschungsbüro der Admiralität eine detaillierte statistische Analyse aller Zusammentreffen zwischen U-Booten und alliierten Geleitschiffen in den letzten zwei Jahren.[45] Das Ergebnis war, dass ein schnell tauchendes U-Boot gute Chancen zum Entkommen hatte, wenn das Kriegsschiff nur wenige Angriffe durchführte. Wenn das Schiff aber die Verfolgung fortsetzte und vielleicht den Sonarkontakt verlor, aber eine Stunde später wieder aufnahm, vor allem, wenn es dablieb und mehr als sechsmal oder länger als 90 Minuten Wasserbomben abwarf, stiegen die U-Boot-Verluste deutlich an. Hier lag das statistische Argument für die Bildung der Unterstützungsgruppen, zumindest wenn sie in weiterer Umgebung der Geleitzüge blieben und keine Nadeln im Heuhaufen suchten. Horton verstand das von Anfang an, und nur durch den Mangel an Kriegsschiffen waren nicht früher schon Gruppen wie die von Walker gebildet worden. Doch diese Zahlen zeigten auch Dönitz' Dilemma deutlich auf. Seine Boote konnten den alliierten Nachschub nach Europa nur stoppen, wenn sie bereit waren, die Geleitzüge anzugreifen, aber dabei wurden sie nach dem Frühjahr 1943 immer häufiger von Flugzeugen und Unterstützungsgruppen geortet und bis zum Ende gejagt.

Wenn es für die U-Boote schwierig bis unmöglich war, Walker zu entkommen, war es nicht weniger gefährlich für sie, die US-Geleitträgergruppen auf den Gibraltar- und Nordafrikarouten anzugreifen. Die amerikanische Marine war auf den U-Boot-Krieg zunächst kaum vorbereitet, aber sie hatte schnell gelernt, obwohl ihre Ressourcen durch den Krieg im Pazifik viel stärker beansprucht wurden. 1943 wurden immer mehr kleine, aber starke Geleitträger auf den Werften in Tacoma gebaut, ihre Mannschaften und Flieger wurden intensiv ausgebildet, durch den Panama-Kanal geschickt und bildeten den Kern der Geleitkräfte für die gewaltige Menge amerikanischer Soldaten, Munition und anderer Güter, die ins Mittelmeer kamen, als die Invasionen Siziliens und Italiens sich entwickelten. Die ersten drei Schiffe der Bogue-Klasse – *Bogue*, *Core* und *Card* – hatten besonders aggressive und fähige Flieger; beim Angriff auf ein aufgetauchtes U-Boot belegten zwei Maschinen es mit MG-Feuer und lenkten davon ab, dass ein drittes sich mit Wasserbomben oder akustischen Torpedos näherte, eine Variante von Walkers Taktik des Anpirschens. Laut Roskills offizieller Marinegeschichte versenkten die Flugzeuge der *Bogue* 1943 bei diesen Gibraltar-Konvois sechs U-Boote, die Flugzeuge und Geleitschiffe der *Card* waren sogar noch erfolgreicher und versenkten mindestens zehn, vielleicht elf Boote.[46]

Im Ganzen gesehen ist es richtig, dass die Geleitträger während des Krieges viel weniger U-Boote vernichteten als landgestützte Flugzeuge, aber sie spielten eine wichtige Rolle beim Verscheuchen der U-Boote von den Nordatlantikkonvois in den kritischen Monaten im Frühjahr und Frühsommer 1943, und ihr Schutz für den Strom amerikanischer Truppen und Güter nach Nordafrika und ins Mittelmeer war absolut unbezahlbar. Ende 1943 wurden einige Geleitträger dafür eingesetzt, U-Booten, die sich zum Auftanken im Zentralatlantik trafen, Fallen zu stellen. Obwohl die britische Marineaufklärung große Angst hatte, ihre Quelle könne gefunden werden – wie oft konnten US-Flugzeuge gerade dann zufällig auftauchen, wenn ein Boot gerade von einer «Milchkuh» betankt wurde? –, wurde bei diesen Angriffen eine überproportional hohe Zahl von U-Boot-

Tankern zerstört. Dadurch waren die normalen Boote gefährlich schlecht versorgt und mussten früher zum Stützpunkt zurückkehren.

Von diesen Entwicklungen erholte sich die deutsche U-Boot-Flotte nicht mehr. Obwohl sie in den ersten fünf Monaten des Jahres 1944 ihre Angriffe auf die alliierten Geleitzüge wieder aufnahm, auch auf den Nordatlantikrouten, wo sie so unterlegen war, erreichte sie nie wieder die Erfolgsrate von 1942 bis Anfang 1943. Ihr Scheitern offenbarte sich auf spektakuläre Weise am D-Day. Wie wir in Kapitel 4 noch sehen werden, war das Kräfteverhältnis in der Luft und auf See und sogar an einigen der umkämpften Strände völlig unausgeglichen. Als das deutsche Oberkommando merkte, dass die Invasion der Alliierten in der Normandie und nicht am Pas de Calais stattfand, wurden ihre wenigen Fliegerstaffeln ins Gefecht beordert und prompt zerstört. Das Gleiche galt für die «eisernen Särge» der Marine. Herbert Werner berichtet, dass er und eine Gruppe erfahrener Kapitäne, die verblüfft waren, dass sie Anfang Juni zurückgehalten worden waren, die Landung in der Normandie attackieren sollten, indem sie gegnerische Schiffe rammten wie ein Kamikaze. Nichts war weiter vom Zweck eines U-Boots entfernt. Fünf der acht so eingesetzten Boote wurden dabei zerstört, die anderen drei kehrten beschädigt und beschämt zurück.[47] Die alliierte Luft- und Seeherrschaft war vollständig, und zwischen Juni und August 1944 versenkten Dönitz' Boote nur fünf Schiffe während der größten Landungsoperation aller Zeiten (darunter auch die *Pink*).

Dass die U-Boote dabei scheiterten, Operation «Overlord» zu zerschlagen oder auch nur zu stören, zeigte aber nicht nur ein Ungleichgewicht der Kräfte auf lokaler, taktischer Ebene an. Es bewies auch, dass es den U-Booten trotz ihrer bemerkenswerten früheren Erfolge nicht gelungen war, den gigantischen Strom von Truppen, Munition, Treibstoff, Nahrungsmitteln und allen anderen lebenswichtigen Gütern von der Neuen in die Alte Welt zu stoppen. Die U-Boote hatten so gut gekämpft wie sie konnten – «Asse» wie Kinzel waren außerordentliche Kämpfer –, aber sie waren durch einen gut organisierten, vielfältig bewaffneten Gegenangriff Mitte 1943 geschlagen worden. Wegen der neuen Stärken der Alliierten kamen die Geleitzüge nun mit immer weniger Verlusten durch; weil sie durchkamen, wurde die Inselfestung Großbritannien ein riesiges Sprungbrett für die Invasion des Kontinents; und weil diese Invasion ohne größere Störungen stattfand und die alliierten Armeen nach Deutschland vorstoßen konnten, waren die Tage der U-Boote gezählt. Es ist ironisch, dass ihre Stützpunkte in Westfrankreich und Norddeutschland schließlich von Land aus erobert wurden.

Es ist wahr, dass der militärisch-industrielle Komplex des Reichs noch 1944 und Anfang 1945 Dutzende neuer und größerer Boote vom Typ XXI produzierte, die über stark verbesserte Eigenschaften verfügten und schwer zu orten waren. Von diesen modernsten U-Booten ihrer Zeit, wegen ihrer leistungsfähigeren Akkumulatorenanlage und der damit verbundenen deutlich verlängerten Tauchzeit auch «Elektroboote» genannt, konnte allerdings nur noch eines tatsächlich auf Feindfahrt geschickt werden. Darüber hinaus arbeiteten deutsche Wissenschaftler an bemerkenswert hochentwickelten U-Booten, vor allem nach den Entwürfen des brillanten Ingenieurs Hellmuth Walter, die der Admiralität während des ganzen letzten Kriegsjahres Sorgen bereiteten. Dönitz' U-Boot-Flotte erhielt noch im April 1945 neue Boote und schickte sie los, obwohl ihre Werften und Bahnstrecken für den Nachschub von den Alliierten intensiv bombardiert wurden. So kämpften die deutschen U-Boote bis ganz zum Schluss eindrucksvoll und zäh. Da sie wenig am ununterbrochenen Strom von Soldaten und Rüstungsmaterial über den Atlantik ändern konnten – und ab Herbst 1944 konnten die neuen US-Divisionen direkt nach Frankreich fahren –, endet ihre Geschichte in den meisten Darstellungen des Zweiten Weltkriegs im Hintergrund. Doch von Januar bis April 1945 fanden einige der heftigsten Kämpfe zwischen den U-Booten und ihren britischen und kanadischen Gegnern statt.

Dies waren aber keine Duelle um die Kontrolle der Atlantikrouten mehr, sondern sie fanden vor allem in der Nordsee und in britischen und kanadischen Küstengewässern statt. Es waren keine leichten Gefechte, denn nahe der Küste waren die Boote viel schwerer zu orten, besaßen nun viel avanciertere Bewaffnung und fuhren oft zum gegenseitigen Schutz in kleinen Gruppen über Wasser. Einmal wurden sogar panzerbrechende Typhoon-Maschinen, die den Vormarsch in den Niederlanden und Nordwestdeutschland unterstützten, zur Verstärkung der Beaufighters und Mosquitos geschickt, die nahe der Doggerbank und Jütland mit aufgetauchten U-Booten kämpften. Aber solche Kämpfe waren keine Geleitzugschlachten, und in den letzten fünf Monaten des Krieges gingen weltweit nur 46 alliierte Frachter verloren (ein Siebtel der Zahl von 1942); wie üblich waren es meist Schiffe, die allein fuhren, nicht im Konvoi. Dagegen wurden weitere 151 U-Boote versenkt. Während des Zweiten Weltkriegs lag die

Verlustrate bei den U-Boot-Fahrern bei atemberaubenden 63 Prozent, zählt man die gefangenen Seeleute dazu, waren es 76 Prozent. Keine andere große Waffengattung erlitt annähernd solche schrecklichen Verluste.[48]

Der entscheidende Punkt war nicht, dass die deutsche U-Bootflotte zu klein war, sondern dass sie zu spät wieder erschienen war, um die kritische Schlacht im Atlantik zu gewinnen. Die Schlagkraft ihrer Gegner nahm zu, und in den letzten Kriegsmonaten wurden die U-Boote von West und Ost zugleich bekämpft und hatten genau wie das Dritte Reich keinen Zufluchtsort mehr. Der letzte Akt für diese stolze Streitmacht war die Kapitulation. Als britische Truppen im Mai 1945 U-Boot-Häfen wie Flensburg erreichten, sahen sie reihenweise Boote, die entweder an den Piers festgemacht waren oder noch teilweise aus dem Wasser ragten, nachdem sie von der eigenen Mannschaft oder alliierten Bomben versenkt worden waren. Viele wurden vor der Küste versenkt, statt sie zu übergeben. Auf allen Weltmeeren fuhren deutsche Schiffe mit der schwarzen Kapitulationsflagge in alliierte oder neutrale Häfen ein, um interniert zu werden. Ironischerweise kam der letzte Befehl, den Kampf aufzugeben und sich friedlich zu ergeben, den die britische Admiralität am 8. Mai 1945 aufgesetzt hatte, von dem Mann, den Hitler als seinen Nachfolger eingesetzt hatte: Großadmiral Karl Dönitz.

Schlussgedanken

Ist die Geschichte der Atlantikschlacht nur ein weiteres und sehr berühmtes Beispiel für einen Sieg durch materielle Überlegenheit? Viele Historiker, die von der atemberaubenden Produktion neuer Frachtschiffe durch die US-Werften ab 1942 fast hypnotisiert sind (insgesamt bauten angloamerikanische Werften von 1939 bis 1945 42,5 Mio BRT Schiffsraum),[49] vertreten diese Meinung. Meine Darstellung versucht das etwas vorsichtiger zu sehen, ebenso wie sie im nächsten Kapitel Vorsicht gegenüber der Annahme empfiehlt, die schiere Menge an B-17 und B-24-Maschinen hätte den Luftkrieg über Deutschland auch gewonnen, wenn ihre operativen Verluste nicht reduziert worden wären.

Offensichtlich waren die Alliierten ab Sommer 1943 materiell im Vorteil, obwohl die Fähigkeit von Dönitz' U-Booten, Frachter zu versenken, groß gewesen war, und Horton und Slessor das Gefühl hatten, diesen starken Gegner nie unterschätzen zu dürfen, selbst als das Kräfteverhältnis sich für sie verbesserte. Churchill sprach mit Recht von der «*richtigen* Anwendung überwältigender Stärke». Zahlen bedeuteten viel, aber Masse ließ sich nur durch zwei weitere unverzichtbare Faktoren in einen Sieg verwandeln: Organisation und Qualität. Ohne sie waren die strategischen Anordnungen «von ganz oben» sinnlos. Schließlich gab Mussolini regelmäßig große strategische Befehle, aber mit welcher Wirkung? Ebenso wenig konnte man von den Männern am Ende der Befehlskette erwarten, den Einzelkampf mit einem U-Boot oder eine wochenlange Geleitzugschlacht zu gewinnen, wenn sie nicht die richtigen Werkzeuge zur Ortung und Zerstörung besaßen und nicht so organisiert waren, dass diese Werkzeuge sich wirksam einsetzen ließen.

Immer wieder sehen wir in dieser Geschichte, wie die «richtige Anwendung» von Ressourcen zu Ergebnissen führte, die den Truppen an der Front die Instrumente für den Sieg lieferten, und wie die Siege im Atlantik und entfernteren Meeren das Kräfteverhältnis stetig zugunsten der Alliierten veränderten und damit zugunsten der Erfüllung der großen Strategie vom Januar 1943. Wir können auch immer wieder feststellen, wo die neuen Systeme zu «Wendepunkten» wurden, wo eine bestimmte Idee Wirklichkeit wurde, welche Personen und/oder Organisationen dafür verantwortlich waren und wie ihre Durchbrüche direkt den Kampf beeinflussten.

Unter diesen vielen Fortschritten haben wir vier im Detail beschrieben: die schwer bewaffneten Langstreckenbomber, die Geleitzüge auf ihrer ganzen Route bewachen konnten; das Zehn-Zentimeter-Wellen-Radar und die Rollen des Teams an der Universität Birmingham, der Tizard-Mission und danach der Bell-Laboratorien und des RadLab in Amerika; den Hedgehog-Mörser, der aus dem Traum eines eigenwilligen Schuljungen entstand und durch das DMWD auf den alliierten Geleitschiffen eingesetzt wurde; und schließlich die Schaffung schlagkräftiger Unterstützungsgruppen, die unter Kommandanten wie Gretton und Walker die neuen Waffen mit ihren wirksameren Jagdmethoden verbanden.

So wurde das erste operative Ziel der Erklärung von Casablanca erreicht, obwohl noch niemand bei den westlichen Planungsstäben frohlockte, selbst Ende 1943 noch nicht. Die strategische Bombardierung Deutschlands war während dieses ganzen Jahres gescheitert. Pläne für eine Invasion Frankreichs wurden immer wieder verschoben, als die Schwierigkeiten und Komplexität einer solchen Operation wuchsen, vor allem in den Augen der britischen Stabschefs. Der Krieg im Mittelmeer kam viel zu langsam voran. Der Feldzug im Zentralpazifik steckte noch in den Anfängen, und alle Operationen im Südwestpazifik und in Südostasien waren schmerzhaft langsam. Nur im Feuerofen der Schlacht von Kursk im Sommer 1943 gab es ein weiteres Anzeichen, dass der Krieg sich gegen Deutschland wendete. In den Weiten des Atlantik und den endlosen Ebenen Westrusslands und der Ukraine waren die ersten Anzeichen sichtbar, dass die Waage sich nach Jahren heftiger Kämpfe zugunsten der Alliierten neigte.

Kapitel 2

Wie erringt man die Luftherrschaft?

Am frühen Morgen des 14. Oktober 1943 hob eine Armada von 291 amerikanischen B-17 Flying Fortress-Bombern von Flugplätzen in Ostengland ab und begann den weiten Flug, um Bomben auf Schlüsselziele in Deutschland abzuwerfen, die Städte Schweinfurt und Regensburg, wo so kriegswichtige Produkte wie Kugellager und Messerschmitt-Jäger hergestellt wurden. Beobachter, die sie starten und aufsteigen sahen, waren Zeugen der wahrscheinlich größten Vorführung menschlicher Einfallsgabe und Zerstörungskraft im 20. Jahrhundert. Sie waren auch Zeugen einer Mission, die sich als Fehlschlag erwies und viele unnötige Verluste brachte. Es war nicht das erste Mal, dass diese Staffeln Schweinfurt angriffen, ein früherer Angriff hatte am 17. August stattgefunden, aber es sollte für eine ganze Weile das letzte Mal sein.

Unter den fast 3000 Fliegern an diesem Tag war auch der Navigator Elmer Bendiner, im Zivilleben Journalist. 37 Jahre später begann er nach dem Besuch eines Mohnfelds, neben dem damals seine Airforce-Basis gelegen hatte, mit der Niederschrift seines Berichts über diesen Tag.[1] Als Autor konnte Bendiner mit Worten umgehen, darum darf der Leser über dem Stil nicht die harten Fakten vergessen. Die Thunderbolt-Jäger waren «wie glänzende Engel», aber hinter Aachen flogen sie wegen ihrer begrenzten Reichweite zurück. Erst jetzt schickte Adolf Galland, der Kommandeur der deutschen Jagdflieger und wie Dönitz ein erfahrener Soldat, natürlich Welle auf Welle seiner Maschinen; sobald eine Staffel von Focke-Wulfs oder Messerschmitts ihre Angriffe geflogen hatte, landete sie auf dem nächsten Flughafen, wurde neu betankt und bewaffnet und stieg wieder auf. Da der Angriff auf Schweinfurt und Regensburg so stark gestört wurde, auch wenn erstaunlicherweise ein paar B-17 durchkamen und die Ziele bombardierten, stellte sich nicht die Frage, was aus der

Eine Staffel B-17 Flying Fortress-Bomber der USAAF im April 1945 im Anflug auf Neumünster.

deutschen Kugellagerproduktion wurde, sondern wie viele Flying Fortresses abgeschossen werden konnten.

Es stellte sich heraus, dass an diesem Tag 29 Bomber verloren gingen, bevor sie die Ziele erreichten, und weitere 31 auf dem Rückflug; 60 Maschinen, 600 Mann, ein Verlust von über 20 Prozent bei einem Einsatz. Zufällig hatte auch der Angriff auf Schweinfurt im August zum Verlust von genau 60 B-17 geführt. Die Angriffe an den folgenden Tagen ließen die Verluste nur weiter anwachsen. «An sechs Tagen hatten wir über Europa 1480 Besatzungsmitglieder verloren», schreibt Bendiner. Nur drei oder vier von den 18 Maschinen seiner Staffel kehrten in dieser Nacht zum Stützpunkt Kimbolton zurück, andere kamen am nächsten Tag nach. «Sechs unserer Maschinen waren ausgebrannte Hüllen irgendwo in Europa.» Etwas später fügt er hinzu: «Wir Flieger von 43 hatten mit unserem Fleisch und Blut den Irrtum demonstriert, dass eine Formation schwerer Bomber allein und ohne Geleitschutz über einen Schwarm Jäger triumphieren könnte.»[2]

Im Herbst 1943 war die deutsche Luftwaffe gegenüber den Armadas der US Army Air Forces deutlich im Vorteil. Dazu kamen dieselben Rückschläge bei den parallelen und noch ausgedehnteren allnächtlichen Bombardements in ganz Westeuropa durch das RAF-Bomberkommando.[3] Noch am 30. März 1944, man beachte, keine zehn Wochen vor D-Day und vierzehn Monate *nach* Casablanca, griffen 795 RAF-Bomber Nürnberg an. Während die britischen Staffeln immer mehr an Kurs und Zusammenhalt verloren – einige bombardierten irrtümlich das 100 Kilometer entfernte Schweinfurt –, war die Offensive der deutschen Nachtjäger hervorragend organisiert und fügte den Lancasters und Halifaxes schwere Verluste zu. Der erfahrene Chef des Pathfinder-Verbands (Zielmarkierer), Wing Commander Pat Daniels (in seinem 77. Einsatz!), äußerte später: «Wir sahen so viele getroffene Flugzeuge um uns herum, dass ich meiner Besatzung befahl, dem Navigator keine abstürzenden Maschinen mehr zu nennen, damit er die Position eintrug, sondern auf Jäger zu achten.»[4]

Das Resultat war, dass eine gewaltige Zahl von 95 RAF-Bombern nicht zurückkehrte, ein weiteres Dutzend konnte nicht mehr verwendet werden und 59 wurden schwer beschädigt. Doch der Verlust der Maschinen war vergleichsweise harmlos gegenüber dem Tod der ausgebildeten Besatzungen, deren Verlustrate höher war als bei jungen britischen Offizieren in der Schlacht an der Somme 1916. Auch «ein junger Amerikaner … hatte 1943 eine größere Überlebenschance, wenn er sich zu den Marines meldete und im Pazifik kämpfte, als wenn er mit der 8. Luftflotte der Air Forces flog.»[5] Wie die offiziellen amerikanischen und britischen Darstellungen später zugaben, ging es Anfang 1944 sogar bergab. Die meisten nichtoffiziellen Berichte sind viel kritischer. Die großartigste der angloamerikanischen strategischen Theorien, wie in Zukunft ein Krieg zu gewinnen sei, war zusammengebrochen.[6]

Theorie und Ursprünge des strategischen Bombenkriegs

Lange bevor die Brüder Wright 1903 die Welt durch ihre Flüge verblüfften, hatte die Menschheit über künftige außergewöhnliche Maschinen spekuliert, die nicht nur Menschen und Güter durch die Luft tragen, sondern auch einem Feind schrecklichen Schaden und Panik zufügen konnten. So heißt es in Alfred Lord Tennysons Gedicht «Locksley Hall» (1837) in der Übersetzung von Ferdinand von Freiligrath:

> «So, wie weit ein Menschenauge spähend in die Zukunft dringt,
> Taucht' ich unter in die dunkle, sah die Wunder, die sie bringt.
> Sah Verkehr die Himmel füllen, sah Fregatten sie befahren,
> Zaubersegel hoch im Äther, niederweh'nd mit prächt'gen Waren.
> Hörte Schlachtruf in den Wolken, und herabfloß blut'ger Tau
> Von der Völker luft'gen Flotten, die sich stritten hoch im Blau.»

Der englische Dichter war nicht der erste, der einen Luftkrieg vorhersah. Leonardo da Vinci zeichnete ein paar Flugmaschinen in seinen militärischen Skizzen und die großen technologischen Fortschritte des 19. Jahrhunderts heizten diese futuristischen Spekulationen nur noch weiter an.[7] Alfred Gollin berichtet, dass nur wenige Jahre nach den historischen Flügen der *Kitty Hawk* die Kriegsministerien Europas und der USA Luftwaffen planten und bei den Wrights anklopften. Und bei einer öffentlichen Debatte über Englands globale Strategie im April 1904 hatte der weitsichtige Imperialist Leo Amery geäußert, in nicht allzu ferner Zukunft werde Luftmacht als Instrument nationaler Politik neben Landmacht und Seemacht treten oder sie sogar überholen.[8]

Man muss sich klarmachen, dass Luftmacht selbst in ihren Anfängen sehr unterschiedliche Formen hatte und sich auf unterschiedliche Weise verstehen ließ.[9] Die Periode von 1880 bis 1914 erlebte eine gewaltige Zahl neuer Erfindungen oder starker Verbesserungen älterer exzentrischer Prototypen – Funk, Torpedo, U-Boot, Zerstörer, Maschinengewehr, Sprengstoff, Rechenmaschine, Automobil und Flugzeug. Es ist daher verständlich, dass manche Kommentatoren das Flugzeug nur für eine weitere Ergänzung des Arsenals hielten, mit dem man gegnerische Soldaten und Seeleute bekämpfte, so wie Präsident Truman angeblich die Atombombe nur für eine besonders große normale Bombe hielt. Nach dieser Auffassung waren Flugzeuge eine Art Luftkavallerie, die vor allem zur Aufklärung oder Zielerfassung für Artillerie diente – die Marine vor 1914, die mit den Problemen der modernen Feuerkontrolle kämpfte, war an diesem Aspekt besonders interessiert. Vielleicht konnten die Piloten die feindlichen Truppen mit MGs beschießen oder die Kopiloten ihnen ein paar Granaten auf die Köpfe werfen, aber die zerbrechlichen Maschinen konnten keine schwere Bewaffnung tragen. Diese Meinungen änderten sich, als Flugzeuge stabiler und ihre Motoren viel stärker wurden und als Zeppeline ihre Verletzlichkeit zeigten, aber der grundsätzliche Punkt blieb bestehen: Diese neuartigen Maschinen sollten vor allem zur Beobachtung gegnerischer Truppen oder zum direkten Angriff auf sie benutzt werden.

Dennoch gab es die weitergehende Möglichkeit, dass Flugzeuge, weil sie die feindlichen Linien überfliegen konnten, auch zu Angriffen in deren Rücken dienen konnten, auf Nachschublinien, Güterzüge, Bahnstrecken, Brücken oder sogar Hauptquartiere. In einer Epoche, wo kämpfende Armeen jeden Tag eine nie dagewesene Menge an Munition und anderem Nachschub verbrauchten, konnte die Zerstörung einer Straße oder eines Depots 30 Kilometer hinter der Front den Kampf beeinflussen, und zwar sehr schnell. Vielleicht traf man nicht sehr genau, aber man konnte sicher sehr viel Chaos anrichten, indem man Soldaten und Wagen von den Straßen verjagte und sie womöglich zwang, nur nachts zu marschieren. Das konnte die andere Seite natürlich dazu provozieren, ebenfalls Flugzeuge zu schicken, um die eigenen abzuschießen.

Beide genannten Optionen wurden rasch als *taktischer* Luftkrieg bezeichnet und erforderten passende Waffensysteme. Natürlich konnte jedes Jagdflugzeug eine Kolonne marschierender Soldaten im Tiefflug beschießen, aber seine eigentliche Funktion war der Abschuss gegnerischer Jäger; wollte man ein echtes Instrument für Bodenangriffe, so musste man ein schwerer bewaffnetes und gepanzertes Flugzeug konstruieren, das mit Bomben und Raketen ausgerüstet war, um eine Zerstörungskampagne über und hinter dem Schlachtfeld zu führen. All dies war 1918 reine Theorie und in den zwanziger Jahren noch kaum in Sicht; zu Beginn des Zweiten Weltkriegs wurde es allmählich realisiert und verkörperte sich in den deutschen Ju 87 Sturzkampfbombern (Stukas), den britischen Typhoons und den amerikanischen Thunderbolts.

Da aber die Reichweite eines Flugzeugs theoretisch unbegrenzt war (sofern der Treibstoff ausreichte), hatten die frühen Anhänger der Luftmacht auch die Vorstellung, sie viel weiter entfernt und in einer ganz anderen Funktion einzusetzen, nämlich gegen die Quellen der Kampfkraft des Gegners, seine Fabriken und Werften Hunderte von Kilometern hinter der Front, die Kanonen, Munition, Lastwagen, Kugellager, Stahl, Kriegsschiffe usw. produzierten. Dies würden Luftangriffe auf die Heimat des Feindes sein, vielleicht weit weg von den Schlachtfeldern oder den Seegefechten, und das erforderte größere, schwerere und mehrmotorige

Flugzeuge, die Bomben über weite Entfernungen tragen konnten. Da solche Bomber langsamer sein würden als die beweglichen Jäger, mussten sie außer einem Navigator und einem Bombenschützen auch mehrere Bordschützen haben, um Luftangriffe abzuwehren. Dies trieb den Bedarf nach Flugzeugbesatzungen in die Höhe.

Die militärischen Implikationen waren revolutionär. Für die Theoretiker der Luftmacht sollten die neuen Langstreckenbomber nicht länger zur Unterstützung der Westfront oder der Nordseeflotten eingesetzt werden. Sie waren eine unabhängige dritte Kraft und mussten als solche organisiert werden. Ihre Mission war nicht länger taktisch und kurzfristig, sie war *strategisch*, weil sie die Kampffähigkeit des Gegners eigenständig attackierte; der Krieg erreichte die Heimatfront. Das war der revolutionäre Teil, der revolutionäre Reiz: Langstreckenbombardement würde die Adern des Gegners durchtrennen, seine Armeen vom Nachschub abschneiden und den Krieg verkürzen. Für seine Propagandisten wie Trenchard und Douhet war es eine viel bessere Investition als der Zermürbungskampf in den Schützengräben und die Seeblockaden. Es konnte bei künftigen Landkriegen verhindern, dass Hunderttausende von Soldaten fielen. Dies war nicht nur ein neues offensives Instrument, sondern eine neue Waffengattung, die eines Tages Heere und Flotten in den Hintergrund drängen würde – daher natürlich der Widerstand traditioneller Generäle und Admiräle gegen eine unabhängige Luftwaffe seit Anfang der zwanziger Jahre und ihr tiefes Misstrauen gegen die Theoretiker des Luftkriegs.

Es gab noch eine weiter gehende Überlegung, die umstrittenste von allen – warum nicht aus der Luft die Moral der ganzen gegnerischen Bevölkerung zerstören, d. h. bewusst ihren Willen zur Unterstützung des Kampfes brechen, indem man sicherstellte, dass sie genau wie ihre Soldaten durch diese Unterstützung direkt getroffen wurde? Es war ein logischer nächster Schritt, sobald man über den direkten Kampf an der Front hinausging. Warum nicht die Munitionsarbeiter bombardieren, die den feindlichen Nachschub herstellten, und dann jene, die diese Arbeiter unterstützten? In diesem Sinne war es ebenso logisch, eine Bäckerei zu bombardieren wie ein Kraftwerk und ein Kraftwerk ebenso wie eine Bahnstrecke an die Front. Außerdem war das Flächenbombardement nichts, was 1940 oder 1942 plötzlich aus dem Schmelzofen des Krieges hervorging. Die Idee riesiger Luftangriffe, die umfassende zivile Panik und Opfer hervorriefen, war der gesamten futuristischen Kriegsliteratur des 20. Jahrhunderts geläufig; am berühmtesten ist dabei H. G. Wells' Bestseller *The War in the Air* von 1908 mit seiner düsteren Beschreibung des im Feuer untergehenden New York. Und hatte nicht Napoleon selbst gesagt, der Faktor der Moral sei im Krieg um ein vielfaches wichtiger als das materielle Element?

Wie wir sehen werden, flossen beide strategische Ziele – Bombardement zur Zerstörung der Kriegsproduktion des Gegners und Bombardement zur Brechung seiner Moral – im Lauf des Zweiten Weltkriegs aus verschiedenen Gründen zusammen. Zunächst lagen die feindlichen Werften, Stahlwerke, Rüstungsfabriken und Bahnknotenpunkte fast immer in Großstädten, darum lebten die Arbeiter und ihre Familien traditionellerweise direkt daneben. So waren «Kollateralschäden», wie sie später im euphemistischen Militärjargon genannt wurden, nicht zu vermeiden. Zweitens war da die peinliche Tatsache, dass die punktgenaue Bombardierung eines militärischen Ziels wie einer Panzerfabrik nicht «punktgenau» war und es nie sein konnte, außer in sehr seltenenen Fällen, wie beispielsweise den Attacken tieffliegender Mosquito-Spezialstaffeln auf ein bestimmtes Objekt. Die Genauigkeit von ausgedehnteren Bombardements aus 6000 Metern, etwa über den Werften von Brest oder den Stahlwerken von Duisburg, konnte durch eine fast konstante Wolkendecke, starken Wind und unzureichende Zielsichtung negativ beeinflusst werden. Irgendwo da unten war die gegnerische Fabrik, der Flakbeschuss nahm zu, die feindlichen Jäger näherten sich, also runter mit den Bomben und zurück zum Stützpunkt. Viele der bemerkenswert offenen Memoiren amerikanischer und britischer Flieger des strategischen Bombenkriegs geben zu, dass sie bloß ihren Ballast von 4000 Pfund Bomben loswerden und zurückfliegen wollten.

All diese Punkte beziehen sich auf die Ungenauigkeit des strategischen Bombardements, nicht auf seine Absicht. Ein Luftangriff auf spezifische militärische Ziele des Gegners, selbst wenn er in einer bestimmten Nacht sehr ungenau war, war immer noch ein Schlag gegen dessen erkennbare Kampffähigkeit; er lag klar innerhalb der seit Langem geltenden Traditionen der «Regeln der Kriegführung». Doch ein Luftkrieg zur Schwächung der feindlichen Kampfmoral durch die Zerstörung der Großstädte (warum sollte man auch kleine Dörfer bombardieren?) war etwas anderes. Es missachtete die Prinzipien von Proportionalität und Unterscheidung. Dieses Kapitel soll allerdings nicht die *ethische Seite* des strategischen Bombenkriegs im Zweiten Weltkrieg analysieren, sondern seine *Effizienz*, und besonders, warum das angloamerikanische Bombardement seine angestrebte Wirkung bis 1944 verfehlte, als die Alliierten schließlich die Luftherrschaft über Westeuropa errangen. Es ist wichtig, sich bei der Entwicklung der Geschichte an diese Unterscheidung zu erinnern. Taktischer Luftkampf war etwas ganz anderes als strategisches Bombardement, doch der Charakter und die Bedeutung von Ziel- vs. Flächenbombardement machte für die meisten Menschen einen noch größeren Unterschied. Aus diesem Grund sind über dieses Thema so viele Bücher mit solcher Leidenschaft geschrieben worden.[10]

Es gibt noch einen letzten Punkt, den man sich über die Theorie des Luftkriegs klarmachen muss. Ihr fehlte die historische Erfahrung. Als Clausewitz *Vom Kriege* schrieb, destillierte er die Lehren aus Jahrhunderten europäischen Landkriegs, die in dem gigantischen Kampf gegen Napoleon kulminiert waren. Als Mahan *Der Einfluss der Seemacht auf die Geschichte* schrieb, folgte auf seine theoretischen Argumente eine detaillierte Darstellung der Seekriegführung in einem bestimmten Zeitrahmen, der auch im Titel genannt wurde: 1660 bis 1783. Theoretiker des Luftkriegs konnten dagegen nur vorwärts schauen, es gab keine Vergangenheit, nur Andeutungen der potenziell revolutionären Umwälzung der Kriegführung durch die neue Fähigkeit des Menschen zu fliegen. Ihre Visionen waren nicht weniger wilde Vermutungen als die Tennysons. Es waren Hypothesen. Und nach Meinung der Theoretiker mussten sie getestet werden.

Von Folkestone (1917) bis Dünkirchen (1940)

Der strategische Bombenkrieg hat seine Wurzeln im Ersten Weltkrieg. 1914 besaßen die meisten Großmächte Militärflugzeuge, häufig in Heeres- und Marinemaschinen aufgeteilt, wenn auch von der gleichen einfachen Bauart. Frühe Militärflugzeuge wurden vor allem zur Aufklärung und Zielsuche für die Artillerie benutzt, und es dauerte eine Weile, bis feindliche Staffeln einander über den Schützengräben angriffen. Die Industrialisierung des Krieges in allen seinen Formen wirkte sich aber rasch auf die junge Flugzeugindustrie aus, die stärkere, besser bewaffnete und für längere Strecken ausgelegte Flugzeuge produzierte. Die ersten Angriffe auf feindliches Gebiet wurden zwischen Januar 1915 und November 1916 von deutschen Zeppelinen ausgeführt. Sie verursachten in England hohen Sachschaden und forderten Dutzende Todesopfer. Deutlicher in die Zukunft wies jedoch der Angriff auf Folkestone am 25. Mai 1917. 21 zweimotorige Gotha-Bomber griffen den Badeort bei Tag an, töteten 125 Zivilisten und verwundeten 432 weitere. Eine neue Ära hatte begonnen.

Der Angriff auf Folkestone und die Bomben auf London, die bald folgten und Panik und Unruhen auslösten, trieben die Regierung von Lloyd George nicht nur zur Bereitstellung von Störballons, Abwehrkanonen und anderen Maßnahmen zur Luftabwehr, sondern auch zur Gründung eines unabhängigen Luftfahrtministeriums, das die Fliegerstaffeln von Heer und Marine übernehmen sollte. In dem äußerst wichtigen Smuts-Bericht vom August 1917 stellte der talentierte südafrikanische General Jan Smuts, der nun dem Kriegskabinett des Empire angehörte, in einem einzigen Absatz dar, was für strategische Luftmacht sprach: «Im Gegensatz zur Artillerie kann eine Luftflotte ausgedehnte Operationen weit entfernt und unabhängig von Heer und Marine durchführen. *Soweit sich zur Zeit voraussehen lässt*, gibt es absolut keine Grenze für die Größenordnung ihres künftigen unabhängigen Kriegseinsatzes. Und der Tag ist vielleicht nicht mehr fern, wo Luftoperationen mit ihrer Verwüstung von gegnerischem Gebiet und der Zerstörung von Industrie- und Bevölkerungszentren in gewaltigem Umfang die Hauptoperationen des Krieges werden können, gegenüber denen die älteren Formen von Land- und Seeoperationen zweitrangig und untergeordnet werden.»[11]

Von Smuts' eleganter Prosa und der landesweiten Furcht überzeugt, schuf die Regierung im April 1918 nicht nur die unabhängige Royal Air Force, sondern stellte auch Mittel für den Bau viermotoriger Vickers-Vimy- und Handley-Page-Langstreckenbomber bereit, die den Krieg bis nach Berlin tragen sollten.

Der Krieg war zu Ende, bevor solche strategischen Bombardements beginnen konnten, aber ohne Zweifel hatten die Ereignisse von 1917 und 1918 eine völlig neue Dimension der Kriegführung hervorgebracht. Die Briten gingen bei der Schaffung einer unabhängigen Luftwaffe weiter als alle anderen Länder, weil sie erstens von jedem weiteren Angriff auf ihre Inselfestung abschrecken wollten, indem sie drohten, dem Feind noch mehr Schaden zuzufügen, zweitens weil sie ihr strategisches Bombardement als natürliche Luftausweitung der Seeblockade ansahen, die Deutschland geschwächt hatte, und drittens weil es ein geschickter Ersatz dafür war, künftig wieder riesige Armeen in die blutigen Schützengräben Europas zu schicken. Frankreich war verständlicherweise von der Sicherheit zu Lande besessen, darum blieben die Flieger ein Nebenarm des Heeres mit dem Namen «L'Armée de l'Air». Russland versank im Bürgerkrieg und konzentrierte sich danach fast ausschließlich auf den bolschewistischen Wiederaufbau und dann auf die Verteidigung seines Territoriums. In Japan war die gegenseitige Abneigung von Heer und Marine so groß, dass zwei parallele Luftwaffen entstanden, um die Operationen der jeweiligen Mutterorganisation zu unterstützen, für die keine teuren großen Bomber gebraucht wurden. Dieselbe Spaltung geschah in den USA, obwohl das die Luftwaffe der Army zwischen den Kriegen nicht davon abhielt, wichtige Theorien und Pläne für strategisches Langstreckenbombardement zu entwickeln. Nur in Mussolinis Italien wurde eine eigenständige Luftwaffe wie in England geschaffen, allerdings nur mit einer Mischung aus Mittelstreckenbombern und Jagdflugzeugen. Deutschland war eine Luftwaffe durch den Friedensvertrag von Versailles nach dem Ende des Ersten Weltkriegs verboten, so dass sich seine Bemühungen zunächst auf geheime Ausbildungs- und Testprogramme beschränkten. Erst 1935, zwei Jahre nach der «Machtergreifung» der Nationalsozialisten, wurde die Luftwaffe offiziell gegründet.

Obwohl Smuts' Konzept einer unabhängigen kriegsentscheidenden Waffe in den Jahren nach 1919 wegen Eifersüchteleien der Waffengattungen und starker finanzieller Einsparungen bei der neugeschaffenen Luftwaffe nicht weiterentwickelt wurde, gewann die Theorie von den einzigartigen Fähigkeiten und dem noch größeren Potenzial der Luftmacht immer mehr an Gewicht. Das lag nicht zuletzt an drei bedeutenden Propheten und Propagandisten: General William «Billy» Mitchell in den USA, dann dem ersten Chef der Royal Air Force, Air Marshal Sir Hugh Trenchard, und dem italienischen Flieger und Autor Giulio Douhet.[12] Jeder von ihnen hatte seine Laufbahn als Armeeoffizier begonnen und die moderne teure Landkriegführung gesehen, bevor er zu den gerade entstehenden Luftstreitkräften seines Landes kam. Jeder zog Kritik von vielen Seiten auf sich und neigte deshalb dazu, die Möglichkeiten der Luftmacht viel größer darzustellen, als sie zu dieser Zeit waren; und je mehr sie die Zukunft beanspruchten, desto stärker versuchten die Traditionalisten sie zu blockieren. Mitchell wurde 1925 sogar zum Colonel degradiert und kurz darauf wegen seiner öffentlichen Angriffe gegen die Heeres- und Marineführung vor ein Kriegsgericht gestellt.

Keiner der drei war so simpel – oder so unmoralisch – in seiner Propagierung des Bombardements des feindlichen Territoriums, wie spätere Porträts glauben machen wollen. So unterschied Trenchard in seiner ersten umfassenden Darstellung der Luftkriegsdoktrin 1927 dazwischen, gegnerische Arbeiter davon abzuhalten, ihre Fabriken oder Werften aufzusuchen, indem man letztere regelmäßig bombardierte, und «dem pauschalen Bombardement einer Stadt zum einzigen Zweck der Terrorisierung der Zivilbevölkerung», das «den Regeln der Humanität entgegengesetzt» sei. Trotz dieser Einschränkung führte Trenchards Behauptung, der beste Weg zum Sieg über jeden künftigen Feind seien Schläge gegen seine industriellen Zentren, zu entschiedenen Erwiderungen von Heeres- und Marineführung, die nicht nur auf die zweifelhafte Präzision und damit die Immoralität des Bombardements zivil-industrieller Ziele hinwiesen, sondern auch auf das Fehlen empirischer Indizien, dass ein Gegner dadurch zu besiegen sei.[13]

Wenn irgendjemand für das schreckenerregende Bild zerstörter Städte und getöteter Zivilisten durch zukünftige Luftangriffe verantwortlich war, so waren es die Berufspolitiker der Zwischenkriegsjahre und die Boulevardpresse, die diesen Alarmismus anheizten. Die bekannteste Äußerung kam im November 1932 vom Tory-Chef Stanley Baldwin: «Ich glaube, der Mann auf der Straße sollte verstehen, dass keine Macht auf Erden ihn davor schützen kann, bombardiert zu werden. Egal, was man ihm sagt, der Bomber kommt immer durch … die einzige Verteidigung ist der Angriff, das bedeutet, man muss mehr Frauen und Kinder schneller umbringen als der Feind, wenn man sich retten will.» Düstere Worte, und die Tatsache, dass Baldwin allgemein als unaufgeregt galt, machte seine Worte für die öffentliche Meinung umso beunruhigender. Die «Furcht vor dem Bomber» wuchs immer weiter,[14] und die Nachrichten von den Kämpfen in China, Spanien und Äthiopien – besonders die Berichte über Bomben mit Giftgas – ließen das Gefühl des Schreckens nur noch weiter wachsen.

In Wirklichkeit gab es diese mächtigen, eigenständigen Langstreckenluftflotten aber zu Beginn des Zweiten Weltkriegs noch nicht. Aus den oben beschriebenen geopolitischen Gründen maßen weder die französische noch die sowjetische oder die japanische Armee dem strategischen Luftkrieg viel Wert oder Priorität bei – für sie lagen die Gefahren viel näher. Die deutsche Luftwaffe war in ihren Theorien und Waffensystemen ausgeglichener und besaß 1939 eine große Zahl von Mittelstreckenbombern, aber der Bau einer strategischen Luftflotte war aufgeschoben worden. Die italienische Luftwaffe spielte immer noch mit Douhets kühnen Gedanken, doch ihre Lage als schwächste Großmacht auf industriellem und technologischem Gebiet bedeutete eine riesige Lücke zwischen Rhetorik und Realität.

So waren 1939 die einzigen Luftstreitkräfte, die an das Ideal einer unabhängigen Luftmacht herankamen, das Bomberkommando der Royal Air Force und sein amerikanisches Gegenstück. Beide hatten dafür skeptischen oder sogar feindseligen militärischen Establishments eigenständige Strukturen abgerungen. Die amerikanischen Verfechter des strategischen Bombardements arbeiteten quasi im Verborgenen an der sogenannten «Taktischen Schule» des US Army Air Corps auf dem Stützpunkt Maxwell, bis der Kongress schließlich durch das Anwachsen der deutschen und japanischen Luftwaffe unruhig wurde. Beide übernahmen Mahans vom Seekrieg stammende Annahme, wirtschaftlicher Druck auf den Feind, der nun aus der Luft ausgeübt werden sollte, werde einen Zusammenbruch von innen bewirken, und sie seien finanziell stärker als die faschistischen Staaten, um einen solchen Konflikt durchzuhalten. Beide Länder besaßen außerdem einen «Wassergraben», der sie vom Gegner trennte, seltsamerweise meinten sie aber, Bomber seien eher als Kurzstreckenjäger für einen Überraschungsangriff von jenseits des Horizonts geeignet. Hierin unterschieden sie sich völlig von den europäischen Kontinentalmächten. Wie konnte das auf allen Seiten von anderen Staaten umgebene Deutschland nicht das Hauptgewicht auf Landmacht legen und in den aufkommenden Flugzeugen vor allem eine willkommene Unterstützung für sein Heer erblicken? Nur die Angloamerikaner hatten hier das Privileg, wählen zu können.

Allerdings waren die Verfechter des Bombenkriegs in England und den USA immer noch nicht in der Lage, ihre Theorien des strategischen Luftkriegs zu verwirklichen. Sie hatten schwere viermotorige Maschinen auf den Testbasen oder auf den Reißbrettern, aber ihre Stäbe standen unter wachsendem Druck, Jagdflugzeugen zur Verteidigung des eigenen Territoriums sowie Maschinen für U-Boot-Jagd und Geleitträger den Vorrang einzuräumen. Die vom Aufstieg der deutschen Luftwaffe aufgeschreckte britische Regierung stellte Ende der dreißiger Jahre ebenso wie die britische Öffentlichkeit die Sicherheit durch Jagdflugzeuge über alles andere. In diesen Jahren hatten die Bomberprogramme keinen Vorrang bei der Flugzeugproduktion, auch nicht nach Kriegsbeginn.

Überdies rückte der strategische Luftkrieg in der Frühphase des Krieges weiter in den Hintergrund. Die US-Armee schaute noch 25 Monate zu, wie der Krieg in Europa sich ausbreitete. Zwar liefen bereits Planungen für künftige große Luftoffensiven, doch besaß sie natürlich noch überhaupt keine Erfahrungswerte, was für Anforderungen diese dann im militärischen Alltag tatsächlich stellen würden. Dagegen steckte das britische Bomberkommando von Anfang an mittendrin, wenn auch unter sehr eingeschränkten Bedingungen. Die Franzosen ließen die Briten aus Angst vor Vergeltungsangriffen nicht von ihren Basen starten, und das Luftfahrtministerium war zunächst dafür, Propagandaflugblätter statt Bomben über Deutschland abwerfen zu lassen. Selbst bei echten Angriffen waren die vorhandenen Maschinen recht langsam, flogen nicht sehr hoch und besaßen bei Tagesgefechten gegen deutsche Jäger wenig Verteidigungsmittel. Infolgedessen beschränkte sich das Bomberkommando ab April 1940 auf Nachtbombardements. Das senkte zwar die Verluste, aber auch die Zielgenauigkeit.

In jedem Fall waren aller Augen auf die atemberaubenden Erfolge der deutschen Luftwaffe 1939/40 gerichtet. Im Zusammenwirken mit den relativ wenigen, aber hoch effektiven Panzer- und motorisierten Infanteriedivisionen der Wehrmacht griff die Luftwaffe Polen an und zerschlug nicht nur die weniger moderne polnische Armee, sondern führte auch schreckliche Flächenbombardements gegen Warschau und andere Großstädte durch. All die imaginierten Alpträume über den Tod von Zivilisten, über Ruinen und Massenpanik, die in der Literatur zwischen den Kriegen so düster beschrieben wurden, waren nun Wirklichkeit. Nichts konnte offenbar den Angriff der heulenden Stukas oder das stetige Bombardement der Dorniers und Heinkels abwenden. Nach sieben Monaten «Sitzkrieg» («drôle de guerre»/«phoney war») stieß den Niederlanden, Belgien und Norwegen im Frühjahr 1940 dasselbe zu. Was konnte die Geier am Himmel stoppen, besonders wenn ihnen Fallschirmjäger, Panzerkolonnen und Infanterie folgten? Was konnte etwa Rotterdam vor derselben Zerstörung wie Warschau schützen? Nichts – zumindest nichts aus dem relativ kleinen Arsenal, das die Niederlande und Polen 1939/40 besaßen. Allen Beobachtern schien es, als hätten Hitlers massive Investitionen in die Luftwaffe Deutschland eine unbezwingbare Waffe gegeben. Die erstaunliche Niederlage Frankreichs im Mai/Juni 1940 und damit der Untergang der größten westeuropäischen Militärnation der letzten drei Jahrhunderte bestärkte diesen Eindruck. Traditionelle Prinzipien der Kriegführung waren obsolet geworden.

Aber stimmte das? Trotz der Erfolge des Dritten Reichs 1939/40 hatte die Luftwaffe unter spezifischen und ungewöhnlich günstigen Umständen operiert, die anderswo vielleicht nicht galten, und ganz sicher gegen keinen starken Gegner. Bei all diesen frühen Feldzügen hatte sie den entscheidenden Vorteil, innerhalb einer günstigen *Reichweite* zu operieren. Von Flugplätzen in Ostpreußen aus war die Entfernung nach Warschau unbedeutend. Auch von den Stützpunkten im Rheinland in die Niederlande war es ein Katzensprung. Französische Stellungen in der Champagne oder Lothringen ließen sich binnen 20 Minuten von drei Seiten angreifen. Zweitens stieß die deutsche Luftwaffe auf keinen ernsthaften Widerstand. Es gab keinen gleichwertigen Gegner. Die große französische Luftwaffe der frühen dreißiger Jahre war nach einem Jahrzehnt wirtschaftlichen Niedergangs traurig vernachlässigt.

Hermann Görings gewaltige Luftflotten waren jedoch *nicht* dafür ausgerüstet, gegen die einzige andere europäische Großmacht zu kämpfen, die Ende der dreißiger Jahre ernsthaft in Luftmacht investiert hatte. Vielleicht wurden die Deutschen durch die punktuellen und begrenzten Einsätze der RAF in den Luftkämpfen über Frankreich im Mai/Juni 1940 getäuscht, als britische Bodentruppen und Flugzeuge dem deutschen Blitzkrieg wenig entgegenzusetzen hatten, wenngleich man festhalten sollte, dass die Hurricane-Maschinen während des Rückzugs der alliierten Bodentruppen nach Dünkirchen der deutschen Luftwaffe nicht wenig Schaden zufügten. Der große Kern des RAF-Jägerkommandos war durch den Fall Frankreichs nicht zerstört; sein angesehener Chef Air Marshal Sir Hugh Dowding hatte es trotz starken politischen Drucks abgelehnt, mehr Jägerstaffeln von britischen Stützpunkten einzusetzen, weil er die kommende Herausforderung ahnte. Dadurch besaßen er und seine Jägerkommando-Gruppen in Süd- und Ostengland eine moderne Luftwaffe, die es mit den Deutschen aufnehmen konnte. Endlich war der Kampf bei Flugzeugen und Bodenausstattung ausgeglichen. Mehr noch, zum ersten Mal war die deutsche Reichweite zu gering, um ins Zentrum des Feindes vorzustoßen.

Die Luftschlacht um England – welche Lehren wurden gezogen und welche nicht?

Die erste echte Chance, Theorie und Potenzial des strategischen Bombenkriegs zu testen, kam darum erst mit der Luftschlacht um England im Sommer und Herbst 1940, sowie – wenn auch auf weniger dramatische Art – durch die deutschen Nachtbombardements englischer Städte und Fabriken. Wie schon erwähnt, konnte kein früherer Konflikt als Vergleichspunkt dienen. Die Luftkämpfe des Ersten Weltkriegs waren meist direkte Duelle über den Frontlinien und es gab ein paar vorsichtige Versuche mit Langstreckenbombardements. Italiens gnadenlose Luftangriffe auf die Stämme Tripolitaniens (Libyens) und Äthiopiens, die Verwüstung Guernicas und anderer Städte im spanischen Bürgerkrieg durch die Legion Condor, die japanischen Angriffe auf chinesische Städte in den dreißiger Jahren waren allesamt einseitige Luftangriffe auf ärmere, meist wehrlose Völker; die Schläge der deutschen Luftwaffe gegen Polen im September 1939 waren nicht viel anders. Die spektakuläre Eroberung der Niederlande, Dänemarks, Norwegens und schließlich Frankreichs im April/Juni 1940 waren Beispiele für *taktische* Luftmacht, für die der Hauptteil der Luftwaffe entworfen und ausgebildet worden war.

Erst mit der Luftschlacht um England verwirklichte sich Tennysons Vision feindlicher Luftflotten, die Tag um Tag, Monat um Monat um die Luftherrschaft kämpften.[15] Während des langen heißen Sommers 1940 traf die strategische Theorie über den Weizenfeldern und Obstgärten von Kent und Sussex auf die logistische und operative Realität. Es zählten nicht nur emotionsgeladene Bilder wie verschlungene Kondensstreifen am blauen Himmel, St. Paul's Cathedral inmitten von Flammen und Rauch, Churchill beim Besuch ausgebombter Häuser in London. Dieser Kampf stärkte auch die Entschlossenheit der Briten weiterzukämpfen und hatte eine enorme Wirkung auf die öffentliche Meinung im Ausland, vor allem im neutralen Amerika. Strategisch gesehen war die Kriegsmaschinerie des Dritten Reichs zum ersten Mal gestoppt worden. England und sein Empire würden weiterkämpfen und den Krieg auf den Kontinent zurücktragen, auf See und in der Luft, durch Kommandounternehmen und die Unterstützung der noch kleinen europäischen Widerstandsbewegungen und im Mittelmeer gegen Mussolinis Italien, das beim Fall Frankreichs unbedacht in den Krieg eingetreten war. Hitler, der seit Ende 1940 ungeduldig seinen Ostfeldzug erwartete und noch an sein Schicksal glaubte, mochte das als kleinen Rückschlag abtun. Sonderbotschafter und Militärexperten aus den USA, die im Sommer 1940 nach England geschickt wurden, konnten aber ihre besorgte Regierung beruhigen, dass der Inselstaat nicht kapitulieren würde, was durch Churchills große Radioansprachen in dieser Zeit und seine vielen Briefe an Roosevelt bestärkt wurde.

Die menschliche Dimension der Luftschlacht um England und ihre größeren strategischen Implikationen sollen hier aber weniger im Vordergrund stehen als die operativen und taktischen Hinweise, die sie für das Verständnis einer erfolgreichen modernen Luftkriegführung liefern, wenn beide Gegner über große Ressourcen verfügen und gut organisiert sind. Die strategische Absicht der Deutschen war klar. Hitler wollte England aus dem Krieg drängen, und falls das nicht durch Einschüchterung und eine Art Vichy-Abkommen gelang, sollte es durch eine Invasion abgesichert werden. Das bedeutete, die Kontrolle zumindest über den schmalen Ärmelkanal zu gewinnen, über den die deutschen Truppen strömen würden. Dieses operative Ziel hing aber wiederum von der unbeschränkten Luftherrschaft ab, indem man nicht nur die RAF zerschlug, sondern auch die starke Royal Navy in Schach hielt. Für das neu gebildete Churchill-Kabinett war die eigene strategische Logik ebenso klar. Indem man gegenüber dem Angreifer die Luftherrschaft behauptete, entzog man ihm auch die Kontrolle über die Gewässer vor den geplanten Invasionszielen, und so würden die geplanten Landungen nie stattfinden. Dies sollte ab 1942 die Lage Deutschlands sein, als die Alliierten von der Defensive zur Offensive übergingen. Bevor eine Invasion von See beginnen kann, muss man den Luftraum beherrschen.

Organisatorisch gesehen waren die Deutschen sehr gut. Sie hatten die Luftschlacht um England nicht vorausgeplant, weder in der Luftwaffendoktrin, noch bei der Pilotenausbildung oder der Infrastruktur von Flugplätzen, Treibstofftanks usw.; die Luftwaffe hatte zwar Stützpunkte in Nordfrankreich gewonnen, die aber unterschiedlich nützlich waren – die Messerschmitt Bf 109-Jäger starteten mit ihren empfindlichen Fahrwerken von holprigen Graspisten aus. Es gab noch viele andere Schwächen, so war das deutsche Radar dem des britischen Jägerkommandos weit unterlegen, die Aufklärung war schlecht, und es gab viel zu viel Einmischung von oben über Ziele oder Geleitschutztaktik durch Göring und auch durch Hitler. Letzterer hatte am 16. Juli 1940 nur die Vorbereitung des

Eine Staffel deutscher Heinkel He 111 Bomber während der Luftschlacht um England im September 1940.

«Unternehmens Seelöwe» befohlen, und erst am 6. August erhielten die Operationschefs Kesselring und Sperrle detaillierte Anweisungen. Ein fairer Beobachter muss also erstaunt sein (und das nicht zum ersten oder letzten Mal), wie reibungslos die deutschen Organisationsstrukturen funktionierten, selbst wenn die Luftwaffe von einer operativen Herausforderung auf eine andere umschaltete. Es war keine einfache Aufgabe, Tag für Tag und Woche für Woche Hunderte von Jagdflugzeugen und Bombern über den Kanal zu werfen – am 7. September fast 1000 Maschinen. Aber genau das geschah.[16]

Die Briten waren allerdings noch besser organisiert, in ihrer Befehlskette und ihren integrierten Verteidigungssystemen mit Radar, Beobachtungsstationen, Luftschutzmaßnahmen, Sektorenkommandos, Fluglotsen, alles dezentral, aber vernetzt, und alles in Verbindung mit Dowdings Hauptquartier des Jägerkommandos. Natürlich *mussten* sie auch gut organisiert sein, denn dies war der Kampf gegen Luftangriffe, auf den britische Regierungen sich seit den dreißiger Jahren vorbereitet hatten. Angesichts der großen Verpflichtungen und begrenzten Ressourcen des britischen

Empire zwischen den Kriegen ist es bemerkenswert, dass ein relativ großer Anteil des finanziellen und industriellen Kapitals in die sorgfältige und raffinierte Verteidigung Großbritanniens floss.[17] Obwohl England also in den ersten Kriegsjahren viele Rückschläge erlebte, war es in jedem Fall auf Angriffe aus der Luft vorbereitet.

In diesem komplexen Kampf zwischen zwei hochentwickelten Kriegsorganisationen erklären vor allem drei Aspekte den Verlauf der Ereignisse: die Bedeutung der Geographie, der Zielauswahl und der Männer und Waffen (in diesem Fall Piloten und Flugzeuge). Mit Geographie meine ich die entscheidende Rolle von Distanz und Raum. Das Flugzeug befreite die Menschen von den natürlichen Begrenzungen durch Land und See – der Mensch war nun, wie die Schriftsteller behaupteten, «frei wie ein Vogel».[18] Leider gab es eine massive Einschränkung. Flugzeuge hatten eine sehr begrenzte Reichweite, umso mehr, wenn sie eine zentnerschwere Bombenlast trugen. Eine Fregatte im Zeitalter Nelsons war an das Meer gebunden, konnte aber (mit lokalem Nachschub) monate- oder sogar jahrelang auf See bleiben. Die Zeit, die ein Flugzeug zu Beginn des Zweiten Weltkriegs am Himmel bleiben konnte, war dagegen beschränkt durch die Größe seiner Tanks und die nicht unwichtige Tatsache, dass es auch zum Stützpunkt zurückfliegen musste. Liddell Hart schätzte, dass die einmotorigen Messerschmitt Bf 109, die am Pas de Calais stationiert waren, gerade die Vororte Londons erreichen konnten und dann umkehren mussten. Wenn sie über den Flugplätzen von Kent schon mit Hurricanes und Spitfires kämpfen mussten, hatten sie eine «taktische Flugzeit» von etwas über einer Stunde und konnten natürlich keine deutschen Bomber mehr schützen.[19] Offensichtlich hatten Dowdings Staffeln, die gerade von diesen Basen mit vollen Tanks aufstiegen, viel mehr Zeit zum Kämpfen. Und wenn eine RAF-Maschine beschädigt war, hatte der Pilot gute Chancen, im Gleitflug auf einem Flugplatz oder einem Kornfeld zu landen und zu überleben. Eine deutsche Maschine, die auf englischem Boden notlandete, war verloren und ihre Besatzung geriet in Gefangenschaft.

Genau hier, bei der Ausweitung von Reichweite und Genauigkeit des Gegenangriffs lieferte das bemerkenswerte Radarsystem, das Sir Robert Watson-Watt und seine Mitarbeiter in den dreißiger Jahren entwickelt hatten, den größten Beitrag. Es war von unschätzbarem Wert. Diese Masten mit Impulssendern, die eine «Kette» entlang der britischen Ost- und Südküste bildeten, orteten 150 Kilometer entfernte Objekte am Himmel und gaben diese Information an ein Verteidigungsnetzwerk weiter; das war zu dieser Zeit einzigartig.[20] Dowdings stark geforderte Fliegerstaffeln bekamen dadurch *zwei* entscheidende Vorteile. Das Radarsystem lieferte den Fluglotsen Richtung und Größe der sich nähernden Geschwader lange bevor sie die englischen Küsten erreichten und erlaubte es damit dem Jägerkommando, sich vorzubereiten. Das vielleicht beste Beispiel dafür kommt nicht von den Luftkämpfen im Südosten, sondern von einem deutschen Flankenangriff am 14. August durch die Luftflotte 3 (aus Norwegen) auf Newcastle, bei dessen Abwehr 15 Bomber, aber keine RAF-Maschinen verloren gingen – ohne Radar wäre eine solche Abwehr unmöglich gewesen.

Das zweite, ebenso wertvolle Geschenk war *Zeit*. Wenn die seltsamen Masten an der Küste z. B. 60 Punkte wahrnehmen konnten, die über ihren Stützpunkten in Abbeville aufstiegen, brauchten immer nur wenige Aufklärungsmaschinen gleichzeitig in der Luft zu sein (und Treibstoff zu verschwenden). Der Großteil der Staffeln und ihrer überarbeiteten Besatzungen und Mechaniker brauchten erst in Aktion zu treten, wenn der Alarm kam. Die populären Fotos von blonden, verwuschelten jungen Männern, die neben ihren Hurricanes auf dem Asphalt hocken und eine letzte Zigarette rauchen, drücken eigentlich aus, dass die britischen Jagdflieger den großen Vorteil hatten, erst starten zu müssen, wenn die gegnerischen Maschinen schon 30 oder 40 Prozent ihres Treibstoffs verbraucht hatten. Außerdem konnte eine RAF-Maschine auf jedem Flugfeld landen und rasch auftanken. Der Pilot eines Junkers-Bombers oder eines Messerschmitt-Jägers musste über den Kanal zu einer vielleicht 40 Kilometer von der Küste entfernten Basis zurück und dann erneut starten. Das war natürlich viel aufreibender (wie die detaillierten Unterlagen der Luftwaffe zeigen) und wurde durch Görings Weigerung, seinen Fliegern Ruhepausen zu gönnen, verschlimmert. Es überrascht kaum, dass sich viele deutsche Verluste am Ende eines langen, anstrengenden Tages ereigneten.

Dann gab es den Faktor der Zielauswahl. Die Frage war recht einfach, aber die deutsche Luftwaffe dachte nicht genug darüber nach und damit stand sie nicht allein, wie wir noch sehen werden. Wie verschiedene Historiker bemerkt haben, hatten die Deutschen ironischerweise ihren Clausewitz vergessen, d. h. die Notwendigkeit, das Hauptziel des Feldzugs und die besten Mittel zu seiner Verwirklichung zu bestimmen. Das grundlegende Ziel war das vage Konzept der «Luftherrschaft», aber Anfang September war die Luftwaffe damit gescheitert, hatte über 800 Flugzeuge verloren und viele weitere waren beschädigt. Damit war klar, dass die RAF, die in diesen Wochen ebenfalls Hunderte von Maschinen verloren hatte, weit stärker war, als die deutschen Kommandeure erwartet hatten. Weiterhin bei der Zerstörung der britischen Jäger und ihrer Flugfelder zu scheitern, bedeutete schlicht die ganze Schlacht zu verlieren. Das war der Schlüssel. Das Jägerkommando musste zerstört werden.

Zum Nachteil für Hitlers Ambitionen trafen Göring und seine Fliegergeneräle bei einer Sitzung am 3. September 1940, ausgerechnet in Den Haag, der Stadt internationaler Friedenskonferenzen, eine Reihe schicksalhafter Entscheidungen. Die Bomber der Luftflotte 3, die von ihren Stützpunkten in der Normandie stets weiter zu den Einsätzen über Kent fliegen mussten, wurden auf Sperrles Drängen für Nachtangriffe auf die vielen Häfen der britischen Südküste wie Southampton, Portsmouth, Devonport, Cardiff usw. freigestellt. Wichtiger noch, Kesselrings Luftflotte 2, die am Pas de Calais stationiert und wieder verstärkt war, sollte pausenlose Tag- und Nachtangriffe gegen London fliegen. Das Ergebnis gab der Hauptstadt und besonders den Arbeitern des East End ihre Feuertaufe. Der erste Großangriff am 7. September forderte über 300 zivile Todesopfer und 1300 Schwerverletzte; die Flammen in den Docklands und um St. Paul's herum waren 70 Kilometer weit zu sehen und gaben Görings Nachtbombern ein deutliches Ziel. Diese Angriffe gingen die nächsten Wochen weiter, und beide Seiten warfen immer mehr Flugzeuge in den Kampf. An manchen Tagen gelang es der deutschen Luftwaffe, London zu treffen, an anderen waren die Gegenangriffe des Jägerkommandos zu stark – 60 Bomber wurden am 15. September abgeschossen, gegenüber 26 RAF-Jägern (von denen sich die Hälfte der Piloten mit dem Fallschirm retteten). Der Kampf war neu und titanisch, und die Welt sah atemlos zu.

Der Londoner «Blitz» verbarg die Tatsache, dass die deutsche Entscheidung, die Ziele zu wechseln, das Jägerkommando rettete. Angesichts der starken Defensivposition der Engländer forderte die operative Logik folgende Priorität bei den Angriffszielen der Deutschen: a) die zentralen Radarstationen entlang der Küste, b) die Flugplätze des Jägerkommandos in Südostengland und c) die Anzahl und Kampfmoral der alliierten Piloten. Überraschenderweise – vor allem weil die hohen Radarmasten schon 1938 auf Hügeln an der Küste errichtet worden waren – verstand die deutsche Luftaufklärung nicht, wie wichtig Radar für das gesamte britische Verteidigungssystem war, obwohl RAF-Staffeln immer wieder am richti-

Der «Blitz»: Ein Bombenkrater in London nach den ersten schweren Luftangriffen im September 1940.

gen Fleck zu warten schienen, um die Angreifer zu stellen. Der Nutzen einiger früher Angriffe auf diese Einrichtungen wurde sogar von Göring am 15. August in Frage gestellt, und danach hörten sie auf. Ohne Radar hätten die Verteidiger aber nur das Beobachtungs-Korps aus zivilen Freiwilligen und sehr teure Patrouillenflüge über dem Kanal zur Verfügung gehabt. Görings Entscheidung vom 3. September, andere Ziele zu wählen, nahm auch den Druck von den vorgeschobenen Flugfeldern des Jägerkommandos, die seit August unaufhörlich angegriffen worden waren – Manston in Kent hatte aufgegeben werden müssen – und besonders von den Stützpunkten im Schlüsselsektor wie Biggin Hill und Northolt, die ganze Jägergruppen kontrollierten. Ohne Bombardierungen und Beschuss der Flugplätze konnten sich die müden Besatzungen natürlich etwas länger ausruhen und die Techniker die Maschinen ohne Unterbrechung reparieren und neu betanken. Doch dass die so verletzlichen Radarstationen nicht angegriffen wurden, verblüffte die Briten immer wieder.

Statt sich auf die kritischen Punkte des englischen Luftverteidigungssystems zu konzentrieren, entschied sich Göring auf Drängen Hitlers für den Angriff auf das größte, ausgedehnteste Stadtgebiet der Welt. Der Schaden, der London genau wie den Häfen an der Süd- und Westküste zugefügt wurde, war gewaltig und brutal. Es ist aber zweifelhaft, ob die Deutschen auch mit doppelt so vielen Bombern London hätten «zerstören» können, und selbst dann gab es keine Garantie, dass damit die wachsenden Probleme einer Invasion gelöst worden wären, als der Sommer 1940 in den Herbst überging. Kein Wunder, dass die skeptischen deutschen Marine- und Heereschefs nichts taten und Göring sich beweisen oder scheitern ließen. Schließlich bedeuteten Angriffe auf London von französischen Stützpunkten aus viel mehr Flugzeit über England und das gab der RAF eine zweite Chance, die müden deutschen Bomber auf dem Rückflug zu erwischen; es erlaubte Dowding auch, frische Staffeln aus Ost- und Mittelengland für Gegenangriffe am Nachmittag einzusetzen. «Ich konnte kaum glauben, dass die Deutschen einen solchen Fehler machen würden», nämlich London anzugreifen, schrieb Dowding später.[21]

«Frische Staffeln» bezog sich auf Piloten ebenso wie auf Flugzeuge. Beide Seiten setzten eine überschaubare Zahl von Maschinen ein, die RAF die langsameren (und bald ersetzten) Defiants, überwiegend die Hawker Hurricanes und eine kleine, aber zunehmende Zahl von Spitfires; die Deutschen ihre furchterregenden Ju 87-Stukas, eine Mischung aus zweimotorigen Jagdbombern wie der Bf 110 und Mittelstreckenbombern wie der Dornier 17 und der Heinkel 111, sowie die größere und langsamere Ju 52 und dazu das Rückgrat der Jägerverbände, die einmotorige Messerschmitt Bf 109 mit Schalenrumpf. Ein ganzes Jahr lang hatten diese berühmten – oder berüchtigten – Flugzeuge den europäischen Kontinent terrorisiert (auf allen britischen Bahnhöfen, in Postämtern und Schulen hingen Plakate mit ihren gefürchteten Umrissen); nun wurden sie abgeschossen, und es gab keine neueren verbesserten Langstreckenbomber, um sie zu ersetzen. Wie schon erwähnt, hatte die deutsche Luftwaffe in den dreißiger Jahren keine Ressourcen für die Entwicklung schwerer Bomber, darum gab es kein Gegenstück zu den gewaltigen angloamerikanischen Bomberflotten, die später das Reich angriffen. Dorniers, die die Londoner Docks bombardierten, kamen zu diesem Zeitpunkt des Krieges dem strategischen Bombenkrieg am nächsten, und dafür waren sie offensichtlich ungeeignet.

Damit wurde auch der Luftkrieg gegen London und die südlichen

Grafschaften ein Stein-Schere-Papier-Spiel. Wenn die deutschen Bomber ihre Ziele wie geplant erreichten – und vielen gelang das, wie die Schäden im East End zeigten –, konnten sie die englische Bevölkerung, Häuser, Fabriken und Häfen hart treffen. Wenn die Hurricanes und Spitfires sie vorher erwischten, erlitten sie hohe Verluste; selbst die kampfstarken Bf 110 fanden in der Hurricane einen harten Gegner, ganz zu schweigen von der Spitfire. Es war zweifellos für die Soldaten der Regimenter, die in Dünkirchen im Feuer gestanden hatten, und für die Zivilisten, die dem Beschuss von Flüchtlingskolonnen in Nordfrankreich durch deutsche Tiefflieger entkommen waren, besonders befriedigend, als sie sahen, dass die Stukas leichte Beute für die viel schnelleren RAF-Jäger waren und sich zurückziehen mussten. Wenn die britischen Staffeln dagegen auf Bf 109-Maschinen stießen, bevor sie die Bomber erreichten, sah es anders aus und das Kräfteverhältnis war ausgeglichener. Als Göring Ende August seine Besorgnis über die Bomberverluste zeigte, indem er den Bf 109 befahl, in der Nähe der Bomber zu bleiben, ging ein enormes Maß an taktischer Flexibilität verloren. Da sie immer heftiger dafür kritisiert wurden, die Bomber nicht zu schützen, mussten die Messerschmitt-Jägerstaffeln täglich bis zu drei Einsätze über England fliegen, was nicht durchzuhalten war.

Obwohl also beide Seiten hohe Verluste an Flugzeugen hatten, war das die geringere Sorge. Deutschland wie England waren auf dem Weg zur «totalen» Kriegswirtschaft und bekamen jeden Monat neue Maschinen, wobei die britischen Fabriken erstaunlicherweise vorn lagen. Die größere Sorge beider Seiten waren die Verluste an erfahrenen Piloten, die viel schwerer zu ersetzen waren als einmotorige Flugzeuge. Williamson Murrays detaillierte Analyse zeigt, dass beide Luftstreitkräfte im August/September 1940 enorme Verluste an Kampfpiloten erlitten. Die RAF holte Piloten vom Bomberkommando, borgte welche bei den Marinefliegern, halbierte die Ausbildungszeit und öffnete ihre Arme für alle französischen Vichy-Gegner, Polen, Tschechen, Norweger und Amerikaner, die fliegen konnten, ganz zu schweigen vom Strom frischer Piloten aus Kanada, Australien, Neuseeland, Südafrika und Rhodesien. Zwei polnische Staffeln, 302 und 303, kämpften in der Luftschlacht um England sogar mit erstaunlichem Erfolg. Staffel 303 (Warschau) hatte die höchste Erfolgsrate *aller* RAF-Staffeln und schoss vom 10. Juli bis Ende Oktober nicht weniger als 110 deutsche Maschinen ab – eine kleine, aber befriedigende Rache für die schreckliche Zerstörung Warschaus. Bei Kriegsende besaß die RAF 15 polnische Staffeln mit 19 400 Mann. Die deutsche Luftwaffe erhielt dagegen während der Luftschlacht um England nur schwache Unterstützung von den Italienern.

Anfang Mai 1940 besaß Göring über 1000 kampfbereite Bf 109-Piloten, und ihre Verluste betrugen in diesem Monat nur 6,8 Prozent; Anfang September hatte er nur noch 735 solcher Piloten, und die Verluste lagen im Lauf dieses Monats bei 23,1 Prozent.[22] Der große Gegenangriff der RAF am Sonntag, dem 15. September, als 60 Jäger der Gruppe Nr. 12 aus Mittelengland nachmittags nach Süden in die deutschen Formationen flogen, schockierte die deutsche Luftwaffenführung, denn es zeigte, wie tief die britische Luftabwehr gestaffelt war. Entscheidend waren aber die monatlichen Verlustraten.

Insgesamt war die strategische Lektion der Luftschlacht um England sehr deutlich. Gegen ein gut organisiertes Luftverteidigungssystem konnte eine Bomberflotte nicht «durchkommen» im Sinne Baldwins: einige konnten es schaffen, aber die meisten würden leiden, wenn sie allein flogen oder nur teilweise Geleitschutz hatten. Nur für die Hälfte des Fluges Schutz zu haben, war so gut wie keinen zu haben, denn der Gegner zog seine Verteidigungslinien einfach weiter zurück, wartete und griff dann an. Die strategische Bombenkampagne eines Industriestaats gegen einen anderen hing also davon ab, ob die eigenen Jagdflieger die des Gegners besiegten. Das war unabdingbar.

Aus diesem Grund haben wir einer Schlacht so viel Raum eingeräumt, die fast zweieinhalb Jahre vor Casablanca stattfand. Natürlich gab es riesige Unterschiede zwischen den rund vier Monaten der Luftschlacht um England und den harten 50 Monaten – wenn man ab Januar 1941 zählt – des britischen und amerikanischen strategischen Bombenkriegs gegen Deutschland. Die grundlegenden operativen Prinzipien des Luftkriegs, d. h. eine richtige Einschätzung von Geographie, Zielauswahl und Männern und Flugzeugen, blieben aber dieselben.

Es ist darum bemerkenswert, wie rasch und vollständig die amerikanischen und britischen Kommandeure die Idee zurückwiesen, man könne eine umfassendere Lehre aus dem Sieg des Jägerkommandos über die zahlenmäßig größere deutsche Luftwaffe in jenen Monaten des Jahres 1940 ziehen. Amerikanische Beobachter kamen zu dem Schluss, die deutschen Bomber seien unzureichend bewaffnet gewesen, zu niedrig geflogen und hätten eine zu schlechte Formationsdisziplin gehabt; ihnen würde das nicht passieren. Da die Amerikaner planten, «eine große Zahl von Flugzeugen mit hoher Geschwindigkeit, guter Verteidigungsfähigkeit und in großer Höhe» einzusetzen, würden die US Army Air Forces alle Probleme Görings und Kesselrings vermeiden. Es stimmte zwar, dass die B-17 Flying Fortress und B-24 Liberator etwa einer Heinkel 111 weit überlegen waren, aber all das setzte voraus, dass die Kampfkraft der deutschen Luftwaffe sich nicht verändern und man bei einer Flughöhe von 8000 statt 4000 Metern nur minimale Verluste haben würde. Was aber, wenn neue deutsche Jäger in 10 000 Meter Höhe flogen? Die Schlussfolgerungen der RAF-Führung (wenn wohl auch nicht von Dowding selbst) waren noch haarsträubender. Die bemerkenswert hohe Moral und Standhaftigkeit der Zivilbevölkerung von London, Portsmouth und Coventry unter schwerem Bombardement führte zu keinem Überdenken der Doktrin von Schlägen gegen das Territorium des Feindes. Vielmehr nahmen der Oberkommandierende Sir Charles Portal und andere einfach an, die Deutschen seien nicht so zäh wie die Briten – genau das Spiegelbild der These der Vorkriegsplaner der deutschen Luftwaffe über die geringere Willensstärke der westlichen Demokratien im Vergleich zum eisernen Willen und der nationalen Einheit, die der Nationalsozialismus geschaffen habe.[23] Wenn die operative Annahme war, der Gegner werde zuerst zusammenbrechen, so überrascht es nicht, dass den wirklich wichtigen Fragen wie Distanz, Zielauswahl und Ortung so wenig Beachtung geschenkt wurde.

Die alliierte Bomberoffensive und ihr Zusammenbruch, Ende 1940 bis Ende 1943

Am 12. Oktober 1940 verschob Hitler das Unternehmen Seelöwe bis mindestens zum nächsten Frühjahr. Im Januar, als sein Blick auf den kommenden Angriff auf die UdSSR gerichtet war, befahl er die Einstellung der meisten Vorbereitungen für eine Invasion Englands. Göring wiederum wies die Luftflotte 3 unter Sperrle an, sich auf Nachtangriffe auf industrielle Ziele zu konzentrieren. Es würde keine Jägerduelle über den Apfelgärten von Kent mehr geben. Und tatsächlich gab es künftig kaum noch Jäger über England, zumindest auf deutscher Seite. Sperrle erhielt zusätzlich einige Bomberstaffeln von Luftflotte 2 und führte für den Rest des Krieges das Kommando über den Luftkrieg gegen England. Damit besaß er bis zu 750 Bomber (obwohl die operativ zur Verfügung stehende Zahl durch Reparaturen, Wartung und Ausbildung viel geringer war). Es gab wegen der Nachtangriffe für den Rest des Jahres keine Ruhe für die Bewohner Londons und anderer britischer Großstädte. Trotz der Verschiebung von Unternehmen Seelöwe wurde London 57 Nächte hintereinander angegriffen, bevor die Luftwaffe einen massiven Angriff flog, der das historische Zentrum von Coventry weitgehend zerstörte. Der «Blitz» ging bis Ende Dezember weiter und wurde dann wegen schlechten Wetters unterbrochen, aber im Frühjahr 1941 wieder aufgenommen. Noch bis zum 10. Mai wurde London immer wieder bei Nacht bombardiert. Danach gab es zwar bis Kriegsende gelegentliche Angriffe (bis sie durch die Einschläge der V-1 und V-2 Raketen abgelöst wurden), aber die deutsche Bombenkampagne war nie wieder so stark wie zuvor. Mitte Mai 1941 waren die meisten Bomber und Jäger Görings entweder auf dem Weg an die Ostfront oder an die Kriegsschauplätze auf dem Balkan und am Mittelmeer. Das hatte später eine wichtige, aber unvorhergesehene Folge. Weil deutsche Flugzeuge nicht mehr bei Tag über England fliegen konnten, gab es keine Fotoaufklärung über den massiven Aufbau alliierter Truppen als Vorbereitung des D-Day; die Schwäche in der Luft bedeutete, dass Deutschland blind war.

Obwohl die deutschen Nachtbombardements viel weniger dramatisch waren als das große Luftduell vom August und September 1940, war viel daraus zu lernen, wenn ein scharfsichtiger Beobachter sich darum bemüht hätte. Sie zeigten, wie schwierig es für beide Seiten war, eine längere Nachtoffensive zu führen, denn die Piloten mussten ihren Weg im Dunkeln finden. Sobald die Deutschen die Radarstationen an der Küste überflogen hatten, wurde ihre Ortung zum Versteckspiel, so dass alle Abschüsse Einzelerfolge blieben und keine entscheidende Schwächung bewirken konnten. Über die nächsten Jahre führte dies die Briten zur Entwicklung eines sehr ausgeklügelten Verteidigungssystems gegen Nachtangriffe – eine Kombination aus besonders ausgebildeten Spitfire- und Mosquito-Staffeln, einem viel breiteren Band von Kurzwellenpeilstationen und der Dechiffrierung von Enigma-Funksprüchen der Luftwaffe.

Doch die deutsche Luftwaffe stand vor einer viel schwereren Aufgabe. Zunächst gab es die üblichen Hürden von Reichweite und Robustheit, besonders für zweimotorige Mittelstreckenbomber. So wie die Blenheims und Wellingtons der RAF nicht weit nach Frankreich und Deutschland hineinkamen, kamen auch Dorniers und Heinkels nicht weit nach England hinein oder mussten bald wieder zurück. Die deutschen Mittelstreckenbomber erreichten ungefähr einen Radius von Coventry bis Exeter, die britischen von Bremen bis Lille oder St. Nazaire; Köln und das Ruhrgebiet waren 1940 noch kaum erreichbar. Neben dem riesigen Ziel London und ein paar Hafenstädten wie Harwich und Portsmouth lag der Schwerpunkt der britischen Industrie weiter nördlich und westlich. Dort befanden sich alle großen Werften und viele der lebenswichtigen Kohlegruben. Außer kleineren Schiffen im Süden stationierte die Navy alle ihre großen Schiffe und die Geleitschiffe für die Atlantikrouten in Nordirland, Liverpool, Glasgow und auf den Orkney-Inseln. Und obwohl es in Mittelengland große Fabriken gab, bedeutete die spätviktorianische Struktur der britischen Industrie, dass sie weit verstreut waren. Selbst in einer seltenen klaren Mondnacht (wenn sie am verletzlichsten gegenüber RAF-Jagdflugzeugen waren) machte die strenge Verdunkelung es für deutsche Piloten schwer, ihr Ziel zu finden; in bewölkten Nächten waren sie natürlicherweise versucht, ihre Bomben irgendwo im Zielgebiet abzuwerfen und zurückzufliegen. Die meisten fielen bloß in die Felder, nicht wenige aber trafen eine Schule, ein Krankenhaus oder eine Wohnsiedlung.

Schließlich hatte die deutsche Aufklärung zwar vor dem Krieg eine Sammlung möglicher Bombenziele in der britischen Industrie und Infrastruktur erstellt, doch die nächtlichen Angriffe folgten anscheinend keinem durchdachten Muster. Die Bombardierung Londons reduzierte nicht nur den Druck auf die RAF-Stützpunkte, sondern auch auf die Industriegebiete. Die etwas späteren Angriffe auf Birmingham, Coventry, Bristol, Exeter, die Tyne-Region, Plymouth und Süd-Wales waren trotz der angerichteten Schäden zu verstreut und sporadisch, um strategische Wirkung zu zeigen. Im Frühjahr 1942 kam es erneut zu einer Situation, in der beide Luftwaffenführungen irrational agierten. Ende März befahlen die RAF-Planer unerklärlicherweise einen Angriff auf die alte Hansestadt Lübeck, der Hitler so erboste, dass er Vergeltungsangriffe auf britische Kathedralen und Universitätsstädte wie York, Norwich usw. anordnete (die sog. «Baedeker-Angriffe»); am 3. Mai 1942 wurde das mittelalterliche Zentrum von Exeter in Schutt und Asche gelegt. Solche Angriffe hatten keinerlei strategischen Sinn. Sie vergeudeten nur Bomben (und Besatzungen) und erzeugten Hass. Rückblickend waren die wichtigsten Ziele die Rolls-Royce-

Motorenwerke in Derby und die Werke für Spitfire- und Lancaster-Flugzeuge (mit oft noch weiter vom Kanal entfernten «Schattenfabriken»). Die Gesamtzahlen der britischen Flugzeugproduktion sagen alles: 1940 15 000, 1941 19 000 und 1942 23 000 Maschinen.[24]

Der «Blitz» auf Englands Städte bewirkte noch zwei weitere Dinge; er gewöhnte die Menschen an das Flächenbombardement und er erzeugte den Wunsch, gegen die deutsche Bevölkerung zurückzuschlagen. Churchills populärste Reden waren die, in denen er die Deutschen warnte, wenn sie weiterhin der verbrecherischen NS-Führung folgten (welche Wahl hatten sie?), würde es ihnen gehen wie den Einwohnern von Warschau, Rotterdam, London und Coventry. In den letzten Jahren ist die strategische Luftoffensive der Alliierten gegen Deutschland immer stärker in die Kritik geraten – und man kann tatsächlich scharfe Kritik an ihr üben. Man sollte sich aber erinnern, dass die ersten «Terrorangriffe» stattfanden, als japanische, italienische und vor allem deutsche Flugzeuge ihre Bomben auf die Zivilbevölkerung am Boden abwarfen. Wenn man ein Foto von Rotterdam nach dem Mai 1940 und Dresden nach dem Februar 1945 nebeneinanderhält, wird man kaum einen Unterschied sehen – vielleicht ist in Rotterdam noch weniger stehengeblieben.

Bei seiner Luftoffensive gegen deutsche Ziele sah sich das Bomberkommando mit vielen derselben Probleme konfrontiert, die zuvor auch der deutschen Luftwaffe zu schaffen gemacht hatten. Die ersten Kriegsmonate waren nicht günstig für eine Waffengattung, die seit über zwei Jahrzehnten die Vorteile des eigenständigen strategischen Bombardements propagiert hatte. Es fanden ein paar begrenzte Angriffe über den westlichen Teilen Deutschlands statt, bei denen oft Propagandaflugblätter abgeworfen wurden, aber selbst dabei gab es so hohe Verluste, dass Tagesflüge eingestellt wurden. Doch nachts konnte auch der Himmel über Deutschland bewölkt sein, was Wellington-Bomber vor Jagdflugzeugen verbarg, aber auch die Ziele vor den Bombern, und die Ortungshilfen waren primitiv, wenn es überhaupt welche gab. Ab Mai 1940 bedeutete Italiens Kriegseintritt, dass eine wachsende Zahl von RAF-Staffeln, einschließlich moderner Bomber, ans Mittelmeer verlegt werden mussten. Und alle – Küstenkommando, Marineflieger, Jägerkommando, taktische Kommandos im Nahen Osten und in Indien – forderten dringend mehr ausgebildete Piloten und Besatzungen.

Dennoch nahm das Bomberkommando Ende 1940 und noch weitere

zwei Jahre lang einen besonderen Platz in der «grand strategy» Englands ein. Mit dem Fall Frankreichs und eines großen Teils Westeuropas stand Großbritannien mit seinem Empire allein gegen die Achsenmächte, während die USA und die Sowjetunion zuschauten. In fast jeder Hinsicht musste seine Haltung defensiv sein. Es musste die Frachterkonvois vor U-Booten schützen, deutsche Überwasserschiffe von Handelsrouten abwehren, die Nachtangriffe der deutschen Luftwaffe auf britische Städte und Fabriken stören, gegen viel größere italienische Armeen in Afrika und im Mittelmeerraum aushalten und (wenn möglich) Verstärkungen gegen die japanischen Vorstöße nach Indien und in den Fernen Osten schicken. Wiederholte und immer größere Angriffe auf Deutschland bewiesen dagegen, dass England den Feind treffen konnte und es ernst damit meinte, den Krieg zu *gewinnen*. Das war in Churchills Verhältnis zu Roosevelt und Stalin sehr wichtig und überaus hilfreich beim Aufrechterhalten der Kampfmoral im eigenen Land. Nicht nur das; eine erfolgreiche Bombenkampagne konnte Deutschlands Kampfkraft tatsächlich schwächen, vielleicht nicht so stark wie überzeugte Anhänger der Luftmacht glaubten, aber stark genug, um die Rückeroberung Europas etwas einfacher zu machen. Selbst jene britischen Admiräle und Generäle, die den Versprechungen des Bomberkommandos skeptisch gegenüberstanden, mussten zugeben, dass die Zerstörung deutscher Werften, Flugzeugwerke und Kanonenfabriken eine gute Sache wäre.

Die Frage war, ob es sich verwirklichen ließ. Die Antwort war: nicht 1941, auch nicht 1942. Jede Nacht ließ das Bomberkommando Angriffe fliegen, manchmal auch auf deutsche Schlachtschiffe in Brest oder die U-Boot-Stützpunkte, aber vor allem auf das gegnerische Territorium. Doch der außergewöhnliche Mut der Besatzungen, die diese gefährlichen Flüge unternahmen und jede Nacht viele Freunde und Kameraden verloren, aber am nächsten Abend wieder starteten, garantierte nicht den operativen Erfolg, solange nicht die richtigen Werkzeuge für die strategische Doktrin zur Verfügung standen. Wenn die Reichweite der RAF-Maschinen begrenzt war, sie meistens die Ziele nicht sehen konnten und unzureichende Navigations- und Zielsuchinstrumente besaßen, bestand wenig Aussicht, die industrielle Basis des Gegners zu schwächen, selbst wenn er keine Nachtjäger und Flak gehabt hätte. Wenn diese Geschütze ins Spiel kamen, deren enormes Sperrfeuer die Bomber in immer größere Höhen trieb, ging die Zielgenauigkeit noch weiter zurück. Im Frühjahr 1941 nahm die RAF-Führung eine durchschnittliche Zielabweichung von 1000 Metern an, was schlimm genug war. Der sehr präzise interne Butt-Bericht vom August 1941 auf der Basis von am Tag nach den Angriffen gemachten Luftaufnahmen ergab aber, dass bei einer Serie von Angriffen auf das Ruhrgebiet nur ein Zehntel der Bomber ihren Zielen näher als acht Kilometer kam. Diese Resultate brachten Churchills Glauben an die Bombenstrategie ins Wanken. Obwohl er die Luftoffensive weiterhin öffentlich propagierte, wies er die Forderung der RAF-Führung nach kriegsentscheidenden 4000 schweren Bombern schroff zurück und betonte, gesteigerte Zielgenauigkeit *allein* werde die Fähigkeit, Deutschland zu treffen, vervierfachen. Er gab auch zum ersten Mal inoffiziell zu: «Alles, was wir seit Kriegsbeginn gehört haben, zeigt, daß sowohl [die] konkreten wie [die] moralischen Auswirkungen der Bombenangriffe stark übertrieben worden sind».[25]

Die RAF räumte daraufhin ein, «das einzige Ziel, das mit Nachtangriffen wirksam zu treffen ist, ist eine ganze deutsche Stadt»[26], was deutlich eine weitere Verschiebung zum Flächenbombardement anzeigte. Von diesem Zeitpunkt an wurde stetig mehr Gewicht auf die Schwächung der Moral des Gegners gelegt, was immer das bedeuten mochte. Außerdem vermehrten sich die Mittel der Massenzerstörung rasch. Welchen Schaden konnten Hunderte der neuen schweren Lancaster-Bomber dem Dritten Reich zufügen? Auch die britischen Wissenschaftler entwickelten mit RAF-Finanzierung eine Reihe elektronischer Hilfsmittel zur Navigation und Zielfindung – «Gee», «Oboe», H2S –, durch die Bomber näher zu den Zielen geführt werden konnten. Dem gleichen Zweck dienten die neuen «Pathfinder»-Staffeln der RAF, die speziell dazu ausgebildet waren, dem Hauptfeld der Bomber vorauszufliegen und das Ziel mit Leucht- und Brandbomben zu identifizieren. Später beschlossen die britischen Behörden auch den Abwurf von Aluminiumstreifen («Window», «Snowflake» oder «Chaff», in Deutschland «Düppel»), um das gegnerische Radar zu stören. Und mitten in dieser Entwicklung wurde Air Marshal Sir Arthur Harris am 22. Februar 1942 Oberkommandierender des Bomberkommandos, das damit seinen unerschütterlichsten Verfechter des Flächenbombardements in Deutschland bekam.

Nichts davon löste aber das grundlegende operative Dilemma. Wie erlangt man die Luftherrschaft über Deutschland, um die Kriegsmaschinerie zu treffen? Dass dies *nicht* möglich sein könnte, kam dem Bomberkommando nicht in den Sinn. Alles, was man jetzt brauchte, sei der systematische Einsatz weiterer Kräfte, vor allem durch die RAF, obwohl die Ankunft der USAAF in England 1943, die ebenfalls von der zentralen Rolle des strategischen Bombenkriegs überzeugt war, eine sehr willkommene Unterstützung bedeutete. Wenn die amerikanischen Air Force-Generäle Spaatz und Eaker die Unterstützung der RAF-Führung für ihre Strategie in Europa brauchten, war die RAF auf jeden Fall auf hohe amerikanische Offiziere angewiesen, um den Druck zugunsten des strategischen Bombenkriegs aufrechtzuerhalten. In Casablanca stand die angloamerikanische Luftwaffenführung fest zusammen. Es blieb ihr auch nichts anderes übrig.

Harris war ein bemerkenswerter, viel geliebter und viel gehasster Mann, ebenso stark und ichbezogen wie die amerikanischen Generäle Douglas MacArthur oder George S. Patton und ebenso aggressiv. Wie diese beiden erkannte er die Notwendigkeit von demonstrativen Aktionen und führte darum die sogenannten «1000 Bomber-Angriffe» ein. Indem er Ausbildungsstaffeln und Ersatzmaschinen zusammenkratzte, konnte er in der Nacht des 30. Mai 1942 Köln mit 1046 Bombern angreifen, ein weitgehend symbolischer Akt, obwohl die Stadt auch Leichtindustrie besaß und eine zentrale Position am Unterrhein einnahm. Die Innenstadt wurde in Schutt und Asche gelegt, 40 Bomber (3,8 Prozent) gingen verloren. Weitere solcher Aktionen folgten gegen Essen und Bremen – alle im Westen –, obwohl das immer wolkigere Wetter und die höheren Verluste bei den Ausbildungsstaffeln Harris dazu zwangen, solche Großangriffe zeitweise auszusetzen. Trotzdem hatte er seine Position klargemacht; er besaß ein *eigenständiges* Instrument, um Deutsche zu töten und dem Dritten Reich Schaden zuzufügen. Das verschaffte ihm den Spielraum für die drei großen Kampagnen von 1942/43: die Angriffe auf das Ruhrgebiet, auf Hamburg und auf Berlin.

Die Resultate dieser drei Schlachten zeigen insgesamt, wie schwer es war (und immer noch ist), eine ausgewogene Bewertung der strategischen RAF-Bombenoffensive zu geben, und warum das Bomberkommando seine Operationen solange fortsetzen konnte. Die Schlacht um die Ruhr bestand aus nicht weniger als 43 großen Bombenangriffen zwischen März und Juli 1943 und richtete große Schäden in Essen, Aachen, Duisburg, Dortmund, Bochum, Düsseldorf und Barmen-Wuppertal an (letztgenannte Stadt wurde in einer einzigen Mainacht zu 90 Prozent zerstört). Mit Hilfe des Oboe-Leitsystems und der Pathfinder-Staffeln hatte sich die

Zielgenauigkeit zweifellos vergrößert; die Flugzeuge konnten ihre Zielstädte erreichen, länger in der Luft bleiben und ihre Bomben und Brandbomben abwerfen (inzwischen trugen die neueren Lancasters eine Bombenlast von 8000 Pfund). Und die Verluste an Piloten und Besatzungen stiegen zwar ständig an, wurden aber durch neues Personal ausgeglichen.

Vielleicht hätte Harris hier aufhören und seine Bomber nicht auf weiter entfernte Ziele ansetzen sollen. Für eine räumlich eingeschränkte Kampagne sprachen zwei Gründe. Zunächst natürlich die Geographie. Während die wichtigsten englischen Stahlwerke (Sheffield, Doncaster) weit im Norden lagen, befand sich die deutsche Schwerindustrie zum größten Teil im Westen. So hatten die Staffeln des Bomberkommandos nur einen relativ kurzen Weg unter Beschuss durch Flak und Nachtjäger zurückzulegen. Zweitens schadeten die Ruhrbombardements tatsächlich diesem Teil der deutschen Kriegswirtschaft, wie der Historiker Adam Tooze jüngst betont hat, und zwar viel stärker als spätere Kritiker der gesamten strategischen Luftoffensive behaupteten.[27] Obwohl es keine Präzisionsangriffe auf bestimmte Fabriken waren, warf die RAF doch große Mengen von Bomben auf große *Konzentrationen* von strategisch wichtiger Industrie ab. Als Spaatz 1943 amerikanische Besucher Englands begrenzte Kriegsanstrengung kritisieren hörte, erinnerte er sie daran, dass das Bomberkommando die *einzige* Kraft im westlichen Lager war, die Deutschland *direkt* angriff.

Aber Harris wollte seinen dreifachen Schlag weiter vorantreiben. Zu seiner Freude war die Schlacht um Hamburg eine weitere Werbung für Massenbombardements. Von Juli bis November 1943 wurden unter dem Namen «Operation Gomorrha» 17 000 Einsätze gegen diese und andere große Städte im Westen Deutschlands geflogen. Der erste Angriff am 24. Juli war schreckenerregend; 791 Bomber, darunter 374 Lancasters, getarnt durch die Aluminiumstreifen, geleitet durch Oboe und Pathfinder-Maschinen und durch gutes Wetter begünstigt, zerstörten das Zentrum der traditionell anglophilen Hansestadt. Hamburg hatte auch in den Wochen darauf keine Ruhe, da die US-Bomber sich beteiligten, außerdem Mosquito-Jagdbomber, die dafür umgebaut waren, 4000 Pfund an Bomben zu tragen. Dann schlug die Hauptmacht des Bomberkommandos im Lauf des Sommers immer wieder zu. Am 17. August schickte Harris 597 Lancasters zum Angriff gegen die Raketenversuchsanstalt in Peenemünde.

Operation «Gomorrha»: Straßenzug mit ausgebrannten Häusern in Hamburg nach den verheerenden Luftangriffen des Jahres 1943.

Die Angriffe waren sicherlich die Apotheose von Trenchards Doktrin. Rund 260 Fabriken in Hamburg und Umgebung wurden zerstört, dazu 40 000 Häuser und 275 000 Wohnungen, 200 Geschäfte, 277 Schulen, 24 Krankenhäuser und 58 Kirchen. Etwa 46 000 Zivilisten wurden getötet. Die Verwüstung Hamburgs schockierte die deutsche Führung. Speer warnte Hitler, sechs weitere solcher Angriffe würden das Ende des Dritten Reiches bedeuten, was dieser zurückwies. Goebbels nannte die Bombenangriffe auf Hamburg in seinem Tagebuch jedoch mehrfach eine «Katastrophe».[28]

Harris' schrecklicher Erfolg bei der Zerstörung Hamburgs führte aber fast zum Sturz des Bomberkommandos. Diese Nachtangriffe waren so destruktiv und erzeugten solche Panik bei der Zivilbevölkerung, dass die deutsche Führung sie nicht länger als nebensächlich abtun konnte. Der Schaden in Hamburg, der auf Stalingrad/Kursk und El Alamein/Nordafrika/Sizilien folgte, war eine von drei Warnungen an das Dritte Reich, dass die für das deutsche Volk noch relativ leichten frühen Kriegsjahre vorüber waren. Von nun an konnte es nicht weiter scheinbar mühelos von Erfolg zu Erfolg eilen und der eigenen Bevölkerung dabei Kanonen *und* Butter bieten. Doch Speer und die Luftwaffenführung besaßen das Talent und den Willen zum Eingreifen.

Sobald die Angriffe auf Hamburg vorüber waren, erhöhte Harris sofort den Einsatz, indem er die Luftschlacht um Berlin begann, die 16 Großangriffe zwischen November 1943 und März 1944 umfasste, mit den Nebenangriffen auf Frankfurt, Stuttgart und Leipzig insgesamt 20 000 Einsätze. Im selben Zeitraum wurde aber die deutsche Luftverteidigung zügig verstärkt. Eine gewaltige Armee von Flak-Regimentern stand jetzt in Deutschland. Die deutschen Ortungssysteme hatten große Fortschritte gemacht. Die Luftwaffe hatte auch einen Weg gefunden, die Störungen durch Aluminiumstreifen zu umgehen. Schließlich blieben noch die beiden Haupthindernisse für den strategischen Bombenkrieg: das Wetter, das in diesem Winter durchgehend schlecht war, und die Distanz, denn die Flugzeit nach Berlin war viel länger als nach Hamburg oder Köln. Waren deutsche Nachtjäger z. B. bei Hannover stationiert, konnten sie die Bomber angreifen, dann zum Auftanken landen und sie auf ihrem Rückflug erneut abfangen.

Aus diesen Gründen waren die Zerstörungen in Berlin – einer weit ausgedehnten Stadt wie London – weit geringer als in kleineren Städten wie Essen. Dagegen stiegen die Verluste von Flugzeugen und Personal Ende 1943 steil an. Die Verlustrate bei jedem Angriff lag bei durchschnittlich 5,2 Prozent (d. h. 52 Bomber von 1000 oder 26 von 500 bei einem einzigen Angriff), und die Moral unter diesen außergewöhnlich mutigen Besatzungen sank spürbar. Insgesamt verlor das Bomberkommando bei der Bombardierung Berlins 1047 schwere Maschinen, 1682 weitere wurden beschädigt. Kurz darauf brachten die katastrophalen Verluste, die der Pathfinder-Pilot Pat Daniels beim Angriff auf Nürnberg am 30. März 1944 beobachtet hatte, den strategischen Bombenkrieg der RAF gegen Deutschland zum Stehen. 95 von 795 Bombern zu verlieren, war eine nicht durchzuhaltende Rate von elf Prozent. In dieser Phase distanzierte sich sogar die RAF-Spitze von Harris und war wahrscheinlich froh, dass Eisenhower USAAF und RAF angewiesen hatte, sich allein auf Ziele in Zusammenhang mit der bevorstehenden D-Day-Invasion zu konzentrieren – also

Verstärkte Luftverteidigung: Schwere Flakgeschütze auf dem Dach des Zoo-Bunkers in Berlin, 1944.

taktische Ziele wie französische Eisenbahnbrücken statt strategische Operationen. Im April 1944 gab Harris vor dem Luftfahrtministerium selbst zu, solche «Verlustraten … konnten auf Dauer nicht durchgehalten werden». Da die Innovationen wie Aluminiumstreifen und Pathfinders nicht mehr so wirksam waren, war «zusätzliches Handeln» notwendig, einschließlich vielleicht Geleitschutz durch Nachtjäger für seine Bomber. Die offiziellen britischen Historiker, die diese Berichte zwei Jahrzehnte später studierten, kamen zu dem Schluss, die Luftschlacht um Berlin sei mehr als ein Scheitern gewesen: «Es war eine Niederlage.»[29]

Das dritte neue Element zwischen Ende 1940 und 1943 war das wichtigste, nämlich die Teilnahme der US Army Air Forces am strategischen Bombenkrieg der Briten. Auch diese Geschichte kann man in ihre Hauptelemente aufteilen. Zunächst war sie strategisch bedeutsam, weil die Ankunft einer neuen strategischen Luftwaffe in Europa den Druck auf das

Reich erhöhte, und zwar von Westen, was logischerweise weniger Verlegungen von deutschen Flugzeugen, Personal und industriellen Ressourcen an die Ostfront oder zur sich ausweitenden Front im Mittelmeerraum oder in Nordafrika erlaubte, die dennoch eine größere Zahl deutscher Staffeln brauchte, um den dort stetig wachsenden Luftstreitkräften des britischen Empire und der USA zu begegnen. Ungefähr um diese Zeit (1942/43) sieht man, wie Verbände der deutschen Luftwaffe zwischen Ostfront, Nordafrika/Italien, Frankreich und der Verteidigung des Reichsgebiets hin und her geschoben werden. Henry «Hap» Arnold beschwerte sich zwar immer über den Mangel an Flugzeugen und Personal, konnte aber frische Staffeln nach England, Nordafrika und in den Pazifik schicken. Göring hatte diese Option nicht mehr. Ende 1943 wurde auf dem topographisch günstigen Flachland Ostenglands alle sechs Tage ein neues Flugfeld eröffnet, um den Strom brandneuer amerikanischer Bomber und Jagdflugzeuge aufzunehmen.

Die US-Staffeln waren aber nicht nur wichtig, weil sie den Kampf gegen die Achsenmächte in Europa oder die britische Moral stärkten, sondern weil sie zwei entscheidende operative Elemente einbrachten. Zum einen bestanden die Amerikaner darauf, nur Tagesangriffe zu fliegen. Das war seit Jahren ihre Doktrin, weil es die Stärken der hoch fliegenden, schwer bewaffneten B-17 und B-24 ausspielte, die jetzt auch über das lange versprochene präzise Norden-Zielgerät verfügten. Harris und andere hohe RAF-Vertreter, sogar Churchill persönlich, hatten die Amerikaner einige Zeit gedrängt, sich den Nachtangriffen anzuschließen, eine schlechte Idee, die zu Recht abgelehnt wurde. Der Reiz des amerikanischen Plans lag darin, dass er die Möglichkeit einer pausenlosen Bombardierung Deutschlands eröffnete. Die Londoner hatten wenigstens den Tag über Zeit, die Trümmer der deutschen Nachtangriffe wegzuräumen und etwas Ruhe zu finden. Doch ein Dauerbombardement durch die Amerikaner bei Tag und die RAF bei Nacht versprach zumindest in der Theorie einen nicht nachlassenden Druck auf die deutsche Luftverteidigung, die Fluglotsen, die Rettungsdienste und die deutschen Arbeiter selbst.

Außerdem bestanden die Amerikaner auch auf den anderen zentralen Punkt ihrer Vorkriegsdoktrin, die «punktgenaue» Bombardierung identifizierbarer militärisch-industrieller Ziele. Wie wir noch sehen werden, war das leichter gesagt als getan und für verwirrte und um ihr Leben fürchtende Besatzungen oft unmöglich. Das Beharren darauf, Ziele wie die Messerschmitt-Werke oder ein Betriebswerk der Reichsbahn zu bombardieren, war aber wichtig, weil es das Flächenbombardement der britischen Nachtangriffe ergänzte und die Reaktion für die Planer der deutschen Luftverteidigung verkomplizierte – sollten sie ihre Flak-Batterien um Köln massieren oder um eine wichtige, 50 Kilometer entfernte Panzerfabrik? Es bot nach einer Weile auch die Gelegenheit für alliierte Planer und Analytiker, die Resultate dieser sehr unterschiedlichen Bombendoktrinen zu vergleichen. In den erhitzten Nachkriegsdiskussionen über die Massenbombardierung gegnerischer Zivilisten verlieh das den USAAF eine etwas bessere moralische Position – zumindest was ihren Feldzug in Europa betraf.

All diese anscheinenden Vorteile wurden auf alliierter Seite begrüßt. Das Problem war nur, dass die operativen Annahmen über die Fähigkeit zu zielgenauem Bombardement in der Praxis zwischen 1942 und Anfang 1944 nicht funktionierten, so dass die amerikanische Bilanz letztlich nicht viel anders ausfiel als die britische. Und eine Lösung für dieses Problem zu finden, dauerte offenbar viel länger, als die Kontrolle über die atlantischen Seewege zu erringen.

Mit allem zusätzlichen Wissen des Rückblicks ist es für Sesselstrategen und Historiker nicht schwer zu sagen, wo die Hindernisse lagen. Der erste Grund war, dass die Bombenangriffe der 8. US-Luftflotte vor allem 1942 und 1943 «zu wenig, zu früh» waren. Politisch und institutionell glaubten die Luftwaffenchefs Arnold, Spaatz, Eaker und ihre Stäbe, die Existenz ihrer Organisation als unabhängiger dritter Arm hinge davon ab, sich so rasch wie möglich zu beweisen. Aus offensichtlichen geographischen Gründen und vielleicht auch Erinnerungen an 1917/18 hatten Army und Army Air Forces den europäischen Kriegsschauplatz stets als viel wichtiger als den Pazifik und Fernen Osten betrachtet. Für die Army waren die Entfernungen über den Pazifik einfach zu groß, um die Hauptrolle zu spielen – die Inselgruppen waren zu klein, um in der Tradition des «American Way of War» 25 oder 50 Divisionen einzusetzen, d. h. den Gegner durch die enorme Truppenzahl zu überwältigen, wie es im Bürgerkrieg und 1917/18 in Frankreich geschehen war.[30] Im Pazifik war kein Platz für Panzer und nur wenig für Artillerie, und die Army konnte dort nichts tun, was ein erweitertes Marine Corps nicht ebenso gut oder vielleicht besser tun konnte.

Das war auch das Problem der Army Air Forces. Es gab im Pazifik nichts strategisch zu *bombardieren*, bevor man nahe genug an Japan war, wahrscheinlich erst nach Jahren des Kampfes. Deutschland war nicht nur industriell und technologisch der größere Gegner, sondern seine Fabriken und Bahnstrecken lagen von Suffolk aus auch nur auf der anderen Seite der Nordsee – genau wie die Strände der Normandie von Sussex aus nur auf der anderen Seite des Ärmelkanals lagen. Ohne eine Konzentration auf Deutschland befürchtete Arnold, die wertvollen neuen Bomberstaffeln würden von Neufundland (U-Boot-Bekämpfung) bis Nordafrika (Unterstützung von Pattons und Eisenhowers Bodenoffensive) und Neuguinea (Hilfe bei MacArthurs mühsamen Feldzügen) verstreut werden.

Auf dem Flug zur Konferenz von Casablanca machte Arnold sich zu Recht Sorgen. Der japanische Angriff auf Pearl Harbor und die Philippinen hatte den Admirälen King und Leahy hervorragende Munition für eine «Pazifik zuerst»-Politik gegeben, die viel Widerhall in der Öffentlichkeit fand, aber der Marine auch ganz sicher die Führungsrolle gegeben hätte. Gleichzeitig schwächte die wachsende britische Abneigung, ein festes Datum für die alliierte Invasion Frankreichs festzulegen, die prekäre Übereinkunft, dass der Sieg über das Dritte Reich Vorrang habe. Dann war da der starke Druck, den Stalin auf London und Washington ausübte, mehr zu tun, und die Tatsache, dass nicht einmal Amerikas enorme Produktionskapazitäten die gewaltigen Forderungen aller Waffengattungen nach Waffen und Männern erfüllen konnten. Während des ganzen Jahres 1942 gab es heftige Zusammenstöße der Waffengattungen über die Prioritäten, daher fürchteten die Army Air Forces um ihre Bomberprogramme, als die anfänglichen Forderungen aller Akteure gestutzt wurden. So wurde die Notwendigkeit, ihre Schlagkraft gegen Deutschland zu zeigen, übermächtig.[31] Ob sie wollten oder nicht, die amerikanischen Bomber mussten abheben, auch wenn sie so wenige waren und so schlecht vorbereitet wie die britischen 1939.

Arnold und seine Kollegen kamen aus Casablanca sehr erleichtert zurück wegen der Erklärung, «die Zerstörung und Unterbrechung des militärischen, industriellen und wirtschaftlichen Systems Deutschlands» genieße gleich nach der Schlacht im Atlantik höchste Priorität. Bis kurz vor der Konferenz hatten sie sich mit der Marine gestritten und stießen dann bei der Ressourcenverteilung im Mittelmeerraum heftig mit Churchill und seinen Stabschefs zusammen, die normalerweise ihre Verbündeten waren beim Streit um die «Deutschland zuerst»-Politik. Während des Jahres 1942 hatten sie jedes mögliche Argument benutzt, um ihre Position zu propagieren, und z. B. den Angriff auf Lille am 9. Oktober mit seinen gemischten, wenn nicht zweifelhaften Ergebnissen (siehe unten) als Beispiel dafür präsentiert, dass eine stark bewaffnete Bomberflotte ihre Mission ohne Geleitschutz ausführen könne. Und alle RAF-Berichte über die Effektivität der britischen Bombardements wurden in diesem Jahr eifrig gelesen und rasch an höhere Stellen weitergegeben. Im Januar 1943 hofften die USAAF also, endlich ihre Wichtigkeit bewiesen und ihre strategische Mission gerettet zu haben. Lange nach dem Krieg fragte Speer Eaker, warum er seine Staffeln so früh, in so relativ geringer Zahl und ohne Schutz durch Langstreckenjäger eingesetzt habe. Die Antwort lautete: Weil es politisch notwendig war. Kein Wunder, dass Elmer Bendiner außer sich war, als er 30 Jahre nach seinem Einsatz von dieser Antwort erfuhr.[32]

Es gab noch andere Gründe dafür, dass die ersten beiden Jahre des amerikanischen Bombenkriegs gegen Deutschland so schlecht verliefen. Die USAAF bauten die größte strategische Luftwaffe der Geschichte auf. 1945 würden die Amerikaner einschließlich der neuen und unabhängigen Luftverbände im Mittelmeer doppelt so viele Bomber in Europa haben wie das britische Bomberkommando. Und dies bewerkstelligten sie in außergewöhnlich kurzer Zeit. Wo sollten die Tausenden von Piloten herkommen, und wer sollte sie ausbilden? Wo waren die Zehntausenden Besatzungsmitglieder, wo das lebenswichtige Bodenpersonal und die Mechaniker? Die Adjutanten, das Aufklärungspersonal, der Stab für die Gruppenhauptquartiere? Wo die Flugplätze, Kontrolltürme, Hangars und Mannschaftsquartiere? Wo die Flugzeuge und Bomben? Arnold wusste auch, dass die USA die hart umkämpfte Schlacht von Guadalcanal, der Hauptinsel der Salomonen, die von August 1942 bis Januar 1943 dauerte, verlieren konnten, wenn er nicht viele Langstreckenbomber in den Südwestpazifik verlegte. Er durfte die außereuropäischen Kriegsschauplätze nicht vernachlässigen, daher würde die Zahl von Männern und Flugzeugen, die nach England kamen, begrenzt sein. Es war also kaum eine Überraschung, dass die zunächst kleinen 8. und 9. Luftflotten bei ihren ersten Flügen über den Kanal einen schwierigen Start hatten. Schließlich hatten sie neue Kommandeure, neue Besatzungen, neue Flugzeuge, neue Stützpunkte – und einen neuen Feind.

Natürlich gab es auch die üblichen praktischen Schwierigkeiten – schlechtes Wetter, abgebrochene Missionen, unzureichende Zielgeräte, begrenzte Reichweite, deutsche Gegenangriffe, fehlende Geleitmaschinen.

All das hätte auch eine fertig ausgebildete und vorbereitete Bomberflotte vor Probleme gestellt. Man konnte einfach nichts gegen das fast konstant wolkige Wetter über Nordwesteuropa tun, das viele Monate des Jahres herrschte, wie die Briten betont hatten. Mit einem Norden-Zielgerät «ein Gurkenfass zu treffen», war vielleicht über den wolkenlosen Testgebieten von Texas möglich, aber nicht bei einer durchgehenden Wolkendecke. In dieser frühen Phase gab es keine hochentwickelten Instrumente, um die B-17-Maschinen direkt über ihre Ziele zu führen, und die Staffeln mussten häufig zurückfliegen, ohne ihre Mission erfüllt zu haben. Ob man mit vollen oder leeren Bombenschächten zurückkehrte, wurde nicht weiter untersucht, aber nur wenige Piloten landeten gern mit einem Bauch voller Bomben. Selbst bei klarem Himmel gab es starke Winde, die die Bombenschützen beim Zielen störten; je höher man flog, um der Flak auszuweichen, desto größer die Zielabweichung.

Dann mussten die Amerikaner ihre Verletzlichkeit durch gegnerische Jäger erfahren. Wie oben erwähnt, war sich das deutsche Oberkommando 1942/43 zumindest teilweise der Bedrohung für die Industrieproduktion durch die britischen «1000 Bomber-Angriffe» bewusst geworden und reagierte rasch und eindrucksvoll. Die deutsche Luftverteidigung wurde genau zu dem Zeitpunkt sehr viel schlagkräftiger, als die Amerikaner gerade ihre ersten Tagesangriffe flogen. Schließlich hatte die deutsche Luftwaffe jetzt den «Heimvorteil» bei Tagesgefechten, der für das Jägerkommando bei der Luftschlacht um England so entscheidend gewesen war; je weiter entfernt die von Spaatz und Eaker gewählten Ziele waren, desto mehr Gelegenheit hatten die deutschen Jäger, aufzutanken und erneut anzugreifen, während den Bombern der Schutz durch Kurzstrecken-Spitfires und Mittelstrecken-Thunderbolts fehlte. Wie die Atlantikkonvois befanden sich auch die amerikanischen Bomber jetzt in einer «Luftlücke» oder Geleitschutzlücke.

Angesichts all dieser Schwierigkeiten war es nur natürlich, dass die ersten Tagesangriffe vorsichtig durchgeführt wurden und sich nicht weit von den eigenen Stützpunkten entfernten; vorerst blieben die Operationen auf Nordwestfrankreich und die Niederlande beschränkt und wurden durch Jäger geschützt. Das Wetter war den ganzen August 1942 über gut, die deutsche Luftwaffe nicht aktiv und die Bombenangriffe bemerkenswert präzise. Das setzte sich im September fort, und selbst wenn FW 190-Maschinen aufstiegen, kämpften sie meist mit den Spitfires. All

Luftkampf im Kanal: Eine deutsche Focke-Wulf FW 190, das stärkste einmotorige Jagdflugzeug der Luftwaffe, verfolgt eine britische Spitfire, Juni 1942.

das änderte sich mit dem Angriff von 108 US-Bombern auf die Schwerindustrie von Lille am 9. Oktober. Die deutschen Jäger rasten an den 156 alliierten Geleitmaschinen vorbei und konzentrierten sich auf die schwer beladenen B-17 Flying Fortresses und B-24 Liberators. Die Luftwaffe hatte aber noch nicht ihre zerstörerische Taktik gegen eng beieinander fliegende Bomber in 8000 Meter Höhe entwickelt, darum wurden nur vier US-Maschinen abgeschossen, vier schwer und 42 leicht beschädigt. Doch der Aderlass hatte begonnen. Wichtiger noch, die ständigen Jägerangriffe führten zu einem katastrophalen Abfall der Zielgenauigkeit – nur neun der 588 Bomben fielen in einem Umkreis von 500 Metern der Ziele, und viele Bomber warfen ihre Last ab, bevor sie auch nur in der Nähe waren. In einem solchen Getümmel war es kein Wunder, dass die MG-Schützen die Zahl abgeschossener deutscher Jäger weit übertrieben. Sie beanspruchten 56 sichere und 24 wahrscheinliche Abschüsse, was Arnold und Spaatz bei den politischen Kampagnen in Washington half, aber auch zeigte, wie unerfahren und nervös diese neuen Besatzungen waren und wie schlecht die nachträgliche Operationsanalyse. Die Analyse nach dem

Krieg zeigte, dass die deutsche Luftwaffe an diesem Tag nur eine, vielleicht zwei Maschinen verlor!

Selbst diejenigen, die meinten, die USAAF-Kampagne gehe gut voran, mussten jedoch in den letzten Monaten von 1942 und den ersten von 1943 eine Verlangsamung konstatieren. Immer mehr amerikanische Bomber- und Jägerstaffeln wurden verlegt, um Operation Torch und die folgenden Feldzüge in Nordafrika zu unterstützen. Das Winterwetter war schrecklich und machte Präzisionsbombardements am Tag praktisch unmöglich. Die gleichen Stürme, die U-Boote von Angriffen auf alliierte Frachter abhielten, hinderten die US-Bomber daran, ihre Ziele in Frankreich zu finden. Es schadete auch, als Verluste unter französischen Zivilisten durch diese Angriffe publik wurden, vor allem weil sie oft so weit entfernt von den Zielen passiert waren. Eine Weile konzentrierten sich die Amerikaner darum auf Ziele an der Küste wie deutsche U-Boot-Basen. All dies enttäuschte die Führung des RAF-Bomberkommandos, das auf eine rasche Verstärkung seines Kampfes gegen die deutsche Luftwaffe über dem Reichsgebiet hoffte, der auf beiden Seiten hohe Verluste forderte. Am wichtigsten war, dass das deutsche Oberkommando Zeit gewann, seine Verteidigung am Boden und in der Luft zu organisieren und die Produktion stärker auf Jagdflugzeuge auszurichten.

Die 8. US-Luftflotte führte ihre ersten Angriffe auf Deutschland Ende Januar 1943 durch, aber sie waren wegen des schlechten Wetters harmlos. Diese unproduktive Periode dauerte zu Arnolds großer Frustration noch mehrere Monate. Erst zu Sommerbeginn brachten besseres Wetter und die Ankunft weiterer Staffeln die amerikanische Offensive wieder in Gang (im Februar konnte die 8. Luftflotte im Durchschnitt nur 74 Maschinen am Tag einsetzen). Doch diese besseren operativen Bedingungen bedeuteten auch, dass man nun die Verteidigungsmöglichkeiten der Luftwaffe gegen Tagesangriffe kennenlernte. Bei einem Angriff auf Kiel am 14. Mai wurden von 126 Bombern acht abgeschossen und 36 beschädigt, bei einem Doppelangriff auf Bremen und Kiel wurden am 13. Juni von 182 Maschinen 26 abgeschossen und 54 beschädigt, und vom Angriff auf Berlin am 28. Juli kehrte nur ein Drittel der 120 Bomber unbeschadet zur Basis zurück, 16 waren abgeschossen, 64 beschädigt.[33] Und dies waren Operationen, bei denen die Bomberstaffeln für den größten Teil des Fluges auf den Geleitschutz durch Jäger zählen konnten. Trotz dieser düsteren Vorzeichen wuchs der Druck, Angriffe auf weiter entfernte Ziele zu fliegen.

So kam es zu den verlustreichen Angriffen auf Schweinfurt, mit denen dieses Kapitel begann. Neben den 60 abgeschossenen Bombern wurden am 14. Oktober 1943 weitere 138 beschädigt, was bedeutete, das von den 229 Maschinen, die angriffen – viele drehten früh wieder um –, nur 14 Prozent unbeschadet zurückkehrten. Diese Zahl erscheint erstaunlich, bis man in der offiziellen Kriegsgeschichte der US Army Air Forces die detaillierte Analyse des Einsatzes der deutschen Luftwaffe liest, der in seinem Umfang, seinem Geschick und seiner Härte beispiellos war:

«Welle auf Welle der Jäger griff an. Meist kam ein Schirm aus einmotorigen Maschinen von vorne und feuerte mit normalen 20 mm-Kanonen und MGs, bis sie ganz nah an der Formation waren. Kurz dahinter folgten große Formationen zweimotoriger Jäger in Wellen, von denen jeder zahlreiche Raketen von Werfern unter den Tragflächen abfeuerte. … Unterdessen wurden die einmotorigen Jäger neu betankt und griffen aus allen Richtungen an. Bald folgten ihnen die neu formierten Gruppen von zweimotorigen raketenbestückten Maschinen. Nach dem Abschuss ihrer Raketen griffen diese Jäger häufig mit Kanonen und MGs an. Die gegnerischen Flugzeuge konzentrierten sich auf jeweils eine Formation, brachen sie mit Raketenangriffen auf… und erledigten beschädigte Maschinen mit Bordwaffenfeuer. Ein Kampfgeschwader der 1. Bomberdivision, das die Hauptlast des Gegenangriffs trug, wurde durch diese Taktik fast völlig ausgelöscht.»[34]

Trotz dieser Verluste zeigten die amerikanischen Angriffe auf die deutsche Flugzeugindustrie in dieser Phase einige Wirkung; der selektiven Zielauswahl gelang es ähnlich wie den britischen Nachtangriffen auf das Ruhrgebiet, Speer so viel Angst zu machen, dass er noch mehr von den gewaltigen Ressourcen des Reichs für die Kampagne zur Abwehr der angloamerikanischen Bomberoffensive bereitstellte. Der Kampf konnte nur härter werden. Doch für die alliierten Luftwaffenchefs war dies eine völlig inakzeptable Verlustrate, wahrscheinlich höher als bei jeder anderen Luftkampagne des Krieges, und die Offensive musste eingestellt werden. Nur nahe Ziele wurden vorerst noch bombardiert. Das Winterwetter lieferte die Rechtfertigung und gab die Zeit für die Wiederherstellung der angeschlagenen Moral, die sich an der wachsenden Zahl abgebrochener Missionen oder beschädigter Maschinen ablesen ließ, die sich auf neutrales Gebiet wie Schweden oder die Schweiz retteten.

Man kann dieses düstere Kapitel des Luftkriegs nicht besser zusammenfassen als die offizielle Geschichte der USAAF: «Mitte Oktober 1943

Eine amerikanische B-24 Liberator wird von deutscher Flak abgeschossen. Das Bild wurde im April 1945 über Norditalien aufgenommen. Die Szene hätte sich aber so auch 1943 über Deutschland abspielen können.

hatte die Kampagne der Tagesbombardements eine Krise erreicht. Ihre Kosten waren alarmierend gestiegen, während die Erfolge umstritten blieben. Aus diesem Grund wurden ihre Grundannahmen neu überdacht. … Für den Augenblick hatte die 8. Luftflotte die Luftüberlegenheit über Deutschland verloren. Und es war offensichtlich, dass sie erst wiederzugewinnen war, wenn genügend Langstreckengeleitflugzeuge zur Verfügung standen … offensichtlich musste auch die Reichweite der Jäger vergrößert werden …».[35]

Zum Glück für die hart geprüften Bomberbesatzungen waren die Lösungen nicht weit entfernt.

Merlin und Mustang

Die amerikanische Entscheidung, die Industrien des Feindes nicht mehr am Tag zu bombardieren, fiel rund 26 Jahre nach dem Smuts-Bericht, was teleologische Darstellungen des Aufstiegs der modernen Luftmacht nicht erwähnen. Das bietet dem Militärhistoriker ein hervorragendes Beispiel – das beste, das wir haben –, wie eine neuartige strategische Doktrin erfunden und propagiert wurde, lange bevor die Theorien ihrer frühen Visionäre sich in der Praxis anwenden ließen. In keinem anderen Kapitel dieses Buchs ist es notwendig, so detailliert zu erklären, wie und warum die Alliierten so lange brauchten, um diese entscheidende Lücke zwischen Konzept und Verwirklichung ihrer Strategie zu schließen. Das rührt zum Teil daher, dass die anderen hier diskutierten Formen der Kriegführung (Geleitzüge, Landungen von See, Landschlachten) schon seit vielen Jahrhunderten existierten; eine detaillierte Analyse ist aber auch gerechtfertigt, weil die Wirksamkeit der Luftmacht vor und nach dem Zweiten Weltkrieg von ihren Verfechtern für so gewaltig erklärt wurde.

Die «Lösung» für Arnolds Problem sollte schließlich sehr rasch entwickelt werden, obwohl sie noch schneller hätte kommen können. Man brauchte einen technologischen Durchbruch: einen alliierten Langstreckenjäger, der Angriffe auf die verletzlichen Bomberverbände abwehren konnte. Mechanisch ließ sich das als eine Reihe operativer und technischer Eigenschaften für das neue Flugzeug definieren. Es musste ein einmotoriges Jagdflugzeug sein, das schneller und manövrierfähiger war als alles, was die deutsche Luftwaffe im Moment besaß oder bald in Dienst stellen konnte, und es musste seine Leistung *in jeder Höhe* von 2000 bis 13 000 Meter bringen, was Experten für aerodynamisch unmöglich hielten. Am wichtigsten – und ebenso unmöglich – war, dass die Maschine so viel Treibstoff tragen musste, um mit den US-Bombern von Ostengland bis nach Berlin oder noch weiter und zurück zu fliegen und ihren «Geleitzug» auch 1000 Kilometer vom Stützpunkt entfernt zu schützen. Diese Erfordernisse schienen die Gesetze der Physik umzustoßen. Wie sollte ein Jäger ausreichend Platz bieten, um Treibstoff für einen Flug z. B. nach Prag zu tragen, aber zugleich beweglich und schnell genug bleiben, um eine FW 190 abzuschießen? Und doch wurde die Maschine gebaut.

Die Geschichte beginnt mit Sir Henry Royce (1863–1933), einem der größten Erfinder und Ingenieure der westlichen Welt seit Macadam, Brunel, Stephenson, Bell und Edison. Royce hatte nur ein Jahr regulärer Schulbildung genossen und sich als Zeitungsverkäufer durchgeschlagen. Von Maschinen, vor allem den neuen Automobilen fasziniert, begann er noch vor dem Ersten Weltkrieg damit, sie selbst zu bauen; als er sich mit seinem Kompagnon Charles Rolls zusammentat und die Firma expandierte, beharrte er weiterhin auf strikter Qualitätskontrolle. Er war von Präzision besessen. Gegen Ende seiner Laufbahn wandte dieser Schöpfer der besten und zuverlässigsten Autos seine Aufmerksamkeit dem neuen, aber verwandten Bereich der Flugzeugmotoren zu. Der Schritt war nur logisch. Autos wie Flugzeuge sind von Benzin abhängig, um sich selbst und ihre Insassen zu bewegen, ob auf Landstraßen oder am Himmel darüber. Beide Fortbewegungsmittel besitzen Motoren mit Hunderten beweglicher Teile, die Stunde um Stunde, Tag für Tag, präzise drehen, schalten und zünden müssen. Ein Grund für den «Aufstieg des Westens» nach 1700 war die Entwicklung der exakten Naturwissenschaften, d. h. von industriellen und technologischen Durchbrüchen im zivilen und militärischen Bereich, die anderswo auf der Welt nicht stattfanden.[36] Ein Rolls-Royce-Motor war der Inbegriff der erstaunlichen menschlichen Fähigkeit, die Grenzen von Zeit, Geschwindigkeit und Raum zu überwinden, die es in einer Welt von Zugtieren und Windantrieb immer gegeben hatte.

Die späten zwanziger und frühen dreißiger Jahre waren eine aufregende Zeit für alle, die mit neuen und besseren Flugzeugen und Motoren befasst waren. Der in Amerika entworfene Curtiss V-12-Motor war seinen Konkurrenten damals weit überlegen, und Royce und sein Team hatten keine Scheu, ihn zu kaufen, nach England zu transportieren, zur Analyse auseinanderzunehmen und als Rolls-Royce Kestrel, Griffon und dann Merlin wieder zusammenzubauen. Malcolm Campbell benutzte 1935 einen Rolls-Royce-Motor bei seinem Geschwindigkeitsrekord mit 484 Kilometern auf dem Bonneville-Salzsee, und Supermarine Aviation gewann damit dreimal hintereinander die berühmte internationale Schneider-Trophy für Seeflugzeuge, einmal mit über 650 Kilometern pro Stunde.

Daneben dachte Royce darüber nach, einen seiner Motoren in einen sehr schnellen neuen Jägertyp für die RAF einzubauen. Einmal wanderte er 1931 mit seinen Chefingenieuren auf den Sandbänken nahe seinem Landhaus in West Wittering (Sussex) entlang und zeichnete den Umriss in den feuchten Sand. Schon jetzt wurden die vertrauten stoffbespannten Doppeldecker des Ersten Weltkriegs von schlankeren Eindeckern aus Aluminium mit einem einzigen Piloten abgelöst; auch schnelle zweimotorige (oder sogar viermotorige) Bomber wurden schon entworfen. Alle würden einen viel stärkeren Antrieb brauchen und das bedeutete, einen Motor nach den höchsten Präzisionsstandards mit höchst effizientem Treibstoffverbrauch zu bauen. Auf so etwas war Rolls-Royce spezialisiert. Natürlich stand die Firma damit nicht allein. Konkurrenten in den USA, Deutschland, Italien, Japan und Frankreich waren vom selben Motiv angetrieben und versuchten, immer mehr PS aus einer raffinierten Anordnung von Kolben, Zylindern, Zündkerzen, Drähten und Stahlbrennkammern zu erzeugen.[37]

Rolls-Royce hatte die Angewohnheit, seine Flugzeugmotoren nach Raubvögeln zu benennen. Bei dem Motor, um den es hier geht, wählte man den Namen «Merlin», nicht mit Bezug auf den legendären Zauberer, sondern auf die schnelle, aggressive und kleinste Falkenart, ein Flugwunder, das angreifen, aber nicht angegriffen werden konnte.

Man sollte betonen, dass die immer stärkeren Motoren, die Royce bauen ließ, in viele verschiedene Maschinen eingebaut wurden; die offizielle Rolls-Royce-Geschichte des Merlin zeigt ihn in rund 40 verschiedenen ein-, zwei- oder viermotorigen Flugzeugen, aber es gab auch Varianten in Flugbooten, Rennbooten, Rennwagen und natürlich Rolls- und Bentley-Limousinen.[38] Der Merlin wurde also nicht für die Spitfire-Jäger entworfen oder umgekehrt, obwohl so die populäre Legende lautet. Wäre die Spitfire nie gebaut worden, hätte der Merlin-Motor trotzdem seinen Platz in der Luftfahrtgeschichte gehabt. Es überrascht aber nicht, dass gerade als Rolls-Royce diesen Motor entwickelte, einer der Empfänger eine neue, einmotorige Maschine mit selbsttragendem Rumpf sein sollte, die auf dem eleganten Supermarine-Rennflugzeug des großen Flugzeugkonstrukteurs J. R. Mitchell beruhte. Und trotz aller verständlicher Einschränkungen und Schwierigkeiten zwischen den Kriegen drängte das verarmte Luftfahrtministerium die Firma Vickers (die Supermarine aufgekauft hatte) zur Produktion eines schlanken, schnellen Jägers mit PV12-Motor. Merlin und Spitfire waren zusammengekommen. Es war eine knappe Sache. Royce war 1933 gestorben und hatte noch auf dem Totenbett an einem neueren Motorendesign gearbeitet; er sah nie den Prototyp einer Spitfire, hinterließ aber ein Team von Spitzeningenieuren. Mitchell starb

1937 mit 42 Jahren an Krebs und arbeitete ebenfalls bis zum Tod. Er sah zumindest die ersten Flugmodelle.

Die Rolle der Spitfire im Zweiten Weltkrieg in Europa ist legendär. Von der Spätphase der Luftschlacht um England über die Jägergefechte über Malta bis zu den Patrouillenflügen über den Stränden der Normandie wurde sie zum wichtigsten einmotorigen RAF-Jäger. Ihr eleganter Rumpf und die sich verjüngenden elliptischen Tragflächen fanden zahlreiche Bewunderer – sogar auf der anderen Seite.[39] Als Göring Galland, den Kommandeur der Jagdflieger, fragte, was er brauche, antwortete dieser: «Eine Staffel Spitfires!» Ihr Weg vom Supermarine-Wasserflugzeug, das von Mitchell entworfen wurde, um Geschwindigkeitsrekorde zu brechen, zur dringend benötigten Ergänzung des Arsenals des Jägerkommandos ist in Filmen, Büchern, Dokumentationen und auf DVDs dargestellt worden.[40]

Die Spitfire mit Merlin-Motor ist in dieser Geschichte aber eine Zwischenstufe. Ende 1940 hatte sie sich als bestes und schnellstes britisches Jagdflugzeug erwiesen, besser noch als die Messerschmitt Bf 109. Aber die deutsche Luftwaffe steigerte ständig die Leistung, Panzerung und Bewaffnung ihrer Jäger und schaffte neuere Maschinen an. Darum musste die Spitfire ebenso wie der Merlin-Motor überarbeitet werden. Vor allem mussten die Rolls-Royce-Ingenieure noch stärkere Versionen bauen, wenn britische Jäger die fantastische Steigfähigkeit der FW 190 erreichen sollten. 1942 waren sie dazu mit dem enorm erfolgreichen Merlin 61 in der Lage, der die ursprüngliche Leistung mehr als verdoppelte.[41]

Natürlich wollten alle den neuen Motor – das Bomberkommando für seine schweren viermotorigen Lancasters, das Jägerkommando für seine Spitfires, Aufklärungs- und Pathfinder-Staffeln für die hoch fliegenden Mosquitos. 10 000 Motoren würden nicht ausreichen. Sogar die hoch produktiven Packard-Werke in den USA (die den Ausstoß verdreifachen sollten) konnten die Nachfrage nicht erfüllen. Eine Ladung Merlin 61 war so wertvoll wie eine Schiffsladung ostindischer Gewürze im Amsterdam des 17. Jahrhunderts.

Für die Zuweisung dieser knappen Ressource war Air Marshal Sir Wilfrid Freeman verantwortlich, damals wie heute kaum in der Öffentlichkeit bekannt, aber die vielleicht einflussreichste Figur im Luftfahrtministerium – Churchill hegte den größten Respekt für ihn.[42] Ab 1938 war Freeman dafür verantwortlich gewesen, die Entwicklung fast aller neueren Flugzeuge der RAF voranzutreiben – die Hurricane- und Spitfire-

Jäger, die Wellington-, Lancaster- und Halifax-Bomber und die Mosquitos. Es war Freeman, der bemerkte, dass sich aus dem untermotorisierten Avro Manchester-Bomber der späten dreißiger Jahre durch Rolls-Royce-Motoren (Merlins) die starke Lancaster machen ließ. In diesen Jahren trieb Freeman auch den Bau der zweimotorigen Mosquito voran, als jeder andere den Entwurf für absurd hielt. Warum sollte man knappe Ressourcen in ein *unbewaffnetes* Flugzeug mit *Sperrholzrumpf* investieren und erwarten, dass es unbeschadet nach Deutschland und wieder zurück fliege? Kritiker nannten es «Freeman's Folly». Es erwies sich als das flexibelste Flugzeug des Zweiten Weltkriegs – es ließ sich als Nachtjäger, U-Boot-Jäger, zur Aufklärung in großer Höhe (wo es für deutsche Jäger unerreichbar war) und als Bomber modifizieren (d. h. bewaffnen). 1942 genoss Freeman bereits den Respekt der britischen Flugzeug- und Motorenfabrikanten, arbeitete hervorragend mit seinen amerikanischen Kollegen zusammen und konnte direkt zu Churchill gehen. Wenn er eine neue, vernünftige Idee hatte, versuchte er sie zu verwirklichen. In diesem Frühjahr hatte er wieder eine.

Nun kommt eine noch unbekanntere Figur ins Spiel. Ende April 1942 bekam der Testpilot bei den Rolls-Royce-Motorenwerken in Derbyshire, Ronnie Harker, einen Anruf von der RAF-Entwicklungsabteilung, ob er zum Flugfeld Duxford kommen wolle, um eine problematische US-Maschine mit der Bezeichnung Pursuit Fighter 51 (P-51) zu testen. Das war nichts Neues für Harker, der in der RAF geflogen war, bevor man ihn zu diesem viel wichtigeren Job versetzt hatte; er testete alle neuen Flugzeuge methodisch, einschließlich erbeuteter Messerschmitts und Focke-Wulfs, und berichtete über ihre relative Leistung. Diesmal sollte er einen einmotorigen Jäger von der North American Company fliegen – eines der Dutzende von Modellen, die nach 1938 hastig von der amerikanischen, britischen und französischen Luftwaffe bestellt worden waren, als die zahlenmäßige Überlegenheit der Deutschen alarmierend deutlich wurde. Leider war die Leistung der P-51 mit ihrem Alison-Motor nicht befriedigend. Sie war als niedrig fliegender Abfangjäger konzipiert, und dafür war sie auch geeignet, aber die Amerikaner bevorzugten verständlicherweise die stärkeren P-38 Lightning- und P-47 Thunderbolt-Jäger, die sich gegen eine japanische Zero oder eine Messerschmitt Bf109 behaupten konnten. Als das Jägerkommando also Anfang 1942 die ersten P-51 erhielt, wusste es nichts Rechtes mit ihnen anzufangen und dachte daran, den ganzen Auftrag zu stornieren.

Die P-51 Mustang, mit der Ronnie Harker aufstieg, am Tag nach dem Testflug auf dem Flugfeld in Duxford, 1. Mai 1942.

Harker flog die P-51 am 30. April 1942 zum ersten Mal (glücklicherweise besitzt das Rolls-Royce-Archiv ein Foto dieser Maschine nach der Landung, s. Abb.). Offensichtlich gab sie ihm Rätsel auf. Sie war beweglich, rutschte nicht ab und flog gut in niedrigen und mittleren Höhen. Aerodynamisch war sie hervorragend, d. h. sie hatte einen sehr niedrigen Luftwiderstand, obwohl weder er noch irgendjemand anderer damals den Grund dafür kannte. Spätere aerodynamische Studien auf der Basis von Windkanalexperimenten deuten auf die leicht nach innen weisenden Kurven der Chassisseiten als den Grund hin. Harkers Bericht endete mit dem lakonischen Satz (der aber die Aufmerksamkeit aller erregte, die ihn lasen): «Ich habe den Eindruck, mit einem starken, guten Motor wie dem Merlin 61 könnte ihre Leistung herausragend sein, da sie 50 Kilometer schneller ist als eine Spitfire 5 mit etwa der gleichen PS-Zahl.»[43] Ein paar Tage später baute ein Team von Rolls-Royce-Mechanikern den Alison-Motor aus und versenkte vorsichtig einen Merlin 61 in die Spitze der Maschine, die Harker geflogen hatte. Wie der scharfäugige Testpilot bemerkte, war der Abstand vom Cockpit zur Nase des P-51-Rumpfs genauso groß wie bei der neuesten Spitfire. Als Lohn für seine Arbeit bekam Harker ein Pfund Gehaltserhöhung pro Woche.

Gleichzeitig erstellte Witold Challier von Rolls-Royce, der aus Polen stammte und vom Mathematiker zum hervorragenden Testingenieur geworden war, eine Tabelle, nach der eine P-51 mit Merlin-Motor in jeder Höhe bis 13 000 Meter mehr als die Spitfire leisten und fast 700 Kilometer Höchstgeschwindigkeit erreichen sollte. Alle Berechnungen Challiers erwiesen sich als völlig richtig. Beide Männer begannen nun mit Hilfe des dynamischen Rolls-Royce-Managers E. W. Hives für einen möglichst raschen Bau der neuen Hybridversion zu werben.

Als diese Information Freeman erreichte, reagierte er sofort. Obwohl Bomber- und Jägerkommando jeden verfügbaren Merlin-Motor für ihre eigenen Projekte wollten, befahl er den Umbau von fünf weiteren P-51 und ließ zwei davon so schnell wie möglich an General Spaatz zu Tests durch die Army Air Forces schicken. Als Hives kurz darauf den Umbau von 250 Maschinen vorschlug, verdoppelte Freeman die Zahl auf 500. Freeman setzte sich rasch in Verbindung mit dem Management von Packard, die einen ihrer Merlins in eine P-51 einbauten, die von da an den bekannteren Namen Mustang trug, mit dem einflussreichen US-Botschafter in England, John Winant, und dem hervorragend vernetzten 2. Luftfahrtattaché Thomas Hitchcock, der im Ersten Weltkrieg als Freiwilliger bei den Franzosen geflogen war. Hitchcock war ein großer Rolls-Royce-Enthusiast und hatte verwandtschaftliche Beziehungen zum Weißen Haus. Freeman bat auch Churchill, an Roosevelt zu schreiben, denn jeder in England wusste, dass der schnelle Bau dieser angloamerikanischen Hybridwaffe in ausreichender Zahl nur in amerikanischen Fabriken möglich war. Es war genau wie beim Hohlraummagnetron. Englands Industrie arbeitete an der Leistungsgrenze, aber die USA besaßen noch enorme Kapazitäten für zusätzliche Flugzeug- und Motorenproduktion.

Dann blieb das Projekt stecken, was Freeman sich nicht erklären konnte. Pure Sturheit auf amerikanischer Seite bremste die Massenproduktion der Mustang mit Merlin-Motor. Es gab in den USA konkurrierende Ansprüche auf Ressourcen, und es war immer schwer, die Position zu vertreten, die Produktion bereits bekannter amerikanischer Flugzeuge solle zugunsten einer unbekannten und ausländischen Neuentwicklung eingeschränkt werden. Man verstand Harkers und Challiers Punkt nicht, dass

Perfekte Symbiose: Ein Merlin-Motor wird in den Rumpf einer P-51 Mustang eingebaut.

die P-51 in *jeder* Höhe gut war, und manche Regionalkommandeure bestanden weiterhin darauf, die Maschine wie ursprünglich vorgesehen als tieffliegenden taktischen Jäger einzusetzen. Als solcher war sie nur einer von vielen. Dann gab es hohe Offiziere, die auf die P-38 Lightning und die P-47 Thunderbolt mit ihren bewiesenen Gefechtsleistungen schworen und die mögliche Überlegenheit der Mustang nicht erkennen konnten. Es gab auch mächtige Einwände in den Beschaffungsbüros und bei konkurrierenden Fabriken. Freeman, der die amerikanischen Produktionszahlen ebenso angespannt verfolgte wie die britischen, wurde im September 1942 von Roosevelts persönlichem und sehr anglophilem Berater Harry Hopkins gewarnt, die USAAF habe nicht weniger als 2500 P-40 Kittyhawks, 8800 P-39 Airocobras und 11 000 P-63 Kingcobras bestellt. Keine davon kam gegen die deutsche FW 190 an, die den Himmel über Europa zu beherrschen begann, aber all diese schwächeren Flugzeuge besaßen einflussreiche Förderer.[44] Auch war die Entwicklung der Mustang nicht ohne Kinderkrankheiten, was viele Verzögerungen mit sich brachte.

All dies war zwar bedauerlich, aber verständlich. Weniger verständlich war die extrem antibritische Haltung von Schlüsselmitgliedern der allmächtigen US-Beschaffungskommission unter dem sturen Oliver Echols. Hopkins scherzte gegenüber Freeman nur halb, wenn er sagte, viele Amerikaner meinten, sie seien von Natur aus bessere Flieger als die Briten und bauten stets bessere Flugzeuge. Da die P-51 zuerst von der RAF bestellt worden war, hatte sie nicht die normalen amerikanischen Kanäle technischer Tests durchlaufen, und viele Offiziere, die an dieses System glaubten, berichteten Echols negative Details, als sie einige der frühen Modelle inspizierten. Im Grunde war die Haltung: «Nicht hier erfunden».[45] Der Londoner Attaché Hitchcock kommentierte dies in beißendem Ton: «Da sie von den Engländern mit einer amerikanischen Mutter gezeugt wurde, hat die Mustang keinen Erzeuger im Army Air Corps oder in Wright Field gehabt, der ihre Vorteile erkennen und propagieren könnte … sie erfüllt nicht die Ansprüche wichtiger Leute auf beiden Seiten des Atlantik, die es anscheinend mehr interessiert, stolz ein hundertprozentig nationales Produkt vorweisen zu können, als schnell ein Jagdflugzeug zu entwickeln, das allen deutschen Maschinen überlegen ist.» Die zurückhaltenderen offiziellen Historiker weisen nur darauf hin, dass «die Geschichte der P-51 fast zum kostspieligsten Fehler der USAAF im Zweiten Weltkrieg geführt hätte».[46]

Zu diesem Zeitpunkt konnten Freeman oder selbst seine Verbündeten bei Packard und North American kaum mehr tun. Nicht einmal Churchill konnte etwas bewirken, obwohl er erneut jeden einzelnen der «üblichen Verdächtigen» benutzte – Botschafter Winant, den Sonderbotschafter (und späteren Churchill-Verwandten) Averell Harriman, Hopkins und dazu seine persönlichen Botschaften an Roosevelt –, um der Mustang-Produktion Vorrang zu geben. Der Druck musste von den Army Air Forces selbst kommen. Schließlich kam er aus zwei Gründen. Der erste war die Katastrophe von Schweinfurt und Regensburg im Oktober 1943. Obwohl man der Presse sagte, die «Pause» beim Bombardement Deutschlands sei nur dem Winterwetter geschuldet und der neuen Möglichkeit, das Reich von italienischen Flugplätzen aus zu bombardieren, gestanden Arnold und Spaatz inoffiziell ein, dass ihre grundlegende operative Annahme falsch war: Die Bomber konnten ohne den Geleitschutz der Jäger nicht «durchkommen», und die vorhandenen Jäger hatten eine viel zu geringe Reichweite. Inzwischen wusste Arnold, dass sogar Kongress-Abgeordnete agitierten. In seiner sogenannten Weihnachtsansprache vom 27. Dezember 1943 an Air Force-Kommandanten in England und Italien gab Arnold die Botschaft aus: «... Overlord und Anvil [eine Landung in Südfrankreich] werden unmöglich sein, wenn die deutsche Luftwaffe nicht zerstört wird. Darum ist meine persönliche Botschaft an Sie – und das ist ein Muss –: Zerstören Sie die feindliche Luftwaffe, wo immer Sie sie finden, in der Luft, am Boden und in den Fabriken».[47] Das aber konnte nur ein extrem beweglicher Langstreckenjäger mit einem Design leisten, das Harker 19 Monate zuvor getestet hatte.

Der zweite Grund war der konstante Druck durch einen schon erwähnten kleinen und bemerkenswerten Kreis von Einzelpersonen auf der mittleren Ebene der alliierten Kriegsanstrengungen. Da war der unermüdliche Tommy Hitchcock mit allen Eigenschaften eines Ostküsten-Playboys – vor dem Krieg galt er als bester Polospieler der Welt –, der aber zugleich ein hervorragender Flieger war, schriftstellerisches Talent und einflussreiche Verbindungen besaß. Hitchcock war einer der wenigen, die keine Angst hatten, sich mit Echols und der Beschaffungskommission anzulegen oder sich in der Sache privat an seine Nachbarin Eleanor Roosevelt zu wenden. Dann war da der Staatssekretär im US-Luftfahrtministerium, Robert A. Lovett, der 1917/18 in der legendären Yale-Fliegerstaffel und im Royal Navy Air Service geflogen war und Anfang der fünfziger Jahre schließlich Verteidigungsminister wurde. Lovett kam aus einer neuenglischen Patrizierfamilie, bezog kein Gehalt und wurde von Arnold sehr respektiert. Wie Hitchcock hatte er keine Angst vor der Beschaffungskommission und schon 1940 die P-51 mit Alison-Motor als «Versager» betrachtet. Bei einer Englandreise im Juni 1943 führte Lovett eine große Inspektion der amerikanischen Bombenkampagne durch und machte in seinem Bericht an Arnold eine Reihe von Vorschlägen, von denen die wichtigsten waren: a) die absolute Notwendigkeit, die Produktion von Abwurftanks so schnell wie möglich zu steigern, um die Reichweite aller Maschinen zu erhöhen, und b) größere Dringlichkeit bei der Entwicklung von Langstreckenjägern als Begleitschutz, wobei die Mustang mit Merlin-Motor besonders vielversprechend war. Das waren die Schlüssel, um das Patt im Luftkrieg zu beenden. Als Lovett in sein Washingtoner Büro zurückkam, das nicht zufällig direkt neben dem Arnolds lag, begannen die Hindernisse sich aufzulösen. Vier Tage nach der Lektüre seines Berichts verfasste Arnold ein Memorandum, das «die absolute Notwendigkeit» betonte, «ein

Jagdflugzeug zu bauen, das mit den Bombern hin- und wieder zurückfliegen kann».[48] Etwa zu diesem Zeitpunkt wurde die Macht der Beschaffungskommission stark beschnitten. Es hatte lange gedauert, und der Luftwaffenchef hatte zu lange gezögert.

Es gab auch starken Druck durch in England stationierte Air Force-Offiziere, darunter Major Donald Blakeslee, einen Amerikaner, der bei der Luftschlacht um England mit einer kanadischen Staffel geflogen war und dann zur Freiwilligenstaffel der American Eagles wechselte, um nicht zum Ausbildungsoffizier ernannt zu werden. Blakeslee flog Spitfires und liebte sie, kannte aber auch ihre begrenzte Reichweite, gerade bis an den westlichen Rand Deutschlands. Er flog auch die P-47, fand sie aber zu schwer. Seit er die ersten RAF-Mustangs flog, agitierte er pausenlos dafür, den Jägerstaffeln, die der 8. US-Luftflotte in Ostengland zugeordnet waren, dieselben Maschinen zu geben. Zu seinem Missfallen gingen die ersten Staffeln aber für Flüge in geringer Höhe an die 9. Luftflotte, die über dem Kanal und Frankreich operierte. Doch im Dezember 1943 hatte Arnold aus den oben genannten Gründen das Gefühl, ein Wandel sei notwendig. Spaatz wurde als Oberkommandierender der USAAF in Europa bestätigt, Eaker zum Kommandanten aller alliierten Luftstreitkräfte im Mittelmeerraum ernannt und der kampflustige Lt.-General Jimmy Doolittle von dort abgezogen und zum Chef der 8. Luftflotte gemacht. Fast von Beginn an forderte Doolittle Mustang-Staffeln, und Arnold und Spaatz, die jetzt von ihren Stärken überzeugt waren, stellten sie bereit. RAF-Chef Portal wiederum befahl vier seiner Mustang-Staffeln, mit den Amerikanern zu fliegen. Alle Staffeln dieser Art von der 9. Luftflotte wurden nach Norden versetzt und Blakeslees Vorgesetztem und Chef der Jägergruppen, Major-General Kepner, unterstellt. Tatsächlich wurden alle Piloten der US Army Air Forces mit Mustang-Ausbildung zur 8. Luftflotte versetzt. Der tote Punkt war überwunden und keine Sekunde zu früh.

Endlich die Luftüberlegenheit

Dieses Kapitel handelt aber nicht davon, wie der Luftkrieg in Europa durch eine einzige «Wunderwaffe» verändert wurde. Es gibt schon viel zu viele sensationslüsterne Bücher darüber, wie eine Schlacht, eine Waffe oder ein Ortungssystem den Zweiten Weltkrieg entschied. Vielmehr geht es hier um das taktische, technische und operative Zusammenspiel, das einer kleinen Gruppe von Briten und Amerikanern das Problem zu lösen erlaubte, von dem die Geschichte des strategischen Bombenkriegs seit vielen Jahren geplagt worden war: Wie verwirklichte man die frühen Visionen, die Kampfkraft des Gegners durch die kontinuierliche Anwendung moderner Luftmacht zu schwächen?

Im Gegensatz zu den monokausal argumentierenden Autoren sehen professionelle Historiker dieses Krieges die Dinge anders und distanzierter.[49] Sie befassen sich mit den Interaktionen und Rückkopplungen, wie der Erfolg oder Misserfolg einer Operation andere beeinflusste oder wie eine neue Waffe die taktische Lage veränderte, was seinerseits den Ausgang von Schlachten beeinflusste. Ein solches Zusammenspiel wurde oben erwähnt, dass nämlich RAF und US Army Air Forces rund um die Uhr bombardierten und den Feind dadurch kaum zur Ruhe kommen ließen. Man hätte noch viel mehr in dieser Richtung tun können, und das Gemeinsame Oberkommando drängte wiederholt auf eine stärkere Abstimmung der Zielauswahl, aber schon die Tatsache, dass britische Bomber jede Nacht und amerikanische jeden Tag über Deutschland flogen, übte enormen Druck auf die Luftverteidigung des Reichs aus. Keine der beiden Luftwaffen konnte behaupten, sie schaffe das allein. Das andere große Zusammenspiel war der Einsatz der Mustang als Langstreckenbegleitschutz bei Tageseinsätzen. Das machte die Spitfires, Thunderbolts und Lightnings nicht überflüssig, ergänzte aber ihre Anstrengungen, besonders natürlich bei längeren Flugstrecken. Die Tests bei Rolls-Royce hatten gezeigt, dass die P-51 zwar um einiges schwerer als die Spitfire war, aber eine viel geringere Drehzahl brauchte, um auf dieselbe Höhe und Geschwindigkeit zu kommen (ein aerodynamisches Rätsel); sie erreichte ihre Ziele also mit viel weniger Aufwand. Aber noch ein weiterer Aspekt der Maschine hatte Freeman fasziniert, nämlich ihre erstaunliche Tankkapazität, die zusammen mit dem sparsamen Verbrauch für ein Wunder sorgte. Ihre normalen Innentanks fassten 700 Liter (mit vollem Hecktank gut 1000) im Vergleich zu den 375 Litern der Spitfire, und sie verbrauchte etwa 240 Liter pro Stunde im Vergleich zu den 545 Litern der P-38 Lightning und den 530 der P-47 Thunderbolt. Mit vollen Innentanks, dazu einem 325 Liter-Hecktank und zwei 410 Liter-Abwurftanks betrug ihr Kampfradius 1100 Kilometer.[50] Diese Reichweite war mehr als doppelt so groß wie die einer Spitfire.

Die Abwurftanks – die zweite Erfindung, die Lovett nach seinem Englandbesuch propagierte und mit der ab der Mitte des Krieges die meisten Luftwaffen experimentierten – vergrößerten automatisch die Reichweite *jedes* britischen und amerikanischen Jägers. Sobald also das volle Potenzial der Abwurftanks erkannt war, wollte jeder sie haben, nicht nur die Jägerstaffeln. Die Briten hatten es so eilig, dass sie einen 410 Liter-Tank aus Pappmaché produzierten, der leichter und größer war als die späteren Metallversionen der Amerikaner und von vielen US-Piloten bevorzugt wurde, die ihn massenweise abbettelten. Dadurch konnte der Gegner auch keine leeren Aluminiumtanks wiederverwenden.[51] Mit Abwurftanks konnten alle alliierten Jagdflugzeuge, die Spitfires, dann die Lightnings, dann die Thunderbolts, dann die Mustangs weiter fliegen und länger in der Luft bleiben.

Die strategische Bomberoffensive der Alliierten (Operation Pointblank) wurde Anfang 1944 verstärkt wieder aufgenommen und die propagierte «schrittweise Zerstörung und Unterbrechung» der Widerstandskraft des Gegners endlich in die Praxis umgesetzt. Nun kam der Durchbruch, und zwar binnen weniger Monate. Er war eine Folge der Wiederaufnahme der amerikanischen Tagesbombardements gegen die deutschen Industriegebiete, diesmal mit zunehmendem Begleitschutz durch Langstreckenjäger. Natürlich geschah es nicht auf einen Schlag. Blakeslees erste Mustang-Staffel war Ende 1943 Teil der 8. Luftflotte geworden, aber es gab bei den frühen Angriffen nie genug davon, und die neuen Mustangs litten noch unter Kinderkrankheiten. Doch die amerikanische Kriegsmaschinerie lief jetzt auf Hochtouren, und jede Woche trafen Hunderte neuer Thunderbolts und Mustangs in England ein – auf den Decks von Geleitträgern, die wegen des Sieges über die U-Boote nicht mehr benötigt wurden – und schlossen sich den Hunderten neuer Flying Fortress- und Liberator-Bombern an, die von den männlichen und weiblichen Besatzungen des Alliierten Transportkommandos über den Atlantik geflogen wurden.

Der «Durchbruch» war die Dezimierung der deutschen Jägerstaffeln, und er funktionierte folgendermaßen. Spaatz hielt sich an spezifische strategische Ziele; die alliierte Aufklärung hatte die schrumpfende deutsche Ölproduktion als Schlüsselproblem identifiziert, und etwas später befahl Eisenhower konzentrierte Bombenangriffe auf die Bahnlinien und -brücken großer Teile Westeuropas, um die Invasion vorzubereiten. Deutsche U-Boot-Werften standen ebenfalls oben auf der Liste. Wie die Amerikaner

Entwicklung der Reichweite alliierter Begleitjäger 1943/44.

erkannten, *mussten* solche Ziele und dazu die lebenswichtigen Flugzeugfabriken von der deutschen Luftwaffe verteidigt werden; die Focke-Wulfs und Messerschmitts mussten weiterhin starten und kämpfen. Doch die neuen alliierten Langstreckenjäger neutralisierten jetzt Gallands früher erfolgreiche Taktik des Wartens, bis die alliierten Bomber ohne Schutz waren. Wenn deutsche Staffeln die Bomber zu stören versuchten, bevor sie den Rhein erreichten (was auf seine Art sehr sinnvoll war), mussten sie mit den weiterentwickelten Spitfires und den bemerkenswert widerstandsfähigen Thunderbolts kämpfen; wenn sie warteten, bis die Bomberverbände Fabriken, Verkehrswege und Ölraffinerien in Deutschland angriffen, wurden sie von Mustangs aus großer Höhe bekämpft. Überdies traf General James Harold Doolittle, seit Anfang 1944 Oberbefehlshaber der 8. US-Luftflotte in England, die kühne Entscheidung, die Mustang-Staffeln vom direkten Begleitschutz zu befreien, um auf die Jagd nach deutschen Jagdflugzeugen zu gehen und sie wenn nötig bis auf Bodenniveau zu treiben, wo die eigene erstaunliche Aerodynamik den Ausschlag geben würde.

Die Amerikaner erlitten in den erbitterten Luftschlachten des Frühjahrs 1944 schwere Verluste, und viele ihrer besten Bomber- und Jagdpiloten wurden durch die verzweifelte deutsche Gegenwehr getötet, verstümmelt oder gefangengenommen. Sie bekamen aber stets Verstärkung, während die deutsche Luftwaffe eine Katastrophe erlebte, von der sie sich nie wieder erholte. Um das Reich zu retten, zog sie eine gewaltige Zahl von Flugzeugen und Piloten von der Ostfront ab, was der sowjetischen Luftwaffe einen großen Vorteil beim Vormarsch nach Deutschland verschaffte. Sie zog auch den Großteil ihrer verbliebenen Staffeln aus dem Mittelmeerraum ab. Doch das nützte Göring nichts; als er Mitte 1944 Mustangs am helllichten Tag über Berlin fliegen sah, soll er gesagt haben: «Wir haben den Krieg verloren», vielleicht eine seiner wenigen aufrichtigen Aussagen. Im März desselben Jahres schossen Mustangs proportional drei- bis fünfmal so viele deutsche Jäger ab wie die zahlreicheren Thunderbolts, obwohl auch diese wirksam zuschlugen.[52] Und nachts kamen immer noch die großen britischen Bomber und verstärkten den Druck auf die deutsche Luftverteidigung.

Etwa um diese Zeit im späten Frühjahr 1944 brach die deutsche Luftwaffe zusammen; ihre erschöpften Jagdflieger waren am Ende. «Die monatlichen Verluste, unter denen die meisten der erfahrenen deutschen Jagdpiloten waren, lagen in den ersten fünf Monaten des Jahres 1944 bei durchschnittlich 450; Ende Mai waren 2262 tot. Am 24. Mai 1944 waren nur noch 240 einmotorige Tagjäger einsatzbereit.»[53] Tatsächlich wurden noch viele Flugzeuge gebaut, aber ihre Fertigstellung litt unter unterbrochenen Verkehrswegen, Engpässen bei der Kugellagerherstellung und völlig unzureichender Treibstoffproduktion. Vor allem war da der Verlust an Jagdpiloten. Die neu ausgebildeten Flieger hatten weit weniger Erfahrung als ihre britischen und amerikanischen Gegner und mussten den Preis dafür bezahlen. Mustang-Piloten, die ihre Beute nach unten jagten, berichteten, viele deutsche Maschinen seien mit Pfeilern, Bäumen oder hohen Gebäuden kollidiert. Selbst die besten deutschen Fliegerasse, die vielleicht leichtere Kämpfe an der Ostfront gewöhnt waren, trafen nun auf ebenbürtige Gegner, und große und bewunderte Namen explodierten einfach am Himmel. Im März 1944 verlor die Luftwaffe über ein Dutzend Luftkriegsveteranen, darunter zwei Gruppenführer mit 102 bzw. 161 Abschüssen. Sie waren nicht zu ersetzen. Die deutsche Luftwaffe nahm durch diese Kämpfe viel größeren Schaden als durch die heftigsten Tages- und Nachtbombardements der Flugzeugfabriken, die Harris, Spaatz und Eaker propagierten.[54]

In diesem Feldzug, wie noch in mehreren anderen, die in diesem Buch behandelt werden, entschied letztlich die Zahl *ausgebildeter* Männer und Besatzungen. Gab es noch genug gute Piloten, um 1940 die Hurricanes und Spitfires des Jägerkommandos zu fliegen? Ja, gerade noch. Gab es genug erfahrene U-Boot-Kommandanten und -Ingenieure, um Dönitz' neue Offensive nach dem Herbst 1943 auszuführen? Nein. Gab es 1941/42 genug erfahrene britische Offiziere auf mittlerer Ebene in der 8. Armee, um Rommels explosiver Form des Landkriegs etwas entgegenzusetzen? Nein. Gab es nach dem «Großen Scheibenschießen» auf den Marianen-Inseln vom Juni 1944 noch genug fähige japanische Kampfpiloten? Nein. Gab es in Stalins Armee nach den Säuberungen der späten dreißiger Jahre und dem ersten Jahr des Unternehmens Barbarossa noch genug eisenharte Generalmajore? Ganz knapp.

Es gab auch nicht mehr genug kompetente deutsche Flieger, um sich ab Ende 1943 der immer größeren Zahl von Spitfires, Thunderbolts und Mustangs über Westeuropa entgegenzustellen, obwohl zu diesem Zeitpunkt über 80 Prozent der deutschen Jäger gegen alliierte Bomber im Einsatz waren. Einer dieser Flieger, Heinz Knoke, berichtet in seinem Tagebuch vom Februar 1944 von dem «gewaltigen Bild» 1000 schwer bewaffneter Bomber, die auf allen Seiten von amerikanischen Jägern begleitet wurden. Im März sah er nach zwei Einsätzen, wie seine Bf 109 beim Auftanken auf einer provisorischen Basis zerstört wurde, dann wurde er selbst mit einer Gruppe von nur vier Jägern, die an der Westgrenze des Reichs patrouillierten, von 40 Mustangs und Thunderbolts angegriffen, die zwei seiner Maschinen abschossen.[55] Hitler und das OKW kritisierten jetzt die *Feigheit* der Piloten, weil sie die feindlichen Bomber durchließen. Nichts entsprach weniger der Wahrheit, aber Wahrheit war in Berlin nicht gefragt. Die deutschen Flieger waren ebenso mutig wie die Tom Blakeslees, Elmer Bendiners, Pat Daniels und Guy Gibsons, mit denen sie Monat für Monat am Tages- oder Nachthimmel kämpften. Tatsache war, dass die Alliierten wie bei den Atlantikkonvois eine bessere Methode gefunden hatten, ihre Ziele zu verwirklichen.

Diese gnadenlose Dezimierung deutscher Piloten zusammen mit der Zerstörung der Flugzeugindustrie, der Nachschublinien und immer mehr auch der Treibstoffraffinerien wirkte sich positiv auf die britische Bomberoffensive aus. Inzwischen schickte auch das Bomberkommando Nachtjäger zum Schutz der Bomber, doch das waren meist relativ langsame Beaufighters, und selbst als fortgeschrittenere Nachtjäger eingesetzt wurden, erreichten sie keine hohen Abschussraten. Dennoch ging Deutschlands Stärke bei den Nachtjägern bereits zurück, als Eisenhower mit Unterstützung des Gemeinsamen Oberkommandos gegen Ende des Frühjahrs 1944 das Bomberkommando aufforderte, seine enorme Bombardierungskapazität neu auszurichten, um gemeinsam mit der USAAF alle deutschen Bahn- und Straßenverbindungen Richtung Ärmelkanal zu paralysieren. Der Angriff auf französische Werften war viel weniger gefährlich als der weite Weg nach Berlin, aber das Bomberkommando stand ohnehin weniger unter Druck. Wie einer der offiziellen britischen Historiker (selbst früher ein anerkannter Flieger) in seinen späteren Reflexionen über den Bombenkrieg schrieb: je größer der Erfolg der US-Langstreckenjäger am Tag, desto größer die Chancen des Bomberkommandos bei Nacht. Zermürbt von der Fähigkeit ihrer Gegner zum Kampf in niedrigen und großen Höhen und von der Zerstörung von Bahnstrecken und Brücken, die für den Nachschub gebraucht wurden, besaß die deutsche Luftwaffe auch immer weniger Flugzeuge, die bei Nacht starten konnten.[56] Interessanterweise waren die Wochen vor dem D-Day auch die

Zeit, als das Bomberkommando zum ersten Mal seit 1939/40 Tagesangriffe flog, wobei die Verluste erheblich geringer ausfielen und die Zielgenauigkeit der Lancasters sich trotz Harris' düsterer Voraussagen als hervorragend erwies. Ab September 1944 gab es wieder Tag und Nacht Bombardements der amerikanischen und britischen Luftwaffe gegen ein geschwächtes Drittes Reich, dem nun die vorgeschobenen Radarbasen in Frankreich und den Niederlanden fehlten. Inzwischen konnten auch Blakeslees Mustangs mit Abwurftanks zusammen mit den B-17 Flying Fortresses von England bis nach Westrussland hinter die Ostfront fliegen. Dieselben Maschinen begleiteten die Bomber dann von Russland zurück zu italienischen Stützpunkten und begaben sich danach über die Alpen zurück nach Ostengland. Allein dieser Dreieckskurs zeigt, wie das Reich eingekreist wurde.

In diesem ganzen Zeitraum von Februar bis September 1944 stritten die britische und amerikanische Armeeführung miteinander und untereinander. Harris war gegen alle «Scheinlösungen» (feindliche Ölproduktion, Verkehrswege, Stromnetze), außer seiner eigenen verrückten Lösung, Großstädte zu bombardieren, wurde aber unter Protest überstimmt. Spaatz wehrte sich dagegen, der Army zu unterstehen, und trat für konstante Angriffe auf die deutsche Ölindustrie ein. Air Marshal Arthur Tedder von der RAF und sein Guru Solly Zuckerman propagierten gemeinsam mit Air Marshal Leigh-Mallory den Transportplan, d. h. die Zerstörung aller Bahnstrecken und Straßen in den Westen Frankreichs, obwohl Churchill befürchtete, dabei würden viele französische Zivilisten sterben (womit er Recht hatte). Schließlich entschied Eisenhower, RAF und USAAF sollten sich darauf konzentrieren, deutsche Heeresverbände an der Verstärkung ihrer vorgeschobenen Divisionen in der Normandie zu hindern, indem man alle Rangierbahnhöfe, Seine-Brücken und Bahnstrecken zerstörte. Mit anderen Worten, um die alliierten Invasionstruppen zu schützen, wählte Eisenhower den Transportplan, war aber bereit, die Bomber anderswo einzusetzen, sobald klar wurde, dass die gegnerischen Bahn- und Straßenverbindungen durchschnitten waren.

Eisenhowers Entscheidung war eine der wichtigsten des gesamten Krieges. Um keinen Hinweis auf eine Landung in der Normandie zu geben, bombardierten die beiden Luftwaffen das ganze französische Transportsystem. Am 6. Juni 1944 machte der französische Bahnverkehr nur noch 30 Prozent des Aufkommens vom Januar aus, Anfang Juli nur noch zehn Prozent. Die Wehrmacht konnte weder Verstärkung nach Westfrankreich schicken noch ihre Truppen abziehen.[57]

Es ist erstaunlich, dass bei diesen hitzigen Debatten – bei denen Eisenhower dem Gemeinsamen Oberkommando einmal sogar mit Rücktritt drohte, wenn die Luftwaffenchefs sich nicht an seine Direktiven hielten – nur wenige der Protagonisten, außer dem ruhigen Tedder, erkannten, dass sie inzwischen die *Wahl* zwischen Zielen hatten. Sie brauchten sich keine Sorgen zu machen, ob sie den Luftkrieg gewannen. Sie hatten die Oberhand. Die Frage war jetzt, auf welche Art die Luftwaffen am schnellsten zum Sturz des Dritten Reichs beitragen konnten. Es ging nicht mehr darum, wie man die Bomber durchbrachte, sondern welche Ziele man bombardieren sollte. Vielleicht ist es nicht verwunderlich, wenn Kommandeure, die jeden Monat Dutzende von Besatzungen verloren hatten, einige Zeit brauchten, um diese grundsätzliche strategische Wende zu erkennen, aber die Führung hätte es tun sollen. Die Schlacht um die Luftherrschaft über Deutschland und Europa war im Wesentlichen gewonnen, auch wenn Deutschland sich im letzten Kriegsjahr mit erstaunlicher Zähigkeit wehrte.

Ein einziger Zeuge belegt das besser als jede Statistik. Am frühen Morgen des 6. Juni bekam Flight-Lt. Owen von der 97. (Lancaster-) Staffel den Auftrag, eine kleine deutsche Küstenbatterie in der Normandie anzugreifen. Ungewöhnlicherweise sollte seine Staffel nicht unter 2000 Metern fliegen, keine Identifikationssignale funken und keine überzähligen Bomben im Kanal abwerfen. Was bedeutete das? Seine Lancaster bombardierte das Ziel um fünf Uhr früh und flog zurück, dann blickte die Besatzung verblüfft nach unten und sah unter sich die D-Day-Invasion mit «einem Logenblick auf die Amerikaner, die an den Stränden landeten».[58] Während die britischen Maschinen zu ihrem Stützpunkt in Lincolnshire zurückflogen, waren sie von der gewaltigen Zahl amerikanischer B-17 und B-24 verblüfft, die über ihnen Richtung Kontinent flogen. Die Alliierten landeten endlich in Frankreich, und ihre Soldaten waren durch eine riesige fliegende Armada vor Angriffen der deutschen Luftwaffe geschützt. Eisenhower hatte seinen Truppen gesagt: «Wenn ihr über euch Flugzeuge seht, sind das unsere» – was für ein Unterschied zu Dünkirchen, sogar zu Dieppe. Und auf See waren sie vor U-Boot-Angriffen geschützt. See-, Luft- und Landkrieg waren zusammengekommen.

An diesem Tag waren erstaunliche 11 590 amerikanische, britische, kanadische und andere alliierte Maschinen in der Luft. So etwas hat es in der Weltgeschichte weder davor noch danach gegeben. Insgesamt 3700 Jäger, einschließlich der polnischen Spitfires, sicherten die Strände und patrouillierten bis hinauf zur mittleren Nordsee und zum Ostatlantik. Die stark dezimierte deutsche Luftwaffe hatte keine Chance, irgendetwas zu tun, außer bei jedem Start noch mehr Flugzeuge und Piloten zu verlieren. Sie erhielt bald viele zusätzliche Maschinen, aber die hatten keine große Wirkung, weil es immer weniger Stützpunkte, Treibstoff und Besatzungen gab. Die neuen Piloten waren so wenig vorbereitet, dass der Kampf mit ihnen sogar als «Kindermord» bezeichnet wurde; allein von Juni bis Oktober 1944 fielen 13 000 deutsche Piloten und Besatzungsmitglieder. Ihre Schwarmführer waren im entscheidenden Moment des Luftkriegs abgeschossen worden, vor allem von den Mustangs, und von diesem Schlag konnten sie sich nicht erholen. Dass die Alliierten die Luftherrschaft über Westeuropa erst zwei oder drei Monate vor D-Day errangen, war mit den Worten des Herzogs von Wellington «eine verdammt knappe Sache». Aber das sind große Schlachten häufig. Der Sieg über die deutsche Luftwaffe zwischen Februar und Mai 1944 war einer der entscheidenden Feldzüge der Weltgeschichte.

Nach der Normandie und Reflexionen

Die Geschichte des strategischen Bombenkriegs der Alliierten nach der Invasion in der Normandie ist von großer Bedeutung, aber eine detaillierte Analyse würde den Umfang dieses Buchs sprengen. Dennoch sollten einige Aspekte erwähnt werden. Zunächst trug Harris' Wiederaufnahme der «strategischen» Angriffe auf deutsche Städte nach dem Juni 1944 *nicht viel* dazu bei, den Flugzeugbau zu stören – tatsächlich erreichte die deutsche Produktion in diesem Jahr ihren Höhepunkt von 39 800 Maschinen. Deutschlands industrielle Kapazität, die auf viele besetzte Länder ausgedehnt war, war viel zu groß, um durch eine allgemeine, nicht zielgerichtete Bomberoffensive zerstört zu werden, selbst wenn es viel weniger Widerstand durch Jagdflieger gab; noch im Januar 1945 äußerte Arnold sein Erstaunen, als wie widerstandsfähig sich die deutsche Kriegswirtschaft erwiesen hatte. Im Frühjahr 1945 wurde Hitlers Reich jeden Tag und jede Nacht von Tausenden Lancasters, Liberators und Flying Fortresses angegriffen. Vier Fünftel der gesamten Bombenmenge von 1,4 Millionen Tonnen wurde im letzten Kriegsjahr abgeworfen. Aber RAF und USAAF konnten diesen Schaden nur anrichten, weil zuvor andere, wichtigere Dinge geschehen waren.

Zweitens brach der strategische Bombenkrieg nicht die Moral der deutschen Bevölkerung, jedenfalls nicht soweit, dass die Kämpfe aufgehört oder die Menschen sich gegen das Regime gewandt hätten. Es gibt viele Zeugnisse, dass die Bewohner von Darmstadt, Hamburg, Dresden und anderen Städten die Zerstörung um sich herum kaum glauben konnten und sich ein Ende des Ganzen wünschten. Aber es gibt absolut keine Hinweise, dass solche Verzweiflung den Krieg in dem Sinne «beendete», wie es das Treffen von amerikanischen und sowjetischen Soldaten an der Elbe tat. Die Fortsetzung des Flächenbombardements durch die Alliierten bewirkte nur, dass ihr Ruf befleckt und ein moralisches Äquivalent zur Zerstörung Warschaus, Rotterdams und Coventrys durch die deutsche Luftwaffe geschaffen wurde. Die Art der Zerstörung Dresdens hatte keine moralische, theologische, politische, wirtschaftliche oder strategisch-militärische Rechtfertigung, es sei denn, man sieht sie als ein Zeichen, das die alliierte Spitze brauchte, um auf militärische Rückschläge in diesem Herbst und Winter (Ardennen, Arnheim, V-2) zu reagieren, oder dass sie den Zweck hatte, Stalin vor der Konferenz von Jalta die Stärke des Westens zu demonstrieren.

Drittens führten die Alliierten nach der Invasion in der Normandie eine kluge Serie von Luftangriffen durch, vor allem gegen Ölraffinerien, Transportknotenpunkte und später gegen die Stromversorgung. Auch hier geht es um die *Wahl* von Zielen. Es hat keinen Sinn, eine detaillierte technische Debatte darüber zu beginnen, ob diese riesigen Bomberflotten mehr oder weniger von ihrer Bombenlast auf Rangierbahnhöfe oder Ölraffinerien oder allgemeiner auf deutsche Großstädte hätten abwerfen sollen. Tatsache war, dass alles zusammen den Gegner in die Knie zwang, und zwar mit Lenkungssystemen, Pathfinder-Unterstützung und einer Zielgenauigkeit, die in den Jahren zuvor nicht zur Verfügung gestanden hatten. Wenn die deutschen Zechen immer noch massenhaft Kohle produzierten, aber die Bahnstrecken zerstört waren, war die Produktionssteigerung bedeutungslos. Wenn phantastische neue U-Boote in Kiel und Bremen gebaut wurden, aber die Dieselmotoren nicht aus dem Ruhrgebiet angeliefert werden konnten, waren sie nutzlos. Während der Ardennenoffensive ging den deutschen Panzern das Benzin aus. Wenn Speer und seine fähigen Manager die Jägerproduktion in unterirdischen Fabriken ankurbelten, aber diese Maschinen keinen Treibstoff hatten, war auch das bedeutungslos – oder vielmehr bedeutete es, dass die alliierten Bomber in der Luft immer weniger Gegner hatten. Wenn die technisch außerordentlich begabten deutschen Ingenieure mit der Me 262 den ersten Düsenjäger der Welt erfanden – Ende 1944 berichteten Mustang-Piloten von einem nicht propellergetriebenen Flugzeug, das mit unerreichbarer Geschwindigkeit an ihnen vorüberrauschte[59] –, so war das ein weiteres Beispiel für eine «Wunderwaffe», die den Kriegsausgang nicht mehr beeinflussen konnte, weil der deutschen Seite die Zeit davonlief. Die größte aller Wunderwaffen, die Atombombe, war natürlich allen europäischen Kommandeuren unbekannt, die mit den vorhandenen Werkzeugen kämpfen mussten. Diese reichten aber aus, um den Alliierten den Sieg zu bringen.

Der Kriegsverlauf ließ sich in den 12 Monaten nach Juni 1944 nicht mehr wenden. Die schrumpfende deutsche Produktion von Flugzeugbenzin nach dem Verlust der Luftherrschaft zeigt dies überdeutlich. Im März 1944 war sie mit insgesamt 185 000 Tonnen auf dem Höhepunkt, stürzte aber nach den Angriffen Ende Mai ab und betrug im Juni 56 000, im September 17 000 und im Februar 1945 nur noch 1000 Tonnen.[60] Als britische Fallschirmjäger bei Arnheim landeten, konnten einige Luftwaffeneinheiten nicht starten, um in den Kampf einzugreifen. Deutschland hatte kein Benzin mehr, wie britische Dechiffrierungen der verzweifelten Funksprüche des OKW bestätigten. Spaatz und seine Planer hatten es endlich richtig gemacht. In jedem Fall war der strategische Luftkrieg den alliierten Generälen Anfang 1945 nicht mehr so wichtig. Ihre Armeen näherten sich dem Reich, seinen Fabriken, Verschiebebahnhöfen, Raketenstellungen und U-Boot-Basen. Die Art von Luftmacht, die sie brauchten, um den Führerbunker in Berlin zu erreichen, war jetzt *taktisch*, nicht strategisch. Deutsche Städte in Schutt und Asche zu legen und alle Brücken zu zerstören, bremste sogar den Vorstoß alliierter Panzer.

Die Bedeutung des strategischen Luftkriegs wurde noch lange nach Kriegsende heftig diskutiert. Wie zu erwarten, erhoben Harris und seine Unterstützer beim Bomberkommando schon früh den Anspruch, die Bomberoffensive sei der Schlüssel zum Sieg über Deutschland gewesen.[61] Rückblickend wird deutlich, dass es nicht so war. Das andere Extrem ist die Tendenz, sie als unklugen und exzessiven Verbrauch knapper Ressourcen (besonders in England) anzusehen, eine Position, die durch die jüngste Flut von Büchern und Filmen über die Schrecken des Flächenbombardements unterstrichen wird. Von diesem Standpunkt aus war der strategische Bombenkrieg moralisch verwerflich *und* eine unnötige Verschwendung.

Diese Kritik bringt zwei unterschiedliche Punkte durcheinander. In dem Maße, wie jede Bombardierung nichtmilitärischer Ziele dazu diente, die Bevölkerung am Boden zu terrorisieren – um die «gegnerische Moral zu untergraben» –, statt Arbeiter von der Rückkehr auf die Werften oder in die Kugellagerfabriken abzubringen, war diese Form der Kriegführung moralisch verwerflich. Das Flächenbombardement Chinas oder Japans, Warschaus, Londons oder Dresdens stand in direktem Widerspruch zu der Angemessenheit der Mittel und der Unterscheidung zwischen Kombattanten und Zivilisten, die in der Lehre vom «gerechten Krieg» als unbedingt zu respektierende Anforderungen an die Kriegführung festgelegt werden. Gemäß derselben Lehre war aber eine Bombe, die für eine Werft in Newcastle oder Bremen bestimmt war, ihr Ziel verfehlte und nahegelegene Häuser traf, nicht moralisch verwerflich. Das wirkliche Problem lag darin, dass die strategischen Bombardements britischer und amerikanischer Staffeln die Ziele wegen schlechten Wetters, großer Höhe, starker Winde und schlechter Navigationsinstrumente *fast immer* verfehlten. Solche Hindernisse, dazu die Gegenwehr durch feindliche Jäger und Flak, ließen die alliierten Planer zu allgemeineren Bombardements übergehen und alliierte Maschinen ihre Bomben abwerfen, wenn sie angegriffen wurden. Letzteres verdient aber nicht den Namen Flächenbombardement. «Eine ganze deutsche Stadt» zu bombardieren, wie die RAF es nach dem schon erwähnten Butt-Bericht und wie die USAAF es 1945 gegen Japan praktizierten, überschritt eine moralische Grenze.

Von der Doktrin seiner Unabhängigkeit verführt, übertrieb das Bomberkommando vor dem Kampf, was es allein leisten könne, und hinterher, was es geleistet habe. Seine Staffeln funktionierten jedoch am besten im Zusammenwirken mit dem Land- und Seekrieg. Der alliierte Bombenkrieg war außerordentlich wirksam darin, dem Dritten Reich (und Italien und Japan) direkte Schäden zuzufügen und hatte viele indirekte Wirkungen – er zwang die Deutschen, die Luftherrschaft an der Ostfront aufzugeben, eine große Zahl von Kanonen und Personal für die Luftabwehr aufzuwenden, Millionen Arbeiter zum Wiederaufbau zerstörter Verkehrswege und zur Verlegung von Fabriken einzusetzen und U-Boot-Entwicklung und Mannschaftsausbildung zu verlangsamen. Zudem half er, die Luftherrschaft über den D-Day-Stränden zu erringen, die deutschen Gegenangriffe in der Normandie zu lähmen und die Treibstoffvorräte des Reiches zu vermindern. All dies ist in den besseren Studien zum alliierten Bombenkrieg gut dokumentiert.[62] Auch wenn Harris' vollmundige Behauptungen daher relativiert werden müssen, fällt die militärische und strategische Bilanz des Bombenkriegs dennoch positiv aus.

Es ist schwer zu sehen, wo Aufklärung hier eine große Rolle spielte, abgesehen davon, dass die deutsche Kenntnis der alliierten Luftverteidigung und -offensive äußerst schlecht war. Geheimagenten hatten für Harris beim Flächenbombardement deutscher Städte keinen Wert. Das Dechiffrieren von Codes war hilfreich, wenn man dem Luftfahrtministerium sagen konnte, dass diese oder jene deutsche Luftflotte aus Kalabrien an die Ostfront verlegt wurde. Die wertvollste Datenquelle war Luftaufklärung, weil sie zuverlässig und objektiv war. In Bletchley Park dechiffrierte Quellen zeigten wegen ihres ausschnitthaften Charakters nicht, wie schockiert die deutsche Führung über das Bombardement Hamburgs war, und auch nicht die geheime Entwicklung der Düsenjäger.

Fehler auf deutscher Seite, besonders durch Hitler und Göring, halfen den Alliierten. Hitler zog aus der Luftschlacht um England nicht die Lehre, wie wichtig eine sorgfältig abgestimmte Verteidigung sei. Deutschland gab der Flugzeugproduktion zwischen 1940 und 1943 wenig Priorität und vernachlässigte den Bau von Jägern. Hitler hasste das Argument, man brauche mehr Defensivwaffen, und forderte noch 1943/44 die erneute Bombardierung Englands. In den letzten Kriegsmonaten bestand er darauf, die Me 262 als *Düsenbomber* mit Bomben zu beladen, die sie völlig aus der Balance brachten und den Spitfires und Mustangs auslieferten. Was Milch und Speer zusätzlich an Jägern bauen ließen, geschah trotz Hitler. Die V-2-Rakete war höchst eindrucksvoll, aber eine solche Wunderwaffe verschlang unglaubliche Ressourcen – nach einer Schätzung war es proportional ebenso viel wie beim amerikanischen Manhattan-Projekt (die USA konnten sich ihre Wunderwaffe leisten, Deutschland nicht), nach einer anderen hätte man mit demselben Material- und Arbeitsaufwand 24 000 normale Jagdflugzeuge bauen können.[63] In jedem Fall kam sie zu spät, genau wie der Düsenjäger. Es hatte wenig Sinn, sie in so kleiner Zahl einzusetzen, wenn die alliierten Armeen immer schneller auf Rhein und Weichsel vorrückten. Man hätte sie im entscheidenden Jahr 1943 gebraucht oder spätestens in den ersten Monaten 1944, denn in dieser Phase verlor Deutschland den Krieg.

Ein Blick nach Osten

Die erste Junihälfte 1944 war auch ein wichtiger Wendepunkt im strategischen Bombenkrieg im Pazifik, wie in Kapitel 5 ausführlicher dargestellt wird. Am 15. Juni landeten US-Truppen auf Saipan (Marianen-Inseln), und die USA durchbrachen Japans lebenswichtigen Verteidigungsring. Die Eroberung der Marshall-Inseln war entscheidend, weil die USAAF von rasch gebauten Flugfeldern auf diesen Inseln direkt die japanischen Hauptinseln angreifen konnten. Ende November 1944, volle zwei Jahre nach der Invasion Nordafrikas und der Erklärung von Casablanca, war Amerikas Luftmacht in Form der neuen, hoch fliegenden B-29 Superfortress endlich fähig, Japan ebenso zu treffen, wie ihre Bomber in Europa und das RAF-Bomberkommando in den Monaten zuvor das Dritte Reich getroffen hatten.

Die Geschichte der strategischen Bomberoffensive gegen Japan liegt jenseits unserer Darstellung.[64] Natürlich hatte sie eine Trenchardsche Seite der harten Luftschläge gegen feindliche Fabriken, Städte, Verkehrswege und Bevölkerung. Wegen des Ungleichgewichts der Kräfte fehlte ihr aber das dramatische Hin und Her des langen, verzweifelten Kampfes gegen die deutsche Luftwaffe. Deutschland war in jeder Hinsicht der härtere Gegner, besonders aber im Kampf um die Luftherrschaft. Als die B-29 ihre Angriffe begannen, hatten die japanischen Heeres- und Marineluftwaffen schon große Verluste erlitten, auch sie vor allem an Piloten. Die Mustang-Langstreckenbegleitjäger hatten im Fernen Osten wenig direkte Luftkämpfe zu führen. In jedem Fall konnten die B-29 so hoch fliegen, dass sie für japanische Maschinen kaum zu erreichen waren. Im Frühjahr 1945 ließ ihr kämpferischer Kommandeur Curtis LeMay an vielen Bombern die Geschütztürme abbauen und befahl ihnen, ihre Ziele nachts (um die japanische Luftabwehr zu verwirren) und aus nur 3000 Meter Höhe zu bombardieren, wobei viele kleinere Brandbomben auf die Holzhäuser am Boden abgeworfen wurden. Die Brandangriffe auf Tokio und andere Städte waren schrecklich, mit Verlusten, die für Engländer und Amerikaner im Krieg unvorstellbar waren, zumindest im Krieg gegen Zivilisten im Gegensatz zum Krieg im Schützengraben. Der gesamte «Blitz» auf England forderte etwa 43 000 Todesopfer und rund eine Million Verletzte. (Die Angriffe auf Manhattan und das Pentagon am 11. September 2001 forderten fast 3000 Tote.) Der Tod von 150 000 Zivilisten in Tokio war nicht das Ende. Sobald die B-29 neue Brandbomben geladen hatten – Ende März waren sie ausgegangen –, kamen alle anderen japanischen Städte und Häfen dran. Dann kamen die beiden Atombomben. Die Theorie und Praxis des strategischen Luftkriegs hatte ihren Höhepunkt erreicht. Ein neues, furchteinflößendes Zeitalter des Flächenbombardements hatte begonnen.

Die Jahre nach dem Krieg verliefen für die in diesem Kapitel behandelten Personen recht unterschiedlich. Der glamouröse und sehr einflussreiche Tommy Hitchcock, der sich über die Einführung der Mustang-Jäger in England freute, starb 1944 kurz vor dem D-Day, als eine Maschine, die er testen wollte, auf mysteriöse Weise abstürzte. Jimmy Doolittle führte ein aktives Leben als Geschäftsmann und Regierungsangestellter, für das er verdientermaßen große Anerkennung erhielt; 1985 wurde er von Präsident Reagan noch zum General ernannt. Er starb 1992. Lovetts Karriere war noch eindrucksvoller, er war von 1946 bis 1949 Staatssekretär unter Außenminister George Marshall und dann Verteidigungsminister während des Hauptteils des Korea-Kriegs (1951–1953). Don Blakeslee blieb bei der Air Force, diente in Korea und Vietnam und lebte im Ruhestand in Florida. Elmer Bendiner kehrte wie so viele «Durchschnittsflieger» ins Zivilleben zurück; erst 35 Jahre später schrieb er über den Bombenangriff auf Schweinfurt.

Air Chief Marshal Sir Wilfrid Freeman wechselte ins Management der britischen Firma Courtaulds; er starb 1953 an «Überarbeitung», was plausibel klingt. Mit Befriedigung konnte er sehen, dass alle Flugzeuge, die er autorisiert, gefördert und ab Ende der dreißiger Jahre in Dienst gestellt hatte, ihre Leistung gebracht hatten. Arthur «Bomber» Harris fand weniger Befriedigung. Schon in den letzten Kriegsmonaten fühlte die britische Regierung sich unbehaglich wegen der wachsenden Kritik am

Flächenbombardement des Bomberkommandos. Harris war der einzige britische Oberbefehlshaber, der nach dem Krieg nicht in den erblichen Adelsstand erhoben wurde. 1948 ging er enttäuscht nach Südafrika und nahm einen Posten im Geschäftsleben an, kehrte später aber zurück und lebte bis zu seinem Tod 1984 zurückgezogen im Themsetal. Acht Jahre später enthüllte die Königinmutter seine Statue neben der Londoner RAF-Stammkirche St. Clement Dane's, aber selbst das provozierte Proteste, und die Statue musste eine Zeit lang bewacht werden. Leider traf dieses moralische und politische Unbehagen das gesamte Bomberkommando, den einzigen Zweig der Streitkräfte, der keine Feldzugsmedaille bekam, und somit nicht nur die Verantwortlichen für die schlechte Zielauswahl, sondern auch die mutigen Besatzungen, von denen Zehntausende ihr Leben ließen.

Lange nach dem Krieg ging Ronnie Harker im Ruhestand nach Neuseeland, wo er sich seinen beiden Lieblingshobbys widmete, dem Fliegenfischen und dem Fliegen einer Mustang. Viele P-51 waren von der australischen und neuseeländischen Luftwaffe gekauft worden; sie zeichneten sich im Korea-Krieg aus und flogen noch lange. Harker hatte immer eine zur Verfügung. 1997 flog er zum letzten Mal eine Mustang. Wahrscheinlich strapazierte er sie weniger als die P-51 mit Alison-Motor an jenem kalten Morgen des 30. April 1942. Auf jeden Fall saß er wieder in der Maschine, an deren Verwandlung von einem hässlichen Entlein zum wichtigsten Langstreckenjäger des Zweiten Weltkriegs er mitgewirkt hatte. Er und die anderen hier erwähnten Personen hatten etwas zustande gebracht. Sie hatten in ihrer Sphäre ein kriegsentscheidendes System geschaffen. Man fragt sich, ob der 88-jährige Harker über all das nachdachte, als er zum letzten Mal seine Sauerstoffmaske abgab. Er starb zwei Jahre später.[65]

Ein eher mit Strukturen und großen Kausalzusammenhängen befasster Historiker der Großmachtpolitik und des Einflusses wirtschaftlichen Wandels beim Aufstieg der Menschheit gerät zwangsläufig ins Grübeln angesichts der Rolle von glücklichen Zufällen in dieser Geschichte. Was, wenn man Ronnie Harker nicht im April 1942 eingeladen hätte, auf dem Testflugplatz Duxford die P-51 zu fliegen? Was, wenn ein anderer Testpilot nicht so aufmerksam gewesen wäre oder den neuen Merlin 61-Motor nicht gekannt hätte? Was, wenn der Rolls-Royce-Manager kein so enges Verhältnis zu Sir Wilfrid Freeman gehabt hätte? Was, wenn Freeman auf einer seiner zahlreichen Amerikareisen gewesen wäre, als Harkers Bericht im Luftfahrtministerium eintraf? Was, wenn Freeman nicht so viele wichtige Verbindungen in Amerika gehabt hätte? Was, wenn Lovett 1943 nicht seinen wichtigen Besuch auf britischen Luftstützpunkten gemacht hätte? Wäre die Mustang dann auch vor dem Schrottplatz bewahrt worden?

Vielleicht hätte sich eine andere Lösung für die Sackgasse ergeben, in der der strategische Bombenkrieg der Alliierten Ende 1943 steckte. Dennoch ist ohne die oben beschriebenen Durchbrüche schwer zu sehen, wie die Operation Overlord im Juni 1944 hätte stattfinden und das Dritte Reich weniger als ein Jahr später hätte zusammenbrechen können. Die Bedeutung glücklicher Zufälle in der Weltgeschichte ist nicht zu unterschätzen.

Kapitel 3

Wie stoppt man einen Blitzkrieg?

Am 20. Februar 1943, kaum einen Monat nach der Konferenz von Casablanca, trafen Einheiten der US Army zum ersten Mal auf die Wehrmacht. Die heftigen Kämpfe fanden auf und neben einer strategisch wichtigen Bergstraße in Südtunesien mit dem Namen Kasserinpass statt. Wenn man irgendetwas als Feuertaufe der amerikanischen Truppen auf dem Kriegsschauplatz im Mittelmeerraum und in Europa bezeichnen kann, fand sie hier statt. Das 2. Korps der Army hatte das Pech, auf den aggressivsten Panzergeneral der Wehrmacht, Feldmarschall Erwin Rommel, zu stoßen. Rommel vertrat das taktische Prinzip, wenn man von überlegenen feindlichen Kräften zurückgedrängt werde, sei es einzig vernünftig, sich etwas zurückzuziehen, neu zu formieren und dann einen energischen Gegenangriff zu führen. Dabei konnte er sich auf Können und Erfahrung seiner Soldaten verlassen, um zahlenmäßig überlegene, aber unerfahrene Truppen einzuschüchtern und zu schlagen. Die meisten anderen deutschen Generäle hätten es ebenso gesehen, und ihr operativer Grundsatz war seit Langem: so hart wie möglich kämpfen, sich zurückziehen, wenn die Stellung unhaltbar wird oder von der Flanke gefährdet ist, sich neu formieren und geschwächte Einheiten zusammenlegen, dann wieder zuschlagen, wenn der Gegner sich ausruht. Nach ihren erstaunlich kühnen Blitzkriegen[1] von 1939 bis 1942 zeigten die Deutschen sich in den drei letzten Kriegsjahren auch als die beste defensive Armee.

Die frisch rekrutierten amerikanischen Soldaten und auch viele ihrer Kommandeure hatten diese Form der Kriegführung noch nie erlebt. An diesem Morgen wurden sie von nur sechs Bataillonen an einem öden, steinigen Pass angegriffen. Der lakonische Bericht des Historikers Rick Atkinson hat ihre Niederlage geschildert. Wir wissen nicht, ob der zynische Leutnant, der Tennysons Gedichtzeile «Ins Todestal/In voller Zahl,/

Reiten die Sechshundert» murmelte, das folgende Gemetzel überlebte, aber er hatte Recht und seine allzu optimistischen Vorgesetzten Unrecht. Die GIs und ein unglückliches Bataillon des britischen Leicester-Regiments in ihrer Nähe bezahlten den Preis.[2] Laut der enormen Zahl von gleich danach erstellten Analysen und vielen späteren Geschichten lag bei den angloamerikanischen Truppen in Tunesien vieles im Argen. Oben waren die Befehlsketten viel zu verwickelt, die Generäle auf mittlerer Ebene waren an einem Tag absurd optimistisch, am nächsten verloren sie die Nerven und gaben ihren Untergebenen die Schuld, und es gab große Kommunikationsmängel. Unten gab es zu viele unerfahrene Soldaten, die falsche Stellungen wählten, vom Lärm des feindlichen Haubitzenfeuers verstört waren und, wenn sie die Einheit neben sich fliehen sahen, ihr folgten, die schweren Waffen im Stich ließen und über Dornbüsche und Geröll fortstolperten. Sie wurden schwer geschlagen.

Am Ende der Woche waren die alliierten Truppen zwar zurückgedrängt, hielten aber die Front. Die Ereignisse unterschieden sich deutlich von der schnellen Niederlage Frankreichs 1940. Eisenhower brachte mehr Soldaten und bessere Kommandeure aus Algerien, die britische 8. Armee unter Bernard Montgomery kam von Osten, und Rommels Truppen gingen Treibstoff und Munition aus. Aber es war ein Schock gewesen, der den Amerikanern zeigte, wie heftig dieser Feind kämpfen würde. Insgesamt hatten 30 000 GIs am Kasserinpass gekämpft. 6000 gerieten zum größten Teil in deutsche Gefangenschaft oder fielen. General Fredendalls 2. Army-Korps verlor 183 Panzer, 104 Halbkettenfahrzeuge, über 200 Geschütze und 500 Jeeps und Lastwagen. Er wurde bald durch den aggressiveren und sehr ehrgeizigen Patton ersetzt. Auf deutscher Seite fielen dagegen nur 201 Soldaten.

Abgesehen von MacArthurs schwerer Niederlage auf den Philippinen Anfang 1942 war dies wahrscheinlich der demütigendste Schlag für die Amerikaner im Zweiten Weltkrieg. Doch in mancher Hinsicht kam er nicht überraschend. Die deutschen Soldaten waren durchgehend viel erfahrener, selbst gegenüber kampferprobteren britischen Truppen. Kurz vor der Schlacht am Kasserinpass waren starke Kräfte von Argyll-Highlandern und dem West Kent-Regiment in ein Tal beim tunesischen Jefna eingerückt, wo sich ein gut getarntes Fallschirmjägerbataillon unter Major Rudolf Witzig in den Hügeln verschanzt hatte. Das zehnmal größere britische Kontingent erkannte die starken gegnerischen Stellungen nicht und wurde von den deutschen Truppen geschlagen. Witzig hatte sich bereits in Frankreich, auf Kreta und in Russland ausgezeichnet und im Mai 1940 den berühmten Fallschirmjägerangriff auf die scheinbar uneinnehmbare belgische Festung Eben-Emael geführt, der den Panzerdurchbruch ermöglichte.[3] Im Vergleich zu Stalingrad war der Kampf in Nordafrika leicht. Niemand in den westlichen Armeen besaß Soldaten mit ähnlicher Kampferfahrung wie Witzig.

General Fredendalls Einheiten waren einfach die fünfte – oder war es die siebente oder zehnte – nationale Armee, die die unangenehmste militärische Situation des Zweiten Weltkriegs erlebte: einen Angriff der Wehrmacht, die zuerst hart zuschlug und das wenn nötig bei einem späteren Gegenangriff wiederholte, um den Gegner zu erschüttern, seine Verbindungen zu zerschlagen, seine Moral zu schwächen und sein Oberkommando zu lähmen. Meistens genügte der erste, blitzschnelle Angriff. Wenn die Gegenwehr stärker wurde, zogen sich die deutschen Einheiten zurück, aber nur, um einen weiteren Schlag vorzubereiten. So war es zumindest von 1939 bis Ende 1942 gewesen.

Selbst wenn man über die totale Niederlage des Dritten Reichs Bescheid weiß, kann ein Historiker, der 70 Jahre später über diese Ereignisse schreibt, nur von dem verblüfft sein, was Williamson Murray die «deutsche militärische Effektivität» nannte.[4] Im September 1939 zerschlug die Wehrmacht eine große, mutige, aber sehr desorganisierte polnische Armee binnen zwei Wochen. Man kann die Bedeutung dieses extrem ungleichen Kampfes niedrig bewerten, aber alle Teile dieser neuen Form der Kriegführung wurden eingesetzt: Die Luftwaffe errang sofort die Luftherrschaft, zerstörte polnische Flugplätze und zerstreute Armeekolonnen, dann verwüstete sie Warschau. 14 motorisierte Divisionen rasten an der schlecht platzierten polnischen Infanterie vorbei, zerstreuten die Kavallerie und näherten sich allen Hauptzielen – Łódź, Krakau, Lwów (Lviv). Während polnische Soldaten in Massen eingekesselt wurden, erreichte einer der Panzerverbände von Reichenaus 10. Armee die Vororte Warschaus nach einer Woche. Bald war alles vorbei.

Nachdem die Wehrmacht während des sog. «Sitzkriegs» (*drôle de guerre*, *phoney war*) untersucht hatte, wie sie in den nächsten Feldzügen noch wirksamer agieren könne, schlugen ihre Panzer, Infanterie und Flugzeuge im Frühjahr 1940 im Westen und Nordwesten zu. Dass die kleinen Armeen Dänemarks, Belgiens und der Niederlande überrannt wurden, ist

Europa 1942
Deutsches Reich mit annektierten Gebieten
Gebiete unter deutscher Zivilverwaltung
Deutsch besetzte Gebiete
Italien/Albanien
Italienisch besetzte Gebiete
Verbündete der Achsenmächte
Finnisch, rumänisch, ungarisch und bulgarisch besetzte Gebiete
Neutrale Länder und Nichtkriegsteilnehmer
Vernichtungslager
Große Konzentrationslager
Weiteste Ausdehnung der Achsenmächte November 1942
Anglo-Amerikanische Landungen und Vorstöße
Färöer
Shetland-I.
Glasgow
Nord-irland
IRLAND
Dublin
Manchester
GROSS-BRITANNIEN
London
Den Haa
Ärmelkanal
18./19.8.42
Brest
Cherbourg
Dieppe
6.6.44
3.9.44
Seine
Luxemb
1.8.44
Paris
25.8.44
Nantes
Vichy
Bordeaux
FRANKREICH
Toulouse
Rhône
Marseille
Atlantischer Ozean
Porto
PORTUGAL
Madrid
Lissabon
SPANIEN
Barcelona
Valencia
Balearen
Mallorca
Sevilla
Gibraltar (brit.)
Tanger
Span.-Marokko
8.11.42
8.11.42
8.11.42
12.11.
Rabat
Casablanca
Oran
Algier
Marokko (franz.)
Algerien (franz.)
Ifni (span.)
Spanisch-West-Afrika
0 100 200 300 400 500 km

Kirkenes
Murmansk
Halbinsel Kola
Weißes Meer
Archangelsk
Narvik
Bottnischer Meerbusen
Trondheim
Vaasa
FINNLAND
Onegasee
Petrosawodsk
Ladogasee
Kotlas
Perm
Kirow
Wologda
Helsinki
Leningrad
Oslo
Stockholm
Tallinn (Reval)
Vaivara
Narva
Nowgorod
Estland
SCHWEDEN
Lettland
Riga
Salaspils
Pskow
Rschew
Moskau
Kasan
Gorki
Kujbyschew
REICHSKOMMISSARIAT OSTLAND
Litauen
Kaunas
Kopenhagen
Ostsee
Königsberg
Smolensk
Tula
SOWJETUNION
Danzig
Stutthof
Vilnius (Wilna)
Minsk
Maly Trostenets
Brjansk
Hamburg
Berlin
Poznań (Posen)
Treblinka
Białystok
Brest-Litowsk
Gomel
Kursk
Woronesch
Leipzig
Chełmno
Warschau
Sobibor
GENERAL-GOUVERNEMENT
Majdanek
Belzec
REICHSKOMMISSARIAT UKRAINE
Kiew
Charkow
Stalingrad
Prag
Prot. Böhmen u. Mähren
Krakau
Płaszów
Auschwitz
Lviv/Lwow
Dnjepropetrowsk
Astrachan
SLOWAKEI
München
Wien
Kosice
Cernauti
Rostow
Graz
Budapest
UNGARN
Iasi
Odessa
Asowsches Meer
Krasnodar
Szeged
Zagreb
RUMÄNIEN
Krim
Sewastopol
Tiflis (Tbilisi)
Venedig
KROATIEN
Bukarest
Zara (ital.)
Belgrad
SERBIEN
Konstanza
Schwarzes Meer
Batumi
Adria
Monte-negro
BULGARIEN
Sofia
ALBANIEN
Istanbul
Neapel
Taranto
Tirana
Saloniki
Ankara
9.9.43
3.9.43
TÜRKEI
Ägäis
Messina
Ionisches Meer
Izmir
Adana
Sizilien
3.9.43
Athen
Adalia
GRIECHENLAND
SYRIEN
10.7.43
Malta
Rhodos
Zypern
(franz. Mandatsgebiet, brit. besetzt)
IRAK
Kreta
Beirut
Damaskus
Mittelmeer
LIBANON
PALÄSTINA (brit. Mandatsgebiet)
Port Said
TRANS-JORDANIEN (brit. Protektorat)
Benghasi
Tobruk
Alexandria
SAUDI-ARABIEN
Libyen (ital.)
Nov. 42
ÄGYPTEN
El Alamein
Kairo

vielleicht nicht verwunderlich, aber die rasche Besetzung Norwegens – im «Vorgarten» der Royal Navy – war erstaunlich. Noch erstaunlicher war die Zerschlagung der großen französischen Armee und die Vertreibung des britischen Expeditionskorps vom Kontinent nur einen Monat später. Offenbar war die rasche Eroberung Polens kein Zufall gewesen. Schließlich besaßen die Franzosen mehr Bodentruppen als die Deutschen (65 gegenüber 52 aktiven Divisionen, die allein zählten), auch mehr Panzer, darunter einige schwerere; sie hatten sich zwei Jahrzehnte darauf vorbereitet, einem deutschen Angriff von Osten zu begegnen, und sie bekamen Hilfe durch britische Truppen und die widerwillig in den Krieg gezogene belgische Armee. Aber die französische Luftwaffe war schwach und veraltet, daher hatten die Deutschen erneut die Luftherrschaft. Der unorthodoxe Panzervorstoß durch die Ardennen verwirrte das französische Oberkommando, das einfach nicht mit dem Tempo und der Kühnheit von Guderians Vorstoß zum Ärmelkanal Schritt halten konnte. Sogar seine Vorgesetzten und Hitler selbst waren nervös, als sie verblüfft diesen unerwartet schnellen Sieg mit ansahen, aber befürchteten, die Panzer könnten zu weit vorstoßen und abgeschnitten werden.

Im Juni 1940 war Frankreich besiegt, und England stand allein. Der gesamte geopolitische und militärische Charakter des Krieges hatte sich verändert. Stalin war verblüfft und besorgt, da er wusste, dass die durch politische Säuberungen geschwächte Rote Armee nicht kampfbereit war. Die Regierung der USA war wie hypnotisiert. Mussolini beeilte sich, an Hitlers Seite in den Krieg einzutreten. Die Japaner überdachten ihre Optionen neu. Der Krieg in Europa war keine zehn Monate alt, und die Welt war auf den Kopf gestellt. Kein Wunder, dass der Begriff Blitzkrieg so passend erschien.

Für England und seine Partner verlief das Jahr 1941 zu Lande nicht besser. Jugoslawiens politischer Widerstand gegen die Achsenmächte wurde im Frühjahr durch eine gewaltige, schnelle Invasion gebrochen, die auch den südlichen Balkan umfasste und danach Griechenland und durch einen kühnen Fallschirmjägerangriff auch Kreta in deutsche Hand brachte. Gab es ein britisches Regiment, das zuerst aus Norwegen, dann aus Frankreich und dann aus Kreta verjagt wurde, wie es sich der Schriftsteller Evelyn Waugh in seiner großen Weltkriegstrilogie so wunderbar ausdachte?[5] Wenn ja, dann wäre dieses Regiment vielleicht auch aus Ägypten abgezogen worden, wo es bald darauf die schnellen und zu großen Verwerfungen führenden Attacken von Rommels Afrikakorps erlebt hätte. Inzwischen hatte natürlich das viel größere Unternehmen Barbarossa begonnen, und deutsche Panzer durchfuhren die Ukraine, wo Millionen von Rotarmisten gefangengenommen und in Lager gepfercht wurden. Die US-Soldaten in der Schlacht am Kasserinpass brauchten sich nicht zu entschuldigen; sie waren bloß an der Reihe gewesen, Prügel zu beziehen.

Was im Rest dieses Kapitels folgt, ist eine doppelte Frage. Erstens: Warum waren die Deutschen operativ und taktisch so gut, und wie sollte man sie besiegen, wenn sie so gut waren? Die zweite Frage ist allgemeiner: War offensive Kriegführung erfolgreicher als jede defensive Strategie? Würde der Blitzkrieg immer Erfolg haben, wenn man bei den Angreifern eine tatkräftige Führung und gut ausgebildete Soldaten voraussetzte, oder wurde er durch andere Faktoren wie Zeit, Raum und Zahlenverhältnis entscheidend beeinflusst?

Es ist sinnvoll, die allgemeinere Frage zuerst zu betrachten, bevor man die Gründe für die Leistungen der Wehrmacht im Zweiten Weltkrieg untersucht. Hierdurch können wir den Ablauf der Landschlachten in Westeuropa, der Sowjetunion und im Mittelmeerraum besser verstehen. Zunächst ist die Kriegsgeschichte voller Beispiele für schnelle und spektakulär erfolgreiche Feldzüge – vielleicht kommt nichts in späteren Jahrhunderten den Siegen und ausgreifenden Eroberungen Alexanders des Großen und Dschingis Khans gleich. Zweifellos erklären auch die weiten, offenen Flächen, auf denen sie meistens kämpften, einiges; mit einem energischen Anführer und mobilen Truppen konnte eine Armee in einer Woche einen weiten Weg zurücklegen. Umgekehrt erklärt es vielleicht, warum Europas Topographie aus Bergketten, dichten Wäldern, großen Sumpfgebieten und vielen Flüssen die absolute Kontrolle durch eine Macht so schwierig machte.[6] Die Römer kannten diese Beschränkungen und begnügten sich schließlich mit den einmal erreichten Grenzen, die der späteren Heiligen Römischen Reiche Karls des Großen und der Habsburger waren die einer großen Regionalmacht. Die Kriege des Mittelalters zogen sich meist lange hin, und die Entwicklung neuer Befestigungsformen um 1500 verschob das Hauptgewicht auf den mühsamen Belagerungskrieg.

Selbst in Europa gab es aber historische Ausnahmen, schnelle Feldzüge, die den Feind aus dem Gleichgewicht brachten, weil die angreifende Armee so gut ausgebildet und motiviert war, dass geographische Hindernisse zu schrumpfen schienen. Der dramatische Marsch des Herzogs von Marlborough den Rhein entlang aus den Niederlanden nach Oberbayern während des Spanischen Erbfolgekrieges (Schlacht von Blenheim/Höchstädt, 1704) ist ein gutes Beispiel. Ein halbes Jahrhundert später verblüffte Friedrich der Große seine Feinde häufig durch das Tempo, mit dem er seine Armeen von einer Front an die andere verlegte und seine Kräfte manchmal so aufteilte, dass die eine Hälfte noch auf dem Schlachtfeld stand, während die andere einen Flankenangriff im Schutz von hügeligem Terrain führte. Napoleons Fähigkeit, sehr große Armeen mit großer Geschwindigkeit zu bewegen, ist legendär, und 1866 und 1870 schlug Moltke die Österreicher und Franzosen so schnell und entscheidend, dass diese Kriege sehr rasch endeten.[7]

Aber diese Erfolge durch blitzartige Schläge waren die Ausnahme. Die meisten anderen Schlachten Marlboroughs (Malplaquet, Ramillies) waren große, statische Blutbäder in den Niederlanden. Als Friedrich im Siebenjährigen Krieg von Feinden umgeben war, hatte er oft keine andere Wahl, als auf einem Fleck zu kämpfen. So sehr sie sich bemühten, konnten Napoleons große Marschälle und kampferprobte Armeen nie einen entscheidenden Sieg in Spanien erringen; das Terrain war zu gebirgig und öde, was den vielen spanischen Guerillagruppen nützte, die einen irregulären Krieg führten, und auch der britisch geführten Koalition unter Wellington, dem vorsichtigen Meister der defensiven Schlacht. Die spektakulärste Offenlegung der Schwächen einer napoleonischen Art der Kriegführung war natürlich Frankreichs katastrophale Niederlage gegen die Russen 1812, als die Idee eines frühen, entscheidenden Sieges am Wetter, an der Distanz und an der russischen Bereitschaft, sich viele Hundert Kilometer zurückzuziehen, zerbrach. Kurz nach seinem Sieg 1871 kam Moltke zu dem Schluss, dass rasche Feldzüge seiner preußischen Armeen durch das industrialisierte Westeuropa in Zukunft unmöglich sein würden: zu viele neue Stadtgebiete, zu viele Kanäle, zu viele Bahndämme.

Doch damit stand der alte Feldmarschall fast allein. Seine Nachfolger Schlieffen und Moltke d. J. waren von der Erfindung der Eisenbahn und des Telegrafen fasziniert, genau wie die Generäle in anderen Ländern vor 1914. Die Entwicklung neuer Militärtechnologien wie des Flugzeugs und des Panzers in den Jahren vor dem Zweiten Weltkrieg fachte erneut den Glauben an rasche militärische Siege an.

Unter welchen logischen und logistischen Umständen funktioniert ein Blitzkrieg *nicht*? Die erste Antwort hat mit Topographie zu tun. Ein entscheidender Sieg ist unmöglich, wenn der Kampf über große Bergketten hinweg geführt werden muss, wie die Wehrmacht bei dem Versuch erfuhr, die jugoslawischen und griechischen Partisanen nach 1941 zu schlagen, und wie es über Jahrhunderte hinweg wechselnde Invasoren in den Bergen Afghanistans erfuhren. Dichte Dschungelgebiete wie im Südwesten Chinas und in ganz Südostasien bestärken diese offensichtliche militärische Wahrheit: schwieriges Gelände macht den Kampf eher *ausgeglichener*, auch wenn eine Seite die viel größere Kampfkraft besitzt, wie sich in Vietnam zeigte. Und Hunderte von Kilometern großer Sandwüsten sind ein Hindernis für die Rommels dieser Welt und geben den Vorteil den Montgomerys, den Generälen, die eine starke Defensivposition bevorzugen. Breite Flüsse bremsen eine Offensive; auch wenn die angreifende Armee Pontonbrücken und Ähnliches besitzt, muss so schwere Ausrüstung vielleicht über weite Distanzen bis ans Ufer gebracht werden. Topographie schaltet menschliches Handeln nicht aus, aber der Stratege, der sie am besten ausnutzt, ist seinen kommandierenden Generälen eine große Hilfe.

Zwei ebenfalls ganz offensichtliche Gründe vervollständigen das Bild. Schnelle mobile Kriegführung, die einen raschen und entscheidenden Sieg im Feld anstrebt, funktioniert logischerweise nicht, wenn die defensiven Armeen zu stark, zu gut verschanzt oder zu groß sind. Das gilt für Kampfzonen jeder Ausdehnung. Es gilt aber zweitens auch, dass diese schnelle, aggressive Form der Operation am wahrscheinlichsten zum Stehen kommt und scheitert, wenn die Angreifer sich über eine immer größere Fläche verteilen müssen und die vorderen Einheiten immer weiter von ihren Stützpunkten und noch weiter voneinander und von ihren Nachschublinien entfernt sind.

So viel zur historischen und abstrakten Theorie des Blitzkriegs, der schnellen und aggressiven Kriegführung durch Truppen, die auch den heftigen Gegenangriff beherrschten. Doch was genau bedeutete das im Fall der operativen Leistung der Wehrmacht im Zweiten Weltkrieg? Im Kontext der modernen, industrialisierten Kriegführung wurden der Verbrennungsmotor, gepanzerte und bewaffnete Fahrzeuge, Eisenbahnen und Flugzeuge zu einer Form des Kampfes verschmolzen, die den Zeitgenossen völlig neu erschien und die oben erwähnten geographischen Beschränkungen überwinden konnte. Wenn ein Beweis dafür nötig wäre, brauchte man nur den Angriff deutscher Panzer zu betrachten, die im Mai 1940 die Wälder der Ardennen durchbrachen.

Und warum war jedermann so erstaunt über diese sehr kurzen Feldzüge? Weil für fast jeden das Bild des Landkriegs zwischen Großmächten durch die zermürbenden, statischen Schlachten des Ersten Weltkriegs geprägt worden war, vor allem an der Westfront und in Norditalien. An der Somme, vor Verdun, Passchendaele und am Isonzo starben Hunderttausende von Soldaten für ein paar Kilometer Raumgewinn. Manchmal waren die Angreifer nach Monaten fruchtloser Kämpfe wieder da, wo sie angefangen hatten. Das war die Wirklichkeit des modernen industrialisierten Krieges, wie er in Geschichten, Memoiren und literarischen Werken der zwanziger und dreißiger Jahre dargestellt wurde.

Fast alle diese Bücher ignorierten aber, dass einige Generalstäbe schon ab der Mitte des Ersten Weltkrieges inoffiziell die Antwort gefunden hatten, wie das Patt des statischen Stellungskriegs zu durchbrechen sei. Die ersten Veränderungen kamen wenig überraschend in Osteuropa, wo die Fronten viel länger und daher weniger tief gestaffelt waren als an der Westfront. Die Brussilow-Offensive vom Sommer 1916, als die russische Armee die wenig schlagkräftigen österreichisch-ungarischen Truppen überrannte, war deshalb geglückt, weil die Angreifer keinen massiven Artilleriebeschuss nach Art von Feldmarschall Douglas Haig, dem britischen Oberkommandierenden an der Westfront des Ersten Weltkriegs, vorausschickten, denn sie hatten zu wenig Munition; vielmehr nutzten sie das Überraschungsmoment und griffen nach kurzem Artilleriefeuer an mehreren Stellen zugleich an. Eine deutsche Offensive bei Riga im Jahr darauf nutzte dieselben Prinzipien von Überrumpelung, Schnelligkeit und Umgehung von Hindernissen. Ebenfalls 1917 erlitt Italien seine größte Niederlage bei Caporetto, als beweglichen deutschen Einheiten (unter ihnen der junge Erwin Rommel), die zur Verstärkung der k.u.k. Truppen geschickt worden waren, ein spektakulärer Durchbruch gelang, der das italienische Oberkommando zwang, um alliierte Hilfe zu bitten. Am wichtigsten von all dem war vielleicht, wie Timothy Lupfer 1981 in einem klassischen Aufsatz schrieb, dass der deutsche Generalstab es Offizieren der mittleren Ebene erlaubte, ihre Eindrücke, Ideen und Erfahrungen von verschiedenen Fronten zu teilen, um die Initiative anzuregen.[8] Wenn Überraschungsangriffe durch gut ausgebildete Infanterie im Baltikum funktioniert hatten, warum sollten sie nicht auch in Italien oder im Westen funktionieren?

Langsam bewegte sich die deutsche Armee zu einer neueren Taktik und – was ebenso wichtig ist – zu neueren Truppen hin: «Stoßtrupps», besser ausgebildet, mit neuer Bewaffnung (Maschinengewehre, Granaten, Drahtscheren) und dazu angehalten, rasch vorzustoßen und feindliche Stellungen zu *umgehen*. An der Westfront fand die britische Armee schließlich einen eigenen Weg, das Patt des Grabenkampfes zu brechen, eine mechanische Methode in Form der ersten Panzer; trotz vieler früher Rückschläge unterstützten sie wirksam die Offensiven vom August 1918. In der uralten Geschichte vom Hin und Her zwischen offensiver und defensiver Kriegführung hatte die Offensive erneut die Oberhand gewonnen.[9] Hier, in beweglichen Schlägen und schnellen Vorstößen lag die Zukunft der Kriegführung, und die intellektuellen Hohepriester dieser neuesten «militärischen Revolution» wie Basil Liddell Hart und General J. F. C. Fuller setzten nach 1919 ihre ganze Kraft dafür ein, das neue Evangelium zu verkünden. Die Technologie hatte die Topographie besiegt, neue Arten von Armeen konnten jedes Ziel erreichen, und wenn die Angriffsspitzen nicht stehen blieben, würde das Nervenzentrum des Feindes gelähmt werden. Keiner der Verfechter der motorisierten Kriegführung beachtete aber, dass der größte Versuch eines schnellen und entscheidenden Sieges – Ludendorffs gewaltige Westoffensive im Frühjahr 1918 – zwar anfängliche Erfolge erzielte, aber letztlich nicht die gegnerischen Stellungen durchbrechen konnte, weil die kollektive Feuerkraft der Alliierten zu groß war und der Raum für Manöver viel zu klein.

Die Lehren, welche die Militärexperten über das Potenzial einer offensiven mechanisierten Kriegführung aus dem Ersten Weltkrieg zogen, waren darum sehr unterschiedlich. Das französische Oberkommando zog aus 1918 die konservative aber logische Lehre, nur tief gestaffelte Stärke habe die Republik gerettet, und bei einem künftigen deutschen Angriff sei Defensive die beste Strategie. Deswegen baute es eine noch größere Barriere in Form der Maginot-Linie. In England propagierten die Enthusiasten der Panzerkriegführung, vor allem Fuller, reine Panzerarmeen, die sich von den Durchbruchspunkten ausbreiten und die gegnerischen Nervensysteme lähmen sollten. Liddell Hart forderte einen «indirekten Ansatz» auf dem Schlachtfeld, wozu ebenfalls rasche Angriffe gehörten, aber durch gemischte Verbände, die Flankenangriffe oder Landungen von See durchführten. Große Panzermanöver auf der Ebene von Salisbury Ende der zwanziger Jahre zeigten, dass diese neue Form der Kriegführung eine Zukunft hatte. Trotz des Widerstands der Kavallerieregimenter förderte die britische Armee also die Mechanisierung bis zu den harten Einsparungen der dreißiger Jahre. Die Amerikaner, die 1918 widerwillig über den Atlantik gekommen waren, um den Feind durch massive zahlenmäßige Überlegenheit zu erdrücken (wie im Bürgerkrieg zwischen Nord- und Südstaaten), waren nicht an Planungen für einen weiteren großen Krieg in Europa interessiert; sie zogen sich zurück und demobilisierten. Die frühe Rote Armee unter Trotzki und dann professioneller unter Tuchatschewski studierte diese Debatte und diskutierte die Taktik der «tiefen Operation», bis Stalins manische Säuberungen in der zweiten Hälfte der dreißiger Jahre alles zum Stehen brachten. Und Japans geplante Expansionszonen – vor allem die Flüsse, Deltas und Dschungel Asiens – waren nicht für Panzer geeignet, höchstens für sehr leichte Panzer, die schmale Straßen und Holzbrücken befahren konnten.

Das deutsche Militär, das durch den Vertrag von Versailles massiv in Truppenstärke und Waffensystemen reduziert wurde und unter den Wirtschaftskrisen der Weimarer Republik und dem erbitterten Parteienkampf litt, überlegte, wie seine alte Kampfkraft wiederzugewinnen sei. Mit dem Beginn des Dritten Reichs erhielten die Generäle einen zunächst stetigen und dann dramatisch anwachsenden Strom von Ressourcen für die Aufrüstung. Die meisten höheren Offiziere waren preußische Konservative traditioneller Prägung, deren Haltung war, je mehr Infanterie- und Artilleriedivisionen, desto besser. Es gab aber genügend radikalere Offiziere – Guderian, Manstein, Manteuffel, Rommel –, die für eine schnelle, mobile Kriegführung plädierten. Die Wehrmacht, die den Zweiten Weltkrieg mit dem heftigen Angriff auf Polen begann, spiegelte dieses Gleichgewicht zwischen Alt und Neu wider; sie verfügte nur über eine kleine Zahl motorisierter und Panzereinheiten, aber über sehr viel mehr langsamere Divisionen, häufig mit Pferdefuhrwerken. Dennoch besaßen die schnelleren Truppen, nun unterstützt durch eine eigene taktische Luftwaffe, eine Schlagkraft wie niemand sonst und das Potenzial, die erwünschte, fast mythische Operation der Kesselschlacht auszuführen, bei der die gegnerische Armee durch eine Einkreisung oder eine Zangenbewegung eingeschlossen und so zur Kapitulation gezwungen werden sollte. Außerdem hatten sie einen Führer, der schnelle Resultate wollte.

Um diese zu erreichen, schufen Wehrmacht und Luftwaffe eine Kombination aggressiver Waffensysteme – Infanterie, Panzer, Luftangriffe –, der sich noch keine Armee gegenübergesehen hatte. War es eine Überraschung, dass die traditioneller strukturierten Nachbarn des Deutschen Reichs einer nach dem anderen besiegt wurden? Sie hatten mit der koordinierten Macht dreier Komponenten zu kämpfen: a) mobile, gut ausgebildete Infanterieeinheiten, die wann immer möglich mit Lastwagen oder Zügen transportiert wurden, um Zeit zu sparen, und frei agierende Panzerbataillone unterstützten; b) die taktisch-operative Doktrin des unorthodoxen, schnellen Angriffs, der schwache Stellen der gegnerischen Verteidigung durchbrechen und sich dann ausbreiten sollte; dazu c) eine Luftwaffe, die zum großen Teil speziell für taktische Bombardements in Bodennähe organisiert war, um Flugzeuge und Kommunikationssysteme des Gegners zu zerstören und Truppen zu demoralisieren, die nicht auf das schreckliche Heulen der angreifenden Ju 87 Stukas vorbereitet waren.

Wie ließ sich der deutsche Blitzkrieg also stoppen? Zunächst durch einen Gegner, der gegen die operative Kühnheit der Wehrmacht stärkere und besser ausgerüstete Truppen mit Panzern, Bazookas, Minen und besseren taktischen Flugzeugen ins Feld führen und selbst einen schweren Gegenangriff führen konnte. Kleinen oder mittelgroßen Staaten war das nicht möglich. Der von der Wehrmacht entwickelte aggressive Kampfstil ließ sich nur durch andere Großmächte besiegen. Das bedeutete in der Praxis das britische Empire, die Sowjetunion und die Vereinigten Staaten. Keiner dieser drei war in der ersten Hälfte des Krieges für umfassende moderne Kriegführung gerüstet, aber alle besaßen eine große immanente Stärke in Form von Bevölkerung, Rohstoffen und technologischen Fähigkeiten. Außerdem waren alle drei weit genug von den deutschen Truppen entfernt – besonders die USA, aber auch England (durch RAF und Ärmelkanal) und sogar die UdSSR (wegen ihres gewaltigen Gebiets, auf das die Rüstungsproduktion verlegt werden konnte) –, um ihre Stärken auszubilden und ihre Erfinder, Ingenieure und strategischen Planer die Werkzeuge entwickeln zu lassen, die nötig waren, um der deutschen Kriegsmaschinerie entgegenzutreten.

Zweitens konnten die beiden Großmächte, die neben Frankreich von Deutschlands frühen Erfolgen am meisten betroffen waren, England und die Sowjetunion, die Blitzkriegsstrategie der Wehrmacht besiegen, indem sie eine Gegenstrategie entwickelten, die ihre eigenen geographischen Vorteile ausnutzte. Die britische Gegenstrategie, deren Details von

Kein Entkommen: Eine deutsche Ju 87 Stuka beim Sturzflugangriff auf einen französischen Panzer.

den Planern unter Churchill und dem Kriegskabinett erarbeitet wurde, bestand darin, a) das Land durch Luftmacht vor der deutschen Luftwaffe zu schützen und eine große Bombenoffensive zu entwickeln, b) die atlantischen Seewege zu schützen und c) langsam aus Ägypten und dem Mittelmeerraum vorzurücken, wo die deutschen Truppen stark überdehnt waren und den wachsenden militärischen Ressourcen des Empire nicht ewig widerstehen konnten. Die sowjetische Gegenstrategie, die Stalin und der Stavka (Armeeführung) durch den machtvollen Vormarsch der Wehrmacht aufgezwungen wurde, gewann Zeit durch Preisgabe von Raum, bis die deutschen Kräfte so weit auseinander gezogen waren, dass der Gegenangriff beginnen konnte, für den Rüstungsfabriken jenseits der Reichweite deutscher Flugzeuge arbeiteten. Es ist wahrscheinlich kein Zufall, dass der englische und sowjetische Gegenangriff erst Ende 1942/ Anfang 1943 beginnen konnte, weil beide Zeit brauchten, um sich zu erholen.

Der Blitzkrieg wurde an zwei Orten gestoppt und dann in eine Katastrophe für den Angreifer verwandelt: in den Sand- und Geröllwüsten Nordafrikas und auf den weiten Ebenen Westrusslands und der Ukraine. Die erste dieser beiden Barrieren für den deutschen Expansionismus war nach Armeegröße und Opferzahlen sehr viel kleiner als die zweite, denn es war der Krieg an der Ostfront, der sich als größtes Hindernis für das selbsternannte Tausendjährige Reich erwies. Es lohnt sich aber, die deutsche Niederlage gegen die angloamerikanischen Armeen in Nordafrika hier – zumindest als Vergleich und Kontrolle – in unsere Analyse einzubeziehen. Gewiss verdienen die viel größeren Schlachten an der Ostfront mehr Raum in diesem Kapitel, aber es ist nützlich, mit El Alamein und Tunis zu beginnen, bevor wir uns Stalingrad, Kursk und der Operation Bagration zuwenden, wo die Wehrmacht noch katastrophalere Niederlagen erlitt.

Blitzkrieg in der Wüste

Der erste Ort, wo die spezifisch deutsche Form der mobilen Kriegführung stecken blieb, lag etwa 75 Kilometer westlich von Kairo in der Umgebung der kleinen Küstenstadt El Alamein und zwischen den Höhenzügen und trockenen Wasserläufen, die südwärts zu den gefährlichen Dünen und Salzsümpfen der Qattara-Senke führten.[10] Im Gegensatz zu den riesigen flachen Weizenfeldern der Ukraine gab es hier nur einen 75 Kilometer breiten Korridor zwischen dem Mittelmeer und der Senke.

Niemand außer den besonders ausgestatteten Einheiten der britischen Long Range Desert Group konnte auf dem beweglichen Sand im Süden operieren; Rommels Panzer, Lastwagen und Artillerie wären dort ebenso gewiss versunken wie die Streitwagen und schwere Infanterie des persischen Königs, der sechs Jahrhunderte vor Christus durch dasselbe Gebiet zu marschieren versuchte. Wenn das Afrikakorps also Alexandria und dann Kairo erobern sollte, wie Hitler forderte, ging das nur, wenn es sich durch den relativ schmalen Flaschenhals südlich von El Alamein kämpfte. Niemand verstand das besser als Rommel selbst – und der neue Kommandeur der britischen 8. Armee, General Bernard Montgomery. Churchill war von der Vorsicht des Vorgängers, Claude Auchinleck, enttäuscht gewesen und hatte diesen im Juli 1942 nach Indien geschickt. Der designierte Nachfolger, William Gott, starb unerwartet bei einem Flugzeugabsturz. So wurde Montgomery Befehlshaber der 8. Armee. Er war fast ebenso vorsichtig wie Auchinleck, und seine Hauptleistung war bis dahin die sorgfältige Organisation des Rückzugs seiner Division nach Dünkirchen und England im Jahr 1940 gewesen. Aggression und Mobilität standen gegen Vorsicht und Beharrlichkeit. In diesem Fall begünstigte die Geographie aber letzteres, sofern die britische Verteidigung stark genug war.

In den Kämpfen entlang der langen nordafrikanischen Küste ab September 1940 hatten die Briten diese Stärke nicht gehabt. Mussolinis große Armeen in der Kyrenaika waren früh, aber langsam nach Ägypten vorgerückt – dies war kein Blitzkrieg. Dagegen schien der Gegenschlag der 8. Armee mit ihren schnelleren motorisierten Einheiten im Dezember gegen eine weit größere und langsamere italienische Armee die Lehren von Fuller und Liddell Hart zu stützen, doch dann verlief er enttäuschend im Sande, je weiter er sich vom Ausgangspunkt entfernte. Es gab später viele Vorstöße und Rückzüge auf diesem Kriegsschauplatz – einige Küstenstädte wie Sidi Barrani wechselten ein halbes Dutzend Mal zwischen den Gegnern –, was nahelegt, dass keine Seite in dieser Phase zu einer langen Offensive fähig war. So geschah nichts Entscheidendes, bis Anfang 1941 Rommels Afrikakorps eintraf, um die italienische Position zu stärken. Rommels Eingreifen gab den Vorstößen und Rückzügen ein neues Tempo. Der vielversprechende junge und aggressive Offizier von Caporetto 1917, der brillante Kommandeur der 7. Panzerdivision im Frankreichfeldzug 1940 war nicht am Stillstand seiner Truppen interessiert. Natürlich brauchten er und der Kommandeur seines Luftwaffenkorps Zeit, um Stützpunkte zu entwickeln und ihre Panzer, Lastwagen und Flugzeuge in Empfang zu nehmen, aber bald waren sie bereit.

Unterdessen ging der Konflikt weiter und wurde durch viele Überlegungen beeinflusst, wie Churchills Verlegung eines Großteils der 8. Armee nach Griechenland und Kreta 1941 und dann ihrer schmerzhaften Rückkehr. Er war auch stets davon beeinflusst, welche Seite Verstärkungen an Infanterie, Panzern, wichtigen Lastwagen, Artillerie und Flugzeugen bekam.[11] Vor allem war der Kampf davon geprägt, welche Bedeutung die beiden Kontrahenten diesem Feldzug beimaßen. Für Hitler war er sicherlich wichtig, um Italien im Krieg zu halten und die Briten im Nahen Osten festzusetzen, aber er war nicht mit dem titanischen Kampf gegen die Sowjetunion zu vergleichen. Für Churchill war es in dieser Phase der einzige Schauplatz des Land- und Luftkriegs, auf dem die angeschlagenen Truppen des britischen Commonwealth sich aufrappeln, vorwärts marschieren und ihren Stolz wiedergewinnen konnten.

Bis zum Sommer 1942 hatten beide Seiten den Einsatz auf dem nordafrikanischen Spieltisch immer weiter erhöht. Angesichts der globalen Kriegslage zu diesem Zeitpunkt überrascht es, dass das deutsche Oberkommando Rommel überhaupt noch zusätzliche Truppen und Panzer schickte; es beeindruckt auch, dass inzwischen einige der besseren italienischen Divisionen und Regimenter wie die Ariete, Bersaglieri und Folgore den Standard der Wehrmacht in Ausbildung und Kampfkraft erreichten.[12] Inzwischen hatte Churchill aber fast alles auf einen Sieg in Nordafrika gesetzt, sogar wenn das bedeutete, nur begrenzte Verstärkungen nach Südostasien zu schicken und den Kriegsschauplatz Burma weitgehend ruhen zu lassen. Wenn alliierte Geleitzüge das Kap der Guten Hoffnung umrundeten und in den Indischen Ozean einfuhren, nahmen die Truppentransporter und Frachtschiffe mit Panzern, Kampflugzeugen, Lastwagen, Jeeps usw. viel häufiger Kurs auf das Rote Meer als auf die Bucht von Bengalen.

Die Entscheidungsschlacht um Ägypten begann nicht in der klaren, mondbeschienenen Nacht des 23. Oktober 1942, als die Artillerie der 8. Armee das Feuer auf die gesamte Linie der deutschen und italienischen Divisionen eröffnete, die nur wenige Kilometer westlich von ihr standen. Der viel besungene Kampf, der ins kollektive Gedächtnis einging, war in Wirklichkeit die dritte Phase eines längeren Kampfes, der im Sommer begann, als Rommel auf Drängen Hitlers vorstieß, um die Briten aus Kairo und potenziell aus dem Großteil des Nahen Ostens zu vertreiben. Anderthalb Jahrhunderte zuvor hatte Napoleon dasselbe versucht, aber er war von See gekommen und damit gegenüber Nelsons Kriegsflotte viel zu verwundbar gewesen. Diesmal kamen die Eroberer Ägyptens über Land. Doch auch sie waren verwundbar.

Das Vorgeplänkel, die erste Schlacht von El Alamein, zog sich den ganzen Juli 1942 hin und war aus mehreren Gründen bemerkenswert. Deutsche Panzer und Infanterie behielten die Oberhand, auch wenn sie zahlenmäßig unterlegen waren. Das Afrikakorps hatte kurz zuvor eine viel größere britische Streitmacht bei Tobruk schwer geschlagen, war dann nach Westen zurückgekehrt, um die Stadt zu nehmen (zu Churchills großem Ärger und Frustration), und hatte dann den Gegenangriff der 8. Armee zurück in die Wüste getrieben und den Vormarsch nach Osten mit sehr wenigen Panzern fortgesetzt. Das war Blitzkriegtaktik großen Stils, vielleicht ebenso eindrucksvoll wie Guderians Durchbrüche im Mai 1940 in Frankreich, und es fällt auf, dass deutsche Flugzeuge immer noch eine starke Rolle spielten und halfen, das Nervensystem des Gegners zu lähmen und seine Verteidigung zu verwirren. Rommels vorgeschobene Einheiten erreichten sogar einige britische Defensivpositionen, bevor viele der erschöpften südafrikanischen, neuseeländischen und britischen Bataillone sich zurückzogen und sich wieder der 8. Armee anschlossen. Doch auch die deutschen Kräfte waren erschöpft, aber der vorsichtige britische General Auchinleck begnügte sich damit, die Front zu halten und neue Kräfte in Stellung zu bringen. Am 3./4. Juli 1942, als ihr dynamischer (wenn auch zeitweise sehr kranker) Kommandeur sie wieder vorwärts trieb, hatte Rommels Afrikakorps nur noch 26 einsatzfähige Panzer. In einem der deutlichsten Briefe an seine Frau schrieb der Feldmarschall am Abend des 4. Juli: «Die Dinge laufen leider nicht so, wie wir gerne möchten. Der Widerstand ist zu groß, und unsere Kräfte sind erschöpft.»[13] Wie immer war das Benzin äußerst knapp, was die Beweglichkeit seiner Panzer wiederholt einschränkte. Schlimmer noch, die Fliegerstaffeln wurden an die Ostfront abgezogen, ein gutes Beispiel für die Dummheit, den Gegner an drei Fronten gleichzeitig bekämpfen zu wollen.

«Der Widerstand ist zu groß, und unsere Kräfte sind erschöpft.» Hier liegt der Schlüssel zu dieser Geschichte. Alle Blitzkriege explodieren zunächst und verlieren dann nach und nach ihre Konzentration, Dichte und

Durchschlagskraft. Die weit auseinander gezogenen Einheiten des Afrikakorps stießen auf zu viel Widerstand: immer mehr Brigaden aus England, Australien, Neuseeland, Indien und Südafrika, immer mehr alliierte Flugzeuge, immer mehr der wichtigen mittelschweren und schweren Geschütze und Haubitzen der Royal Artillery, die endlich ihre eigentliche Aufgabe erfüllte.[14] Nur wenige, wenn überhaupt welche der neuen mechanisierten Infanterieeinheiten der Alliierten waren ebenso beweglich und schlagkräftig wie ein geschwächtes deutsches Bataillon, aber es gab einfach zu viele von ihnen und sie waren zu gut ausgerüstet, um weggefegt zu werden. Die Commonwealth-Divisionen erlitten Niederlagen und Verluste bei einem Kräfteverhältnis, das bis heute höchst peinlich aussieht.

Aber sie brachen nicht ein, und darum ist die zweite Schlacht in dieser Trilogie noch interessanter und suggestiver. Sie fand um einen langen Höhenkamm namens Alam Halfa südlich und östlich von El Alamein statt. Die Küstenregion war so dicht mit Minen und Panzerfallen bedeckt und von stark verschanzten Truppen verstärkt, dass Rommel glaubte, nur im Südsektor der alliierten Stellungen zuschlagen zu können. Er schlug zu, aber seine Angriffseinheiten wurden von tief gestaffelten Minenfeldern gebremst – oft brauchte ein Kommandeur eine Weile, bis er erkannte, dass scheinbar offenes Terrain stark vermint war – und durch den Umfang der Gegenwehr. Der neu ernannte Montgomery konnte mehr Brigaden ins Feld führen, während Rommels viel kleinerer Streitmacht das Benzin ausging, wie so vielen deutschen und japanischen Armeen. Schließlich zog er sich Anfang September nach Westen zurück. Zur Überraschung einiger deutscher Generäle setzten ihm die Briten bewusst nicht nach. Liddell Hart bemerkt, dass diese Schlacht «nicht nur von den Verteidigern gewonnen, sondern auch durch reine Verteidigung entschieden [wurde], ohne jeden Gegenangriff oder auch nur jeden ernsthaften Versuch zu einem solchen.»[15] Diese Zeit sollte noch kommen.

Alles deutet darauf hin, dass die heftigen Panzerangriffe des Afrikakorps weniger von den britischen Matilda-, Grant- und Sherman-Panzern oder der regulären Infanterie gestoppt wurden, als von zwei viel unromantischeren Instrumenten: kilometerbreiten Minenfeldern und besonderen Panzerabwehrbataillonen mit starker Artillerie und Bazookas. Die Landmine – heutzutage weithin als eine der verwerflichsten Waffen angesehen – besaß bei ihrer geringen Größe die außergewöhnliche Fähigkeit, einen schnellen Panzerangriff des Gegners zu stoppen oder ihn zumindest zu einer Denkpause zu zwingen.[16] Entweder räumte der Angreifer ein mehrere Kilometer tiefes Minenfeld oder er wurde auf unverminte Wege geleitet, die aber voller Panzerabwehrtruppen waren, nicht nur direkt vor den angreifenden Panzern, sondern auch zu beiden Seiten, wo sie die Panzerketten zerschossen und die dünneren Seitenwände durchlöcherten. Erneut gewann die Defensive die Oberhand über die Offensive, weil Wissenschaftler und Ingenieure neue Defensivwaffen ins Spiel brachten.

Die unglamouröse und sehr billig herzustellende Landmine wurde darum ein wichtiger Faktor für das Schicksal der mobilen Panzerkriegführung in der zweiten Schlacht von El Alamein. Die weiten Minenfelder schränkten nicht nur die Bewegungsfreiheit beider Armeen weiter ein. Indem sie ihre Pioniereinheiten Hunderttausende von Minen vor ihren Stellungen auslegen ließen, konnten Auchinleck und Montgomery die operative «Lücke» zwischen der Quattara-Senke und der Mittelmeerküste noch weiter verengen. Wenn die deutschen Truppen sich durch die Minen vorzuarbeiten versuchten – und es blieb ihnen keine andere Möglichkeit –, hatten die Verteidiger genug Zeit, den bedrohten Frontabschnitt zu verstärken. Wenn die 8. Armee zum Angriff überging, stellte sich ihr dieses Problem aber ebenso wie dem Afrikakorps, denn Rommel kannte den Wert von Minen genau (wie wir bei seiner Inspektion des Atlantikwalls 1944 noch sehen werden) und ließ eine gewaltige Zahl in der Wüste auslegen. Noch heute fordern Libyen und Ägypten von der britischen, italienischen und deutschen Regierung, übrig gebliebene Kriegsminen zu zerstören, da sie nach wie vor Opfer unter der Bevölkerung und ihrem Vieh fordern, die Ölsuche gefährlich machen und sogar den Tourismus behindern.

Im Vergleich zu den großen Schlachten im Pazifik, in Nordwesteuropa und an der Ostfront waren diese Kämpfe zwischen den deutschen und den Empire-Truppen an der nordafrikanischen Küste klein. Sie waren aber ein hervorragender Test für die Innovatoren im Westen, neue Methoden zur Schwächung der deutschen Militärmacht zu Lande zu prüfen. So wurden beispielsweise die beiden Instrumente, die am häufigsten mit der alliierten Minenräumung assoziiert werden, auf diesem Kriegsschauplatz entwickelt: der Minenräumpanzer, eine der vielen Entwicklungen aus General Percy Hobarts Trickkiste (siehe Kapitel 4), und das akustische Minensuchgerät, erfunden von dem bemerkenswerten Polen Józef Kosacki und an die britische Armee weitergegeben.[17] Späteren Armeen auf der ganzen Welt wäre es ebenso lächerlich vorgekommen, keine Minensuchgeräte wie kein Radar oder keine Dechiffriermaschinen zu besitzen. Wie so viele andere neue Waffen der Alliierten begann auch diese als kleines Experiment. Kosacki war vor dem Krieg Ingenieur gewesen und wurde danach Professor für Elektronik. 1942 war er Leutnant und technischer Spezialist in der polnischen Exilarmee in England und darauf erpicht, seinem Gastland zu danken. Es passte alles zusammen. Das Gerät war gerade rechtzeitig gekommen, um von Montgomerys Pionieren benutzt zu werden, als die 8. Armee endlich zur Offensive überging.

El Alamein war Rommels (und Hitlers) letzte Chance, die britisch geführten Truppen zu schlagen, die letzte Chance, Kairo und den Suezkanal zu erobern, die strategisch wie symbolisch ungeheuer wichtig waren. Der Rückzug der englischen Mittelmeerflotte nach Osten im September 1942 und die Verbrennung von Geheimakten vor dem Nahost-Hauptquartier in Kairo (wie vor dem Pariser Außenministerium im Mai 1940) erinnern uns daran, dass die britische Führung einen deutschen Durchbruch für möglich hielt. Selbst ohne einen vollständigen deutschen Sieg wäre aber ein heftiger Schlag für Montgomerys Truppen so verheerend gewesen, dass Rommel die Lücke zwischen El Alamein und der Qattara-Senke hätte kontrollieren und auf unabsehbare Zeit unpassierbar machen können. Die Schlacht war auch Montgomerys (und Churchills) beste Gelegenheit, um zu zeigen, dass die Kräfte des britischen Commonwealth deutsche Panzer und Infanterie im Feld schlagen konnten, und zwar nicht defensiv wie bei Alam Halfa, sondern kontinuierlich, indem sie sie immer weiter zurückdrängten, Hindernisse beiseite räumten, immer mehr Gefangene machten und die Deutschen und Italiener den vorrückenden Armeen Eisenhowers am anderen Ende der nordafrikanischen Küste entgegen trieben.

Die Briten hatten die besseren Karten. Das Terrain war für eine sorgfältige Verteidigung besser geeignet als für einen schnellen Angriff. Wenn man die Geschichte der Landkriege von 1940 bis Mitte 1942 betrachtet, könnte ein klarsichtiger Militäranalytiker sogar argumentieren, diese topographische Situation sei die einzige gewesen, in der die Commonwealth-Armeen eine Chance gegen ihren erfahreneren deutschen Gegner hatten. Montgomerys andere Trumpfkarte war die quantitative Überlegenheit – nicht nur an Fronttruppen, sondern auch an Treibstoff und anderem Nachschub, dazu eine fast totale Luftherrschaft. Inzwischen war die deutsche Luftwaffe stark geschwächt, während immer mehr britische und amerikanische Staffeln die ägyptischen Stützpunkte erreichten. Die 96 Staffeln (rund 1500 Flugzeuge), über die der britische Luftwaffenchef Sir Arthur Tedder im Mittelmeerraum verfügte, waren nicht nur eine viel größere und immer modernere Luftflotte als die verbliebenen 350 italienischen und deutschen Maschinen, sondern hatten auch eine viel größere Schlagkraft. Rund um Kairo stationierte Mittelstreckenbomber attackierten gemeinsam mit Flugzeugen aus Malta und den U-Booten der Royal Navy den Nachschub der Achsenmächte über das Mittelmeer. Deren Frachtschiffe waren beim Entladen in den Häfen sehr verletzlich gegenüber Tieffliegerangriffen. Nachschubrouten entlang der schmalen Küstenstraße wurden regelmäßig angegriffen, am liebsten Lastwagen und Stabsfahrzeuge, aber Rommel selbst interessierte sich erstaunlich wenig für militärische Logistik und Nachschubprobleme.

Wegen der verbesserten Kommunikation konnten Fronteinheiten der 8. Armee nun Jagdbomber zu direkten Angriffen auf feindliche Panzer, motorisierte Divisionen und Truppenballungen anfordern. Wenn viele Maschinen abgeschossen wurden, gab es immer Ersatz, doch am wichtigsten war, dass die taktische Luftmacht der RAF, die in den ersten drei Kriegsjahren so schwach oder nicht existent gewesen war, erwachsen wurde. Ein weiterer unbesungener Held in dieser Geschichte, Air Vice-Marshal G. G. Dawson, verbesserte ihren bis dahin erbärmlichen Reparatur- und Wartungsstandard. Vor allem die koordinierte taktische Luftwaffenführung der Western Desert Air Force unter Air Marshal Arthur Coningham – ein Zentralkommando, das über Radar und Funk sowohl mit dem Hauptquartier der Army als auch mit den angreifenden Staffeln verbunden war –, bewies eine so offensichtliche Wirksamkeit, dass sie später in Sizilien wie in der Normandie zum Standard wurde.[18]

Unter diesem Schutzschirm entfesselte Montgomery, der wusste, dass weitere Verstärkungen über den Suezkanal kamen, und sich Churchills Forderungen nach früherem Losschlagen solange widersetzt hatte, bis er bereit war, am 23. Oktober 1942 ein Trommelfeuer aus über 1000 Geschützen. Wenn die Artillerie, wie die meisten Experten bestätigen, bei den heftigen Gefechten, die die zweite Hälfte des Zweiten Weltkriegs charakterisierten, die Königin des Schlachtfelds war, so war die alliierte Überlegenheit an Zahlen und Feuerkraft hier ebenso stark wie die Luftüberlegenheit (2300 Geschütze der Briten gegen 1350 der Achsenmächte, davon 850 sehr schwache italienische Kanonen). Außerdem wurden die Kanoniere der 8. Armee endlich in starken Gruppen konzentriert, nicht mehr entlang der Front verstreut. Trotzdem war die Schlacht um El Alamein außerordentlich hart. Montgomerys gestärkte und bunt gemischte Armee, britische, australische, neuseeländische, südafrikanische, indische, polnische und französische Divisionen oder Brigaden, hatte dreimal mehr Soldaten als Rommels deutsch-italienische Truppen, und seine über 1200 Panzerfahrzeuge, darunter 500 starke Shermans und Grants, besaßen weit mehr Feuerkraft, Reichweite und Panzerung als die gegnerischen Panzertruppen. Aber die Tiefe der deutschen Minenfelder bremste den Vormarsch, und ihre sorgfältige Räumung durch die 8. Armee gab Rommel wertvolle Hinweise, wo er seine relativ wenigen, aber furchteinflößend wirksamen 8,8 cm-Panzerabwehrkanonen postieren sollte.

Dieses Mal sorgte das schiere Gewicht von Montgomerys Druck dafür, dass die Linien der Achsenmächte nachgaben; immer mehr britische Panzer wurden abgeschossen, ihre Verlustrate lag bei vier zu eins, aber es kamen immer neue. Die italienischen Panzer wurden weggefegt, die leichteren deutschen rasch zerstört, der Artilleriebeschuss fortgesetzt, die Luftschläge bei Tag intensiviert. Am Ende der Schlacht vom 2. November, als fast 200 Panzer der Briten zerstört oder beschädigt wurden, hatten sie immer noch 600, Rommel nur noch 30. Dann begann der deutsche Rückzug, der oft eine große Zahl weniger mobiler italienischer Truppen zurückließ. Selbst in dieser Phase erweckt aber die Disziplin des Afrikakorps bei den heftigen Nachhutgefechten der folgenden Tage, als sich seine meisten Transporteinheiten zurückzogen, Bewunderung. Tatsache blieb jedoch, dass die Deutschen die wichtigste Schlacht um Nordafrika verloren hatten.[19]

In der Nacht des 7. November, als Rommel den strömenden Regen nutzte, um seinen Rückzug nach Westen von der Küstenstellung bei Marsa Matruh zu decken, erschienen starke alliierte Invasionstruppen vor der marokkanischen und algerischen Küste, um Operation Torch umzusetzen. In diesem weiteren Sinne waren die deutsch-italienischen Kräfte in Nordafrika nun in einer gigantischen «Zangenbewegung» gefangen, wobei Eisenhowers Truppen die Verteidiger nach Osten drängten und

Montgomerys Divisionen sie zurück nach Westen jagten, bis sie Anfang 1943 in Tunesien eingeschlossen waren. So war der deutsche Blitzkrieg vorüber, zumindest im Mittelmeerraum.

Doch die Wehrmacht kämpfte weiter. Der Grund, warum die britische 8. Armee den Rückzug des Afrikakorps entlang der vertrauten Straße von Sidi Barrani über Tobruk nach Bengasi eher vorsichtig als eilig verfolgte, lag zum Teil darin, dass Rommels geschwächte Kräfte sich immer wieder umwandten und zurückschlugen oder Stellungen errichteten, von denen aus sie empfindliche Schläge gegen die Commonwealth-Truppen führen konnten. Danach zog sich Rommel ein Stück weiter zurück, während alliierte Kommandeure massive Luft- und Panzerkräfte nach vorne brachten, um Truppen anzugreifen, die nicht mehr da waren. Vielleicht zeigten die britischen und amerikanischen Kommandeure (oder die meisten von ihnen) zu viel Respekt vor den Deutschen, aber ihre Erfahrung lehrte sie, dass es dafür gute Gründe gab.

Möglicherweise hätte die Wehrmacht die später sogenannte «Räumung Afrikas» länger hinauszögern können, wenn Hitler Rommel früher die Divisionen gegeben hätte, die er verspätet nach Tunesien beorderte, als er von den Torch-Landungen erfuhr, oder wenn Rommel von der Komplikation, formell unter italienischem Kommando zu stehen, und von der Rivalität des gleichberechtigten Befehlshabers General von Arnim in den letzten Monaten befreit gewesen wäre.[20] Gewiss machte die gewaltige Überlegenheit der Alliierten in der Luft, zu Lande und zu Wasser den Ausgang in Nordafrika so gut wie zwangsläufig. Eine sehr viel spätere deutsche Niederlage hätte aber ernsthafte negative Auswirkungen auf die geplanten Invasionen Siziliens und Italiens haben können und womöglich die angloamerikanischen Differenzen wieder aufflammen lassen, wann die zweite Front in Frankreich geschaffen werden solle. Die unvorhersehbaren Eingriffe Hitlers in die Operationen auf den Kriegsschauplätzen lieferten den Alliierten inzwischen unverhoffte Vorteile.

Als die Westalliierten nach Südeuropa vordrangen, waren die militärischen Leistungen der Wehrmacht immer noch eindrucksvoll (diese Geschichte wird in Kapitel 4 weitergeführt). Das deutsche Oberkommando stellte sich den starken alliierten Invasionstruppen in Südsizilien nicht entgegen, hielt dann aber die nordöstlichen Berge der Insel gegen wiederholte Angriffe Pattons. Als die Zeit zum Abzug gekommen war, setzten sich die Deutschen über die Meerenge von Messina ab, blieben aber nicht auf der verletzlichen Stiefelspitze Italiens stehen, wo sie von den Flanken angegriffen werden konnten, sondern zogen sich nach Norden auf eine bessere Verteidigungslinie zurück. Und der fähige Kesselring, der Hitlers Zweifel an einer solchen Strategie überwunden hatte, bereitete immer mehr Verteidigungslinien entlang der langen, gebirgigen italienischen Halbinsel vor. Wenn angloamerikanische Armeen den Feldzug zu verkürzen versuchten, indem sie hinter der Front landeten, schlugen die Deutschen mit größter Härte zurück, wie bei Salerno und Anzio. Solche Gegenangriffe der Wehrmacht ließen sich nur durch eine übermächtige Entfaltung alliierter Stärke stoppen: totale Luftherrschaft, starker Beschuss durch Schlachtschiffe und Kreuzer und das Heranbringen von immer mehr Infanteriedivisionen. In Italien erlitten die Alliierten höhere Verluste als bei irgendeinem anderen Feldzug im Westen.[21]

Obwohl sie durch schwache Nachschublinien, schlechte Aufklärung, den Verlust der Luftherrschaft und Hitlers ständige Einmischungen behindert waren, leisteten die Wehrmachtsdivisionen in Italien und später in Nordwesteuropa bis Kriegsende starken Widerstand. Die Zähigkeit und operative Effektivität eines erfahrenen deutschen Regiments oder einer Division wurde im Zweiten Weltkrieg von niemandem übertroffen. Nur zahlenmäßige Überlegenheit konnte sie schlagen. Der amerikanische Militärexperte Trevor Dupuy hat eine systematische Analyse aller wichtigen Schlachten zwischen deutschen, britischen und amerikanischen Einheiten in Nordafrika, Italien und Nordwesteuropa versucht. Division für Division und ohne große Ausnahmen hatten die deutschen Truppen überall eine zwanzig- bis dreißigprozentige Überlegenheit an Kampfkraft.[22] Das ist womöglich noch zu niedrig gegriffen.

Doch das Argument der «zahlenmäßigen Überlegenheit» reicht nicht aus. Bis Ende 1943 führten die Briten in den Kampf in Nordafrika eine bemerkenswerte Zahl von Verbesserungen ein: besseres Radar, bessere Dechiffrierung, viel besserer Einsatz taktischer Luftangriffe, viel bessere Koordinierung von Heer und RAF, unorthodoxe Spezialeinheiten für Kommandoaktionen, stärkere und vielseitigere Flugzeuge, Minenräumpanzer und Minensuchgeräte und an der Spitze ein besseres Kommando- und Kontrollsystem als bei den Desastern auf Kreta und in Tobruk. Sie hatten das Problem endlich gelöst. Aber «sie» waren nicht Churchill oder Alanbrooke oder selbst Alexander und Montgomery. «Sie» waren erneut die «Problemlöser», die Offiziere ohne Scheuklappen, die Organisatoren hinter den Kulissen und schließlich die Wissenschaftler, Manager, Ingenieure und andere, die Montgomery den tief befriedigenden Sieg bei El Alamein ermöglichten.

Das erklärt wohl die Ausführlichkeit dieses Abschnitts, der auf den epischen Kampf auf den weiten russischen Ebenen vorausweist. Der deutsche Blitzkrieg ließ sich durch zahlenmäßig überlegene Truppen besiegen, aber diese Truppen brauchten auch bessere Waffen und eine überlegene Organisation.

Das Ringen der Giganten

Der Krieg, der seit dem Sommer 1941 in den westlichen Gebieten der Sowjetunion tobte, für die UdSSR der Große Vaterländische Krieg, für das Deutsche Reich der Ostfeldzug, war «der ausgedehnteste Kriegsschauplatz der Geschichte», wie es in dem betreffenden Wikipedia-Artikel heißt. Der Kampf war geprägt von «beispielloser Härte, Zerstörungen, Massendeportationen, brutalen Wetterbedingungen und einer gewaltigen Zahl von Opfern durch Schlachten, Hunger, Krankheiten und Massaker. Hier spielte sich der Hauptteil des Holocaust ab, denn der Osten war der Ort fast aller Vernichtungslager, Todesmärsche, Ghettos und der meisten Pogrome. Verschiedene Schätzungen nehmen an, dass der Zweite Weltkrieg rund 70 Millionen Tote forderte; mit über 30 Millionen, darunter vielen Zivilisten, macht die Ostfront fast die Hälfte aus. … [Sie] war möglicherweise der entscheidendste Teil des Zweiten Weltkriegs und wurde zur Hauptursache der deutschen Niederlage.» [23]

Angesichts dieses Bilds eines kolossalen Kampfes und ungeheurer militärischer Anstrengungen mag der Leser sich fragen, welche Rolle hier die Personen der mittleren Ebene spielten, die «Problemlöser», Wissenschaftler, Ingenieure und Organisatoren. Ihre Rollen waren sogar entscheidend, wenn man sich erst einmal von den üblichen Erklärungsversuchen löst, warum die Sowjetunion die mächtige deutsche Kriegsmaschinerie besiegte. Man kann allerdings nicht bestreiten, dass im deutsch-sowjetischen Krieg 1941–1945 pure materielle Überlegenheit eine ganz bedeutende Rolle spielte und eine Erklärung für die Niederlage der Wehrmacht darstellt.

Betrachten wir die Zahl der Beteiligten zu Beginn des Unternehmens Barbarossa im Sommer 1941 bis zum darauffolgenden Frühjahr und Sommer. Abgesehen von den nicht unwichtigen Truppen der Satellitenstaaten und Freiwilligenverbänden aus Ungarn, Rumänien, Italien und Finnland schickte das Oberkommando der Wehrmacht bei der größten Invasion aller Zeiten rund 110 Divisionen nach Osten, darunter 14 schnelle Panzerdivisionen; zusätzliche Divisionen warteten dahinter. Die folgenden Einkreisungsoperationen zeigten, dass der Blitzkrieg sogar auf immer größerem Terrain funktionierte: die Luftwaffe des Verteidigers wurde am Boden zerstört, seine vorderen Linien gaben unter schweren Artillerie- und Infanterieangriffen nach, dann brachen Panzerarmeen an zwei weit voneinander entfernten Punkten durch, fuhren aufeinander zu und schlossen den Kreis. Beim Fall von Smolensk wurden Anfang August 310 000 Rotarmisten gefangengenommen, bei der Einnahme von Kiew Mitte September nicht weniger als 600 000, dazu 2500 Panzer und 1000 Kanonen erbeutet. Als der sog. «Kessel von Wjasma» westlich von Moskau Mitte Oktober erobert wurde, waren es etwa 670 000 Gefangene, 1000 Panzer und 4000 Kanonen.[24] Was konnte diesen Kreislauf von Angriff, Gemetzel und Kapitulation durchbrechen?

Zunächst das Wetter. Im Sommer 1941 fand der deutsche Angriff in der üblichen Form statt. Die Luftwaffe zerstörte die unvorbereiteten sowjetischen Flugzeuge am Boden und half dann den Panzern, indem sie gegnerische Truppen beschoss und bombardierte; die Panzerkolonnen durchbrachen die Linien des verwirrten Feindes, trafen sich zur Einkreisung (und Kapitulation) und stießen dann mit frischem Treibstoff und Munition weiter nach Osten vor. Doch dann wurde die Offensive langsamer. Gegen den Schlamm des Herbstregens und den außergewöhnlich früh einsetzenden harten Frost und Schnee war der Blitzkrieg machtlos – es war der kälteste Winter seit Napoleons Invasion 1812, und die Wehrmachtssoldaten trugen noch Sommeruniformen. Ende Oktober hatte die Heeresgruppe Süd praktisch kein Benzin mehr, Dieselmotoren sprangen nicht an, Geschütze froren ein, und die Soldaten bekamen Erfrierungen. Als der Frühling kam, wurden die Bodenverhältnisse noch schlechter wegen der berüchtigten «Rasputiza» (Schlammzeit): Der Schnee schmolz an der Oberfläche, aber das Wasser konnte nicht abfließen, weil der Boden darunter noch hart gefroren war. Ein halber Meter ungefrorene Erde wurde rasch zu einem Schlammbad, in dem die Wehrmacht ebenso

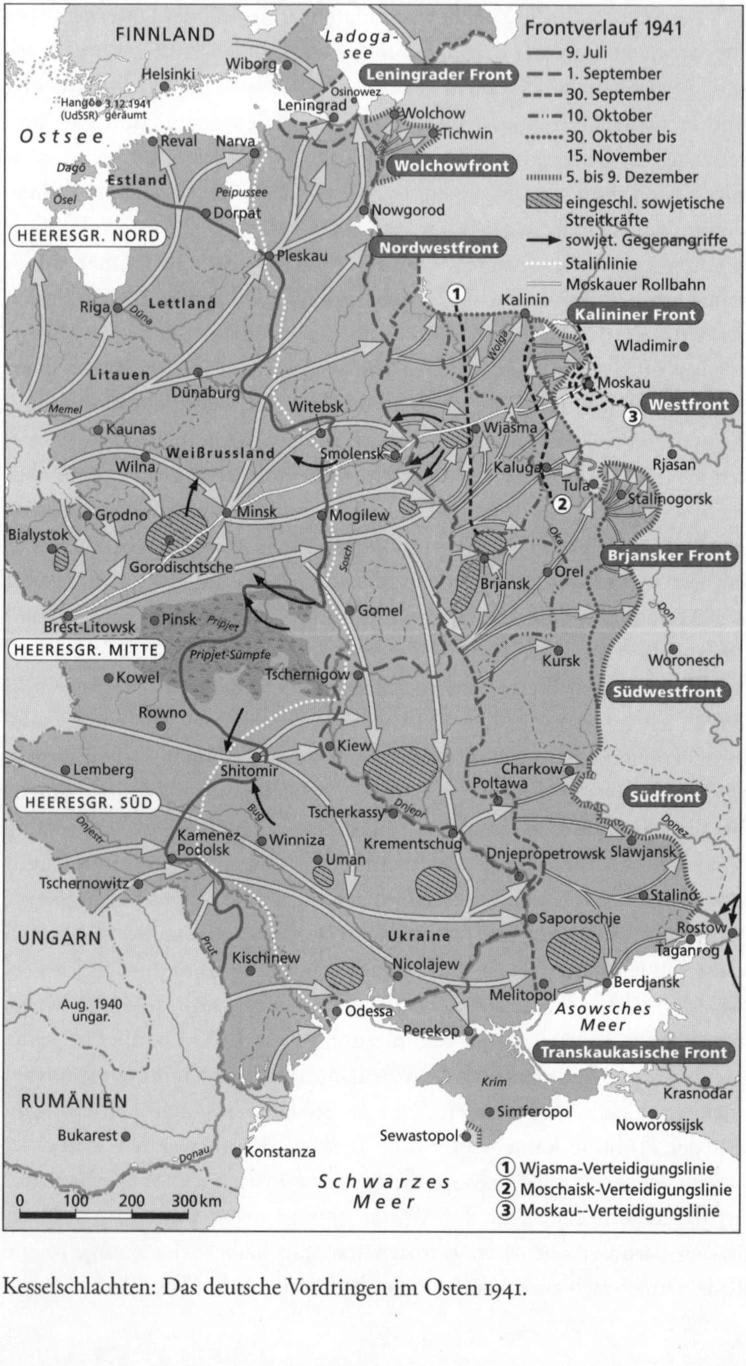

Kesselschlachten: Das deutsche Vordringen im Osten 1941.

wie die Rote Armee in jedem Frühjahr dieses Krieges versank. Etwa 800 Kilometer von ihrem Ausgangspunkt entfernt, mit selbst bei gutem Wetter schwer aufrechtzuerhaltenden Verbindungslinien blieb die Wehrmacht im Wortsinne stecken.

Der zweite Grund für das Festlaufen von Barbarossa war einfach die Tatsache, dass die Rote Armee sich wehrte – nicht gut, nicht geschickt, nicht genug, um den Angriff zurückzuwerfen, aber gut genug, um ihn zu bremsen. Die sowjetische Führung ließ Scheunen und Brücken verbrennen, Brunnen zerstören oder vergiften, Vieh und Pferde wegbringen und Fabriken demontieren; nichts sollte in die Hand des Feindes fallen. Drittens warf sie bald mehr Truppen in den Kampf, entweder hastig aufgestellte neue Divisionen oder erfahrene Einheiten, die aus dem Fernen Osten geholt wurden, da inzwischen immer klarer wurde, dass die Japaner nach Süden losschlagen würden, nicht gegen die entfernten Ostprovinzen der UdSSR. Nichts machte vielleicht einem deutschen Soldaten, der im Dezember 1941 erschöpft und frierend in einem Schützengraben westlich von Moskau lag, mehr Angst als die weißen, Winteruniformen tragenden Schemen der erfahrenen Regimenter der Mongolischen Front, die im Schneegestöber vorrückten.

Mit anderen Worten: Obwohl die Geländegewinne der Wehrmacht gewaltig waren (bis Dezember war sie rund 1000 Kilometer weit vorgedrungen), hatten sie keinen entscheidenden Durchbruch gebracht. Von Beginn bis Ende der Kämpfe scheinen die Deutschen, deren taktisch-operatives Geschick so überlegen war, die Stärke des Gegners stets unterschätzt zu haben. Die Leistungen ihrer Aufklärung können hier nur katastrophal genannt werden, was vielleicht leicht passiert, wenn man seinen Gegner als primitiv einstuft, selbst einen General wie Schukow, der zwei Jahre zuvor die japanische Kwantung-Armee im sowjetisch-japanischen Grenzkrieg schwer geschlagen hatte. Auch die Funkaufklärung scheint nicht geholfen zu haben, denn die Sowjets beschränkten ihren Funkverkehr auf ein Minimum. Und es gab keine Spione, die von den vielen frischen Divisionen berichten konnten, die hinter Moskau aufgestellt und ausgebildet wurden. So hart die Wehrmacht also den Gegner in diesen ersten Monaten auch schlug, es gab keinen Endpunkt, keine Kulmination, keinen Fall Frankreichs. Es war, als schlüge man in einen Sandhaufen. Mitte August notierte der Generalstabschef des Heeres, Franz Halder, über dieses Dilemma treffend: «In der gesamten Lage hebt sich immer deutlicher ab, daß der Koloß

«Rasputiza»: Eine Kolonne deutscher «Tiger»-Panzer einer Division der Waffen-SS muss halten, da vor ihr ein Lkw im Morast stecken geblieben ist, April 1944.

Rußland ... von uns unterschätzt worden ist. Wir haben bei Kriegsbeginn mit etwa 200 feindlichen Div[isionen] gerechnet. Jetzt zählen wir bereits 360.»[25] Selbst wenn die sowjetischen Divisionen damals kleiner waren als die der Wehrmacht, sind die Zahlen atemberaubend.

So blieb es bis ins Jahr 1943 hinein. Die Deutschen unternahmen verstärkte Anstrengungen, um die wachsenden sowjetischen Armeen einzukesseln und dann zu zerschlagen, aber ohne Erfolg. Die ganze deutsche Militärsprache über «Durchbruch» oder «Einkreisung» legt nahe, dass die feindlichen Linien schwach waren oder sich von der Flanke angreifen ließen. Aber eine 1600 Kilometer lange und 350 Kilometer tiefe Verteidigungsposition voller zerstörter Brücken, vergifteter Brunnen, Minen und verbrannter Felder – dazu Sommerhitze, Herbstschlamm, dann Schnee, dann Frühjahrsschlamm – war keine dünne, zerbrechliche Barriere. Die primitiven Straßenverhältnisse in Russland und das Aushalten der lokalen Bevölkerung, die seit langem an harte Lebensbedingungen gewöhnt war, alles arbeitete gegen die Invasoren. Die Wehrmacht hätte genauso gut versuchen können, sich einen Weg durch den Amazonasdschungel zu bahnen.

Und genau wie im Mittelmeerraum wurden die Schwierigkeiten der Wehrmacht durch Hitlers wiederholte und katastrophale Änderungen der Angriffsrichtung nach der früh gescheiterten Einnahme Moskaus noch vergrößert. Wenn die Belagerung Leningrads im Norden weiterging, selbst wenn durch den erbitterten Widerstand der Stadt ein Patt herrschte, lag die strategische Wahl des Oberkommandos zwischen einem neuen Vorstoß auf Moskau und einer neuen Offensive an der Südfront. Die heutige Debatte unter Historikern über die jeweiligen Vorteile eines deutschen Angriffs auf die gegnerische Hauptstadt oder eines breiten Vorstoßes über Don und Wolga ist ebenso heftig wie die Diskussionen unter den deutschen Generälen 1942. Nicht umstritten ist aber, dass Hitlers folgende Direktive, es solle eine Offensive bei Stalingrad *und* eine Eroberung der Ölfelder im Kaukasus geben – d. h. zwei Offensiven im Süden –, ein Akt unbedachter und kolossaler Überdehnung war. Wie sicherte man beispielsweise den Munitionsnachschub zwischen einer Fabrik in Leipzig und einer Stadt am Rande des Kaukasus wie Grosny? Wie stellte man auf dem ganzen Weg Luftunterstützung her, wenn die Luftwaffe dabei war, ihren entscheidenden Kampf gegen die RAF sowohl in Westeuropa als auch in Nordafrika und im Mittelmeerraum zu verlieren? Überdies standen Deutschland jetzt ein Stalin und eine Armeeführung gegenüber, die ihre Nerven wiedergefunden hatten und die Feldzüge in die Hand professioneller Generäle legten (viele davon jünger als ihre deutschen Gegner).

Die aufeinander folgenden und entscheidenden Schlachten in der Mittelphase des deutsch-sowjetischen Krieges lagen etwa zwischen November 1942 und Juli 1944: Stalingrad, Charkow, Kursk und dann der gewaltige Vorstoß nach Westen: die Operation Bagration. Stalingrad war ein Blutbad, in noch stärkerem Maße eine Abnutzungsschlacht als der Kampf um Moskau. Es war ein bewusst gewähltes Duell zwischen zwei sehr aggressiven Boxern; die Treffer und der Schmerz würden sehr groß sein. Ebenso groß war die Chance auf einen großen Sieg. Obwohl häufig Vergleiche zwischen den gleichzeitigen Schlachten Stalingrad und El Alamein angestellt worden sind, liegt der interessanteste *Unterschied* weniger im Umfang der auf beiden Seiten eingesetzten Truppen als in der topographischen Breite und damit den operativen Möglichkeiten. Bei El Alamein wurde auf sehr beschränktem Raum gekämpft, wo keine Seite einen Flankenangriff durchführen konnte. Dagegen ähnelte die Entscheidung bei-

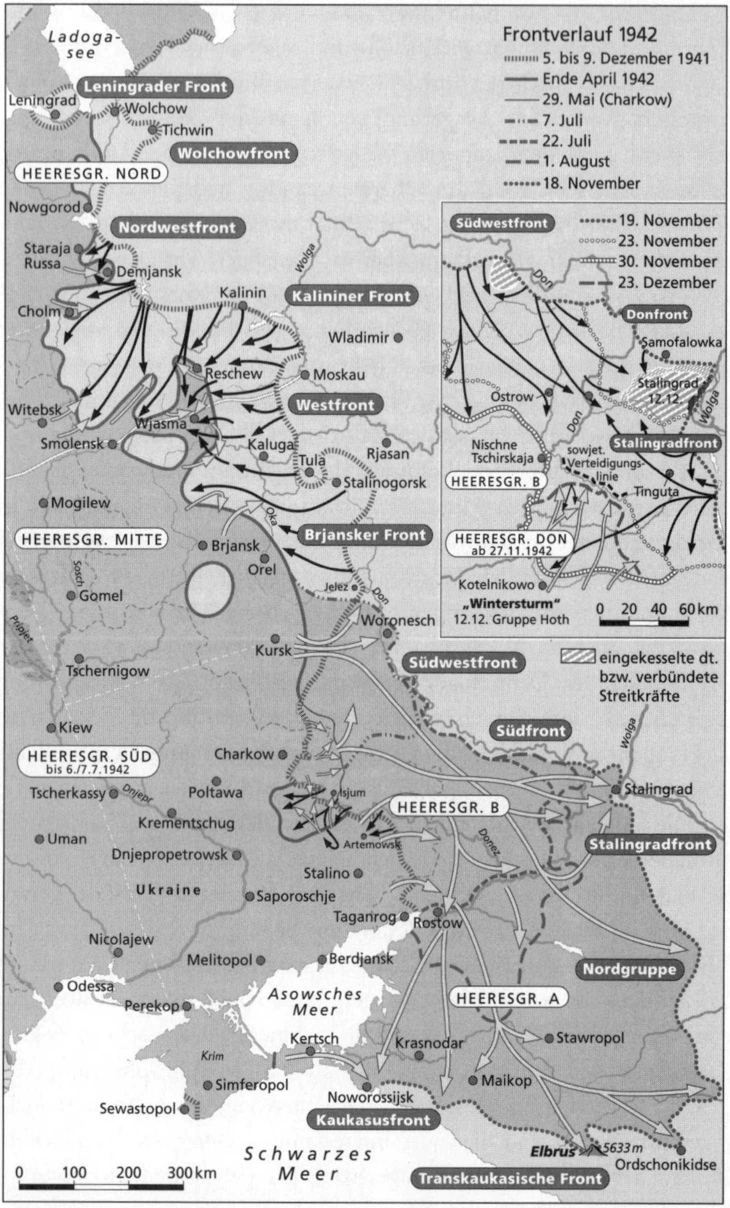

Stalingrad *und* Kaukasus: der sowjetische Gegenangriff und die deutsche Offensive des Jahres 1942.

der Gegner, Ende 1942 um jeden Preis um Stalingrad zu kämpfen, der Entscheidung Deutschlands und Frankreichs, 1917 eine große, blutige Schlacht um Verdun zu führen. Sie musste nicht dort geführt werden, und man konnte auf beiden Flanken eine neue Front eröffnen, aber das ließ die Entschlossenheit beider Seiten, diesen Kampf zu gewinnen, nicht zu. So begann ein dramatischer Kampf um, in, über und unter Stalingrad.

Ironischerweise war es vielleicht das größte Beispiel einer Kesselschlacht in der Weltgeschichte, allerdings eine von den Deutschen verlorene. Als die Vortruppen der Wehrmacht darum kämpften, die zerstörten Fabriken und Straßen im Westteil der Stadt zu nehmen, erschienen riesige sowjetische Armeen von Norden und Süden und schlossen General Paulus' gesamte 6. Armee ein. Dies war auch ein sehr persönlicher Willenskampf. Hitler trieb seine Truppen auf die Stadt zu, die Stalins Namen trug. Dieser hielt den Angriff auf und begann dann die Einkreisung. Die 6. Armee zählte ursprünglich rund 300 000 Mann, bei der Kapitulation am 31. Januar 1943 waren es noch 90 000. Dann rückten die Sowjets über Kursk und Charkow vor, wenn auch recht langsam, so dass die Wehrmacht Gelegenheit hatte, ihre Truppen aus dem Kaukasus zurückzuziehen und sich geordneter als zuvor neu zu gruppieren. Die Führung der Roten Armee war andererseits viel raffinierter darin, einen Scheinangriff gegen eine gegnerische Position zu führen und dann indirekt das wahre Ziel anzugreifen. Nicht umsonst lobt Liddell Hart diese Vorstöße besonders als Beleg für seine Theorie des «indirekten Ansatzes».[26]

Dennoch bleibt erstaunlich, dass die Deutschen Anfang 1943 erneut einen großen Schlag nach Osten führen konnten, wobei sie sich zunutze machten, dass die Sowjets sich nach einer großen Offensivschlacht neu gruppieren und auf die von den USA gelieferten Lastwagen warten mussten, die Benzin, Munition, Konserven und Ersatzteile Hunderte von Kilometern weit brachten. Eine Weile genoss die Wehrmacht jetzt den Vorteil viel kürzerer Fronten, d. h. ihre extreme «Überdehnung» war nun etwas reduziert worden. Und die Kommandeure an der Ostfront, besonders Manstein, profitierten auch von Speers Reorganisation der deutschen Wirtschaft und der Ankunft der ersten neuen Tiger-Panzer. Es waren nicht annähernd so viele wie die gleichzeitig gebauten Sherman- und T-34-Panzer, aber sie genügten, um in starken Formationen auf dem Schlachtfeld eine ernsthafte Wirkung zu erzielen. Bis Februar 1943 waren die Panzergrenadierdivisionen «Das Reich», «Totenkopf» und «Leibstandarte Adolf Hitler» der Waffen-SS, jede mit eigenen neuen Tiger-Panzern, aus der zentralen Reserve herausgelöst und an die Ostfront verlegt worden, dazu einige frische Infanteriedivisionen aus Frankreich. All dies und der feste, gefrorene Boden, auf dem die Panzer täglich im Durchschnitt 30 Kilometer vorrücken konnten, erlaubte es Manstein, seine schnelleren Kräfte gegen das hart umkämpfte Charkow zu werfen, das am 14. März fiel. Sein SS-Panzerkorps schaltete 32 000 sowjetische Soldaten aus. Die Rote Armee wurde zum Donez zurückgedrängt, dann brachte ein frühes Tauwetter fast alle Kampfhandlungen zum Erliegen. Acht der 20 sowjetischen Panzerkorps waren angeschlagen. Manstein wurde Hitlers Lieblingskommandeur, zumindest vorübergehend.[27]

Das war keine schlechte Bilanz für eine deutsche Armee im vierten Kriegsjahr. Der Militärhistoriker Robert Forczyk weist jedoch darauf hin, dass die sowjetischen Panzerkorps zwar angeschlagen, aber nicht zerschlagen waren, und Manstein selbst war sehr beeindruckt von der Zähigkeit und Raffinesse der Verteidigung durch die Rote Armee. Was beide Seiten brauchten, war aber eine Atempause von drei bis vier Monaten, um sich zu erholen, neu zu gruppieren und zu warten, dass die Steppe sich erwärmte und austrocknete. Die Debatten in Berlin und Moskau, wie der Kampf im Sommer zu führen sei, waren heftig, und beide Diktatoren hörten offenbar gut zu. Der wahrscheinlichste Schlag der Roten Armee würde sich gegen den verlockenden Orel-Bogen richten und der der Wehrmacht gegen den ebenso verlockenden Kursker Bogen weiter südlich. Beide Seiten überlegten, wo sie ihre schweren Panzer einsetzen, die Brückenbauausrüstung platzieren oder Minenfelder anlegen und wie sie ihre Luftstreitkräfte einsetzen sollten. In gewisser Hinsicht war es wie ein ungeheures Schachspiel.

Die Deutschen schlugen am 5. Juli als erste zu, wobei Mansteins stärkere Truppen von Süden aus auf Kursk vorstießen, während von Kluge eine Zangenbewegung von Norden versuchte. Da dies wahrscheinlich der Kulminationspunkt der vielen Blitzkriegsschlachten der Wehrmacht ist und am besten ihre Schwächen zeigt, verdient er eine genaue Betrachtung. Die deutschen Angreifer stießen sofort auf tief gestaffelte Verteidigungsstellungen, denn die sowjetische Militäraufklärung wusste, was kam, und die Armeeführung hatte für den Gegenangriff zusätzliche Armeen in Position gebracht. Der Kampf war äußerst blutig und sein Höhepunkt das den ganzen Tag dauernde Gefecht zwischen der 5. Garde-Panzerarmee der

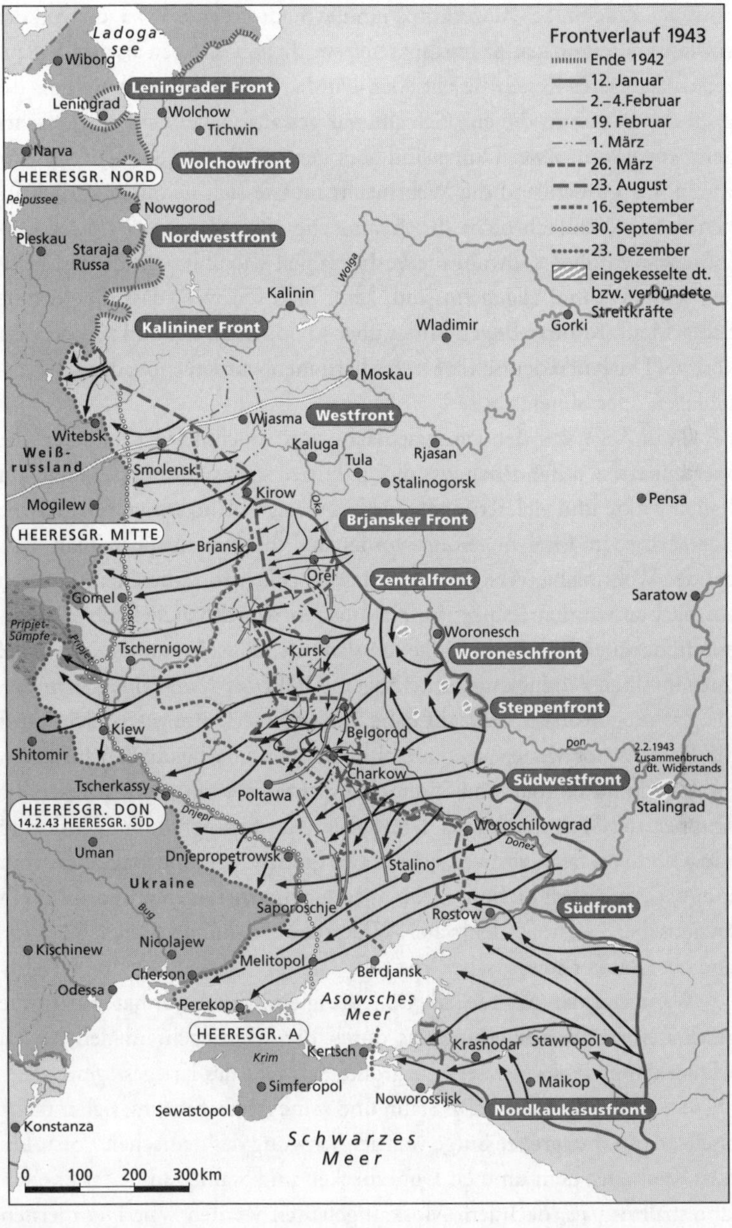

Rückzug: Die sowjetische Offensive 1943 und das deutsche Scheitern bei Kursk und Charkow.

Sowjets und dem SS-Panzerkorps um die Stadt Prochorowka, die von der sowjetischen Propaganda und späteren westlichen Autoren als größte Panzerschlacht aller Zeiten beschrieben wurde. Womöglich war sie das; die Zahl der Panzer in diesem Gefecht war gewaltig (allein auf sowjetischer Seite etwa 800). Zwei Dinge sind aber gewiss: die sowjetischen Verluste waren viel größer, und die Wehrmacht musste sich dennoch zurückziehen, weil sie einfach nicht durchkam. Die «Ära Manstein» an der Ostfront war vorüber. Obwohl die Verlustzahlen wie üblich in diesem Feldzug sehr vage und allgemein sind, kann man schätzen, dass die gesamte Schlacht am Kursker Bogen Hitler über 50 000 Soldaten und 1600 Panzer kostete. Dutzende deutscher Heeresdivisionen wurden entweder ganz zerschlagen oder bluteten aus.[28]

Zwei Tage vor der Panzerschlacht von Prochorowka landeten die Westalliierten auf Sizilien, wodurch Hitler seine Aufmerksamkeit auf Italien lenkte und viele Truppen dorthin verlegte. Und am 12. Juli griff die Rote Armee im Orel-Bogen im Norden an. Von nun an spürte man, dass bei der Wehrmacht Verschleiß einsetzte, Strukturen zerbrachen, Fronten aufgegeben wurden (häufig trotz manischer Durchhaltebefehle Hitlers), erfahrene, aber erschöpfte Einheiten sich mit vielleicht nur einem Viertel ihrer intakten Ausrüstung zurückzogen. Und trotz Mansteins Hoffnung, die gewaltige Kursker Schlacht habe ihre Offensivkräfte geschwächt, griff die Rote Armee weiter an, diesmal neben der entscheidenden mittleren Front auch im Norden und Süden. Langsam und verlustreich wurden die Truppen der Wehrmacht aus dem Gebiet von Leningrad, Smolensk und Kiew und von der Krim vertrieben. Die große Operation Bagration vom Juni 1944 war noch nicht in Sicht, aber der allgemeine Trend war klar: ein sowjetischer Vorstoß, deutscher Widerstand, dann deutscher Rückzug und ein weiterer sowjetischer Vorstoß.

Wann trat die «Wende» im Ostfeldzug ein? Ein Autor hat erklärt, die gescheiterte Eroberung Moskaus durch die Wehrmacht in den harten Winterkämpfen 1941/42 sei «die größte Schlacht des Krieges» gewesen.[29] Diese Schlussfolgerung hätte Stalin und seine Armeeführung sicher überrascht, denn ihre größte Sorge war der Schwung des deutschen Vorstoßes zum Kaukasus, dem unteren Donezbecken und Stalingrad in der zweiten Jahreshälfte 1942, nachdem Moskau gehalten worden war. Die meisten Historiker sehen heute die schwere Niederlage bei Stalingrad als Anfang vom Ende: John Ericksons klassische Studie ist bewusst in die Bände *The*

Road to Stalingrad und *The Road to Berlin* geteilt. Zwischen den zerstörten Lagerhäusern an der Wolga und den Fabriken des ehemals eindrucksvollen Stalingrad endete der deutsche Vormarsch. Ein wichtiger Aufsatz von R. M. Citino betont, dass Ende 1942 – El Alamein, die schrecklichen Kaukasusschlachten, Stalingrad – das endgültige Ende des deutschen Blitzkriegs gekommen war.[30]

Und dennoch gelang es Mansteins gestärkten Panzerarmeen im Frühjahr 1943, die vorgeschobenen sowjetischen Divisionen zu zerschlagen und die gesamte Region Charkow zu erobern. Vielleicht sollte das Stalin überzeugen, einer Art Verhandlungsfrieden für ganz Ostmitteleuropa zuzustimmen. Obwohl die militärische Leistung eindrucksvoll war, hatte sie jedoch keine politische Wirkung. Also begann Hitlers gigantische Militärmaschine eine noch größere Offensive im Osten, Unternehmen Zitadelle, um die sowjetischen Armeen im Kursker Bogen zu vernichten. Es ist interessant, dass Erickson trotz der Zeitgrenze seiner beiden Bücher das Kapitel über Kursk «Ende des Gleichgewichts» und das über Operation Bagration im Sommer 1944 «Niedergang der Wehrmacht» nannte. Die Wende trat offenbar später ein, als er zunächst angenommen hatte und viele Darstellungen immer noch vertreten.

Vor einigen Jahren stellte der Historiker Bernd Wegner die Frage, ob es sinnvoll sei, überhaupt einen Wendepunkt zu suchen. Gab es in dieser mittleren Kriegsphase eine Wasserscheide – Moskau, Stalingrad, Kursk –, d. h. eine Schlacht, durch die und nach der sich der Kriegsverlauf unabwendbar zugunsten des späteren Siegers wendete?[31] Was wenn Hitlers Krieg in Russland von Anfang an zum Scheitern verurteilt war? Zum Scheitern verurteilt wegen der Tatsache, dass das NS-Regime stets hinter den komplett mobilisierten Ressourcen des britischen Empire und der Sowjetunion zurückblieb, so stark es auch seine eigene Wirtschaft ankurbeln und das besetzte Europa ausplündern mochte? Zusätzlich zum Scheitern verurteilt wegen der deutschen Kriegserklärung an die USA bei der Nachricht vom Kriegsausbruch im Pazifik? Zum Scheitern verurteilt durch Ehrgeiz, Entfernungen und unzureichende Stärke?

Es ist klar, dass viele führende Wehrmachtsgeneräle langsam zu dieser Auffassung kamen, aber nur wenige von ihnen wollten den Kampf aufgeben oder dem Führer widersprechen. Einen Rückzug vorzuschlagen, provozierte fast immer einen Wutanfall Hitlers. Als von Rundstedt im November/Dezember 1941 nach den ersten großen Vorstößen durch Russland und die Ukraine vorschlug, wegen des Wintereinbruchs und der Ankunft einer unbekannten Zahl von Divisionen der Roten Armee aus dem Fernen Osten sei es klug, sich zurückzuziehen, die Front zu verkürzen und zu stabilisieren, wurde er entlassen. Sein Name war der erste auf der immer längeren Liste entlassener deutscher Generäle, die von ihrem Herrn gefeuert wurden. Allerdings wurde von Rundstedt bald darauf wieder zum Oberbefehlshaber West ernannt.

Die Divisionskommandeure waren wiederum beunruhigt durch die großen und zunehmenden Transport- und Nachschubmängel. Was nützte es, mit Panzerkolonnen durch die Ukraine vorzustoßen, wenn ihnen immer wieder Treibstoff und Munition ausgingen oder wenn ein havarierter Panzer den Instandsetzungseinheiten 150 Kilometer voraus war? Die Lastwagen der Wehrmacht waren an die wenigen, schlecht befestigten Straßen gebunden, und die gewaltige Zahl an Pferdefuhrwerken war schmerzhaft langsam beim Weg über die schlammigen Pfade, die den Hauptteil der Infrastruktur auf dem Land ausmachten. Die klügeren Generäle zweifelten auch an den Zauberkunststücken Hitlers und des OKW, die die Zahl der Divisionen an der Ostfront erhöhten, indem sie sie einfach verkleinerten und dann neue schufen. So wurden die ursprünglich zehn Panzerdivisionen zwischen dem Fall Frankreichs und dem Beginn von Barbarossa verdoppelt, aber jede war nur noch halb so groß, und dasselbe geschah bei den motorisierten Infanteriedivisionen, die statt je drei Regimentern nur noch zwei hatten.[32] Vielleicht machte das die Einheiten auf dem Schlachtfeld beweglicher und gab den Befehlshabern der Heeresgruppen mehr Flexibilität, aber der unbehagliche Gedanke blieb, dass Hitler aus dem Nichts neue Divisionen schuf, während das Wachstum der Roten Armee real war. Sie zog 30 Millionen Mann ein, von denen über zehn Millionen fielen und eine noch größere Zahl verwundet wurde.

Schließlich konnte keinem der deutschen Generäle an der Ostfront entgehen, dass das Reich ab 1942 in einem Weltkrieg kämpfte und viele ihrer früheren Kollegen von der Offiziersschule auf dem Balkan, in Griechenland, Nordafrika, Frankreich oder Norwegen standen. Deutschland kämpfte an drei Fronten, die Sowjetunion nur an einer. Wie der Bestsellerautor Paul Carell, eigentlich Paul Karl Schmidt, Ribbentrops ehemaliger Pressechef, bemerkt, fand die alliierte Invasion Nordafrikas, gefolgt von Hitlers Befehl zur Besetzung Vichy-Frankreichs im Krisenmonat November 1942, genau zu der Zeit statt, als die sowjetische Armeeführung den Gegenangriff bei Stalingrad begann. Und so hielt die Nachricht vom Vorstoß der Westalliierten nach Nordafrika und in den Mittelmeerraum das OKW eine Weile davon ab, vier der kampfkräftigsten deutschen Divisionen (7. Panzerdivision, «Leibstandarte», «Das Reich» und «Totenkopf») bei Stalingrad einzusetzen.[33] Deutschland konnte nicht überall stark sein, und der Große Vaterländische Krieg lässt sich nicht isoliert beschreiben, auch wenn sowjetische Darstellungen dazu tendieren. Als die Westalliierten in Nordafrika landeten, beeinflussten sie die Schlacht um Stalingrad; als sie auf Sizilien landeten, beeinflussten sie die Schlacht um Kursk, darum wurden eine Division wie die «Leibstandarte» und verschiedene Luftflotten von Front zu Front verschoben. Wie passte das zur Theorie des Blitzkriegs? Überhaupt nicht. Und sobald der Ostfeldzug in den Kontext des globalen Machtkampfs gestellt wird, wäre es tatsächlich irreführend, von einer einzigen Schlacht wie Moskau oder Stalingrad als entscheidendem Wendepunkt zu sprechen.[34] Man kann den Krieg an der Ostfront durchaus entscheidend nennen, ohne eine bestimmte Schlacht zum Schlüssel des ganzen Kampfes zu erklären.

Das bringt uns zum letzten Problem der deutschen Führung des Ostfeldzugs und tatsächlich zum Paradox der deutschen Kriegführung nach 1941. Theorie und Praxis des Blitzkriegs waren gerade darauf ausgelegt, die statischen Kämpfe und Blutbäder des Ersten Weltkriegs zu vermeiden. Diese neue Art der Kriegführung würde anders sein, weil schnelle motorisierte Kräfte die Front des Gegners durchbrechen, seine hinteren Verbindungslinien überrennen und eine Kapitulation erzwingen sollten. Doch dieses Konzept schneller, präziser und effizienter Feldzüge stand Hitlers fanatischer Überzeugung entgegen, den Angriff auf die UdSSR als Vernichtungskrieg zu führen, auf den eine dauerhafte Besetzung riesiger Gebiete fruchtbaren Landes folgen sollte. Es widersprach auch der schrecklichen Gewohnheit, Kriegsgefangene zu erschießen und verhungern zu lassen, das kleinste Dorf nach KP-Funktionären und Juden zu durchkämmen und die Millionen von Ukrainern zu unterdrücken, die die deutschen Truppen zunächst als Befreier willkommen hießen – wie wäre der Krieg mit 40 Millionen Ukrainern auf Seiten der Achsenmächte verlaufen? Ein Blitzkrieg sollte intelligente Kriegführung sein, und das war er 1939 im Polen- und 1940 im Frankreichfeldzug. An der Ostfront war er dumme Kriegführung. Ein Forscher hat zu Recht bemerkt, dass vielleicht «Methoden und Ziele einander von Anfang an widersprachen».[35]

Das oben Gesagte könnte nahelegen, dass der Ausgang an der Ostfront von vornherein feststand. Offensichtlich war es unter den wichtigen Feldzügen derjenige, bei dem die schiere Menge an Menschen und Material am wichtigsten war.[36] Darum sehen wir keine «Problemlöser», wenn die Geschichte so erzählt wird. Zahlen, dazu Wetter und Distanz sind die bestimmenden Faktoren. Doch eine subtilere Argumentation ist notwendig, die die vielen Fragen nach dem Wie und Warum beantworten kann. Hier spielen «Problemlöser» dann doch eine zentrale Rolle. Bestimmte Waffensysteme funktionierten besser als die des Gegners. Bestimmte Feldkommandeure, Nachschuborganisatoren, Wissenschaftler und Ingenieure reagierten auf den Druck des Massenkriegs geschickter als andere. Und die Organisatoren der Roten Armee hatten angesichts der größten Blitzoffensive aller Zeiten die Dinge besser verstanden als jene, die sie führten. Darum erfordert die Geschichte, wie die deutsche Form des Blitzkriegs an den Ufern der Wolga und auf den Weizenfeldern von Kursk stecken blieb, eine ausführlichere Erklärung. Die Sowjetunion gewann diesen Krieg nicht nur, weil sie mehr Menschen in den Kampf schickte als der Feind. Sie gewann, weil sie langsam Mittel entwickelte, um die deutschen Panzerangriffe zu stoppen, ihre Kräfte zu zerstören und dann vorzurücken, um die besetzten Gebiete zurückzuerobern. Ähnlich wie die USA im Pazifik gewann die Sowjetunion ihren Feldzug, weil sie Waffen, Taktik und Kommandostrukturen so geschickt kombinierte, dass die Wehrmacht an dieser Mischung verzweifelte.

Der seltsame Fall des T-34-Panzers

Was waren die Waffen, die Organisation und die Techniken, die der Roten Armee halfen, die Wende an der Ostfront zu erzwingen? Es gab viele, aber die Reihenfolge der Bedeutung unterscheidet sich sehr von unseren verbreiteten Auffassungen, welche sowjetischen Waffen den Blitzkrieg besiegten. Die folgende Analyse führt natürlich zu unserem zentralen Argument zurück, dass die Beiträge bestimmter «Problemlöser» zum Sieg im Zweiten Weltkrieg bisher ignoriert oder unterschätzt wurden. Oft haben wir uns auf die falschen Geschichten, Personen oder Systeme konzentriert. Das Folgende ist ein wichtiges Beispiel.

Wie viele andere Militärhistoriker habe ich lange angenommen, der T-34 und seine späteren Weiterentwicklungen wie der T-34-85 seien die weitaus wirksamste Waffe beim sowjetischen Gegenangriff gewesen. Auf den folgenden Seiten plädiere ich aber dafür, diese Annahme stark zu revidieren. Trotzdem ist sie verständlich. Die Lobeshymnen auf dieses gepanzerte Urtier sind grenzenlos. «Der großartigste Panzer aller Zeiten», «der vielseitigste Panzer des Zweiten Weltkriegs», «die Waffe, die die Deutschen schockierte», sind noch die gemäßigteren Beschreibungen. Schon im Juli 1941 notierte Alfred Jodl, der Chef des Wehrmachtführungsstabes im Oberkommando der Wehrmacht, in seinem Kriegstagebuch die Überraschung angesichts dieses neuen und damit unbekannten Wunderpanzers, der sich den deutschen Angriffen entgegenstellte.[37] In seinem Buch *Unternehmen Barbarossa* berichtet Paul Carell bewundernd von dem verblüffenden Kampf zwischen einem einsamen T-34 und einer Vorhut von Wehrmachtspanzern und -infanterie in der Schlacht bei Senno am 8. Juli 1941: «T-34! Damit tritt nun auch an der Mittelfront die Wunderwaffe in Aktion, …‹Treffer!› rief Oberfeldwebel Sarge. Aber der Russe schien die Granate gar nicht zu spüren. Er fuhr einfach weiter. Nahm gar keine Notiz davon. Zwei, drei, vier Panzer der 9. Kompanie kurvten jetzt in 800 bis 1000 Meter Entfernung um den Russen. Feuerten. Nichts. … Der Russe fuhr weiter, rollte auf einen Feldweg. … Fuhr direkt auf die Pak [Panzerabwehrkanone] zu. Die schoß wütend. Noch zwanzig Meter. Zehn. Fünf. Da war er. Die Männer sprangen zur Seite, flohen.» Als drei dieser Panzer unerwartet im Sumpf stecken blieben und von ihren Besatzungen aufgegeben wurden, kam Guderian persönlich, um sie zu untersuchen. Man berichtet, dass er stumm, nachdenklich und bedrückt wegging.[38] Bis die viel schwereren deutschen Modelle gebaut wurden, waren Panzer III und IV der Wehrmacht im Nachteil, zumindest im direkten Kampf.

Der Eindruck und später die Legende vom T-34 als atemberaubender Macht auf dem Schlachtfeld wurde durch die Aussagen besiegter deutscher Generäle nach dem Krieg verstärkt. Ein Panzerkommandeur wie Mellenthin schrieb: «1941 besaß die Wehrmacht keine Kampfwagen, die einen Vergleich ausgehalten hätten mit den russischen Panzern vom Typ ‹Kw I, II› und ‹T-34›». Feldmarschall von Kleist nannte ihn den besten

Panzer der Welt und Guderian notierte düster, bis dahin habe man Panzerüberlegenheit gehabt, aber von nun an habe die Lage sich umgekehrt und das sei sehr beunruhigend. Douglas Orgill, Autor eines Buches über den T-34, fügt nach diesen Zitaten hinzu: «Wer könnte besser darüber urteilen?» Diese Ansicht wurde stark (und vielleicht überzeugender) in Aussagen von Panzerbesatzungen der Roten Armee betont. Schließlich konnte die Sowjetunion später den Erfolg des T-34 auch zu offensichtlichen Propagandazwecken als Symbol sozialistischen Erfindergeists und industrieller Stärke herausstellen. Die hochgelobte Kraft dieses Panzers überzeugte viele westliche Historiker, ganz zu schweigen von einer langen Liste ausländischer Verteidigungsministerien, die ihn noch lange nach dem Zweiten Weltkrieg kauften – noch 1996 waren Varianten des T-34 in wenigstens 27 Ländern im Einsatz.[39]

Es verwundert nicht, dass gefangene deutsche Generäle guten Grund hatten, eine Waffe zu loben, die sie nicht besaßen, und die sowjetische Propaganda nach 1945 einen noch besseren, um das große Werkzeug der Roten Armee zu loben. Selbst wenn wir auf diese Quellen verzichten, bleibt aber die unbezweifelbare Tatsache, dass 1943 ganze Armeen von T-34 den starken Panzergruppen der Wehrmacht bei Kursk gegenüberstanden, und dass die geschwächten deutschen Divisionen schließlich das Feld räumten. Es stimmt auch, dass die machtvollen Vorstöße der Roten Armee ab dem Sommer 1944, die mit der Eroberung Berlins endeten, von schnellen und riesigen Panzerkolonnen angeführt wurden. Nichts davon bedeutet aber, dass der T-34 eine Wunderwaffe, d. h. etwas Einzigartiges war, als er im Juli 1941 auf dem Schlachtfeld erschien.

Die Geschichte ist viel interessanter. In Wirklichkeit hatte der T-34 zahlreiche Konstruktionsfehler, war in der Schlacht sehr unzuverlässig und litt unter der «An-aus»-Politik Stalins und der Armeeführung beim Panzerbau Ende der dreißiger Jahre. So zeigt die Entwicklung dieser unvollkommenen, aber potenziell vielversprechenden Waffe viele Parallelen zur gleichzeitigen Geschichte der B-29 Superfortress und der P-51 Mustang (siehe Kapitel 5 und 2).

Der sowjetische Fall war jedoch angesichts der längeren Entwicklungszeit noch schlimmer. Selbst die begeistertsten westlichen Autoren geben beispielsweise zu, dass der Turm des T-34 schlecht konstruiert war und zu wenige Panzer über Funk verfügten.[40] Zu Beginn von Unternehmen Barbarossa besaß die Rote Armee außerdem nur rund 1000 dieser

Die Schlacht bei Kursk: Sowjetische Infanterie rückt im Schutz der T-34 Panzer vor. Im Hintergrund schlagen Granaten ein, Juli 1943.

neueren Panzer, ihre Besatzungen waren noch nicht daran ausgebildet, und selbst wenn sie in den Kampf eingriffen, waren sie entlang der Front verstreut und hatten nicht die Durchschlagskraft eines deutschen Panzerverbandes. Sie wirkten auch nicht mit der Infanterie zusammen und verfügten darum nicht über Flankenschutz. Und ihnen ging schnell der Treibstoff aus.[41] Schließlich wurden alle Produktions- und weiterentwickelten Konstruktionspläne durch die deutsche Invasion und die verzweifelte Notwendigkeit gestört, ganze Fabriken aus der Umgebung von Leningrad und Charkow hinter den Ural zu retten (das Werk Nr. 174 etwa wurde aus Leningrad ins über 1500 Kilometer entfernte Omsk verlegt). Im September 1942 standen sogar die berühmten Fließbänder der Leningrader Traktorenwerke still, als deutsche Divisionen die Stadt einschlossen.

Vielleicht waren das nur Kinderkrankheiten, die der Kampf um Stalingrad 1942 oder spätestens die Schlachten um Kursk 1943 ausräumten. Aber die Liste der Schwachpunkte des T-34 war viel länger (und langlebiger) und seine Leistungen in den Kämpfen der mittleren Kriegsphase ungleichmäßig. Obwohl er schließlich zur bedeutenden Waffe wurde, muss zumindest der Zeitrahmen seines Wegs zum Erfolg neu betrachtet werden.

Die Herkunft des T-34 ist unklar. Die meisten Militärplaner der Zwischenkriegszeit hatten den Panzereinsatz der britischen Armee an der Westfront 1917/18 studiert und versuchten in den Folgejahren, mit den technischen Fortschritten und der futuristischen Literatur über diese Waffe Schritt zu halten. Trotz allgemeiner Finanzkrise und starker Meinungsunterschiede innerhalb der Armeen über die genaue Rolle des Panzers in künftigen Kriegen wurden viele Erfindungen vorgeschlagen. In diesen verwirrenden Zeiten produzierte der legendäre amerikanische Erfinder John Walter Christie den Entwurf des M1928. Da die US-Armee andere Vorstellungen hatte und der unorthodoxe Christie sich weigerte, Änderungen vorzunehmen, wandte er sich stattdessen an Kunden wie Polen, England und die UdSSR. So wurden zwei dieser Panzer (ohne Türme und als «Traktoren» deklariert) an die noch kleine Rote Armee verkauft. Das war nicht so ungewöhnlich wie es scheint, da die Russen auch britische Vickers-Panzer kauften. Die Briten wiederum kauften einen Christie-Entwurf und bauten daraus ihren Cruiser Mark III.[42]

Mehrere Aspekte von Christies Erfindung faszinierten die Rote Armee. Sie hatte als erste eine geneigte Panzerung mit 40 Prozent Neigungswinkel an der Vorderseite, was die Widerstandsfähigkeit gegen Geschosse gewaltig steigerte. Zweitens entwarf Christie innovative Aufhängungssysteme und gab seinen M1928/M1931-Fahrzeugen eine variable oder Federaufhängung. Trotz Verzögerungen durch Stalins Säuberungen und Meinungsverschiedenheiten unter sowjetischen Generälen über den Einsatz von Panzern, begannen sowjetische Konstrukteure, Christies Ideen mit den Vickers-Plänen zu kombinieren und ihre eigenen Hybridmodelle zu entwerfen, den A-20, A-32 und dann T-34.

Ende der dreißiger Jahre saß das Hauptkonstruktionsteam im Lokomotivenwerk «Komintern» in Charkow unter Führung des Ingenieurs Michail Koschkin, einem ungewöhnlich fähigen Erfinder und Manager, der auch Stalins Ohr bei den internen Debatten der Roten Armee besaß, ob leichte Kavalleriepanzer oder schwere Kampfpanzer vorzuziehen seien. Trotz all dieser Streitigkeiten ging die Entwicklung des T-34 weiter. Der Benzinmotor wurde durch einen neuen V-12-Dieselmotor ersetzt; ob er wirklich schwerer entflammbar war als ein Benzinmotor und damit bei Treffern weniger gefährlich, ist ungeklärt, aber laut Äußerungen aus der

Nachkriegszeit scheint er die Besatzungen beruhigt zu haben. Zweitens wurde auf allen Seiten eine geneigte Panzerung angebracht, und in der Rückschau sieht man die Form des modernen Kampfpanzers Gestalt annehmen. Schließlich bekam er eine größere Kanone (7,6 cm). Langstreckentests des T-34-Prototyps im Winter 1938/39, während denen Koschkin sich eine Lungenentzündung zuzog und starb, überzeugten die Armeeführung, die Produktion anzukurbeln.[43]

Diese Entscheidung gab der Roten Armee in den ersten zwei Kriegsjahren nicht den perfekten Panzer. Es gab immer noch viel zu wenige T-34, sie wurden verstreut statt konzentriert eingesetzt, und die Besatzungen waren überwiegend unerfahren. Sie kamen frisch aus Kolchosen und Fabriken, erhielten eine kurze Grundausbildung und wurden dann in eine seltsame Konstruktion gesteckt, die schwer zu bedienen war. Häufig mussten sie schwierige Ziele angreifen und gerieten von allen Seiten in Hinterhalte. Es überrascht kaum, dass ihre Vorteile gegenüber den deutschen Panzern (bessere Panzerung, bessere Manövrierfähigkeit in Schlamm und Schnee) unter diesen Umständen neutralisiert wurden. Doch in dieser Frühphase des Krieges kämpfte auch jede andere Armee auf der Welt mit Kinderkrankheiten bei ihren Panzern, Torpedos, Bombern und Langstreckenjägern. Es war gerade die Aufgabe des Personals der mittleren Ebene, diese zahlreichen Probleme zu lösen.

Die Lösung der technischen Probleme des T-34 dauerte lange. Man sollte annehmen, das Problem sei Mitte 1943, zur Zeit von Kursk und acht Monate nach Stalingrad, behoben gewesen, aber dem ist nicht so. Wäre alles gut gewesen, warum hätte dann der Volkskommissar für die Panzerindustrie Malyschew das Panzerwerk Nr. 112 kurz *nach* der Schlacht von Kursk inspiziert, sich über die schwache Leistung des T-34 gegenüber den deutschen Panzern beklagt und den überproportionalen Verlust sowjetischer Panzer und ihrer lebenswichtigen Besatzungen betrauert, wann immer sie einen einzelnen Tiger oder Panther ausschalten sollten?[44] Offensichtlich waren zumindest für ihn die T-34, auch die Mitte 1943 produzierten, immer noch nicht gut genug.

Das Problem lag in der Konstruktion und den operativen Schwächen des Panzers, die damals aus offensichtlichen Gründen geheim gehalten wurden. Erst kürzlich hat der russische Historiker Isaev auf Englisch eine Sammlung von Erinnerungen und Interviews mit ehemaligen Panzerfahrern, -kommandanten und anderen Besatzungsmitgliedern der T-34 veröffentlicht.[45] All diese Männer mochten ihr Fahrzeug gern, äußerten sich aber als pensionierte einfache Soldaten sehr offen über seine Schwächen: die schwergängige Lenkung, die Neigung zum Lecken, den engen Innenraum. Ihre Aussagen werden auch von einer ganz anderen Quelle bestätigt, der sowjetischen Zusammenfassung eines detaillierten Berichts von den Konstrukteuren, Ingenieuren und Fahrern des berühmten US-Panzertestgeländes in Aberdeen (Maryland). Die Sowjets hatten Ende 1942 einen T-34 geschickt, wahrscheinlich um ein Feedback zu bekommen. Die Amerikaner waren Spezialisten und ihre Zusammenfassung klar, präzise und ausgewogen. Die Hauptverwaltung Aufklärung (GRU) der Roten Armee, die die Erkenntnisse für die Armeeführung übersetzte und zusammenfasste, hatte keine Zeit für Haarspalterei – schließlich tobte gerade die Schlacht von Stalingrad, und man brauchte alle nützlichen Informationen, die zu bekommen waren.[46]

Die amerikanischen Tester bewunderten die abfallende Silhouette des T-34, «besser als bei jedem amerikanischen Panzer». Man fragt sich, ob sie wussten, dass ihre Vorgänger 14 Jahre zuvor Christies Entwurf abgelehnt hatten? Der «gute und leichte» Dieselmotor gefiel ihnen, und sie beklagten das Monopol der US Navy auf die amerikanischen Fabriken für Dieselmotoren. Die Kanone des T-34 war einfach, zuverlässig und leicht zu bedienen und die Zielvorrichtung «die beste der Welt». Dank seiner breiteren Ketten kam der Panzer eine Anhöhe schneller herauf als britische und amerikanische Panzer. So weit, so gut, doch dann fasste die Hauptverwaltung Aufklärung die viel längere Liste der Mängel zusammen, die den Spezialisten in Aberdeen auffiel.

Die Luftfilter waren erbärmlich, so dass schnell sehr viel Dreck in den Motor kam, der sich dann überhitzte und die Kolben beschädigte. Die Panzerung bestand weitgehend aus weichem Stahl und ließ sich durch Legierungen mit Metallen wie Zink verstärken. Wegen schlechter Vernietung leckte der T-34 bei heftigem Regen und Flussdurchquerungen sehr stark, was die Elektrizität und sogar die Munition beschädigte. Die amerikanischen Tester wiesen auch auf die Schwäche der Ketten hin, die Aufhängung und die Kettenbolzen waren zu dünn. Problematisch war auch, dass die Auspuffrohre direkt nach unten bliesen und große Staubwolken für die nachfolgenden Panzer aufwirbelten, was aufgrund der schlechten Luftfilter des Motors zu Ablagerungen führte. Das Getriebe war fürchterlich und setzte mehr T-34 außer Gefecht als der Feind. Die Funkgeräte funktionierten schlecht, bis ein britisches Modell massenhaft produziert wurde, und es gab keine internen Kommunikationsmittel für die Besatzung, außer dass der Kommandant mit dem Fuß auf die Schulter des Fahrers klopfte. Schließlich war der Platz des Kommandanten selbst ein Gräuel, denn im Kampf musste er zu viele Dinge in einem zu engen Kampfraum voller Hebel und Pedale tun, die oft so schwergängig waren, dass ihr Verstellen einen kräftigen Schlag mit dem (zur Ausrüstung gehörenden) Vorschlaghammer erforderte.[47]

Die Liste wurde ernst genommen, denn die russische Zusammenfassung schloss mit neun Empfehlungen, jede in Übereinstimmung mit den Aberdeen-Tests. Das Dilemma war nur, dass man für diese Veränderungen die Produktion in den großen Panzerfabriken zu einem entscheidenden Zeitpunkt des Großen Vaterländischen Krieges hätte stoppen müssen. Die neueren Versionen konnten auch neue Probleme mit sich bringen, und die Besatzungen mussten neu ausgebildet werden. Sollten die Sowjets also die Produktion stark drosseln, um einen langfristigen Vorteil zu erlangen, oder weiterhin den fehlerhaften Panzer bauen, da alle Waffen für den unmittelbaren Kampf gebraucht wurden? Von Anfang 1942 bis Ende 1943 glaubte die Rote Armee, keine Wahl zu haben. Sie musste trotz überproportional hoher Verluste weiterhin die alten T-34 an die Front schicken, um den Vormarsch der Deutschen zu stoppen und deren Panzerarmeen zu zerstören. Technische Verbesserungen konnten erst kommen, wenn der Frühjahrs- und Herbstschlamm die Kampfhandlungen einschränkte. Es überrascht darum nicht, dass sowjetische Panzer bei Kursk immer noch hohe Verluste erlitten, und dass Malyschew die Abschussraten beklagte – aber was sollten die Produktionsleiter tun, da man ihnen nicht erlaubt hatte, gleich nach Stalingrad größere Konstruktionsänderungen vorzunehmen? Und die Schlacht im Kursker Bogen enthüllte ein neues Problem: die 7,6 Zentimeter-Kanone des T-34 war den Tigern und Panthern unterlegen, man brauchte einen Dreimannturm, und eine Torsionsfederung war für raues Terrain unverzichtbar. Alles was die T-34-Fabriken im Winter 1943/44 realistischerweise tun konnten, war der Bau vieler undichter Panzer.

Die wahren Erfolge des T-34 kamen erst Anfang bis Mitte 1944, interessanterweise parallel zur Einführung der Mustang-Jäger im Luftkrieg über Westeuropa. Die neuen sowjetischen Modelle hatten eine bessere, stabilere Konstruktion, eine viel schwerere 8,5 Zentimeter-Kanone, einen geräumigen Dreimannturm mit Funkgerät, bessere Luftfilter und allgemeine Belüftung, ein stark verbessertes Sehrohr zur Rundumsicht, stärkere und breitere Ketten. Außerdem erhöhten die Unterstützungssysteme, die größere Effizienz der Bergungsteams und die schnellere Treibstoffversorgung die Schlagkraft der Roten Armee. Wie bei anderen Waffensystemen der Mittelphase des Zweiten Weltkriegs kamen alle Veränderungen schrittweise und ließen sich erst umsetzen, als die Umstände es erlaubten und man die harten Lektionen früherer Kämpfe verstanden hatte. In diesem Fall konnten die erwünschten Verbesserungen nach dem deutschen Rückzug von Kursk erfolgen. Der Bau alter T-34-Panzer ging im Herbst 1943 zurück, hörte aber nicht ganz auf, während die Produktion sich stetig zu den eindrucksvollen neuen Panzertypen verlagerte, als Vorbereitung auf die großen Vorstöße des kommenden Jahres.

Die zweite große Verbesserung zwischen 1943 und 1944 war nicht technisch, sondern taktisch. Gegen entschlossene deutsche Verteidiger waren die T-34 nicht gut eingesetzt worden. Selbst der stärkere T-34-85 war im direkten Gefecht gegen einen Tiger oder Panther meist unterlegen, und trotz der überwältigenden zahlenmäßigen Überlegenheit der Sowjets war es für Kommandanten oder Besatzungen schwer erträglich, der Zerstörung von vier eigenen Panzern zuzusehen, um einen einzigen Gegner auszuschalten. Überdies besaß die Wehrmacht ab Herbst 1943 die extrem bedrohliche Panzerfaust, die sehr viel wirksamer war als alle tragbaren Panzerabwehrwaffen der Roten Armee. Und es gab immer Minen. Sich in von den Deutschen gehaltenen Städten vorzukämpfen, vor allem als die Fronten der Wehrmacht kürzer wurden, schränkte die Beweglichkeit des T-34 stark ein. Warum sollte man ihn nicht befreien oder zumindest einige sich frei bewegende Brigaden schaffen, die den Feind umfahren und an unerwarteten Stellen zuschlagen konnten? Warum sollte man nicht von Guderian lernen und die neueren Einheiten von T-34-85 eigenständig operieren lassen? Warum sollte man nicht eine schwächere Stelle der feindlichen Linien durchbrechen und dann die «tiefe Operation» entfalten? Im letzten Jahr der Kämpfe an der Ostfront, als sowjetische Panzerverbände durch Bessarabien, Rumänien, Südpolen und Ungarn auf Österreich vorstießen, sollte das geschehen.

Als die schlachterprobten sowjetischen Panzerarmeen im Lauf des Jahres 1944 die verbesserten Modelle bekamen und eine viel erfahrenere und zuversichtlichere Armeeführung den großen Vorstoß auf Berlin orchestrierte, konnte man den T-34-85 mit Recht den vielseitigsten Kampfpanzer des Zweiten Weltkriegs nennen, obwohl er noch immer einen Tiger nicht im direkten Duell ausschalten konnte. 1944 waren alle Panzer – amerikanische, deutsche und sowjetische – viel stärker und effektiver als zwei Jahre zuvor. Der entscheidende Punkt ist, dass der T-34 im Laufe der Zeit zu einer eindrucksvollen und zerstörerischen Waffe gegen die deutschen Invasoren *wurde*.

Daher muss der Historiker, der die wachsende Effektivität der Roten Armee im Kampf gegen die Wehrmacht zwischen 1942 und 1944 erklären will, anders ansetzen. Dies heißt nicht, die wichtige Rolle des T-34 zu leugnen oder eine andere vorgebliche Wunderwaffe zu suchen. Vielmehr sollten wir erkennen, dass dieser nach und nach verbesserte Panzer nur eines von mehreren sowjetischen Waffensystemen war, die nur zusammen eine entscheidende Wirkung auf diesem blutigen Schlachtfeld erzielten.

Die Panzerkiller: Pak und Minen

Als Montgomery und Schukow im Mai 1945 in Berlin zusammentrafen, kann man annehmen, dass sie sich zwischen den Feiern und gegenseitigen Ordensverleihungen über ihre jeweiligen Feldzüge gegen den gemeinsamen Feind austauschten. Die beiden Feldmarschälle hatten sehr ähnliche Verfahren entwickelt, wie sie einen heftigen Bodenangriff der Deutschen stoppten und dann, wenn die Zeit reif war, zurückschlugen. Beide hatten sich zunächst darauf konzentriert, starke Defensivpositionen aufzubauen, was den Gebrauch von «Kleinkriegs»-Waffen[48] wie Panzerabwehrraketen, Minenfeldern, Gräben und anderen Hindernissen bedeutete, um den Panzerangriff aufzuhalten und erst dann vorzustoßen. El Alamein und Kursk unterschieden sich in Zeit, Raum und Zahlen, aber nicht im Grundsätzlichen. In beiden Fällen stoppten die Verteidiger die deutschen Angriffe und fügten ihnen irreparable Schäden zu, bevor sie selbst einen unaufhaltsamen Vormarsch starteten.

Schukow drängte ebenso sehr darauf, riesige Minenfelder anzulegen, wie Rommel und Montgomery, vielleicht noch mehr (soweit ich weiß, beschäftigte sich kein amerikanischer General mit Minenkriegführung). Minen waren billig und leicht in großer Stückzahl herzustellen, leicht

Viel zu erzählen: Montgomery und Schukow 1945 in Berlin.

zum Schlachtfeld zu transportieren, gut im Boden zu verstecken und ließen sich in allen möglichen Schachbrettmustern anordnen. Sie brauchten nicht stark genug zu sein, um einen Panzer oder Geländewagen zu zerstören; es genügte, wenn ein Rad beschädigt wurde oder eine Kette brach. Dann gab es die Antipersonenminen mit schwächerer Detonation, aber stark genug, um die deutschen Infanteristen zu töten, die neben den Panzern herliefen. Schließlich gaben Minenfelder – oder vielmehr der Versuch, des Angreifers, sie zu durchbrechen – dem Verteidiger wertvolle Zeit, seine eigenen Aktionen vorzubereiten, wie die Schlachten um El Alamein zeigten.

Dies bestätigte sich erneut und in viel größerem Umfang in der Schlacht von Kursk, wo sich das größte Minenfeld des Zweiten Weltkriegs befand. Wie Montgomery acht Monate vorher waren Schukow und die Armeeführung gut vorbereitet. Die Kampflinien der Ostfront im Juni 1943 legten nahe, dass eine von allen erwartete und massive Wehrmachtsoffensive versuchen würde, den Kursker Bogen einzuschließen und ein weiteres Beispiel für eine deutsche Kesselschlacht zu liefern. Aufgabe der gut ausgebildeten und schlagkräftigen Wehrmachtsdivisionen war die Ausführung dieser Zangenbewegung. Aufgabe der kampferprobten Rotarmisten war es, sie zu verhindern. Und nichts bremste schnelle Panzerangriffe so sehr wie tief gestaffelte Minenfelder.

Im Frühjahr legte die Rote Armee Zehntausende Minen im ganzen Kursker Bogen aus, die bald vom wachsenden Sommerweizen verborgen waren. «Die Dichte der Minenfelder, vor allem zwischen den Stützpunkten, war bemerkenswert hoch, durchschnittlich 2400 Panzerminen und 2700 Personenminen pro Meile», schreibt Mark Healy. Die von den wertvollen Pioniereinheiten verlegten Defensivgürtel aus Minenfeldern waren zwischen 25 und 40 Kilometer tief. Damit blockierten sie jede Aussicht auf «blitzartige» Panzervorstöße.[49]

Wo die Minen die Panzer nicht stoppten, taten es die Panzerabwehrwaffen der Roten Armee. Die Sowjets verließen sich traditionell genauso stark wie die Briten auf Feldartillerie, d. h. eine Kombination aus Mörsern/Haubitzen, regulären schweren Feldgeschützen und Raketen (Katjuschas), um feindliche Angriffe abzuwehren, gegnerische Linien anzugreifen und den Feind in die Luft zu jagen, bevor Panzer und Infanterie überhaupt gestartet waren. Bei Kursk setzten die Sowjets über 20 000 Geschütze und Mörser ein, weit mehr als die Wehrmacht zu diesem Zeitpunkt noch besaß. Die 8,5 Zentimeter-Kanonen waren besonders wirksam, weil die Rote Armee endlich gelernt hatte, sie in großen Gruppen zusammenzufassen und die einzelnen Kanonen in Gruben, Betongebäuden und Tausenden von vorgefertigten und sogar transportablen Betonbunkern aufzustellen. Fast alle dieser Offensiv- und Defensivwaffen hatte es 1941 schon in Ansätzen gegeben, aber wie die frühen T-34-Panzer waren sie stets verstreut eingesetzt worden, nach John Ericksons Lieblingsformulierung «tröpfchenweise», und es gab nie genug, um die lange, zusammenbrechende Front zu stabilisieren.

Zusätzlich wurden noch zwei Waffen speziell für die Panzerbekämpfung entworfen. Das erste war eine primitive, aber wirksame Panzerbüchse (Degtjarjow PTRD-41), mit der ein einfacher Infanteriezug eine Panzerkette oder andere ungeschützte Teile wegschießen konnte. Obwohl sie im Vergleich mit den späteren amerikanischen Bazookas und deutschen Panzerfäusten eine krude Waffe war, war sie wirksam, weil die Sowjets mehr davon benutzten als jede andere Armee und von ihren Infanteristen erwarteten, dicht an die deutschen Panzer heranzukommen.

Wahrscheinlich gewann die Rote Armee den Ostfeldzug, weil sie bereitwillig mehr Soldaten opferte als jede andere Armee. Für die Armeeführung war der Verlust von einem Dutzend Männern oder mehr, um zwei Panzer auszuschalten, nicht zu hoch.[50]

Die zweite Waffe war die viel stärkere Panzerabwehrkanone (Pak), zuerst eine langläufige 4,5 Zentimeter-Waffe mit gemischter Erfolgsbilanz – schnelle Panzerkolonnen schossen viele davon ab –, auf die die stärkere 5,7 Zentimeter-ZiS 2 folgte. Die Produktion letzterer, die von V. G. Grabin konstruiert und im riesigen Artilleriewerk Nr. 92 in Gorki gebaut wurde, begann 1941, wurde 1942 aus unbekannten Gründen gestoppt und dann wieder aufgenommen, als die Rote Armee die Defensivstärke der neuen Panther- und Tiger-Panzer sah und merkte, dass die eigenen 4,5 Zentimeter-Kanonen zu schwach waren. Ab Juni 1943 kamen die neuen Kanonen aus der Fabrik, nur kurze Zeit vor der deutschen Offensive gegen Kursk. Erneut fällt auf, wie spät die Wende in diesem und anderen Feldzügen eintrat, als verbesserte Waffen endlich das Schlachtfeld erreichten. Der Militärhistoriker John Keegan bemerkt zu dieser Schlacht: «Kursk darf als die erste Schlacht gelten, in der das Panzerabwehrgeschütz … tatsächlich die [ihm] zugedachte Funktion erfüllte – die angreifenden feindlichen Panzer, ohne Unterstützung durch eigene Panzer, abzudrängen und, wenn möglich, zu vernichten».[51]

Kathryn Barbiers Beschreibung, wie sich die Rote Armee auf den Angriff auf Kursk vorbereitete, ist nicht zu übertreffen. Bis Juli 1943 «hatten die Sowjets eine Serie von Stützpunkten mit starker Konzentration von Kanonen in den Gebieten geschaffen, wo feindliche Vorstöße am wahrscheinlichsten waren. Dann verbanden sie diese Punkte zu Panzerabwehrzonen. In jeder Zone gab es mindestens drei Stützpunkte in Kompaniestärke. Jeder besaß 4–6 Pak, 15–20 Panzerbüchsen, mehrere Panzer und Selbstfahrlafetten und einen Pionierzug, der Panzer mit Minen und Granaten angreifen konnte. Die Sowjets bauten alle Arten von Artillerie, einschließlich Flak, in ihre Abwehrstellungen ein, die 30–35 Kilometer tief gestaffelt waren.»[52] Auch hier ist entscheidend, dass weder die Panzerbüchsen noch die Pak oder Minen etwas anderes zu tun brauchten, als einen sich nähernden Panzer zu beschädigen. Wenn seine Kette getroffen wurde, war das Fahrzeug gelähmt und konnte nicht mehr angreifen. Außerdem war die Wehrmacht, wie wir gesehen haben, nicht sehr effektiv beim Heranbringen ihrer Instandsetzungseinheiten und schien selbst in dieser Kriegsphase nicht zu begreifen, dass gute Logistik die Grundlage des Sieges ist.

Der exzentrische und polemische Stratege Fuller bemerkte trotz seiner übertriebenen Begeisterung für rasche und weite Militärschläge oft, die Rolle des Panzers sei offensiv, die der Infanterie defensiv. Das Problem lag darin, dass Fuller und seine Anhänger meinten, ein schneller Panzerangriff werde immer funktionieren und so die Offensive stets den Sieg erringen. Das war aber bei den *fünf* Verteidigungslinien um Kursk oder den vielen Linien um El Alamein bei Rommels Angriff unmöglich. Und hinter diesen Linien warteten Gruppen von Panzern auf den Gegenangriff, sobald die Hälfte oder mehr der angreifenden Panzer außer Gefecht gesetzt war.

Somit zeigen sich die praktischen Probleme der Wehrmacht in dieser Kriegsphase an der Ostfront: der Mangel an Munition und Treibstoff, die Minenfelder und die effektiven Panzerabwehreinheiten der Roten Armee. Und das geographische Problem war, dass es keine Schwachpunkte mehr gab, die einen Vorstoß nach dem Vorbild Guderians zuließen. Es ist daher kein Wunder, wenn die offiziellen Kriegstagebücher der deutschen Armeen, die im Juli 1943 von Norden und Süden auf den Kursker Bogen vorstießen, berichteten, dass sie die Richtung zu ändern oder eine andere Flanke zu attackieren versuchten, um einen schwachen Punkt zu finden. Doch es gab keinen.

Schließlich hatten all diese sowjetischen Waffensysteme ab Mitte 1943 einen weiteren Vorteil: die Mobilität durch den stetigen Strom von Studebaker-Lastwagen und die allgegenwärtigen Jeeps. Der Chauvinismus des Kalten Kriegs erzeugte später eine nutzlose Debatte darüber, wie viel oder wie wenig das amerikanische Lend-Lease der Sowjetunion im Krieg «geholfen» habe, und es ist wahr, dass die Mehrzahl der Armeefahrzeuge (bei Kriegsende 58 Prozent der 665 000 Lastwagen) im Lande selbst gebaut wurden. Ebenso wahr ist aber, dass die amerikanischen Lastwagen und Jeeps sehr viel robuster und zuverlässiger waren, dass die Frontkommandeure sie haben wollten und dass sie allein zum Kanonen- und Munitionstransport für die Kampfeinheiten eingesetzt wurden, die sowjetischen Lastwagen dagegen für den sonstigen Nachschub und den Transport der Verwundeten. Man sieht hier eine hübsche Symbiose: Amerikanische Lastwagen, die mit britischen Konvois transportiert wurden, steigerten Schukows Mobilität an der Front. So konnte sich 1944 ein vollständig motorisiertes Panzerabwehrregiment wahrscheinlich schneller bewegen als ein Panzerregiment. Das gelang keiner anderen Armee.[53]

Die erfolgreiche Verteidigung von Kursk durch die Rote Armee und ihr stetiges Vorrücken im Lauf des nächsten Jahres wurde zudem durch drei weitere Vorteile befördert, die sie gegenüber der Wehrmacht besaß: eine überlegene Fähigkeit zum Brückenbau, Täuschungstechnik und Hilfe durch ein großes Partisanennetz. Die ersten beiden sind gute Beispiele für Organisationen auf mittlerer Ebene, die akute militärische Probleme lösen können. Wie bekam man beispielsweise bei der Wiedereroberung Eurasiens ab dem Sommer 1943 drei oder fünf sowjetische Armeen und ihre schwere Ausrüstung über einen breiten Fluss? Das nächste Kapitel wird die Geschichte der zunächst erfolglosen angloamerikanischen Anstrengungen darstellen, breite Gewässer zu überwinden und an einer feindlichen Küste zu landen. Dies war aber auch eine große logistische Herausforderung für jede sowjetische Armeegruppe (mit Panzern, Selbstfahrlafetten, schwerer Artillerie, Katjuscha-Raketen, Lastwagen, Hauptquartier usw.) wegen der extrem breiten und schilfgesäumten Flüsse – Wolga, Don, Dnjepr, Dnjestr und Weichsel.

Mit diesem Problem hatten sich die Russen wegen ihrer Geographie und ihrer Geschichte seit Jahrhunderten beschäftigen müssen, so führte der große General Suworow 1799 eine ganze Armee bis zu den Alpen, wobei er offensichtlich viele Flüsse überwinden musste. Obwohl der Pontonbau in den Planungsdokumenten der sowjetischen Aufrüstung in den dreißiger Jahren keine große Rolle spielt, besaß die Rote Armee am 1. Januar 1942, als die Schlacht um Moskau sich dem Ende zuneigte, bereits 82 Pionierbataillone und weitere 46 Brückenbaubataillone, die drei Jahre später beim Vormarsch auf Berlin größte Bedeutung gewannen. Im Januar 1944 verfügte sie sogar über nicht weniger als 184 Pionier- und 68 Brückenbaubataillone.[54] Offenbar maß das Sowjetsystem Ingenieuren allgemein viel mehr Bedeutung bei als das deutsche Oberkommando.

In der Notlage, die durch den Beginn von Unternehmen Barbarossa entstand, lösten die Konstruktionsbüros des Volkskommissariats für Verteidigung (NKO) – uns fehlen immer noch viele Einzelheiten, wer dessen Mitarbeiter waren – das logistische Problem. Zunächst konnten sie nicht viel tun, denn es war schwierig, Pontonbrücken zu entwerfen und zu bauen, während der Angreifer Minsk, Kiew und Smolensk eroberte und auf Moskau vorstieß. Im Frühjahr 1942 schickte das NKO aber seine ersten Bausätze, ziemlich primitive Holzfähren (eigentlich Flöße), die Soldaten und leichte Ausrüstung über einen Fluss setzen konnten. Aneinandergekoppelt bildeten sie den Unterbau einer improvisierten und sehr schnell zu bauenden Brücke und waren nach dem Abbau anderswo zu verwenden. Diese «Pontonbrückenparks» beruhten auf einfacher, robuster und massengefertigter Ausrüstung, darum bauten die Fabriken nichts mit amerikanischen Landungsbooten für Panzer Vergleichbares. Im September 1942 kamen die ersten neuen TMP-Pontonbrücken an die Front, gerade rechtzeitig für Stalingrad. Ihre Montagetrupps konnten eine Brücke über die breite Wolga mit 80 Tonnen Tragfähigkeit binnen drei bis fünf Stunden fertigstellen, eine bemerkenswerte Leistung.[55]

Gleichzeitig arbeitete eine andere Gruppe von NKO-Konstrukteuren und Produktionsteams an Spezialausrüstung für eine der Lieblingstaktiken der Roten Armee – «Maskirowka» oder Täuschungsmanöver. Die Idee war so alt wie der Krieg selbst; Scipio, Friedrich der Große, Napoleon bedienten sich alle der Täuschung, und die Westalliierten taten dasselbe dann sehr erfolgreich vor und während der Landung in der Normandie. Die Führung der Roten Armee sah Täuschung als zentralen Teil des Vorrückens nach Westen an, und zwar aus zwei offensichtlichen Gründen: Zum einen teilte sie den allgemeinen Respekt für die Fähigkeit der Wehrmacht, an jeder Front schnell und hart gegen einen Angriff zurückzuschlagen, zum anderen war der Angriff über einen breiten und schnell fließenden Fluss ebenso gefährlich wie eine Landung an Korallenriffen, wegen der Verletzlichkeit durch gegnerisches Feuer vom anderen Ufer. Man musste dort zuschlagen, wo der Feind sich nicht befand oder nur eine schwache Frontlinie hielt. Das NKO konzentrierte sich deshalb auf die Produktion eines Ausrüstungsspektrums von Tarnnetzen und Materialien zur Terraintarnung bis hin zu Panzer- und Kanonenattrappen. Falsche Schützengräben, Flugplätze und Panzerparks wurden ebenfalls gebaut. All das wurde im Feld von besonderen Maskirowka-Kompanien ausgeführt, die jeder Front der Roten Armee für die doppelte Aufgabe zugeordnet waren, einerseits Stärken der Armee zu verbergen und eine Offensive vorzubereiten und andererseits falsche Angriffspunkte und Kräftemassierungen vorzutäuschen.[56]

Eine große Hilfe für die erfolgreiche Anwendung dieser neuen Techniken war die schnelle Ausbreitung der sowjetischen Partisanengruppen innerhalb der deutsch besetzten Gebiete ab Mitte 1942. Hier rächte sich die brutale Behandlung der Ukrainer und anderer ethnischer Gruppen in Stalins verhasstem Imperium durch die Wehrmacht, und je härter die Deutschen auf Partisanenaktivitäten mit Massenerschießungen, Aufhängen an Bäumen und dem Niederbrennen von Kirchen und Dörfern reagierten, desto mehr Männer, Frauen und Kinder wurden in den Widerstand getrieben. Offenbar hatte die Wehrmacht aus den Schwierigkeiten bei den Repressionen auf Kreta und in Griechenland und Jugoslawien nichts gelernt. So standen die deutschen Truppen von der Bretagne bis Weißrussland und von Norwegen bis Rhodos vor der doppelten Aufgabe, die Angriffe der Alliierten abzuwehren und auf sporadische Attacken innerhalb der besetzten Länder zu reagieren. Hier arbeiteten die sowjetischen Koordinatoren von Spezialaktionen genau wie ihre britischen Kollegen eifrig daran, den Partisanen Waffen, Dynamit, Funkgeräte und Sprengexperten zu schicken. Als die Schlacht um Kursk losbrach, begannen schätzungsweise 100 000 Partisanen mit Sabotage- und Heckenschützenaktionen. Im Juni 1943 zerstörten Partisanen 298 Lokomotiven, 1222 Waggons und 44 Brücken im Gebiet direkt hinter der Heeresgruppe Mitte – ein beunruhigendes Zeichen für Manstein und andere Generäle bei der Vorbereitung der Offensive. Ein Jahr später, kurz vor dem nächsten großen Vorstoß der Roten Armee, der weiter unten beschriebenen Operation Bagration, zündeten weißrussische Partisanen Zehntausende von Bomben an Bahnlinien und Brücken und warteten auf den Befehl, verstreute Wehrmachtseinheiten anzugreifen, nachdem die großen Schläge stattgefunden hatten. Obwohl Partisanen aber der Roten Armee helfen konnten, waren sie nicht in der Lage, selbst die Wende an der Ostfront herbeizuführen. Nach Meinung einer Historikerin war ihre Wirkung am größten, als die sowjetischen Armeen schon Richtung Berlin marschierten.[57]

Die Partisanen lieferten auch zahlreiche Informationen über deutsche Truppenbewegungen. Zugegebenermaßen war es oft schwierig, daraus schlau zu werden, denn 1943/44 gingen die Berichte Dutzender, wenn nicht Hunderter Partisanengruppen ein, so dass die Armeeführung vor einem ähnlichen Problem stand wie die Amerikaner vor Pearl Harbor: zu viel «Nebengeräusche». Das sowjetische Oberkommando brauchte spezifische Daten: genaue Zeit, genaue Zahl, genaue Linie des ersten Angriffs, genaue Route der versuchten Einkesselung usw. Fast jeder – der Spionagering Lucy in der Schweiz, britische Enigma-Dechiffrierungen, die Rote Kapelle, Mitglieder der Cambridge Five, Kriegsgefangene – berichteten, im Juni oder Juli 1943 stehe eine große deutsche Offensive bevor, aber was erfuhr Schukow dadurch Neues? Die Armeeführung hatte allein im Mai schon dreimal Alarm gegeben. Anfang Juli war die Spannung an der Front kaum noch erträglich und am 5. Juli nahm eine sowjetische Patrouille um 2 Uhr nachts einen deutschen Pionier beim Räumen eines Minenfelds gefangen. Schukow und Rokossowski entschieden, sofort mit massivem Sperrfeuer zu beginnen. Der Kontrast zur erzwungenen Untätigkeit am 21./22. Juni 1941 könnte größer nicht sein. Die Schlacht um den Kursker Bogen hatte begonnen, aber welche Rolle die Aufklärung dabei spielte, ist immer noch unklar, und die Debatte unter Forschern über «Kursk und die sowjetische Aufklärung» dauert unvermindert an.[58]

Weitere wichtige Aufklärungsdaten für die Armeeführung kamen von den regelmäßigen Berichten der Luftaufklärung, die sich seit Stalingrad enorm verbessert hatte. Sichtung aus der Luft und noch besser Fotos von gegnerischen Stellungen und bewegten Einheiten waren aus vielen offensichtlichen Gründen sehr wertvoll. Sie waren aktuell und ließen sich viel effizienter verifizieren als ein Funkspruch aus den Wäldern Weißrusslands. Damit boten sie den sowjetischen Frontkommandeuren eine Chance, ihre Truppen frühzeitig umzugruppieren, und der Armeeführung, ihre Reservearmeen zu verlegen. Schließlich dienten sie der sowjetischen Luftwaffe zur Zielbestimmung ihrer taktischen Einsätze.

Sowjetische Luftmacht?

Wie im Fall der anderen erwähnten Elemente wuchs auch die sowjetische Luftwaffe nach 1942 an Größe und Kampfkraft gewaltig an. Eine Analyse ihrer realen Wirksamkeit ist aber etwas anderes. Wie wichtig war der Beitrag der sowjetischen Luftmacht zu den Feldzügen an der Ostfront? Der Historiker muss die Schichten der zeitgenössischen Propaganda und des Kalten Krieges entfernen, die die wahre Geschichte verdecken. Außerdem sind viele der russischen Archive noch nicht zugänglich und die Memoirenliteratur häufig unzuverlässig. Das wiederum führt dazu, sich sehr stark auf deutsche Quellen stützen zu müssen. Einiges ist jedoch klar.

Zum ersten waren die Aufgaben der sowjetischen Luftwaffe viel spezifischer als die viel zahlreicheren Aufgaben, die von Amerikanern und Briten geleistet werden mussten. Offensichtlich gab es keinen Luftkrieg zur See, keine Trägerflugzeuge, darum keine Flugzeugträger und keine ihrer typischen Geleitschiffe. Es gab keine große Luftmacht wie beim britischen Küstenkommando – nicht nur Flugzeuge, sondern auch Besatzungen, Bodenpersonal, Flugplätze, Aufklärungs- und Ausbildungspersonal, Fabriken, Treibstoff- und Munitionsvorräte –, die man für den harten Kampf gegen die U-Boote brauchte. Ebenso wenig gab es den ernsthaften Versuch eines strategischen Luftkriegs mit großen und sehr teuren viermotorigen Langstreckenbombern, der ein Schlüsselelement der amerikanischen und britischen Strategie war. Somit beschränkte sich der sowjetische Krieg in der Luft auf zwei Elemente: Jagdflieger zur Verteidigung gegen deutsche Luftangriffe und zum Erringen der Luftherrschaft über den Schlachtfeldern und taktische Lufteinheiten, um die Wehrmacht während des Vormarsches der Roten Armee zu bombardieren oder im Tiefflug anzugreifen.

Selbst innerhalb dieser begrenzten Bereiche bleibt es aber schwierig, die Wirksamkeit der sowjetischen Luftwaffe zu bestimmen, und zwar aus zwei Gründen. Zunächst fehlen uns längerfristige Vergleiche der *Qualität* ihrer Kampfkapazität. Man kann ohne weiteres akzeptieren, dass die Leistung aller sowjetischen Maschinen ständig anstieg, besonders ab 1943, aber das war überall so. Schwerer zu belegen ist die gegen Kriegsende und danach aufgestellte Behauptung, dass z. B. die Jakowlew Jak-3 ebenso gut wie die neuesten Spitfires gewesen sei, einfach weil beide Maschinen nie gegeneinander kämpften, ganz zu schweigen von einer längeren Luftschlacht wie der Luftschlacht um England im Sommer 1940 oder den massiven Operationen alliierter Jäger von Februar bis April 1944 in ganz Westeuropa, um die deutschen Jägerstaffeln zu zerschlagen. Wo gab es Schlachten wie das «Große Scheibenschießen» über den Marianen-Inseln (siehe Kapitel 5), bei dem die amerikanischen Hellcats den japanischen Zeros vollständig überlegen waren? Wenn unsere Erkenntnisse über den T-34 als Anhaltspunkt dienen können, sind bloße Zahlen über Geschwindigkeit und Motorleistung der jeweiligen sowjetischen Jäger einfach nicht genug. Die Frage lautet: War die Jak-3 im direkten Duell besser als der Gegner? Die zweite Schwierigkeit für Forscher in diesem Bereich ist noch größer. Wie bewertet man den allmählichen Kräftezuwachs der sowjetischen Luftwaffe in den letzten anderthalb Kriegsjahren, als die meisten deutschen Jägerstaffeln und ihre besten Flieger nach Westeuropa abgezogen worden waren? Seit dem Beginn von Barbarossa kämpfte die deutsche Luftwaffe an drei Fronten (Osten, Westen, Süden), doch bis Ende 1942 waren 50 Prozent ihrer Kräfte im Osten eingesetzt. Dann kamen die angloamerikanischen Bombenangriffe auf deutsche Großstädte, vor allem die Verwüstung Hamburgs durch die RAF im Juli/August 1943, die Speer, Göring, Milch, Galland und andere, auch Goebbels, wie sein Tagebuch zeigt, sehr beunruhigte. Alle gelangten dadurch zu der Auffassung, man müsse für die Verteidigung von Deutschlands industriellem Kern noch viel mehr Ressourcen bereitstellen, selbst wenn man sie anderswo abzog. Als das geschah, wurde der westalliierte Bombenkrieg über Deutschland geschwächt, aber nur durch die Verlegung von Staffeln aus dem Osten.

Mit den großen Bombardements der Alliierten auf Westeuropa Anfang 1943 nahmen diese Verlegungen zu. Das wirkte sich stark auf den Ostfeldzug aus. Bis April 1944 hatte die Luftwaffe die Ostfront entblößt, es blieben nur 500 Maschinen aller Art gegenüber mehr als 13 000 sowjetischen Flugzeugen.[59] Gleichzeitig musste Deutschland die große Mehrzahl seiner Panzer- und Flugabwehrbatterien (über 10 000 Geschütze und 500 000 Mann) zur Verteidigung der eigenen Städte einsetzen, statt sowjetische Maschinen abzuschießen und Schukows Offensive zu stoppen. Stalin beschwerte sich stets bei Churchill, der Westen tue nicht genug, um Deutschland zu schlagen. Er erkannte nie an, dass der Luftkrieg über Russland vielleicht vor allem durch den Luftkrieg über der Ruhr gewonnen wurde, wenn auch indirekt.

War die Leistung der sowjetischen Luftstreitkräfte also tatsächlich die einer erstklassigen Waffengattung oder profitierten sie nur von einer geschwächten deutschen Luftwaffe, die zunehmend aus unerfahrenen Fliegern bestand? Gewannen sie nur die Oberhand, als der Krieg im Grunde schon gewonnen war? Genauer gesagt, gab es einen Luftkampf (oder besser noch wiederholte Luftkämpfe), bei dem eine Staffel aus 18 FW 190 gegen eine Staffel aus 18 Jak-3 kämpfte, und letztere entscheidend siegte? Der angesehene Jagdflieger Iwan Koschemjako erwähnt in seinen Memoiren ein einziges Mal, dass seine Jaks vier FW 190 sichteten, aber diese beschleunigten einfach und flogen davon. Einer Spitfire oder Mustang wären sie nicht entkommen. Wie viele FW 190 gab es Ende 1944 überhaupt noch an der Ostfront, abgesehen von jenen Staffeln, die widerwillig zu Jagdbombern gemacht wurden, um die überforderten Stukas zu ersetzen und den Bodenkampf zu unterstützen? Bei der Operation Bagration lag das Kräfteverhältnis zwischen sowjetischen und deutschen Flugzeugen vielleicht bei 58 zu 1, was einen echten Qualitätsvergleich natürlich nicht zulässt. Setzten sich die sowjetischen Luftstreitkräfte durch, weil es keinen Widerstand gab und die letzten deutschen Maschinen Nachschub lieferten und Pontonbrücken bombardierten, statt um die Luftherrschaft zu kämpfen?[60]

Die Geschichte dieses besonderen Aspekts des Luftkriegs im Zweiten Weltkrieg bleibt daher trotz einiger beeindruckender Forschungen unklar.[61] Offensichtlich war die sowjetische Luftwaffe zu Beginn des Krieges kaum erwähnenswert. Allein am ersten Tag von Barbarossa verloren die Sowjets rund 1200 Flugzeuge, die überwiegend am Boden zerstört wurden, die Deutschen dagegen nur 35. Dann kam die schrittweise sowjetische Erholung. Gegen Ende der Schlacht von Stalingrad, wo der Straßenkampf so dicht war, dass keine Stukas zur Unterstützung eingesetzt werden konnten, sahen die Rotarmisten über sich ein paar Maschinen mit rotem Stern. Gleichzeitig erhöhte sich der Druck auf die Wehrmacht an anderen Fronten. Die deutsche Luftwaffe sah sich jetzt dem Zusammenbruch der nordafrikanischen und Mittelmeerfront, der Ankunft amerikanischer Bomber in England und Harris' Zerstörung von Großstädten wie Köln gegenüber, und all das zwang das OKW, die besseren Piloten und schnelleren Maschinen zurück ins Reich zu verlegen. Und endlich bekamen die sowjetischen Luftstreitkräfte bessere Flugzeuge, den Jak-9-Jäger und eine verbesserte Version der Iljuschin-Schturmowik, ein unglaublich robustes, recht langsam und niedrig fliegendes Flugzeug zur Panzerbekämpfung, das den Vormarsch der Roten Armee im Westen unterstützen sollte.[62] 1944 war auch die Jak-3 verfügbar und bekämpfte erfolgreich deutsche Transportflugzeuge, leichte Bomber und die unbeweglichen umgebauten FW 190. Die sowjetische Luftwaffe gewann dadurch ihre eigenen Fliegerasse (einschließlich Pilotinnen), obwohl sie noch während der Operation Bagration mehr Flugzeuge verlor als die deutsche Seite. Insgesamt drängt sich bei dieser komplizierten Geschichte der Eindruck auf, dass die wahre Bedeutung der sowjetischen Luftmacht im Großen Vaterländischen Krieg ein Geheimnis bleibt. Die Analyse zeigt aber, dass sie eine weniger wichtige Rolle bei der Wende an der Ostfront spielte als ihre frühen Propagandisten verkündeten.

Der Anfang vom Ende: Von Bagration bis Berlin

Am 22. Juni 1944, als die Westalliierten langsam von den Stränden der Normandie aus vorrückten und US-Truppen sich Meter um Meter auf Saipan im Pazifik vorkämpften, startete die Rote Armee Operation Bagration, einen Großangriff auf den Mittelteil der deutschen Front, bei dem ein Mehrfaches der Bodentruppen mitwirkte, die insgesamt auf den Marianen-Inseln und in der Normandie kämpften. An der Ostfront war gar nichts klein, aber die Truppenstärke der Sowjets am Boden und in der Luft überstieg diesmal alles Frühere, sei es Moskau, Stalingrad oder Kursk. Passenderweise benannte Stalin die Operation nach dem aggressivsten General des Zarenreichs, Piotr Bagration, der an seinen Wunden verblutete, während er Napoleon bei Borodino den Weg versperrte. Vielleicht war es kein Zufall, dass Bagration wie Stalin aus Georgien stammte oder dass die nach ihm benannte Operation genau drei Jahre nach Unternehmen Barbarossa begann. Es war der Gegenschlag der Sowjetunion.[63]

Die Zahl der beteiligten Soldaten, Panzer und Kanonen bei diesem enormen sowjetischen Vorstoß von der Ukraine nach Polen ist aus der Perspektive der begrenzten Kriege nach 1945 schwer vorstellbar und unmöglich präzise zu bestimmen. Sollen wir alle sowjetischen Truppen mitzählen, die von Nord bis Süd ihren deutschen Gegnern gegenüberstanden, oder nur die am «Schlag» in der Mitte beteiligten? Sollen wir die großen Divisionen, die zunächst in Reserve gehalten wurden, einbeziehen oder nur die an den ersten Angriffen beteiligten? Wahrscheinlich macht es keinen Unterschied, weil die unterschiedlichen und einander widersprechenden Zahlen einfach die Vorstellungskraft übersteigen, aber immer kommt man auf eine gewaltige Zahl. Laut einer Darstellung setzte die sowjetische Armeeführung «rund 1,7 Millionen Mann Kampf- und Unterstützungstruppen ein, etwa 24 000 Kanonen und Mörser, 4080 Panzer und Sturmgeschütze und 6334 Flugzeuge. Die Deutschen hatten zu Beginn rund 800 000 Mann Kampf- und Unterstützungstruppen, 9500 Kanonen, aber nur 553 Panzer und Sturmgeschütze und 839 Flugzeuge.»[64] Bei der zweiten Schlacht von El Alamein hatte Rommel nur 27 000 deutsche Soldaten; die vergleichsweise große Armee aus Commonwealth-Soldaten von 230 000 Mann war viel kleiner als jede der fünf sowjetischen Fronten (d. h. Heeresgruppen), die im Juni 1944 nach Westen vorstießen.

Doch Operation Bagration war nicht nur eine Sache materieller Überlegenheit. Endlich hatte die Rote Armee ihr volles Potenzial erreicht. In allen früheren Schlachten gegen die Deutschen hatte sie überproportional hohe Verluste erlitten. Die Armee war oft gescheitert, und von der Spitze bis nach unten hatte sie nur langsam wichtige Lehren aus ihren demütigenden Niederlagen und sogar den kostspieligen Siegen gezogen. Schließlich hatte die Armeeführung aber gelernt, in einem der eindrucksvollsten Triumphe des gesamten Krieges alle Elemente zu integrieren. In dieser Kriegsphase war Stalin bereit, Wassilewski und Schukow die Koordination des entscheidenden Mittelabschnitts der fünf gigantischen Fronten zu übertragen, die vom Baltikum bis zur Ukraine reichten – vorausgesetzt natürlich, Schukow erstattete seinem misstrauischen Chef täglich Bericht.

In dieser gewaltigen Schlacht stand die Rote Armee vor dem gegenteiligen Problem des «sich verbreiternden Stroms»: die Linien des Verteidigers wurden kürzer und seine Truppendichte konzentrierter. Noch im Juni 1944 war die Länge der Ostfront aber gewaltig, und die schiere Zahl der sowjetischen Bodentruppen überwältigend. Interessanterweise ähnelte der Ostfeldzug desto mehr der Westfront zwischen 1914 und 1918, je weiter die Wehrmacht trotz Hitlers wütender Gegenbefehle zurückwich. Inzwischen waren die Angreifer drei- oder vierfach überlegen, bei vielen Einzelgefechten auch zehnfach.

Alle Teile der komplizierten Maschinerie, die für eine große Landoperation gebraucht wurde, funktionierten und wirkten zusammen. Die «Maskirovka» war hervorragend. Obwohl das OKW eine weitere große Offensive der Sowjets in den Sommermonaten erwartete, wusste es nicht, wo der Hauptangriff stattfinden sollte – es vermutete den Süden oder vielleicht die Baltische Front. Die Größe der auf Minsk vorrückenden Armee wurde weit unterschätzt. Die T-34-85, die jetzt zahlreich und stark verbessert zur Verfügung standen, waren nahezu unaufhaltsam. Im direkten Kampf war ein Tiger oder Panther immer noch überlegen, aber inzwischen hatte sich die sowjetische Panzertaktik viel weiter entwickelt, und die schnelleren T-34 umfuhren die langsameren deutschen Panzer oder lockten sie in einen Hinterhalt. Die Brückenbaubataillone waren voll entwickelt und erhielten viel Hilfe durch die Aufklärung der Partisanen auf der anderen Seite, die ihnen mitteilten, wo sie einen Übergang über die Beresina und den Dnjepr versuchen sollten und wo nicht.

Da die Rote Armee außerdem viel bessere Lastwagen und Versorgungsdienste besaß als zuvor, war die Taktik der tiefen Operation endlich praktikabel. Und während die sowjetischen Armeen von der durch Stalin befohlenen stumpfsinnigen Starrheit zu größerer Flexibilität fortschritten, gaben die deutschen Bodentruppen ihren Bewegungskrieg zugunsten eines unsinnigen Kampfes um jeden Meter Boden auf, weil Hitler den Rückzug verboten hatte; das erleichterte der Roten Armee nur die Einkesselung.[65] Inzwischen besaß die sowjetische Luftwaffe auch die Luftherrschaft über den Schlachtfeldern. Vor allem die Infanterie – der russische Soldat und sein Unteroffizier – hatte viel Erfahrung, wie man sich Haus um Haus, Straße um Straße, Hecke um Hecke vorkämpfte. Die Rote Armee besaß immer mehr harte, erfahrene Divisionen, die Wehrmacht immer weniger.

Das Oberkommando achtete darauf, dass alle fünf Fronten ständig Vorstöße unternahmen, damit der Gegner unsicher blieb. Dann befahl es die Angriffe mit abgestuftem Zeitplan (bei Polozk am 1. Juli, bei Vilnius am 7. usw.) mit dem Hauptstoß im Zentrum, um Minsk zu erobern und dann westwärts zur polnischen Grenze vorzustoßen. Diese Kämpfe waren heftiger als alles seit Stalingrad und das Ergebnis dasselbe – eine ganze deutsche Armee wurde gefangengenommen, eine weitere schwer angeschlagen. In den 12 Tagen vom 22. Juni bis 4. Juli verlor die Heeresgruppe Mitte 25 Divisionen mit 300 000 Mann; der Militärhistoriker Steven Zaloga nennt es «die katastrophalste Niederlage der Wehrmacht im Zweiten Weltkrieg».[66] Insgesamt verloren die Deutschen durch Operation Bagration 670 000 Mann, obwohl die sowjetischen Verluste noch höher waren (178 000 Gefallene, 587 000 Verwundete). Der Weg von Moskau nach Berlin war wahrhaft mit Blut bedeckt. Der Unterschied lag darin, dass die Sowjetunion immer noch Millionen von Männern zur Verfügung hatte, und zwar für ein einziges strategisches Ziel. Und sie kämpfte nicht allein, weil die britisch-amerikanisch-kanadischen Armeen endlich voll in den Krieg auf dem Kontinent eingriffen. Bei den Kämpfen in Frankreich verlor die Wehrmacht bis August 1944 weitere 450 000 Mann. Es verwundert kaum, dass die vorgeschobenen alliierten Divisionen berichteten, die meisten deutschen Gefangenen im letzten Kriegsjahr seien entweder ältere Männer oder Jugendliche, die verzweifelt rekrutiert worden waren, um die dezimierten Bataillone aufzufüllen.

Nun schloss sich der Ring. Zu Beginn von Bagration standen die sowjetischen Armeen etwa 1100 Kilometer vor Berlin. Gleichzeitig waren Pattons Armeen in der Westnormandie rund 1000 Kilometer von Berlin

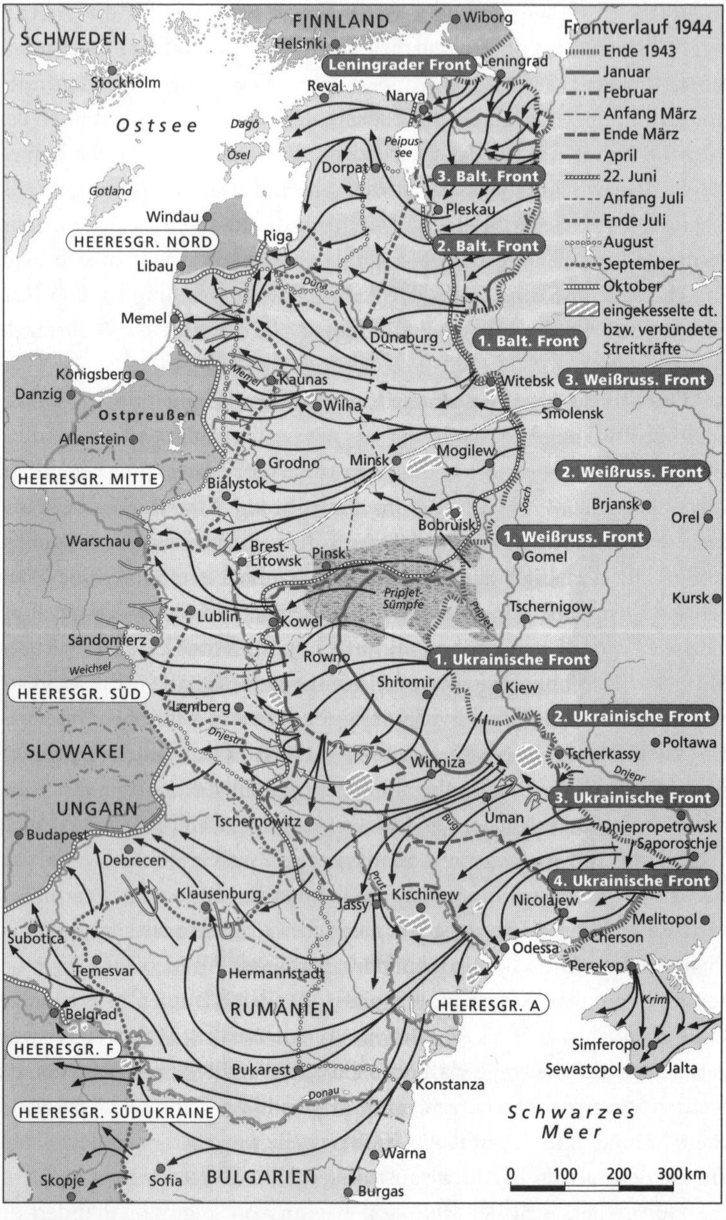

Die Entscheidung: Operation Bagration und die russischen Offensiven des Jahres 1944.

entfernt. Zwei Monate später war Paris befreit, und Einheiten der Roten Armee standen am Weichselufer vor Warschau. Unterdessen kämpften sich alliierte Truppen in Italien an der Gotenlinie nördlich von Rom ab. Alle waren müde, wurden langsamer und brauchten neues Material vom gewaltigen Nachschub hinter ihnen. Alle waren aber dadurch getröstet, dass die Deutschen im Juni 1944 gewaltige und irreversible Niederlagen erlitten hatten. Nach dem Buchtitel eines Historikers war es «Das Ende des Blitzkriegs».[67] Es war schon eine Weile keiner mehr gewesen, doch nun war er endgültig vorüber.

Als Bagration also im August 1944 endete, die hart kämpfenden Fronttruppen der Roten Armee erschöpft waren und der Nachschub an Treibstoff, Munition und Ersatzteilen erneut nach vorne gebracht werden musste, wusste jeder, wer den Feldzug gewonnen hatte. Die Finnen setzten sich eilig vom Reich ab und unterzeichneten im September einen Friedensvertrag mit Moskau, im Süden beendeten Rumänien und Bulgarien das Bündnis mit dem Tausendjährigen Reich. Nun begann der Weg nach Berlin, auf dem die Deutschen noch erstaunlichen Widerstand gegen eine Übermacht leisteten.[68] Natürlich war der Widerstand ebenso hoffnungslos wie im Westen, doch er wurde von ideologischen Quellen angetrieben, die bei Einheiten der Wehrmacht ebenso wirksam waren wie bei der Waffen-SS, und durch die Furcht, die Kapitulation werde eine ebensolche Behandlung bedeuten wie die, welche die Deutschen in den Jahren zuvor ihren besiegten Gegnern an der Ostfront angetan hatten. Zudem verschärfte das Dritte Reich den Terror im Inneren, um die Bevölkerung zum Durchhalten zu zwingen.[69]

Die überwältigende Bedeutung dieses Feldzugs ist offensichtlich. Wenn man die Wehrmacht nicht in Russland besiegen und zugleich in Nordafrika, Italien und Frankreich schwächen konnte, war der Krieg nicht zu gewinnen. Die Siege zur See und in der Luft waren zwar notwendig, reichten aber allein nicht aus. Der eine sicherte die alliierten Seewege, der andere schützte die entscheidenden Punkte zum Gegenangriff, England und Nordafrika, und erlaubte den Aufbau der riesigen alliierten Bombermacht, die Industrie und Infrastruktur des Dritten Reichs zerschlagen sollte. Wenn Hitler nicht kapitulierte, musste aber irgendeine Armee die starken deutschen Bodentruppen besiegen, zum Führerbunker marschieren und den Krieg beenden. Das tat hauptsächlich die Rote Armee. 85 Prozent ihrer Verluste erlitt die Wehrmacht an der Ostfront.

Die Deutschen hatten niemals vorausgesehen, dass die Rotarmisten so hart kämpfen und dass sowjetische Konstrukteure und Ingenieure ihnen immer wirksamere Waffen geben würden. Und mit wenigen Ausnahmen erkannten sie auch nicht die geographische Torheit ihres Vorhabens. Eine dieser Ausnahmen war Halder. Bevor er als Generalstabschef des Heeres entlassen wurde, äußerte er wiederholt Besorgnis wegen der räumlichen Überdehnung der deutschen Kräfte. Sein berühmter Tagebucheintrag vom 11. August 1941 (s. o.), man habe mit 200 sowjetischen Divisionen gerechnet und zähle nun mindestens 360, geht weiter: «Die Zeit dazu gewinnt er [der Koloss Russland] dadurch, dass er nah an seinen Kraftquellen sitzt, wir immer weiter von ihnen abrücken. So ist unsere auf größte Breite auseinander gezerrte Truppe ohne jede Tiefe immer wieder den Angriffen des Feindes ausgesetzt. Diese haben teilweise Erfolg, weil eben auf den ungeheueren Räumen viel zu viele Lücken gelassen werden müssen.» Einen Monat später war Halder abgelöst, von Rundstedt bereits wegen des Vorschlags eines Winterrückzugs seines Postens enthoben und der schicksalhafte Vormarsch nach Stalingrad und zum Kaukasus im Gange. 1943 und 1944 kamen sehr viel mehr Generäle zu der Erkenntnis, dass sie einen zu großen Raum besetzt hatten, aber wenn sie sich äußerten oder ihre Frontlinien zurückzogen, wurden auch sie abberufen.

Halders Nachfolger als Generalstabschef des Heeres war von 1942 bis 1944 Kurt Zeitzler. Lange nach dem Krieg stellte er in einem faszinierenden Aufsatz mit dem Titel «Mensch und Raum im Kriege» ein paar geographische Berechnungen an. Zu Beginn von Barbarossa war die Ostfront etwa 700 Kilometer lang. Bis Weihnachten 1941 war die Wehrmacht über 1000 Kilometer vorgestoßen und hielt mit ihren Verbündeten eine Front von etwa 1800 Kilometern Länge mit deutlich weniger Truppen. Im Sommer 1942 war die Front 2000 Kilometer lang, und Zeitzler bat Hitler, Raum aufzugeben, aber umsonst. Ende 1942 war die Ostfront rund 2900 Kilometer lang, gleichzeitig mussten die Deutschen einen Atlantikwall von etwa 2000 Kilometern sowie 2400 Kilometer an der dänischen und norwegischen Küste bewachen. Damit blieben immer noch die Front in Nordafrika, die Balkanküsten, Kreta, Rhodos und die anderen Inseln übrig. Es ist vielleicht kein Zufall, dass der hyperengagierte Zeitzler im Juli 1944 einen Nervenzusammenbruch hatte und erst nach dem Krieg über diese tödliche Überdehnung schreiben konnte. Theoretisch waren alle Fronten von Hitlers Imperium zu verteidigen, sofern die Wehrmacht dieselbe technologische und taktische Überlegenheit besaß wie die römische Armee für Generationen gegenüber den Barbaren vor ihren Toren. Aber das galt nie für die deutsche Luftwaffe und Marine im Zweiten Weltkrieg, und 1943/44 neigte sich die operative und logistische Überlegenheit zu Lande eindeutig den Alliierten zu.[70]

Schlussüberlegung

Obwohl der Vergleich zunächst seltsam wirken mag, ähnelte der Ostfeldzug doch einer anderen langen Schlacht des Zweiten Weltkriegs: dem Kampf im Atlantik. Beide fanden etwa auf denselben Breitengraden statt, der eine am Westrand der deutschen Kriegsanstrengung, der andere am Ostrand. Hitlers Feinde in diesen Weltgegenden, England und die Sowjetunion – und ihre Kriegsherrn Churchill und Stalin –, betrachteten ihren Kampf als existenziell. Indem sie ihn trotz anfänglicher Katastrophen fortsetzten, schwächten beide die deutschen Ressourcen (Rüstungsgüter, Stahl, Kugellager, ausgebildetes Personal, Ortungstechnik, Luftunterstützung) im Westen und Osten. Dann verschärfte die britische Bombardierung deutscher Städte und Fabriken das Ressourcendilemma des Dritten Reichs, noch bevor die Amerikaner in den Krieg eintraten. Der sowjetische Landkrieg war stets mit den britischen See- und Luftoperationen verbunden, wie weit entfernt auch immer, weil beide Berlin zu Entscheidungen zwangen, wo es seine Kräfte einsetzen solle.

Sowohl die Schlacht im Atlantik wie der große Kampf an der Ostfront waren Abnutzungsschlachten, die Jahr für Jahr hin und her wogten, und in denen beide Seiten stets mehr Verstärkung brauchten, neue Waffen einführten, die aktuellste Aufklärung benutzten und am Nord- und Südrand kämpften, aber vor allem die Kontrolle über das Zentrum erringen mussten. In den frühen Jahren 1941 und 1942 entfalteten sich diese gewaltigen See- und Landkriege in Europa mit außergewöhnlich schweren Verlusten, aber nicht so schwer, dass sie eine Seite kampfunfähig gemacht hätten, wie zuvor Polen, Frankreich, Norwegen und andere. Die größeren Ressourcen der Großmächte bedeuteten die Expansion und Verlängerung des Krieges. Erst in der zweiten Jahreshälfte 1943 senkte sich aber die Waagschale endgültig. Dönitz' U-Boote konnten nicht im Atlantik gewinnen, Mansteins Panzer nicht in der Sowjetunion. Die zu Lande, zu Wasser und in der Luft besiegten deutschen Truppen blieben immer noch gefährlich und kämpften weiterhin gut, aber ihre Zeit des Vormarschs war vorüber. Ebenso vorüber war die Hoffnung, eine Art Kompromissfrieden aushandeln zu können. Die in Casablanca geforderte «bedingungslose Kapitulation» ließ dafür keinen Spielraum.

Weder im Atlantik noch an der Ostfront veränderte eine einzige «Wunderwaffe» den Verlauf der Kämpfe. Die Atlantikschlacht wurde nicht allein durch Enigma oder den Hedgehog-Granatwerfer entschieden, auch nicht durch akustische Torpedos oder Wasserbomben, Miniradar, Langstreckenflugzeuge und Geleitträger oder durch das Forschungsbüro der Admiralität, die Produktionsrate von Liberty-Frachtern, die U-Boot-Jäger-Gruppen, den Leigh-Scheinwerfer oder die Bombardierung von U-Boot-Häfen und -Werften. Aber in der Mitte des entscheidenden Jahres 1943 kam alles zusammen und brachte die Wende; und der Historiker, der einen dieser Aspekte überbetont, verzerrt das Gesamtbild. In ganz ähnlicher Weise wurde der Große Vaterländische Krieg nicht allein durch überlegene Aufklärung der Roten Armee, die zunehmende Luftherrschaft oder die T-34-85-Panzer, die Panzerabwehrkanonen und Minenfelder oder die Brückenbaubataillone, die bessere Logistik oder Kampfmoral gewonnen. Zum Sieg gehörten all diese Dinge, und sie mussten organisiert werden. Es brauchte aber Zeit, die verschiedenen Teile zusammenzusetzen, ebenso wie es Zeit braucht, ein neues Orchester zu formen, damit es ein gutes Konzert abliefert.

1943 hatten die britische Admiralität und besonders ihr Kommando Westliche Gewässer (Western Approaches Command) dieses zufriedenstellende Niveau erreicht. Ungefähr zur selben Zeit, vielleicht etwas später, gelang der sowjetischen Armeeführung und den Heeresgruppen unter Schukow und Wassilewski dasselbe. Angesichts der Zahl der Armeen, Divisionen, Regimenter, Luftflotten, Partisanenzellen, Pionierbataillone, Bahn- und Brückenbauteams und hinter ihnen den Transportorganisatoren, Produktionsplanern und Fabrikleitern ist die organisatorische Gesamtleistung des schwer getroffenen Sowjetstaats einfach erstaunlich und selbst heute noch im Westen nicht ganz erkannt. Während die Deutschen dagegen außergewöhnlich gut an allen Kriegsschauplätzen kämpften, an der Ostfront eine zusätzliche rassistische Motivation hatten und einige erstklassige Waffen für diesen Feldzug erfanden, brachte das Dritte Reich die vollständige und effiziente Orchestrierung aller Einzelteile bei seinem Ostfeldzug niemals zustande. Den aus deutscher Sicht von Juden und Bolschewisten geknechteten, zurückgebliebenen slawischen Bauern, den schwachen Sklaven des kommunistischen Regimes, gelang es tatsächlich, den Weg zum Sieg besser zu organisieren als den für ihre Effizienz berühmten Preußen und den fanatischen NS-Rassenkämpfern.

Es wird vielleicht noch viele Jahre dauern, bevor Historiker die Archive sehen dürfen, welche die ganze Geschichte der Personen und Organisationen auf mittlerer Ebene zeigen, die die Wende im Großen Vaterländischen Krieg herbeiführten. Wir wissen, wie die großen Landschlachten im Osten abliefen, und besitzen gute biographische Details über eine so prominente Figur wie Schukow.[71] Und wir verstehen heute besser, wie Stalin und die Armeeführung den Krieg lenkten. Aber was ist mit den weniger bekannten Mitwirkenden am sowjetischen Sieg? Wer waren die Problemlöser in diesem Teil der Geschichte, die Gegenstücke zu den zahllosen Personen bei den Anglo-Amerikanern, deren Geschichten so leicht zugänglich sind.[72] Offensichtlich gab es sie, und sie lieferten enorme Beiträge in den drei Jahren zwischen Barbarossa und Bagration, stellten eine immer reibungslosere Verbindung zwischen den oberen und unteren Ebenen der sowjetischen Kriegsmaschinerie her und schufen schließlich nach vielen Rückschlägen die Werkzeuge für den Sieg der Roten Armee. Ihre Leistungen sind nicht zu übersehen, aber ihre Geschichten müssen noch entdeckt werden.

Kapitel 4

Wie erobert man eine feindliche Küste?

Das Besondere an Amphibien ist, dass sie zwei Welten bewohnen, Wasser und Land. Im Allgemeinen fühlen sie sich im Wasser wohler, und Tiere wie Schildkröten und Seehunde werden umso verletzlicher, je weiter sie an Land kommen, obwohl niemand ein ausgewachsenes Nilkrokodil als leichte Beute ansehen würde. Der Übergang vom Wasser zum Land ist selbst voller Risiken, es sei denn, der Schritt stößt nicht auf Widerstand und findet unter vorteilhaften topographischen und klimatischen Bedingungen statt. Im Krieg sind solche Bedingungen selten.

Dieses Kapitel behandelt die Entwicklung der amphibischen Kriegführung während des Zweiten Weltkriegs bis zur großen Invasion der Normandie im Juni 1944. Aus diesem Grund betrachtet es keine friedlichen Landungen von Truppen ohne Gegenwehr wie die Landung Wilhelms von Oranien in Südengland 1688, die das Ende der Stuart-Herrschaft bedeutete. Hier geht es um militärische Operationen gegen eine Küstenlinie, deren Verteidiger entschlossen sind, die Invasion zu verhindern. Das Kapitel analysiert auch gescheiterte Landungen, aber im Wesentlichen stellt es dar, wie bestimmte Organisationen Lösungen für eine der schwierigsten Herausforderungen einer Armee fanden – unter Beschuss an einer vom Feind gehaltenen Küste zu landen.

In diesem Sinne ist das Kapitel wie die übrigen um die zentrale Frage herum organisiert: Wie gewinnt man die Oberhand über den Gegner und trägt zum Sieg im Kampf bei? Es ist eng mit drei der anderen vier Kapitel verknüpft. Der Pazifikkrieg 1941–1945 (Kapitel 5) drehte sich um Schlachten auf einem Kriegsschauplatz, wo die Landung an einer entfernten und oft vom Feind gehaltenen Küste über strategischen Erfolg oder Misserfolg entschied. Obwohl dieses Kapitel dem amphibischen Krieg der Alliierten in Europa gewidmet ist, ist es wegen der vielen Parallelen nicht ganz von den fast gleichzeitigen Feldzügen auf Guadalcanal, den Gilbert- und den Marianen-Inseln zu trennen. Es ist aber auch nicht von den ersten beiden Kapiteln zu trennen. Für den Erfolg der westlichen Alliierten in Europa mussten drei Schritte bruchlos ineinander übergehen: Der erste war die Kontrolle über den Atlantik und der Sieg über die U-Boote durch eine Seemacht mit starker Luftunterstützung; der zweite war die Luftherrschaft, bei der die britische und die amerikanische Luftwaffe in England und Nordafrika stark vom stetigen Nachschub an Munition, Treibstoff und Ersatzteilen über See abhängig waren; der dritte war die Invasion der feindlichen Küsten, bei der die verletzlichen Bodentruppen von See und aus der Luft geschützt wurden. Die gewaltige Operation in der Normandie sollte so zur perfekten Fusion von See-, Luft- und Landstreitkräften werden.

Seelandungen in der Vergangenheit

Amphibische Kriegführung gab es schon lange vor diesem Begriff. Die Landung der Perser bei Marathon, die glücklose Expedition der Athener gegen Sizilien 415 v. Chr., Caesars Invasion Britanniens und einige Kreuzzüge sind Beispiele für den Angriff von See.[1] Der Rückblick auf einige dieser früheren Unternehmungen kann dabei die bleibenden, historischen Elemente dieser besonderen Form der Kriegführung verdeutlichen. Es geht nicht um punktuelle Überfälle auf eine feindliche Küste wie Sir Francis Drakes Angriffe auf Cadiz und andere spanische Häfen in den 1580er Jahren. Dies waren Schläge von See aus, aber eine dauerhafte Besetzung des Landungskopfes und ein Vorstoß ins Binnenland waren nicht geplant. Operationen wie der Angriff auf Cadiz hatten meist einen spezifischeren Zweck, sei es die Störung der Absichten des Gegners (Drakes Angriff war ein Präventivschlag gegen die Armada) oder die Schwächung seiner Offensivkraft (wie beim Angriff auf Zeebrügge im April 1918, als die Briten die Ausfahrt von U-Booten aus dem deutsch besetzten Hafen blockieren wollten) oder einfach eine Serie kleiner Angriffe, um die Verteidiger in Atem zu halten und womöglich zu erschöpfen. Viele solcher Aktionen führten Kommandoeinheiten der Royal Marines im Zweiten Weltkrieg aus, was Hitler zwang, zahlreiche Soldaten von Nordnorwegen bis zur französisch-spanischen Grenze zu stationieren. Ende Dezember 1941 zerstörte beispielsweise eine Kommandoaktion ein Kraftwerk, Fabriken und andere Einrichtungen auf der Insel Vaagsö vor der norwegischen Küste, und im Februar 1942 gab es einen weiteren berühmten Angriff auf die Radarstation Bruneval bei Le Havre, wobei wertvolle Radarausrüstung erbeutet wurde.

Doch das waren keine Invasionen. In Bruneval sprangen die Kommandosoldaten mit dem Fallschirm ab, erbeuteten die Geräte und zogen über See ab.[2] Manche Aktionen hatten einen spezifischen Zweck wie eben die Erbeutung von Radarausrüstung oder die späteren Angriffe mit Kajaks auf feindliche Frachtschiffe in der Gironde (Operation Frankton). Manchmal war der Nutzen vielleicht eher psychologisch, ganz sicher für Churchill, der kurz nach dem Fall Frankreichs – und einige Zeit vor der Luftschlacht um England – von seinen Stabschefs «Maßnahmen für eine energische, kühne und pausenlose Offensive gegen die gesamte von den Deutschen gehaltene Küstenlinie» forderte.[3] Schließlich konnte man auch aus dem kleinsten Landeunternehmen, ob erfolgreich wie Vaagsö oder erfolglos wie Guernsey (Juli 1940), Lehren über Ausbildung, Kommando und Kontrolle, Kommunikation zwischen Land und Meer, eingesetzte Waffen und Schiffe, Präzision der vorherigen Aufklärung usw. ziehen.

Es sind aber die Lehren der größeren und stärker zielgerichteten amphibischen Operationen, die uns hier beschäftigen. Als erstes brauchte man spezialisierte Soldaten und Ausrüstung, um eine erfolgreiche Invasion gegen einen entschlossenen Gegner an Land durchzuführen. Manchmal konnte vielleicht eine rasch zusammengeworfene Einheit mit Hilfe des Überraschungsmoments ein operatives Wunder vollbringen. Wurden solche Schläge aber gegen einen Feind geführt, der darauf eingestellt war, konnten sie zu einer Katastrophe führen. Man musste sich gut vorbereiten. Es ist darum nicht überraschend, dass die Historiker auf zwei Innovationen der Armee Philipps II. hinweisen, denn diese Armee war eine der Triebkräfte der «Militärrevolution» des 16. und 17. Jahrhunderts. Die erste war die Schaffung besonders ausgebildeter Truppen, die den verschiedenen Flotten zugeteilt wurden und Erfahrung bei der Landung von See hatten; die «spanischen Marines» wurden bei den Operationen zur Wiedereroberung Maltas in den 1560er Jahren geboren, und andere Staaten stellten bald ähnliche Einheiten auf.

Die zweite Innovation war die Schaffung besonderer Waffenplattformen und die Umsetzung passender Taktiken zu ihrem erfolgreichen Einsatz in der Schlacht. So wurden bei einer spanischen Operation im Mai 1583 zur Rückeroberung der Azoren aus englisch-französisch-portugiesischer Hand «besondere Barken zum Ausladen von Pferden und 700 Kanonen vorbereitet; spezielle Ruderboote wurden mit kleinen Kanonen ausgerüstet, um die Landungsboote zu unterstützen, und Nachschub für die Landungstruppe von 11 000 Mann zum Ausladen bereitgemacht.»[4] Die Angreifer führten auch Täuschungsmanöver durch, bei denen ein Teil der Soldaten an einem fernen Strand landete und die Garnison ablenkte, während die Marinesoldaten am Hauptpunkt in zwei Wellen an Land gingen.

Die dritte Lehre war allgemein, aber ebenso wichtig. Wer immer eine amphibische Operation befahl, ob der König von Spanien um 1580 oder Churchill, Roosevelt und das Gemeinsame Oberkommando 1942/43, musste die Rivalität unter den Waffengattungen beseitigen und ein integriertes Kommando schaffen. Rivalität unter Verbündeten ist eine Sache (Wellington meinte, Feinde seien nicht so schlimm wie Verbündete), aber Rivalität innerhalb der eigenen Armee ist viel gefährlicher. In vielen Fällen folgte operatives Scheitern aus dem fehlenden Verständnis, was die andere Waffengattung tun konnte oder nicht, oder sogar, wie die andere Waffengattung dachte. Ein zeitgenössischer Knittelvers über das Scheitern des britischen Angriffs auf Walcheren von 1809 verdeutlicht dies recht gut. Er lautet:

> «The Earl of Chatham, with his sword drawn,
> Stood waiting for Sir Richard Strachan;
> Sir Richard, longing to be at 'em
> Stood waiting for the Earl of Chatham.»

Der Angriff auf Walcheren war ein Desaster. Der Ort war schlecht ausgewählt, denn es war eine tief liegende, malariaverseuchte Insel. Es gab keine ernsthaften Vorbereitungen (Werkzeuge, Landungsboote, Aufklärung) für einen Vorstoß von der Insel in die Niederlande. Chatham richtete wenig mit seinen 44 000 Soldaten aus, und Strachan stand mit seinen Schiffen vor der Küste. Es gab keine integrierte Kommandostruktur. Es war ein völliger Fehlschlag, weder der erste noch der letzte seiner Art.

Die letzte Lehre war die älteste. Egal, wie hoch entwickelt und integriert die an der Landung beteiligten Truppen waren, sie waren immer der Distanz, Topographie, Zugänglichkeit und den Wetterbedingungen des jeweiligen Augenblicks unterworfen. Der Verbrennungsmotor besiegte einen Großteil von Raum und Zeit. Die Kraft einer Bö konnte seine Wirkung aber stark reduzieren, wie man an den Schwierigkeiten Churchills sieht, überhaupt nach Casablanca zu kommen. Da die Gezeiten täglich wechselten – in manchen Fällen mit sehr großem Tidenhub – und rasch ein Sturm aufziehen konnte, herrschte immer großes Unbehagen bei der Idee, die eigenen Truppen an einer offenen Küste landen zu lassen, selbst wenn sie windabgewandt war.

Wann immer möglich, wollten die Planer von Invasionen, die auch an die nachfolgenden Truppen und den Nachschub dachten, einen geschützten, funktionierenden Hafen, in dem ihre Schiffe sicher liegen konnten und durch den Nachschub fließen konnte. Das Problem war natürlich, dass jeder gute Hafen durch Kanonen, Bastionen, Vorwerke, vielleicht auch Minen und verborgene Hindernisse heftig verteidigt wurde, während die Landungstruppen und ihre Schiffe vor der Küste lagen und der Seekrankheit und den Gezeiten ausgesetzt waren, bevor der blutige Angriff stattfand. Die Geschichte der amphibischen Kriegführung kennt darum viele Beispiele für abgewehrte Angriffe – 1741 griffen die Briten das kolumbianische Cartagena de Indias mit 24 000 Mann, 2000 Kanonen und 186 Schiffen an, wurden aber von der viel kleineren spanischen Garnison der starken Festung abgewehrt. Der Versuch, einen feindlichen Hafen zu erobern, provozierte natürlich massive Defensivanstrengungen und barg eine große Gefahr des Scheiterns. Die Landung an nahen oder fernen Stränden setzte einen dem Meer aus und zwang auch dazu, Brückenbauausrüstung, Reparaturteams und Ersatzteile mitzubringen, bis man die Straßen des Gegners erreichte. Wenn man aber auf jeden amphibischen Angriff verzichtete und einen reinen Landfeldzug führte, besaß man keine maritime Flexibilität und musste sich mühsam vorkämpfen. Eine dieser operativen Optionen konnte sich als erfolgreich herausstellen, aber man konnte unmöglich voraussagen, welche.

Alles in allem waren Angriffe von See ein Glücksspiel. Vielleicht waren nur die späteren Angriffe mit Luftlandetruppen noch riskanter. Es ging nicht nur darum, dass Schiffe Soldaten und Ausrüstung absetzten und dann wegfuhren; es ging um integrierte Kriegführung unter gegnerischem Feuer und oft extrem schwierigen äußeren Umständen. Es erforderte ein fast unmögliches Konstrukt: einen reibungslos funktionierenden gemeinsamen Stab unter einem einzigen Kommandeur, wobei jeder durch systematische Vorbereitung seinen Platz und seine Rolle kannte. Es hing von hervorragender Kommunikation ab, die der Feind zu stören versuchte, und es erforderte die richtigen Waffen. Mit all dem war es vielleicht gerade machbar.

Angesichts all dieser «Lehren» aus der Geschichte hätte man meinen können, die Armeen hätten sich vor dem Ersten Weltkrieg besser auf flexible, sorgfältig vorbereitete Schläge von See eingestellt. Das hätte besonders für die politischen und strategischen Planer in London gelten sollen, die die «britische Art der Kriegführung» gelernt hatten.[5] Doch diese Strategen schenkten den Lehren des Krimkriegs (1853–1856), in dem sich die russische Armee mit einer Koalition aus Großbritannien, Frankreich und dem Osmanischen Reich einen verlustreichen Stellungskrieg geliefert hatte, viel weniger Aufmerksamkeit als den florettähnlichen Stößen der preußischen Armee gegen Dänemark, dann Österreich, dann Frankreich von 1864 bis 1871. Warum sollte man sich mit Randaktionen beschäftigen, wenn künftige europäische Kriege so schnell entschieden werden sollten, im ersten Sommer und Herbst auf den großen Schlachtfeldern? Das war eine Frage, welche die Verfechter der amphibischen Kriegführung nur schwer beantworten konnten.

Es gab noch einen Grund, warum im Ersten Weltkrieg so wenig amphibische Kriegführung praktiziert wurde: die strategische Gesamtlage. Dieser Krieg war überwiegend ein europäischer *Landkrieg*, und damit ein Krieg der Generäle. Die Massenarmeen der Mittelmächte kämpften im Westen um Boden gegen die französischen, britischen und (später) amerikanischen Massenarmeen, im Osten gegen die russische und im Süden gegen die italienische. Da die angloamerikanischen Truppen 1917/18 tief in Frankreich standen, brauchte man keine große amphibische Landung an der französischen Küste. Minen, Torpedos und Küstenartillerie verhinderten alliierte Vorstöße in die Ostsee; Operationen von See waren hier deutsche und russische Schläge an einem zweitrangigen Kriegsschauplatz. Alle wichtigen Staaten am Mittelmeer waren entweder Alliierte (Frankreich, Italien und ihre Kolonien, dazu Ägypten) oder neutral (Spanien, Griechenland), womit nur die Türkei und die Levante als mögliche Zielgebiete übrigblieben. Das mit England verbündete Japan kontrollierte den Fernen Osten und kassierte die ungeschützten Kolonien Deutschlands mit Leichtigkeit.

Trotz aller Äußerungen des einflussreichen britischen Admirals John «Jacky» Fisher und anderer vor 1914, die Armee sei ein «Projektil», das von der Marine an Land geschossen werde, war nicht klar, wo man das Geschoss abfeuern solle, selbst wenn die britischen Generäle sich einig gewesen wären, dass dies geschehen solle – was sie nicht waren –, sobald sie erst in Frankreich saßen. Die Eroberung der deutschen Kolonien in Afrika und im Südpazifik verlief relativ problemlos, bis auf eine katastrophale amphibische Operation britisch-indischer Truppen gegen den Hafen Tanga am Tanganjikasee im November 1914, die eine heilsame Lektion hätte sein sollen, wie ein einfallsreicher Schlag durch schlechte Ausbildung, Kommunikation, Ausrüstung und Führung zu einem Fiasko werden kann.[6] Aber Lektionen sind nur dann heilsam, wenn sie auch gelernt werden.

Das galt für die Lektionen von Tanga leider nicht, wie sich leicht am größten Beispiel einer gescheiterten Invasion im 20. Jahrhundert zeigen lässt: den Dardanellen oder einfach Gallipoli. Es war unter modernen Bedingungen ein ebenso epischer Kampf wie der Angriff der Athener auf Sizilien und ein ebensolches Desaster. Noch heute erfährt Gallipoli viel Aufmerksamkeit, nicht nur wegen seiner historischen Resonanz, wie man an jedem Gedenktag für die gefallenen Soldaten in Australien und Neuseeland sieht oder an der Verehrung Mustafa Kemals, später Atatürk, in der Türkei, sondern auch wegen unserer Faszination für die gewaltige Lücke zwischen dem großen strategischen Ziel und der katastrophalen Ausführung. Vielleicht illustriert keine andere Operation besser die «Rückkopplung» – in diesem Fall eine gänzlich negative – zwischen dem, was am Boden und was auf See passiert, und wie der allgemeine Verlauf des Krieges von einem taktischen Unglück beeinflusst werden kann.[7] Indem Truppen durch die Dardanellen geschickt würden, sollte das wankende Russland wieder einen Seeweg nach Westen gewinnen und so im Krieg gehalten werden, so argumentierten Verfechter dieser Idee wie Winston Churchill. Außerdem würde die scheinbar schwache Türkei, die seit November 1914 mit Deutschland verbündet war, womöglich zusammenbrechen, und Griechenland, Bulgarien und Rumänien könnten aus ihrer Neutralität gelockt werden. Wenn das kein strategischer Schlag war, was dann?

Die Operation war von Anfang bis Ende eine Katastrophe. Sie begann im März 1915 mit dem Versuch, die Meerenge auf See zu durchbrechen; als die alliierte Flotte den türkischen Minenfeldern entkam, hatte sie drei große britische und ein französisches Schiff verloren, und drei weitere waren schwer beschädigt. Das war schlimmer als die britischen Verluste ein Jahr später in der Skagerrakschlacht. Danach wurde Infanterie aus verschiedenen Quellen zusammengezogen – französische Regimenter im Mittelmeerraum, britische Einheiten aus Ägypten, Indien und England, ganz neue australische und neuseeländische Divisionen auf dem Weg an die Westfront. Ende April 1915, nachdem die Türken reichlich Zeit gehabt hatten, Verstärkungen zu schicken, begannen die Alliierten die Landung an den felsigen, zerklüfteten, mit Dornbüschen bewachsenen Hügeln der Dardanellen-Halbinsel. So sehr sie sich aber mühten, errangen sie doch nie die Kontrolle über das höher gelegene Terrain und erlitten schreckliche Verluste. Beide Seiten warfen immer mehr Divisionen in den Kampf, aber die Lage blieb unverändert. Im Dezember und Januar zogen sich die Alliierten bei schnellen nächtlichen Manövern, die die Türken überraschten, von den Stränden zurück, gestanden dadurch ihre Niederlage ein und fuhren davon. Sie hatten 44 000 Gefallene und 97 000 Verwundete zu beklagen, mehr als die USA im ganzen Koreakrieg. Die Verluste der Türken waren noch höher, aber sie hatten gewonnen.[8]

Die westlichen Nationen waren beim Abzug von den Dardanellen geschickter als bei der Landung gewesen, ganz zu schweigen vom Vorstoß von den Stränden zu ihrem Ziel im Landesinneren. Rückblickend sind die Gründe für diese Niederlage klar. Das *Wetter* in der Meerenge war immer sehr unsicher und reichte von extremer Sommerhitze (ohne ausreichende Wasservorräte verdorrt eine Armee wie ein Strauch und die Krankenzahl schnellt in die Höhe) zu den heftigen Stürmen, die bei Wintereinbruch aus dem Bosporus bliesen; die *Topographie* mit ihren steilen Hängen, plötzlichen Felsspalten und Dornbüschen ist einschüchternd; die *Landungszonen*, vor allem für die Australier und Neuseeländer, waren unwirtlich und fast unmöglich zu überwinden; die alliierte *Aufklärung* über das, was sie erwartete, war schwach; eine *Ausbildung* der Soldaten für diese besondere Operation gab es nicht; die *Feuerunterstützung* von den Schiffen vor der Küste war unzureichend, weil einerseits die türkischen Stellungen schwer zu sehen waren, und andererseits die Schiffe stets durch Minen und U-Boote vertrieben wurden (binnen eines Monats wurden drei weitere große Schiffe versenkt); die *Boote*, die die Männer an die Küste brachten, waren bis auf ein paar Prototypen keine Landungsboote; und *Bewaffnung und Taktik* der unerfahrenen Einheiten, die auf diesem zerklüfteten Terrain vorrücken sollten, waren unzureichend. Der Befehl über dieses sich entfaltende Fiasko lag bei einer Kommando- und Kontrollstruktur von britischer Armee und Marine, die an Sir Richard Strachan und den Earl of Chatham erinnerte. Nur waren die Verluste und das Scheitern dieses Mal viel größer. Der Seeweg nach Russland konnte nicht geöffnet werden, die Türkei blieb im Krieg und kämpfte bis zum Schluss, Bulgarien schloss sich den Mittelmächten an, und Griechenland und Rumänien blieben neutral. Gut ein Jahr später begann der Zusammenbruch des Zarenreichs.

Es überrascht nicht, dass das britische Interesse für amphibische Operationen nach Gallipoli schwand. Immer mehr Ressourcen wurden für die Schlachten an der Westfront gebraucht, daher waren exotische und schwierige Landungen von See nicht mehr populär. Auf Drängen Frankreichs bildete eine alliierte Armee 1915 einen Landekopf in Saloniki, kam in den folgenden drei Jahren aber nicht weit von der Küste ins Landesinnere – die dortigen Bataillone bekamen den passenden Spitznamen «die Gärtner von Saloniki». Im nächsten Frühjahr kämpften die Franzosen in der Champagne und Flandern ums Überleben und waren daher gegen alle Abenteuer im Osten. Wenn die Briten nach 1915/16 noch versucht waren, das Osmanische Reich anzugreifen, so geschah es durch große Landoperationen von Westen aus Ägypten und von Süden aus Basra. Die Heeresführung war nicht daran interessiert, dass ihre Divisionen an feindlichen Küsten abgesetzt wurden; die Marine konzentrierte sich darauf, die deutsche Hochseeflotte in der Nordsee festzuhalten und die Schlacht um die atlantischen Geleitwege nicht gegen die U-Boote zu verlieren. Der Überfall auf Zeebrügge im April 1918 war zwar gut ausgeführt, blieb aber ohne großen Nutzen. Auch der amerikanische Kriegseintritt veränderte diese Überzeugungen nicht; Millionen junger GIs fuhren sicher nach Le Havre und marschierten an die Front. 1917/18 kämpfte das US Marine Corps weit im Inland an Aisne und Maas.

Insgesamt schadete der Erste Weltkrieg dem Konzept der amphibischen Kriegführung. Und als der Staub sich gelegt hatte und die neue strategische Landschaft ihre Umrisse enthüllte – etwa ab 1923 –, gab es offensichtliche Gründe, warum diese Art von Operation wenig Anhänger fand. Natürlich gab es im besiegten und geschrumpften Deutschland, im schwer getroffenen und knapp siegreichen Frankreich und Italien und in der jungen Sowjetunion viele Gedanken an Krieg, aber fast keiner enthielt die Entsendung von Truppen über das Meer. Japan war in einer liberalen Phase, und das Militär hatte noch nicht die Muskeln gezeigt; selbst als es 1931 in der Mandschurei einmarschierte, war das eine Bodenoperation, die nichts mit der Landung an Stränden oder der Eroberung von Häfen zu tun hatte. Ende der dreißiger Jahre sollte das anders werden, als große japanische Frachter Landungsboote und Fahrzeuge beim Angriff auf den Unterlauf des Jangtse transportierten. Nach 1919 dachten daher nur zwei der sieben Großmächte über amphibische Kriegführung nach.

Eine der beiden war Großbritannien, obwohl wirtschaftliche Einschränkungen und die peinliche Erfahrung der Schlacht von Gallipoli, die in vielen Kriegsmemoiren von neuem geschlagen wurde, die amphibischen Operationen in eine dunkle und staubige Ecke schob. Es gab gelegentlich Übungen in kleinem Maßstab und drei Prototypen für motorisierte Landungsboote. Erst die Invasion Chinas durch Japan 1937 und die Sudetenkrise 1938 erzwangen eine Wiederaufnahme von Ausbildung und Organisation. Auf dem Papier verbesserte sich die Lage. Das Inter-Service Training and Development Centre (ISTDC) wurde gegründet, spezielle Landungsboote und größere Trägerschiffe dafür entworfen und das Handbuch für amphibische Angriffe überarbeitet. Aber all das war *Theorie*. Die Offiziere der mittleren Ebene arbeiteten gut zusammen und hatten gute, fortschrittliche Ideen, doch ihnen fehlten noch die Werkzeuge. Eine große Übung vor Slapton Sands an der englischen Südwestküste im Juli 1938 endete wegen stürmischen Wetters im Chaos. Das zwang das ISTDC zu weiterer ernsthafter Planung und es konnte fast alle praktischen Schwierigkeiten voraussehen, vor denen amphibische Operationen im Zweiten Weltkrieg stehen sollten. Doch bei Kriegsbeginn wurde diese integrierte Einheit seltsamerweise aufgelöst. Das Heer ging nach Frankreich, die Royal Air Force bombardierte Deutschland, und die Royal Navy erwartete eine Schlacht auf hoher See mit der deutschen Marine – wo sollte man also gemeinsame Operationen ausführen? Und wer interessierte sich dafür? Bis auf einen kehrten alle ISTDC-Offiziere im September 1939 zu ihren Einheiten zurück.[9]

Das andere an amphibischer Kriegführung interessierte Land waren die USA wegen ihrer langen Küsten, vielen Häfen und flachen Strände, ihrer Erinnerungen an den britisch-amerikanischen Krieg von 1812 bis 1815, als britische Truppen nach einer Seelandung Washington hatten plündern können, und weil sie seit der Staatsgründung ein Marine Corps mit eigener Kampftradition besaßen («From the hills of Montezuma to the shores of Tripoli», heißt es in seiner Hymne). Die Geschichte des Marine Corps vor und während des Pazifikkriegs 1941–1945 gehört in Kapitel 5, wo Ähnlichkeiten wie Unterschiede zur amphibischen Kriegführung in Europa gezeigt werden.

Amphibische Operationen von 1940 bis 1942

In den ersten drei Jahren des Zweiten Weltkriegs verzeichnen die Annalen der amphibischen Kriegführung jedoch nicht die Umsetzung der Vorkriegspläne des Westens, sondern vielmehr außerordentliche Erfolge der Achsenmächte.[10] So war nach allen physischen und technischen Maßstäben die Eroberung Norwegens durch die Wehrmacht im April/Mai 1940 gegen die potenziell weit überlegenen Engländer und Franzosen einer der größten Überraschungsschläge der Geschichte. Allein der Blick auf die Landkarte – wo alle Häfen und Flugplätze an der ostschottischen Küste von Rosyth bis Scapa Flow seit Jahrzehnten auf die Blockierung eines deutschen Vorstoßes nach Norden ausgerichtet waren – macht einen ratlos angesichts des alliierten Versagens, Hitlers Angriff auf dieses strategisch wichtige Land zu begegnen. Es stimmt, dass Admiral Raeders Flotte bei den Gefechten vor der Küste und im Narvikfjord eine Schlappe erlitt, von der sie sich vielleicht nie mehr erholte; aber weiter südlich fand die Royal Navy kein Mittel gegen die Angriffe der deutschen Luftwaffe, und die an Land gesetzten anglo-französischen Truppen stießen meist auf besser ausgebildete deutsche Gebirgsjäger in besseren Positionen.

Vor allem sahen sich Soldaten, die von See landeten, zum ersten Mal feindlicher Luftmacht gegenüber. Das verstand der manchmal allzu historisch denkende Churchill nicht, dessen tägliche Forderung, in Norwegen zu handeln, von einem traurigen Mangel an Verständnis für die Konfusion am Boden und die einschüchternde Wirkung der deutschen Stukas begleitet war.[11] Das vielleicht einzig Gute, was aus dem norwegischen Fiasko erwuchs, war die parlamentarische Abstimmung gegen Chamberlains Regierung und seine Ablösung durch Churchill in jenen ereignisreichen Maitagen 1940. Obwohl aber der neue, hyperaktive und ideenreiche Kriegspremier des britischen Empire nur wenige Monate später sah, wie der gescheiterte Kampf der Deutschen um die Luftherrschaft *ihre* Landung («Unternehmen Seelöwe») völlig unmöglich machte, hatte er noch nicht verstanden, dass dieselbe Einschränkung auch für die Royal Navy galt. Ohne Luftunterstützung konnten selbst die mächtigsten Kriegsschiffe nicht sicher vor einer feindlichen Küste operieren. Was die türkischen Minenfelder vor Gallipoli bewirkt hatten, konnten deutsche Stukas nun vor allen Küstengewässern West- und Nordeuropas tun.

Diese Lektion wurde den Briten 1941 und 1942 eingebläut, als das Empire eine Niederlage nach der anderen erlitt. Die umfangreichen britischen Versuche, zunächst bei der Verteidigung Griechenlands zu helfen und dann Kreta zu halten, endeten im Fiasko. Vielleicht hätte keine Armee der Welt die Panzerdivisionen aufhalten können, die der erzürnte Hitler im April/Mai 1941 auf den Balkan schickte und die verblüffend schnell durch Jugoslawien nach Südgriechenland durchbrachen. Doch die Briten, die zuvor die italienische Flotte völlig eingeschüchtert hatten, besaßen die Seeherrschaft, und Kreta war eine Insel. Ohne Luftmacht hatte das aber wenig Gewicht. Die deutsche Landung von 3000 Fallschirmjägern rund um Maleme am 20. Mai brachte die Verteidiger in Unordnung, und die deutsche Luftwaffe bestrafte die Versuche der Royal Navy, erst die Garnison zu verstärken und wenige Wochen später die erschöpften Truppen abzuziehen. Diesmal gab es keine Hurricanes oder Spitfires wie über dem Himmel von Dünkirchen, darum konnte keine von Churchills immer schrilleren Beschwörungen verhindern, dass z. B. eine 250 kg-Bombe das Deck des Zerstörers *Kashmir* durchschlug, der binnen zwei Minuten sank. Fünf weiteren Zerstörern und drei Kreuzern erging es ebenso. Nur sechs Monate später versenkten Bomber der 22. Luftflotte der japanischen Marineluftwaffe in weniger als drei Stunden das neue britische Schlachtschiff *Prince of Wales* und den Schlachtkreuzer *Repulse* vor der Küste von Malaya. Das neue Schlachtschiff war sogar entworfen worden, um der Theorie, dass Flugzeuge Schlachtschiffe versenken könnten, Rechnung zu tragen, und besaß 175 Flakgeschütze, die 60 000 Schuss pro Minute abfeuern konnten.[12] Aber selbst das erwies sich nun als wirkungslos gegen präzise Luftangriffe.

Wirkungsvoll war nur Luftherrschaft über der Küste und den Gewässern davor. Im Zweiten Weltkrieg entschied die Luftmacht über Sieg und Niederlage, entweder besaß man sie oder nicht. Im Norwegenfeldzug setzte die deutsche Luftwaffe 800 Kampf- und 250 Transportflugzeuge ein, die Briten hatten von beidem weniger, die Franzosen gar nichts. Bei der Invasion Kretas besaßen die Deutschen 500 Transportflugzeuge (plus 100 Lastensegler), 280 Bomber, 150 Stukas, 180 Jagdflugzeuge und 40 Aufklärungsmaschinen. All diese Flugzeuge schufen einen «logistischen Alptraum» auf den überfüllten Flugfeldern Südgriechenlands, aber zweifellos wäre den Engländern so ein Problem willkommen gewesen.[13] Allein beim Schlag gegen die *Prince of Wales* und die *Repulse* setzten die Japaner 34 Bomber und 51 Torpedobomber ein; es gab keine Luftunterstützung von Land durch die RAF, und der Flugzeugträger *Indomitable*, der für den Verband bestimmt war, war bei einer Testfahrt auf Grund gelaufen. Genau zur selben Zeit, als sie die britischen Schlachtschiffe versenkten, zerstörten japanische Maschinen von Formosa (Taiwan) aus fast alle modernen US-Maschinen auf Luzon und erlaubten so einen nahezu ungestörten amphibischen Angriff auf die Philippinen und noch weiter.

Nach den ersten Monaten des Jahres 1942 war den amerikanischen und britischen Planern, die am Gegenangriff des Westens beteiligt waren, darum eines klar: kein Angriff von See konnte ohne absolute Luftherrschaft stattfinden und sie musste sich weiter erstrecken als über den Stränden. Auch in den Gewässern, die zum Invasionsort führten, musste sie gegen feindliche Flugzeuge, Schiffe und U-Boote errungen werden, außerdem gegen jeden Angriff aus der Luft oder von Land gegen den Landekopf. Selbst wenn die Alliierten die Luftherrschaft besaßen und nicht auf kampferprobte deutsche Truppen stießen, mussten sie lernen, an der Küste zu landen. Streng genommen war der erste amphibische Angriff der Alliierten gegen feindliche Stellungen wahrscheinlich die Operation «Menace» (Bedrohung) im September 1940. Die Operation machte ihrem Namen keine Ehre. Durch «Menace» wollten Royal Navy und Royal Marines General de Gaulles Truppen bei der Eroberung der Vichy-Kolonie Senegal mit ihrem wichtigen Hafen und Marinestützpunkt Dakar unterstützen. Das Resultat war in jeder Hinsicht peinlich schlecht, und nach wenigen Tagen mussten die anglo-französischen Truppen die Operation aufgeben, ohne auch nur an Land gekommen zu sein. Kommando und Kontrolle waren chaotisch. Der britische Kommandeur General Irwin führte den Befehl vom Kreuzer *Devonshire* aus, der zwischendurch nach Norden eilen musste, um einige Vichy-Zerstörer zu vertreiben; Irwin stieg dann mit seinem Stab auf ein Transportschiff und weiter auf das Schlachtschiff *Barham* um, das in ein Feuergefecht mit den Kanonen der Festung Dakar und des starken neuen Schlachtschiffs *Richelieu* geriet. Die Schiffe vor der Küste zogen sich angeschlagen zurück, und das einzige Vichy-U-Boot in der Gegend beschädigte das zweite britische Schlachtschiff, die *Resolution*, schwer. Die begrenzten Luftangriffe des Flugzeugträgers *Ark Royal* hatten keinerlei Wirkung. Vielleicht war es ganz gut, dass die Soldaten nicht an Land kämpfen mussten, wie es in Evelyn Waughs beißend satirischem Roman *Men at Arms* über diese Operation heißt. Es muss für den extrem frustrierten Irwin schwer gewesen sein, sich beim Verfassen seines Berichts auf dem Rückweg nach Gibraltar zu beherrschen, aber zwei Punkte machte er ganz klar. Ohne ein spezielles Kommandoschiff würde diese Art von Operation nie funktionieren, und ein Feuergefecht von Schiffen gegen Küstenforts war nicht zu gewinnen – was Churchill weiterhin nicht glauben wollte.[14] Nelson, der kühnste aller Admirale hatte oft gesagt, der Angriff von Kriegsschiffen gegen gut verteidigte Häfen sei nicht ratsam. Das galt anderthalb Jahrhunderte später immer noch.

Im Mai 1942 machten die Briten einen weiteren Angriffsversuch, nämlich gegen die von Vichy kontrollierte wichtige französische Kolonie Madagaskar oder zumindest den strategisch wichtigen Hafen Diego Suarez in ihrem Norden, um japanischen Angriffen zuvorzukommen. Dieses Mal lief es besser. Der französische Widerstand in und um das Hauptziel war schwach und brach zusammen, als es von einigen Heeres- und Marineinfanterieeinheiten eingeschlossen wurde, die Garnisonen im Süden hielten im Dschungel etwas länger aus. Bei den Bodentruppen wurde eine ganze britische Division eingesetzt, die auf dem Weg nach Indien und Burma war. Die französische Luftverteidigung war minimal, dagegen reichte die Unterstützung durch die Staffeln der beiden britischen Flugzeugträger völlig aus. Und es gab auch endlich ein Kommandoschiff, ein früheres Passagierschiff, das von der Beschussgruppe, die nur zehn Minuten zu feuern brauchte, den Landungstruppen und der Fernunterstützung der Ostasienflotte unabhängig war.[15] Dadurch verlief die Operation viel reibungsloser als die peinliche Dakar-Aktion, und die Stimmung beim Kommando für Kombinierte Operationen (Combined Operations Command) war gut, weil endlich etwas funktionierte.

Es gibt noch einen positiven Aspekt dieser Operation «Ironclad», der mehr Aufmerksamkeit als üblich verdient: Die Landungstruppe war von der Bucht des Clyde (Glasgow und seine Außenhäfen) aus abgefahren, d. h. die britische Seemacht entsandte Truppen über 15 000 Kilometer an die Nordspitze Madagaskars. Es stimmt zwar, dass die rasch wachsende britische Armee in dieser Kriegsphase regelmäßig Truppenkonvois unter starkem Schutz von Glasgow aus um Afrika herum in den Nahen Osten und nach Indien schickte, was die Gesamtlogistik für die Planer der Admiralität vertrauter machte. Hier brauchte man nur eine dieser Divisionen (in diesem Fall die 5. Infanteriedivision) als Unterstützung der Kommandotruppen landen zu lassen und viel mehr Kriegsschiffe der Einsatzgruppe Force H und der Heimatflotte als üblich zum Schutz einzusetzen. Dennoch gehörte zur Planung die Koordination ganzer Gruppen von Truppentransportern und Geleitschiffen mit unterschiedlicher Geschwindigkeit und aus verschiedenen Häfen, um über eine extrem weite Distanz einen Schlag von See auszuführen. Das war keine geringe logistische Leistung, allein das Planen der Verpflegung von 40 000 Mann auf See war eine gewaltige Aufgabe.

Das Kommando für Kombinierte Operationen war auf Churchills Befehl im Juni 1940 gegründet worden, um Angriffe auf die Küsten des besetzten Europa auszuführen. Vielleicht besitzt es eine gewisse Ironie, dass England erst den Fall Frankreichs brauchte, um wieder kombinierte amphibische Operationen zu wagen! Mit Ermutigung des Premierministers wurden die Ziele ehrgeiziger, und die nüchternen Stabschefs mussten sie immer wieder dämpfen. Dakar war die erste Feuerprobe mit dem oben beschriebenen Ausgang, und einige Kritiker sahen ihre Zweifel gerechtfertigt. Doch angetrieben vom ungeduldigen Churchill, in dem Wissen, dass ihre neuen amerikanischen Verbündeten sobald wie möglich große Landungen in Europa fordern würden, und beeindruckt von dem jugendlichen, energischen und mit vielen Vorschusslorbeeren bedachten Vizeadmiral Lord Louis Mountbatten, der im Oktober 1941 das Kommando für Kombinierte Operationen übernahm, mussten die britischen Stabschefs akzeptieren, dass größere Ressourcen für amphibische Operationen eingesetzt wurden.

Und so geschah es auch, obwohl es enorme Forderungen an die bereits stark überlastete englische Schiffsindustrie stellte. Schnelle Passagierschiffe wurden zu großen Landungsschiffen für Infanterie (LS-I) umgebaut, mehrere niederländische Fähren wurden zu Truppentransportern und Hunderte kleinerer Landungsboote auf Kiel gelegt, viele in den USA. Die ersten, sehr wichtigen Landungsboote für Panzer wurden getestet. Immer mehr Personal – Seeleute wie Soldaten – wurde rekrutiert. Kombinierte amphibische Operationen waren nicht länger eine Sackgasse. Gab es eine ebenso wichtige Rolle bei der Landung an einer feindlichen Küste wie die des «Beach Master», der die eintreffenden Truppen, Lastwagen und Panzer dirigierte, sie mit ihrem Nachschub weiter ins Binnenland schickte und Staus rasch auflöste? Im Jahr darauf stieg die Zahl der Ausbildungslager und Übungsstrände an, fast alle an den kalten Gewässern Schottlands und außer Reichweite der deutschen Luftaufklärung – und wenn man die Landung bei starker Brandung üben wollte, war es genau der richtige Ort. Die ersten echten Kommandoschiffe wurden gebaut und sollten bald zur Verfügung stehen. Mountbattens Energie war ansteckend, aber der Erfolg auf Madagaskar war ebenfalls ausgesprochen wichtig.[16]

Es war darum umso enttäuschender, dass auf diese verheißungsvollen Zeichen bald ein weiterer gescheiterter Landungsversuch bei Dieppe folgte. Zum Glück konnte bereits drei Monate später die bis dahin größte – und erfolgreichste – amphibische Operation der Alliierten durchgeführt werden – Operation «Torch», die Landung in Nordafrika.

Dieppe und Nordafrika: Warnung und Ermutigung

Warum soll man einem kleinen Überfall auf einen französischen Hafen, der nur einen Tag dauerte (18./19. August 1942), bevor die Angreifer wieder ins Meer zurückgeworfen wurden, viel Aufmerksamkeit widmen? Weder dem Umfang noch der Absicht nach war Dieppe in der Geschichte der amphibischen Kriegführung so wichtig wie Walcheren, Gallipoli oder Kreta; selbst bei einem Erfolg sollte er keine weiteren Schritte einleiten. Obwohl er aber scheiterte, konnten die britischen Planer viele Lehren daraus ziehen. Die schlecht vorbereitete Aktion führte zu überproportional hohen Verlusten, vor allem bei den beteiligten Kanadiern. In diesem Scheitern lag jedoch seine Bedeutung; sie hatte denselben perversen Nutzen wie die Verluste der Konvois HX 229 und SC 122 im März 1943 und die schrecklichen Verluste der US-Bomber beim Angriff auf Schweinfurt und Regensburg im Oktober 1943. Alle drei dieser schweren Schläge durch die Deutschen auf taktisch-operativer Ebene – Geleitzugschutz, strategischer Luftkrieg und amphibische Landung – zwangen die Westalliierten, ihre früheren Annahmen ernsthaft zu überdenken und nach neuen Waffen, Taktik, Ausbildungstechniken und Organisationsformen zu suchen.

Im Vergleich zu den Konvois und Bombenangriffen, die in sich strategisch waren, war Dieppe aber etwas Besonderes. Es war immer als Test gedacht, ein Versuchsangriff gegen den Atlantikwall, den die Wehrmacht, seit sie Unternehmen Seelöwe Ende 1940 aufgeben musste, gebaut hatte. Die Aktion sollte Erkenntnisse liefern, die man bei späteren, größeren Operationen anwenden konnte. Viele Historiker haben dieses Nützlichkeitsargument – «die Lehren aus Dieppe» – zu ihrer Rechtfertigung angeführt. Dagegen waren die Kanadier stets erzürnt, dass ihre Truppen beim ersten Einsatz in Europa Versuchskaninchen waren und die Sache so schrecklich schief ging.[17]

Mountbattens Kommando für Kombinierte Operationen hielt bei Planung und Ausführung des Angriffs zur Eile an. Man sollte einen wichtigen feindlichen Hafen für kurze Zeit besetzen, Informationen sammeln und sehen, wie die Deutschen reagierten. All das war militärisch sinnvoll und spiegelte auch die politischen Realitäten wieder. Stalin wie Roosevelt drängten auf die rasche Eröffnung einer zweiten Front in Frankreich, die britische Öffentlichkeit war beunruhigt wegen der Rückschläge in Nordafrika und im Fernen Osten, und die kanadische Öffentlichkeit fragte sich, ob ihre Soldaten je kämpfen würden. Die ursprüngliche Operation «Rutter» war für Anfang Juli geplant gewesen, aber durch einen Nachtangriff der deutschen Luftwaffe auf die im Hafen ankernden Schiffe verhindert worden. Unter dem neuen Namen «Jubilee» wurde sie fünf Wochen später gestartet, die bis dahin größte kombinierte amphibische Operation in dieser Region. Rund 6100 Soldaten waren beteiligt, ihr Kern waren zwei kanadische Infanteriebrigaden. Die meisten Elemente eines Angriffs von See waren vorhanden: Luftunterstützung, Beschuss durch Kriegsschiffe, zwei Flanken- und ein Hauptangriff. Die Landungsfahrzeuge sollten auch Panzer befördern, der Konvoi von 250 Schiffen würde Minensucher vor sich und Geleitschutz neben sich haben, Spezialtruppen (plus 50 US-Ranger, die ersten amerikanischen Soldaten, die in Europa landeten und fielen) würden mitkämpfen. Die Hauptmacht sollte die Strände kurz vor Sonnenaufgang erreichen. Auf dem Papier sah es gut aus.

Mitten in der Nacht vom 18. auf den 19. August stieß die Gruppe der

Bittere Lehren: Der Strand von Dieppe nach der gescheiterten Landung des 19. August 1942.

Nordflanke auf einen kleinen deutschen Konvoi, der die Küste entlang fuhr, und geriet in ein Gefecht mit Torpedobooten, was die deutsche Verteidigung alarmierte. Nur ein kleiner Teil von Kommando Nr. 3 ging an Land, erklomm die Klippen und beschoss die Küstenbatterie. Im Süden hatte Kommando Nr. 2 eine viel leichtere Aufgabe und führte seine Zerstörungsaufgaben aus. Im Zentrum kam die Hauptmacht nach der Landung nicht von den Stränden weg, der steile Kieselboden war ein ebensolches Hindernis wie Stahl- und Betonbarrieren; die Panzer blieben stecken.

Die Zerstörer vor der Küste beeindruckten die deutschen Stellungen kaum und konnten sich mit den Truppen an Land nicht verständigen. Die zahlreichen Spitfire-Staffeln operierten an der Grenze ihrer Reichweite – das Gegenteil der Bedingungen bei der Luftschlacht um England –, und obwohl der Plan auch vorsah, der deutschen Luftwaffe starken Schaden zuzufügen, passierte das Gegenteil: die RAF verlor 119 Flugzeuge, die Deutschen nur 46. Deutsche Bomben und Granaten versenkten einen Zerstörer und 33 Landungsboote. Die Kanadier erlitten schreckliche Verluste bei dem Versuch, sich vom Strand zurückzuziehen. Von den

6100 Mann fielen über 1000, und 2300 wurden gefangengenommen; viele Überlebende kehrten schwer verwundet zurück. Rund 1000 Mann kamen nicht einmal von den Schiffen. Am Vormittag war schon alles vorbei.

Die Literatur über Dieppe teilt sich wie schon erwähnt in zwei Kategorien. Die erste besteht aus vielen Formen der kanadischen Empörung – nicht nur in Büchern, sondern auch in Filmen, Liedern und Gedichten – über britische Inkompetenz, nicht unähnlich der australischen und neuseeländischen Kritik an Gallipoli, selbst wenn die Verluste bei Dieppe viel niedriger waren. Die zweite betont den Wert taktisch-operativer Analysen der Schwächen im Angriffsplan und damit den langfristigen Nutzen seiner Durchführung. Churchill hielt die Operation jedenfalls für nützlich, als er sie in seiner Geschichte des Zweiten Weltkriegs erklärte. Und der Eisenfresser Bernard Fergusson, ehemals beim Black Watch-Regiment und den Chindits-Einheiten in Burma, dessen letzte amphibische Operation das Suez-Debakel 1956 sein sollte, schließt seinen Bericht mit den Worten: «Aus dem Feuer, dem Rauch und dem Gemetzel auf den Stränden von Dieppe gingen Leitsätze hervor, durch die viele Leben gerettet und der Sieg errungen werden sollte.»[18] Man könnte kritisch bemerken, dass sich auch ohne Dieppe viel aus anderen amphibischen Operationen lernen ließ, was den D-Day-Planern half, schließlich standen die Landungen in Nordafrika nur drei Monate bevor. Trotzdem waren tatsächlich viele Lehren aus Dieppe zu ziehen. Die vorausgegangene Aufklärung war unzureichend gewesen, und Mountbatten und sein Stab hatten anscheinend ihr Vorhaben ohne Wissen des Joint Intelligence Committee (Ausschuss für Nachrichtendienste) der Regierung vorangetrieben. Wie sonst konnten die Planer nicht wissen, dass in derselben Nacht ein deutscher Küstenkonvoi in denselben Gewässern sein würde? Oder dass die deutschen Truppen entlang der Küste in erhöhte Alarmbereitschaft versetzt und kürzlich zusätzliche Maschinengewehrbataillone nach Dieppe gekommen waren? Das führte später zu intensiven Spekulationen, ob die Wehrmacht etwas ahnte. Die Stärke der deutschen Stellungen wurde nicht adäquat analysiert und das Terrain nicht einbezogen – wie genau kam ein schwerer Churchill-Panzer einen steilen Kieselstrand hinauf? Und selbst wenn Fahrzeugen der Anstieg gelang, wie sollten sie ohne Spezialausrüstung solide Panzerabwehrwände überwinden? Die Landungen von den Schiffen waren unbeholfen und nur wenige der kanadischen Kommandeure hatten Erfahrung in der amphibischen Kriegführung. Die Landungen waren nicht im Zeitplan und erfolgten manchmal an der falschen Stelle. Es fehlte die Kontrolle von See, weil es kein Kommandoschiff gab. Die Luftunterstützung bei Tageslicht war unzureichend, weil die RAF keine volle Luftherrschaft besaß. Es gab kein vorbereitendes schweres Bombardement durch das Bomberkommando und keine taktischen Luftschläge. Der Beschuss von See war viel zu schwach; wenn 15 Zoll-Schlachtschiffkanonen wenig in Gallipoli ausrichteten, warum sollte es den 4 Zoll-Kanonen eines Zerstörers vor Dieppe gelingen? Vor allem war da der Hauptfehler: den Hauptangriff gegen einen stark verteidigten Hafen zu führen, statt gegen einen weniger befestigten Teil der Küste. Wenn die Alliierten testen wollten, ob es möglich sei, einen verteidigten Hafen zu erobern, bekamen sie in Dieppe die Antwort.

Aber das Dieppe-Experiment brachte noch eine allgemeinere, eher psychologische Lehre. Wann immer die zweite Front kam, würde sie an der französischen Küste *und* gegen gut ausgebildete deutsche Soldaten kommen. Diese Kombination von Herausforderungen musste getestet werden. Wenn die Ergebnisse des Angriffs alle Sorgen Alanbrookes bestätigten – und sie lieferten ihm und Churchill die Rechtfertigung, «Overlord» bis 1944 aufzuschieben –, so zeigten sie den angloamerikanischen Planern auch, dass sie sehr viel professioneller werden mussten. Wenn sie irgendwann in Frankreich landeten, um eine große Invasion durchzuführen, mussten sie sehr, sehr gut sein.

Das war noch aus einem weiteren, besorgniserregenden Grund notwendig. Die deutsche Garnison in Dieppe war zwar gut verschanzt, aber nicht sehr groß. Das Infanterieregiment 571 hatte rund 1500 Mann in der Region, aber nur 150 beschossen die Hauptstrände, und das reichte zusammen mit den Sperranlagen aus. Der Atlantikwall würde nie mehr von so wenigen Soldaten gehalten werden, und in den nächsten zwei Jahren rückten immer mehr deutsche Truppen an diese Front und zahllose weitere Hindernisse, Bunker und Minenfelder kamen hinzu. Insgesamt konnten beide Seiten viel aus der eigentlich kleinen Dieppe-Operation lernen.

Dass die Landungen von Operation «Torch» im November 1942 in Nordafrika klein waren, lässt sich nicht sagen, obwohl die zeitliche Nähe beider Operationen nützlich ist, um ihre Unterschiede zu verdeutlichen. Torch war eine amphibische Invasion, kein Überfall, und von sehr großer Dimension. Obwohl die alliierte Planung zunächst noch größere Operationen gefordert hatte, gingen in der ersten Phase fast 75 000 Soldaten an Land, um Casablanca, Oran und Algier zu erobern, und es kamen viele nach. Es war auch eine gemeinsame angloamerikanische Aktion, die erste ihrer Art in diesem Krieg. Es war also nicht nur eine «gemischte» Operation dreier Waffengattungen, sondern auch eine «gemeinsame» der beiden Westalliierten. Hier liegt ein weiterer Grund, warum sie einfach gelingen musste. Konnten zwei unterschiedliche militärische Kulturen in der Hitze des Kampfes die fast unvermeidlichen Reibungen der Bündnispolitik, unterschiedlicher Organisationen, Ausbildungssysteme und Waffen vermeiden?

Es gelang, weil Churchill, Roosevelt und das Gemeinsame Oberkommando die Prinzipien alliierter «Gemeinsamkeit» mindestens seit ihrem Treffen vor Argentina Bay (Neufundland) im August 1941 und dem Blitzbesuch des Premierministers in Washington zu Weihnachten desselben Jahres ausgearbeitet hatten. Einigen Generälen und Admirälen lag die gemeinsame Arbeit mehr als anderen – Eisenhower und Tedder waren darin hervorragend und zeigten ein geradezu heroisches Maß an Geduld –, aber die Notwendigkeit beschleunigte die Sache. Beide Partner sahen ein, dass bei gemeinsamen Feldzügen (Südostasien, Mittelmeer, Nordwesteuropa) der Oberbefehlshaber aus dem einen Land und sein Stellvertreter aus dem anderen kommen sollte. Da die überwiegende Mehrzahl der Truppen bei Operation Torch Amerikaner sein würden, einerseits weil die britische Armee gerade die Schlacht von El Alamein am anderen Ende Nordafrikas beendete, andererseits um die über frühere britische Angriffe erbitterten Vichy-Truppen nicht zu provozieren, ging das Oberkommando an Eisenhower, und Admiral Cunningham wurde Stellvertretender Kommandeur und Chef der alliierten Marineeinheiten. Die «Gemeinsamkeit» war hier aber eher eine Formalität, weil die amerikanischen Einheiten an den atlantischen Landungszonen operierten und die britischen im Mittelmeer. Eisenhowers Hauptquartier war passenderweise Gibraltar, das seit über 200 Jahren eine strategische Schlüsselrolle spielte.[19]

Ein weiterer großer Unterschied zu Dieppe waren die extremen Distanzen, welche die alliierten Invasionskräfte überwinden mussten. Die US-Truppen für die Landungen in Marokko fuhren von mehreren Ostküstenhäfen ab und damit direkt über den Zentralatlantik. Die britischen Truppen für Oran und Algier schifften sich wieder von der Clyde-Mündung ein.[20] Die schwere Force H-Flotte, die Angriffe der italienischen und Vichy-Flotten neutralisieren sollte, kam aus Scapa Flow. Schnelle und langsame Verbände, Tank- und Frachtschiffe, Landungsboote, Schlepper, Kohlenschiffe, vorgeschoben patrouillierende U-Boote, alle mussten zur richtigen Zeit am richtigen Ort sein. Kein Wunder, dass Eisenhower nervös war.

Es war noch sehr viel mehr bei der Logistik eines großen Landungsunternehmens zu tun, als einfach 500 Schiffe loszuschicken, aber am wichtigsten ist, dass diese modernen Invasionsarmeen nicht nur die Unterstützung von Kriegs- und Handelsmarine für die Landung brauchten, sondern auch konstanten und wachsenden Nachschub von See, wenn der Landfeldzug in Gang kam. Angesichts der Krise der alliierten Schifffahrt zur Jahreswende 1942/43 wurde es umso dringlicher, Frachtschiffe von den Atlantikkonvois ins Mittelmeer abzuziehen, je weiter die angloamerikanischen Truppen in Nordafrika vorrückten und je länger das Afrikakorps unter Rommel und von Arnim Widerstand leistete. Das verlangsamte auch die Vorbereitungen für die Invasion Frankreichs, abgesehen von der lebenswichtigen Aufgabe, das englische Volk zu ernähren.[21] In der ganzen Mittelphase des Krieges waren die Knappheit an Schiffen und Landungsbooten wahrscheinlich die wichtigsten Determinanten für das *Tempo* der alliierten Landungsunternehmen.

Weil das Gelingen von Operation Torch so wichtig war, nahmen die Alliierten den Beschuss von See und die Luftherrschaft sehr ernst. Es bestand die entfernte Möglichkeit, dass die recht große italienische Marine auslaufen könnte, und eine etwas größere, dass die Vichy-Flotte aus Toulon in den Kampf eingreifen könnte, darum wachte Force H, die Eingreifflotte im westlichen Mittelmeer, in einiger Entfernung von den eigentlichen Landungen. Die US-Truppen, die in Marokko landen sollten, wurden von nicht weniger als drei Schlachtschiffen, einem großen Flugzeugträger und vier Geleitträgern, sieben Kreuzern und 38 Zerstörern unterstützt. Die Royal Navy schickte noch mehr Kriegsschiffe ins Mittelmeer. Britische U-Boote dienten als Führer vor der Küste für die Landungstruppen und als vorgeschobener Schutz im ganzen Mittelmeer. Insgesamt wurden vier große und fünf kleinere Flugzeugträger eingesetzt, d. h. sie besaßen die Luftherrschaft, bis die ersten Flugfelder erobert waren und Hurricane- und Spitfire-Staffeln aus Gibraltar verlegt werden konnten.

Die Landungen selbst lassen sich recht leicht zusammenfassen. Entlang der marokkanischen Atlantikküste wurden bis zum 12. November

1942 trotz starker Brandung, Verwirrung an den Stränden und begrenztem französischen Widerstand die Straßen nach Casablanca und dann die Stadt selbst erobert und gesichert. Die größte Gefahr drohte durch Schläge der französischen Zerstörer gegen die Landungstruppen, aber sie wurden von amerikanischen Kreuzern in Schach gehalten, während fünf US-Schlachtschiffe die Küstenbatterien beschossen. Die Angriffe auf Oran und Algier verliefen viel dramatischer, weil es einerseits mehr Widerstand zu Land, zu Wasser und in der Luft gab und die Briten andererseits mit Kriegsschiffen in die Häfen einzudringen versuchten, weil sie auf einen schnellen K.-o.-Schlag hofften; in beide Häfen liefen zwei Schiffe der Royal Navy ein und wurden rasch zerstört. Die Landungen an gefährlichen Stränden mit hoher Brandung zu beiden Seiten Algiers führten zu großer Verwirrung, weil Einheiten einander behinderten oder am falschen Ort landeten – Fehler, die laut Barnett «schwer bestraft worden wären, wenn deutsche Truppen diese Küste verteidigt hätten».[22] All das versetzte Eisenhower sicherlich in Unruhe. Dann griffen französische Zerstörer an, wurden aber von den schnellen britischen Kreuzern mit 6 Zoll-Kanonen abgewehrt. Küstenbatterien lieferten sich ein Gefecht mit dem britischen Schlachtschiff HMS *Rodney*, und französische Dewoitine-Jäger griffen die Spitfires an, die auf den ersten eroberten Flugplätzen landeten. Während der Widerstand noch andauerte, wurde ein Waffenstillstand geschlossen, und binnen drei Tagen hatte Operation Torch ihr Ziel erreicht.

Einige der hierbei gelernten Lektionen bezogen sich auf die entscheidende operative Ebene, so war das Einzelfeuer von entfernten Schiffen recht unwirksam, aber Salven aus der Nähe konnten Küstenbatterien schwer beschädigen; auch die frühzeitige Eroberung eines Flugplatzes brachte erhebliche Vorteile. Erneut bestätigte sich die absolute Notwendigkeit eines Kommandoschiffs. Die Oran-Operation wurde von der *Largs* aus durch einen britischen Kommodore (Troubridge), den Chef der US-Einheiten (Fredendall) und den gemeinsamen Luftwaffenkommandeur Jimmy Doolittle von den USAAF reibungslos gelenkt. Vor Algier kommandierten Royal Navy-Konteradmiral Burrough, Major-General Ryder von der US Army und Air Commodore Evelegh von der RAF an Bord des modernen Kommandoschiffs *Bulolo* ihre jeweiligen Truppen. Auf diesen beiden mittelgroßen Schiffen gab es eine erfolgreiche Kooperation zwischen den Waffengattungen und den Alliierten *eine Ebene unter* jener des Gemeinsamen Oberkommandos. Anders war es vor Casablanca, wo die

Amerikaner kein unabhängiges Kommandoschiff hatten. Darum mussten sich General Patton und sein Stab zeitweise vom Landungsgebiet entfernen, als der Kreuzer USS *Aurora*, auf dem sie sich befanden, gegen französische Zerstörer vorging.

Zwei allgemeine Lehren waren zu ziehen. Die erste war eine erneute Bestätigung, dass Angriffe von See auf feindliche Häfen im Zeitalter von Schnellfeuergeschützen, Minen und Torpedos sinnlos waren. Andererseits hatten die Landungen an den Stränden gezeigt, wie schwierig es war, große Einheiten an einem offenen Küstenabschnitt an Land zu setzen, wo es starke Gezeiten und Winde, schlechte Sicht und natürliche Hindernisse wie Sandbänke gab. Uneinnehmbare Häfen oder gegen Landungen gefeite Kieselstrände und Riffe? Wenn aber die Küstengewässer und Strände von Oran schon schwierig waren, wie würde dann erst der Versuch einer viel größeren Operation an der Küste Nordwestfrankreichs sein, wo die Atlantikwellen ihre auf 5000 Kilometern gesammelte Kraft in den Ärmelkanal pressten? Die zweite allgemeine Lehre, die alliierte Planer ständig beunruhigte, war, dass dies keine Niederlage deutscher Truppen gewesen war. Einige Vichy-Einheiten hatten mutig gekämpft, aber die Mehrzahl war sichtlich erleichtert, als Admiral Darlan sich erst zum Waffenstillstand und dann zur Kapitulation entschloss. Hitlers Antwort auf Darlans Überlaufen bestand darin, Vichy-Frankreich zu besetzen und dann deutsche (und einige italienische) Divisionen nach Tunesien zu schicken, wo Rommel und seine Nachfolger von November 1942 bis Mai 1943 sich mit eindrucksvoller Defensive und Gegenangriffen gegen sehr viel größere alliierte Armeen behaupteten, die von Westen und Osten vorrückten (siehe Kapitel 3). Trotz dieses erbitterten deutschen Widerstands war Torch für die Alliierten aber noch relativ leicht gewesen.

Nach Operation «Torch»

Bei dem kleinen Angriff auf Dieppe und den großen Invasionen in Nordafrika stellten sich dieselben praktischen Probleme. Wie breit sollten die Landezonen sein und wie weit voneinander entfernt? Wie viel Beschuss sollte es von See geben und wo? Wie ließ sich die Landung an den Stränden oder im Hafen reibungslos bewerkstelligen? Wie bereitete man sich auf topographische und vom Gegner geschaffene Hindernisse vor? Wie organisierte man Phase zwei, wenn man vielleicht weitere Kräfte an Land bringen und zugleich Verletzte und leere Tankwagen zurück auf die Schiffe bringen musste? Wie neutralisierte man feindliche Luftangriffe? Die Liste war praktisch endlos, aber jede Frage war wichtig und forderte eine Antwort.

Die Erfahrungen aus diesen beiden Operationen waren auch die einzigen aktuellen, welche die alliierten Militärstrategen vom Kriegsschauplatz in Europa und im Mittelmeerraum besaßen, als Churchill und Roosevelt in Casablanca zusammentrafen und für das kommende Jahr erfolgreiche Landungen verlangten. Ein intelligenter Planer hätte den beiden Staatsmännern und ihren Stabschefs vielleicht Folgendes gesagt: «Meine Herren, wir haben einige Erkenntnisse über die kommenden Probleme aus einem kleinen Angriff auf die französische Küste gewonnen, der von den Deutschen abgeschlagen wurde. Und wir haben aus unserer viel größeren und erfolgreichen Invasion Nordafrikas zusätzliche Erkenntnisse über die Herausforderungen, wenn große Armeen trotz Distanz, Gezeiten, Stürmen und den vielen logistischen und Kommunikationsproblemen landen. Wir wissen aber nicht, was geschieht, wenn wir beides kombinieren, d. h. a) viele Soldaten an einer feindlichen Küste landen, egal wie das Wetter ist, und b) diese Küste von einer großen Zahl außerordentlich kampfstarker deutscher Divisionen besetzt ist, die leicht zu verstärken sind. Nicht Italiener, nicht Vichy-Franzosen, sondern Deutsche. Die besten Defensivkräfte, die die Welt je gesehen hat. Wir können nicht voraussagen, was dann geschehen wird.»

Es ist nicht belegt, dass etwas in dieser Art laut gesagt wurde. Wenn ja, hätte es die politische Führung nicht von den Casablanca-Direktiven abgehalten. Es hätte ganz sicher nicht Roosevelt gestoppt, der so undurchschaubar und distanziert bei spezifischen Maßnahmen und Methoden war, aber voller Zuversicht, dass die Vereinigten Staaten jeden vorhersehbaren Konflikt gewinnen könnten. Für ihn, so kann man vermuten, hatten alle Probleme nur mit Zeit und Ort zu tun, mit dem Warten auf die gewaltigen Ressourcen aus Amerikas Fabriken, aber nie mit dem Sieg. Und obwohl Churchill in einer gefährdeteren strategischen Position war, beunruhigt von Schwächen, denen Roosevelt keine Bedeutung beizumessen schien (die U-Boote), und besorgt um sein geliebtes Empire, forderte auch er in Casablanca künftige Landungen, um die Achsenmächte zu besiegen. Dies war der Moment, auf den er gewartet hatte und für den er viele Ideen hatte: die Wende.

Die alliierte Offensive der nächsten 16 Monate bestärkte die nüchternen Voraussagen unseres imaginären Strategen. Nach Dieppe gab es keine wichtigen militärischen Aktivitäten an der französischen Küste oder im Rest Westeuropas. Wozu auch? Bis man die Seeherrschaft und dann die Luftherrschaft errungen hatte und bis die US Army genug ausgebildete Divisionen und genug Landungsboote besaß, konnten die Westalliierten keine zweite Front eröffnen, egal wie sehr Stalin und Roosevelt darauf drängten. Wenn die Amerikaner also nicht aus purer Frustration den Hauptteil ihrer Truppen und Waffen in den Pazifik verlegten, wie Admiral King forderte, musste der Druck auf die Achse im Mittelmeer ausgeübt werden, wie Churchill und die britischen Stabschefs es immer gefordert hatten; und inzwischen besaßen sie sehr große Boden-, Marine- und Lufteinheiten in Nordafrika, die sicher nicht ein Jahr lang unbeschäftigt bleiben sollten. Auch Eisenhower sprach sich für weitere Operationen aus, vielleicht gegen Sardinien, vielleicht gegen Italien. Hier ist nicht der Ort, um Sinn oder Unsinn der Mittelmeerstrategie zu diskutieren,[23] oder sich in den tieferen Motiven für Churchills aggressive Haltung an diesem Kriegsschauplatz zu verlieren. Tatsache ist, dass die große Offensive stattfand, und zwar in drei amphibischen «Sprüngen»: von Nordafrika nach Sizilien (Juli 1943), dann die Überquerung der Straße von Messina parallel zur doppelten Landung bei Salerno und Tarent (September 1943), schließlich die letzte Anstrengung, den Vormarsch auf Rom durch eine Landung bei Anzio zu beschleunigen (Januar 1944).

Die Hauptfrage ist: Wie bereiteten diese drei großen Landungsoperationen in den sechs Monaten zwischen Juli 1943 und Januar 1944 die Alliierten besser auf das größte Unternehmen vor – Operation Overlord? Alle, auch die vorsichtigen Churchill und Alanbrooke, wussten, dass ein gewaltiger Angriff auf das von Deutschland besetzte Europa spätestens in den ersten Monaten des Jahres 1944 kommen musste. Aber konnten ihre Stäbe und Armeen es auf der operativen und taktischen Ebene schaffen, dass ein strategischer Durchbruch gelang und kein demütigender Rückzug aufs Meer folgen musste? Hierin lag die Bedeutung der Mittelmeeroperationen, denn zum ersten Mal würden die Alliierten versuchen, von den Deutschen gehaltene Küsten zu erobern.

Die Operationen «Husky» (Sizilien), «Avalanche» (Salerno) und

«Shingle» (Anzio) waren alle erfolgreich, aber keine war perfekt, vielmehr sah es in einer kritischen Phase so aus, als müssten die Truppen bei Salerno und Anzio zurückgezogen werden, so heftig war der Widerstand. Alle Operationen gaben den alliierten Stäben neue Gelegenheiten zum Lernen, Überdenken, Reorganisieren, für technische und taktische Modifikationen und für die Anwendung neuer, besserer Waffen. Man hat häufig behauptet, die Landung in der Normandie sei die größte und am besten organisierte amphibische Operation in der neueren Geschichte gewesen. Wenn dem so war, muss man auch sagen, dass noch nie ein so großes Vorhaben so intensiv geprobt worden war.

Die Invasion und Eroberung Siziliens durch britische, amerikanische und kanadische Truppen von Juli bis August 1943 war auch der erste Schritt der Alliierten auf den Kontinent, über drei Jahre nach Dünkirchen, über zwei Jahre nachdem die Truppen des britischen Empire aus Griechenland und Kreta vertrieben worden waren und über zwei Jahre nach Hitlers Angriff auf die Sowjetunion. Sie war ein schwerer Schlag für die Achse, führte zu Mussolinis Sturz und der italienischen Kapitulation. Sie war ein wichtiger Testplatz für neue alliierte Divisionen, vor allem die amerikanischen, und ein weiterer Schritt zur Perfektionierung einer sehr großen kombinierten amphibischen Operation.[24]

Selbst als sich aber die letzten deutschen und italienischen Soldaten am 17. August 1943 über die Straße von Messina zurückzogen, konnte man nicht sagen, der Feldzug in Sizilien sei ein entscheidender Erfolg gewesen. Die alliierten Planungen und Vorbereitungen waren fast bis Mitte Mai durch den erstaunlich heftigen Widerstand der Achsenkräfte in Tunesien gebremst worden. Die sizilianische Garnison war klein – schließlich waren acht deutsche Divisionen in Nordafrika gefangengenommen und viele andere auf Hitlers Befehl nach Griechenland, Sardinien oder sogar Südfrankreich verlegt worden, um einen möglichen westlichen Angriff abzuwehren. Dechiffrierungen hatten bestätigt, dass die Achse deshalb nur zwei neu geschaffene deutsche und vier italienische Divisionen auf Sizilien besaß, außerdem schlecht ausgerüstete Einheiten des Küstenschutzes. Im Gegensatz dazu planten die Alliierten eine gewaltige gleichzeitige Landung von acht Divisionen – sehr viel mehr als bei den späteren Invasionen der Normandie oder der Marianen, auch mehr als auf den Philippinen, Iwojima und Okinawa. Allein am ersten Tag gingen etwa 150 000 Mann an Land, insgesamt rund 478 000 an zwei 60 Kilometer breiten Küstenabschnitten. Und auf den Stränden gab es kaum Widerstand, obwohl die ersten amerikanischen Einheiten unter italienisches Feuer kamen. Die 4000 alliierten Flugzeuge hätten die fast unbeschränkte Luftherrschaft haben sollen, aber deutsche Maschinen versetzten ihnen ein paar Schläge. Riesige Flotten von Landungsbooten und Kriegsschiffen lagen vor den Stränden, weil sie zeitweise durch feindliches Feuer oder Flugzeuge nicht weiterkamen; die Unterstützung von See war stark.

Es war darum kein echter Test. Vielleicht ließen sich aus der Sizilien-Operation nur zwei Lehren für die Zukunft ziehen. Die erste, negative, war die, dass beim Kampfeintritt der beiden Wehrmachtsdivisionen, unterstützt durch Fallschirmjäger und weitere Verstärkungen, die britischen wie die amerikanischen Vorstöße gebremst wurden, obwohl zusätzliche Einheiten aus Tunesien angefordert worden waren. Während die deutschen Soldaten vor Patton im Westen der Insel zurückwichen, hielten sie zunächst ihre östliche Front in den Bergen, um die Alliierten solange zu stoppen, bis fast alle ihrer Lastwagen, Panzer, Kanonen und Nachschubgüter über die Straße von Messina gebracht waren – was ihnen fast ohne Störung gelang. Field Marshal Alexanders Bericht an Churchill: «Bis 10 Uhr vormittags am 17. August 1943 war der letzte deutsche Soldat aus Sizilien herausgeworfen», vermittelte den alliierten Planern in London vielleicht einen falschen Eindruck.[25] Die zweite, viel ermutigendere Lehre bestand darin, dass trotz starker Brandung und Winden, die die amerikanischen und britischen Fallschirmjäger über den ganzen südlichen Inselteil verstreuten, die beiden amphibischen Kommandozentralen eine weitere hervorragende Gelegenheit hatten, viele Probleme zu lösen: die Überwindung der Küstensperren, das rasche Verlassen der Strände durch Truppen und Nachschub, die Koordination mit Luft- und Seeunterstützung und die Kommunikation mit den wichtigen Kommandoschiffen und den leitenden Admirälen. Letztere waren überdies die beiden besten Admiräle für Landungsoperationen in Europa: der Brite Sir Bertram Ramsay und der Amerikaner H. Kent Hewitt.

Der nächste Schritt war die Invasion des italienischen Festlands. Selbst dieser Vorstoß war zwischen den amerikanischen und britischen Stabschefs heiß umstritten gewesen, obwohl amerikanische Sorgen über neue Verzögerungen von Overlord durch den klaren Willen der italienischen Regierung zur Kapitulation und ihren Wunsch, unter den alliierten Schirm zu schlüpfen, schwanden. Diese wichtige Debatte auf höchster Ebene führte zur Übereinkunft, nach Süditalien vorzustoßen, aber das zögerte sich bis zum 3. September hinaus, als Montgomerys 8. Armee die Straße von Messina überquerte, worauf am 9. September ein flankierender britischer Angriff auf Tarent folgte sowie eine weit größere angloamerikanische Landung an den weiter nördlich gelegenen Stränden von Salerno unter dem Kommando von Mark Clark. Die Landungen stießen nicht auf Widerstand; es gab keine Minen und keinen Stacheldraht; und die 3000 italienischen Soldaten, die sich ergaben, halfen beim Entladen der britischen Schiffe – alles, um nur von den Deutschen wegzukommen. Laut einem Stabsbericht kam der einzige Widerstand von einem Puma, der aus dem Zoo von Reggio ausgebrochen war. Vorsichtig rückten die britischen und kanadischen Truppen ins Hinterland vor, nur von zerstörten Straßen und Brücken aufgehalten. Diese Vorsicht war beim improvisierten «Angriff» auf Tarent noch deutlicher, der ebenfalls nicht auf Gegenwehr stieß. Ihn führte die 1. britische Luftlandedivision aus, die bei der Landung vorübergehend ohne Flugzeuge, aber auch ohne Fahrzeuge war. In den nächsten zwei Wochen wurden die Hafenstädte Brindisi und Bari ähnlich kampflos erobert. Dann blieb das 5. Korps der Briten einfach stehen und wartete auf weitere Befehle. Passenderweise hatten alliierte Planer der Tarent-Operation vorher den Namen «Slapstick» gegeben.

Die Landungen bei Salerno waren eine andere Geschichte. Anscheinend wusste jeder Friseur auf Malta und in Tripoli vorher davon, und ganz sicher auch die Deutschen, die ihre Truppen Stunden vor den Landungen in Alarmbereitschaft versetzten. Trotzdem verbot Clark zu Hewitts Bestürzung Feuerunterstützung von See zumindest für die US-Divisionen unter seinem Kommando. Obwohl Operation «Avalanche» nicht so groß war wie der Sizilien-Feldzug, waren immerhin vier Divisionen plus zusätzliche Kommando- und Ranger-Einheiten beteiligt, zuerst 55 000 Mann, dann zusätzliche 115 000, die von rund 700 Landungsbooten und Kriegsschiffen abgesetzt und geschützt wurden. Wegen des Ausmaßes und der Taktik, die Landungsboote am 9. September gegen drei Uhr morgens an die rund 12 Kilometer entfernte Küste zu schicken, ist es nicht überraschend, dass es Verwirrung und Stau gab, und ebenso wenig, dass die amerikanische Landung bei Paestum von deutscher Artillerie beschossen wurde, bis endlich Zerstörer an die Küste geschickt wurden, um sie zu bekämpfen.

Was aber überraschte, war die Fähigkeit der einsamen 16. deutschen

Panzerdivision, die halb so groß wie eine alliierte Division war und nur 80 Panzer besaß (Clark behauptete in seinen Memoiren, es seien rund 600 gewesen), den britischen Vormarsch aufzuhalten, dann Einheiten über den Fluss Sele zu schicken, um die amerikanischen Truppen zu stoppen, und sich danach wieder den britischen Linien zuzuwenden. Am zweiten Tag rückte die frische 45. US-Division etwa 15 Kilometer ins Inland vor und wurde dann durch ein einziges motorisiertes Infanterieregiment und acht Panzer zurückgeschlagen. Auch die Flugzeuge der Geleitträger konnten die Angriffe deutscher Flugzeuge auf die Truppen an den beengten Landeköpfen nicht verhindern. Am Ende des dritten Tages, als sie schon in Neapel sein wollten, steckten die Alliierten immer noch in zwei schmalen und getrennten Enklaven, während die Wehrmacht Verstärkung bekam.

Noch heute ist schwer zu sagen, wie nah die Alliierten am vierten und fünften Tag der Landung einer Katastrophe vom Ausmaß Gallipolis kamen, als die Deutschen gleichzeitig die Bergpässe sperrten, eine starke Einheit (die 29. Panzergrenadierdivision) zwischen beiden Landeköpfen postierten und die Briten aus Battipaglia und die Amerikaner aus Persano vertrieben, letztere zurück zum Meer. Einmal standen die Deutschen kaum einen Kilometer von den Stränden entfernt, und am Abend des 13. September plante Clark, wieder an Bord des Kommandoschiffs der 5. Armee zu gehen und das 6. Korps zu evakuieren, vielleicht zum britischen Landekopf.

Das Chaos, zu dem ein solcher Schritt geführt hätte, versetzte Clarks eigene Offiziere in Schrecken, und Eisenhower wie Alexander lehnten ihn entschieden ab. Der Schock des Rückzugs bewog sie aber, nicht nur Divisionskommandeure ihrer Posten zu entheben, sondern auch alle verfügbaren alliierten Truppen auf dem ganzen Kriegsschauplatz heranzurufen. Zahlreiche Schlachtschiffe, Kreuzer und Zerstörer wurden eingesetzt, um die deutschen Stellungen zu beschießen – mit Hilfe von Aufklärungsflugzeugen trafen die 15 Zoll-Geschosse der *Warspite* 15 Kilometer weit im Landesinneren liegende Ziele; alle alliierten Flugzeuge im Mittelmeerraum, ob strategisch oder taktisch, wurden bereitgestellt; ein für Indien bestimmter Konvoi von Landungsbooten für Panzer wurde nach Salerno umgeleitet; die 82. US-Luftlandedivision wurde mit leichter Ausrüstung schnell aus Tunesien herübergebracht und im amerikanischen Abschnitt abgesetzt, während die 7. britische Panzerdivision (die «Desert Rats») den nördlichen Landekopf verstärkte. Etwas langsamer kamen Einheiten von Montgomerys 8. Armee von Süden und lenkten immerhin die Deutschen ab, auch wenn sie nicht in die Kämpfe eingriffen.[26]

Nachdem ein letzter Angriff auf den britischen Abschnitt am 16. September durch enormes alliiertes Bombardement von See und aus der Luft und durch zahlreiche Panzer abgewehrt wurde, zog Kesselring seine dezimierten vier Divisionen auf eine neue Verteidigungslinie südlich von Neapel zurück. Zum Abschied beschädigten die neuen funkferngesteuerten Gleitbomben die *Warspite* schwer und versenkten das italienische Schlachtschiff *Roma*, das gerade kapitulieren wollte; britische und amerikanische schwere Kreuzer wurden ebenfalls getroffen und schafften es aus eigener Kraft zurück nach Malta oder wurden abgeschleppt. Es ist tatsächlich schwer, Operation «Avalanche» als Erfolg zu bezeichnen, da die größte Leistung von den zahlenmäßig unterlegenen deutschen Verteidigern kam. Im selben September 1943 wurde die Wehrmacht an der gesamten Ostfront von Konjews, Watutins und Rokossowskis Armeen Hunderte von Kilometern zurückgeworfen. Der Kontrast war peinlich und erzeugte noch mehr moralischen Druck auf die Westalliierten, die immer wieder aufgeschobene Invasion Frankreichs voranzutreiben, auch wenn Alanbrooke und viele erfahrene Planer Zweifel über deren Ausgang hegten.

Ein ganzes Jahr nach Casablanca konnte man also kaum sagen, dass die Resultate der Amerikaner oder Briten bei der Landung von Truppen unter feindlichem Feuer eindrucksvoll waren; eigentlich waren sie erbärmlich. Es sollte im Januar 1944 auch noch ein weiterer Rückschlag an den Stränden bei Anzio folgen. In mancher Hinsicht war die Geschichte der alliierten Schwierigkeiten bei der Umsetzung ihres Plans, die deutsche Kontrolle über Mittelitalien zu brechen, die peinlichste von allen. Das Zahlenverhältnis bei Divisionen, Panzern, Luftwaffe, Spezialkräften, Seeunterstützung und allem anderen schien die Aussicht auf eine große alliierte Invasion nicht weit von Rom zu eröffnen, die Kesselrings erbitterte Verteidigung der unteren Gustav-Linie umgangen hätte. Leider stießen Briten und Amerikaner erneut auf den unangenehmsten aller Gegner, deutsche Kampfdivisionen. Viele der erfahreneren alliierten Einheiten – und die besseren Kommandeure – waren zur Vorbereitung von Overlord nach England abgezogen worden. Dennoch war man stark genug, um diese flankierende Landung durchzuführen und so den bis dahin mühsamen Vormarsch auf der gebirgigen italienischen Halbinsel zu beschleunigen. Es fehlte aber die Vorstellungskraft, die deutsche Gegenoffensive vorauszusehen und dann zu stoppen. In diesem Fall wurde die traditionelle Abneigung der britischen Armee, zu schnell gegen deutsche Truppen vorzurücken, durch den Unwillen des amerikanischen Kommandeurs, Major-General John Lucas, verstärkt, viel mehr zu tun als den Landekopf zu sichern. Statt einer Wildkatze habe man einen gestrandeten Wal an Land gesetzt, schrieb Churchill später.[27]

Wie rasch Kesselring, der sich zuvor auf eine alliierte Invasion *nördlich* von Rom vorbereitet hatte, auf die Landung bei Anzio reagierte, ist erstaunlich. Binnen einer Woche hatte er auf Drängen Hitlers das gesamte Kommandosystem der Wehrmacht in Mittelitalien reorganisiert, Truppen von Norden und Süden ins gefährdete Gebiet geholt und Teile von nicht weniger als acht kampferprobten Divisionen unter dem direkten Kommando des fähigen Generals von Mackensen rund um Anzio verlegt. General Eberhard von Mackensen war 1939 bei der Besetzung Polens und 1940 bei der Besetzung Frankreichs Stabschef einer Armee gewesen. Ein Jahr darauf war er bei der Heeresgruppe Süd an der Ostfront. 1943 befehligte er die 1. Panzerarmee in der Schlacht um Charkow, danach wurde er Befehlshaber der 14. Armee in Italien. Mit anderen Worten, er hatte vielleicht mehr Kampferfahrung als *alle* alliierten Divisionskommandeure bei Anzio zusammen.

Als Lucas den ersten Vorstoß befahl – über eine Woche nach der Landung, die am 22. Januar *ohne Gegenwehr* stattgefunden hatte –, war die Wehrmacht bereits in ihre Verteidigungsstellungen eingerückt. Gleichzeitig befahl der oberste Kommandeur der alliierten Bodentruppen in Italien, Mark Clark, Angriffe auf die gut verteidigte Gustav-Linie weiter südlich, um Druck von den eingeschlossenen Landungstruppen zu nehmen – das genaue Gegenteil des ursprünglichen Plans. Zu diesen Gesten gehörte die sinnlose Bombardierung des größten Benediktinerklosters in Europa auf dem Monte Cassino, wo nur Mönche und Flüchtlinge lebten. Unterdessen beschoss deutsche Artillerie den Landekopf bei Anzio, deutsche Flugzeuge bombardierten die Schiffe vor der Küste, und Kesselring griff an allen Fronten an. In der zweiten Februarhälfte bestand die Gefahr, dass die alliierten Armeen zurück ins Meer gedrängt würden wie bei Dieppe. Stattdessen war es eine Wiederholung von Salerno. Durch frische Einheiten verstärkt und mit neuen Frontkommandeuren konnten die amerikanischen und britischen Divisionen gerade die Stellung halten, und als der Winterhimmel sich endlich aufklarte, zwangen alliierte Bomber und Jagdbomber Mackensen Anfang März zur Einstellung der Offensive. Dennoch konnte er mit nur fünf Divisionen die Alliierten ein ganzes Stück von Rom entfernt festhalten, während seine übrigen Einheiten sich erholten.

Dies alles legt nahe, dass die Erfolgsaussichten einer erfolgreichen alliierten Invasion Westfrankreichs 1943/44, die Hitler und das OKW als viel bedrohlicher ansehen mussten als den Feldzug auf Rom, sehr unsicher waren, nicht nur wegen der viel stärkeren Atlantikgezeiten, sondern auch wegen des Gegners. Wenn Kesselring binnen einer Woche acht Divisionen zum Landekopf Anzio verlegen konnte, wie viele konnte der ebenso energische Rommel in derselben Zeit in die Normandie oder an den Pas de Calais werfen?

Die Idee, dass sich die alliierte Invasion Frankreichs anderthalb Jahre nach den Casablanca-Direktiven als kolossaler Fehlschlag hätte erweisen können, widerspricht sicherlich dem «Zwangsläufigkeitsdenken» so vieler Bücher über den Zweiten Weltkrieg, das sich so beredt in den Titeln von Churchills eigener mehrbändiger Geschichte ausdrückte: *Die große Allianz* (3), *Schicksalswende* (4), *Der Ring schließt sich* (5), *Triumph und Tragödie* (6).[28] Man sollte sich aber erinnern, dass kurz nach dem Marschbefehl am 5. Juni 1944 und nur wenige Stunden vor Beginn der ganzen Operation ein einsamer Eisenhower sich hinsetzte und einen der erstaunlichsten Briefe schrieb, die ein Militärführer je verfasste. In diesem Notfallkommuniqué erklärte er, die Invasion der Normandie sei gescheitert, er habe die alliierten Truppen zurückgezogen und übernehme persönlich die volle Verantwortung.[29] Natürlich war dieser Brief streng geheim; die Schockwellen unter den nervösen alliierten Soldaten wären katastrophal gewesen, wenn in den nächsten Tagen auch nur ein Wort davon bekannt geworden wäre. Es zeigt erneut – vielleicht mehr als alles andere – Eisenhowers Charakter, seine geistige Großzügigkeit, sein tiefes Bewusstsein, dass der Mensch nicht weiß, was der nächste Tag bringt, und sein instinktives Verständnis von Clausewitz' Warnung, sobald die Schlacht beginne, liege jede noch so großartige Planung in der Hand der Götter.

Es führt darum erneut vor Augen, und zwar aus einer unangreifbaren Quelle, dass ein Ende des Kampfes zwischen den Achsenmächten und den Alliierten binnen eines weiteren Jahres nicht vorherbestimmt war. Es erinnert auch daran, was die Serie alliierter Landungen – Nordafrika,

Sizilien, Salerno, Anzio – dem Team immer erfahrenerer militärischer Führer und ihren Planungsstäben gezeigt hatte und *was nicht.* Sie hatte ihnen unzählige Lehren vermittelt: über Luftaufklärung und Nachschub, Bombardement, spezielle Landungsboote, Ausrüstung zur Strandräumung, Kommandoschiffe, reibungslose Logistik, Kooperation der Waffengattungen. All das musste gleichzeitig funktionieren, wie sie jetzt sahen. Am 5. Juni wussten die Planer also sehr viele Dinge, genau wie der Fuchs im Gedicht des Archilochos oder in Isaiah Berlins klassischem Essay *Der Igel und der Fuchs*, aber eines wussten sie nicht und konnten sie erst am Abend des folgenden Tages wissen. Würde die eindrucksvolle deutsche Armee, mit so viel stärkeren Küstenbefestigungen und so viel mehr Divisionen als bei den Landungen im Mittelmeerraum, sie zurück ins Meer treiben?

Wie man es richtig macht: die Strände der Normandie und der Vorstoß im Juni 1944

Die Minenräumer waren natürlich die ersten. Am Abend vor der Invasion liefen Dutzende aus der Meerenge vor Portsmouth und Southampton aus, um zehn Wege durch Rommels vordere Verteidigungslinie von Minen zu bahnen. Nach ihnen kamen 2700 Schiffe, die 1900 Landungsboote auf ihren Mutterschiffen nicht mitgerechnet, die allein bei der ersten Welle 130 000 Soldaten, 2000 Panzer und weitere 12 000 Fahrzeuge trugen. Wie inzwischen gängige Praxis, benutzte man britische U-Boote, um den Weg für die alliierten Flugzeuge zu markieren und die vordersten Schiffe zu den Stränden zu leiten. Kaum gestört durch deutsche Angriffe von See oder aus der Luft erschien diese riesige Streitmacht in der Morgendämmerung des 6. Juni und begann mit der Befreiung Westeuropas. Die traditionsbewusste Royal Navy nannte die Operation Neptune, nicht Overlord.[30]

Vier der fünf Landungen funktionierten gut; die fünfte geriet am Omaha Beach schwer ins Stocken, wenn auch nur kurz. Am Ende dieses historischen Tages waren alle Männer (und die Luftlandetruppen vor ihnen) an Land und noch viele mehr überquerten hinter ihnen den Kanal. Sie waren nicht zurück ins Meer gedrängt oder lange auf den Stränden aufgehalten worden. Wie die Wasser eines gebrochenen Staudamms strömten die alliierten Armeen ins Hinterland, stießen an manchen Orten auf Widerstand und umgingen ihn anderswo. Mit Luftunterstützung durchbrachen Panzer, mobile Artillerie und motorisierte Infanterie die Lücken und schwächsten Stellen des Gegners. Ende Juni standen amerikanische und britische Einheiten 30 Kilometer tief im Landesinneren und waren auf dem Weg nach Süden, und die gesamte Cotentin-Halbinsel war befreit. Einen Monat später standen US-Truppen nahe dem Loire-Tal und eilten nach Osten. Am 25. August 1944 zogen Amerikaner und de Gaulles Forces Françaises Libres in Paris ein.

Wie schafften sie das? Von allen Aspekten, die zum alliierten Sieg in der Normandie beitrugen, war der wichtigste sicherlich der von Kommando und Kontrolle. Ohne sie scheitert alles andere selbst bei Glanzleistungen auf taktischer Ebene. Die komplexe Orchestrierung der britisch-amerikanisch-kanadischen Invasion Westfrankreichs erforderte eine überaus kompetente Kontrollorganisation. Zum Glück besaßen die Invasoren endlich ein alliiertes Kommando für Kombinierte Operationen (Allied Combined Operations Command) unter Admiral Ramsay, das durch frühere Erfahrungen einen bemerkenswerten Standard der koordinierten Planung erreicht hatte. Es ist kein Zufall, dass die Kommandeure, die sich im Mittelmeerraum am fähigsten bei gemeinsamen Operationen aller Waffengattungen gezeigt hatten – Eisenhower, Tedder, Ramsay –, Ende 1943 zurück nach London geholt wurden, um die Vorbereitung zu leiten, dazu Frontkommandeure wie Montgomery, Dempsey, Bradley und Patton, die sich auf den Kampf an Land konzentrieren konnten. Bei ihrer Rückkehr erhielten sie detaillierte provisorische Invasionspläne, die sich abändern und verbessern ließen, etwa durch die Entscheidung, an fünf statt an drei Stränden zu landen, wie zunächst vorgesehen. Sie bekamen auch erste Fassungen von logistischen Plänen mit zahlreichen, aber notwendigen Details, die dann weiter verfeinert werden konnten. Beispielsweise waren die alliierten Truppen über 1108 Lager in ganz England und Wales verstreut – wie brachte man sie alle geordnet zu den Invasionshäfen im Süden? Jeder Kapitän und jeder Divisionskommandeur würde seine eigenen Anweisungen erhalten. Nichts würde dem Zufall überlassen bleiben.[31]

Der Mann, der all dies organisierte, war ein eher bescheidener britischer Marineoffizier namens Bertram Ramsay (1883–1945). Er war mit 15 Jahren in die Royal Navy eingetreten, hatte im Ersten Weltkrieg bei der

Operation Overlord: Nach der geglückten Landekopfbildung am 6. Juni 1944 werden Massen an Soldaten und Material angelandet, Normandie, ca. 7. Juni 1944.

Dover Patrouille gedient und war 1938 in den Ruhestand gegangen. Ein Jahr später drängte Churchill ihn dazu, wieder aktiv zu werden. Ramsays Leistungen im Krieg waren außergewöhnlich. Als Oberkommandierender des Kommandos Dover, des ältesten der Royal Navy, organisierte er 1940 mit großer Effizienz den Rückzug aus Dünkirchen und kontrollierte dann den Ärmelkanal, bis er zum Hauptplaner der Landungsoperationen in Nordafrika und Sizilien ernannt wurde. Dann wurde er nach England zurückbeordert, mit 61 Jahren zum Admiral befördert und zum Oberkommandierenden des Marineexpeditionskorps für die Landungen in der Normandie ernannt. Vieles von dem Folgenden ist Ramsays Geschichte.[32] Tragischerweise kam er im Januar 1945 bei einem Flugzeugabsturz in Frankreich ums Leben, als er zu einer Konferenz mit Montgomery über die weitere Kriegsplanung wollte. In vieler Hinsicht war seine Arbeit aber getan.

Der Erfolg von Overlord hing noch von drei anderen positiven Voraussetzungen ab: Luftherrschaft, Seeherrschaft und gute Täuschung und Aufklärung. Hätte eine davon gefehlt, so wäre die Geschichte anders verlaufen. Es gab auch zwei negative – oder «was hätte passieren können» – Faktoren, an denen das Vorhaben hätte scheitern können: das Wetter im Kanal und die Verteilung und Reaktion der deutschen Truppen.

Die Luftherrschaft über Westeuropa ermöglichte mehrere Dinge. Das erste war die Isolierung Frankreichs, insbesondere westlich von Paris, vor Panzergegenangriffen, wie Kesselring und Mackensen sie so erfolgreich in Italien geführt hatten; diesmal musste die gefürchtete Fähigkeit der Wehrmacht, sich zu erholen und zurückzuschlagen, gestoppt werden. Das zweite war die direkte Luftunterstützung über den Landeköpfen und Küstengewässern, damit die Soldaten wirklich wussten, dass die Flugzeuge über ihren Köpfen alliierte Jäger waren. Das dritte war die Bereitstellung taktischer Bomber, sowohl gegen die deutschen Küstenstellungen als auch gegen späteren Widerstand beim eigenen Vormarsch.

Die Zerstörung der deutschen Verbindungen von und zur Atlantikküste, der westliche Teil des sogenannten «Transportplans» zur Lähmung der gegnerischen Fähigkeit, Verstärkungen heranzuholen, war äußerst erfolgreich. Der Plan war unter alliierten Kommandeuren einige Monate zuvor umstritten gewesen (siehe Kapitel 2), aber schließlich wurde doch bombardiert. Eine riesige Armada mittelschwerer und schwerer alliierter Bomber, die vorübergehend vom strategischen Luftkrieg gegen Deutschland abgezogen wurden, zerstörten vom Feind genutzte Bahnstrecken, Straßen, Brücken und Rangierbahnhöfe, was fast alle Verkehrsnetze lähmte. Während die schweren Bomber weiter östlich alles von Treibstoffdepots bis zu Bahnhöfen angriffen, führten die kleineren Maschinen bemerkenswerte Einzelaktionen aus; so zerstörten acht Thunderbolts am 7. Mai die wichtige Eisenbahnbrücke über die Seine bei Vernon, und bei vielen anderen Brücken und Übergängen passierte dasselbe.[33] Für erfolgreiche deutsche Panzerkommandeure, die an Bewegungsfreiheit auf nordafrikanischen Dünen oder russischen Steppen gewöhnt waren, wurden die kleinen Flüsse und verletzlichen Brücken Nordwesteuropas zu schmerzhaften Fesseln für ihre Ideen von beweglicher Kriegführung. Und sie erlebten, dass eine Panzerkolonne, die irgendwo in Frankreich darauf wartete, einen Fluss zu überqueren, schnell ein Ziel für die raketenbestückten Typhoons der RAF wurde.

Es gab am D-Day auch keine Wiederholung der heftigen deutschen

Luftangriffe über Norwegen, Kreta, Dieppe und Salerno. Das Kräfteverhältnis war völlig ungleich. Am 6. Juni waren fast 12 000 alliierte Maschinen vom frühen Morgen bis zum Abend in der Luft. Dagegen besaß die 3. Luftflotte der Deutschen nur 170 einsatzbereite Flugzeuge für ganz Westeuropa, darum war es fast unmöglich, gegen 5600 alliierte Jäger die Strände der Normandie zu erreichen. Angriffe aus großer wie aus niedriger Höhe waren in den Verteidigungsplänen berücksichtigt. Ein Luftwaffenexperte bemerkt über diesen Vorgang: «Die Luftunterstützung über den Landeköpfen bestand aus ständigen, sich überschneidenden Patrouillen von Spitfires in geringer Höhe, darüber vier Thunderbolt-Staffeln und einer Staffel P-38 Lightnings zum Schutz der Schiffe vor den fünf Landeköpfen.»[34]

Zur Luftherrschaft kam die Seeherrschaft. Auch hier besaßen die Alliierten eine überwältigende Stärke. Die Invasion wurde durch sieben Schlachtschiffe, 23 Kreuzer, über 100 Zerstörer und mehr als 1000 sonstige Kriegsschiffe unterstützt. Alle amerikanischen und britischen Schlachtschiffe waren noch im Ersten Weltkrieg oder unter dem Washingtoner Flottenvertrag von 1922 mit seinen Limitierungen bei Tonnage und Ausstattung gebaut worden (USS *Nevada*, HMS *Rodney* usw.); sie konnten auf hoher See nicht mehr mit den neuen schnellen Schlachtschiffen der Iowa- und King George V-Klasse mithalten, eigneten sich aber hervorragend für den Küstenbeschuss. Die HMS *Warspite*, nach dem Gleitbombenangriff bei Salerno immer noch an einem Geschützturm und einem Kessel beschädigt, die wirkungsvoll Le Havre, dann Cherbourg und dann Walcheren beschoss, war im letzten Einsatz einer Karriere, die ihr mehr Kampfauszeichnungen als jedem anderen Schiff der Royal Navy eingebracht hatte. Altmodische Schiffe zum Küstenschutz mit 15 Zoll-Kanonen erwiesen jetzt ihren Nutzen bei der Zerstörung von Befestigungen. Viel näher an der Küste lagen 57 Zerstörer direkt hinter den Angriffswellen und feuerten bis zur letzten Minute auf die Stellungen an den Stränden. Die Choreographie dieses Bombardements in Verbindung mit den gewaltigen und komplizierten Landungen war erstaunlich.

Angesichts all der Schwierigkeiten einer amphibischen Operation hofften die Alliierten, den direkten deutschen Gegenangriff zu schwächen, indem sie dem Gegner suggerierten, die Invasion werde woanders stattfinden, oder indem sie die Dinge so undurchschaubar machten, dass er unsicher sein und seine Truppen an einer langen Front zersplittern würde. Besonders für die Briten war die «strategische Täuschung» der starken deutschen Divisionen von höchster Bedeutung. Da sie eine weitere Somme-Schlacht weder schlagen wollten noch konnten, setzten sie auf eine Kampfart, die stark auf Ablenkung, Verwirrung, indirekten Angriffen, der Rekrutierung von Partisanen, Luftmacht, Fehlinformationen und der Suche nach Lücken in der gegnerischen Verteidigung beruhte. Für einen kleinen Inselstaat war es eine logische Haltung, die sich trotz einiger Fehlschläge bei Täuschungsmanövern in Nordafrika, Sizilien und anderswo im Mittelmeerraum bewährt hatte. Die Amerikaner neigten zwar psychologisch eher dazu, die Wehrmacht frontal anzugreifen, machten aber mit. So entstanden die Operationen «Fortitude North» und «Fortitude South».

«Fortitude North» spiegelte einen Traum Churchills und eine Furcht Hitlers wider – dass die Alliierten Deutschland durch eine Invasion Norwegens, einen Vorstoß durch Dänemark und die Verbindung mit den Sowjets angreifen würden. Auf der Landkarte sah es sogar recht vielversprechend aus. Logistisch wäre es aber schwierig geworden, wie die britischen Stabschefs dem Premierminister immer wieder sagten. Für die Amerikaner sah es ebenso wie ein «indirekter Angriff» auf Berlin aus wie eine Landung in Griechenland. Dennoch blieb es eine Option, und Kommandoaktionen und RAF-Bombenangriffe auf deutsche Vorposten und Flugplätze entlang der norwegischen Küste hielten die Täuschung aufrecht. Dadurch wurden starke deutsche Besatzungstruppen festgehalten (12 Divisionen in Norwegen, sechs in Dänemark), die anderswo nützlicher gewesen wären, außerdem wurde eine Weile lang eine Scheininvasionsarmee in Nordostschottland aufgebaut. Als D-Day näher rückte, erfuhr die alliierte Aufklärung, dass das OKW immer mehr an einem Großangriff (oder überhaupt einem Angriff) in Skandinavien zweifelte, daher wurden die Täuschungsmanöver in Verbindung mit «Fortitude South» verstärkt.

Die Geschichte der komplexen alliierten Versuche, Hitler und das OKW zu überzeugen, der Hauptangriff werde am Pas de Calais kommen, ist voller Mythen, Tatsachen und Polemik. Unzweifelhaft ist aber, dass «Fortitude South» breit angelegt, raffiniert und vielgestaltig war. Die wenigen deutschen Geheimagenten in England, die umgedreht werden konnte, schickten passende Informationen nach Berlin. Bombenangriffe, Widerstandsaktionen, Küstenaufklärungsteams, BBC-Botschaften und viele andere Tricks wurden entwickelt, amerikanische und britische Requisiteure und Bühnenbildner herangezogen. Zehntausende aufblasbarer Panzer- und Lastwagenattrappen wurden offen auf Feldern nahe den Häfen von Kent aufgestellt, während es in den südwestlichen Grafschaften Hampshire, Dorset, Devon und Cornwall, wo die echten Invasionstruppen sich sammelten, eine äußerst erfolgreiche totale Verdunklung gab. Die deutsche Luftaufklärung der westlichen Häfen und Militärlager wurde erfolgreich unterbunden. Ein nicht sehr glücklicher General Patton mit erkennbarem Funksignal wurde zeitweise Kommandeur dieser fiktiven Armee. Die alliierte Aufklärung wollte stets Rommels Aufenthaltsort wissen, also war anzunehmen, dass auch die Deutschen wissen wollten, wo der hyperaggressive Patton stationiert war.

Aber wie groß war der Beitrag dieser Täuschungsmanöver zum Sieg am D-Day im Vergleich zu den anderen hier diskutierten Faktoren? Ziemlich groß. Da sie die Zahl der in Kent stationierten alliierten Truppen überschätzte, hielt die Heeresgruppe D nicht weniger als 19 ihrer Divisionen im Raum Pas de Calais (vier allein hinter Dünkirchen); dagegen standen nur 18 Divisionen zwischen Seine und Loire. Noch Tage *nach* der Landung in der Normandie meinten von Rundstedt und viele andere erfahrene Generäle, diese ständig wachsenden Invasionstruppen seien eine Finte – dass die Landung westlich von Caen stattgefunden hatte, nahmen sie als *Beweis* für einen Hauptangriff bei Calais. Das OKW verlegte zwar einige Einheiten in Richtung der Strände, hielt aber viel mehr zurück; Botschaften von Doppelagenten, die Landungen seien ein Ablenkungsmanöver, bewogen Hitler und von Rundstedt, einen früheren Befehl zurückzunehmen und zwei Divisionen noch am 10. Juni zurück an den Pas de Calais zu schicken. Vor, während und nach den echten Landungen flogen Lancaster-Maschinen der RAF über dem Kanal zwischen Dover und Calais hin und her und warfen Aluminiumstreifen zur Radarstörung («Window» oder «Düppel») ab, während eine Flotte kleiner Schiffe ständig hin- und herfuhr; was konnte das bedeuten?

Die Täuschung ging weiter. Noch am 3. Juli sagte der Chef des Wehrmachtsführungsstabs, Generaloberst Jodl, dem japanischen Marineattaché in Berlin, die «Heeresgruppe Patton» werde bald 18 Infanterie-, sechs Panzer- und fünf Luftlandedivisionen über den Kanal führen; dies war nach Jodls Meinung «offensichtlich». Eine erstaunliche Fehlinterpretation. Als das OKW schließlich begriff, dass am Ärmelkanal nichts geschehen würde (einige Generäle brauchten bis Mitte Juli dazu), war es unmöglich, die lebenswichtigen Divisionen nach Süden zu schicken, zum einen, weil viele von ihnen statisch waren, zum anderen wegen der lähmenden Wirkung der taktischen Bombardierung von Straßen, Bahnstrecken und Brücken durch die Alliierten.[35]

Doch die Geschichte der Aufklärung ist selten simpel. Im Juni 1944 kämpfte sicher nicht ein blinder Verteidiger gegen alles sehende Invasoren. Die Wehrmacht besaß detailliertes Wissen über die alliierten Landungstechniken, die Rolle der Strandräumungsteams, die Bedeutung von Luftlandetruppen, die Verlegung von RAF- und USAAF-Staffeln und die Bewegung von immer mehr Divisionen von den Landungshäfen bei Glasgow in Richtung Ärmelkanal. Da sie außerdem das Muster des gegnerischen Seebeschusses und der Infanterielandungen im Mittelmeerraum studiert hatten, ließen Rommel und sein Stab die meisten Betonbunker schräg zum Strand anlegen. So waren sie dem alliierten Beschuss von See weniger ausgesetzt und konnten immer noch einen weiten Küstenbereich abdecken, wenn feindliche Soldaten an Land stolperten. Was die Deutschen aber nicht besaßen, war die wichtigste Information von allen: *wo und wann* würden die Alliierten landen? Sie empfingen Berichte, dass sich Landungsboote in den Häfen von Essex sammelten, aber auch in den Häfen von Devon; sie bemerkten neue amerikanische Divisionen hinter Portsmouth, aber auch andere bei Folkestone (nahe den Scheintruppen). Obwohl die führenden Aufklärungsoffiziere der Wehrmacht häufig die Zahl der alliierten Truppen übertrieben, fällt es schwer, kein Mitgefühl mit ihnen zu haben, als ihnen immer wieder die entscheidende Frage gestellt wurde – Pas de Calais oder Normandie? –, besonders weil man wusste, dass Rommel und von Rundstedt entgegengesetzter Meinung waren.

Die alliierte Aufklärung über den deutschen Gegner war ein Spiegelbild der deutschen Aufklärung über die Alliierten. Natürlich wollte London jedes Detail über die Verteidigungsstellungen der Wehrmacht, Position der Einheiten, besondere Hindernisse, Zahl der Panzer usw. wissen. Wegen ihrer absoluten Überlegenheit bei Luftaufnahmen bei gutem Wetter (worauf Abwehr und deutsche Luftwaffe nur neidisch sein konnten), der Informationsflut von der Résistance und der fast vollständigen Kenntnis des deutschen Funkverkehrs durch Dechiffrierung war es relativ leicht, die genannten Aspekte zu kennen; meist ließen sich auch die Bewegungen der großen Armeeverbände verfolgen. Die Fähigkeit zum Entziffern der japanischen diplomatischen und militärischen Funksprüche von Berlin nach Tokio lieferte eine Bestätigung der deutschen Haltung. Doch als die Kämpfe begannen, merkten die Alliierten, dass auch die Deutschen Bunkerattrappen bauen, mobile Küstenbatterien von einer Klippe zur nächsten bewegen und rasche Panzer- und Lastwagenmanöver bei Nacht durchführen konnten. Außerdem beantwortete kein bloßes Zählen der gegnerischen Verbände die wirklich wichtige Frage: Wie heftig würden die Verteidiger kämpfen, selbst gegen eine große Überzahl?

Ein weiterer großer Vorteil für die alliierte Aufklärung war ihre Fähigkeit, den Funkverkehr zwischen deutschen Frontkommandeuren und ihren Hauptquartieren aufzufangen und rasch zu entschlüsseln. Ebenso wie die Teams in Bletchley Park viel aus den Funksprüchen zwischen Dönitz und seinen U-Boot-Kommandanten erfuhren, als in der Atlantikschlacht die Wende eintrat, so erhielten die Codebrecher auch wertvolle Informationen aus der Flut von Wehrmachtsfunksprüchen, sobald die Invasion stattgefunden hatte. Wer berichtete an wen, welche Befehle wurden erteilt, welche Informationen über Stärke und Position der alliierten Truppen gingen an die Heeresgruppe D, welche Hinweise gab es, dass die Täuschungsmanöver Erfolg gehabt hatten? Auch nur ein Viertel dieses wertvollen Funkverkehrs zu entschlüsseln, machte einen gewaltigen Unterschied. Es war darum wichtig, dass die Wehrmacht einen so starken Funkverkehr führte.[36]

Ein zusätzlicher Vorteil für die alliierten Planer waren die Netzwerke des französischen Widerstands. Die Résistance lieferte nicht nur wichtige Informationen über die deutschen Truppen vor Ort, sondern führte auch zahlreiche Sabotageaktionen aus, durch die eine Vielzahl von Soldaten zu zweitrangigen militärischen Aktivitäten wie der Bewachung von Bahnstrecken, Hausdurchsuchungen und Ähnlichem abgestellt werden mussten. Und weil unterschiedliche Widerstandszellen unterschiedliche Botschaften über BBC-Sendungen aus London bekamen, konnten die Alliierten die Täuschung verstärken, indem sie den Funkverkehr an den Pas de Calais merklich verstärkten. Schließlich führten diese kleinen französischen Einheiten – die von der britischen Special Operations Executive (SOE) ausgerüstet und ausgebildet waren – zu Beginn der Invasion Angriffe auf Brücken, Straßen und vor allem Telegrafenmasten und -leitungen durch, was die Wehrmacht zu stärkerem Funkverkehr zwang.[37] Natürlich besaßen die Deutschen in England kein vergleichbares Ablenkungssystem.

Alle drei dieser positiven Dimensionen waren die Leistung der westlichen Invasoren. Dagegen hatten Ramsays Planer keinen Anteil an dem ersten der beiden Aspekte, die «einfach nicht passierten»: dem Wetter. Die starken Gezeiten, die Stürme vom Atlantik, aber auch das ungewöhnlich ruhige Wetter, die das Ergebnis der Kanalüberquerungen Julius Cäsars, Wilhelm des Eroberers, Heinrichs V., der spanischen Armada und Wilhelm von Oraniens so bestimmten, hatten sich nicht verändert; der Transport einer großen Zahl von Männern und ihrer Ausrüstung über diese launischen Gewässer und die erfolgreiche Landung auf der anderen Seite enthielten immer ein Risiko.

So auch Anfang Juni 1944. Es hatte Ende Mai einige schöne Tage gegeben, aber am 3./4. Juni war ein großes Atlantiktief auf dem Weg. Die Meteorologen sagten tiefe Wolken voraus, was die Luftherrschaft neutralisiert hätte, und raue See, die ein Chaos auf den Stränden bewirkt hätte. Am 5. ließ der Sturm auf wundersame Art etwas nach, der Regen hörte auf und ein tief gespaltener Eisenhower gab den Marschbefehl – bevor er sich zurückzog, um seinen Brief zu schreiben. In dieser Nacht fuhr die gewaltige Armada nach Frankreich. Verständlicherweise hatte das schlechte Wetter die Wehrmacht zu dem Schluss geführt, eine Invasion sei in den nächsten Tagen unmöglich; Rommel fuhr zum Geburtstag seiner Frau (6. Juni) nach Deutschland zurück, und von Rundstedts Hauptquartier in Paris tat Warnungen über verschlüsselte BBC-Botschaften an die Résistance in dieser Nacht als «verrückt» ab.[38] Die sechs Divisionen der Heeresgruppe B direkt hinter dem Landungsgebiet wurden nicht in Alarm versetzt.

So gab das launische Wetter Eisenhower ein entscheidendes Zeitfenster. Bis zum 9. Juni waren die künstlichen Mulberry-Häfen an Ort und Stelle und nahmen enorme Zahlen an frischen Soldaten, Panzern und Lastwagen auf. Acht Tage später, am Morgen des 19., nach einem ganz ruhigen Vortag, wurde die gesamte Kanalregion aber plötzlich vom heftigsten Sturm des Jahrhunderts getroffen, der jeden Verkehr stoppte, Luftpatrouillen und -angriffe lähmte, 800 kleinere Schiffe und Boote auf den Strand warf und schließlich den riesigen amerikanischen Mulberry-Hafen vor St. Laurent zerstörte. Der Rückschlag für den alliierten Zeitplan war enorm, und Rommels Chancen auf einen Gegenangriff stiegen deutlich, bis der Sturm weiterzog. Dann beruhigte sich das Meer, die alliierte Luftherrschaft war wiederhergestellt, und der Verkehr über den Kanal ging weiter. Doch es war eine beunruhigende Erfahrung gewesen. Wäre der

Sturm etwa am 10. Juni gekommen, so wäre die Navy-Operation «Neptune» ein Desaster geworden und die alliierten Truppen hätten wie auf den Strand gespülte Krabben ausgesehen.

Das Wetter war eine vom Menschen nicht zu kontrollierende Macht. Der andere Faktor, dessen Ausbleiben für den Erfolg von Overlord notwendig war, entsprang rein menschlichen Entschlüssen oder, wie in diesem Fall, der Unschlüssigkeit der Verteidiger. Dass die Deutschen die ersten alliierten Landungstruppen nicht von den Stränden fegten, verdankte sich nicht nur deren schlauen Täuschungsmanövern oder drückender Luftüberlegenheit, obwohl beides wichtig war, sondern auch einer ungewöhnlichen Unschlüssigkeit des OKW, wie am besten auf die unvermeidliche alliierte Eröffnung der zweiten Front zu reagieren sei. Einige der erfahrensten deutschen Generäle, darunter viele, die schon alliierte Invasionen erlebt hatten, waren ernsthaft gespalten, und beide Lager hatten gute militärische Gründe. Es gab noch einen weiteren menschlichen Faktor, nämlich Hitlers zunehmende Störung militärisch-operativer Aktionen wegen seiner Abneigung gegen taktische Rückzüge und im Lauf des Krieges wegen seiner immer mehr von Drogen beeinflussten Tagesroutine. Blumentritts bittere Bemerkung, Deutschland verliere den Krieg, «weil der Führer schläft» – eine Anspielung darauf, dass Hitler am 6. Juni nicht geweckt wurde, um den Einsatz der entscheidenden Panzerreserve zu autorisieren –, war nicht die ganze Geschichte.[39] Wann und in welcher Stärke sollte die Wehrmacht ihren Gegenschlag gegen die Landung führen, egal an welcher Stelle der langen, schwierigen französischen Atlantikküste sie stattfand?

In ganz Frankreich und den Niederlanden besaß die Wehrmacht im Sommer 1944 58 Divisionen, deutlich mehr als im Jahr zuvor. Die Mehrzahl waren aber statische Divisionen, die sich an Orten verschanzt hatten, die sie gut verteidigen konnten (und das auch taten), und ihnen fehlten die Lastwagen oder auch nur die Pferde für eine rasche Verlegung. Die Schlüsselelemente waren daher die rund ein Dutzend Panzer- und Panzergrenadierdivisionen, jede mit der Kampferfahrung, ihren Gegner auf alliierter Seite zu schlagen. Aber wo sollte man sie aufstellen? Rommel, dem Hitler im Januar 1944 die Verteidigung dieser Front übertragen hatte, war für eine vordere Verteidigung. Er warf seine große Energie in die weitere Befestigung des Atlantikwalls und wollte darüber hinaus, dass seine Panzer die Invasoren angriffen, wenn sie aus ihren Landeköpfen vorstießen.

Für ihn waren die ersten drei Tage entscheidend, weil er es für zu riskant hielt, sich auf eine spätere Reaktion aus der Distanz zu verlassen, denn die alliierte Luftmacht konnte solche Schläge vielleicht im Ansatz stoppen. Wenn Armee gegen Armee stand, war er sicher, dass die Deutschen siegen würden; wenn Armee gegen Armee *plus* massive Luftunterstützung stand, würden sie unterliegen.

Die Mehrheit des Oberkommandos war gegen Rommels starke «vordere Linie», darunter einige, die ihn bei seinen früheren Feldzügen für zu kühn und unbedacht gehalten hatten und ihn jetzt zu vorsichtig fanden. Dazu zählten nicht nur von Rundstedt, sondern auch Panzerkommandeure wie Guderian und Geyr von Schweppenburg, die mehr Vertrauen in die Wehrmachtstradition massiver Gegenangriffe besaßen, nachdem die Operation des Gegners an Tempo verlor. Wahrscheinlich fühlten sie sich durch Anzio bestätigt. Sie mochten auch nicht die Vorstellung von entlang der Küste verstreuten Panzerdivisionen, die dem Beschuss durch 15 Zoll-Schiffskanonen und den 500 Pfund-Bomben von Marauders, Lancasters und B-17 ausgesetzt waren. Sie zogen es vor, abzuwarten und die Invasoren landen zu lassen, um sie dann auf die mit Stacheldraht überzogenen Strände zurückzuwerfen. Interessanterweise drehten sich beide Positionen um die Bedrohung durch die *alliierte Feuerkraft*: war es schlimmer an der Küste von Schiffskanonen oder im Binnenland von Luftangriffen getroffen zu werden?

Hitlers Kompromiss zwischen diesen Positionen war die schlechteste aller möglichen Welten. Einige mobile Divisionen wurden einzeln entlang der Küste stationiert, vier wurden zurückgehalten (und durften nur auf direkten Befehl des OKW, also praktisch von ihm persönlich, freigegeben werden), und vier wurden nach Südfrankreich geschickt. Überall schwach, nirgends stark – genau das Gegenteil von dem, was sein Held Friedrich der Große stets empfohlen hatte. Wären von Schweppenburgs vier Reservepanzerdivisionen am 6. Juni rund um St. Lô stationiert gewesen, genau südlich der Invasionsstrände, hätten sie die amerikanischen Angreifer und vielleicht auch die Briten und Kanadier weiter östlich unter einem bewölkten Himmel zurück ins Meer stoßen können.

Offensichtlich hatten die alliierten Invasoren sehr großes Glück. Aber sie waren auch sehr schlau. Sie waren gut organisiert, besaßen die Luft- und Seeherrschaft, benutzten geschickt Täuschungsmanöver und Aufklärung und hatten das Wetter und die Unentschlossenheit des Gegners auf ihrer Seite. Doch sie mussten auch operativ kompetent sein, sehr viel mehr als bei früheren Landungen. Und hier, in der Geschichte der Angriffe auf die Küste der Normandie, lag der zweite Teil der Herausforderung. Wie genau bekam man eine Million Mann und 100 000 Fahrzeuge in die Landungszonen hinein und dann wieder heraus und weiter nach Berlin?

Die Antwort auf diese Frage führt zur Wahl der Normandie durch die alliierten Planer. Da die Bretagne zu weit westlich war und die belgisch/niederländischen Küstengewässer zu unsicher – und zu nah an einem Gegenangriff aus Deutschland –, blieben als Optionen nur der Pas de Calais und die Normandie übrig, die beide eine starke Luftunterstützung von englischen Stützpunkten ermöglichten. Während die deutschen Stäbe über die beiden Möglichkeiten tief gespalten waren, war eine Landung in der Normandie für die Alliierten aus mehreren Gründen sinnvoller. Sie war etwa gleich weit von allen großen Invasionshäfen in Südengland und Wales entfernt, während sich bei einer großen Landung bei Calais die Wellen aufeinanderfolgender Landungsboote gestaut hätten. Die Normandie bot genug Raum für Montgomerys Forderung, an fünf, statt an drei Stränden zu landen; sie gab den alliierten Schiffen mehr Bewegungsraum als der Ärmelkanal und bot eine vielversprechende Möglichkeit, eine Armee nach Westen auf die Halbinsel Cotentin zu schicken, Cherbourg einzunehmen und so einen direkten Anlaufhafen für die Millionen von Männern und Massen von Munition aus Amerika zu bekommen. Alles, was man tun musste, war, ein Stückchen von Westeuropa zu erobern und dann Richtung Osten nach Deutschland zu marschieren. Aber das war leichter gesagt als getan.

Die Organisation der Überfahrt und der ersten Landungen ist für die historische Vorstellungskraft immer noch kaum fassbar. Es würde den Rest des Buches und noch mehrere andere füllen, den Landungsplan im Detail zu beschreiben.[40] So hatten beispielsweise alle 171 alliierten Jagdfliegerstaffeln, die während der Invasion in der Luft waren, eigene Patrouillenzonen; zunächst wurden sie vom RAF-Jägerkommando geleitet, dann zum ersten Mal überhaupt an spezielle Fluglotseneinheiten auf den Kommandoschiffen vor der Küste übergeben. Die Bombardierung der deutschen Etappe fand von zwei bis vier Uhr früh statt, kurz vor dem schweren Beschuss der direkten Küstenstellungen, danach wurden die Straßen, die zu den Stränden führten, aus der Luft bombardiert. Als die riesige Armada den Punkt erreichte, wo die Landungsboote abfuhren, entging den Soldaten nicht

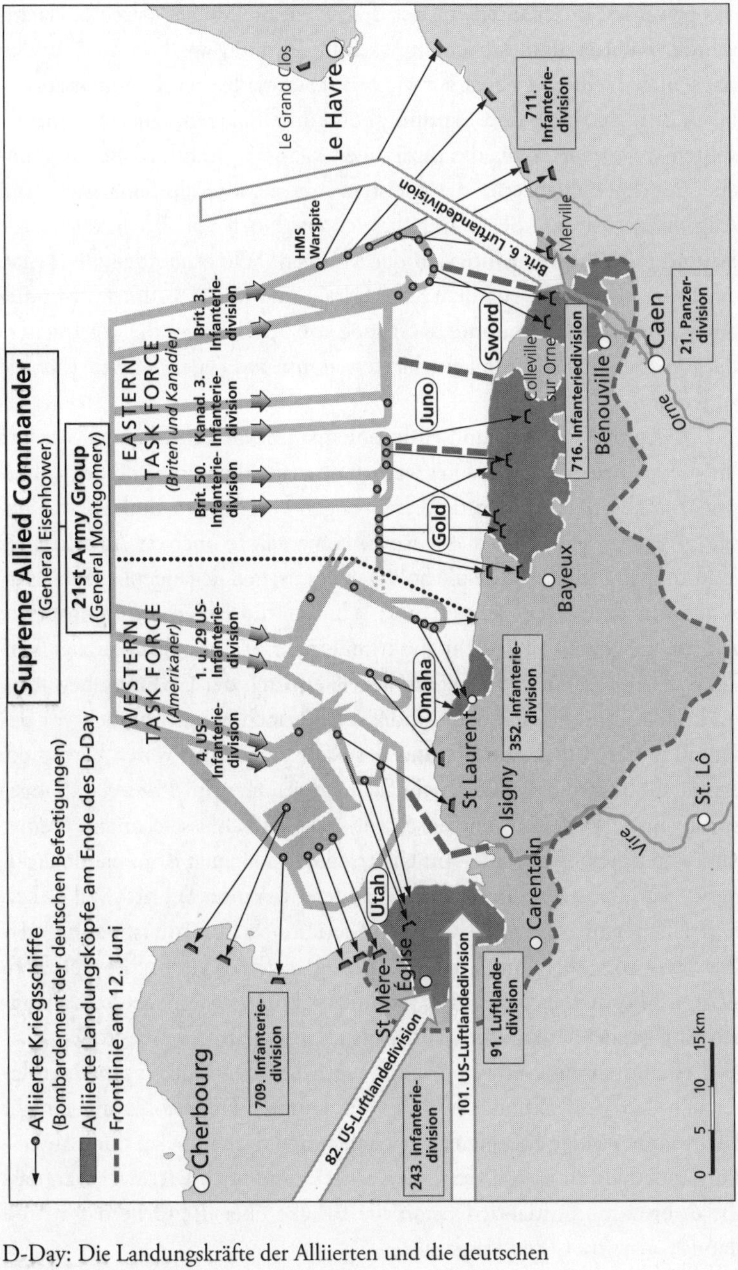

D-Day: Die Landungskräfte der Alliierten und die deutschen Verteidigungsstellungen am 6. Juni 1944.

das gewaltige Bombardement der deutschen Stellungen durch Schlachtschiffe, Kreuzer und Küstenschutzschiffe. Ramsay wollte zwei Stunden pausenloses schweres Feuer auf die britisch-kanadischen Landungszonen, bevor sich Zerstörer und Landungsboote mit Raketen näherten, und sie sollten weiterfeuern, bis die unzähligen kleineren Landungsboote, manche mit Spezialpanzern, die meisten mit nervösen Infanteristen und Angriffsausrüstung, die Strände erreichten. Noch vor ihnen kamen die Räumungsteams, die Mutigsten der Mutigen. Wie genau demoliert man einen Betontetraeder, von dem Stacheldraht und Minen baumeln? Mit diesen Vortrupps kam eine andere Gruppe von Spezialisten, die «Zielsucher» der Marine, die Küstenhügel erkletterten, um das Feuer der Kriegsschiffe zu leiten.

Wenn die Soldaten und Amphibienpanzer an Land kamen, wartete ihr «beach-master» schon. Dies war ein offensichtlich notwendiger, außergewöhnlicher Posten, den die Erfahrungen von Sizilien und Salerno bestätigt hatten; ein Offizier der Royal Navy wurde oberster Aufseher des Landungsstrands, schickte die Soldaten voran, ließ liegengebliebene Fahrzeuge aus dem Weg räumen und schickte die leeren Landungsboote zurück. In gewisser Hinsicht funktionierte er wie ein altmodischer Verkehrspolizist an einer viel befahrenen Kreuzung, der Ordnung bewahrte und Chaos und Stillstand verhinderte. Und noch einige Stunden vor der Landung des «beach-master» und der Räumungsteams waren bereits die ersten Einheiten der alliierten Luftlandedivisionen im Hinterland abgesprungen. Der Einsatz von Fallschirmjägern als Schlüsselelement in einer großangelegten Operation – im Unterschied zu kleinen Kommandoaktionen – war ein ungewöhnlicher und äußerst riskanter Schritt, weil es keinerlei Unterstützung gab (weder Artillerie noch Luftunterstützung oder Beschuss von See), um ihren Absprung gegen gegnerisches Feuer zu sichern; dies hatten 1941 sogar die höchst kompetenten deutschen Fallschirmjäger bei der Landung auf Kreta erfahren. Trotz dieser großen Risiken erkannten Eisenhowers Planer aber, dass der Nutzen einer erfolgreichen Luftlandeaktion gewaltig sein konnte. Die Eroberung einiger Kleinstädte wenige Kilometer vor Utah Beach durch die 82. und 101. US-Luftlandedivision würde viel Chaos stiften, und noch wichtiger war, dass die 6. britische Luftlandedivision die Brücke über die Orne nahm und damit Caen von Osten umging.

Hinter den Landungstruppen befanden sich fünf alliierte Marineverbände auf anderen Routen als die Landungsboote, um die deutschen Küstenstellungen zu beschießen. Gemäß dem oben erwähnten Zeitplan hatten sie mit dem Beschuss begonnen, bevor das erste Landungsboot die Küste erreichte, danach beschossen sie Ziele im Inland. Zwischen den einzelnen Sektoren unterschied sich die Taktik. Hewitt begann den Beschuss später und hörte früher auf (es waren nur 30–40 Minuten Differenz), während Ramsay ein konstantes zweistündiges Feuer vorzog. Beide Systeme brachten aber gemischte Resultate. Solide und schräg zum Strand gebaute Bunker waren nicht leicht zu zerstören, selbst wenn Zielsucher große Salven auf ihre Dächer lenkten. Nach den Aussagen gefangener deutscher Soldaten wurde die größte Wirkung durch den ohrenbetäubenden Lärm, den Staub und die Verwirrung der Einschläge großer Geschosse erzielt und später durch die Überraschung, von den Salven eines Schlachtschiffs in einer Lastwagenkolonne 15 Kilometer im Landesinneren getroffen zu werden. Die Frontkommandeure der Wehrmacht brauchten eine Weile, bis sie erkannten, was die kleinen, unbewaffneten Aufklärungsflugzeuge über ihnen sollten.

Als es hell wurde, patrouillierten über den Stränden die alliierten Flugstaffeln. Es war fast vier Jahre her, seit eine kleine Zahl von Hurricane- und Fairy Battle-Staffeln der RAF versucht hatte, den Rückzug der britischen und französischen Truppen vor den Bombern und Tieffliegern der deutschen Luftwaffe zu schützen, als die Soldaten in die kleinen Schiffe bei Dünkirchen strömten, nur 180 Kilometer weiter nördlich an derselben Küste. Nun war das Kräfteverhältnis genau umgekehrt. Abgesehen von dem berühmten Flug über die alliierten Strände durch das Fliegerass Josef «Pips» Priller und seinen Flügelmann Heinz Wodarczyk in ihren FW 190 um zehn Uhr vormittags am 6. Juni war die deutsche Luftwaffe machtlos. Weiter im Inland bombardierten die Alliierten weiterhin die Verbindungen des Feinds vom Rheinland nach Frankreich und in die Niederlande, während eine riesige Zahl von Maschinen des Küstenkommandos über dem Kanal, dem östlichen Atlantik und dem Golf von Biskaya patrouillierte. Wenn sie ein Problem in der Luft hatten, war es eher Verwirrung und Fehlidentifizierung anderer Flugzeuge (aus anderthalb Kilometern Entfernung sahen eine FW 190 und eine Mustang sehr ähnlich aus) und damit das Risiko von Eigenbeschuss. Aus diesem Grund wurden alliierte Maschinen, die über den D-Day-Stränden operieren sollten, mit drei parallelen weißen Streifen markiert. Keine anderen Luftwaffenkommandeure haben je den Luxus einer solchen Überlegenheit genossen.

Die wirksamste deutsche Defensivwaffe war kurioserweise die neue «Austermine» (sie explodierte, wenn die Wellen eines sich nähernden Schiffs den Wasserdruck veränderten), die in großer Zahl von tieffliegenden Flugzeugen und kleinen Schiffen ausgelegt wurde. Trotz der pausenlosen Arbeit vieler Dutzender alliierter Minenräumer versenkten diese Minen nicht wenige Kriegsschiffe und Frachter und beschädigten viele andere, darunter Admiral Vians Flaggschiff der Eastern Task Force, den Kreuzer HMS *Scylla*. Viele Schiffe mussten langsam nach Portsmouth zurückgeschleppt werden, wobei die Mannschaften den Verstärkungsflottillen zuwinkten, die Kurs auf die Normandie nahmen. Dagegen waren die deutschen Schnellboote, die Operation Neptune angreifen sollten, eigentlich auf Kamikazemission, da sie bei jeder Gelegenheit von Beaufighter- und Wellington-Maschinen angegriffen und von starken Verbänden britischer, kanadischer, polnischer und französischer Zerstörer ferngehalten wurden, während die Lancasters der RAF ihre Heimathäfen bombardierten. Das Bomberkommando hatte vielleicht eine gemischte Erfolgsbilanz über Berlin, aber seine 12 000 Pfund-«Tallboy»-Bomben legten deutsch besetzte Häfen, Brücken und Bahnstrecken in Schutt und Asche. Als die Betondächer der Marinestation Le Havre am 14. Juni von 325 Lancasters getroffen wurden, krachten sie auf die 14 Schnellboote darunter. Tief fliegende Beaufighters terrorisierten jeden deutsch besetzten Hafen vom Ärmelkanal bis Dänemark. Nachts wurden speziell ausgerüstete Mosquitos eingesetzt.

In See zu stechen, war auch die Entscheidung der verbliebenen deutschen Zerstörer. Der mutige Angriff von vier Schiffen der 8. Zerstörerflottille in der Nacht vom 8./9. Juni, der durch die Entschlüsselung von Funksprüchen entdeckt und von einer doppelt so großen britisch-kanadisch-polnischen Zerstörergruppe zerschlagen wurde, war der letzte echte Kampf der Kriegsmarine gegen die Alliierten. Fast fünf Jahre zuvor hatte Admiral Raeder bei Kriegsbeginn düster notiert, seine unterentwickelte Marine könne lediglich zeigen, dass sie «mit Anstand zu sterben» verstehe. Das hatte sie getan.

Die zum Angriff auf die Landungen abkommandierten U-Boote wurden ebenfalls auf Selbstmordaktionen geschickt. Zu diesem Zeitpunkt war die Dechiffrierung endlich voll leistungsfähig, und als die Boote den

Kanal erst nach den Landungen erreichten, wartete eine riesige Zahl von Flugzeugen und Geleitschiffen auf sie, alle mit fortgeschrittenen Ortungssystemen und äußerst effizienten Waffen ausgerüstet. Der Himmel war voller alliierter Maschinen, der Horizont voller Fregatten. Die U-Boote versenkten zwar zunächst ein halbes Dutzend Geleitschiffe, hatten aber gegen die Übermacht keine Chance und wurden nach schweren Verlusten abgezogen.[41]

Wegen der totalen Überlegenheit in der Luft und der fast vollständigen Seeherrschaft war nur noch die Schlacht an Land zu entscheiden, wie beide Seiten seit langem wussten; der Kampf an den Stränden und danach der Kampf der Invasoren, um tiefer nach Frankreich und weiter nach Deutschland vorzustoßen. Ein neutraler Beobachter wäre vielleicht zu dem Schluss gekommen, die Alliierten seien wegen ihrer vielen Trumpfkarten (Luftmacht, Seemacht, Logistik, Résistance usw.) bereits stark im Vorteil, und das ist sicher richtig. Aber gerade die Herausforderung, erst zu landen und dann vorzurücken, machte Eisenhower und seinen hohen Offizieren die meisten Sorgen. Die Deutschen setzten alle Hoffnung und alle Ressourcen darauf, diese alliierten Schritte zu blockieren, es war ihre einzige Strategie. Als die Ereignisse des 6. Juni abliefen, bekamen beide Seiten Recht, dass die ersten drei Tage entscheidend waren, Rommel vielleicht am meisten.

Im Grunde gibt es drei Geschichten über die Landungen am 6. Juni 1944. Die beste aus alliierter Perspektive war der Angriff auf Utah Beach ganz im Westen durch die 4. US-Infanteriedivision. Dies war ein Fall, in dem eine potenzielle Katastrophe in einen Sieg verwandelt wurde. Die Küste war bereits bewölkt, bevor die Explosionen des Beschusses von See starken Rauch produzierten; die Leitschiffe waren nicht mehr sichtbar. Wenn es «beach-masters» gab (die Amerikaner nannten sie «beach-directors»), standen sie in den Rauchwolken. Als die Landungsboote auf die schwer erkennbare Küste zufuhren, trieben die Gezeiten sie anderthalb Kilometer nach Süden und damit glücklicherweise an einen schwächer verteidigten Abschnitt. Hier funktionierten die Landungen extrem gut, der Widerstand war gering, die Raketenboote feuerten, die Amphibienpanzer kamen an Land, die Infanteristen wateten mit den Gewehren über dem Kopf durch das hüfthohe Wasser, und die B-26-Bomber flogen ihre Angriffe unter der Wolkendecke. Auf klassische Weise (man vergleiche mit Anzio) überwand die 4. Infanteriedivision die Verteidiger, stieß ins

Binnenland vor und hatte abends etwa acht Kilometer Boden gewonnen. Mit rund 21 000 Soldaten und 1800 Fahrzeugen ließ sich «Utah» in dieser Phase nicht mehr leicht wegfegen, egal durch welchen Gegner. Das 8. und 27. Infanterieregiment verloren zusammen 12 Mann. Dies war die reibungsloseste Landungsaktion, die den Alliierten je gelang.

Hinter den Utah-Stränden landeten im Morgengrauen die 82. und 101. US-Luftlandedivision, um Städte wie St. Mère-Église zu halten, bis die Hauptmacht von See eintraf. Man hat viel davon gesprochen, wie der Wind die Fallschirmjäger in alle Richtungen trug, sie in die Marschen trieb und verstreute, ihre schwere Ausrüstung zerstörte und sie hinderte, die ihnen in Lastenseglern folgenden Truppen zu unterstützen, so dass diese hohe Verluste erlitten. Die Soldaten der 82. Luftlandedivision wurden so weit über das Marschland am Fluss Merderet verstreut, dass zwei Drittel von ihnen drei Tage später immer noch vermisst waren. Doch «vermisst» bedeutete nicht wirkungslos. Tatsächlich erzeugten die Landungen der Fallschirmjäger über ein so breites Gebiet große Verwirrung bei den deutschen Truppen hinter Utah Beach und störten die Verstärkung der Verteidiger am Strand – das Chaos wurde zum unerwarteten Vorteil. Bei all diesen lokalen Gefechten geriet ein deutsches Stabsfahrzeug in den Hinterhalt einiger Fallschirmjäger, wobei der Kommandeur der 91. Luftlandedivision getötet wurde, der wichtigsten Reservedivision auf der Cotentin-Halbinsel. Am Abend hatten Teile der 82. Luftlandedivision die Stadt Pont l'Abbé an einer wichtigen Straßenkreuzung im Binnenland erreicht, und diese Schlacht war gewonnen.

All das war sehr wichtig, weil nach Ramsays Masterplan die 4. US-Division an Land gehen und dann die Strände verlassen sollte. Die 90. Division sollte zwischen dem 6. und 9. Juni hinter ihr landen, dann die 9. Division zwischen dem 10. und 13., schließlich bis zum 30. Juni die 79. Division. Ähnliche Pläne existierten auch für die anderen vier Strände. Wenn zusätzlich zu den beiden Luftlandedivisionen vier ganze Heeresdivisionen an Land waren, konnte das 7. US-Korps unter General Collins die westliche Normandie erobern. Hätten sie auf den Stränden festgesessen, so hätte allein die Größe der Invasionstruppen ein gewaltiges Chaos erzeugt, doch das wurde vermieden.

Die zweite Geschichte betrifft den größten Teil der Operation Overlord, die drei Landungen britischer und kanadischer Soldaten an Gold-, Juno- und Sword-Beach. Die besten Begriffe zur Beschreibung dieser

Ein visionärer «Problemlöser»: Major-General Sir Percy Hobart im März 1943.

Aktionen sind vielleicht sorgfältig, detailversessen und gut organisiert – nicht sehr kühn, bis auf die Luftlandeoperation, was den Respekt der Briten für den alten Feind zeigte. Außerdem *mussten* Montgomerys Truppen diese Schlacht gewinnen. Sollte der Normandie-Feldzug im Juni 1944 in der Katastrophe enden, konnten die Amerikaner wiederkommen; weitere vier Millionen GIs warteten auf der anderen Seite des Atlantik, falls sie gebraucht wurden. Die Briten dagegen konnten sich kein neues und größeres Dünkirchen, Kreta, Dakar oder Dieppe leisten. Ihre Personaldecke war schon jetzt zum Zerreißen gespannt; es war ihr letzter großer Krieg. Wie oben angedeutet, erklärt dies ihre Detailbesessenheit: Täuschungsmanöver, Aufklärung, Kommando und Kontrolle, Funkverkehr, beach masters, Minenräumung, besondere Panzer, alles, was nötig war, um nicht auf einem Kieselstrand festzusitzen und unerträgliche Verluste zu erleiden.

Darum wandten die Briten spezialisierten Panzereinheiten und ungewöhnlichen Fahrzeugen besondere Aufmerksamkeit zu, die beim Überwinden von Rommels raffinierten und tödlichen Strandbarrieren helfen sollten. Treibende Kraft hierbei war der bissige, entschlossene Visionär Major-General Percy Hobart, Ende der dreißiger Jahre Schöpfer der 7. Panzerbrigade, der späteren «Desert Rats», dann in den Ruhestand versetzt und von Churchill wieder aus der Versenkung geholt. Churchills Beschwerde an das Kriegsministerium im Oktober 1940, weil es Hobarts Talente nicht nutzte, sollten alle Oberbefehlshaber und CEOs auswendig kennen: «Ich … lasse mich nicht von den Vorurteilen beeinflussen, die in gewissen Kreisen gegen ihn bestehen. Männer von starker Persönlichkeit und originellen Ansichten begegnen sehr häufig solchen Vorurteilen. … Wir stehen jetzt in einem Kampf auf Leben und Tod und können es uns nicht leisten, Ernennungen in der Armee auf solche Personen zu beschränken, die im Lauf ihrer Karriere keiner feindlichen Kritik begegnet sind.»[42]

Hobart bekam die (experimentelle) 79. Panzerdivision und die notwendigen Ressourcen, um das zu entwickeln, was seine Soldaten liebevoll «Hobart's Funnies» (Scherzartikel) nannten, um Hindernisse auf Stränden und Feldern zu überwinden, was nach Dieppe noch deutlicher als notwendig erkannt wurde.[43] Hobarts Basis war der robuste, zuverlässige amerikanische Sherman-Panzer oder der britische Infanteriepanzer Churchill. Die Panzer wurden vielfältig umgebaut: es gab Schwimmpanzer (den Duplex Drive); Dreschflegelpanzer, deren gewaltige Eisenketten auf den Sand schlugen und Minen sprengten; Panzer mit großen Drahtscheren oder Planierraupenschaufeln; Faschinenpanzer, die aufgerollte Metall- oder Holzbrücken trugen, um Gräben und Panzerfallen zu überwinden; Panzer mit Flammenwerfern, wie sie die US Marines im Pazifik benutzten; Panzer, die als Rampen für andere Panzer dienten, usw. Hobart war ein Genie, und es hatte in der Geschichte der Panzerwaffe noch nichts in dieser Art gegeben. Als ein amerikanischer Sergeant namens Curtis Culin vom langsamen Vorrücken der Truppen General Bradleys entlang der schmalen Straßen zwischen den hohen Hecken der Normandie frustriert war, wo stets ein Hinterhalt drohte, konstruierte er eine weitere Variante, das «Rhinoceros», mit riesigen Stahlzähnen, um die Hecke am Boden abzuschneiden und den normalen Panzern den Weg über die Felder zu bahnen.

Hobart's Funnies erlebten ihre Feuertaufe an den britisch-kanadischen Stränden. Sie funktionierten keinesfalls immer und überall. Wie auch? Keine Übungen an der schottischen Küste oder bei Bristol konnten die mörderische Realität der Landung an einem Strand voller Hindernisse simulieren, an dem man aus allen Richtungen beschossen wurde. Entlang der ganzen Küste wurden die kuriosen Duplex Drive-Panzer (mit aufblasbaren Schwimmkissen) von der starken Brandung gebremst, so dass sie oft von Landungsbooten mit Infanterie und anderen Panzern überholt wurden. Briten und Forces Françaises Libres hatten es bei Sword Beach wahrscheinlich am einfachsten, weil die 6. Luftlandedivision bereits die Batterie von Merville erobert hatte, während die enormen 15,5 Zentimeter-Kanonen von Le Havre, die jedes Landungsschiff und jeden Zerstörer nahe der Küste hätten versenken können, den Morgen in einem sinnlosen Duell mit der weiter entfernten *Warspite* verbrachten. Nachdem die Froschmänner der Royal Marines die Barrieren auf dem Strand zerstört hatten, zahlte Hobarts besessene Suche nach problemlösenden Waffen sich aus. Ein britischer Major am Sword Beach erinnerte sich: «‹Eine deutsche Panzerabwehrkanone nahm sie unter Feuer. Der [brückentragende] Sherman fuhr genau darauf zu und ließ die Brücke direkt auf die Stellung fallen, wodurch das Geschütz ausfiel.› Dreschflegelpanzer bahnten Wege durch die Minenfelder. ‹Sie fuhren vom Strand mit schwingenden Flegeln›, sagte Ferguson. ‹Sie droschen die Dünen hinauf, dann wendeten sie und fuhren dreschend zurück bis zur Wasserlinie.› Andere Panzer benutzten raffinierte Sprengvorrichtungen (sog. Bangalore-Torpedos, Schlangen oder Drachen), um Löcher in den Stacheldraht und die Dünen zu sprengen. Wieder andere von Hobart's Funnies senkten ihre Brücken über die Seemauer, gefolgt von den Bulldozern und Faschinenpanzern,

«Hobart's Funnies»: Ein Dreschflegelpanzer überwindet die deutschen Strandbefestigungen.

die ihre Holzbündel in die Panzergräben warfen. Als diese Aufgabe erledigt war, erreichten die Dreschflegelpanzer die etwa 100 Meter weiter im Inland gelegene Straße und begannen rechts und links zu dreschen ...»[44]

Diese verblüffenden Maschinen, die später den britisch-kanadischen Vormarsch in die Niederlande und nach Norddeutschland unterstützten, trugen sicherlich viel dazu bei, die ersten Landungseinheiten über die Strände und durch die engen und verwinkelten Ferienhausstraßen in den kleinen Dörfern bei Gold-, Juno- und Sword-Beach zu bekommen. Mit wenigen Ausnahmen wie Le Hamel stießen sie auf wenig Widerstand; die «statischen» Divisionen bestanden teilweise aus übergelaufenen Rotarmisten, dazu Litauern, Polen, Veteranen des Ersten Weltkriegs und Hitlerjungen. Das Beste, was sie nach dem Abfeuern einiger Schüsse tun konnten, war sich zu ergeben. Von Betonbunkern aus zu kämpfen, war nicht mehr sicher, weil die Vorauskommandos Granaten durch die Öffnungen warfen, während der Beschuss von See weiterging (und bei einem der spektakulärsten Treffer aller Zeiten schoss der Kreuzer HMS *Ajax* eine Sechs Zoll-Granate durch die Vorderöffnung eines massiven Bunkers und sprengte das gesamte Magazin). Zumindest hier brach Rommels «vordere Linie» rasch zusammen. Am Abend hatten die Briten an

Sword Beach 29 000 Mann an Land gebracht, nur 630 verloren und Tausende Gefangene gemacht. An Gold Beach waren es 25 000 Mann bei 400 Gefallenen. Das lag unter allen Schätzungen der wahrscheinlichen Verluste.

An Juno Beach hatten es die kanadischen und britischen Invasoren viel schwerer. Die Ziele waren weiter entfernt, das Abwehrfeuer stärker, die Strandbarrieren größer und die Unterstützung von See schwächer. Trotzdem gingen am ersten Tag 21 400 Mann an Land, 1200 fielen. Dies war der Strand, an dem die Schwimmpanzer sich bewiesen und Kanadier wie Deutsche verblüfften, als sie am Strand erschienen, ihre «Schwimmwesten» abwarfen und das Feuer eröffneten. Die Seemauer am Juno Beach war höher als bei Omaha, aber die Funnies überwanden sie, durchschnitten den Stacheldraht dahinter und droschen durch die Minenfelder, während erschöpfte und überladene Infanteristen Schritt zu halten versuchten. Dann wurden die meisten Einheiten langsamer, errichteten Lager, machten Tee, schliefen ein, vielleicht eine natürliche Reaktion. Montgomery hatte einen sehr raschen Vorstoß auf Caen und durch das Tal der Orne gleich nach der Landung geplant, aber das trat nicht ein. Die 6. britische Fallschirmjägerdivision hatte die Orne-Brücken sehr erfolgreich besetzt, die drei Landeköpfe hatten gehalten, und starker Nachschub an Soldaten und Panzern war unterwegs. Doch es wurden auch viel stärkere deutsche Truppen in die Gegend geschickt, und es wurde kein sich schnell ausbreitender Vormarsch wie in Nordafrika und Sizilien. Es gab aber auch kein zweites Dieppe, sehr zur Befriedigung der inzwischen stark vergrößerten kanadischen Armee.

Die dritte D-Day-Geschichte war für die Alliierten viel schmerzhafter, es war das schreckliche Gemetzel unter den amerikanischen Infanteristen, die an Omaha Beach landeten oder es versuchten. Bei der Landung gingen viele Panzer, Lastwagen und überladene Infanteristen unter. Die Verlustliste ist düster. Nur fünf der 32 Schwimmpanzer erreichten den Strand; 32 der 50 Haubitzen sanken mit den flachen Barken, auf denen sie transportiert wurden. Die meisten Soldaten erreichten den Strand nur mit den Waffen, die sie trugen, und liefen vorwärts, weil es unmöglich war, in das Inferno am Ufer zurückzukehren. Dann stießen sie auf fast intakte Barrieren und gerieten ins Kreuzfeuer der Stellungen an den Hängen. Ohne die gesunkenen Panzer, die mit ihren Booten abgetriebenen Haubitzen und Kanonen und viele bei dem zu langen Weg an den Strand

Der längste Tag: US-Soldaten der ersten Landungswelle suchen hinter Panzersperren des Atlantikwalls Deckung. Omaha Beach, 6. Juni 1944 im Morgengrauen.

ertrunkenen Pionierteams drängten die Infanterie- und Rangereinheiten nach vorne. Die Panzer, denen die Landung gelang, wurden binnen weniger Minuten getroffen, obwohl ein paar Bulldozer Lücken in die Barrieren schlugen. Amerikanische Zerstörer näherten sich, viel zu nah, um vor möglichen Minenfeldern sicher zu sein (die bis zu 1000 Meter vor der Küste lagen), und feuerten auf die deutschen Stellungen.

Dann machte die Flut den Strand noch kleiner und schleuderte neue Fahrzeuge auf die bereits gelandeten und beschädigten. Die Lage war so verzweifelt, dass Montgomery später am Tag – wie Clark bei Anzio – kurz daran dachte, die amerikanischen Folgeeinheiten von Omaha Beach zu den britisch-kanadischen Stränden umzuleiten. Bradley dachte ebenso und überlegte die frischen Einheiten nach Utah Beach zu schicken. Man kann vermuten, dass beide Optionen zu unvorstellbarem Durcheinander vor der Küste geführt hätten, aber die schieren Truppenzahlen (bei Omaha umfasste die erste Welle 34 000 Mann und 3300 Fahrzeuge, und es gab eine ähnlich große Reserve), der verzweifelte Beschuss durch Schiffe und Flugzeuge und die erstaunliche Leistung der unteren Offiziersränge beim

Wiederherstellen der Ordnung durchbrachen schließlich die deutsche Küstenlinie. Die Soldaten kamen von den blutigen Stränden herunter und die Hügel hinauf und errichteten nur anderthalb Kilometer im Binnenland ein Lager. Falls Rommels Panzer nicht angriffen (was ihnen nicht gestattet wurde), hatten die 1. und 29. US-Infanteriedivision es unter großen Mühen geschafft. Sie waren nicht zurück ins Meer geworfen worden. Dennoch waren Eisenhower und Ramsay, als sie am nächsten Tag den Strand besuchten, sichtlich beunruhigt, wie knapp der Ausgang gewesen war und wie chaotisch und prekär die Lage noch schien.

Am Omaha Beach gab es rund 2400 amerikanische Gefallene, Verwundete oder Vermisste. Diese schreckliche Zahl ist im Vergleich zu einigen Schlachten des amerikanischen Bürgerkriegs, dem ersten Tag an der Somme 1916 oder den gleichzeitigen Schlachten an der Ostfront nicht hoch, aber es war die höchste Zahl bei den fünf Landungen dieses Tages. Sie erzeugte unter den alliierten Kommandeuren Konsternierung und Sorge und hat seitdem für Kontroversen gesorgt.

In einer Hinsicht ist nicht schwer zu erklären, warum Omaha am schwersten zu erobern und zu halten war. Die Steilhänge hinter den Stränden waren erheblich höher als anderswo und nur durch kleine Flusstäler zugänglich. Die Deutschen hatten zahlreiche Artillerie- und MG-Stellungen am Ende dieser Einschnitte angelegt, aber sie feuerten schräg und bestrichen die Strände nach rechts und links, statt die Bunker dem Seebeschuss von vorn auszusetzen. Fast ebenso schwer waren sie aus der Luft auszumachen, ob von Aufklärungsflugzeugen oder Bombern. Und die Steilhänge machten jeden Versuch, die Küste mit Panzern oder anderen Ketten- oder Radfahrzeugen zu verlassen, äußerst schwierig. Selbst bei gutem Wetter und ruhiger See wäre es eine schwierige Aufgabe gewesen, dabei waren die Bedingungen viel schlechter. Man hätte das Gebiet vielleicht ganz meiden sollen, aber da die Alliierten es für unverzichtbar hielten, einen der breiten Normandiestrände zu erobern *und* auf die Halbinsel Cotentin vorzustoßen, um Cherbourg zu nehmen, konnten sie keine Lücke in der Mitte zulassen, welche die Deutschen ausgenutzt hätten – dies hatte bei Anzio fast zur Katastrophe geführt. Der Angriff musste stattfinden.

Dennoch kann man nur schwer die Behauptung akzeptieren, die hohen amerikanischen Verluste bei Omaha seien allein auf Gezeiten, Topographie und raffinierte deutsche Verteidigungssysteme zurückzuführen.

Es gibt auch Anzeichen für schlechtes Schlachtfeldmanagement in Verbindung mit übergroßem Selbstvertrauen, was im Kampf gegen die Wehrmacht nicht ratsam war. Der Seebeschuss war extrem kurz und damit sehr leicht, vor allem angesichts der schrägen Positionen der deutschen Bunker. Der Grund lag darin, dass Admiral Hewitts Kontrollteam auf eine Überraschung hoffte, doch das ist nur schwer mit der Tatsache in Einklang zu bringen, dass 1000 schwere RAF-Bomber ab Mitternacht massive Angriffe auf deutsche Batterien entlang der Normandieküste flogen, dass um 1.30 Uhr bereits der Einsatz der 82. und 101. US-Luftlandedivision begann oder dass der Beschuss durch die US Navy 20 Minuten *nach* dem der Royal Navy begann, der an der Küste zu hören war, obwohl die britisch-kanadischen Landungen eine Stunde später beginnen sollten. Schließlich kam noch Pech hinzu. Als die B-17-Bomber die deutschen Stellungen zerstören sollten, waren sie von Wolken behindert. «Keine einzige Bombe traf den Strand oder die Steilküste», bemerkt der Historiker Stephen Ambrose, getroffen wurden Kuhställe fünf Kilometer im Binnenland.[45] Die Raketen der Landungsboote flogen zu kurz und stürzten in die Brandung, und die Wellen schienen am Omaha Beach höher und stärker als anderswo.

Als der Wind stärker und die Wellen höher wurden, war es unsinnig, dass die Kommandeure vor Ort die Schwimmpanzer, die Sherman-Panzer und die Boote mit Haubitzen *über 5000 Meter* vor der Küste zu Wasser ließen. Es gab keine schwimmfähigen Truppentransporter (Amtrac), die waren alle im Pazifik. Die Shermans, die das Ufer erreichten, kämpften so gut sie konnten, aber es gab keine Spezialpanzer zur Minenräumung, zum Durchschneiden des Stacheldrahts oder für Faschinen. Wenn sie nicht untergingen, wurden die amerikanischen Panzer und Infanteristen am Strand und an den Eingängen zu den Einschnitten von den Soldaten der deutschen 352. Infanteriedivision beschossen, die kurz zuvor hinter den Omaha-Stränden stationiert worden waren, ohne dass Bradleys Stab davon etwas ahnte. Vielleicht war es auch nicht so wichtig, dass die US Army nicht die avancierteren Panzerfahrzeuge der Briten besaß, denn schließlich kämpfte sie sich die Steilhänge hoch und drängte die Wehrmacht zurück. Doch das Fehlen anderer Typen von motorisierter Ausrüstung gehört zur Liste der Dinge, die man hätte besser machen oder zumindest ausprobieren sollen.

Insgesamt erbrachte der «längste Tag» für die Alliierten außerordentlich gute Resultate, eine bemerkenswerte Belohnung für bemerkenswerte Vorbereitungen, Ausbildung, Mobilisierung und Ausführung. Am Abend schrieb Ramsay trotz seiner Sorgen über Omaha und die westlichen Strände in sein Tagebuch: «Trotzdem haben wir alles in allem Gott an diesem Tag für viel zu danken.» Je nach Quelle waren zwischen 132 000 und 175 000 Amerikaner, Briten, Franzosen, Kanadier und Polen an Land gegangen, und rund 4900 waren gefallen – viel weniger als in den Planungen geschätzt. Die Front war rund 70 Kilometer lang, natürlich mit großen Lücken zwischen den Stränden, doch die Deutschen hatten nicht die Kraft, in diese Lücken einzudringen.[46] Ihr Widerstand war viel schwächer gewesen als befürchtet, zum Teil weil ihre besten Truppen nicht an den Stränden standen. Kommandoeinheiten und kanadische Kompanien sahen sich alten Männern, Hitlerjungen und osteuropäischen Zwangsverpflichteten gegenüber. Das war kein guter Indikator für das Kommende, besonders nicht für die Kanadier, die bald Tag für Tag und Woche für Woche die fanatisch gehaltenen deutschen Stellungen um Caen angriffen und kaum vorankamen. Doch das kam später. Vorerst hatte man «auf dem europäischen Kontinent Fuß gefasst», wie Montgomery es ausdrückte.

Doch rasch acht Kilometer ins Binnenland vorzustoßen oder am Ende des ersten Tages hart erkämpfte Steilhänge zu halten, war nicht genug. Eine erfolgreiche Invasion erforderte eine massive Anstrengung dahinter, sie erforderte, dass immer mehr Soldaten, Waffen und Nachschub an den Landeköpfen ankamen, während die Armeen sich ausbreiteten. Und wie aus der obigen Skizze der fünf Landungen hervorgeht, besaß die Normandie keinen großen Hafen zwischen Cherbourg weit im Westen und Le Havre und Dieppe viel weiter östlich am Kanal. Die Planung für Overlord enthielt darum eine unverzichtbare Komponente, die es in der amphibischen Kriegführung noch nie gegeben hatte: künstliche Häfen. Auf Churchills Anordnung sollten angloamerikanische Ingenieurteams Meereshäfen konstruieren und zusätzlich Wellenbrecher, die sich mit den Gezeiten hoben und senkten.

Die «Mulberry»-Häfen waren gigantische, viele Tausend Tonnen schwere Betonsenkkästen, die dennoch so viel Ballastraum besaßen, dass sie von den unbesungenen Helden der ganzen Operation, den Marineschleppern, auf flachen Barken hinüber zur Normandie gefahren werden und dann wie Dominosteine zu einem riesigen Wellenbrecher verbunden

Fahrzeuge der US-Armee rollen auf den Verbindungswegen eines Mulberry-Hafens an Land. Omaha Beach, 16. Juni 1944.

werden konnten (der auf der Oberseite auch noch Straßen hatte). Dann wurden sie vorsichtig im flachen Meer versenkt. Es gab auch schwimmende Wellenbrecher und Piers, die als Stahlbrücken vom Meer zum Land funktionierten; wegen des Tidenhubs von sechs Metern war das unabdingbar. Da sie nicht fest mit dem Meeresgrund verbunden und daher bei Sturm verletzlich waren, wurden sie ihrerseits durch viele Dutzende alter Frachter und Kriegsschiffe («Gooseberries») geschützt, die in einer Linie versenkt wurden, um als Außenbarriere zu dienen. Trotz starker Gezeiten begannen alliierte Handwerker und Seeleute am 9. Juni mit dem Verankern der beiden Mulberry-Häfen; am nächsten Tag wurden die Gooseberries versenkt. 1,5 Millionen Tonnen Stahl und Beton waren an Ort und Stelle.

Natürlich herrschte zunächst einiges Chaos, aber doch viel weniger, als wenn Tausende kleinerer Schiffe vor einem offenen Strand gelegen hätten oder daran gestrandet wären. Häfen vor der Küste waren ein beruhigender Anblick, US-Lastwagen, die auf der künstlichen Straße auf den Senkkästen massenhaft an Land fuhren, waren noch beruhigender. Es zeigte dem Durchschnittssoldaten oder -matrosen, dass es wirklich einen Plan gab. Sechs Tage nach D-Day waren rund 326 000 Mann und 54 000 Fahrzeuge über den Kanal gebracht worden.

Wie schon erwähnt, zerstörte ein Atlantiksturm am 19. Juni einen Großteil dieser Anlagen und bremste den Strom von Soldaten, Fahrzeugen und Nachschub in die Normandie, aber nicht stark genug, um den Verlauf von Overlord zu verändern. Drei Tage später ging der Nachschub weiter, und der sich aufklarende Himmel erlaubte es USAAF, RAF und den schwereren Kriegsschiffen, ihren Beschuss der deutschen Einheiten wieder aufzunehmen, die endlich zur Invasionszone gelenkt wurden. Zu diesem Zeitpunkt übten britisch-kanadische Truppen maximalen Druck auf Caen aus und banden starke Wehrmachtskräfte in einem Patt in und um die Stadt, während schnellere amerikanische Einheiten unter Bradley und etwas später Patton nach Süden vorstießen. Inzwischen waren auch Collins' Divisionen nach Westen vorgerückt, um Cherbourg zu erobern, eine wunderbare logistische Ressource, sobald die deutschen Verwüstungen repariert waren, denn dann konnten amerikanische Truppen und Nachschub direkt auf den Kontinent gebracht werden, nicht mehr über Glasgow, Liverpool und Southampton. Den ganzen Juni und Juli über leisteten die Deutschen um Caen herum Widerstand gegen wiederholte britische und kanadische Angriffe, ein weiterer Beweis für ihre Defensivqualitäten, aber damit nutzten sie ihre Verstärkungsdivisionen bei einem Verdun-artigen Zermürbungskampf ab, den sie nicht gewinnen konnten. Die Amerikaner bereiteten unterdessen den Vorstoß von Pattons 3. Armee nach Süden vor, der Ende Juli/Anfang August stattfand. Nach Rommels schwerer Verletzung am 17. Juli (eine einsame Spitfire beschoss sein Stabsfahrzeug), dem Selbstmord seines Nachfolgers von Kluge wegen Verbindungen zu den Verschwörern des 20. Juli und dem Angriff von Montgomerys 21. Heeresgruppe über die Seine in Richtung Somme war die Schlacht in der Normandie vorbei. Am 25. August erreichten Vorauskommandos der Forces Françaises Libres unter gewaltigem Jubel Paris. Zwei Tage später war der alliierte Oberbefehlshaber General Dwight D. Eisenhower ebenfalls in der französischen Hauptstadt, zum ersten Mal seit 16 Jahren, als er am Manuskript von General Pershings passend benanntem *Guide to the American Battle-*

fields in Europe gearbeitet hatte.[47] Man fragt sich, ob er immer noch das Memo vom 5. Juni in der Tasche trug, in dem er die Niederlage und seine volle Verantwortung erklärte.

Die alliierten Armeen unter Eisenhower hatten noch einen weiten Weg nach Berlin. Trotz der Verstärkung der ersten Landungstruppen durch weitere drei Millionen Mann und trotz einer ständig wachsenden Luftüberlegenheit, aufgrund der die Wehrmacht, die Nachschublinien aus dem Reich und die Fabriken und Städte in Deutschland unablässig bombardiert werden konnten, kämpfte die deutsche Armee entschlossen weiter, manchmal offensiv (wie beim Überraschungsangriff in den Ardennen im Dezember 1944), immer aber mit bemerkenswerter taktischer Effizienz. Dennoch war es kein amphibischer Krieg mehr. Es war ein Luft-Boden-Feldzug, eine modernisierte Version des alliierten Vormarschs nach Deutschland zwischen August und November 1918. Die Kriegsschiffe vor der Küste wurden nicht mehr gebraucht, die künstlichen Häfen konnten den Gezeiten überlassen werden, und die Landungsboote und ihre Besatzungen wurden in den Pazifik geschickt.

Nach dem Normandie- und dem Marianen-Feldzug im Juni 1944 bekamen die Landungen in beiden Hemisphären einen anderen Rhythmus, in Europa verebbten sie, beschleunigten sich aber im Pazifik. Am 15. August 1944 fand die oft verschobene und reduzierte alliierte Invasion Südfrankreichs statt (Operation «Anvil», später «Dragoon»), vor allem mit französischen und amerikanischen Soldaten. Inzwischen zog die Wehrmacht sich aus Frankreich zurück, so dass dieser Flankenschlag, der nur kurz auf Widerstand traf, die alliierten Truppen zwar an die deutsche Südwestgrenze brachte und den militärischen Druck auf das Reich in den letzten acht Kriegsmonaten erhöhte, aber nicht die Bedeutung der großen Feldzüge im Norden und Osten hatte. Bis September 1944 hatte auch der Druck der Roten Armee in Polen das OKW gezwungen, Griechenland und Kreta aufzugeben. Im Monat darauf kehrten britische Truppen (ohne viel Widerstand) zu Schlachtfeldern zurück, von denen sie im schrecklichen Jahr 1941 vertrieben worden waren. Doch das war keine echte Landungsoperation, und der große Verband der Royal Navy wurde beim Ankern vor Piräus nicht gestört, auch dies eine Rückkehr von See, aber in Gewässer, wo viele ihrer Schiffe auf dem Meeresboden lagen.

Mehr Widerstand gab es, als am 1. November 1944 an der anderen Angriffsflanke auf das Reich eine bunte Mischung aus Einheiten der britischen Armee, d. h. Engländer, Belgier, Kanadier, Schotten, Franzosen, Norweger und Polen, ausgerechnet einen Angriff auf Walcheren führte. Die Eroberung der tellerförmigen Insel, die nur noch aus flachem Küstenland bestand, nachdem RAF-Bomber die Außenmauern zerstört hatten, sollte den Zugang zur Schelde und zum großen Hafen Antwerpen freigeben. Da das Fehlen eines Tiefwasserhafens in der südlichen Nordsee den Nachschub für Eisenhowers Armeen empfindlich behinderte, hatte die Einnahme von Walcheren diesmal viel mehr strategische Bedeutung als 1809. Ende des Monats war das Ziel erreicht, aber erst nach starkem Bombardement und hohen Verlusten bei den Kommandoeinheiten.[48] Die deutsche Garnison bestand zwar hauptsächlich aus kranken und sich erholenden Soldaten, aber sie hielt viel länger aus, als Montgomerys Planer vorausgesehen hatten. Heutzutage ist die zweite Schlacht um Walcheren genau wie «Dragoon» und die Rückkehr nach Griechenland und Kreta eine Fußnote der Geschichte. Doch der Angriff auf die Stellungen in der Scheldemündung erinnert daran, wie schwierig solche Operationen blieben, selbst wenn man überwältigende Mittel einsetzte und kurz vor dem Sieg stand.

Reflexionen

Im Zweiten Weltkrieg fand eine Weiterentwicklung und Intensivierung des bewaffneten Konflikts in so vielen verschiedenen Dimensionen statt – vom Panzerkrieg über den strategischen Bombenkrieg bis zu Spezialoperationen –, dass es dumm wäre, zu behaupten, die Landungsoperationen seien die wichtigste Operationsform zwischen 1939 und 1945 gewesen. Sie waren aber unzweifelhaft die komplexeste. Die Schlacht um die Atlantikkonvois war ein gemischter Kampf von Seemacht und Luftmacht. Der strategische Bombenkrieg gegen Deutschland war ein Kampf zwischen Luftstreitkräften. Das Stoppen des deutschen Blitzkriegs erforderte im Wesentlichen einen harten Bodenkampf mit zunehmender Luftunterstützung. Nur zur amphibischen Kriegführung, ob in Europa oder im Pazifik, gehörten Boden-, See- und Luftoperationen, die als harmonisches Dreieck funktionierten oder eben nicht. Manche Historiker beschreiben den Normandiefeldzug als «triphibisch», ein schreckliches, aber nicht falsches

Wort.[49] Die erfolgreiche Landung an einer feindlichen Küste war nicht nur in sich ein gewaltiges taktisch-operatives Problem, sondern auch eines, dessen Lösung von See- und Luftherrschaft abhing. Es sollte die Autoren von Studien über einzelne Feldzüge des Zweiten Weltkriegs daran erinnern, wie vieldimensional dieser Konflikt in Wirklichkeit war.

Man findet darum weder einen einzelnen Durchbruch, wie den Langstreckenjäger für den Geleitschutz Anfang 1944, noch eine zufällige Ballung von weiterentwickelten Systemen und Waffen, wie bei der Ortung und Zerstörung von U-Booten Mitte 1943, die erklären würden, wie die Alliierten schließlich lernten, an einer feindlichen Küste zu landen. Die Umstände waren immer unterschiedlich; so war beispielsweise der Überraschungsfaktor bei MacArthurs Inselspringen wichtig, und Täuschungsmanöver spielten eine große Rolle vor dem D-Day, aber auf Saipan/Guam, Iwojima und Okinawa hatten sich die japanischen Garnisonen einfach verschanzt und erwarteten die kommenden Angriffe, und im Unterschied zu den deutschen Truppen unter Rommel und Kesselring hatten die Verteidiger keinen Raum für Manöver. Die Strände der Normandie sieben Tage lang zu bombardieren wie auf Okinawa, wäre wahrscheinlich ein Desaster gewesen – zum Zeitpunkt der Landung hätten den Alliierten dann 20 oder mehr alarmierte deutsche Divisionen auf der anderen Seite der Hecken gegenübergestanden. Auch die minutiöse Organisation am Landekopf war bei vielen Operationen wie der Normandie entscheidend, aber weniger in Sizilien, wo es nur geringen Widerstand gab. Wolken und Nebel machten die Luftmacht mehr oder weniger nützlich. Ein ungewöhnlich niedriger Tidenhub erzeugte Chaos auf Tarawa; eine unerwartete Strömung schob die Truppen an Utah Beach zu einem sichereren Teil der Küste. Es gab kein perfektes Rezept für einen erfolgreichen Angriff von See, so gut er auch vorbereitet sein mochte.

Vielleicht ist daher die beste Art, über amphibische Kriegführung nachzudenken, die Unterscheidung zwischen Aspekten erster und zweiter Ordnung. Obwohl also Beschuss von See eindrucksvoll war und mindestens zweimal, bei Anzio und Omaha Beach, dabei half, einen Gegenangriff auf einen nicht sicher gehaltenen Strand zu stoppen, zerstörte er nur selten die Fähigkeit des Gegners, aus sicheren Bunkern zurückzuschießen. Dagegen war die Luftherrschaft über den Landungszonen und den Küstengewässern immer entscheidend, und hier wurde 1943/44 die alliierte Überlegenheit immer offensichtlicher, zumindest in Europa. Außerdem waren die

Flugzeuge, die zur Luftunterstützung über den Stränden benutzt wurden (Marauders, Typhoons, Thunderbolts), auch gut dazu geeignet, die feindlichen Bodentruppen während der folgenden Vorstöße zu treffen.

Sind die vielen Verbesserungen der amphibischen Waffensysteme – von Hobart's Funnies in Europa zu dem Einsatz von Flammenwerferpanzern und gepanzerten Planierraupen durch die US-Marines im Pazifik – eine Erklärung erster Ordnung für die wachsende Fähigkeit, eine feindliche Küste zu erobern? Ja, wahrscheinlich. War der zunehmende Einsatz von erfahrenen Vorauseinheiten und Spezialkräften wie Commandos und Rangers hilfreich? Natürlich, und in einigen Fällen war er sogar entscheidend, wie bei der Einnahme der Orne-Brücke und sogar als die 82. und 101. US-Luftlandedivision verstreut wurden, was die deutschen Verteidiger so verwirrte. Es besteht auch kein Zweifel, dass die Massenproduktion von Landungsbooten, ob schwimmfähigen Truppentransportern (DUKWs oder «Ducks») und Amphibienfahrzeugen, ob Booten für Panzer und Lastwagen oder zum Abschuss von Raketen sowie von den ebenso wuchtigen Mutterschiffen, die sie über die Ozeane in ihre Landungszonen brachten, völlig unverzichtbar war. Hätte es diese Boote nicht gegeben, so ist nur schwer zu sehen, wie irgendeine der oben beschriebenen großen Landungsoperationen überhaupt hätte stattfinden können.[50]

Es gab 1944 noch weitere Aspekte der amphibischen Kriegführung, die vier Jahre zuvor einfach noch nicht existiert hatten. Ein Kommando- und Kontrollschiff vor der Küste, das von den Kriegsschiffen wie von den Landungstruppen unabhängig war, reduzierte Kommunikationsprobleme und andere Irrtümer. Dass ein einziger Offizier vor Ort für die Ordnung am Strand verantwortlich war und die Vorauseinheiten viel bessere Funkverbindungen zum Kommandoschiff hatten, um Feuerunterstützung anzufordern, war ein weiterer Fortschritt. Spezialisierte Teams zur Unterwasser- und Strandräumung waren unverzichtbar. Eine bessere Logistik verminderte die vorhersehbaren Reibungen beim Transport von Soldaten, Waffen und Nachschub mitten in der Schlacht, konnte sie aber nie ganz beseitigen.

Über allem befand sich aber eine Organisation zur Koordination der Waffengattungen, die nach vielen Rückschlägen und Enttäuschungen gelernt hatte, *wie man es machte*. Wenn man einen einzelnen Punkt in dieser Entwicklungsgeschichte der alliierten amphibischen Kriegführung hervorheben sollte, wäre es wahrscheinlich dieser: die überlegene, sogar raffinierte Anordnung der vielen Einzelteile. Man könnte das mit dem Begriff

«Orchestrierung» zusammenfassen. Das vielstimmige Orchester einer großen Landungsoperation brauchte einen Dirigenten – und das konnten weder Churchill noch Roosevelt, das Gemeinsame Oberkommando oder die mächtigen Befehlshaber der einzelnen Waffengattungen sein. Es musste eine andere Person sein, ein Organisator, Planer und «Problemlöser».

Der faszinierende Aspekt ist hier, dass die frühen amerikanischen und britischen Planer, die im Schatten von Gallipoli und in Zeiten akuter finanzieller Engpässe arbeiteten, die besonderen Bedürfnisse einer amphibischen Operation von Anfang an begriffen. Die Ideen, die mit Pete Ellis und den anderen frühen US Marine Corps-Planern der zwanziger Jahre und dem britischen Inter Service Training and Development Centre der dreißiger Jahre begannen, entwickelten sich über Mountbattens Kommando für Kombinierte Operationen und die Expeditionstruppen des Marine Corps, sowie die ernüchternden Erfahrungen von Madagaskar, Guadalcanal, Dieppe und den Gilbert-Inseln zu einem Endprodukt weiter, das bei den beiden Landungen vom Juni 1944 in der Normandie und auf den Marianen seine größten Proben erlebte. Isely und Crowl haben in ihrer klassischen Studie schön formuliert, eine genaue Analyse der frühen, schwierigen Operationen zeige, «dass die Hauptmängel nicht in der Doktrin lagen, sondern in den Mitteln zur Umsetzung dieser Doktrin.»[51]

Wenn man die grundlegenden operativen Prinzipien verstand, war es einfach. Amphibische Kriegführung war eine besondere Kampfform, die viele Zutaten brauchte: neue, übergreifende Kommandostrukturen, neue und oft sehr seltsam aussehende Waffensysteme, unglaublich komplexe Logistik, einen extrem hohen Ausbildungsstandard, sehr gute Luftunterstützung und intelligente Methoden, Massen von Soldaten und Fahrzeugen erst zu schmalen Landeköpfen und dann weiter zu bringen. Wenn all das funktionierte, standen die Chancen für den Sieg sehr gut. Eine dieser notwendigen Voraussetzungen zu ignorieren, wurde höchstwahrscheinlich schwer bestraft. Und es gab immer noch das Element des Glücks.

Hätten die frühen Visionäre und Planer die ersten paar Tage der Landungen vom Juni 1944 mit angesehen, so wären sie gewiss überwältigt gewesen von der enormen Größe und Komplexität des Geschehens. Doch es gibt nicht vieles, was sie nicht schon konzeptuell bedacht hatten, Jahre bevor die Aussicht bestand, es zu verwirklichen. Wie manche anderen strategischen Denker, die ihre Intelligenz den Herausforderungen des modernen Krieges zugewandt hatten, waren sie als Propheten ihrer Zeit voraus.

Kapitel 5

Wie überwindet man die «Tyrannei der Distanz» im Pazifik?

Mehr als jeder andere Feldzug mit schneller militärischer Expansion – und mehr als die Feldzüge Hitlers oder Napoleons – sollten die außergewöhnlichen japanischen Offensiven von 1941/42 relativ schnell dem zum Opfer fallen, was ein Historiker einmal die «Tyrannei der Distanz» genannt hat; d. h. sie erkannten die natürlichen Grenzen nicht, die die Geographie menschlichen Plänen gesetzt hat.[1] Das japanische Oberkommando hatte sich übernommen. Natürlich haben wir bei diesem Urteil den unvergleichlichen Vorteil, dass wir den Ausgang kennen. Es wäre schwierig gewesen, die ängstlichen Einwohner von Darwin und Brisbane (oder die ebenso nervösen Einwohner von San Francisco und Bombay) im Frühjahr 1942 von dieser geopolitischen Tatsache zu überzeugen, als die wachsende japanische Herausforderung der angloamerikanischen Hegemonie in Ostasien und im Pazifikraum der dreißiger Jahre schließlich in einer gewaltsamen, alles verschlingenden Welle der Aggression mündete, die ihren Küsten immer näher kam.

Und doch war es so. Japan, das noch nie einen Krieg verloren hatte, ging zu weit. Wie dieses Kapitel jedoch zeigen wird, geschah das nicht so automatisch wie der Gang der Gezeiten. Vielmehr wurde Japans riesiges Reich durch äußere Einwirkungen gestürzt, vor allem durch den eindrucksvollen Einsatz amerikanischer Ressourcen, Menschen und Waffensysteme. Die beiden Gegner kämpften nicht in einem begrenzten Raum wie in einem Boxring, sondern in einer gewaltigen Arena, in der das Ausnutzen von Distanz, Zeit und Gelegenheit durch die Kommandeure und Planer beider Seiten genauso wichtig war wie die Moral ihrer Truppen und die Qualität ihrer Waffen. Wer die spezifischen geopolitischen Aspekte des riesigen Pazifikbereichs am besten verstand und am besten auf sie vorbereitet war, besaß einen unschätzbaren Vorteil. In dieser Situation waren die maritim orientierten Amerikaner gegenüber der japanischen Militärführung, die auf Landfeldzüge in China fixiert war, klar im Vorteil.

Es war allerdings kaum verwunderlich, dass das japanische Kaiserreich expandieren wollte, als die Jahrhunderte selbstgewählter Isolation nach der Meiji-Revolution von 1868 von Modernisierungsbestrebungen ohne Liberalisierung abgelöst wurden. In dieser Hinsicht ahmte es einfach frühere erfolgreiche Kolonialmächte nach, besonders die des Westens.[2] Eine eindrucksvolle Wende zu Industrialisierung und exportgestütztem Wachstum vergrößerte seine produktive Kapazität gewaltig und schuf die Grundlage, auf der es als *einziger* asiatischer oder afrikanischer Staat in den zwanziger Jahren moderne Land-, See- und Luftstreitkräfte besaß, die tatsächlich zu den besten der Welt zählten. All dies führte zu einer empfindlichen und wachsenden Abhängigkeit von ausländischen Lebensmitteln und Rohstoffen und ließ Japans Nationalisten dafür plädieren, sich ebenso verlässliche Rohstoffquellen wie das britische Empire, die USA und die Sowjetunion zu sichern.

Der wirkliche – und tatsächlich auch der einzige – Maßstab für Japan war Großbritannien, der andere politisch zusammenhängende Inselstaat, der über seine Küsten hinaus zu etwas weit Größerem geworden war: eine Nation, die ihre Marine und Armee dafür organisiert hatte, die Kontrolle über ferne Rohstoffquellen für die Heimat zu sichern. Da die Einfuhr von Zinn, Gummi, Eisenerz, Kupfer, Holz und besonders Öl enorm wichtig war, blieb für Tokio die einzige Frage, ob diese Ressourcen mit Duldung der etablierten Großmächte oder auch gegen ihren Willen zu bekommen waren, was natürlich das Kriegsrisiko vergrößerte. Die Diskussion unter den politischen und militärischen Eliten Japans drehte sich daher nicht darum, *ob* ihr Land eine weitere Weltmacht wie Großbritannien oder Deutschland werden solle, sondern *wie und wann* dieses natürliche Ziel zu erreichen sei. Ein langjähriges Mitglied des japanischen Kronrats wie Yamagata Aritomo wunderte sich beim Rückblick auf die fünf Jahrzehnte vor 1920 vielleicht manchmal, wie sehr sich Japans internationale Stellung seit seiner Jugend verändert hatte; nicht nur über die Verwandlung mittelalterlicher Städte wie Yokohama zu einem Spiegelbild von Southampton und Baltimore, sondern auch über die kontinuierlichen überseeischen Gebietserwerbungen durch eine Nation, die sich über drei Jahrhunderte lang vom Rest der Welt nahezu abgekapselt hatte. Aber weder er noch irgendjemand sonst in hoher Position bezweifelte Japans Recht auf Expansion.[3]

Die Verwandlung war erstaunlich. Der Krieg gegen China 1894/95 hatte nicht nur die desorganisierte Armee jenes altersschwachen Reiches niedergeworfen, sondern Japan auch die strategisch wichtige Insel Taiwan eingebracht. Von 1904 bis 1905 schockierte Japan die Welt durch den Sieg über das zaristische Russland zur See (bei Tsushima) und an Land (bei Port Arthur und Mukden), wodurch es die südliche Mandschurei und die koreanische Halbinsel gewann. Die bemerkenswerteste Schlacht dieses Krieges war der überwältigende Sieg der japanischen Flotte bei Tsushima im Mai 1905, denn Admiral Togos Leistung inspirierte die Marine auf Jahrzehnte hinaus. Neun Jahre später berief sich Tokio in sehr freier Form auf sein Bündnis mit Großbritannien, zog seinen Vorteil aus dem Ausbruch des Ersten Weltkriegs in Europa und annektierte Deutschlands Kolonien im Osten, d. h. die Besitzungen Shantung und Tsingtao in Nordchina, dazu die zentralpazifischen Karolinen-, Marshall- und Marianen-Inseln – zu dieser Zeit recht unbekannt, aber im Pazifikkrieg 30 Jahre später von entscheidender Bedeutung.[4] Zu diesem Zeitpunkt war Japans geopolitische Stellung sehr stark. Während sich die europäischen Großmächte im Krieg befanden und Woodrow Wilsons Amerika sich die größte Mühe gab, nicht mit hineingezogen zu werden, hatte Tokio in der gesamten Region freie Hand.

Aritomo und die anderen Adligen waren ihren britischen Kollegen oder auch Bismarck nach 1871 vom Temperament her nicht unähnlich. Sie wussten, wann man aufhören, sich in Bescheidenheit üben und – im Fall Japans – mit Großmächten, die militärisch und industriell wesentlich stärker waren, Kompromisse schließen musste. 1915 hatte das japanische Außenministerium seine berüchtigten «21 Forderungen» an China gestellt, die zu einer förmlichen japanischen Oberhoheit geführt hätten, zog sie aber schnell wieder zurück, als Amerika heftigen diplomatischen Protest einlegte. Es war sicherlich wichtiger, die internationale Anerkennung seiner Annexion der deutschen Kolonien zu erreichen, die Japan in Versailles auch bekam. Und es verlieh einer asiatischen Nation auch großes Prestige, einen herausgehobenen Platz unter den «Großen Fünf» bei den Pariser Verhandlungen und eine genauso herausgehobene Mitgliedschaft im Völkerbund einzunehmen.

Die älteren japanischen Eliten waren daher ebenso an den Kompromissen der Washingtoner Verträge von 1921/22 interessiert wie diejenigen in anderen Regierungen. Alle Teilnehmer einigten sich auf die Anerkennung des territorialen Status quo in der gesamten ostasiatischen und westpazifischen Region, auf das Versprechen, Stützpunkte nicht weiter auszubauen, und insbesondere auf die sehr strenge Begrenzung von Anzahl, Größe und Tonnage der größten Kriegsflotten. Allerdings war der japanische Willen, eine «weiche Linie» einzuschlagen, begrenzt. Die Weigerung des Westens in Versailles, einem Paragraphen zur Anerkennung der rassischen Gleichheit aller Menschen zuzustimmen, die britische Aufkündigung des anglo-japanischen Bündnisses 1922, der Niedergang der alten *Genro*, der traditionellen Aristokraten (ähnlich den englischen Whigs), das Aufkommen neuer nationalistischer Ansichten über die besondere Kultur des Landes und seinen besonderen Platz in der Welt, die Radikalisierung der jüngeren Offiziere und die immanenten Schwächen an der Spitze des politischen Systems drängten Japan von der Position einer Status-quo-Macht zu der einer revisionistischen Macht. Es war Deutschland und Italien nur wenige Jahre voraus.

Die japanischen Herausforderungen folgten einander auf dem Fuß: Der Provokationen der japanischen Kwantung-Armee in der Mandschurei und die Annexion dieser enormen Gebiete ab 1931; die Entscheidung, den Völkerbund im selben Jahr wie das Dritte Reich zu verlassen (1933); die Erklärung von 1935, Japan sehe sich nicht länger an die Einhaltung der Washingtoner und Londoner Flottenbegrenzungsverträge gebunden; 1936 die Unterzeichnung des Antikominternpakts mit dem Deutschen Reich, dem Italien 1937 beitrat; das weiträumige Vordringen aufs chinesische Festland 1937 und schließlich die verschiedenen Anstrengungen, den Westen aus Ostasien zu verdrängen, darunter «versehentliche» Bombardierungen westlicher Kriegsschiffe. 1940/41 sicherte sich Japan zudem die De-facto-Kontrolle über Französisch-Indochina, indem es dem widerwilligen, aber hilflosen Vichy-Regime immer größere Zugeständnisse abverlangte. Ein Schritt, der nicht nur die chinesischen Nationalisten unter ihrem Führer Chiang Kai-shek an einer neuen Flanke bedrohte, sondern Japans Marineluftwaffe die Luftherrschaft über das südchinesische Meer und darüber hinaus verschaffte. Bis zu diesem Punkt war alles sehr gut für Japan verlaufen.[5]

Dann entschied Roosevelt mit Unterstützung der Briten und Niederländer im Juli 1941, alle japanischen Vermögenswerte einzufrieren und damit praktisch Japans Ölversorgung abzuschneiden (88 Prozent davon musste es importieren). Das Reich der aufgehenden Sonne konnte entweder nachgeben oder zurückschlagen, um seine notwendige Energie und andere wichtige Rüstungsgüter zu bekommen. Wenn es nicht zuschlug, würde seine Wirtschaft ins Stocken geraten und sein Chinafeldzug zusammenbrechen. Die Flugzeuge der Luftwaffe würden auf den Landebahnen stillstehen und die Kriegsschiffe der Marine im Heimathafen vor Anker liegen. Wenn es diesem ausländischen Druck nicht widerstand, so hieß es, werde Japan in die mittelalterlichen Verhältnisse vor der Meiji-Ära zurückfallen.

Einen Status zweiter Klasse zu akzeptieren, war für diese Generation der japanischen Militärführung einfach unvorstellbar. Fast alle von ihnen – Admiral Nagumo, der den Angriff auf Pearl Harbor leiten sollte, General Tojo, der so sehr zum Krieg drängte, der brillante Admiral Yamamoto, der die Marine im Jahr 1941 befehligte – waren im Ersten Weltkrieg junge Offiziere gewesen. Sie hatten damals an Japans Vorstößen teilgenommen und seine Anerkennung als Großmacht bei den Versailler Gebietszuteilungen erlebt. Sie konnten nur vorwärts gehen, um das nationale Schicksal zu erfüllen und die Vorherrschaft des Westens in Ostasien zu beenden. Aus diesem politischen und wirtschaftlichen Leitprinzip folgte die militärische Logik. Somit führte die zwingende wirtschaftliche Notwendigkeit, das Öl, das Gummi und den Zinn Sumatras und Malayas zu bekommen, zu den operativen Entscheidungen, Hongkong, die Philippinen, Borneo, Java und Singapur anzugreifen und dabei amerikanische, britische und niederländische Streitkräfte zu vernichten und ihre Stützpunkte einzunehmen. Und die strategische Notwendigkeit, alle neugewonnenen Länder zu verteidigen, führte ihrerseits zur Idee eines durch Garnisonen geschützten «Verteidigungsrings» von den Aleuten bis zur indisch-burmesischen Grenze.

Noch heute verstehen nur wenige westliche Leser die Logik der japanischen Militärüberlegungen oder Tokios Prioritäten. Der entscheidende Akt war *nicht* der gleichzeitige Angriff auf Pearl Harbor, die Philippinen und Hongkong am 7./8. Dezember 1941. Der große Schritt war im Sommer 1937 die Invasion Chinas durch die japanische Armee gewesen. Alles Folgende war nur eine Art operative oder diplomatische Konsequenz: die engere Verbindung zu Deutschland, die Aufrechterhaltung der Neutralität gegenüber der Sowjetunion trotz schwerer Grenzzusammenstöße in der nördlichen Mandschurei, der Vorstoß in die südlichen Teile Französisch-Indochinas 1941, das Vorrücken auf die Ölfelder von Niederländisch-Indien, die operative Notwendigkeit zum Angriff auf die britischen und amerikanischen Stützpunkte in Hongkong, Singapur und auf den Philippinen, und – als letzte Sicherheitsmaßnahme – die Entscheidung, die US-Flotte in Pearl Harbor zu vernichten, um sie daran zu hindern, den Weg nach Süden zu blockieren. Aus der Perspektive des japanischen Militärs war der wichtigste Schauplatz aber China.

Darum konnten der deutsche Angriff auf die UdSSR im Juni 1941 und der japanische Angriff auf Pearl Harbor keine sechs Monate später im Hinblick auf die eingesetzten militärischen Ressourcen nicht unterschiedlicher sein, so sehr wir sie auch in unserem gegenwärtigen Verständnis des Zweiten Weltkriegs miteinander verbinden. Für das Unternehmen Barbarossa stellte Hitler bis zu drei Viertel der Achsenstreitkräfte zur Verfügung. Für den Krieg im Pazifik und Südostasien setzte die japanische Armeeführung weniger als ein Viertel ihrer eineinhalb Millionen Soldaten ein. Diese dürre Tatsache erklärt vieles über den gewaltigen Kampf, der von 1941 bis 1945 auf diesem riesigen Gebiet tobte.

Was die relative militärische Effektivität anbetrifft, konnte die japanische Führung sehr zufrieden mit sich sein – vielleicht allzu zufrieden. Obwohl sie entschlossen waren, sich niemals von westlichen Praktiken beherrschen oder einschüchtern zu lassen, zögerten die Japaner nicht, ausländische Technologie, Personalstrukturen, einschließlich Rangordnungen, Kommandostrukturen und Ähnliches zu kopieren. Während der individuelle Lebensstandard immer noch weit unter dem in Europa und Amerika lag, wurden die enormen Finanzreserven Japans in eine rasante Entwicklung von Industrie, Wissenschaft, modernen Kriegsschiffen, ständig verbesserten Flugzeugen und in die außerordentlich hochentwickelte Ausbildung seines Offizierskorps geleitet.

Wie alle Armeen zwischen den Kriegen hatten die japanischen Streitkräfte verschiedene Stärken und Schwächen. Das Heer war seit dem erfolgreichen russisch-japanischen Krieg die beherrschende Teilstreitkraft gewesen und konzentrierte sich auf den asiatischen Kontinent, mit besonderem Augenmerk auf einen künftigen Krieg mit der Sowjetunion. Damit waren die Amerikaner und Briten nicht so interessant für die Generäle, aber natürlich nur, bis ihre Wirtschaftsblockaden die japanische Kriegsmaschinerie behinderten. Das Heer war groß und diszipliniert, und seine

Waffensysteme wie auch seine Ausbildung deuteten auf die Erwartung kommender Konflikte hin. Es gab kaum Bestrebungen, Liddell Hart, Fuller, Guderian, Tuchatschewski und anderen Befürwortern der schnellen Panzerkriegführung zu folgen, denn wo konnte man in Asien schon Kampfpanzer einsetzen, wenn es keine ausreichend starken Brücken und nur wenige Schotterstraßen gab? Andererseits bestand wachsendes Interesse an der Vorbereitung und Übung von Landemanövern von See, Flussüberquerungen und Dschungel- und Bergkriegführung in Südostasien. Die Eroberung ferner Pazifikinseln stand nicht zur Debatte. Genauso wenig Sinn hatte der Aufbau einer teuren Flotte strategischer Langstreckenbomber, denn was gab es an modernen Industriezielen zu bombardieren? Die Holzhütten von Shanghai? Oder die Fischfangwerften von Wladiwostok?

Die Beziehungen des japanischen Heeres zur Marine waren gestört, und das lag nicht nur an den typischen Budgetkonflikten zwischen den Teilstreitkräften in den zwanziger und dreißiger Jahren. Es war ein viel tiefer gehender Streit über die strategischen Absichten der Nation, denn die Marine war der Ansicht, eine große Verwicklung auf dem asiatischen Kontinent sei eine Dummheit, stattdessen richtete sie gemäß der Lehren von Alfred Thayer Mahan den Blick auf die Bedrohung durch die westlichen Seemächte. Dagegen war das Heer von der preußischen Militärtradition durchdrungen und besonders von den drei schnellen Landsiegen Moltkes (1864, 1866, 1870/71) beeindruckt, die zur Einigung Deutschlands geführt hatten. Da keine Seite Zugeständnisse gegenüber der anderen machen wollte, gingen die beiden Teilstreitkräfte meist getrennte Wege. Dies drohte jeder größeren Militärstrategie den Zusammenhang zu nehmen, half der Marine aber auf andere Weise. Vor allem bedeutete es, dass sie mit einer Flugzeugträgerflotte und geeigneten Flugzeugen eine eigene Marineluftwaffe entwickeln konnte. Da die Marine viel mehr in Technologien des 20. Jahrhunderts investierte als das Heer und deshalb besser über Amerika, Großbritannien und Deutschland Bescheid wusste, machten sich manche Marinekommandeure Sorgen um Japans wirtschaftliche Nachteile – allen voran Yamamoto, der Marineattaché in Washington gewesen war. Als Ende 1941 die Entscheidung zum Krieg getroffen wurde, fühlten sich die Streitkräfte dennoch dazu bereit.[6]

Die erstaunlich breite Welle der japanischen Eroberungen hielt nur sechs Monate an, von Dezember 1941 bis Mai/Juni 1942. Am Ende dieses

Zeitraums hatte die 15. japanische Armee die Grenze von Burma zu Assam in Britisch-Indien erreicht und rückte nicht weiter vor. Die Flugzeugträger der japanischen Marine hatten Anfang April 1942 heftig gegen Ceylon und die unzureichenden britische Seestreitkräfte im Indischen Ozean losgeschlagen und waren in der Lage, weiter westwärts nach Aden und Suez vorzustoßen. Sie wurden aber von dieser verlockenden Möglichkeit, die dem Heer niemals gefallen hatte, zugunsten anderer Operationen zurückgezogen.[7] Der Vorstoß der Marine gegen Australasien wenig später wurde von der Schlacht im Korallenmeer vor Südost-Neuguinea am 7./8. Mai aufgehalten – keine Seite trug einen klaren Sieg davon, aber die Japaner zogen sich für einige Zeit nach Norden zurück. Die Bewegung der japanischen Armee von der Nordküste Neuguineas nach Port Moresby im Süden wurde im Bergdschungel von hastig aufgestellten amerikanischen und australischen Divisionen unter General Douglas MacArthur aufgehalten. Am allerwichtigsten war, dass die Möglichkeit eines japanischen Angriffs über den mittleren Pazifik mit einer Eroberung Hawaiis und damit einer Bedrohung der amerikanischen Westküste in der gewaltigen Flugzeugträgerschlacht bei den Midwayinseln am 4. Juni 1942 vereitelt wurde. Hunderte Kilometer westlich von Hawaii wurde Pearl Harbor damit weitgehend gerächt.

Solche Rückschläge wurden jedoch von der Armeeführung in Tokio nicht als verhängnisvoll und vielleicht nicht einmal als ernst angesehen. Während sich die Marineführung in der Tat danach sehnen mochte, die Flotten der Alliierten (und vor allem der Amerikaner) ein für allemal zu besiegen, konnte die dominante Heeresfraktion die Situation in Südostasien und im Pazifik mit einigem Gleichmut betrachten. Japans Streitkräfte hatten getan, was man von ihnen verlangte. Sie hatten die verhassten Amerikaner, Briten und Niederländer aus ihrer eigenen zukünftigen großostasiatischen Wohlstandssphäre hinausgeworfen. Sie hatten die lebenswichtigen Ölfelder von Java, Sumatra und Nordborneo erobert, was bedeutete, dass Tokios wichtigste strategische Mission noch energischer als je zuvor verfolgt werden konnte, nämlich die Unterwerfung Chinas und damit die unangefochtene Herrschaft über das ostasiatische *Festland*. Erstaunlicherweise hatte die japanische Armee nur elf ihrer 51 Divisionen für diese riesigen Eroberungen im Westpazifik und in Südostasien eingesetzt. Alles, was nun noch nötig war, war die Stärkung des äußeren Verteidigungsrings durch eine Reihe von Inselfestungen und das Zurückschlagen aller tollkühnen Gegenangriffe des Westens. Wenn sich Briten und Amerikaner erst einmal blutige Nasen geholt hatten, würden die kraftlosen Demokratien diese strategischen Tatsachen anerkennen und binnen einem oder zwei Jahren Friedensverhandlungen aufnehmen.

Man muss noch einen weiteren räumlichen und geopolitischen Faktor bei Japans enormer territorialer Expansion in den Jahren 1941 und 1942 betonen. Sie lieferte ein klassisches, sogar eines der bedeutendsten Beispiele für das, was Liddell Hart einen «expandierenden Strom» genannt hat, d. h. einen Angriff, dessen Front immer länger wurde, je weiter man vorrückte. Allerdings war Liddell Hart von einer operativen Expansion durch eine relativ kleine Gruppe schneller Panzerverbände in Westeuropa ausgegangen, die eine feindliche Linie durchbrach und sich dann weitere 150 bis 300 Kilometer ausbreitete.[8] Im Pazifik wurden Entfernungen dagegen in vielen Tausenden von Kilometern gemessen, und es gab kein Gegenstück zu Rommels und Guderians Panzern. Als die japanischen Expeditionstruppen Richtung Alaska, Midway, Hongkong, Philippinen, Gilbert-Inseln, Salomonen, Neuguinea, Thailand, Malaya, Singapur, Nordborneo, Niederländisch-Indien und noch weiter – auf Burma oder vielleicht Nordaustralien – vorstießen, zerstreuten sich diese wenigen Divisionen über enorme Entfernungen, während die meisten Heeresdivisionen gerade in Zentral- und Südchina einmarschierten.

Logischerweise sank die *Dichte* der Besatzungstruppen in den eroberten Gebieten immer mehr, je weiter diese Einheiten im Pazifik und in Südostasien vorrückten. Wie schon gesehen, ähnelte dies dem gleichzeitigen Dilemma der Wehrmacht. Hitler hatte darauf bestanden, dass der «Strom» in den Norden (Leningrad), die Mitte (Moskau) und den Süden (Stalingrad) der riesigen russischen Ebenen vorstoßen solle; dazu wollte er den Balkan halten, ganz Westeuropa kontrollieren und die Stellung in Nordafrika behaupten. Die Entfernungen im Westen Russlands waren jedoch bei weitem nicht so groß wie zwischen den Aleuten und Burma; und Hitler besaß weit größere militärische und industrielle Ressourcen.

Damit hatte sich die Armeeführung in Tokio bis zum Sommer und Herbst 1942 überdehnt, ohne das aber zu erkennen. Sie hatte riesige Gebietsgewinne erzielt, das eigene Territorium war intakt, und die Beute der Eroberungen floss zurück nach Hause. Obwohl die Alliierten den japanischen Vormarsch an verschiedenen Fronten aufgehalten hatten, hatte es noch keine dramatischen Durchbrüche gegeben – noch nicht.[9] Also sah die Lage für die kaiserliche Armee gar nicht schlecht aus. Die Rückschläge im Korallenmeer und im Dschungel von Neuguinea gegen MacArthurs Verbände waren beunruhigend und der Verlust von vier Flugzeugträgern bei Midway bedauerlich. Doch es gab genügend Ressourcen, um einige weitere, wenn auch weniger dramatische Vorstöße zu unternehmen, vielleicht an der Grenze zu Assam oder entlang der Salomonen, um den Verteidigungsring stabiler zu machen. MacArthurs langsames Vorrücken in Papua und das Gewirr von Schlachten rund um Guadalcanal erschienen obskur, fern und nicht von großer Wichtigkeit. Alles in allem schrillten auch Ende 1942 noch keine Alarmglocken. Wenn sie es taten, klang es sehr entfernt für Japans landfixierte Generäle, die in der preußischen Tradition erzogen waren, die Kontrolle des Kernlands sei das Herz einer echten Großen Strategie.[10]

Strategische Optionen der Alliierten im Krieg gegen Japan

Da Japan mehr oder weniger erreicht hatte, was es wollte, und die Armeeführung nicht viel weiter gehen musste, war es Aufgabe der Alliierten, die Lage zu ändern. Sie mussten in die Offensive gehen und eine japanische Niederlage erzwingen. Darin lag im Grunde die strategische Logik des gesamten Krieges im Pazifik und in Südostasien ab dem Sommer 1942, und dies war auch die Grundannahme der Staatschefs und Planer bei der Casablanca-Konferenz sechs Monate später. Aber wie, wo und mit welchen Mitteln war das japanische Kaiserreich zu besiegen?

Der Wechsel von einer defensiven zu einer offensiven strategischen Haltung ist auch für die effizientesten und einfallsreichsten Organisationen immer eine komplexe Herausforderung, und in diesem Fall erschwerte die Geographie die alliierte Aufgabe besonders. Die nüchterne kartographische Tatsache war, dass Japans Heimatinseln sehr weit von jedem feindlichen Ausgangspunkt entfernt waren, außer von Sibirien oder der Mongolei, und Stalin, der um sein Leben kämpfte, wollte keine zweite Front eröffnen, während die Wehrmacht noch 1500 Kilometer tief in der Sowjetunion stand. Insofern war die «Wende» im Pazifik von der in Europa grundverschieden. Obwohl sie in militärisch-operativer Hinsicht eine Herausforderung darstellte, war die Aufgabe, den Ärmelkanal zu überqueren, um die NS-Herrschaft in Europa zu beenden, klar umrissen und realisierbar. Außerdem war eine solche Operation durch die Landungen in Nordafrika und auf Sizilien bereits gut geprobt worden. Im Gegensatz dazu konnte der Angriff auf Japan nicht geplant werden, bis das Gemeinsame Oberkommando den Ausgangspunkt – oder die Ausgangspunkte – bestimmt hatte.

Wenn sie die sibirisch-mongolische Option ausschlossen, konnten die Alliierten unter vier Angriffsrouten vom Verteidigungsring bis zum Kernland Japans wählen, da Tokios Expansionsdrang von 1937 bis 1942 in so viele verschiedene Richtungen verlaufen war. Theoretisch konnte ein Vorstoß über Alaska und die Aleuten nach Nordjapan eine fünfte Option darstellen, immerhin ist es heute die Nordroute für Langstreckenflüge von New York nach Tokio. Doch die andauernden schrecklichen Stürme und Nebel des Nordpazifik hätten Amerikas überlegene Luftmacht erheblich eingeschränkt und große amphibische Landungsoperationen nahezu unmöglich gemacht.

Die erste Option war eine Gegenoffensive weitgehend auf dem chinesischen Festland, dem Japan am nächsten gelegenen und am meisten in die Kämpfe verstrickten Kriegsschauplatz. Die zweite war die Rückeroberung Südostasiens, also Burmas, Thailands, Malayas und Singapurs, Französisch-Indochinas, Borneos und Niederländisch-Indiens. Die dritte nutzte die amerikanisch-australische Kommandostruktur im Südwestpazifik unter MacArthur und einen nördlichen Vorstoß von Australien nach Neuguinea und zu den Salomonen- und Bismarck-Inseln bis nach Celebes (Sulawesi) und zu den Philippinen, die dann als Sprungbrett nach Formosa (Taiwan) dienen würden. Von hier aus konnten sich alliierte Armeen womöglich mit Chiang Kai-sheks Landstreitkräften verbinden oder Japan direkt vom Süden her angreifen. Bei diesem Plan würden Luzon und Formosa der Funktion Großbritanniens als Ausgangspunkt für die alliierte Eroberung des deutsch besetzten Kontinents ähneln. Die vierte und letzte Option war der Vorstoß über die Weiten des Zentralpazifiks, die Rückeroberung von Inselgruppen wie den Gilbert-Inseln, die Japan 1942 annektiert hatte, und die Eroberung der wichtigen Mandatsinseln des Kaiserreichs (Karolinen-, Marshall- und Marianen-Inseln) als Sprungbretter nach Iwojima, Okinawa und zur Invasion Japans selbst. Dies würde in der Tat eine Seestrategie sein und hauptsächlich von Navy und Air Force statt der Army betrieben werden, jedenfalls bis zur eigentlichen Invasion Japans.

Der asiatisch-pazifische Raum Juni 1942
SOWJETUNION
TANNU-TUWA
Kisyl-Ch.
Irkutsk
Chabarowsk
Ulan Bator
ÄUSSERE MONGOLEI
MANDSCHUKUO
Wladiwostok
Mukden
JEHOL
SINKIANG
INNERE MONGOLEI
Peking
Port Arthur
Tientsin
Dairen
KOREA 1910
Seoul
JAPAN
Tsingtao
Kobe
Nagasaki
Kyuschu
TIBET
CHINA
Lhasa
Hankou
Shanghai
NEPAL
Ganges
Wentschou
Futschou
Riukiu-I.
Okinawa
Bonin-I.
Iwojima-I.
Volcano-I.
Amoy
Kanton
Formosa (Taiwan) 1895
Hongkong
BURMA
Calcutta
Mandalay
Irawaddy
Hanoi
Hainan
INDIEN
SIAM (Thailand)
FRANZ. INDOCHINA
Luzón
Manila
Rangun
Bangkok
PHILIPPINEN
Golf von Leyte
Leyte
Saigon
Pelawan
Mindanao
Yap-I.
Ceylon
Colombo
Sabong
Pulo Penang
Sandakan
Palau-I.
MALAYA
Singapur
Borneo
Äquator
Sumatra
Celebes
NIEDERLÄNDISCH-INDIEN
Djakarta
Java
Bali
Tanimbar-I.
Sumba
Timor
Indischer Ozean
Darwin
AUSTRALIEN
Japanischer Einflussbereich
Einflussbereich USA und Alliierte
Äußerer japanischer »Verteidigungsring«

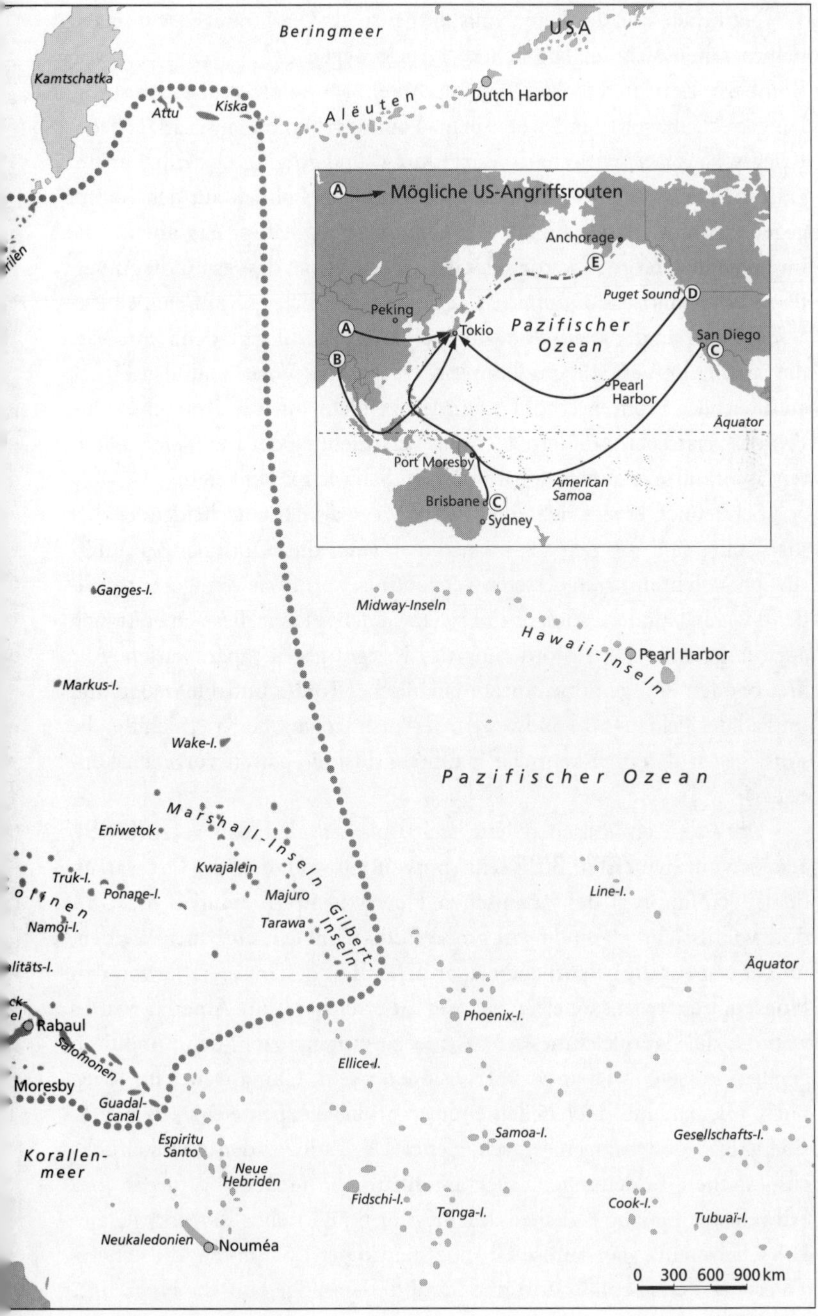
Beringmeer
USA
Kamtschatka
Attu
Kiska
Aleuten
Dutch Harbor
Mögliche US-Angriffsrouten
Anchorage
Puget Sound
Peking
Tokio
Pazifischer Ozean
San Diego
Pearl Harbor
Äquator
Port Moresby
American Samoa
Brisbane
Sydney
Ganges-I.
Midway-Inseln
Hawaii-Inseln
Pearl Harbor
Markus-I.
Wake-I.
Pazifischer Ozean
Marshall-Inseln
Eniwetok
Kwajalein
Truk-I.
Ponape-I.
Majuro
Namoi-I.
Tarawa
Gilbert-Inseln
Line-I.
Äquator
Rabaul
Salomonen
Phoenix-I.
Ellice-I.
Moresby
Guadalcanal
Korallenmeer
Espiritu Santo
Neue Hebriden
Samoa-I.
Gesellschafts-I.
Fidschi-I.
Tonga-I.
Cook-I.
Tubuaï-I.
Neukaledonien
Nouméa
0 300 600 900 km

Natürlich war das kein Nullsummenspiel. Die Strategen von Casablanca sahen sich unglaublichem Druck wegen der Stationierung von Bombern, Zerstörereskorten, Frachtschiffen, Munition, Radarausrüstung, Langstreckenjägern und vor allem Landungsbooten ausgesetzt. Jeder Kriegsschauplatz schrie nach Verstärkung, und so ging es nicht nur um «Europa zuerst» oder «Pazifik zuerst». Und im Hinblick auf den Kampf gegen Japan existierten für alle vier Optionen stichhaltige Argumente, die im Folgenden erörtert werden. Umso wichtiger war, dass es für die Alliierten eine militärische Dummheit gewesen wäre, sich nur auf eine einzige Vorstoßlinie an der asiatisch-pazifischen Front festzulegen, denn dort wäre die japanische Verteidigung konzentriert worden. Wenn man den Druck an allen vier Fronten erhöhte, würde das nicht nur die Ressourcen des Feindes zerstreuen, sondern auch die Verschiebung der mobileren alliierten Streitkräfte erlauben, sobald sich ein Schwachpunkt zeigte.

Schließlich erwies sich einer dieser Wege als der entscheidende, aber man sollte sich die Zeit nehmen, die anderen drei Optionen zu untersuchen – nicht nur zum besseren Verständnis, warum sie weniger entscheidend waren, sondern auch um zu sehen, welches Licht diese Operationen auf die gesamte Herausforderung des Krieges gegen Japan warfen. Alle drei banden eine enorme Anzahl japanischer Kräfte und Flugzeuge und im Fall des Feldzugs im Südwestpazifik auch japanische Kriegsschiffe, die sonst gegen die amerikanische Hauptangriffslinie hätten vorgehen können.

Über den chinesischen Kriegsschauplatz nach Japan vorzurücken, erschien auf den ersten Blick sehr sinnvoll. Obwohl dies der Ort war, an dem der Hauptteil des japanischen Heeres kämpfte, würden die USA dort voraussichtlich eine recht große Luftstreitmacht aufbauen können, und er war für die gefährlichen japanischen Luftgeschwader, die von den Flugzeugträgern aus agierten, schwer zu erreichen. Für Amerika war es wichtig, die nationalchinesische Armee zu unterstützen, denn praktisch gesehen kostete es Japan viele Divisionen, wenn China weiter im Krieg blieb. Hier spielten auch bedeutende emotionale Aspekte eine Rolle. Präsident Roosevelt war ein entschiedener Unterstützer der amerikanisch-chinesischen Beziehungen. Der amerikanische General «Vinegar Joe» Stilwell war Chiang Kai-sheks wichtigster militärischer Ratgeber. Claire Lee Chennaults glamouröse Gruppe freiwilliger US-Piloten, die «Flying Tigers», waren ebenfalls dort und kämpften gegen japanische Flugzeuge, dazu amerikanische Missionare, Lehrer und Händler. Die Planer des Army Air Corps wussten überdies, dass die Staffel von James Doolittle, damals noch Lieutenant Colonel, in China gelandet war, nachdem sie ihren kühnen Luftangriff auf Tokio im April 1942 ausgeführt hatte. Dieser sogenannte «Doolittle Raid» war der erste direkte US-Angriff auf Japan im Zweiten Weltkrieg. Einige chinesische Luftstützpunkte lagen also offenkundig nah genug, um die strategische Bombardierung japanischer Städte und Industrien zu erlauben. Dazu konnten amerikanische Bomber japanische Marinerouten nach Südostasien durch das chinesische Meer unterbrechen.

Warum wurde also nicht die chinesische Option gewählt oder doch nur für kurze Zeit und mit unzureichenden Ressourcen? Die Antwort darauf gibt wiederum hauptsächlich die Geographie. Das chinesische Binnenland war einfach zu weit von der produktiven Basis der USA entfernt und darum zu schwierig in großem Umfang zu versorgen. Da alle Gebiete des Westpazifik und des indonesischen Archipels von der japanischen Marine kontrolliert wurden, konnte die westliche Materialunterstützung nur aus Britisch-Indien «über den Buckel» kommen, also über die riesigen Gipfel des östlichen Himalaya und zu unverhältnismäßigen logistischen Kosten. Allein der Benzintransport für die US-Bomber in China verursachte massiven Verschleiß und war höchst unwirtschaftlich. Für die Stationierung von US-Bodentruppen funktionierte dies ebenso wenig. Da der Verbrauch einer amerikanischen Division – von einem ganzen Korps ganz zu schweigen – unglaublich viel höher lag als bei jeder anderen Streitmacht der Welt, gab es keine Möglichkeit, so große Einheiten in Südchina zu stationieren und aus der Luft zu versorgen.

Außerdem würde das japanische Oberkommando bei seiner Versessenheit, um jeden Preis zu siegen, gewiss frische Divisionen gegen amerikanische und nationalchinesische Kräfte einsetzen, besonders gegen B-17- und später B-29-Luftstützpunkte in Süd- und Westchina. Dabei wären die japanischen Versorgungslinien ausnahmsweise einmal kürzer gewesen. Rückblickend und mit der Kenntnis der enormen amerikanischen Schlagkraft, die im Zentralpazifik zusammengezogen wurde, sind die kontinentalen Vorstöße der japanischen Armee 1943 und 1944 schwer zu verstehen, die die nationalchinesischen Truppen nach Südwesten abdrängten und dabei eigene Kräfte banden. Dies verschaffte den USA einen Vorteil, denn obwohl sie keine starken Verbände auf den asiatischen Kontinent bringen konnten, wurde so die Hauptmacht des japanischen Heeres abgelenkt. Indem sie die nationalchinesische Regierung in Form wichtiger Munitions- und Medikamentenlieferungen und dazu mit Stilwell, anderen Militärberatern und den späteren B-29-Staffeln begrenzt unterstützten, erhielten die USA den chinesischen Widerstand aufrecht und trugen dazu bei, Millionen japanischer Soldaten auf dem Festland zu binden. Im Lauf des Jahres 1944 sahen sich diese riesigen Truppen immer mehr durch amerikanische U-Boote und Flugzeuge von ihrem Nachschub abgeschnitten.[11]

Die Südostasienroute war eine andere Option, deren Befürworter besonders in London und in Delhi saßen. Es war ein wichtiger Kriegsschauplatz, und das nicht nur aus emotionalen und symbolischen Gründen wie dem Wunsch (besonders Churchills), Singapur zurückzugewinnen. Dies war ein bedeutendes Gebiet des Zweiten Weltkriegs insgesamt, und die dortigen Angriffe bedeuteten, dass sich Großbritannien am Kampf gegen Japan beteiligte und nicht alles den Amerikanern und Chinesen (und auch den Australiern) überließ. Es sollte viele japanische Soldaten und Flugzeuge aus dem Pazifikraum abziehen, und die Zurückgewinnung von Malayas Zinn und Gummi und des Öls von Sumatra, Java und Borneo hätte Japans Kriegsmaschinerie zum Stillstand gebracht. Außerdem wäre es aus den oben beschriebenen logistischen Gründen unmöglich gewesen, in China überhaupt etwas auszurichten, wenn die alliierten Flugplätze in Assam und im nördlichen Burma nicht ausgebaut und angemessen geschützt worden wären.

Doch die Kriegführung des britischen Kommandos Südostasien unter seinem Oberbefehlshaber Lord Mountbatten (seit Oktober 1943) und seinen Vorgängern litt an zwei großen Nachteilen. Erstens lag der Ausgangspunkt an so unzugänglichen Orten wie Imphal und Kohima entlang der Grenze von Assam zu Burma viel zu weit von Tokio entfernt, und die topographischen, logistischen und gesundheitlichen Hindernisse wären riesengroß geblieben, auch wenn man diesem Kriegsschauplatz in Casablanca und bei den anderen wichtigen alliierten Konferenzen weit größere Ressourcen zugeteilt hätte. Die Natur dieses unermesslichen Dschungelgebiets schloss bestimmte Formen der Kriegführung, die anderswo üblich waren, einfach aus. Es gab keine echten industriellen Ziele für strategische Bombardierungen, sofern man nicht Rangun und Singapur in Schutt und Asche legen wollte, und sogar die immer wirksameren taktischen Fliegerstaffeln – für die es Ziele gab – bekamen die neueren Flugzeuge und Ausrüstungen immer als letzte. Es gab keine weiten offenen Flächen wie in Nordafrika oder der Ukraine, wo die Stationierung von vielleicht 250 Sherman-Panzern etwas bewirkt hätte. Es gab kaum Schotterstraßen durch den Regenwald, und die Holzbrücken waren für Panzer einfach zu schwach – allein ein mittelgroßes Geschütz über einen Fluss zu transportieren, bedeutete oft den Einsatz von Seilen und Flaschenzügen. Die Luftlandedivisionen waren in Europa stationiert. Spezialkräfte im burmesischen Dschungel wie Colonel Orde Wingates legendäre «Chindits» und General Frank Merrills «Marauders», ihr amerikanisches Gegenstück, konnten zur Ablenkung dienen, aber nicht den Gesamtausgang beeinflussen. Sogar als Mountbattens reguläre Einheiten Ende 1944 endlich verstärkt wurden, hemmte der Dschungel ständig seine Überlegenheit. Die Monsunzeit war ein Alptraum, der alle Armeen lähmte. Nicht einmal William Slim, der wohl beste General, den die britische Armee im Zweiten Weltkrieg hervorbrachte, fand eine einfache Antwort auf überflutete Flusstäler, undurchdringliche Dschungel und die Geißel tropischer Krankheiten; der Kampf gegen die Japaner war dagegen noch vergleichsweise einfach.[12]

Insgesamt fehlten Slims 14. Armee – die zu Recht «die vergessene Armee» genannt wurde – die Ressourcen für einen entscheidenden Schlag gegen Japan. Nach frühen unergiebigen Operationen zerschlugen seine Truppen die japanische Garnison in Burma und stießen 1945 den gesamten Irrawaddy, den größten Fluss in Burma, entlang vor. Die Briten wären dabei allerdings weit schneller gewesen, wenn sie eine Reihe amphibischer «Sprünge» entlang der Küste hätten machen können, wie es MacArthur 1944 von den Salomonen bis zu den Philippinen vorgemacht hatte. Weil die Landungen bei Anzio, in der Normandie, auf den Marianen, im Golf von Leyte und auf Iwojima bei der Zuteilung von Landungsbooten aber immer Vorrang besaßen, wurden solche Pläne für Südostasien wiederholt verschoben, wenn nicht ganz gestrichen. So waren Dschungelkämpfe der einzige Weg, und wie amerikanische und australische Truppen schon in Neuguinea gesehen hatten, gingen sie quälend langsam voran. Erst im April/Mai 1944 feierte die 14. Armee ihren größten Sieg bei Imphal und Kohima, aber das war immer noch auf der *indischen* Seite der Grenze. Die Briten konnten Mandalay erst im März und Rangun erst im Mai 1945 nehmen. Als sie ernsthaft größere Vorstöße auf Malaya und Singapur planen konnten, hatten die Japaner ihre restlichen Luft- und Seestreitkräfte schon in den Pazifik verschoben, Okinawa war gefallen, und die Amerikaner bereiteten sich auf die Invasion der japanischen Inseln vor. Der Romancier John Masters konnte in seinen klassischen Kriegsmemoiren *The Road Past Mandalay* das Hohelied der «alten indischen Armee» singen, die sich im Frühsommer 1945 auf den endlich asphaltierten Straßen zu Ranguns nördlichen Vororten vorkämpfte; aber für die Japaner – und auch für die Amerikaner – waren sie in der falschen Richtung unterwegs. Der Krieg im Pazifik wurde an anderer Stelle gewonnen.[13]

Die entscheidenden Faktoren Distanz, Logistik und Topographie bedeuteten zusammen, dass die Front im Südwestpazifik einen besseren Weg für den Sieg über Japan darstellte als die chinesische und die burmesische Alternative. Hier konnte die Rückeroberung nördlich von Australiens Küsten, Häfen und Luftstützpunkten beginnen und der amerikanische Nachschub an Truppen und Versorgungsgütern ziemlich direkt über Hawaii, Samoa, Fidschi, die nordaustralischen Häfen und Port Moresby im südlichen Neuguinea laufen. Außerdem *mussten* die Alliierten dieser Region im ersten Jahr des Pazifikkriegs einfach große Aufmerksamkeit zuwenden, denn hier – auf Papua, im Korallenmeer und bei den mittleren Salomonen – wollten die Japaner die amerikanisch-australischen Verbindungswege unterbrechen. Als zur Jahreswende 1942/43 beide Seiten immer mehr Truppen, Flugzeuge und Kriegsschiffe in die Schlachten um Guadalcanal und Neuguinea warfen, wurde die Dringlichkeit eines Sieges ein wichtiger Faktor und forderte noch mehr Ressourcen. Schließlich war da die mächtige und einschüchternde Person Douglas MacArthurs selbst, der mit enormer Aufmerksamkeit der Medien und des Kongresses darauf bestand, der Dreh- und Angelpunkt im Krieg gegen Japan müsse unter seinem Befehl stehen.[14]

Man könnte argumentieren, dass der Neuguinea- und der Mittelmeerfeldzug das gleiche strategische Profil besaßen. Keiner von beiden richtete sich direkt gegen das Kernland des Feindes, aber beide gewannen so sehr an operativem und politischem Schwung, dass sie nicht mehr aufzuhalten waren. Zum Glück für die Alliierten kamen ab Ende 1943 auch genügend Ressourcen an die Front, so dass man sich sowohl beim europäischen als auch beim pazifischen Feldzug direkte Vorstöße nach Frankreich und nach Honshu und dazu die extrem teuren indirekten Feldzüge leisten konnte.

Das US-Engagement im Südwestpazifik erbrachte noch weitere strategische und operative Vorteile. Bis die Inselgruppen im Zentralpazifik erobert und zu vorgeschobenen Stützpunkten gemacht waren, kam diese südlichere Region Amerikas produktiven Stärken entgegen. Es konnte einen ununterbrochenen Strom an Nachschub und Unterstützung von den Fabriken an der Westküste quer über den Ozean schicken. Obwohl die Salomonen weit entfernt von San Diego waren, lagen sie auch sehr weit entfernt von Yokohama. Da zweitens die Schlachten im Vergleich zur Somme oder zu Kursk eher begrenzt waren, wurde diesem Feldzug in Tokio nicht die Aufmerksamkeit gewidmet, die er verdiente, so dass man von dort nur begrenzte Verstärkungen in den Südwestpazifik schickte, die nie ausreichten, um die alliierten Vorstöße zurückzuwerfen. Als diese Front schließlich immer mehr mittelgroße japanische Verbände anzog, verschaffte sie den frisch rekrutierten alliierten Truppen ihre Feuertaufe, die so ihre Kampferfahrung im Dschungelkrieg und bei Landemanövern ständig ausbauten. So stand beispielsweise die 1. US-Marineinfanterie-Division (1st Marine Division), die 1942 in Guadalcanal gelandet war, drei Jahre später immer noch mitten im Feuer bei Okinawa und hatte dazwischen viele Schlachten geschlagen. Dazu führte General Robert E. Eichelberger, den MacArthur nach Buna (Neuguinea) mit dem Befehl geschickt hatte, es zu erobern oder nicht lebendig wiederzukommen, seine Einheiten von den Dörfern Papuas zu den nördlichen Philippinen und bereitete sie gerade auf die große Invasion Japans vor, als die Atombomben fielen. Kein Wunder, dass seine Memoiren später den Titel *Our Jungle Road to Tokyo* trugen.[15]

Angesichts des erstaunlichen und immer schnelleren Tempos, mit dem Admiral Nimitz, Oberbefehlshaber des US-Kommandos Zentralpazifik, von Pearl Harbor über den Zentralpazifik seit Ende 1943 vorstieß und der vergleichsweise kurzen und leichten[16] Route lässt sich nur schwer argumentieren, dass MacArthurs Feldzüge an der Nordküste von Neuguinea (1943/44) primäre strategische Bedeutung besaßen, auch wenn die amerikanisch-australischen Divisionen das Tempo beschleunigten, indem sie japanische Militärstützpunkte quasi übersprangen und damit isolierten. Als MacArthurs Truppen im August 1944 endlich die Insel Biak nordwestlich von Neuguinea genommen hatten, waren die Marianen bereits erobert, und die Vorbereitungen zur Schwächung des inneren Verteidigungsrings Japans hatten mit der Eroberung von Iwojima und dem strategischen Bombardement begonnen. Man könnte durchaus sagen, der

Großteil der Philippinen hätte vernachlässigt werden und das US-Kommando Südwestpazifik viel früher am nördlichen Schwenk nach Japan teilnehmen können. Doch das geschah nicht. Liddell Hart bemerkt dazu: «MacArthurs natürlicher Wunsch nach einer triumphalen Rückkehr zu den Philippinen und politische Erwägungen behielten die Oberhand.»[17]

Vielleicht lag der gewichtigere operative Grund für das Gemeinsame Oberkommando, den Vorstoß im Südwestpazifik so einmütig zu unterstützen, nicht darin, dass es MacArthurs persönliche Motive akzeptierte, sondern dass es erkannte, wie diese Zwillingsvorstöße Tokio permanent aus dem Gleichgewicht brachten. Das beste Beispiel dafür war, dass die japanische Hauptflotte im Juni 1944 Hunderte von Kilometern zwischen Biak und den Marianen hin und her eilte, da (teilweise falsche) Nachrichten über Bewegungen des Feindes nahelegten, die Hauptbedrohung käme aus der anderen Richtung.[18] Als der japanischen Marine der Treibstoff ausging und ihre Flugzeuge sowohl bei Rabaul als auch im philippinischen Meer durch die Streitkräfte des Kommandos Südwestpazifik zerstört wurden, konnte man kaum sagen, dass MacArthurs Verbände eine unwichtige Rolle spielten. Ihre insgesamt wichtigste Funktion bestand aber darin, die gegnerische Führung abzulenken, große Teile von Japans Streitkräften aufzureiben und Nimitz und dem Kommando Zentralpazifik eine enorm verbesserte Chance für einen direkten Angriff auf Japan zu geben.

Also trugen die drei beschriebenen Fronten alle bedeutend zu Japans Niederlage bei. Die Summe der jeweiligen japanischen Verluste (169 000 in Indien und Burma und gewaltige 772 000 im Südpazifik, verglichen mit 296 000 im Zentralpazifik) belegt es.[19] Und bei Kriegsende waren große japanische Garnisonen über Südostasien, Niederländisch-Indien, isolierte pazifische Inseln, die Südphilippinen, die Mandschurei und vor allem China verstreut: Millionen von Männern, die die falschen Zugangsrouten bewachten und Japans zentrale Verteidigung schwächten.

Die Ausführung von «War Plan Orange»

Da es höchst unwahrscheinlich war, Japan durch alliierte Feldzüge vom chinesischen Festland und von Südostasien aus in die Knie zu zwingen und die Route von Guadalcanal und Port Moresby über Manila so beschwerlich war, könnte der Leser meinen, die übrigbleibende geopolitische Option sei unvermeidbar gewesen: ein amerikanischer Angriff über den Zentralpazifik in einer Reihe von Vorstößen nach Westen, und zwar fast ausschließlich nördlich des Äquators. Viele Autoren sind wie Louis Allen der Auffassung: «Am Ende zählte nur ein einziger Feldzug: Nimitz' Vorstoß mit der US-Navy über den Pazifik, um Japan zu bombardieren. Jeder andere Feldzug, war er auch noch so bitter und verzweifelt, war entweder eine Ergänzung oder ein Nebenkriegsschauplatz.»[20]

Weitere geopolitische Erwägungen sollten diese Annahme bestätigen. Seit 1941/42 war es offensichtlich, dass nur die USA die japanische Militärherrschaft über dieses riesige Gebiet beenden konnten; weder Großbritannien noch die Sowjetunion, die sich beide in einem wahren Kampf der Titanen gegen das Dritte Reich befanden, konnten die Ressourcen erübrigen, die zum Kampf gegen Japan nötig waren. Außerdem war die Munitionsproduktion der mächtigen amerikanischen Kriegsmaschinerie zunehmend entlang der Westküste ungefähr zwischen dem 30. und 50. nördlichen Breitengrad zu finden, was genau der Lage Japans entsprach. Da zwischen den Häfen von San Francisco und Tokio kein Land lag und die Aleutenroute die schon erwähnten Wetterprobleme mit sich brachte, war es sinnvoll, entlang einer Achse vorzurücken, die etwas südlich vom Wendekreis des Krebses lag, von den Stützpunkten auf Hawaii zu den Gilbert- und Marshall-Inseln und von dort zu den Karolinen und Marianen, bevor es nordwärts zum japanischen Festland ging.

Doch dass die Rückeroberungsroute von Admiral Nimitz' Kommando Zentralpazifik so offensichtlich aussieht, erklärt nicht allein, warum sie gewählt wurde. Es gab auch den Faktor des «Kriegsglücks», der sich aus dem Charakter und den Folgen des Angriffs auf Pearl Harbor und der Schlacht um Midway ergab. Der größte Nutzen für die USA war ein negativer, denn keine dieser Militäroperationen kostete sie Hawaii, das mit seinen Luftstützpunkten, Docks und Werkstätten einen unschätzbaren strategischen Wert für die Kontrolle des Zentralpazifik hatte – als Bollwerk gegen eine weitere japanische Expansion nach Osten wie auch als riesiger Aufmarschplatz für die eigene Rückeroberung. Wenn Japan je die hawaiianischen Inseln erobert hätte, so hätte sein Besitz der Militärbasen auf Oahu einen amerikanischen Gegenschlag auf Jahre hinaus verzögern und die operative Verbindung nach Australien stark erschweren können, auch ohne ein weiteres Vorrücken auf die amerikanische Westküste. In amerikanischer Hand war Hawaii jedoch der Ausgangspunkt für die Besetzung der südwestlich gelegenen Gilbert- und Marshall-Inseln und für alles weitere.

Auch praktisch trugen die Verluste und Gewinne von Pearl Harbor und Midway dazu bei, die amerikanischen Streitkräfte zu einer mikronesischen Strategie zu drängen. Die Zerstörung vieler langsamer Kriegsschiffe aus dem Ersten Weltkrieg bei Pearl Harbor hatte die Navy weitgehend unbeabsichtigt dazu gezwungen, sich um einen Kern von Flugzeugträgern zu organisieren, eine Verschiebung der Waffensysteme, die von den Schlachten im Korallenmeer und bei Midway rasch bestätigt wurde. Doch die Lehre, die entschlossene Flugzeugträgeradmiräle wie Marc Mitscher und «Bull» Halsey aus dem Pearl Harbor-Desaster zogen, war, dass eine Flotte auf See immer sicherer war als im Hafen. Im Zeitalter plötzlicher und schneller Luftangriffe bot ein geschützter Hafen tatsächlich sehr wenig Schutz und war eher eine Einladung zum Angriff. Wenn amerikanische Flugzeugträger und ihre Geleitkreuzer und -zerstörer aber für längere Zeit auf hoher See bleiben sollten, brauchten sie einen mobilen und anspruchsvollen «Flotten-Tross», der den Kriegsschiffen überallhin folgte und sie versorgte. Im 19. Jahrhundert hatte die Royal Navy ihre Versorgungsprobleme durch ein riesiges Netz von Marinestützpunkten und Kohlendepots von Portsmouth und Gibraltar bis nach Sydney und Hongkong gelöst. Die US Navy des 20. Jahrhunderts verfolgte einen anderen logistischen Plan, der zum ersten Mal großangelegte Operationen über den Zentralpazifik möglich machte. Dennoch verlieh die Existenz des Flotten-Trosses den Marineverbänden auf See nur «längere Beine» und stellte keine Stützpunkte für strategische Langstreckenbomber oder massive Invasionstruppen dar. Dafür brauchte man strategisch gelegene Inseln für Flugplätze und Häfen. Zum Glück lagen einige davon westlich und südwestlich von Hawaii und mussten nur eingenommen werden.

Der letzte Grund, warum die Navy eine von Hawaii ausgehende Operation durch Mikronesien vorzog, lag darin, dass der Regionalkommandeur ein Admiral, nämlich Nimitz, und nicht der schwierige und herrische MacArthur sein würde. Das war für Flottenadmiral King von besonderer Wichtigkeit, der darauf bestand, dass die Navy eine unabhängige Waffengattung blieb, die weder auf einen Transportservice für MacArthurs Vorstoß von Neuguinea zu den Philippinen reduziert wurde, noch die zweite Geige hinter den Briten, der Air Force oder Marshalls und

Eisenhowers Truppen bei der Unterstützung ihrer Feldzüge im Atlantik, Mittelmeerraum und in der Normandie spielen sollte. Es war daher kein Wunder, dass das Kommando Zentralpazifik Kings größte Aufmerksamkeit und den Löwenanteil neuer Kriegsschiffe bekam, als die schnellen Flugzeugträger und Schlachtschiffe vom Stapel liefen. Es erhielt auch viele der dringend benötigten Landungsboote. Ende 1943 lagen die Werkzeuge bereit, um mit «War Plan Orange» den Schritt über den Zentralpazifik zu wagen.[21]

Was waren diese Werkzeuge oder Waffensysteme? Vier von ihnen waren miteinander verbunden und eines eigenständig, aber alle wirkten zusammen, um den Kampf von Hawaii und in zweiter Linie von Nordaustralien über Tausende von Kilometern hinweg zu den Küsten Japans zu tragen. Sie alle beruhten auf menschlichem Einfallsreichtum, um die Geographie zu überwinden. Alle der fünf amerikanischen «Lösungen» für die Herausforderungen des Pazifik wurden parallel entwickelt, und sogar im etwas gesonderten Fall der U-Boot-Flotte zeigte sich, dass jede eine erstaunliche Rückkopplung zu den anderen hatte. Es ist höchst unwahrscheinlich, dass die Organisatoren dieser fünf Initiativen ahnten, wie eng sie miteinander verbunden waren.

Chronologisch gesehen, war die erste das US Marine Corps mit seinem Plan, Stützpunkte in Mikronesien zu erobern, also die Marshall-, Karolinen- und Marianen-Inseln, die Japan im Ersten Weltkrieg vom deutschen Kaiserreich annektiert hatte. Angesichts des geostrategischen Alptraums, die 10 000 Kilometer des Pazifik zu überqueren, hätte jeder kompetente Generalstab ein schrittweises Vorrücken ähnlich der Vorwärtsbewegung auf einem riesigen Schachbrett empfohlen. Der Punkt war, dass die Planer in Newport und Quantico dies schon lange vor Pearl Harbor durchdacht hatten. Außerdem hatte eine beeindruckende Zahl von mittleren und unteren Offizieren an Waffensystemen und taktischen Plänen gearbeitet, die diese Theorie der amphibischen Kriegführung in eine durchführbare Operation verwandeln konnten.

Der zweite Faktor war die Entwicklung schneller Flugzeugträgerverbände. Die US Navy hatte rasch die strategischen und operativen Schlussfolgerungen aus den frühen britischen Experimenten gezogen, bei denen Flugzeuge von einem umgebauten «flachen» Kriegsschiff starteten. Sie hatte darum in den dreißiger Jahren den Bau einiger größerer Flugzeugträger vorangetrieben, denen in Sachen Kampfkraft nichts gewachsen war – außer ihren Gegenstücken in der japanischen Flotte. Die Flugzeugträgerenthusiasten wurden von der viel größeren Schlachtschifflobby der Marine ständig blockiert oder zumindest gebremst, aber da es zu dieser Zeit noch keine unabhängige amerikanische Luftwaffe gab, erlitten sie nicht das Schicksal der Marineluftwaffe in den erbitterten Zuständigkeits- und Beschaffungskämpfen zwischen der britischen Royal Navy und Royal Air Force vor 1939. Als der Krieg kam, hatte die US Navy daher zuverlässige Flugzeugträger mit guten Flugzeugen, was ihr eine Chance gegen die Japaner gab, die hervorragende Flugzeugträger mit hervorragenden Flugzeugen hatten. Und der spektakuläre Angriff auf Pearl Harbor öffnete allen die Augen über die erstaunlich zerstörerische Reichweite trägergestützter Luftmacht. Die Schiffstypen, die es den Japanern ermöglicht hatten, Hawaii anzugreifen, konnte in der amerikanischen Version nun natürlich ebenso dazu verwendet werden, den Gegenangriff nach Westen zu tragen.

Der dritte Faktor war die Einführung des hoch fliegenden und damit unerreichbaren Langstreckenbombers B-29 Superfortress. Zweifellos hätte die amerikanische Rückeroberung des Westpazifik auf indirekte Weise von Neuguinea über Celebes (Sulawesi) zu den nördlichen Philippinen, dann vielleicht zum chinesischen Festland und schließlich nach Okinawa vorankriechen können. Dies hätte den Bau weiterer Luftstützpunkte erlaubt, von denen die B-17 Flying Fortresses und B-24 Liberators die Luftangriffe auf Japan hätten verstärken können. Aber ein neuer Bomber mit beispielloser Reichweite und Zerstörungskraft, nämlich die B-29, eröffnete zusammen mit der erstaunlich günstigen Position der Marianen eine enorme Abkürzung eines Krieges, von dem viele Strategen gedacht hatten, er könne bis 1946 oder 1947 dauern und müsse eine riesige alliierte Invasion des japanischen Festlands einschließen.

Der Abwurf der Atombomben beendete all diese Invasionsszenarien, aber wann und von wo wären diese Bomben abgeworfen worden, wenn die B-29 und die Eroberung der Marianen nicht gewesen wären? Die Superfortress war ein hervorragendes Beispiel für das, was Hitler eine «Wunderwaffe» nannte, doch zwischen 1943 und 1945 konnten sich nur die USA leisten, so ein fliegendes Monster zu bauen. Die Verkabelung und das Aluminium für eine einzige Maschine hätten vermutlich für eine ganze Staffel Messerschmitt-Jäger gereicht.

Der vierte Faktor waren die Einheiten, die Stützpunkte, Anlagen,

Sammelplätze und Straßen bauten, die den Kampf voranbrachten – in diesem Fall die Navy-Pionierbataillone, die «Seabees». Obwohl sie durch die Anforderungen dieses Krieges ins Leben gerufen wurde, wäre die Aufgabe der neuen Truppe von Militärs aller Zeitalter verstanden worden. Man kann sich einen militärischen Sieg nur schwer ohne Pioniere vorstellen, aber allzu oft halten Chronisten großer Feldzüge deren Arbeit für selbstverständlich und gehen davon aus, dass Truppen, Flotten und Luftgeschwader auf einer Karte mit einem Federstrich über große Entfernungen zu bewegen seien.[22] Aber für noch so gut ausgerüstete Bodentruppen bestimmen Berge, Flüsse, Sümpfe, Wüsten und Dschungel die Art der Schlachten, in denen sie kämpfen müssen. Nirgendwo war das klarer als in den unermesslichen Weiten des Pazifik. Insgesamt waren Theorie und Praxis der amphibischen Kriegführung des Marine Corps, die schnellen Flugzeugträgerverbände, die B-29-Bomber und die «Seabees» nötig, um den Pazifik gemeinsam zu überqueren. Wie genau sich diese Truppenteile entwickelten und dann zusammenkamen, wird der Rest dieses Kapitels entfalten, dazu die eigenständigere Geschichte des fünften Elements, nämlich der amerikanischen U-Boot-Flotte.

Angriff am Strand

Die Entwicklungsgeschichte der amphibischen Kriegführung des Marine Corps lässt sich in vielerlei Hinsicht mit den Erfahrungen der alliierten Landungen in Europa vergleichen (siehe Kapitel 4), obwohl es auch deutliche Unterschiede wegen der Kommandostruktur, der Organisation und vor allem der Geographie gab. Dieses Kapitel befasst sich wie die Marines selbst vor allem mit den Feldzügen im Pazifik. Historiker haben Glück, denn es ist eine Geschichte, die eine sehr große Zahl an Büchern mit einigen klassischen Analysen produziert hat. Die Geschichte der Marines ist von fast unaufhörlichem Kampf geprägt, von den Landungen in Guadalcanal Mitte August 1942 bis zum Ende des Widerstands der japanischen Garnison auf Okinawa Ende Juni 1945. Es war eine Geschichte schmerzhaften Lernens und des Kampfes gegen dieselben natürlichen Hindernisse Dschungel, Wetter und Krankheit, die die Briten in Burma und MacArthur in Papua-Neuguinea kennenlernten, und gegen einen

Feind, der niemals kapitulieren würde. General Slim stellte manchmal einigermaßen ehrfurchtsvoll fest, dass alle davon redeten, «bis zum letzten Mann zu kämpfen», aber nur die Japaner es wirklich taten. Noch im Juli 1945 ärgerten sich amerikanische Kommandeure im Pazifik über die langsamen Fortschritte bei der Eroberung Okinawas, doch wie konnte man *schnelle* Fortschritte gegen einen so stark verschanzten Feind erzielen? Schließlich fand MacArthurs Kommando Südwestpazifik nach unglaublich beschwerlichen Kämpfen während der ersten zwei Jahre heraus, dass man den Krieg viel schneller gewinnen konnte, wenn man quasi im Bocksprung Positionen einnahm, die der Feind vernachlässigte. Aber es gab immer einige Orte – die Salomonen, die Gilbert-Inseln, die Marianen, Iwojima und Okinawa – die man erobern musste, egal, wie stark sie verteidigt wurden. Das war das Schicksal der Marines.[23]

Warum war es das Marine Corps, und wie kam es, dass es diesen besonderen, legendären Platz in der Kriegsgeschichte einnehmen konnte? Die einfache Antwort ist, dass die Marines nach 1919 in Amerika die einzigen waren, die ein echtes, aktives und fortschrittliches Interesse an Landungsoperationen hatten. Hier machte vor allem die Not erfinderisch. So wie die britische und amerikanische Luftwaffe den Wert strategischer Bombardements verfechten mussten, um sich nach dem Ersten Weltkrieg als unabhängige Waffengattung zu behaupten, mussten auch die Marines ihre Daseinsberechtigung erklären, als der amerikanische Militärhaushalt nach 1919 und ein weiteres Mal nach dem Zusammenbruch der Wall Street 1929 zusammengestrichen wurde. Das Ergebnis ihrer Anstrengungen war eine Kombination aus überzeugender Kriegführungsdoktrin, verbesserter Technologie und Logistik und gut ausgebildeten Spezialeinheiten, mit der das Marine Corps dauerhaft auf den durchschlagenden Angriff von See setzte. Anders gesagt: wenn diese Kampfform korrekt ausgeführt wurde, brachte sie den Sieg und nicht die Niederlage. Nicht umsonst beginnen die Autoren des ersten umfassenden Buches über die Marines und ihre amphibische Kriegführung mit dem aufschlussreichen vergleichenden Essay «Erfolg auf Okinawa – Fehlschlag bei Gallipoli».[24]

In der Rückschau ist es allerdings recht bemerkenswert, dass das Konzept der amphibischen Operationen überhaupt weiter bestehen konnte. Die Navy als übergeordnete Waffengattung des Marine Corps war weiterhin besessen von der Vorstellung künftiger Kriege zwischen Kriegsflotten auf hoher See und nicht an einer sekundären Rolle bei der Unterstützung von Landungstruppen interessiert. Als die Washingtoner Flottenverträge von 1921/22 einen weiteren Flottenabbau notwendig machten, konnte die Navy das Marine Corps nur als Rivalen um begrenzte Budgets ansehen, obwohl ihre Kriegsplanung gegen Japan seltsamerweise Expeditionstruppen zur Eroberung von Pazifikstützpunkten erforderte. Die Army kam ihrerseits mit einem deutlichen Groll wegen der großen Publicity für den Kampf der Marines an der Westfront aus dem Ersten Weltkrieg zurück und war verärgert, dass ihr eigenes Monopol auf die Kriegführung an Land ernsthaft in Frage gestellt worden war. Dazu gab es hohe Offiziere des Marine Corps, die diese prominentere Stellung beibehalten wollten und fürchteten, auf den Stand vor 1917 mit Hilfseinsätzen in fernen Gewässern zurückgeworfen zu werden. Schließlich reduzierten die Sparmaßnahmen die Marines auf weniger als 15 000 Offiziere und Soldaten, kaum genug für den Dienst als Schiffsbewachung, den Schutz von Botschaftsgebäuden und die Verteidigung amerikanischer Stützpunkte in der Karibik. 1921 wurden Marines sogar zum Schutz der Post gegen Posträuber abgestellt – ein ziemlicher Abstieg, wenn man an die «Hallen von Montezuma» aus ihrer Truppenhymne denkt.

Dass die Doktrin der amphibischen Kriegführung zwischen den Weltkriegen beibehalten und langsam zur operativen Möglichkeit wurde, lag an einem strategischen sowie an einem persönlicheren und zufälligeren Faktor. Der strategische Grund war schlicht die Aussicht auf einen künftigen Krieg mit Japan, um dessen Expansionsdrang in Ostasien und im westlichen Pazifik aufzuhalten. Amerikanische Strategen hatten seit den ersten Jahren des 20. Jahrhunderts diese Möglichkeit in ihre Planungen einbezogen. Durch die Ausschaltung der deutschen Marine im Jahr 1919 und die parallele Erkenntnis, dass ein angloamerikanischer Krieg höchst unwahrscheinlich war, blieb Japan als einzig mögliche feindliche Großmacht übrig. Die großen Kriegsgewinne Japans im Zentralpazifik – Marshall-, Karolinen- und Marianen-Inseln –, seine sture Verhandlungshaltung zu Schlachtschiffzahlen und Flottenstützpunkten bei der Washingtoner Konferenz und seine fortgesetzte Einmischung in China erregten den amerikanischen Argwohn. Dazu war die japanische Marine, sofern Großbritannien kein Gegner sein würde, als einziger Rivale groß genug, um Größe und Budget der US Navy zu rechtfertigen. Es war also kein Wunder, dass der Admiralstabschef der Navy den Kommandeur des Marine Corps schon im Januar 1920 warnte, «War Plan Orange» werde in

Zukunft die Planungen der Navy bestimmen, und die Marines sollten sich dementsprechend auf Landungsoperationen im Pazifik vorbereiten.[25] Obwohl schrumpfende Personalzahlen dies in der Praxis vollkommen unmöglich machten, existierte damit ein strategischer Leitsatz, der solange Bestand hatte, wie Zweifel an Japans Absichten blieben. Der Anspruch des Marine Corps, eine eigenständige Kampftruppe und nicht nur eine bessere Gendarmerie zu sein, beruhte auf der japanischen Bedrohung.

Die klare Identifizierung des künftigen Gegners trieb eine kleine Zahl von Planern und Offizieren der mittleren Ebene dazu, sich mit der konkreten Problemlösung für diesen Fall zu beschäftigen. Wie genau bekämpfte man einen Feind 8000 Kilometer über den Pazifik hinweg? Obwohl er gewiss nicht der einzige Amerikaner war, der sich über dieses Problem den Kopf zerbrach, begann Major Earl H. «Pete» Ellis dies zwischen 1919 und 1922 in einer Reihe von Memoranden zu erörtern. Es musste eine spezialisierte Truppe sein – die größere, unbeweglichere Army konnte das nicht leisten und war wohl auch nicht daran interessiert. Es mussten die Marines sein, was ein glücklicher Zufall war, da alle Landungsoperationen unter dem Kommando der Navy standen und das Marine Corps zugleich deren vorgeschobene Truppe darstellte. Wie Ellis es in seinem berühmten Memorandum über vorgeschobene Stützpunkte in Mikronesien vom Juli 1921 formulierte, musste es bestimmte Aufgaben erfüllen: «die Rückeroberung und Besetzung der [von Japan besetzten] Inseln» und «die dortige Einrichtung der nötigen Stützpunkte.»[26]

Nach der gleichen Logik musste die Waffengattung, die mit dieser Aufgabe betraut war (und das war laut einer Übereinkunft zwischen Army und Navy von 1927 das Marine Corps), sich auf die Ausführung am Boden vorbereiten, d. h. die gefährliche Landung an einem feindlichen Strand und die Einrichtung eines sicheren Landekopfes. Das war keine Kriegführung mit Kavallerieattacken oder Infanteriekarrees, auch nicht mit gewaltigen Panzerschlachten. Den frühen Planern der Marineinfanterie war auch klar, dass besonders trainierte Landungseinheiten spezielle Plattformen und Waffen benötigten. Ellis' frühe Memoranden forderten Landungsboote mit Buggeschützen, speziell ausgerüstete Nachrichteneinheiten, Sprengfachleute, um Strandhindernisse und Minenfelder zu neutralisieren, und Marineflieger, um die Strände anzugreifen. Andere Ideen waren weniger brauchbar, zum Beispiel Motorboote zum Schleppen großer Kähne, aber Ellis war ein Genie, und sein mysteriöser Tod 1923 auf

Vordenker der US-Marines:
Major Earl Hancock Ellis.

den Karolinen verlieh ihm eine noch romantischere und geheimnisvollere Aura.[27]

Doch die Organisation war größer als der Mann selbst, und auch andere innovative Offiziere arbeiteten an der Frage der praktischen Durchführung. Das war nicht leicht. Alljährliche Übungen entlang Amerikas eigenen Südküsten, in Panama (Culebra) und in der Karibik, die alle langfristig wichtig waren, aber zunächst enorme Schwächen aufzeigten, bestätigten die Kluft zwischen Theorie und Praxis, wenn es darum ging, an einem flachen Strand und in Mangrovensümpfen zu landen. Milletts hervorragende Geschichte des Marine Corps bemerkt zum Fiasko der Winterübungen vor Culebra 1923/24 bissig: «Die Navy-Steuermänner erreichten nicht den richtigen Strand und nicht zur vorgegebenen Zeit, das Entladen des Nachschubs war chaotisch, der Beschuss durch die Navy unzureichend, und die Landungsboote der Marine waren offensichtlich gleichermaßen für Truppen wie für Ausrüstung ungeeignet. Die Übung enthüllte immerhin genügend Mängel, um das Corps 15 Jahre lang zu beschäftigen.»[28]

Andererseits regte die offenkundige Notwendigkeit besserer Ausrüstung eine ständige Suche nach neuen Ideen und Techniken an. Schon Mitte der zwanziger Jahre konnten Spaziergänger am Potomac oder am Hudson River Amphibienpanzer bei der Flussdurchquerung beobachten, eines der vielen Produkte des exzentrischen, aber genialen Panzerkonstrukteurs J. Walter Christie. Christies größter Beitrag zum Zweiten Weltkrieg war der Entwurf für die Aufhängung und das Chassis eines Fahrzeugs, aus dem später der sowjetische T-34-Panzer werden sollte (siehe Kapitel 3). Sein neuer Amphibienpanzer kenterte in weniger geschützten Küstengewässern, aber die Idee eines motorisierten, angreifenden Amphibienfahrzeugs hatte Bestand und sollte über zehn Jahre später zum Vorteil der Alliierten und häufig in Form des Kettenlandungsfahrzeugs wieder auftauchen. Die große Unzufriedenheit über die Mängel der frühen Prototypen motorisierter Landungsboote ließ einige phantasievolle Marines-Offiziere ebenfalls nach neuen Ideen suchen. Eine davon war das Flachbodenboot des Erfinders Andrew Higgins, das ursprünglich für die Everglades in Florida gedacht war. Seine spätere Version sollte ab 1942 als Personenlandungsboot Hunderttausende Soldaten an die Strände bringen.

Aus dieser Geschichte folgen zwei etwas widersprüchliche Punkte. Der erste ist, dass bei den Bemühungen des Marine Corps nie ein automatischer Fortschritt zu beobachten war, sondern die ständig gebremste und allzu oft ausgesetzte Verfolgung einer Doktrin, die ihrer Zeit voraus war. Es ging nicht nur darum, dass nur wenig Geld für die Entwicklung dieser Form der Kriegführung vorhanden war oder dass es massive Behinderungen durch gewisse Kreise in Army, Navy und sogar im Corps selbst gab. Geldknappheit, andere Anforderungen an die Marines sowie die Isolationspolitik ließen das gesamte Projekt zeitweise in der Luft hängen. Außerdem nahmen Operationen in China und Nicaragua das Corps für lange Zeiträume stark in Anspruch. Fast die ganzen dreißiger Jahre trug das Grundlehrbuch den passenden Titel *Vorläufiges Handbuch für Landungsoperationen*. Noch 1939 stimmte der Kommandeur des Marine Corps zu, man solle dessen Rolle bei der Verteidigung von Stützpunkten betonen, wenn neue Gelder beim Kongress beantragt wurden, da Expeditionstruppen als «interventionistisch» angesehen würden.[29] Positiver war immerhin, dass nach der Festlegung einer Doktrin der amphibischen Kriegführung und nachdem man die Vereinigten Stabschefs überzeugt hatte, das Corps habe eine besondere Rolle bei ihrer Umsetzung zu spielen, sein Überleben gesichert war, wenn auch die Werkzeuge noch fehlten. Alles, was man brauchte, waren weitere Aggressionen durch die Achsenmächte und eine daraus folgende Steigerung der öffentlichen Besorgnis. Beides trat ein. Alle Militärorganisationen profitieren davon, wirkliche oder eingebildete Feinde zu haben, und das galt auch für das Marine Corps.

Aber natürlich gab es im Pazifikkrieg noch eine zweite amphibische Armee, nämlich die US Army. Dies lässt sich leicht aus der Tatsache erklären, dass die Army bereits stark auf diesem Kriegsschauplatz vertreten war, nämlich auf den Philippinen und auf Hawaii, als die Japaner im Dezember 1941 angriffen. MacArthurs Anwesenheit, die Tatsache, dass er mit seinem missionarischen Eifer auf der Führung des alliierten Gegenschlags gegen Japan bestand, und die ebenso wichtige Tatsache, dass ihn die amerikanischen Vereinigten Stabschefs nirgendwo anders haben wollten, bedeutete die Entsendung einer beträchtlichen Zahl von Army-Divisionen in den Pazifik. Dann war da der praktische Aspekt, dass das Marine Corps trotz seiner raschen Vergrößerung viel zu klein war, um alle Kämpfe an der Pazifikfront allein zu führen. Da weder die Navy noch die Army dem anderen das Oberkommando an diesem riesigen Kriegsschauplatz zugestehen wollte, gab es einen Kompromiss. MacArthur sollte das neue Kommando Südwestpazifik bekommen, das stark von der Army bestimmt war, wenn auch mit bedeutender See- und Luftunterstützung. Nimitz bekam das Kommando Zentralpazifik als Herrschaftsgebiet der Navy, wenn auch mit starker Beteiligung der Army. Es war keine elegante Lösung – Churchill fragte in Casablanca, ob sie nicht mehr Zeit mit dem Kampf um Ressourcen verbringen würden, als mit dem gemeinsamen Kampf gegen Japan. Doch alles in allem funktionierte es.

Für die Army war es nicht leicht. Eine ganze Generation ihrer Offiziere und Unteroffiziere, die sich auf europäische Kriegsformen konzentriert hatten, musste nun über den Einsatz von Landungsbooten statt über den von Panzerbataillonen nachdenken. Ende der dreißiger Jahre hatten einige Einheiten begonnen, mit amphibischer Kriegführung zu experimentieren (hauptsächlich der Überquerung von Flüssen); dennoch war es für einen Army-Offizier schwer, von den Marines lernen oder Ausrüstung borgen zu müssen oder manchmal einem General des Marine Corps unterstellt zu sein. Und die Vergrößerung der Army ab Dezember 1941 war in absoluten Zahlen so viel stärker als die jeder anderen Waffengattung, dass zweifellos viele ihrer unerprobten Divisionen neben erfahreneren wie etwa der 1. und 2. Marine Corps-Division kämpfen würden. Doch die Army lernte bei den Inselgefechten schnell. Deren Höhepunkt war vermutlich die große Schlacht um Okinawa am 1. April 1945, wo zwei Divisionen des Marine Corps und zwei Army-Divisionen mit Unterstützung von mehr als 40 Flugzeugträgern verschiedener Typen gemeinsam bei dem kleinen Dorf Hagushi landeten. Für die japanischen Verteidiger machte es keinen Unterschied, welches der ankommenden Bataillone, die aus ähnlichen Landungsschiffen in ähnliche Landungsboote umstiegen, zu welcher Waffengattung des Feindes gehörte. Es war auch unwichtig. Die Invasoren gehörten alle zu einer riesigen amphibischen Streitmacht, die vom Meer an Land kam.[30]

Kontrolle auf See und am Himmel

Alle möglichen Flugzeugtypen trugen ab 1943 zur zunehmenden amerikanischen Kontrolle des Himmels über dem Westpazifik bei, und es wäre ein Fehler, die Bedeutung der Staffeln von P-38 Lightnings, P-47 Thunderbolts, B-25 Mitchell-Mittelstreckenbombern, B-24 Liberators und anderen nicht anzuerkennen. Aber man kann mit Recht sagen, dass die beiden größten Beiträge zur Erlangung der Luftherrschaft gegenüber Japan westlich von Hawaii und nördlich von Neuguinea (die Entfernung ist weit größer als die zwischen Irland und der Ukraine) ein bestimmter Flugzeugträgertyp und ein bestimmtes auf ihn ausgelegtes Jagdflugzeug waren: die Flugzeugträger der Essex-Klasse und die F6F Hellcats. Sie gaben den Ausschlag, da sie einerseits im entscheidenden Jahr zwischen Mitte 1943 und Anfang 1944 voll zum Einsatz kamen, als der amerikanische Gegenangriff an Fahrt aufnahm, aber auch, weil sie einander ergänzten. Die Hellcats starteten wie aus der Pistole geschossen vom Flugdeck, waren aber auch ein bedeutender Schutz für ihre Flugzeugträger.

Die Entwicklungsgeschichte der schnellen amerikanischen Flugzeugträger reicht in die frühen zwanziger Jahre zurück. Wie schon erwähnt, waren amerikanische Beobachter tief beeindruckt vom Umbau einiger alter britischer Kriegsschiffe, etwa halbfertiger Schlachtkreuzer. Sie verloren ihren Aufbau vollständig und wurden zu horizontalen Abflug- und

Landeschiffen, von denen Jagdflugzeuge, Bomber, Torpedo- und Sturzkampfbomber starten konnten. Diese konnten Hunderte Kilometer weit fliegen, um die Schiffe des Feindes zu treffen, und dann zum Mutterschiff zurückkehren. Der berühmte Admiral William Sims, der allgemein als Vater der US-Trägerflotte gilt, sagte schon 1925 vor einem Kongressausschuss: «Eine Flotte, deren Flugzeugträger ihr die Luftherrschaft über die Flotte des Feindes geben, kann diese besiegen … der schnelle Flugzeugträger ist das Hauptkriegsschiff der Zukunft.»[31]

Während die Trägerflotte der Royal Navy in der Zwischenkriegszeit zurückfiel, ging es in Japan und Amerika, die beide keine unabhängige Luftwaffe als «dritte Kraft» besaßen, mit der Marineluftwaffe voran, obwohl ältere Admiräle nach wie vor auf Schlachtschiffe fixiert waren. Der endlose Ozean vor ihren Küstenstädten schuf die Notwendigkeit von Flugzeugträgern und deren Flugzeugen auf hoher See zum vorgeschobenen Schutz ihrer Heimatländer. Aus Furcht vor einem Überraschungsangriff sprachen sich interessanterweise einige Stimmen in der japanischen Marine der frühen dreißiger Jahre für ein weltweites Verbot von Flugzeugträgern aus, weil dieses revolutionäre Waffensystem ihrem eigenen Land mehr Schaden als anderen zufügen könne – was dann ja auch eintrat. Bei den internationalen Abrüstungsverhandlungen der zwanziger Jahre war dieser Vorschlag jedoch zurückgewiesen worden, und so dachte Japan, es könne nichts anderes tun, als mehr Flugzeugträger und bessere Flugzeuge zu bauen.

Die japanische Marineluftwaffe und ihre Konstrukteure waren ausgezeichnet, und ihre Fähigkeit, westliche Entwürfe zu verbessern, war beachtlich. Bereits 1930 waren zwei sehr schnelle und geräumige Flugzeugträger, der 60 Maschinen-Träger *Akagi* und der 72 Maschinen-Träger *Kaga*, vom Stapel gelaufen. Im Westen gab es nichts gleichwertiges, obwohl die USA aufholten. Am Ende dieses Jahrzehnts wurden diese frühen, aber immer noch wirksamen Prototypen durch die *Soryu*, *Kiryu*, *Shokaku* und *Zuikaku* verstärkt, und weitere Flugzeugträger sollten folgen. Der unglaublich effiziente Leiter des Marineluftfahrtamts, Admiral Isoroku Yamamoto, und der dynamische Marineluftwaffenkommandeur Minoru Genda drängten darauf, die Flugzeugträger von ihrer ursprünglichen statischen Rolle der Landesverteidigung zu befreien und ihnen eine wesentlich aggressivere und freiere Rolle zu übertragen. Yamamoto setzte sich auch für die gesteigerte Produktion neuer japanischer Flugzeuge ein, vor allem der hervorragenden Mitsubishi A6M Zero. Als Anfang Dezember 1941 sechs große Flugzeugträger bei Pearl Harbor zuschlugen, war es die beste schnelle Trägerflotte, die die Welt je gesehen hatte.[32]

Doch der Krieg hatte erst begonnen, und die Amerikaner sollten mit einer unglaublichen Streitmacht von Flugzeugen und Trägern wiederkommen. Wie die japanische und die britische hatte auch die US-Marine mit einem großen technischen, logistischen und materiellen Problem gerungen. Da Kraft, Geschwindigkeit und Größe *aller* Flugzeuge in den zwanziger und dreißiger Jahren förmlich explodierten, wurden viel größere Flugdecks benötigt, und dazu ein viel größerer Laderaum, um die Flugzeuge unter Deck unterzubringen, viel größere Treibstofftanks für 80 oder mehr Maschinen, weit größere Flugabwehrsysteme, viel mehr Platz für eine deutlich gewachsene Mannschaft usw. Anders ausgedrückt, die Flugzeugrevolution der dreißiger Jahre trieb die Entwicklung der Flugzeugträger voran. Notwendig war ein Schiff von mindestens 250 Metern Länge mit einem ausreichend starken Antriebssystem, um es tage- oder sogar wochenlang mit hoher Geschwindigkeit (über 30 Knoten) anzutreiben. Die Konstrukteure mussten sich der Herausforderung stellen, einen Rumpf und ein Start- und Landedeck zu bauen, die stabil genug für alle Wetterverhältnisse und für eine volle Belastung von deutlich über 5000 Tonnen Flugzeug- und Treibstoffgewicht waren. Schließlich waren die enormen Verluste der Royal Navy durch deutsche Luftangriffe vor Norwegen und Kreta ein Alarmsignal für alle Konstrukteure, überall die Zahl der Flugabwehrgeschütze (und ihrer Kanoniere) auf den Schiffen zu verdoppeln oder sogar zu verdreifachen. All das führte zu hoch komplexen und sehr teuren Waffensystemen.

Die amerikanische Navy bat darum den Präsidenten und den Kongress um eine riesige Finanzspritze für eine Vergrößerung ihrer Schlagkraft in der Luft. Zum Ende der dreißiger Jahre reagierte die besorgte Politik langsam, aber sicher, während die Sturmwolken des Krieges sich verdichteten. Es fiel der Navy nicht sonderlich schwer zu behaupten, dass schnelle Flugzeugträger unabhängig von der langsameren Kriegsflotte gegnerische Streitkräfte weit von der Heimat fernhalten könnten; dieses Argument leuchtete sogar amerikanischen Isolationisten ein. Durch das viele Geld, das in den Flugzeug- und Flottenbau investiert wurde, kam die Produktionskapazität eines ganzen Kontinents langsam wieder aus der Wirtschaftskrise heraus. Dies geschah glücklicherweise durch sehr große

Reserven an Rohstoffen, Kapital und vielleicht in erster Linie an Facharbeitern. So wurde eine ganz neue Klasse größerer Flugzeugträger gebaut, die spät in den Krieg eingriffen – aber nicht zu spät.

Normalerweise waren zwei der sieben Navy-Flugzeugträger vor und sogar nach Pearl Harbor im Atlantik stationiert. Die *Wasp* wurde 1942 für kurze Zeit an die Briten ausgeliehen und half ihnen dabei, Malta mit Spitfire-Maschinen zu verstärken. Die anderen fünf lagen im Pazifik und operierten normalerweise von Pearl Harbor aus – zum Glück nicht am 7. Dezember 1941 –, wenn sie nicht in Häfen an der amerikanischen Westküste lagen. Nachdem fünf Schlachtschiffe im Hafen versenkt und andere beschädigt worden waren, wurde der Rest der großen Kriegsschiffe nach Kalifornien zurückgezogen. Die frühen Schlachten des Pazifikkriegs wurden daher auf amerikanischer Seite von jenen Vorkriegsflugzeugträgern geschlagen, deren Namen ihren Weg in die Geschichtsbücher gefunden haben: *Lexington*, *Saratoga*, *Yorktown*, *Enterprise* und *Hornet*.

Diese Schiffe wehrten in der Tat die japanischen Vorstöße ab, aber zu einem schrecklichen Preis. Die *Lexington* sank, nachdem sie in der Schlacht im Korallenmeer schwer beschädigt worden war, und die *Yorktown* wurde nach der großen Flugzeugträgerschlacht bei Midway im Juni 1942 zerstört. Noch im gleichen Jahr wurde die *Wasp* torpediert, als sie Geleitschutz nach Guadalcanal leistete; die *Hornet* wurde von japanischen Bombern in der Schlacht von Santa Cruz zerstört; die *Enterprise* war von den vielen Einsätzen so mitgenommen, dass sie zuhause überholt werden musste. Anfang 1943 hatte die Navy deswegen mit der *Saratoga* zeitweise nur einen einzigen Flugzeugträger im Pazifik, bis sie von dem neuen, schnellen britischen Träger HMS *Victorious* unterstützt wurde – eine schöne Wiedergutmachung für die amerikanische Leihgabe der *Wasp* für den Geleitschutz im Mittelmeer. Die beiden Schiffe wirkten gut zusammen, und ihre Flugzeuge benutzten häufig das jeweils andere Flugdeck.[33]

Doch der Wandel hatte begonnen. Es ist immer viel von «Wendepunkten» im Pazifikkrieg gesprochen worden – Midway, Guadalcanal, der Golf von Leyte –, aber auch der weniger bekannte 30. Mai 1943 kann einen Anspruch darauf anmelden. Es war der Tag, an dem die USS *Essex* von Pearl Harbor auslief. Sie war der erste (daher der Name Essex-Klasse) von vielen brandneuen, robusten, kraftvollen und hochentwickelten Trägern, die diesen Krieg auf dem weiten Ozean prägen sollten. Die neue

Yorktown (nach der Navy-Tradition, einem frisch vom Stapel gelaufenen Schiff den Namen eines in der Schlacht zerstörten zu geben) wurde zusammen mit den ersten der neuen leichten Träger im späten Juli in Dienst gestellt. Doch es waren die Träger der Essex-Klasse, die das Geschehen bestimmten.[34] Wenn man bedenkt, dass es das erste Schiff mit fast revolutionärem Design war (radargesteuerte Ziel- und Ortungssysteme, gepanzerte Hangars, platzsparende Seitenaufzüge, riesige Turbinen für einen Antrieb von über 30 Knoten und 90–100 Flugzeuge), hatten die Konstrukteure und Schiffsbauer wahre Wunder vollbracht. Die *Essex* wurde im April 1941 auf Kiel gelegt, lief im Juli 1942 vom Stapel und wurde im Dezember in Dienst gestellt. 31 weitere Schiffe dieser Klasse waren bestellt, die späteren mit weiter verbesserter Technik, und 24 riesige Werften wurden mobilisiert, um Amerikas neue Marine zu bauen. Tatsächlich wurden nur 24 Träger fertig gestellt, da die anderen Aufträge storniert wurden, als das Kriegsende in Sicht kam. Wie bei der B-29 (siehe unten) und anders als beim Hohlraummagnetron waren nicht nur einzelne Gruppen, sondern riesige Teams von Ingenieuren beteiligt. Die Verstärkung kam gerade zur rechten Zeit. Die neue *Yorktown* war weniger als vier Monate vor der Operation bei den Gilbert-Inseln in Pearl Harbor eingetroffen.

Darüber hinaus gingen die Träger an Nimitz' Kommando Zentralpazifik und zum Ärger MacArthurs und zur Verzweiflung Admiral Halseys nicht in den Südwestpazifik; Halsey verfügte über eine solide Zahl von Schlachtschiffen und Kreuzern, aber nicht über genügend Trägerflugzeuge, während er versuchte, den Vorstoß von Army und Marines zu den Bismarck-Inseln und nach Neuguinea zu unterstützen. Insgesamt gab die relative Kampfpause im Zentralpazifik den amerikanischen Admirälen und den Planern Zeit, mit einer neuen taktischen Trägerdoktrin zu experimentieren. Die ehrgeizigeren und dem Flugzeugeinsatz gegenüber aufgeschlosseneren Offiziere verwarfen den Leitsatz, dass US-Flugzeugträger (natürlich jeder mit Geleitschutz) einzeln operieren sollten, um zu verhindern, dass eine ganze Gruppe mit einem Schlag versenkt wurde, wie es die Japaner bei Midway erlebten. Sie argumentierten, die Schlagkraft der Navy liege gerade in der Ballung dieser Kriegsschiffe. Hunderte Flugzeuge von vielen Trägern konnten einer feindlichen Festung oder Kriegsflotte einen viel größeren Schlag versetzen als ein einzelner Flugzeugträger, und sie konnten einander bei der Abwehr japanischer Luftangriffe unterstützen.

Geballte Schlagkraft: Ein Flugzeugträgerverband der 3. US-Flotte während einer Unterbrechung der Operationen in den Philippinen, Ulithi-Atoll, 8. Dezember 1944. Zu sehen sind (von vorne): USS *Wasp*, USS *Yorktown*, USS *Hornet*, USS *Hancock* und USS *Ticonderoga*.

Dieser Wechsel der Taktik sollte zuerst bei überfallartigen Schlägen gegen kleinere Ziele statt beim Angriff auf einen bedeutenden feindlichen Kampfverband oder einen großen Stützpunkt wie Rabaul ausprobiert werden. Das war klug, denn die Träger und der Großteil ihrer Besatzungen waren neu und unerprobt, ebenso wie die Hellcats und die meisten ihrer Piloten. Ähnlich den vorsichtigen frühen Bewegungen des Herzogs von Wellington bei der Rückeroberung Spaniens ab 1808 wollte Nimitz ebenfalls vorsichtig über den Pazifik vorrücken und sich genügend Rückzugsraum offenhalten. Am 31. August 1943 führte die Task Force 15 (TF 15) schwere Schläge gegen japanische Flugplätze und Einrichtungen auf Marcus, einem kleinen Inselstützpunkt, der viel näher an Japan als an Hawaii lag. Die TF 15 bestand aus den neuen *Essex* und *Yorktown* und dem leichten Träger *Independence* und wurde von einem schnellen Schlachtschiff, zwei Kreuzern und zehn Zerstörern geschützt. Die Angriffe wurden nach den ersten Überraschungsschlägen am Morgen nicht weitergeführt, und der Kommandeur zog seine Schiffe so schnell wie möglich nach Hawaii zurück, aber genau das war der Punkt – zuschlagen und sich zurückziehen. Am 1. September griff ein anderer, um zwei leichte Träger gruppierter Kampfverband Baker Island östlich der Gilbert-Inseln an; den Luftschlägen folgte die Besetzung und die Einrichtung eines amerikanischen Luftstützpunkts. Die beiden Träger *Princeton* und *Belleau Wood* schlossen sich dann mit der neuen *Lexington* zusammen und schlugen am 18. September bei Tarawa auf den Gilbert-Inseln zu.

Dieser letztere Angriff war weniger erfolgreich. Die feindliche Tarnung auf Tarawa ließ die meisten Bombenangriffe ins Leere laufen und die japanische Armeeführung erkennen, dass sie sich neben MacArthurs Vorrücken auf den großen Stützpunkt in Rabaul um ein weiteres Problem kümmern müsse. Der Garnison auf den Gilbert-Inseln wurde befohlen, bis zum letzten Mann zu kämpfen, was für die angreifenden Marines ein schlechtes Omen war – besonders, weil die Luftaufnahmen weder die Riffe noch die vielen versteckten Verteidigungsstellungen vor und auf Tarawa zeigten. Alles in allem waren diese kleineren Überfälle brauchbare Versuchsoperationen für amerikanische Soldaten, Offiziere und Stabsplaner; dazu bestätigten sie die allgemeinere Annahme, der Vorstoß nach Japan entlang zweier Achsen sei zumindest für die nächste Zeit die beste Vorgehensweise. Das letzte Experiment, ein Angriff mit sechs Flugzeugträgern auf Wake Island am 5. Oktober 1943, der die dort stationierten Zeros herauslocken sollte, um sie dann von den neuen Hellcats abschießen zu lassen, ermöglichte es dem Kommandeur der Gruppe außerdem, den gleichzeitigen Einsatz aller sechs Träger auszuprobieren oder sie in Untergruppen zu teilen.[35]

Die Schlacht auf den Gilbert-Inseln um Tarawa und das kleinere Makin im November 1943 ist hauptsächlich und zu Recht als Unternehmen des Marine Corps bekannt, aber ohne die Deckung durch die Trägergruppen bei diesen Landungen hätte es für die Ledernacken viel schlimmer ausgehen können. Landgestützte Luftmacht, die bei MacArthurs und Halseys Vorstößen entlang der Nordküste von Neuguinea so gut funktioniert hatte, konnte in Mikronesien nicht ebenso wirksam sein, denn es gab nicht genug Inseln, die sich in brauchbare Bomberstützpunkte umwandeln ließen, und die Entfernungen zwischen ihnen waren ungeheuer groß. Die schnellen Trägergruppen mussten darum die Hauptverantwortung für die Luftunterstützung übernehmen, und das nicht nur für die Operation auf den Gilbert-Inseln, sondern auch für die späteren Angriffe auf die Marshall-, Karolinen- und Marianen-Inseln. Die Flugzeugträger, so versichern Historiker, waren die «Eckpfeiler» der Operationen.[36] Inzwischen waren ein halbes Dutzend Träger der Essex-Klasse und ein weiteres halbes Dutzend der leichten Independence-Klasse im Pazifik angekommen. Es bleibt eine recht erstaunliche Geschichte. Im Januar besaß die Navy nur einen einzigen einsatztauglichen Träger in diesen Gewässern, aber bis zum November verfügte sie über eine Armada. Die Wende trat nun sehr schnell ein.

Die größten Schlachten um die Luftherrschaft fanden aber nicht über den Gilbert-Inseln selbst, sondern viel weiter südwestlich statt. Dort hatte Halseys TF 38 mit der langsamen *Saratoga*, der neuen *Princeton* und einer Verstärkung aus drei Trägern von Nimitz' Kommando (TF 50.3) kurz zuvor viele japanische Kreuzer und Zerstörer beim großen Stützpunkt von Rabaul aufgerieben und die Hälfte der japanischen Trägerflugzeuge am Boden zerstört, die zur Verstärkung der landgestützten Flugzeuge dort stationiert worden waren. Als 120 japanische Flugzeuge die Task Force 50.3 von Land angriffen, wurden sie in weniger als einer Stunde abgewehrt. Hellcat-Staffeln im Luftüberwachungseinsatz und die tödlichen Annäherungszünder der neuen Fünf-Zoll-Geschütze auf den Trägern konnten sich gegen massive Luftangriffe sogar ohne Feuerschutz von Schlachtschiffen oder Kreuzern behaupten.[37]

Während sich also die Marines im November 1943 über die Korallenriffe der Gilbert-Inseln vorankämpften, spannten die Flugzeugträger einen riesigen Luftabwehrschirm auf. Es lohnt sich, die Zahlen noch einmal zu nennen, weil es die allererste koordinierte Operation verschiedener Waffengattungen durch das Kommando Zentralpazifik war, aber auch weil es als Modell für künftige Operationen diente. Die Landungstruppe für Tarawa wurde von drei Schlachtschiffen, drei schweren Kreuzern, fünf Geleitträgern (für Luftangriffe aus den Küstengewässern) und 21 Zerstörern begleitet. Beim nördlich gelegenen Makin waren es vier Schlachtschiffe, vier schwere Kreuzer, vier Geleitträger und 13 Zerstörer. Am allerwichtigsten war der Schutz durch vier schnelle Trägereinsatzgruppen – insgesamt 13 Flugzeugträger –, die auf hoher See patrouillierten, weitere japanische Stützpunkte überfielen und hin und wieder für Luftschläge zur Unterstützung der Landungen zurückkehrten. Die Kämpfe an Land waren schrecklich, aber an der amerikanischen Seeherrschaft bestand niemals ein Zweifel.

Die Luftherrschaft über den Gilbert-Inseln war nicht nur wegen der dort zusammengezogenen amerikanischen Streitkräfte gesichert, sondern auch wegen der Ereignisse im Südwestpazifik. MacArthurs Vorstoß über Rabaul und die riesigen und verlustreichen Luftschlachten über diesen Inseln lenkten die japanischen Admiräle und Planungsoffiziere nicht nur ab, sondern reduzierten auch empfindlich die verfügbare Zahl der Flugzeuge und (am allerwichtigsten) der ausgebildeten Piloten. Die japanische Kriegsflotte war immer noch gigantisch, im Wesentlichen unbeschädigt und kampfeslustig, aber ohne Luftunterstützung konnten diese Nachfolger der Dreadnought-Schlachtschiffe des Ersten Weltkriegs keinen entscheidenden Schlag führen. Wie sollten sie auch, wenn die landgestützte japanische Luftmacht immer schwächer wurde und die meisten verbliebenen Träger nicht mehr genug Piloten hatten?

Auf den Trägern der Essex-Klasse befand sich die Grumman F6F Hellcat, ein einmotoriges Jagdflugzeug, das sich durch große Robustheit, Geschwindigkeit und Zuverlässigkeit auszeichnete. Ein voll ausgerüsteter Flottenträger ging normalerweise mit 36 Jägern (den Hellcats) zur Unterstützung von 36 Sturzkampfbombern (SB2C Helldivers) und 18 Torpedoflugzeugen (TBF Avengers) ins Gefecht und gab auch den Kriegsschiffen Luftunterstützung, wenn japanische Flugzeuge angriffen.

Sturzkampfbomber und Torpedobomber hatten ihren eigenen wichtigen Platz im Pazifikkrieg zwischen 1943 und 1945, aber die F6F spielte eine besonders wichtige Rolle. Sie wurde von den Grumman-Ingenieuren als Ersatz für die frühere F4F Wildcat konstruiert, die ebenfalls ein robuster und zuverlässiger Jäger war, der einiges einstecken und dennoch zum Stützpunkt zurückkehren konnte. Da jede Luftwaffe ab 1941 Leistung, Geschwindigkeit und Feuerkraft ihrer Flugzeuge rapide erhöhte – darunter die neuen Spitfires, Mosquitos, FW 190, Thunderbolts und Typhoons – war es klug von Grumman, das Gleiche zu tun. Luftscharmützel zwischen Wildcats und Zeros im ersten Kriegsjahr hatten für die Amerikaner einen großen Lerneffekt, denn das japanische Flugzeug besaß eine bessere Manövrierfähigkeit und größere Steiggeschwindigkeit. Aber Grumman und die US Navy hatten schon vor Beginn der Feindseligkeiten gehandelt. Der Vertrag für die F6F wurde im Juni 1941 unterzeichnet, der ursprüngliche Wright-Motor bald durch den leistungsfähigeren Double Wasp-Motor von Pratt & Whitney ersetzt, und die erste Maschine dieses Typs ging am 30. Juli 1942 auf Jungfernflug.[38] Die Parallelen zur fast gleichzeitigen Geschichte des Merlin-Motors von Rolls-Royce, der den weniger leistungsfähigen Allison-Motor in der P-51 Mustang ersetzte, sind erstaunlich (siehe Kapitel 2).

Die Hellcat übernahm und verbesserte den Verteidigungsschild der Wildcat. Cockpit, Windschutzscheibe, Motor und Treibstofftanks waren stark gesichert – sie war wirklich schwer abzuschießen. Eine Maschine flog nach schweren Luftkämpfen über Rabaul mit 200 Einschusslöchern zu ihrem Träger zurück. Wirklich entscheidend war jedoch, dass das neue Flugzeug steigfähiger, sturztauglicher und manövrierfähiger als jedes japanische war, sogar die Mitsubishi Zero, die im Wettlauf um Geschwindigkeit und Kampfkraft an Boden verlor.

Die ersten Hellcats wurden im Februar 1943 auf der *Essex* stationiert und konnten die «Windstille» im Zentralpazifik zum intensiven Training und Ausprobieren neuer verbesserter Funktionen nutzen. Am 23./24. November, als die Operation bei den Gilbert-Inseln gerade begonnen hatte, schossen trägergestützte Hellcats für jede eigene verlorene Maschine 30 Zeros ab. Das war kein Zufall. Die Mehrheit der später in der Schlacht in der Philippinensee zerstörten japanischen Maschinen fiel der Überlegenheit der Hellcats zum Opfer, das Gleiche galt für die über Rabaul, den Philippinen, Iwojima und Okinawa abgeschossenen. Zu diesem Zeitpunkt hatte die japanische Luftwaffe genau wie die deutsche nur noch sehr wenige erfahrene Kampfpiloten, dennoch bleibt der Unterschied der Verluste erstaunlich. Im Gegensatz dazu fragten sich amerikanische Planer Ende 1944, ob sie nicht *zu viele* hoch ausgebildete Flugzeugbesatzungen bekommen würden.

F6F Hellcats flogen während des Krieges über 66 000 Kampfeinsätze, die meisten davon von Flugzeugträgern aus. Sie zerstörten laut Meldung ihrer Piloten 5163 feindliche Maschinen, verloren selbst aber nur 270. Es gab im Zweiten Weltkrieg nichts Vergleichbares. Nach einer Statistik waren Hellcats für drei Viertel aller von der Navy im Pazifik verzeichneten Luftsiege verantwortlich. Dieser robuste, anpassungsfähige Jäger, von dem insgesamt 12 275 gebaut wurden, erwies sich so als ideale Komponente der Waffensysteme, die beim Kampf gegen das japanische Kaiserreich eingesetzt wurden.[39]

So wurde die operative und strategische Grundlage für die nächsten

F6F Hellcats an Bord des Flugzeugträgers USS *Essex*, März 1943.

Vorbereitungsoperationen von 1944 gelegt, die rund um die Marshall-Inseln und die Karolinen stattfanden, bevor der Hauptangriff auf die Marianen selbst folgte.[40] Es ist interessant, wenn vielleicht auch offensichtlich, dass je mehr amerikanische Vorstöße über diese entlegenen mikronesischen Atolle stattfanden, sie desto weniger von japanischen Luftangriffen unterbrochen wurden. Die landgestützten japanischen Flugzeuge konnten nicht weit genug in den endlosen Zentralpazifik vorstoßen, und Versuche ihrer Trägermaschinen, die amerikanischen Landungsoperationen zu stören, waren den offensichtlichen Gefahren ausgesetzt: Beschuss durch lauernde amerikanische U-Boote und schwere Gegenangriffe durch Fliegerstaffeln, die von einem Dutzend oder mehr Trägern aus operierten.

Der Höhepunkt für die schnellen US-Träger im Pazifikkrieg war der Kampf japanischer und amerikanischer Flottenverbände westlich der Insel Saipan am 19. Juni 1944, wo die Landungstruppen an Land gingen und sich den Weg ins Inselinnere freikämpften. Offiziell ist er als die

Schlacht in der Philippinensee, aber bei den Piloten umgangssprachlich als «das große Scheibenschießen bei den Marianen» bekannt.[41] Diese Schlacht von Marinefliegern über weite Distanz bestätigte die Schlacht von Midway und dazu die strategische Entscheidung der Navy, mit Flugzeugträgern und amphibischen Kräften über den Zentralpazifik vorzustoßen. Damals und auch später wurde der amerikanische Kommandeur Admiral Spruance scharf für seine allzu vorsichtige Taktik kritisiert, weil er seine Flotte tagsüber westlich der Marianen ausschickte und sie nachts wieder näher an die Inseln zurückzog.[42] Dies erscheint nicht sehr fair, denn der Schutz der amerikanischen Landungstruppen auf Saipan, wo Spruance eilig seine Reservedivision an Land setzte, als die Aufklärung ihn informierte, dass japanische Kriegsschiffe ihre Stützpunkte verlassen hätten, war seine oberste Priorität, nicht das Versenken von ein paar feindlichen Schlachtschiffen – das konnte warten.

Bei den enormen Luftangriffen und Gegenangriffen wurden die Überwasserschiffe der japanischen Marine erneut von Admiral Mitschers vier schnellen Trägergruppen schwer getroffen. Insgesamt verlor Japan etwa 480 Flugzeuge, rund drei Viertel der eingesetzten Maschinen. Inzwischen war das Ungleichgewicht erstaunlich. Die japanischen Verluste in der Luft waren zehnmal höher als die amerikanischen. Der Verlust ausgebildeter Piloten zusätzlich zu den bereits bei Rabaul getöteten war nicht auszugleichen, und Japans große Schlachtschiffe wirkten mehr und mehr wie eine Anomalie. Yamamotos Traum lag in Trümmern. Der außerordentliche Kader von Marinepiloten, die Pearl Harbor in Schutt und Asche gelegt und die *Prince of Wales* und die *Repulse* auf den Meeresgrund geschickt hatten, war nun selbst zerschlagen.

Man könnte tatsächlich sagen, dass diese Trägerschlacht im Juni strategisch wichtiger war als die Schlacht im Golf von Leyte im Oktober 1944. Dort war auf beiden Seiten eine noch größere Zahl von Kriegsschiffen und Flugzeugen beteiligt, allerdings ging es um eine weniger wichtige Position. Zwar endet die Analyse dieses Buches nach der Eroberung der Marianen, doch es ist interessant, dass der japanische Plan, die US-Streitkräfte von jeglicher Invasion der Philippinen abzuhalten (Plan SHO-I), auf Admiral Ozawas Trägerflotte beruhte, die die weit größeren amerikanischen Trägerverbände nach Norden ablenken sollte. Damit sollten sie von den großen Schlachtschiffen weggelockt werden, die sich durch die verschiedenen Meerengen manövrierten, um die Amerikaner während ihrer Landungen auf Leyte zu überraschen und auszuschalten. Die wirklich bemerkenswerte Tatsache ist aber, dass Ozawas Flotte wirklich nur eine Ablenkung war, denn im November 1944 besaß sie gerade einmal 100 Flugzeuge und kaum ausgebildete Besatzungen. Wahrscheinlich machte es den Schlachtschiffadmirälen der japanischen Marine nichts aus, einen Lockvogel aus Ozawas Schiffen zu machen, denn wenn das Ablenkungsmanöver funktionierte, hätten sie endlich einen entscheidenden Sieg vorweisen können. Obwohl die Amerikaner (und besonders Halsey) zunächst auf dieses Manöver hereinfielen, hatten sie genügend Ressourcen, um der japanischen Marine an allen Fronten zu schaden. Die vier Flugzeugträger Ozawas wurden genauso versenkt wie drei Schlachtschiffe und neun Kreuzer.

Die Unterstützung für die Flugzeugträger in all diesen Feldzügen leisteten die stillen Helden des Pazifikkriegs, nämlich die Versorgungsschiffe und ihre Mannschaften. Ebenso wie Cäsar bei der Eroberung Galliens seinen Koch brauchte, benötigten die schnellen und weit verstreuten Flottillen, die von Pearl Harbor ausschwärmten, den hervorragend ausgestatteten «Flotten-Tross» von Versorgungsschiffen und besonders die schnellen und eigens konstruierten Öltanker, ohne die Spruance, Halsey, Mitscher und die anderen einen viel engeren Aktionsradius gehabt hätten. Minikonvois von Tankern mit starkem Zerstörergeleitschutz waren ständig in relativ kurzem Abstand hinter den großen Kampfverbänden auf See. Sie werden nur selten von Militärhistorikern beachtet, aber diese Tanker trugen wie jeder andere Teil des Puzzles zum Sieg über die «Tyrannei der Distanz» bei. Zu ihrer eigenen Beschämung fand die Royal Navy heraus, dass sie nach der überfälligen Entsendung ihrer modernen Schlachtschiffe und Träger in den Fernen Osten 1944/45 eine vergleichsweise sehr «kurzbeinige» Marine besaß. Ihre Angriffe auf japanische Stellungen in Burma und Niederländisch-Indien verliefen zufriedenstellend, aber ihr Mangel an Auftankkapazitäten und damit ihre Abhängigkeit von amerikanischer Hilfe bei weiter reichenden Operationen im Pazifik ließen Admiral King bis kurz vor Kriegsende sein Veto gegen ihre Mitwirkung in diesen Gewässern einlegen. Die britische Admiralität hatte schließlich Kriegsschiffe konstruiert, die vor der norwegischen Küste und im Mittelmeer operieren sollten, während die Amerikaner für einen großangelegten Ozeankrieg geplant hatten – und darin Recht behielten.[43]

Die Bombardierung Japans

Die Eroberung der Marianen hätte für den Pazifikkrieg nicht so viel bedeutet, wenn sie nicht im Zusammenhang mit einem anderen amerikanischen Vorhaben gestanden hätte: der Entwicklung des größten alliierten Langstreckenbombers, der B-29 Superfortress. Dieses außergewöhnliche Flugzeug war die Verwirklichung von Mitchells und Trenchards Annahme, dass «der Bomber immer durchkommt», nicht weil es sich (mit Geleitschutz) gegen feindliche Jagdflugzeuge zu ausgewählten Zielen durchkämpfen würde wie in Europa, sondern weil es höher und schneller flog als irgendein japanischer Jäger. Die B-29 wog etwa doppelt so viel wie die B-17 oder die Lancaster, und ihre Besatzung konnte mit Druckkabinen eine Flughöhe von 12–13 000 Metern und eine Geschwindigkeit von 550 km/h erreichen. Schon die Verfolgung hätte die Tanks eines Jägers geleert; an ihrem Ziel lud die B-29 dann eine verheerende Ladung aus Spreng-, Splitter- oder Brandbomben über der hilflosen Bevölkerung ab. Es war kein ausgeglichener Kampf wie in der Luftschlacht um England, sondern eine brutale Verwüstung aus der Luft. Die berühmtesten Aktionen der B-29 waren die Abwürfe der Atombomben über Hiroshima und Nagasaki, die die starrsinnige japanische Militärführung schließlich zur Kapitulation bewogen. Ihre zerstörerischste Operation waren die Brandbomben auf Tokio im März 1945, die 130 000 Menschen töteten. Zwischen 1940 und 1942 hatte Winston Churchill, der dabei häufig neben einer Reihe ausgebrannter Häuser in Ostlondon stand, die Achsenmächte gewarnt, auch sie würden einmal drankommen. Aber trotz seiner ausgeprägten Phantasie hatte auch er keine Vorstellung vom Ausmaß künftiger Zerstörungen aus der Luft.

Woher kam die B-29?[44] Es ist interessant, dass die Vorgaben für dieses riesige Flugzeug bereits 1938/39 festgelegt wurden – wie für so viele Waffensysteme, die wir mit der mittleren Kriegsphase assoziieren, z. B. Lancaster-Bomber, Spitfire-Jäger, Sherman-Panzer, Landungsboote und T-34-Panzer. Sie alle brauchten Zeit für Tests und Entwicklung, bevor sie voll zum Einsatz kamen. Die Entwicklungsdauer spielte eine entscheidende Rolle. Im Zweiten Weltkrieg übernahmen schwere Bomber zunehmend die Rolle von Schlachtschiffen und Kreuzern, wirtschaftlichen Druck auf den Feind auszuüben, aber ungünstigerweise dauerte es fast genauso lange wie bei einem großen Kriegsschiff, bis sie entworfen und gebaut waren.

Die Geschichte der Superfortress ist ein gutes Beispiel für dieses verstörende, wenn auch natürliche Gesetz. Je anspruchsvoller das Instrument, desto wahrscheinlicher nehmen seine Kinderkrankheiten zu.

Die mit 43 Metern enorme Spannweite der B-29 und das riesige Startgewicht von 54 Tonnen hatten wie bei den heutigen Superjumbos Auswirkungen auf die Anlage von Stützpunkten und die Breite und Länge der Startbahnen. Die meisten Flugplätze, darunter alle in Europa, waren einfach zu klein für sie. Doch die Herausforderungen an die Ingenieure beim Bau der Flugfelder waren noch gar nichts gegen die Aufgabe, das Monster selbst zu konstruieren. Außergewöhnliche technische Vorrichtungen waren notwendig, um so ein Gewicht in die Luft und dann auf 12 000 Meter Höhe zu bringen – fast alle davon noch unerprobt. Das forderte sogar den Erfindergeist von Boeings ausgezeichneten Design- und Entwicklungsteams heraus. Wie genau konstruierte man beispielsweise eine Druckkabine für ein so langes Flugzeug, das sowohl eine Besatzung im Bug als auch im Heck hatte, aber auch einen langen mittleren Bombenschacht, der nicht unter Druck stehen sollte oder dessen Druck man kurz vor dem Bombenabwurf schnell senken musste? Es ist nicht schwer zu verstehen, warum es so lange dauerte, bis man die Kompromisslösung gefunden hatte: einen langen, unter Druck stehenden «Kriechtunnel» über den Bombenschächten, so dass sich ein Besatzungsmitglied hin- und herbewegen konnte, während das Flugzeug in großer Höhe flog. Wie perfektionierte man das revolutionäre zentrale Feuerkontrollsystem (CFCS), das von einem analogen Computer gesteuert wurde und Wind, Schwerkraft und Fluggeschwindigkeit ausglich? Abgesehen von den vier Hauptmontagewerken waren Tausende von Zulieferern beteiligt. Wie sollte man dabei Qualitätskontrollen durchführen?[45]

Das größte Problem der Boeing-Ingenieure und -Zulieferer waren die Wright R-3350-Motoren. Alle frühen Modelle waren unzureichend und unzuverlässig. Der Unterschied zur Erfahrung mit dem Merlin-Motor der Mustang und dem Pratt & Whitney-Motor der Hellcat ist faszinierend. In jenen Fällen löste ein ausgezeichneter Ersatzmotor das Problem, ein potenziell wunderbares Flugzeug anzutreiben. In diesem Fall musste die B-29, ein kühnes, schreckliches Kriegswerkzeug, nicht nur die genannten technischen Herausforderungen bewältigen, sondern auch die einfache Tatsache, dass sie untermotorisiert war und nicht genug leistete. Das Motorengehäuse des Wright-Motors war eine Fehlkonstruktion; die Landeklappen waren fehlerhaft; die Motoren erhitzten sich zu stark und fingen Feuer. Beim zweiten Prototyp brach in der Testphase ein Feuer aus und er stürzte in eine nah gelegene Fleischfabrik, was viele Todesopfer einschließlich der gesamten Besatzung forderte. Je größer der Druck zur Perfektionierung des Flugzeugs wurde, desto größer waren die Rückschläge. Die Ingenieure in der riesigen Fabrik in Wichita, die vier vollständige Gruppen modernisieren und fertigstellen sollten, bezeichneten ihre Arbeit ironisch als die «Schlacht von Kansas». Damit hatten sie nicht Unrecht. Man diskutierte ernsthaft, das Programm ganz zu streichen, bevor Hap Arnold in seiner Verzweiflung über die Mängel der alliierten strategischen Bombardements in Europa nach jedem Strohhalm griff und die Fortführung der Arbeiten anordnete. Die Zeit von Dezember 1943 bis Januar 1944 war in der Tat die entscheidende Phase für den strategischen Bombenkrieg der Alliierten.

Die Arbeiten gingen voran, und die Flugzeuge wurden gebaut, da die Boeing-Ingenieure Hunderte von kleinen Justierungen vornahmen. Die verängstigten Piloten beschrieben die ersten 20 Flugsekunden nach dem Abheben als einen «harten Kampf um Fluggeschwindigkeit»[46], bei dem die Besatzungen ihr riesiges Flugzeug in die Höhe zwangen. Manchmal wurden ihre Gebete auch nicht erhört; einige von ihnen stürzten beim Abflug von Saipan ab, weil ein Motor ausfiel, als die schwer beladene Maschine gerade zu steigen begann. Erst nach 1945 löste (auch hier) ein viel besserer Pratt & Whitney-Motor dieses Problem. Sogar die *Enola Gay*, die mit ihrer Atombombe am 5. August 1945 von Tinian nach Hiroshima abflog, war sehr nahe daran, am Ende der langen Startbahn zu verunglücken, bevor sie langsam in die Nacht abhob – ein furchterregender Gedanke.

Wenn sie aber ihre Flughöhe erreicht hatte, konnte man der B-29 normalerweise nichts mehr anhaben, und dann war sie so gut wie unzerstörbar. Wer hätte sie auch erreichen können? Ihre Probleme lagen in ihren eigenen technologischen Ansprüchen – von diesem Modell gingen viel mehr aus technischen Gründen (Motorenausfall, Druckabfall) als durch Abschüsse verloren. Nachdem drei oder vier Gruppen von Superfortresses sicher gestartet und für feindliche Jäger unerreichbar waren, konnte ihr Angriff praktisch nicht mehr verhindert werden.

Die schwierigste Frage für den Planungsstab der Air Force war, *wo* das Riesenflugzeug stationiert werden sollte. Roosevelts ursprüngliche Anwei-

«Kampf um Fluggeschwindigkeit»: Eine B-29 Superfortress beim Start auf Saipan, Marianen, Dezember 1944.

sung mit dem Codenamen «Operation Matterhorn» besagte, die Maschinen sollten von Stützpunkten in Südchina operieren, die ihrerseits von größeren Stützpunkten in Indien versorgt wurden. Wie oben erörtert, konnte diese Idee nur als schwache Ablenkung funktionieren, und besonders im Fall der treibstoffdurstigen B-29-Bomber, die von Seattle über Hawaii und Australien nach Assam hätten fliegen müssen, dann über den «Buckel» zu einer Basis bei Chengdu in der Provinz Sezuan – und dann weiter zur Bombardierung Japans. In diesem Fall hätte aber jemand die Bomben, den Treibstoff und die MG-Munition nach Chengdu bringen müssen, dazu die Bautruppen, den Zement, die Wellblechhütten und die Verkabelung. Genauso gut hätte man den alliierten Italienfeldzug durch Flüge von Florida über Bahia, Freetown, Kapstadt, Sansibar, Aden und Kairo nach Kalabrien verstärken können. Es musste einen kürzeren Weg geben.

Doch im Juni 1944 waren amerikanische Planer der Überzeugung, man müsse die chinesische Option ausprobieren. Obwohl Produktionsprobleme die Zahl der B-29-Gruppen halbierten, die in Indien stationiert werden konnten, ging der Plan voran. Am 5. Juni 1944 flogen 98 B-29 in Indien ab, um japanische Eisenbahnwerkstätten in Bangkok anzugreifen; für die örtliche Thaibevölkerung wie für die japanische Garnison muss es eine außerordentliche Überraschung gewesen sein. Und am 15. Juni bombardierten 47 Superfortresses, die den östlichen Himalaya überflogen und in Chengdu aufgetankt hatten, die Kaiserlichen Eisen- und Stahlwerke in Yamata – der erste Angriff auf die japanischen Inseln seit dem «Doolittle Raid» mehr als zwei Jahre zuvor. Dazu muss man wissen, dass Doolittle selbst inzwischen wieder in Europa war und die strategische Bombardierung Deutschlands durch die 8. US-Luftflotte antrieb.

Im Juni 1944 nahmen aber Marines, Army und Seabees auch die Marianen ein – warum behielt man also die unglaublich teure und logistisch schwierige Strategie bei, Japan von Südchina aus zu bombardieren? Diese B-29-Bombenangriffe auf Japan aus der Provinz Sezuan hörten nicht schlagartig auf. Ein weiteres halbes Jahr lang wurden Schläge gegen die Heimat des Feindes geführt, bevor die Stützpunkte auf den Marianen einsatzfähig waren, und dadurch sammelte man zugleich wichtige operative Erfahrungen.

So setzten die B-29 ihre Angriffe von Juli bis Dezember 1944 fort, allerdings nur mit rund zwei Angriffen pro Monat. Beispielsweise hoben am 21. November 61 Maschinen in Chengdu zur Bombardierung japanischer Ziele ab, aber drei Tage später griffen 111 Bomber Tokio von den günstiger gelegenen Marianen aus an. Der letzte B-29-Angriff von China aus fand am 6. Januar 1945 statt; danach wurden die Geschwader im Pazifik stationiert.[47] Die Besatzungen hatten eine der härtesten Aufgaben des Luftkrieges, und allein ihre Anwesenheit brachte die japanische Armeeführung dazu, ihre Truppen immer weiter nach Zentralchina voranzutreiben und sie damit vom strategisch viel wichtigeren amerikanischen Vorstoß im Pazifik abzuziehen. Die ursprüngliche Absicht der Amerikaner, die Bomber in diesen abgelegenen Gebieten zu stationieren, lag in der Unterstützung des wackligen Chiang Kai-shek-Regimes und der Suche nach einer klugen Methode, Japans Städte und seine industrielle Basis zu zerstören. Vielleicht war der größte Nutzen von «Operation Matterhorn» jedoch, dass die «kontinentalen» Tendenzen der japanischen Armee weiter verstärkt wurden, wodurch 1944/45 weit über eine Million Soldaten zur falschen Zeit am falschen Ort standen.

Die weitere Geschichte der B-29-Angriffe auf Japan überschreitet unseren zeitlichen Rahmen, obwohl schon eine kurze Zusammenfassung der Bombardements von den Marianen aus und danach die Hauptargumentation bestätigen würde. Der erste Einsatz von den Inseln aus gegen Tokio am 24. November 1944 fand statt, als die Amerikaner zuhause Thanksgiving feierten. Inzwischen gaben die japanischen Behörden Anweisungen zum Lebensmittel- und Wassersparen aus und richteten kommunale Luftschutzwachen ein. Von der Jahreswende an wurden die Luftangriffe verstärkt. Nach kurzer Zeit entschied der bärbeißige Kommandeur der B-29-Geschwader, Lieutenant-General Curtis LeMay, dass die Bombardierungen aus großer Höhe nicht genug Schaden anrichteten und das Fliegen in solchen Höhen wahrscheinlich unnötig sei, denn die japanische Luftabwehr war viel schwächer als die, die er in Europa erlebt hatte. Ohne Rücksprache mit Washington ließ er die Maschinen von großen Teilen ihrer schweren Panzerung und ihrer ferngesteuerten Zielausrüstung befreien, um größere Kapazitäten für Treibstoff und eine neuartige Bombe zu schaffen – eine mit Napalm gefüllte Brandbombe, die dazu entworfen wurde, Japans verwundbare hölzerne Städte niederzubrennen.

Am 9./10. März 1945 hoben 333 Bomber von den Marianen ab, flogen über die Kämpfe auf Iwojima und verwüsteten Tokio im größten Feuersturm des gesamten Krieges. In den Tagen darauf erlitten Nagoya, Osaka und Kobe das gleiche Schicksal. LeMay zerstörte die japanische Industrie gründlich, nach Tolands Berechnungen «waren fast 120 Quadratkilometer äußerst wichtiger Industrieanlagen verbrannt». Insgesamt waren zwei Millionen Gebäude zerstört, und 13 Millionen japanische Zivilisten hatten ihre Häuser verloren. Strategische Bombardements funktionierten.[48] Das große moralische Problem bestand genau wie bei der gleichzeitigen alliierten Bombardierung deutscher Städte darin, dass die Zerstörung der feindlichen Kriegsindustrien auch das Leben Hunderttausender Zivilisten forderte, die meisten von ihnen Frauen, Kinder und Alte. An diesem Punkt des Krieges stellten allerdings nicht viele auf der Siegerseite die zeitlose Frage der Lehre des «gerechten Krieges» nach der Verhältnismäßigkeit der Mittel. Die Atombombenabwürfe von Hiroshima und Nagasaki waren weitgehend das Epitaph für die früheren, größeren Zerstörungen aus der Luft.

Der Bau von Stützpunkten im Pazifik: die Seabees

Die Geschichte der Seabees ist die Geschichte eines Mannes, der ein Team zusammenstellte, das seinerseits eine gigantische Organisation schuf. Sie brachte Amerikas militärisch-industrielle Macht in Form von Zement, Asphalt, Stahlträgern, Elektrokabeln, Gummi, Glas, Bulldozern und Lichtanlagen über die 10 000 Kilometer Ozean bis an die Grenzen Japans. Es ist eine Geschichte, die denen von Hobart und seinen «Funnies» oder von Harker und Freeman und ihrer Rettung der P-51 Mustang mindestens ebenbürtig ist, und sie kann in einem Atemzug mit Barnes Wallis und seiner Konstruktion des Wellington-Bombers und der Dambuster-, Tallboy- und Blockbuster-Bomben genannt werden. Ben Moreell war einer der vernachlässigten Vertreter der mittleren Ebene, die die Große Strategie der Alliierten in die Tat umsetzten.

Moreell war gelernter Ingenieur und wurde dann Marineoffizier – der einzige nicht-kämpfende Offizier der US Navy, der den vollen Admiralsrang erreichte.[49] Nach seinem Ingenieurstudium an der Washington University ging er im Ersten Weltkrieg sofort zur Marine und bewies sein außerordentliches Talent für den Bau und die Entwicklung von Militärstützpunkten. Das machte den jungen Franklin D. Roosevelt auf ihn aufmerksam, damals stellvertretender Marineminister. Anfang der dreißiger Jahre wurde Moreell zum Studium an die Pariser École Nationale des Ponts et Chaussées geschickt, das beste europäische Institut für den militärischen Straßen- und Brückenbau. Im Dezember 1937 ernannte ihn Roosevelt zum Chef des Bureau of Yards and Docks (Werftenaufsicht) und auch zum Baudirektor der Navy, eine brillante Doppelbesetzung. Eine von Moreells ersten Amtshandlungen war die Anregung und Organisation des Baus zweier riesiger Trockendocks in Pearl Harbor. Die amerikanischen Schlachtschiffe und anderen Schiffe, die am Schicksalsmorgen des 7. Dezember 1941 beschädigt wurden, konnten so teilweise an ihrem Heimatstützpunkt repariert werden; es war nicht notwendig, sie nach San Diego zu schleppen. Schiffe, die bei den Salomonen, den Gilbert-Inseln und den Marianen schwere Schäden davongetragen hatten, konnten ebenso nach Pearl Harbor zurück. Das war der Geniestreich eines Mannes, der vorausdachte.

Aber Moreell dachte nicht nur an Baumaßnahmen für Schutz oder Verteidigung, sondern auch an die Bekämpfung des Feindes. Ende Dezem-

Der Organisator: Admiral Ben Moreell, der Gründer der «Seabees».

ber 1941 empfahl er Roosevelt die Einrichtung von Marinepionierbataillonen, die sich aus dem Bausektor rekrutierten und deren Offiziere Weisungsbefugnis über alle unteren Offiziers- und Mannschaftsränge haben sollten, die diesen Einheiten zugeteilt wurden. Der Gedanke, Pionieroffizieren reguläre Navy- und Marine Corps-Einheiten zu unterstellen, versetzte Washington Anfang 1942 in helle Aufregung, aber Moreell setzte sich damit durch. So wurden am 5. März 1942 die Construction Battalias (CBs) geboren – die «Seabees». Moreell hatte schon ihr Motto zur Hand: «Construimus, Batuimus» («Wir bauen, wir kämpfen»), denn ihm war zugesagt worden, dass diese Männer zur kämpfenden Truppe gehören sollten und daher nicht als bewaffnete Freischärler hingerichtet werden konnten, wenn sie dem Feind in die Hände fielen.

Diese Baufachleute Anfang 1942 zu den Seabees zu bekommen, als jede Waffengattung nach Personal schrie, war ein bedeutender Schachzug. Laut dem historischen Zentrum der US Navy waren «die ersten Rekruten … Männer, die den Boulder-Staudamm, das Autobahnsystem und die

Wolkenkratzer New Yorks mit errichtet hatten. Sie hatten in Bergwerken und Steinbrüchen gearbeitet und die U-Bahn-Tunnel gegraben. Sie hatten auf Werften gearbeitet und Docks gebaut, sogar Ozeandampfer und Flugzeugträger … Sie kamen aus über 60 Handwerksberufen.» Ihr Durchschnittsalter lag bei 37 Jahren.[50] Im späteren Kriegsverlauf durfte Moreell die amerikanische Facharbeiterschaft nicht mehr so stark «abschöpfen», aber zu diesem Zeitpunkt hatten er und sein Team ein eindrucksvolles und fortschrittliches System von Ausbildungsstätten und vorgeschobenen Stützpunkten eingerichtet, das alle Rekruten durchlaufen mussten, bevor sie an die Front geschickt wurden.

Bei Kriegsende waren die Seabees 325 000 Mann stark, die von Trinidad bis Londonderry und von Halifax bis nach Anzio Infrastruktur im Wert von mehr als zehn Milliarden Dollar errichtet hatten. Sie bauten und bemannten die Stahlpontons, mit denen die alliierten Armeen und ihr Nachschub auf Sizilien, in Salerno und in Südfrankreich landen konnten. 10 000 Seabees des Navy-Pionierregiments 25 gingen zusammen mit ihren Army-Kollegen an den Stränden der Normandie an Land, um Rommels Stahl- und Betonhindernisse zu zerstören. Deutsche Pioniere hatten den legendären Atlantikwall erbaut, und amerikanische Pioniere trugen ihn wieder ab. Seabees gehörten zur Besatzung vieler Landungsboote bei der ersten Welle von Soldaten und Panzern und verankerten dann Tausende von Pontons. Bei Milford Haven hatten sie die außergewöhnlichen Mulberry-Häfen gebaut, die die alliierten Landeköpfe schützen sollten. Ihre größte logistische Herausforderung an der europäischen Front war der Wiederaufbau der Häfen von Cherbourg und Le Havre, die vollständig von deutschen Zerstörungskommandos verwüstet waren – die ersten amerikanischen Ladungen wurden in Cherbourg schon elf Tage nach Eroberung der Stadt gelöscht. Der Bau von Pontons zur Rheinüberquerung war im Vergleich dazu ein Kinderspiel. Während all dies geschah, wurde Moreell hinzugezogen, um 1943 eine Einigung im landesweiten Streik der Ölraffineriearbeiter auszuhandeln. Ein Jahr später wurde er zum Beauftragten für die Steinkohleindustrie berufen, als sie unter Staatsaufsicht gestellt wurde. Man fragt sich, ob er jemals schlief.

Die größten Leistungen der Seabees fanden allerdings an der Pazifikfront statt, wo sich 80 Prozent der gesamten Navy-Pioniere befanden. Schon die bloßen Zahlen sind unglaublich. Allein im Pazifik bauten sie 111 große Landebahnen und 441 Piers, Tanks für die Lagerung von fast

Fleißige Bienen: Eine schwimmende Werkstatt der «Seabees» im Einsatz in der Normandie, Juni 1944.

400 Millionen Liter Benzin, Unterkünfte für eineinhalb Millionen Mann und Krankenhäuser für 70 000 Patienten. Die Kriegsgeschichten sind sogar noch eindrucksvoller. Das allererste in den Südwestpazifik – auf die krankheits- und ruhrverseuchte Insel Bora Bora – entsandte Bataillon hatte gerade genug Zeit, die Treibstofftanks zu errichten, die von amerikanischen Schiffen und Flugzeugen während der Schlacht im Korallenmeer genutzt werden sollten. Seabees gingen mit den Marines in Guadalcanal an Land und versuchten Tag und Nacht, die Bombenkrater von Henderson Field aufzufüllen und japanische Geschützstellungen dem Erdboden gleichzumachen. Sie «hüpften» den ganzen Weg zusammen mit MacArthurs Kommando Südwestpazifik von Papua-Neuguinea und den Salomonen über New Britain, die Admiralitäts-Inseln, Hollandia (heute Port Numbay), Celebes (Sulawesi) und dann zu den Zentralphilippinen.

Als MacArthur schließlich sein Versprechen – «Ich werde zurückkommen» – erfüllte und im Oktober 1944 fotogen durchs flache Wasser an Land watete, bekam er damit die Aufmerksamkeit der Nachrichtenredakteure. Aber dieser Fototermin war nur möglich, weil die Seabees geschickt die Pontonbarken und Dämme errichtet hatten, über die die Army – und die Fotografen – überhaupt erst an Land kamen. Schon sehr bald verteilten sich 37 000 Mann der Bautruppen über die Philippinen und bauten die Flotten- und U-Boot-Stützpunkte, Flughäfen, Werkstätten, Straßen, Unterkünfte und Krankenhäuser für die enorme Militärmacht, die dann nördlich auf Japan vorstieß.[51]

Der «Invasionssprung» fand nicht statt. Zur Erleichterung von Millionen amerikanischer Soldaten und ihrer Familien, wenn vielleicht auch nicht zur Erleichterung MacArthurs, brachten Hiroshima und Nagasaki den Krieg viel schneller zu Ende, als die Planer der Army erwartet hatten. Das Werkzeug des Sieges war eine B-29, die die erste Atombombe transportierte. Sie hob am 5. August zu ihrem schicksalhaften Flug von einer der Startbahnen auf Tinian ab, die die Seabees gerade auf einer kurz zuvor von den Marines eroberten Insel gebaut hatten, welche ihrerseits von den schnellen Flugzeugträgern geschützt wurden.

Die Seabees bauten nicht nur, sie kämpften auch und erlitten immer wieder Verluste. Während des schwierigen Angriffs der Marines auf Tarawa mussten diese Pioniere unter schwerem Beschuss einen Weg finden, um Landungsboote und danach Panzer über flache Korallenriffe zu transportieren. Die Seabees erlitten in vielen Schlachten einfach deswegen Verluste, weil sie zur zweiten Angriffswelle gehörten, die die Strände von Guadalcanal, Sizilien, Anzio, Saipan, der Normandie und anderswo stürmte. Aber dies war natürlich Moreells ursprüngliches Argument. Sie mussten nicht nur Bauarbeiter, sondern auch Soldaten sein. Bevor man die feindlichen Küstenwälle und Stacheldrähte beseitigen konnte, musste man womöglich die Soldaten töten, die dahinter lauerten. Allein an der Pazifikfront verdienten sich die Seabees mehr als 2000 Verwundetenmedaillen; sie verloren etwa 200 Mann im Kampf und erheblich mehr bei gefährlichen Bauvorhaben. Ihre Ausdauer war erstaunlich. 15 Stunden, nachdem die Marines die restliche japanische Garnison bei Tarawa aufgerieben hatten, konnte der mit Bombenkratern übersäte Flugplatz wieder benutzt werden. Manche dieser Bauarbeiter hatten sich mit über 60 Jahren zu den Navy-Pionieren gemeldet.

Die Army, die Marines und die Seabees marschierten gemeinsam über den Pazifik, und das war auch notwendig. Als die Marshall-Inseln im

Februar 1944 erobert waren, wurde das von Kokospalmen eingerahmte Majuro-Atoll in eine große Flottenbasis mit allen Einrichtungen, einschließlich eines Offiziersclubs für die Navy, umgewandelt. Währenddessen wurde das benachbarte Kwajalein in einen gigantischen Flugplatz und ein Reparaturzentrum mit weit weniger Annehmlichkeiten für die Army-Offiziere verwandelt. Der nächste logische Schritt führte auf die Karolinen, weil sie für die Nachschubwege zur geplanten Invasion der Philippinen ausgezeichnet gelegen waren. Im September 1944 bauten die Seabees dort verschiedene Einrichtungen, auch auf der zuvor so stark umkämpften Insel Peleliu und auf der Insel Morotai, die MacArthurs wichtigstes Sprungbrett zwischen Nordwest-Neuguinea und den Südphilippinen war.

Die Kronjuwelen des Westpazifik, nämlich die Marianen, waren ein paar Monate zuvor erobert worden. Die Rolle der Seabees bei Guam, Saipan und Tinian im Juni und Juli 1944 war möglicherweise ihre wichtigste im gesamten Krieg. Guam war symbolisch wichtig – die Insel war kurz nach Pearl Harbor an die Japaner verloren gegangen und stellte somit das erste wiedereroberte amerikanische Territorium dar. Saipan sollte zu einer weiteren riesigen Basis für die Pazifikflotte und auch zu einem Flugplatz werden. Tinian war aber der Hauptgewinn. Es war zwar klein, aber auch relativ flach und tief gelegen und ähnelte mehr einem großen Weizenfeld in Ostengland als dem bergigen Hochland von Neuguinea oder sogar den nahegelegenen scharfen Klippen von Saipan. Hier gab es bereits Flugplätze und dazu noch Platz für weitere.

Das Hauptproblem von Tinian, zumindest für die Invasionstruppen, war der schwierige Zugang. Man konnte entweder an den besten Stränden bei Tinian Town landen, aber dort besaßen die Japaner die stärksten Verteidigungsstellungen, oder im Norden an den unpassend benannten «weißen» Stränden, die extrem schmal und von flachen Korallenriffen geschützt waren. Dort gab es beispielsweise nur Landungsraum für höchstens acht Landungsfahrzeuge gleichzeitig, verglichen mit 96 bei jeder Welle auf Saipan, darum bestand ein hohes Risiko, entweder wie bei Tarawa auf den Korallen zu stranden oder im engen Trichter eines Strandes zusammengeschossen zu werden. Doch die Invasion am 24. Juli 1944 stellte sich als erstaunlich einfach heraus, und es gab weit weniger Verluste als auf Saipan und Guam. Die Amerikaner setzten an diesem Tag 15 000 Mann an den «weißen» Stränden ab; etwa zur gleichen Zeit erreichte die Rote Armee die Weichsel, Bradley brach in der Normandie durch und die Armeen Mark Clarks begannen ihren Vorstoß nördlich von Rom. Die Abwehrstellungen der Achsenmächte brachen alle gleichzeitig zusammen; imperiale Überdehnung, eine Art kollektive geopolitische «Materialermüdung» (wie der Ingenieur Moreell vielleicht gesagt hätte), hatte begonnen.

Tinian war ein weiteres ausgezeichnetes Beispiel, wie man amphibische Kriegführung erfolgreich praktizierte. Amerikanische Einheiten führten ein großes, aber vorgetäuschtes Landemanöver beim wahrscheinlicheren Ziel Tinian Town zusammen mit starkem Marinebeschuss durch, und wie in der Normandie zahlte sich die Täuschung reichlich aus. Die Aufmerksamkeit der Japaner richtete sich wie die Hitlers und Jodls auf den falschen Ort. Dann ging eine Kompanie Marines nach der anderen durch den Engpass der weißen Strände an Land; binnen drei Stunden war ein ganzes Regiment völlig überraschend gelandet. Aber all dies war nur möglich, weil die Seabees spezielle bewegliche Rampen entwickelt und bedient hatten, die die Kampftruppen und ihre Ausrüstung über die Küstenriffe bringen konnten.[52]

Das war nur der Anfang. Die Hauptaufgabe war der Bau von Flugplätzen, die die systematische Zerstörung von Japans Kriegsmaschinerie ermöglichen sollten. Binnen weniger Wochen nach Eroberung der Marianen wurden die Luftstützpunkte gebaut, also asphaltierte Startbahnen auf zermahlenem Korallenfundament, dazu Verkabelung, Kontrolltürme, Wellblechhütten, Umzäunung, Werkstätten und Radarstationen. Die Seabees bauten insgesamt fünf große Luftstützpunkte auf den Marianen: einen auf Guam, einen auf Saipan und nicht weniger als drei auf Tinian. Jeder dieser fünf Stützpunkte konnte vier B-29-Geschwader aufnehmen. Allein auf Tinian konnten also zwölf Geschwader stationiert werden. Die Superfortress-Bomber trafen ab der zweiten Oktoberhälfte 1944 ein, als die Seabees immer noch die Einrichtungen ausbauten. Wie schon erwähnt, wurde der erste Angriff auf Tokio am 24. November 1944 von 111 B-29 von den Marianen aus geflogen. Von nun an strebten endlose Reihen hoch fliegender Superfortresses nordwärts, um das Kernland des Feindes zu verwüsten, während ihre silbernen Aluminiumrümpfe in der Pazifiksonne glitzerten.

Die stumme Waffengattung

Das fünfte Element in der pazifischen «Werkzeugkiste» war die amerikanische U-Boot-Flotte. Ihre Geschichte ist bei weitem nicht so bekannt wie die der Marines oder der B-29, da die U-Boote weit weniger sichtbar waren. Amerikanische U-Boote agierten im Pazifikkrieg weitgehend unabhängig. Es liegt in ihrer Natur, dass sie stumm und subversiv sind, sich in der Tiefe verbergen und unter einem riesigen, einsamen Himmel zum Luftholen auftauchen. In dieser Hinsicht waren Deutschlands Bootsrudel bei den Kämpfen im Zentralatlantik eine große Ausnahme. In den späteren Kriegsjahren bedeutete die gesteigerte Fähigkeit amerikanischer Dechiffrierer, japanische Marinecodes lesen zu können, dass der Kommandeur der U-Boot-Flotte Pazifik in Pearl Harbor drei oder vier Boote beordern konnte, einen feindlichen Flottenverband anzugreifen. Normalerweise waren U-Boote aber Einzelgänger, deren Kapitäne nicht dauernd Berichte ans Hauptquartier schicken wollten.[53] Darum ist es kein Wunder, dass die amerikanische U-Boot-Flotte nicht eng mit der oben dargestellten vierfachen operativen und technischen Geschichte verbunden war, dem Quartett aus amphibischer Doktrin der Marines, schnellen Flugzeugträgern, B-29-Bombern und Seabees, die sich gemeinsam über den Zentralpazifik vorkämpften.

Amerikanische U-Boote spielten jedoch eine wichtige Rolle beim Zusammenbruch Japans und nahmen neben ihrer unabhängigen Rolle als einsame Reiter sehr häufig an gemeinsamen Operationen teil, die beim allgemeinen Vorrücken über den Ozean mithalfen.[54] Da die Reichweite der Luftaufklärung begrenzt war, wurden sie zunächst als die «Augen» oder vorgeschobenen Aufklärer der Navy eingesetzt, und spürten japanische Kriegsschiffe auf, die aus der San Bernardino-Straße zwischen den Philippinen-Inseln Luzon und Samar kamen oder zur Verstärkung Rabauls fuhren. Diese Beobachtungsrolle war für aggressive U-Boot-Kommandanten nicht sehr attraktiv, sofern sie nicht auch angreifen durften, aber für Nimitz auf Hawaii und Halsey bei der Südwestpazifikflotte war sie von unschätzbarem Wert. Ende Mai 1944 wurde die USS *Harder* zu Patrouille und Berichterstattung zum Hafen von Tawi Tawi ausgeschickt, was sie mit größter Sorgfalt tat; es gelang ihr aber auch, nicht weniger als fünf japanische Zerstörer in vier Tagen zu versenken. Dies brachte die japanische Flotte dazu, früher das Gefecht zu beginnen, das dann zur Schlacht in der Philippinensee wurde.[55] Andere U-Boote spürten im gleichen Jahr während der Schlachten im Golf von Leyte den Hauptschlachtschiff- und Kreuzerverband des Feindes westlich von Palawan auf und warnten Halsey, sich vorzubereiten. Sie versenkten außerdem zwei schwere Kreuzer und beschädigten einen weiteren, bevor sie sich zurückzogen. Gegen Kriegsende waren es zwei andere U-Boote, die als erste das riesige Schlachtschiff *Yamato* bei seiner selbstmörderischen Fahrt nach Okinawa aufspürten.

Als die amerikanische Kriegsanstrengung im Pazifik ihren Höhepunkt erreichte, übernahmen die U-Boote zusätzliche, unterstützende, aber wiederum äußerst wertvolle Aufgaben. Sie konnten beispielsweise als Navigationshilfen oder «Kurskorrektoren» für die Wellen von Air Force-Bombern dienen, die bei bedecktem Himmel Richtung Japan flogen. Sie transportierten Nachschub und Agenten, um die Widerstandsbewegung auf den Philippinen zu unterstützen, und kamen mit neuen Informationen über die feindlichen Truppen zurück. Wenn nötig, fungierten sie auch als eine Art Leuchtturm für Landungskräfte, die in den Stunden vor Morgengrauen gegen feindliche Strände vorrückten – eine Technik, die schon früher von einer speziell ausgebildeten britischen U-Boot-Staffel bei den Landungen in Nordafrika und auf Sizilien perfektioniert worden war.

Schließlich wurde diese Allzweckwaffe zur Rettung amerikanischer Piloten eingesetzt, die bei der Rückkehr von Angriffen auf gegnerische Ziele ihre getroffenen Maschinen aufgeben mussten. Diese nützliche Einrichtung gab es schon während der Operationen auf den Gilbert-Inseln im November 1943, und bis zum Ende des folgenden Jahres hatten amerikanische U-Boote nicht weniger als 224 abgeschossene Flieger aufgenommen. Als Curtis LeMays B-29-Bomber von den Marianen starteten, hatten bei jedem Lufteinsatz drei U-Boote Rettungsdienst. Weitere 380 Flieger wurden von Januar bis August 1945 gerettet; das führte der Luftwaffe wieder ausgebildetes Personal zu und gab der Moral der Flieger riesigen Auftrieb.[56]

Doch die größte Leistung der amerikanischen U-Boote im Pazifik war die Dezimierung der japanischen Kriegsmarine und noch mehr der Handelsschiffe. Britische und niederländische U-Boote waren vor allem im Indischen Ozean und den Gewässern rund um Niederländisch-Indien an den Torpedierungen beteiligt, aber der amerikanische Anteil war überwältigend. Während des gesamten Krieges versenkten die US-Streitkräfte 2117 japanische Handelsschiffe mit gewaltigen acht Millionen BRT, und

60 Prozent davon (also 5,25 Millionen BRT) gingen auf das Konto amerikanischer U-Boote. Britische und niederländische U-Boote versenkten weitere 73 Handelsschiffe mit 211 000 BRT.[57]

Da die U-Boot-Flotte wie alle anderen Waffengattungen im Pazifik mit der «Tyrannei der Distanz» zu kämpfen hatte, waren große Boote konstruiert worden, die normalerweise 1500 BRT und in Einzelfällen bis zu 2700 BRT verdrängen konnten. Dazu besaßen sie große Verpflegungs- und Treibstoffreserven, außerdem sogar etwas Kühlung, und hatten eine Reichweite von 15 000 Kilometern und mehr. Sie hatten nichts mit den kleinen europäischen Booten gemeinsam, die durch das flache Wasser der Nordsee und des Mittelmeers zogen; sogar Dönitz' spätere U-Boote waren deutlich kleiner als die amerikanischen.

Andererseits besaß die amerikanische U-Boot-Flotte bei Kriegsbeginn wahrscheinlich die schlechtesten Torpedos aller großen Marinestreitkräfte. Der Mark-14-Torpedo, scheinbar ein eindrucksvolles Werkzeug der Zerstörung, war nur selten getestet worden, da seine Kosten von 10 000 Dollar pro Stück dem Torpedo Bureau in Newport (Rhode Island) mehr Kopfzerbrechen bereiteten als seine Zuverlässigkeit. Sogar nach Kriegsbeginn wurden Kapitäne angewiesen, sie sparsam einzusetzen. Es gab vorgelagerte amerikanische U-Boot-Stützpunkte auf den Philippinen (die bald nach Nordaustralien verlagert wurden) und in Pearl Harbor, und die amerikanische Marinestrategie zählte auf ihre starke Zerstörungskraft, aber lange Zeit merkte niemand, dass fehlerhafte Waffen eingesetzt wurden.

Diese frühen amerikanischen Torpedos hatten nicht nur einen, sondern gleich drei Fehler. Erstens war der Metallkontaktstift am Torpedokopf, der das TNT beim Aufprall zur Explosion bringen sollte, einfach zu schwach. Die Enttäuschung der U-Boot-Kommandanten, die ihr Schiff womöglich stundenlang in eine gute Schussposition manövriert hatten, dann eine Salve Torpedos abfeuerten und darauf nur einen dumpfen Knall auf einem japanischen Schiffsrumpf hörten, war verständlich, aber der Grund dafür war lange Zeit unbekannt. Die zweite Schwäche war noch schwerer zu verstehen. Die U-Boot-Flotte war mit Torpedos in den Krieg gegangen, die eine komplizierte Magnetmechanik besaßen. Ein auf ein feindliches Schiff abgefeuerter Torpedo detonierte unter dessen Rumpf, und die Zerstörungskraft einer nahen Explosion im Wasser war dann größer als ein Volltreffer. Aber das Naval Ordnance Bureau (Waffenamt) der

US-Marine und die eifersüchtig monopolistische Waffenentwicklungsabteilung in Newport hatten dieses raffinierte System nie mit einem *scharfen* Sprengkopf getestet und auch nicht daran gedacht, dass das Magnetfeld eines Ziels vor den Marshallinseln anders sein könnte als vor der Küste Rhode Islands, wo die Tests durchgeführt wurden. Drittens liefen in der ersten Kriegsphase viele Torpedos unter ihren Zielen durch, weil die Mark-14-Torpedos dazu neigten, viel tiefer als eingestellt zu schwimmen. Also verfehlte der Torpedo entweder sein Ziel völlig oder der Magnetzünder versagte. So oder so gab es keinen Treffer.

Aber wie sollte ein U-Boot-Kommandant in fernen und gefährlichen Gewässern etwas davon wissen, wenn sogenannte Experten in der Heimat davon überzeugt waren, dass alles in Ordnung sei? Tatsächlich brachten die Navy-Wissenschaftler in Newport erst im Sommer und Herbst 1943 die Dinge in Ordnung. Fast zwei Jahre lang bekamen Kommandanten, die sich beschwerten, dass ihre Torpedos Blindgänger waren oder ihr Ziel verfehlten, den hilfreichen Hinweis, doch vor dem Abschuss näher heranzufahren. Erst nachdem zähe und erfahrene Kapitäne wie Morton, Benson und Scott dem Kommandeur der U-Boote im Zentralpazifik, Konteradmiral Lockwood, – häufig in drastischen Worten – mitteilten, dass die Dinge mächtig schiefgingen, begann sich etwas zu ändern. Der einfachste Weg, die Mängel zu testen, war die Torpedierung eines einsamen Klippenstreifens bei Hawaii und die anschließende Begutachtung der Schäden. Nimitz befahl im Juni 1943 die Rückkehr von Magnet- zu Kontakttorpedos, im September wurde der Tiefenkontrollmechanismus verbessert und der Kontaktstift durch einen deutlich zuverlässigeren ersetzt. Die Navy hatte gut 21 Monate gebraucht, um einen zuverlässigen Torpedo zu bauen, und die Initiative ging weitgehend von Regionalkommandeuren und Kapitänen aus, nicht von den Heimatbehörden. Diese Verbesserung erreichte allerdings nicht die U-Boote im Südwestpazifik, weil der zuständige Offizier Kapitän Christie früher eine Rolle bei der Entwicklung des Magnettorpedos gespielt hatte und ihn nicht gern abschaffen wollte – bis ihm das Ende 1943 befohlen wurde.[58] Auch in den alliierten Streitkräften gab es neben Visionären einen großen Anteil an phantasielosen, störrischen Bürokraten.

Ein detaillierter Bericht über den amerikanischen U-Boot-Krieg im Pazifik nach dem Juni 1944 ist hier nicht notwendig, aber der statistische Trend steht außer Zweifel. Roskill berichtet: «Obwohl die Verlustrate der japanischen Handelsmarine in jedem Kriegsjahr gestiegen war, ging die Kurve erst im November 1943 steil nach oben.»[59] Trotz der verbissenen Schlachten von 1942 betrug der Nettoverlust der Handelsmarine lediglich 239 000 BRT; 1943 lag er bereits bei gefährlichen 942 000 BRT, und 1944 betrug er enorme 2,15 Millionen BRT. Anfang 1945 hatte die japanische Handelsmarine noch ein Viertel der Größe wie vor dem Angriff auf Pearl Harbor. Es drohten sowohl massenhafte Hungersnot als auch industrieller Zusammenbruch.

Das Offensichtliche an dieser Statistik ist, dass der Anstieg bei den Versenkungen ab der zweiten Hälfte 1943 bis Ende 1944 stattfand und 1945 nachließ, als es kaum noch versenkbare Ziele gab. Dementsprechend errangen fast alle der besten zehn amerikanischen U-Boot-«Asse» im Pazifik ihre Erfolge nach dem Juni 1943,[60] damit war es fast das genaue Gegenteil zur Geschichte der deutschen U-Boot-Kommandanten in der Atlantikschlacht. Es gab noch viele andere Faktoren, die die enormen Schäden erklären, welche die amerikanischen U-Boote Japan in den letzten 18 Kriegsmonaten zufügten, etwa verbessertes Radar, stärkere Sprengköpfe, bessere Aufklärung und bessere Luft-See-Koordination, aber am wichtigsten war der Bau von zuverlässigen, wirksamen und tödlichen Torpedos. Ein Waffensystem funktionierte, weil «Problemlöser» auf der mittleren Ebene die Dinge vorangebracht hatten.

Nach dem Fall der zentralphilippinischen Insel Luzon im Januar 1945, und obwohl Manila selbst bis zum 4. März noch nicht vollständig von MacArthurs Truppen gesichert war, berichtete Admiral Halsey: «Die äußeren Verteidigungslinien des japanischen Kaiserreichs umfassen nicht länger Burma und Niederländisch-Indien. Diese Länder sind jetzt isolierte Außenposten, und ihre Produkte stehen der japanischen Kriegsmaschinerie nicht länger zur Verfügung.»[61] Das stimmte, aber tatsächlich wurden diese japanischen Seeverbindungen von der amerikanischen U-Boot-Flotte systematisch gekappt und total unterbunden, und das zu einem deutlich geringeren Preis, als ihn der Kampf an Land forderte. Nach Kriegsende meinten einige U-Boot-Enthusiasten, diese hätten allein ein importabhängiges Japan ohne die Atombombe oder die massiven für November 1945 geplanten Landungen in die Knie zwingen können. Das ist natürlich hypothetisch, aber es zeigt den langen Weg, den die amerikanische U-Boot-Flotte seit den erfolglosen Tagen von 1942 und 1943 zurückgelegt hatte. Auch LeMay und seine Bomberkommandeure behaupteten, die B-29 hätten die Japaner durch die Verlängerung der massiven Brandbombardements zur Kapitulation zwingen können. Vielleicht. Sicher scheint nur, dass die Aushungerung Japans durch eine U-Boot-Blockade oder die Bombardierung der japanischen Bevölkerung durch tieffliegende Maschinen wesentlich mehr Menschenleben als der Atombombenabwurf auf Hiroshima und Nagasaki gefordert hätte.

Jede Abhandlung über die U-Boot-Kämpfe im Pazifik muss auch das erstaunliche und katastrophale Versagen der japanischen Marine beim Einsatz ihrer eigenen Schiffe und dem Schutz ihrer Handelsmarine festhalten. Das ist umso verwirrender, als Japans Marine seit 1868 fast ausschließlich den besten Methoden der Royal Navy gefolgt war und sicherlich taktische Lehren über die Unterwasserkriegführung aus dem Ersten Weltkrieg und der gleichzeitig tobenden Atlantikschlacht hätte ziehen müssen. Das Problem waren nicht die U-Boote – viele japanische Boote waren wie die amerikanischen sehr groß, hatten eine große Reichweite und besaßen die berühmten «Long-Lance»-Torpedos –, sondern ihr Einsatz. Die Marineleitung vernachlässigte in eklatanter Weise die natürliche Rolle des U-Boots als unabhängiger und aggressiver Handelszerstörer. Später erfolgte mit noch schlimmerer Wirkung eine weitere Verzerrung dieser Rolle durch das japanische Oberkommando. Die auf Schlachtschiffe fixierte Marineleitung wollte die U-Boote unbedingt zum Aufspüren und Versenken alliierter Kriegsschiffe und nicht Handelsschiffe einsetzen. Damit hatten sie zu Kriegsbeginn einigen Erfolg, besonders in abgeschlossenen Gewässern wie denen der Salomonen. Die *Wasp* wurde genau unter diesen Umständen versenkt, und ein japanisches U-Boot gab der *Yorktown* den Rest, nachdem sie bei Midway schwer beschädigt worden war.

Als aber die amerikanische Anti-U-Boot-Taktik verbessert wurde, Flugzeuge und Kriegsschiffe der Pazifikflotte Miniradar erhielten, viele Dutzende neuer Zerstörer in Dienst gestellt und die neuen schnellen Schlachtschiffe und Flugzeugträger zum Kern der US-Marine wurden, sanken die Chancen, den amerikanischen Kriegsschiffen schwere Verluste zuzufügen. Japans riesige U-Boote (manche davon zur Beförderung und zum Einsatz von Aufklärungsflugzeugen und sogar als unterseeische Miniflugzeugträger konstruiert) waren an der Oberfläche leicht durch Radar und unter Wasser durch Sonar zu orten. Sie waren laut, schwer zu manövrieren und wegen ihrer schwachen Schiffsrümpfe leicht tödlich zu treffen. Es wurden keine «Schnorchel»-Boote nach deutschem Vorbild entwickelt, und eine primitive Form des Radar stand erst ab der zweiten Jahreshälfte 1944 zur Verfügung. Die Luft-See-Kooperation war schwach. Vor und während des Krieges wurden auf japanischen Werften 174 Boote gebaut, von denen 128 verloren gingen. Die Moral in der Truppe war schlecht, ihre Offiziere wussten, dass sie keine Unterstützung an höherer Stelle hatten, und die U-Boot-Flotte schrumpfte immer weiter, bis sie ein zweitklassiges Kriegsinstrument war, ganz im Gegensatz zu den deutschen, britischen und amerikanischen U-Booten.[62]

Es kann darum nicht erstaunen, dass die japanischen Boote kein entscheidender Faktor bei den Gefechten im Pazifik waren. Von den 16 in der Schlacht im Golf von Leyte eingesetzten Booten gelang beispielsweise nur einem einzigen die Versenkung eines Zerstörers. Zu diesem Zeitpunkt erstickte das japanische Heer jedoch die Wirksamkeit der U-Boot-Flotte, indem es darauf bestand, sie als Frachtschiffe einzusetzen, um Verpflegung und Munition zu isolierten Inselgarnisonen zu bringen. Je mehr Garnisonen durch die amerikanische «Bocksprung»-Taktik isoliert wurden, desto stärker musste die U-Boot-Flotte diese Funktion übernehmen, die ihre Fähigkeiten und Stärken zweckentfremdete. Ab und zu bekamen die U-Boote den Befehl, symbolische Handlungen wie die Beschießung von Vancouver Island 1942 auszuführen. Was wäre gewesen, wenn dieselben Boote mit ihren mächtigen Torpedos vor den Häfen von Portland und Long Beach gelegen und in diesen Gewässern die Zerstörung angerichtet hätten, die Dönitz' Boote während der gleichen Monate entlang der Atlantikküste verursachten? Unter diesen Umständen versenkte die japanische U-Boot-Flotte während des gesamten Krieges nur 184 Schiffe. Professor Samuel Morison, der offizielle amerikanische Marinehistoriker des Weltkriegs, der normalerweise behutsam in seinen Kommentaren ist, sah sich gezwungen, die japanische U-Boot-Politik als «am Rand der Idiotie» zu bezeichnen.[63] Wer wollte ihm widersprechen?

Während die japanischen U-Boot-Streitkräfte so vergeudet wurden, zeigte die Marine über Wasser eine unglaubliche Kurzsichtigkeit gegenüber ihrer wichtigsten Pflicht, nämlich dem Schutz des Seehandels. In dieser Hinsicht konnte nichts unterschiedlicher sein als die Haltung der britischen und der japanischen Admiralität. Abgesehen von Kämpfen mit den wenigen deutschen und italienischen Schlachtschiffen und dem Schutz für Nachschubkonvois nach Malta und Ägypten widmete sich der größere Teil der Royal Navy der Aufgabe, alliierte Handelsschiffe über den Ozean sicher nach England zu bringen. Dagegen setzten die Japaner einfach voraus, ihre frühen Eroberungen im Pazifik und in Südostasien würden die Kontrolle über die dazwischen liegenden Gewässer garantieren. Jeder unverschämte alliierte Eindringling würde aufgespürt und versenkt werden – das galt auch für einige, wenn auch bei weitem nicht so viele, wie dem Hauptquartier gemeldet wurden. Die Japaner verfügten über nichts Vergleichbares wie Max Hortons Kommando Westliche Gewässer und schon gar nicht über etwas wie die Küstenkommandos der RAF und der Royal Canadian Air Force. Sie hatten keine Abteilung für die statistische oder operative Analyse der laufenden Feldzüge. Es gab nur eine sehr geringfügige Waffenentwicklung; die Wasserbomben, die sie am Ende des Krieges verwendeten, waren ungefähr die gleichen wie die zu Kriegsbeginn. Miniradar, «Hedgehogs», akustische Torpedos und Schiffsgruppen zur U-Boot-Jagd fehlten völlig.[64]

1943/44 wurde der japanischen Marineleitung klar, dass sie ihre Handelsschiffe zu Konvois zusammenschließen und einen Schirm von Geleitschiffen bereitstellen musste, aber deren Taktik blieb primitiv. Die plötzliche Versenkung eines japanischen Frachters ließ die Geleitschiffe in alle Richtungen ausschwärmen und willkürlich Wasserbomben werfen. Darum war das Beste, was ein amerikanischer U-Boot-Kommandant nach dem Abfeuern seiner Torpedos tun konnte, auf dem Meeresboden zu liegen (oder zumindest sehr tief zu tauchen) und ein paar Stunden zu warten, bevor er wieder die Verfolgung aufnahm. Außerdem besaßen die amerikanischen U-Boot-Kommandeure – besonders Lockwood in Pearl Harbor – nach den großen Schlachten in der Philippinensee und bei den Marianen vom Juni 1944 genügend U-Boote, um sie zu kleinen Wolfsrudeln zusammenzuschließen. Ab September 1944 operierten drei solcher Gruppen mit je drei U-Booten rund um Formosa und auch in der Formosastraße und richteten gleichermaßen großen Schaden an Handelsschiffen und Zerstörern an. Abgesehen vom Abwurf Dutzender, manchmal sogar Hunderter Wasserbomben – von denen nur wenige diese Unterwasserjäger trafen – hatte die japanische Marine keine andere Antwort und kein neues Gegenmittel. Die oben genannte Statistik der Verluste japanischer Handelsschiffe zeigt das Ausmaß dieses kläglichen Scheiterns.

Die amerikanische Angriffswelle

Da die neu konstruierten Kriegswerkzeuge, von Torpedos über Landungsboote bis zu den B-29-Bombern, so viel Zeit für die Massenproduktion bei zuverlässigen Qualitätsstandards benötigten, kam die amerikanische Gegenoffensive im Pazifik viel später in Gang als die alliierten Gegenschläge in Europa. Dort wurde die Atlantikschlacht gewonnen und dazu Nordafrika, Sizilien und Süditalien besetzt, bevor im November 1943 auch nur die Operation bei den Gilbert-Inseln begonnen hatte. Sobald die Amerikaner aber ihre neuen Systeme erst einmal gebaut und getestet hatten, schlugen sie bemerkenswert schnell zu. Es bewies die erstaunliche Transportkapazität der USA, dass etwa zur Zeit des Beginns der alliierten Gegenoffensiven in Nordafrika und Europa auch eine Reihe amphibischer Gegenangriffe 13 000 Kilometer von Marokko entfernt begann. Für die USA hatte das «Deutschland zuerst»-Prinzip nie bedeutet, keine Schläge im Pazifik zu führen, sobald Japans eigener Blitzkrieg an Fahrt verlor, was schon bei der Schlacht von Midway im Juni 1942 eintrat. Angesichts der Entfernungen zwischen zwei beliebigen strategischen Punkten im Pazifik und der gleichzeitigen Notwendigkeit, viel mehr aktive Divisionen auszubilden, viel mehr Flugzeuge und Kriegsschiffe bereitzustellen und die so wichtigen Landungsboote in viel größerer Zahl zu produzieren, lautete die wirkliche Frage, wo die ersten Gegenschläge versucht werden sollten. Bis die obersten Stellen darüber entschieden hatten, war es am sinnvollsten, die alliierten Positionen im Pazifik zu verstärken und das zu praktizieren, was Ronald Spector passenderweise als «Eroberung von Japans strategischen Punkten» bezeichnet hat.[65]

Der unbedeutendste amerikanische Gegenschlag war strategisch gesehen die Befreiung der Aleuten-Inseln Kiska und Attu von den japanischen Garnisonen, die dort als Nebenkriegsschauplatz von Midway eingerichtet worden waren. Sogar diese Rückeroberung fand erst zwischen Mai und Juli 1943 inmitten ständigen Nebels statt, und nach kurzer Zeit gaben die Japaner diese uninteressanten Atolle auf. Ihre Marine leistete in der belanglosen Schlacht bei den Komandorski-Inseln einen halben Tag lang Widerstand und zog sich dann zurück. Die japanische Armee wartete nicht an den Stränden, so dass alle amerikanischen Landungen dort ohne Widerstand vor sich gingen. Der Nutzen dieser Übung war die Gelegenheit für 100 000 unerfahrene US-Soldaten, an fremden Küsten zu landen, und die massive Unterstützung von See einschließlich des Beschusses durch drei Schlachtschiffe war eine frühe Chance, zu erkennen, wie schwierig es war, feindlichen, auf fernen Hügeln verschanzten Truppen nennenswerten Schaden zuzufügen. Ihr Nachteil war, dass sich, obgleich es am Ende einen gewissen Widerstand japanischer Truppen auf Kiska gab, so gut wie keine Chance bot, den wirklichen Kampf gegen einen Feind zu trainieren, der entschlossen war, die Landungstruppen zurück auf die Riffe zu werfen.[66] Als sie erst einmal diese stürmischen, nebelverhangenen Inseln genommen hatten, waren die Vereinigten Stabschefs zufrieden und wandten sich anderen Dingen zu.

Strategisch wesentlich wichtiger waren die frühen amerikanisch-australischen Gegenoffensiven im Südwestpazifik, also in Neuguinea und auf den Salomonen, und dort besonders Guadalcanal. Die Geschichte von General MacArthurs verbissenen Landungsoperationen und der Eroberung nahe gelegener japanischer Garnisonen ist anders als die der alliierten Angriffe auf die Strände von Nordafrika, Sizilien, Italien und Frankreich, ebenso wie sie sich operativ gesehen oft von den Bemühungen des Kommandos Zentralpazifik unterschieden, die Gilbert-Inseln, die Marianen, Iwojima und Okinawa einzunehmen. Alles in allem fanden die Landungen im Südwestpazifik an Punkten entlang der feindlichen Strände statt, die *nicht* von Soldaten, Geschützstellungen und Minenfeldern geschützt wurden. Natürlich reagierten die Japaner rasch und heftig auf solche Attacken, aber die örtliche Garnison lag oft weit von MacArthurs Landungspunkt entfernt, so dass das Problem, alliierte Truppen gegen massiven Widerstand an Land zu bringen, bei diesem Feldzug kaum eine Rolle spielte. Sogar in der blutigen Schlacht um Guadalcanal von August 1942 bis Februar 1943 war der größte Vorteil, dass man 11 000 von 19 000 Marines an einem einzigen Tag ohne direkten Widerstand an Land bringen konnte. Dadurch konnten sie Gefechtslinien im Inland festigen, den Flugplatz erobern und sich im Dschungel verschanzen, was die Japaner während der folgenden erbitterten Schlacht dazu verführte, die Größe der amerikanischen Garnison zu unterschätzen.[67]

Landungen ohne direkten Widerstand wie auf Guadalcanal und anderswo waren wichtige Lehren für künftige Angriffe. Während die Marines wahrscheinlich besser als alle anderen Waffengattungen auf amphibische Operationen vorbereitet waren, hatten diese Vorbereitungen alle in der Theorie und als Sommerübungen stattgefunden. Zusammen mit

US-Marines landen am Strand von Guadalcanal, 7. September 1942.

MacArthurs Divisionen in Neuguinea und New Britain sollten sie enorm von Experimenten mit vorbereitender Aufklärung, Landekopfkontrolle, Nachschublogistik, Feuerschutz (wenn überhaupt nötig), Luftpatrouillen und allgemein von effektivem Kommando und Kontrolle profitieren, wenn sie ohne Gegenwehr landeten. Sie lernten auch nach und nach, wie man mit Korallenriffen, Mangrovensümpfen, Regenwäldern in 3000 Metern Höhe, ständigem Nebel und hohem Krankenstand besonders durch die Ruhr fertig wurde. Es war tatsächlich sehr hilfreich, die eigene Gegenoffensive dort zu beginnen, wo der Feind nicht war, und besser, erst ein paar Kilometer landeinwärts vorzudringen, bevor man auf ihn stieß. Es zahlte sich aus, in diesem frühen Stadium alles richtig zu machen, denn in diesem Pazifikkrieg mussten die Amerikaner genau wie die Alliierten im Mittelmeerraum und in Westeuropa einen weiten Weg bis zum Sieg gehen.

Es gab noch einen weiteren interessanten Vergleichspunkt zu den parallelen Landungsoperationen in Europa, nämlich den des zur Verfügung stehenden Raums und der Zahl der eingesetzten Soldaten. Im September 1943 richtete Admiral Nimitz ein neues operatives Kommando für die Eroberung der Gilbert-Inseln ein, den ersten Schritt im zentralpazifischen Vorstoß zur Zerstörung des japanischen Kaiserreichs. Die Geschichte des Angriffs der Marines auf Tarawa Ende November ist in diesem Kapitel schon erzählt worden, aber als ungefähr gleichzeitige Landung mit den Operationen in Sizilien und Italien verdient er hier einen Querverweis. Eisenhower überließ nichts dem Zufall und kommandierte 478 000 Soldaten nach Sizilien ab. Bei den Gilbert-Inseln wurde ein weiterer sprichwörtlicher Riesenhammer verwendet, um eine Walnuss zu knacken. Während die kleinere Insel Makin von 7000 Army-Soldaten angegriffen wurde, sollten 18 000 Mann der 2. Marineinfanterie-Division (2nd Marine Division) Tarawa einnehmen – und damit wurde Pete Ellis' Vision endlich wahr, aber in viel größeren Dimensionen, als er sich vorstellen konnte. Die Unterstützung der Landungstruppen für die Operationen auf den Gilbert-Inseln kam von einer riesigen Armada brandneuer und älterer Schlachtschiffe, von Flotten- und Geleitträgern, von schweren Kreuzern, Dutzenden Zerstörern, 850 trägergestützten Flugzeugen und 150 Mittelstreckenbombern des US Army Air Corps. Und all das für eine Inselgruppe, die nicht einmal innerhalb des entscheidenden äußeren Verteidigungsrings lag, wie ihn die japanische Armeeführung definiert hatte. Die 3000 japanischen Soldaten auf Tarawa und die 800 auf dem benachbarten Makin waren auf sich allein gestellt.

Deswegen gibt es über die erschreckenden amerikanischen Verluste bei der Gilbert-Operation mindestens ebenso viele nachträgliche Analysen wie über die von Dieppe, wobei man oft vergaß, dass die Inseln schließlich erobert wurden. Dennoch war es eine ernüchternde Erfahrung. Weder der Beschuss von See noch die Luftangriffe konnten den tiefliegenden japanischen Bunkern viel anhaben oder viele Geschütze der Garnison ausschalten. Kommando und Kontrolle funktionierten nicht reibungslos. Konteradmiral Hill, der die südliche Operation (Tarawa) leitete, hatte seinen Befehlsstand auf dem Schlachtschiff USS *Maryland*, dessen Salven immer wieder den eigenen Funkverkehr störten. Der Beschuss wurde wie an der Somme und bei Gallipoli zu früh eingestellt, so dass die Verteidiger wieder ihre Stellungen einnehmen und die angreifenden Soldaten beschießen konnten. Am schlimmsten war der ungewöhnlich niedrige Wasserstand in der korallengefüllten Lagune, wodurch die Landungsboote am äußeren Riff hängen blieben und die Marines über 600 Meter weit an den Strand waten mussten – und dabei ins Trommelfeuer gerieten. Die äußerst unerfahrenen Army-Einheiten auf Makin schafften es bis auf die Strände, blieben dann aber in den Kokoswäldern stecken. Schließlich behielten die Amerikaner durch den Einsatz von Reservebataillonen in beiden Schlachten die Oberhand, wobei sie gegen Ende stark von der japanischen Sitte selbstmörderischer Gegenangriffe profitierten. Aber der Preis für die dreitägige Schlacht von Tarawa war hoch. Mehr als 1000 tote und 2000 verwundete Amerikaner, um eine kaum acht Quadratkilometer große Insel zu erobern. Die Pressefotos toter Marines, die im Wasser trieben oder auf Korallenriffen lagen, waren der bis dahin aufrüttelndste Beweis für die amerikanische Öffentlichkeit, dass der Krieg im Pazifik lang und hart werden würde.

Was für ein Unterschied zur wichtigen amerikanischen Eroberung der Marianen nur acht Monate später. Der Unterschied erklärt sich natürlich aus der vorausgegangenen Analyse. Das Marine Corps hatte endlich die Techniken der amphibischen Kriegführung erlernt. Die Marines hatten bei Tarawa einen hohen Preis bezahlt, aber das sollte sich nie wiederholen.

So begann nur neun Tage nach der Landung in der Normandie eine riesige amerikanische Streitmacht von 127 000 Soldaten, vor allem Marines, die Landung auf den Marianen – erstaunliche 13 Zeitzonen östlich vom Ärmelkanal. Geopolitisch gesehen war dies die wichtigste amphibische Operation im Pazifikkrieg und für Japan weit bedrohlicher als MacArthurs Sprünge entlang der Nordküste von Neuguinea auf seinem Weg zu den Philippinen. Durch die Eroberung von Saipan und auch Guam gelang es dem Kommando Zentralpazifik endlich, Luftstützpunkte für das strategische Bombardement Japans zu gewinnen. Als die Inseln einmal erobert und die umliegenden Gewässer gesichert waren, konnte Tokio kaum noch etwas daran ändern. Der Stellenwert dieser Operation für die amerikanische Gegenoffensive zwischen den Schlägen gegen die Karolinen und der Schlacht in der Philippinensee war extrem hoch.[68]

Die frühen Operationen der amerikanischen Trägergeschwader rund um die Marianen hatten Nimitz' Streitkräften die Luftherrschaft verschafft. Der zweitägige Beschuss von See war viel schwerer als vor Omaha Beach. Das ferne Geschützfeuer der neun brandneuen amerikanischen Schlachtschiffe richtete nicht viel aus, aber als die langsameren, zuvor in Pearl Harbor stationierten Schlachtschiffe und schweren Kreuzer bis zu 1400 Meter ans Land herankamen, begann sich die Beschießung auszuzahlen. Selbst das Feuer aus der Nähe konnte aber gut ausgebaute Stellungen nicht zerstören, und den Japanern gelang es, der erfahrenen, aber falsch gelandeten 2. Marineinfanterie-Division schwere Verluste zuzufügen, weil viele Landungsfahrzeuge die Hindernisse nicht überwinden konnten. Doch die Amerikaner kämpften sich den Weg frei. Sie brachten in den ersten 20 Minuten 8000 Marines an Land, und am Ende des ersten Tages waren 20 000 Mann auf Saipan; in dieser Hinsicht ähnelte es Utah Beach. Von oben kam Luftunterstützung, und die Schlachtschiffe feuerten vor der Küste. Die Strände waren klar durch Farbcodes markiert. Endlich gab es einen eigenen Weg für den *zurückkehrenden* Verkehr, leere Landungsboote, beschädigte Schiffe und Lazarettschiffe mit ihren Toten und Verwundeten. Durch den Sieg über die japanischen Marineflieger in der Schlacht in der Philippinensee gab es keine Störung von außen mehr.

Die Operation «Forager» war nicht perfekt. Erstaunlicherweise gab es immer noch kein integriertes Kommandoschiff wie die *Largs* oder die *Bolulu*. Der Oberbefehl für die Landungen lag beim äußerst kompetenten Commodore Thiess in einem großen Patrouillenboot, aber das war nicht dasselbe und hätte in der Normandie sicher nicht funktioniert.[69] Die Landungsfahrzeuge waren schwach motorisiert und konnten wie schon bemerkt ihre Ziele über zerklüftete Abschnitte von Korallen und Felsen oft nicht erreichen. Der Beschuss von See war bei weitem nicht so wirksam wie die Tieffliegerangriffe auf die Strände, aber auch die waren punktuell und oft von anderen Einsätzen unterbrochen. Was notwendig war und erst ein Jahr später zur Verfügung stand, waren speziell zur Landungsunterstützung abgestellte Geleitträger, die nicht zu möglichen Schlachten auf hoher See abberufen wurden. Die japanischen Garnisonen kämpften so verbissen wie immer und würden niemals aufgeben; es dauerte drei hart umkämpfte Tage, bis die nördlichen Landeköpfe auf Saipan gesichert waren. Während dieser Operation kam die 27. Army-Division (New York National Guard) ins Stocken und wurde dafür hart vom Oberkommandierenden, einem General der Marines, kritisiert, was einen Streit zwischen den Waffengattungen auslöste. Es gab offensichtlich sehr viel zu lernen, aber das Ergebnis stand außer Frage. Die Insel fiel am 9. Juli. Kurz darauf war jeglicher Widerstand auf Guam gebrochen. Wenige Wochen später hatten die berühmten Seabees mit dem Bau der überlangen B-29-Startbahnen begonnen. Ihre Planierraupen bereiteten das Ende für viele japanische Städte und für das japanische Kaiserreich selbst vor.

Das erste zurückeroberte US-Territorium: US-Marines im Kampf um Guam, Juli 1944.

Wir können Samuel Eliot Morison, dem höchst patriotischen Harvardprofessor, der von seinem ehemaligen Studenten Franklin D. Roosevelt zum offiziellen Historiker der Navy gemacht und in den Pazifikkrieg geschickt wurde, vielleicht den stolzen Ton verzeihen, in dem er diese Operation wenige Jahre nach Kriegsende zusammenfasste: «Insgesamt waren ‹Overlord› in Europa und ‹Forager› im Pazifik die größten militärischen Leistungen, die je gleichzeitig von den USA oder irgendeinem anderen Land erbracht wurden. Es sollte Amerikanern und Engländern zum Ruhm gereichen, dass ihre gemeinsamen Anstrengungen den Juni 1944 zum größten Monat der Militär- und Marinegeschichte machten, in dem es ihnen gelang, diese beiden gewaltigen überseeischen Expeditionen gegen ihre mächtigen Feinde im Osten und im Westen durchzuführen.»[70]

Rokossowski und Konjew, die sich gegen zwei Dutzend Wehrmachtsdivisionen über den Dnjepr vorkämpften, mögen diese Leistung anders eingeordnet haben, aber in der Geschichte der amphibischen Kriegführung hatte Morison sicher Recht. Vielleicht sahen die Geister der spanischen Infanteria de Marina bei den zu Recht so genannten Karolinen und Marianen zu, die einst der Besitz Philipps von Spanien waren. Die Alliierten hatten endlich herausgefunden, wie man an einer feindlichen Küste landete.

Die amphibische Kriegführung stand im Zentrum von allem, und 1944 wurden die Landungsoperationen immer größer und ehrgeiziger. Da MacArthur klar wurde, dass sein Kommando Südwestpazifik Gefahr lief, in den Hintergrund gedrängt zu werden, und er entschlossen war, die amerikanische Rückkehr auf die Philippinen anzuführen, hatte er seit November 1943 sein Vorrücken beschleunigt, wobei er den großen japanischen Stützpunkt Rabaul umging und isolierte und die Nordküste von Neuguinea entlang sprang. Aber die Vorhut seines Kommandos erreichte das Ende dieser riesigen Insel erst im Juli 1944, und bis dahin war so viel anderes geschehen. Der Landung auf den Gilbert-Inseln war Ende Januar 1944 schnell der Angriff auf die Marshall-Inseln gefolgt, dann im April die Zerstörung der wichtigen japanischen Marinebasis von Truk auf den Karolinen durch Trägerflugzeuge, schließlich die Landungen auf Saipan im Juni.

In gewisser, brutaler Weise, brutal für beide Seiten, wie Clint Eastwoods Spielfilme *Letters from Iwo Jima* und *Flags of our Fathers* zeigen, bestand der Rest des Pazifikkriegs aus einer enormen Entfaltung amphibischer Militärmacht durch die USA gegen zähen und selbstmörderischen japanischen Widerstand, auf den Philippinen von Dezember 1944 bis März 1945, auf Iwojima von Februar bis März 1945 und auf Okinawa von April bis Juni 1945. Am 7. April flogen die ersten P-51 Mustangs von den Stützpunkten auf Iwojima als Geleitschutz für die B-29-Bomber, die japanische Städte angriffen. In dieser Kriegsphase gab es jedoch wenig für diese hoch fliegenden Langstreckenjäger zu tun, denn die Bomber machten diese Städte ungestraft dem Erdboden gleich. Die einzige Frage war, wie viel Schaden noch angerichtet werden würde, bis Japan zusammenbrach.

Mit der Kapitulation der deutschen Wehrmacht am 7./8. Mai 1945 wurde der Zweite Weltkrieg praktisch zum amphibischen Krieg gegen Japan. Natürlich eilten die von Slim befehligten Soldaten des britischen Empire nach Rangun und bereiteten sich auf den Sprung nach Süden nach Malaya und Singapur vor, und anderswo in Südostasien, auf Borneo und Mindanao, gab es immer noch Nachhutgefechte. Die Kämpfe auf dem chinesischen Festland dauerten weitgehend unvermindert an. Amerikanische U-Boote und Langstreckenbomber zertrümmerten die japanische Wirtschaft. Aber strategisch am wichtigsten nach der Besetzung von Saipan und Guam war die Eroberung von Okinawa, das dann zum riesigen vorgeschobenen Stützpunkt für den letzten Angriff auf Japan wurde. Auch in einem engeren, operativen Sinn war der Okinawafeldzug bedeutend und symbolisch. Die amphibische Kriegführung hatte sich seit den 30 Jahre früheren Landungen auf Gallipoli sehr verändert – die Trägerangriffe, die B-29-Bombardements und die spezielle Ausrüstung der Landungstruppen waren alle neu. Aber die uralten Schwierigkeiten blieben bestehen, vor allem die Landung an Stränden, die entschlossen verteidigt wurden, ob von Türken oder Japanern. Als die offiziellen Kampfhandlungen Ende Juni endeten, waren auf Okinawa 12 500 US-Soldaten gefallen und 36 500 verwundet worden, bei weitem die schwersten Verluste einer Schlacht im Pazifikkrieg und ein grimmiger Hinweis für Nimitz und MacArthur, was noch vor ihnen lag.

Lange bevor die Schüsse auf Okinawa verhallten, hatten die amerikanischen Planer die größte Landungsoperation aller Zeiten vorbereitet: die Invasion der japanischen Inseln, die möglicherweise schon im November 1945 beginnen sollte. Die für diesen Angriff vorgesehenen Zahlen sollten enorme Ausmaße annehmen und Operation Overlord bei weitem übertreffen. Etwa eine halbe Million Soldaten in vier riesigen, ausschließlich amerikanischen Armeekorps sollten die südliche, lebenswichtige Insel Kyushu erobern, gefolgt von einer noch größeren amphibischen Streitmacht, die die Region um Tokio im Frühjahr 1946 angreifen sollte. Dazu wurde der Hauptteil der US-Truppen, Kriegsschiffe und Luftgeschwader, die an der europäischen Front gekämpft hatten, zum Pazifik umgeleitet. Schließlich waren diese Angriffe von See nicht mehr notwendig. Die auf Hiroshima und Nagasaki am 6. und 9. August abgeworfenen Atombomben erzwangen das Ende des Pazifikkriegs. Für Millionen amerikanischer Soldaten und die kleinere Zahl australischer, britischer, französischer, niederländischer, indischer, kanadischer und neuseeländischer Truppen, die schon im Fernen Osten oder auf dem Weg dorthin waren, war die Erleichterung über das Ende des Krieges mit Händen zu greifen; fast alle Kriegsmemoiren erwähnen dieses Gefühl, das langsame Nachlassen der Anspannung. Die Kämpfer des Westens hatten genug davon, an feindliche Strände geworfen zu werden. Es war Zeit, nach Hause zu gehen.

Ein paar allgemeinere Gedanken

Die Eroberung der Marianen Mitte 1944 war nicht nur ein weiterer Schritt vorwärts im amerikanischen Pazifikkrieg oder eine hübsche zeitliche Parallele zur Invasion der Normandie. Strategisch gesehen war sie der Schlüssel zum Feldzug im zentralen Pazifik und ein weit wichtigerer Schritt zum Sieg über Japan als alle anderen Aktionen auf diesem gewaltigen Kriegsschauplatz. Es waren nämlich diese Inseln – Saipan, Guam und besonders das unscheinbare, flache Tinian –, die der Air Force einen unzerstörbaren und riesigen Flugzeugträger zur Auslöschung japanischer Städte und Industrien verschafften. Im Pazifik war kaum etwas anderes derart wichtig. Die Verteidigung Hawaiis zählte, weil so gut wie alles dort hindurch kam. Midway und Guadalcanal zählten im Jahr 1942, denn dort wurde der Expansionsdrang von japanischem Heer und Marine gestoppt. Tarawa zählte Ende 1943 auf negative Weise, denn es zeigte den USA den wirklichen Preis und die Möglichkeiten amphibischer Operationen. Doch die Eroberung der Marianen war ein echter Wendepunkt, der eher mit der Normandie oder mit Stalingrad und Kursk als mit den Schlachten um Ägypten, Sizilien und Rom zu vergleichen ist.

Die Einnahme dieser Inseln im Juni 1944 bedeutete natürlich nicht, dass der Krieg gegen Japan vorbei war. Viele große Ereignisse sollten in den 13 Monaten danach noch folgen: der Angriff auf die Philippinen, die riesigen, ausgedehnten und heftigen Schlachten im Golf von Leyte, auf Iwojima und Okinawa und das unaufhörliche Brandbombardement japanischer Städte und Industrien, das im Abwurf der beiden Atombomben im August 1945 kulminierte. Vieles davon wäre aber ohne die Stützpunkte auf den Marianen viel schwieriger und womöglich undurchführbar gewesen. Als Mussolini von den angloamerikanischen Landungen in Italien erfuhr, sprach er den berühmten Satz aus: «Die Geschichte hat uns an der Gurgel gepackt.» Dasselbe ließe sich von der amerikanischen Eroberung der Marianen sagen. Als das japanische Kabinett vom Verlust dieser Inseln und der irreparablen Beschädigung seiner See- und Luftstreitkräfte bei Rabaul und in der Schlacht in der Philippinensee erfuhr, trat es zurück. Es war Zeit zu gehen – und sogar Zeit für manche japanischen Führer, geheime Fühler nach Moskau wegen der Kapitulationsbedingungen auszustrecken.

Der Historiker James B. Wood hat kürzlich die Frage gestellt: «War die Niederlage unvermeidlich?» Sein wohlüberlegtes Buch ergänzt viele Punkte der oben dargestellten Analyse – allerdings aus japanischer Sicht. Unter «Niederlage» versteht er nicht die totale Niederwerfung im August 1945; er fragt vielmehr, ob die japanische Führung nicht durch eine andere Politik einen inneren «Verteidigungsring» von Besitzungen, eine einigermaßen autarke Wirtschaft und einen fortgesetzten Großmachtstatus hätte erhalten können. Damit hätte Japan eine Lösung erzielt, die der von Admiral Yamamoto angestrebten einigermaßen nahe gekommen wäre.[71]

Der Autor hakt dann minutiös seine Liste ab. Was, wenn die japanische Marine ihre Handelsschiffe von Anfang an mit Konvois geschützt hätte? Was, wenn ihre eindrucksvollen U-Boote zur Unterbrechung alliierter Handelswege eingesetzt worden wären? Was, wenn sie mehr Wert auf eine Marineluftwaffe und weniger auf Schlachtschiffe gelegt hätte? Was, wenn die Armeeführung eingesehen hätte, dass sie nicht ein Viertel Asiens und des Pazifik mit nur einem Dutzend Divisionen erobern konnte? Und vor allem: Was, wenn Japan sich mit dem Aufbau eines wirklich respektgebietenden inneren Verteidigungsrings von den Marianen über die Philippinen nach Borneo begnügt hätte, statt selbstherrlich nach Midway, den Aleuten, den Solomonen, Australien und Nordostindien vorzustoßen? Wenn es schließlich nicht so schwer für den Verteidigungsversuch seiner Außenposten in den ersten zwei oder drei Kriegsjahren bestraft worden wäre, hätte es dann nicht die Fähigkeit zur Abwehr amerikanischer Angriffe soweit aufrechterhalten können, dass ein Kompromiss des «nicht-totalen Kriegs» möglich blieb, wie in allen Großmachtkonflikten des 18. und 19. Jahrhunderts? Warum nicht diese Option mit klügeren operativen und taktischen Maßnahmen verfolgen?

Wood stellt einige gewichtige Fragen, und seine Arbeit ist gebührend gewürdigt worden. Aber die Antwort muss «Nein» lauten. Als die USA erst einmal bei Pearl Harbor überfallen worden waren, gab es für die Amerikaner kein Zurück mehr, keinen Kompromiss, nichts als die bedingungslose Kapitulation des Aggressors. Japan, das nur seine so stark erscheinenden Flugzeuge, Kriegsschiffe und Heeresdivisionen an der Front zählte, hatte ein Land angegriffen, das gemessen am Bruttoinlandsprodukt eine zehnmal so hohe Wirtschaftskraft besaß, aber noch nicht für den totalen Krieg mobilisiert hatte. Als es die volle Kampfstärke erreicht hatte, war die Niederlage Japans besiegelt, denn Amerika hatte keinen Grund für einen Kompromiss. Seltsamerweise wussten das sowohl Yamamoto als auch Churchill. Der erste von beiden sprach von einem «schlafenden Riesen, der noch nicht erwacht ist»; der Premierminister sprach gern von einem «gigantischen Dampfkessel», der noch nicht vollständig angeheizt war.[72]

Aber gigantische Industriekraft bedeutet wenig, wenn sie nicht voll eingesetzt wird und ihre Ressourcen nicht an die richtigen Stellen dirigiert werden. Die gesamte Stahlproduktion bedeutet überhaupt nichts, wenn sie nicht zu gut konstruierten Flugzeugträgern der Essex-Klasse verarbeitet wird. Aluminium, Gummi und Kupfer bedeuten nichts, bis sie ins Konstruktionsprogramm der B-29 einfließen. Facharbeiter bedeuten nichts, bis Ben Moreell sie einsetzt. Flache Everglades-Boote bedeuten nichts, bis die Marines sie zu Landungsbooten umfunktionieren. Hochentwickelte Torpedos bedeuten nichts, bis jemand herausfindet, warum sie nicht funktionieren, und den Fehler behebt. Trägeroperationen über weite Entfernungen bedeuten nichts, bis man auch Langstreckentanker hat. Irgendjemand, irgendeine Organisation, irgendein Team mit freier Hand zum Experimentieren muss es zuerst herausfinden und dann ausführen.

Reflexionen

Am 17. Juli 1944 marschierte eine gewaltige Kolonne von rund 57 000 deutschen Soldaten – 20 Mann nebeneinander – durch die Hauptstraßen Moskaus. Das Foto dieser dramatischen Szene muss den Betrachter an den Triumphzug der Wehrmacht durch den Arc de Triomphe vier Jahre zuvor erinnern. Doch auf den zweiten Blick erkennt man, dass es nicht die Erfüllung von Hitlers Traum war, es war Stalins kalkulierte Rache.

Wenn römische Kaiser die germanischen Stämme besiegten, brachten sie ihre Gefangenen mit nach Rom, um der jubelnden Menge den sichtbaren Beweis des Sieges zu geben. Ebenso war es in Moskau im Juli 1944. Die 57 000 Soldaten, zu beiden Seiten von Rotarmisten bewacht, waren die Überlebenden der 4. Armee, die bei der Operation Bagration eingekesselt und geschlagen worden war. Erneut wurden die Barbaren in ihrer Niederlage vorgeführt, bevor man sie hinrichtete oder in Arbeitslager schickte.

Japaner wurden nie in solcher Zahl zur Schau gestellt, weil sich nur wenige ergaben, und die Armeen der Amerikaner und des britischen Commonwealth organisierten lieber eigene Siegesparaden durch Rom, Paris, Brüssel und andere eroberte Hauptstädte. Unterschiedliche Formen des Triumphs mit gleicher Bedeutung. Nach dem Zusammenbruch der Achsenfronten im Sommer 1944 an vier verschiedenen Kriegsschauplätzen gab es keinen Zweifel mehr am Ausgang des gewaltigen Ringens, und die Sieger konnten bereits die Feiern vom Mai und August 1945 vorbereiten.

Wer verstehen will, wie die Westalliierten Niederlage in Sieg verwandelten, für den bieten die Tagebücher von Feldmarschall Lord Alanbrooke, Churchills wichtigstem militärischen Berater während des Krieges, wichtige Anhaltspunkte. Vom Rückzug seiner eigenen Divisionen aus Dünkirchen nach der katastrophalen Frankreichexpedition im Juni 1940

Hitlers Traum und Stalins Rache: Eine Kolonne deutscher Soldaten in Moskau, 17. Juli 1944.

über seine Ernennung zum Generalstabschef der Armeen des Empire bis zu allen wichtigen angloamerikanischen Konferenzen über die Koalitionsstrategie und der Beobachtung, wie seine geliebten britischen Truppen so viele Rückschläge erlitten (Griechenland/Kreta, Tobruk, Singapur), bevor der lange, harte Weg zum Sieg eingeschlagen wurde, hat Alanbrooke späteren Generationen einen bemerkenswert offenen Bericht geliefert. Als der patriotische Historiker Sir Arthur Bryant 1957 und 1959 eine zweibändige Ausgabe der Tagebücher herausgab, konnte der Leser bereits Alanbrookes intellektuelle Qualitäten und seine weitreichenden, wenn auch scharfzüngigen Urteile bewundern.[1] Doch erst durch eine viel umfangreichere und noch offenere Ausgabe der Tagebücher[2] erkannte man – natürlich aus seiner Sicht – was er alles gleichzeitig erledigen musste: den Umgang mit der Armee, mit seinen britischen Kollegen, mit den Amerikanern und vor allem mit seinem quecksilbrigen, schwierigen und brillanten Kriegsherrn Winston Churchill.[3]

Häufig schaute Alanbrooke von den Höhen der Kriegspolitik hinab und fragte sich, ob die Maschinerie und das Personal für einen Sieg über die Achsenmächte gut genug waren. Vielleicht suchten ihn die Erfahrungen von Dünkirchen und Kreta heim, denn er machte sich jeden Tag Sorgen, ob die mittleren Ebenen der riesigen Maschine des Empire den enormen Anforderungen standhalten konnten, die an sie gestellt wurden, und ob die Allianz weitere Rückschläge verkraften würde. Wie sich herausstellte, waren seine Sorgen nie defätistisch, vielmehr ausgesprochen wertvoll. Sie hielten Churchill von der bizarren Idee einer großen Invasion Nordnorwegens ab und mäßigten den unrealistischen Wunsch der Amerikaner nach einer Landung in Frankreich 1943. Zudem führte Alanbrooke einen gnadenlos pragmatischen Lackmustest für alle vorgeschlagenen neuen Operationen ein: «Wo soll es stattfinden?», «Ist es durchführbar?», «Wer wird es ausführen?», «Gibt es genug Soldaten, Ausrüstung, Ausbildung?». Alanbrooke hätte den Vergleich zwar gehasst, aber er hatte einen sehr leninistischen Ansatz – «Wer, wen?» An erster Stelle kam die Praxis.

Es stellte sich heraus, dass alles getan wurde, was getan werden musste, um die Direktiven von Casablanca zu erfüllen, wenn auch unter hohen Kosten und mit vielen Rückschlägen an allen Kriegsschauplätzen. Inmitten der Kämpfe in so vielen Weltgegenden, am Boden, in der Luft und auf See zugleich, muss es schwer gewesen sein, den Punkt zu erkennen, an dem die Wende eintrat, die Rückschläge seltener und die Siege deutlicher wurden. Erst am 25. Juli 1943, als Mussolini abgesetzt wurde, die Rote Armee rund um Orel vorstieß und Patton Palermo eroberte, konnte Alanbrooke in seinem privaten Tagebuch zugeben, es sei vielleicht «wenigstens ein Wandel vom ‹Ende des Anfangs› zum ‹Anfang vom Ende›» eingetreten.[4] Aber noch ein ganzes Jahr lang verspürte er tiefes Unbehagen über die Rückschläge in Italien, die Niederlagen in Burma, die Wirkungslosigkeit des Bombenkriegs und die womöglich verfrühte Invasion Frankreichs. Wie der andere vorsichtige Realist Eisenhower hatte er bis zum letzten Augenblick die Sorge, die Operation in der Normandie könne zu einer schrecklichen Katastrophe werden. Darum war es ein bewegender Moment, als Alanbrooke im Juni 1944 wieder auf französischem Boden stand, von dem er und seine Divisionen vier Jahre zuvor vertrieben worden waren.[5] Inzwischen konnte selbst dieser vorsichtige, unsentimentale, realistische Mann erkennen, dass das Ende des Kampfes in Sicht war.

Bis zum August 1945 forderte dieser schreckliche Krieg noch viele militärische und zivile Opfer. Trotzdem ist jetzt die Zeit, einige allgemeine Reflexionen anzustellen, wie, wann und warum die Wende eintrat. Jedes der fünf Kapitel hat versucht, die Situation zu rekonstruieren, die sich den

«Problemlösern» bot, ohne dass sie eine Wende erwarten konnten. Nun können wir auf das Ganze zurückblicken.

Aus der Analyse lässt sich keine einzelne oder monokausale Argumentation ableiten. Wenn ein allgemeines Urteil angebracht ist, dann dies, dem instinktiven Wunsch nach Vereinfachung zu misstrauen. Gesellschaften sind hochkomplexe Organismen. Kriege sind komplexe Unternehmungen. Militärische Systeme und Armeen haben Millionen beweglicher Teile, genau wie moderne Volkswirtschaften. Sie operieren auch auf vielen Ebenen. Obwohl also wichtige Faktoren wie Führung, Moral, nationale und ideologische Begeisterung im Krieg natürlich eine Rolle spielen, sind sie kaum direkt messbar, und jede Diskussion des Faktors «wie» muss darüber hinausgehen. Und jedes Jahr gibt es erstaunlicherweise neue Archivquellen, dazu neue Erkenntnisse, Kontroversen und methodische Ansätze, die uns zum Überdenken früherer Annahmen zwingen.

Viele Forscher lassen sich in «Vereinfacher» und «Differenzierer» einordnen, die entweder eine einzige Hauptursache für die Vorgänge oder nur Verwirrung bzw. viele Einzelaspekte sehen.[6] Letztere äußern sich meist in Synthesen oder Lehrbüchern, in denen alles einbezogen werden kann, erstere in einem eng umgrenzten Werk mit sensationsheischendem Titel («Die Waffe, die den Krieg gewann!»). Keines von beidem ist besonders befriedigend. Bestimmt ist es möglich, eine Analyse zu liefern, wie die Wende im Zweiten Weltkrieg zugunsten der Alliierten eintrat, ohne entweder nur einen «einzig wahren» Grund zu behaupten oder eine geglättete Darstellung zu geben, in der alles Erwähnung findet. Sicherlich haben bestimmte Aspekte größere erklärende Kraft als viele andere. In dieser Analyse, wie die Alliierten von Januar 1943 bis Juni/Juli 1944 die Oberhand gewannen, bin ich selektiv vorgegangen. Nicht alle Beiträge zum alliierten Sieg waren gleich wichtig. Die Behauptungen, bestimmte neue Methoden, bestimmte Schlachten, Individuen und Organisationen seien von entscheidender Bedeutung für den Sieg, muss gegenüber konkurrierenden Behauptungen und mit Blick auf den Krieg als Ganzen bewiesen werden.

Die folgenden Schlussfolgerungen sind nicht streng hierarchisch angeordnet, obwohl die Themen und Reflexionen auf eine kleine Zahl von Schlüsselfaktoren zulaufen. Das ermöglicht es, zu sehen, wo andere Erklärungen wichtig sind und wo nicht. Ein Teil dieser Anordnung der Gründe für die alliierten Siege war mir noch nicht bewusst, als ich das

Buch vor vier Jahren begann. Die Schlüsselfrage war jedoch immer einfach: Trug eine neue Erfindung, Organisation oder Waffe tatsächlich dazu bei, Schlachten zu gewinnen, und lässt sich das in der Praxis zeigen? Wenn Forscher hinterher annahmen, eine neue Erfindung sei bloß deshalb entscheidend gewesen, weil sie funktionierte, reicht das nicht aus.

Ein gutes Beispiel hierfür ist der Anteil der Aufklärung am Sieg, besonders wegen der großen Aufmerksamkeit, die dieses Thema in den letzten vier Jahrzehnten auf sich gezogen hat. Die Literatur über die Aufklärung im Zweiten Weltkrieg ist heute so umfangreich, dass ich zunächst ein sechstes Kapitel mit dem Titel «Wie gewinnt man den Aufklärungskrieg?» plante. Dann geschahen zwei Dinge. Zunächst wurde mir immer klarer, dass es nicht sinnvoller war, der «Aufklärung» ein eigenes Kapitel zu widmen, als «Logistik» oder «Wissenschaft und Technik». Alle beanspruchen eine wichtige Rolle in der Geschichte des alliierten Sieges, aber der einzige Weg, ihre echte Bedeutung zu messen – und nicht nur die Behauptungen ihrer Verfechter zu reproduzieren –, besteht darin, sie in die Geschichte und Analyse der fünf parallelen Feldzüge zu integrieren, von denen dieses Buch handelt. Einen sensationellen «Aufklärungsdurchbruch», der den Kriegsverlauf verändert habe, zu behaupten, ohne seine genaue Wirkung zu zeigen, ist ebenso oberflächlich wie die Behauptung, eine neue Waffe habe einen Feldzug revolutioniert, ohne dies zu beweisen. Hier kann der Vergleich von P-51 Mustang und Me-262 als Lackmustest dienen. Beide waren flugzeugtechnische «Durchbrüche», aber der eine hatte große Wirkung auf den Kriegsausgang, der andere nicht. Argumente über die Bedeutung dieses oder jenes «Spionagerings» müssen denselben Test durchlaufen. Halfen sie tatsächlich dabei, den Krieg zu gewinnen und wie genau?

Sobald man versucht, die «verborgene Dimension» der Aufklärung in die Geschichte der Wende im Kriegsgeschehen zu integrieren, entsteht ein sehr gemischtes – um nicht zu sagen verwirrendes – Bild. Der Nutzen der Aufklärung war je nach Kriegsschauplatz, je nach Waffengattung und je nach Zeitpunkt unterschiedlich. In einem Konflikt war die Aufklärung wertvoll, in einem anderen weniger. Man kann die vielen Fallstudien nicht zu einer durchgehenden Darstellung verbinden, und es ist mir nach wie vor ein Rätsel, dass ein so erfahrener Historiker wie Sir Harry Hinsley sagen konnte, die Experten von Bletchley Park hätten den Krieg wahrscheinlich um bis zu drei Jahre verkürzt.[7] Das ist nicht zu beweisen.

Aus dem Studium der Aufklärung im Zweiten Weltkrieg geht vielmehr hervor, wie oft diese *scheiterte*. Das beginnt wahrscheinlich 1939/40 mit dem Unterschätzen der finnischen Widerstandsfähigkeit durch die Rote Armee, den britischen Aufklärungsfehlern beim Norwegenfeldzug und der völligen französischen Unwissenheit darüber, was im Mai 1940 aus den Ardennen hervorbrach. Wenn man Stalins kategorische Weigerung, *irgendwelche* Warnungen seiner Aufklärung über Unternehmen Barbarossa anzuhören, und die amerikanische Blindheit gegenüber dem bevorstehenden Angriff auf Pearl Harbor hinzunimmt, war 1941 vielleicht das «Jahr der Aufklärungsdesaster». Dann kamen die furchtbar kostspieligen Fehler der Wehrmachtsaufklärung, die weder die Einkesselung durch die Rote Armee bei Stalingrad 1942 noch die gegnerische Zangenbewegung bei Kursk 1943 oder den zentralen Vorstoß durch Operation Bagration 1944 voraussah – ein beispielloses dreifaches Scheitern.

Man könnte die Liste weiter fortsetzen. MacArthurs Widerwille gegen jede Aufklärung aus Marinequellen beeinflusste das Potenzial der feindlichen Funksprüche, die von den brillanten Magic- und Purple-Teams dechiffriert worden waren.[8] Es gab keine realistische Einschätzung der Alliierten, wie stark die deutschen Gegenangriffe bei Salerno und Anzio oder in den Ardennen sein würden, als wäre niemand bei der angloamerikanischen Aufklärung auf den Gedanken gekommen, dass eine Division der Waffen-SS ein sehr harter Gegner sein könnte. Die Warnung von Major Brian Urquhart, die Fallschirmjägereinheiten bei Arnheim würden dort abspringen, wo erfahrene deutsche Regimenter stationiert seien, wurde ignoriert. Diese Inkompetenz war weit verbreitet. Die japanische Armeeführung wurde wiederholt vom Vorrücken der Amerikaner über den Pazifik auf wechselnden Routen überrascht, obwohl jeder, der schon einmal ein komplexes Brettspiel gespielt hatte, erkennen konnte, dass der Gegenangriff auf solche Weise stattfinden könne. Der letzte Punkt ist vielleicht der wichtigste. Natürlich gab es während des Krieges auf diesem Gebiet große technologische Fortschritte, vor allem beim Dechiffrieren, doch das verschaffte nicht automatisch einen Vorteil, der zum Sieg in einer Schlacht oder einem Feldzug führte. Selbst das sagenumwobene Ultra-System in Bletchley Park war unvollkommen; es war viel besser, es zu haben, als es nicht zu haben, aber durch den Charakter des Aufklärungskriegs mit Deutschland konnte es nur gemischte Resultate erbringen, keine Wunder.

Dagegen sind die Aufklärungserfolge, d. h. die Durchbrüche, die beweisbar zu Siegen führten und den Krieg verkürzten – und *dies* ist der Lackmustest – relativ überschaubar.[9] Dass die Amerikaner in der Schlacht bei Midway den Standort der gegnerischen Flugzeugträger kannten, während diese unwissend waren, besteht sicherlich den Test. Aber was noch? Mehrere Siege der Royal Navy über die italienische Flotte im Mittelmeer verdankten sich der Kenntnis der gegnerischen Position, und die Versenkung der *Scharnhorst* weit im Norden im Dezember 1943 war ein Triumph der britischen Ortungssysteme. Die Ortung und Zerstörung entfernter U-Boote ab 1943 war potenziell ein Aufklärungserfolg, sofern der große anfängliche Erfolg nicht das Ortungssystem selbst kompromittierte, was durch die allzu eifrigen Angriffe der Amerikaner auf U-Boot-Sammelplätze im Atlantik drohte. Die sowjetische Aufklärung wurde 1944 immer besser, aber das galt für die Rote Armee und Luftwaffe insgesamt. Das führt erneut zu der einfachen Frage zurück: Wo lässt sich zeigen, dass vorherige Kenntnisse über Truppen und Absichten des Gegners eine militärische Wirkung hatten? Alles in allem, und selbst wenn man zugesteht, dass die alliierte Aufklärung weit erfolgreicher war als die der Achsenmächte,[10] ist es leichter zu demonstrieren, dass reibungslose Logistik den Krieg gewinnen half, als zu zeigen, wo Aufklärung zum Sieg führte.

Eine positivere Überraschung war für mich die wiederholte Erkenntnis, wie sehr die fünf Geschichten miteinander verknüpft waren. Obwohl die Einleitung die These aufstellte, ein alliierter Erfolg – oder Misserfolg – werde bei einem Feldzug anderswo Folgen haben, nahm ich zunächst an, das Buch werde fünf weitgehend unabhängige Parallelerzählungen enthalten und gelegentlich deren Verbindungen hervorheben, etwa zwischen dem U-Boot-Krieg und den Landungen auf Sizilien oder zwischen Operation Bagration und der Normandie. Außerdem ziehen Geschichten eines bestimmten Kriegsschauplatzes den Leser immer näher in das Geschehen hinein, so dass er noch weniger den Zusammenhang mit dem herstellen kann, was sich gleichzeitig woanders abspielte.

Erst nachdem ich mehrere Kapitel skizziert hatte, zeigte sich, dass ich z. B. das verzweifelte Jonglieren des deutschen Heers und der Luftwaffe beim Verschieben von Divisionen und Luftflotten von Frankreich über Russland ans Mittelmeer und wieder zurück darstellen musste, wie in Kapitel 2, 3 und 4; dass man klarer erkennen musste, wie der britische Kampf um die Seewege im Atlantik und der Arktis und der strategische

Bombenkrieg gegen Deutschland mit den Defensiv- und Offensivschlachten der Roten Armee im Osten verbunden war; und dass im Detail sichtbar werden musste, wie die Stationierung so vieler Heeresdivisionen in Zentral- und Südchina die Verteidigungsfähigkeit des japanischen Oberkommandos im Pazifik untergrub. Doch die Historiker einzelner Feldzüge verbinden nur selten die Teile miteinander und vor allem nicht zwischen den hier betrachteten fünf großen Kriegsschauplätzen. Diese vergleichende Perspektive eröffnet ein besseres Verständnis für die enormen Aufgaben, die sich Regierungen stellen, wenn sie in einem großen multidimensionalen Konflikt stehen.

Für manche Großmächte war es im Zweiten Weltkrieg weniger zwingend, die Teile zu verbinden, als für andere; manche waren dazu gezwungen, erreichten aber kein Gleichgewicht. Die Sowjets hatten dieses Problem der Prioritätensetzung nicht, sie traten nicht in den Krieg im Fernen Osten ein und konzentrierten sich ausschließlich auf die Abwehr der deutschen Invasion. Alles andere wurde diesem Ziel vernünftigerweise untergeordnet. Die Vereinigten Staaten standen vor ihrem klassischen Europa oder Pazifik-Dilemma, aber 1943/44 waren sie in der Lage, auf beiden Kriegsschauplätzen vorzurücken. Japan drängte sich selbst in die Ecke, indem es in zu viele Richtungen vorstieß – China, Burma, Südostasien, Neuguinea, Zentralpazifik –, ohne die notwendigen Mittel dazu zu haben, und bezahlte schließlich den Preis für diesen Mangel an Konzentration wie für seine schrumpfenden Ressourcen. Deutschland praktizierte eine multidimensionale Strategie, aber Hitlers Regime konnte nicht gleichzeitig den großen Krieg im Atlantik, die gewaltigen Luftschlachten über Europa und die großen Feldzüge im Mittelmeerraum und Nordafrika, auf dem Balkan und vor allem in Russland gewinnen und sich dazu noch auf die angloamerikanische Invasion Frankreichs vorbereiten. Hier war das beste Beispiel für «Überdehnung» zu beobachten.

Wenn es den Briten besser gelang ihre Kräfte zu konzentrieren, so vielleicht deshalb, weil sie seit über 200 Jahren ihre globalen Verpflichtungen ausbalancierten und ihre Entscheidungssysteme sich recht gut darauf eingestellt hatten; aber auf dem Tiefpunkt 1941/42 mussten viele den Eindruck haben, als stehe das alte, angeschlagene Empire vor dem Aus. Während des gesamten Krieges *wusste* die britische Führung, dass sie überdehnt war – auch aus diesem Grund sind Alanbrookes Tagebücher so aufschlussreich –, und das wiederum erklärt, warum die Planer in Whitehall so sehr darauf erpicht waren, Einsparungen zu machen, neue Technologien zur Senkung der Verluste bei Schiffen, Flugzeugen und besonders Soldaten zu finden, und warum sie freiwillige Einheiten und Einzelpersonen aus über einem Dutzend Ländern in ihre Streitkräfte aufnahmen. Es erklärt auch, warum es für sie so wichtig war, dass die amerikanischen Verbündeten ihre Sichtweise verstanden, und warum sie so beunruhigt waren, wenn ihre mächtigeren und optimistischeren (und manchmal unwissenderen) Vettern sie ignorierten. So weigerte sich Admiral King, auf Rat der Royal Navy 1942 Frachtschiffe vor der amerikanischen Ostküste im Konvoi fahren zu lassen, obgleich es britische Öltanker aus Trinidad waren, die unter dem Schutz der US Navy standen; der Leiter der Luftwaffen-Beschaffungskommission, Oliver Echols, zeigte großen Widerwillen, die P-51 mit Merlin-Motor zu akzeptieren; und General Omar Bradley zeigte bei der Landung in der Normandie großes Desinteresse an britischen Ideen über Landungstechniken.[11] Bei Kriegsende hatte England gesiegt, die deutsch-italienische Achse war geschlagen und Japan am Boden, aber England hatte sich und sein Empire auch überdehnt – mit fatalen Folgen, wie man heute weiß.

Es ist erstaunlich, dass trotz der großen Unterschiede der fünf Hauptmächte, von denen jede ihren eigenen Krieg in der Luft, auf See und zu Lande führte, das Endresultat – im Jahr 1944 – so einheitlich war. Der harte Panzer der Achsenmächte brach gleichzeitig an vier verschiedenen Kriegsschauplätzen. Mark Clark mag sich zu Recht beschwert haben, dass der Einmarsch seiner Armeen in Rom am 4. Juni 1944 von der Weltpresse kaum bemerkt wurde, aber praktisch gesehen war der alliierte Sieg in Mittelitalien weit weniger wichtig für den Kriegsausgang als die anderen drei, d. h. die fast gleichzeitige Invasion der Normandie, die Eroberung der Marianen und der machtvolle Schlag von Operation Bagration.

War es also einfach eine neue Form imperialer Ermüdung? Waren die Kriegsmaschinerien Deutschlands und Japans, die so lange mit erstaunlicher Heftigkeit und Effizienz gekämpft hatten, durch ihre Führungen einfach geographisch überdehnt worden und brachen schließlich angesichts der gesammelten materiellen Macht des britischen Empire, der USA und der Sowjetunion zusammen? Zumindest die Statistiken legen es nahe. 1942 lag die militärische Produktivkraft der Alliierten gleichauf mit den Achsenmächten, 1943 überholte sie, und 1944 war sie weit voraus.[12] Egal bei welchem Maßstab, ob Ölvorräte, Stahl- oder Flugzeugproduktion, die Alliierten waren stets weit überlegen.

Offensichtlich wäre es also absurd, die massive Bedeutung der produktiven Überlegenheit der Alliierten 1943/44 zu leugnen. Wenn stattdessen die Produktivkraft der Achse 1943 62,5 Mrd. $ und die der Alliierten insgesamt nur 18,3 Mrd. $ betragen hätte, wäre die Niederlage Deutschlands und Japans nicht ausgemacht gewesen. Doch die vorausgehenden Kapitel argumentieren, dass die Produktionsdifferenzen von zwei anderen Variablen beeinflusst werden konnten und auch wurden, nämlich der Rolle der Geographie (und ihrer größeren oder geringeren Einbeziehung durch Planer, Konstrukteure und Entscheidungsträger auf beiden Seiten) und der vielleicht wichtigsten Variablen, der Schaffung von Systemen zur Kriegführung, die Rückkopplung, große Flexibilität, die Fähigkeit, aus Fehlern zu lernen, und eine «Kultur der Ermutigung» verbanden. Dies gab den Personen auf der mittleren Ebene in diesem harten Konflikt die Freiheit zu experimentieren, Ideen und Meinungen zu äußern und institutionelle Grenzen zu überschreiten.

Wenn das zutrifft, dann bietet dieses Buch eine andere Interpretation als der Mainstream der Geschichtsschreibung zum Zweiten Weltkrieg, der zur Annahme neigt, der Krieg sei zum Zeitpunkt der Schlachten von Midway, El Alamein und Stalingrad schon gewonnen gewesen. Es korrigiert die ökonomisch-deterministische Erklärung des Kriegsausgangs und bietet etwas Subtileres. Man erinnert sich an Churchills Überzeugung, der Krieg müsse durch die «richtige Anwendung» von Stärke gewonnen werden. Bloße Zahlen genügten nicht. Der RAF noch ein paar Tausend Lancaster-Bomber mehr zu geben, hatte wenig Sinn, wenn das Bomberkommando seine Ziele nicht lokalisieren konnte, wie Churchill ihm im September 1941 vorwarf. Tausende von Frachtschiffen zu bauen, würde den Krieg nicht gewinnen, wenn man keinen Weg fand, Dönitz' große U-Boot-Wolfsrudel im Zentralatlantik zu schlagen. Die Größe des Marine Corps zu verfünffachen, hatte keine Bedeutung, wenn es ihm nicht gelang, auf feindliche Strände und von da aus weiter zu kommen. 10 000 T 34-Panzer waren nur ein großer Haufen Stahl, bis jemand die Lösung fand, wie man sie mit Treibstoff, Öl und Munition versorgte. Man möchte Churchills Formulierung dahingehend verändern, dass der Zweite Weltkrieg durch die «intelligente Anwendung» überlegener Stärke gewonnen wurde.

Dies wird noch einleuchtender, wenn man die entscheidende Rolle der Geographie betrachtet. Größe, Distanz und Topographie spielen in allen fünf Geschichten eine Rolle, genau wie sie das Handeln der erschöpften Soldaten beherrschten, die diese Räume überwinden mussten. Das letzte Kapitel handelt explizit von der Überwindung der «Tyrannei der Distanz» im Pazifik, aber auch alle vier anderen Geschichten lassen sich auf ihre Art als menschlicher Kampf um die Kontrolle großer Gebiete von Himmel, See und Land ansehen. So weit im amerikanischen Feldzug gegen Japan der Weg von Hawaii über die Gilbert-, Marshall-, Karolinen- und Marianen-Inseln, Iwojima und Okinawa sein mochte, es blieb der kürzeste Weg nach Japan, und MacArthurs Vorrücken entlang der Küsten von Neuguinea war geographisch ein viel weniger direkter Weg nach Tokio. Die britischen Anstrengungen im Dschungel von Burma konnten dagegen keinen schweren Schlag versetzen, so außerordentlich sie auch waren.

Auch anderswo beeinflusste die Geographie den Ausgang. Sie machte die Landungen in Nordafrika nicht nur möglich, sondern höchstwahrscheinlich auch erfolgreich. Weil sie sich auf dem Wasser besser fortbewegen konnten, erreichten angloamerikanische Landungstruppen die Küsten Nordafrikas leichter von Glasgow und Norfolk (Virginia) aus als die schweren Reservedivisionen der Wehrmacht aus Süddeutschland oder Westfrankreich, von der Ukraine ganz zu schweigen. Man brauchte nur Geleitschutz für die schnellen alliierten Truppenkonvois, und der war vorhanden. Es gab natürlich keine U-Boot-freien Routen, bevor das große Ringen um die Kontrolle des Zentralatlantiks entschieden war. Die «Lücke» in der Luftunterstützung über dem Ozean war ein räumliches Problem, das drei Jahre lang auf eine militärisch-technische Lösung wartete; im Juni 1943 war sie aber gefunden. Die Suche nach einem Langstreckenjäger, der die B-17-Bomber bis nach Prag und wieder zurück begleiten konnte, dauerte etwas länger, aber bis Februar 1944 stand auch dafür eine Lösung parat, nicht durch pure materielle Überlegenheit, sondern durch menschliche Einfallskraft und gemeinsame Initiativen. Der Ostfeldzug war auf andere Weise von der Geographie geprägt. Die Wehrmacht stieß zu weit in unwirtliche Gebiete vor und bezahlte den Preis mit einem Feldzug, bei dem primitive materielle Stärke militärische Raffinesse zunichte machte. Bei El Alamein schließlich traf das sagenumwobene Afrikakorps auf eine stark befestigte britische Garnison, und Rommel war inzwischen weit von seinen Nachschubdepots entfernt. Er kämpfte gegen einen Feind, der seit vielen Jahrzehnten daran arbeitete, lange Verbindungswege nach Ägypten aufrechtzuerhalten. Die Schlussfolgerung ist klar. In diesem großen Krieg entschied auch die Distanz über Sieg oder Niederlage. Die Kriegssysteme der Alliierten verbesserten sich entscheidend, als sie das bewusst in ihr Kalkül einbezogen.

Man ist daher verblüfft über das Versagen der Achsenmächte, den Zweiten Weltkrieg als gigantisches geopolitisches Schachbrett zu sehen, und damit die strategische Bedeutung einer kleinen Zahl entscheidender Positionen (Stützpunkte) zu verstehen, die dem Besitzer einen überproportionalen operativen Vorteil verschafften. Neben den in diesem Absatz aufgezählten Orten denke man auch an die strategische Bedeutung der angloamerikanischen Basen in der Karibik, die nordbrasilianischen Häfen, Freetown (Sierra Leone), Madagaskar, Island, die Azoren und weiter östlich das Kap der guten Hoffnung, Aden, Trincomalee (Sri Lanka). Alle waren wichtig für die alliierte Überwindung der Distanz, werden aber in kaum einer Darstellung des Krieges genannt.

Dass die japanische Armeeführung keinen weiteren Versuch machte, Hawaii einzunehmen, selbst nicht nach der Schlacht von Midway, als die US-Kräfte im Pazifik noch relativ schwach waren, ist erstaunlich. Im Vergleich zu den Inseln Hawaiis waren Eroberungen wie Neuguinea und Burma bloße Bagatellen; sie wären Japan sowieso in den Schoß gefallen, wenn es vorher den strategisch wichtigsten Ort im gesamten Pazifik eingenommen hätte. Dass Hitler Gibraltar nicht bekam – oder Franco zumindest überzeugen konnte, es zu neutralisieren –, war ein weiterer großer Nachteil, der sich vielleicht aus seiner Obsession mit dem Drang nach Osten erklärt. Gleiches galt für die Unfähigkeit der Deutschen und Italiener, die britischen Luftwaffen- und Marinebasen auf Malta zu zerstören. Wären die Säulen des Herkules blockiert gewesen, Algerien unter Vichy-Kontrolle geblieben und Malta zu einer gigantischen deutschen Luftwaffenbasis geworden, wie lange hätte es wohl gedauert, bis Ägypten fiel?

Alles in allem verschwendeten die Achsenmächte ihre enormen Anfangsvorteile, indem sie auf zweitrangige Kriegsschauplätze vorstießen – Balkan, Burma, Südchina – und den tatsächlich entscheidenden Zielen viel weniger Aufmerksamkeit widmeten. Hitlers Strategie an der Ostfront ist vielleicht das deutlichste Beispiel. Gleichzeitig Leningrad im Norden, Moskau im Zentrum und Stalingrad, das Donezbecken und den Kaukasus im Süden anzugreifen, war eine militärische Dummheit. Sicherlich war

Moskau am wichtigsten, selbst im negativen Sinne. Eine Eroberung der Stadt hätte vielleicht nicht den erhofften raschen Sieg garantiert, denn das Politbüro hätte mit oder ohne Stalin nach Osten ausweichen können, um den Kampf fortzusetzen. Aber die gescheiterte Eroberung durch die Deutschen garantierte, dass der Krieg weiterging. Dem Beobachter dieser Vorgänge drängt sich der Gedanke auf, dass sowohl die Wehrmachtsführung als auch die preußisch beeinflussten japanischen Generäle vergessen hatten, wie sehr Clausewitz betonte, sich auf die Schwerpunkte des Gegners zu konzentrieren. Vor vielen Jahren schrieb Corelli Barnett, die Ausgänge von Schlachten und Kriegen ließen sich als «große Buchprüfung der Institutionen» verstehen.[13] Die gegenwärtige Studie bestärkt diesen Gedanken.

Der letzte Punkt, der aus dieser Untersuchung hervorgeht, betrifft jenen schwer fassbaren Faktor, den man «Kultur der Ermutigung» oder Kultur der Innovation nennen könnte. All diese riesigen und durchorganisierten Kriegsmaschinerien in England, den USA, Deutschland, Japan und der Sowjetunion versuchten natürlich, sowohl ihre Stellung zu behaupten, als auch vorzurücken, um die Gegner zu besiegen. Das ist eine Binsenwahrheit. Die interessantere Frage ist die Frage nach dem *Wie*. Wie gelang es einigen dieser politisch-militärischen Systeme besser als anderen? Und ein nicht geringer Teil der Antwort auf diese Frage ist der, dass die erfolgreichen Systeme eine bessere Rückkopplung zwischen oberer, mittlerer und unterer Ebene besaßen und Initiative, Innovation und Einfallsreichtum anregten.

Natürlich kam es auch auf die Männer an der Spitze an. Die jeweiligen Staatsführer oder Staatsführungen zeigten höchst unterschiedliche Eigenschaften. Hier waren die Japaner am schlechtesten. Während der Gott-Kaiser von ernsthaften strategischen Entscheidungen ausgeschlossen blieb, lag die Macht bei Armee und Marine, aber nach dem Abschuss von Admiral Yamamotos Flugzeug im April 1943 zeigten beide einen starren Korpsgeist, der kein Mittel gegen die einfallsreichen amerikanischen Gegenangriffe im Pazifik fand. Hitler und Stalin waren einander in ihrem Kontrollwahn sehr ähnlich, wie viele Historiker betont haben, aber mit dem entscheidenden Unterschied, dass Stalin seinen eisernen Griff lockerte, als er verstand, dass ein Team erstklassiger Generäle für ihn arbeitete, während Hitler immer größenwahnsinniger und paranoider wurde und seinen erfahrenen Generälen wenig operativen Spielraum gab.[14] Allgemein gesagt, je weiter ein Kommandeur vom OKW entfernt war –

Guderian an der Seine, Rommel in der Wüste, Kesselring in Süditalien –, desto freier konnte er sein unzweifelhaftes Können ausspielen.

Roosevelt und Churchill waren ebenfalls verschieden. Der Präsident besaß offenbar einen so unerschütterlichen Glauben an Amerikas Macht, dass er selten in Personalentscheidungen oder operative Planung eingriff. Sobald die Militärführung bei Kriegseintritt eingesetzt war, setzte er großes Vertrauen darin, dass Arnold (Air Force), King (Navy) und vor allem Marshall (Army) richtig handelten; sein Vertrauter Admiral Leahy wurde Generalstabschef. Die Marine stand Roosevelt immer besonders nahe, und seine Ernennung von Ben Moreell als Chef der neuen Seabees war ein genialer Schachzug. Ansonsten scheint er aber keine aktive Rolle bei Ernennungen gespielt zu haben. Warum sollte nicht George Marshall die unangenehme Aufgabe übernehmen, erfolglose Generäle zu Beginn der Kämpfe, nach der Schlacht am Kasserinpass und während der stockenden Anzio-Landung abzuberufen?

Eine solche Distanz wäre Churchill völlig unmöglich gewesen – warum hätte er sonst rote Aufkleber mit der Parole «Action This Day» auf seine Memos geklebt? Er ließ sich nur schwer davon abbringen, den D-Day persönlich vor der Küste der Normandie zu beobachten, und schließlich musste der König intervenieren. Bei nicht wenigen Gelegenheiten (Norwegen, Dakar, Seeoperationen vor Kreta, Singapur) trieb er Alanbrooke und die anderen britischen Armeechefs fast zur Verzweiflung und zum Rücktritt; und er ersetzte bei seiner Suche nach effektiver Führung an der Front viele Generäle. Doch selbst der empfindliche Alanbrooke gab häufig zu, dass Vorstellungskraft, Energie und Rhetorik des Premierministers für die Kriegsanstrengung unverzichtbar waren.

Es gab aber noch eine andere Ebene dieses globalen Konflikts, auf der Churchills Enthusiasmus und Ermutigung von unschätzbarem Wert waren, nämlich dass er Talent, Initiative und auch Eigenständigkeit bei Menschen erkannte und ihnen die Chance gab, sich zu beweisen. Seinen berühmten Tadel über die Vernachlässigung von Major-General Percy Hobarts Talenten, weil er «feindliche Kritik» provozierte, habe ich bereits zitiert (Kapitel 4); es ist schwer zu sehen, wie Hobart in der konservativen britischen Armee ohne den Premierminister seine seltsamen Panzerideen zu einer ganzen Panzerdivision hätte ausbauen können. Es war Churchill, der Admiral Ramsay aus dem Ruhestand holte, um die Landungsoperationen des britischen Empire zu organisieren, der Orde Wingate nach

Burma schickte, um die «Chindits» für Spezialoperationen aufzubauen, und der die Rückkehr von Sir Wilfrid Freeman als Chef der Flugzeugkonstruktion und -produktion im Luftfahrtministerium arrangierte. Wer sonst als der Premierminister hätte nach einer Demonstration der erfolgreichen Experimente mit den vorwärts feuernden Hedgehogs durch die Abteilung für Waffenentwicklung schon am nächsten Morgen den Ersten Lord der Admiralität angewiesen, Ressourcen dafür bereitzustellen? Man könnte diese Liste noch verlängern, aber sie zeigt, dass es wahrscheinlich nie einen Staatsführer in Kriegszeiten mit Churchills Auge für Talente und seine Fähigkeit zur Inspiration und Ermutigung gab. Der Mann war einzigartig, aber die Lehren, die er hinterlässt, sind allgemeingültig: Ohne starke und würdige Führung wird eine große Unternehmung wahrscheinlich scheitern.

Die «Kultur der Ermutigung» umfasst aber mehr als die persönlichen Vorlieben und Launen mächtiger Staatsmänner. Das Marine Corps hatte nach 1919 zwar viel weniger Ressourcen, bekam aber genug Freiheit, um seine Ideen über «vorgeschobene Marinebasen in Mikronesien» zu entwickeln. Stalins Panzer- und Flugzeugkonstrukteure Koschkin und Jakowlew hatten zwar Angst vor dem «Chef», wussten aber, dass sie Unterstützung erhalten würden, wenn sie Waffen entwickelten, die viele Deutsche töteten, und bekamen große Ressourcen. Irgendjemand bei der Waffenentwicklung der RAF konnte im April 1942 Ronnie Harker von Rolls-Royce in Derby nach Duxford holen, um den P 51-Jäger zu testen und einen Bericht zu schreiben; jemand bei Rolls-Royce wusste, wie man Sir Wilfrid Freeman im Luftfahrtministerium erreichte und die Sache ins Rollen brachte; ein Jäger-Kommandeur wie Donald Blakeslee wusste, dass er zu seinem Vorgesetzten bei der US Air Force, General Doolittle, gehen konnte, und Doolittle wiederum wusste, dass er zu Arnold und Lovett gehen und eine falsche amerikanische Politik bezüglich des Mustang-Jägers korrigieren lassen konnte, was gewaltige Wirkung hatte. Zwei junge Forscher an der Universität Birmingham wurden ermutigt, am Problem eines Miniradars zu arbeiten, das nicht unter der Strahlungsenergie zusammenbrach; als sie es lösten, wurden sie nicht abgewiesen. Dann trugen ihr Professor, die Regierung, Tizard und Vannevar Bush, dann Bell Labs und das Massachusetts Institute of Technology die Idee weiter. Und schließlich half diese neue Technologie, zahlreiche U-Boote zu versenken. Das war kein Zufall, es war ein überlegenes System.

Aber irgendwo musste es beginnen. Und dieses irgendwo war ein Raum, eine militärisch-politische Kultur, in der Problemlösung möglich war. Aus immer noch unerklärten Gründen scheint Japan dabei jämmerlich gescheitert zu sein. Seine eindrucksvollen Waffensysteme wie der Zero-Jäger, die Schlachtschiffe der Yamato-Klasse und die Flugzeugträger der Akagi-Klasse stammten alle aus den späten dreißiger oder sogar zwanziger Jahren, und danach schien die japanische Innovationskraft zu versiegen. Es gab keine Gegenstücke zu den Lancasters und Mustangs, zu Walkers furchteinflößenden Anti-U-Boot-Flottillen, zu Miniradar oder Dechiffriermaschinen, von der Atombombe ganz zu schweigen. Das Dritte Reich ging einen anderen Weg und lenkte Deutschlands traditionelle technologische Stärke auf «Wunderwaffen» wie die V-1 und V-2, den Düsenjäger und die U-Boote vom Typ XXI, aber keine dieser hochentwickelten Waffen konnte den Kriegsausgang beeinflussen, weil Deutschland zuerst die Seeherrschaft und dann die Luftherrschaft verloren hatte. Niemand im Dritten Reich – keine Organisation der mittleren Ebene, nicht einmal Speer – hatte das Problem gelöst, dass die neuen supereffizienten U-Boote, die man in Bremen baute, nicht in See stechen konnten, weil ihre Dieselmotoren sich nicht sicher aus dem Ruhrgebiet transportieren ließen, nachdem alliierte Bomber alle Bahnstrecken zerstört hatten!

Bei diesem Maßstab der schieren Effizienz darin, Kampfgerät und Soldaten von A nach B zu bekommen, stehen die Briten wahrscheinlich erneut an der Spitze, sicher nicht durch angeborenes Geschick, sondern wegen ihrer langen organisatorischen Erfahrung und dem starken Gefühl nach 1940, mit der Niederlage vor Augen gegen eine Übermacht zu kämpfen. Sie mussten ihre Städte verteidigen, Truppen rund um Afrika nach Ägypten transportieren, die Griechen unterstützen, die Grenzen Indiens verteidigen, die USA in den Krieg holen und dann das gewaltige kontinentalamerikanische Potenzial nach Europa bringen.[15] Letzteres war eine weitere Herausforderung für «Problemlöser». Wie genau bekam man zwei Millionen US-Soldaten, sobald sie am Clyde eingetroffen waren, auf Stützpunkte in Südengland, um die Invasion der Normandie vorzubereiten, wenn ein Großteil der britischen Eisenbahnen damit beschäftig war, Kohlewaggons zu den Eisen- und Stahlwerken zu bringen, die ihre Produktion nicht senken durften? Es gelang einer Organisation, bei der Leute arbeiteten, die mit Hobbys wie dem Auswendiglernen von Bradshaws Kursbuch aufgewachsen waren, und die Führungsspitze nahm das als selbstverständlich an, weil sie an die Fähigkeiten des Personals der mittleren Ebene glaubte. Wie Churchill einmal über die künstlichen Häfen schrieb: «Eine Diskussion über diesen Punkt ist überflüssig. Die Schwierigkeiten werden für sich selber sprechen», d. h. *ihr* werdet einen Weg finden.[16]

Man kann noch auf andere Weise über diese Geschichte schrittweiser Problemlösungen nachdenken, und sie entspringt einem sehr aktuellen Beispiel. Als im November 2011 eine Flut von Nachrufen auf den «genialen» Apple-Chef Steve Jobs erschien, war darunter auch ein faszinierender Artikel im *New Yorker*. Sein Autor Malcolm Gladwell war der Ansicht, Jobs habe keine Maschine oder Erkenntnis hervorgebracht, die die Welt veränderte; das tun nur sehr wenige, vielleicht Leonardo oder Edison. Vielmehr war er ein brillanter Ziehvater von frühen, unausgereiften Erfindungen und begrenzten Einsichten anderer Personen, auf denen er aufbaute, die er modifizierte und ständig *verbesserte*. Nach heutigem Sprachgebrauch war er ein «Tweaker» (Verbesserer), und sein wahres Genie lag darin, die Effektivität seiner Produkte immer weiter zu steigern.

Die Geschichte von Steve Jobs' Erfolg war aber nicht neu. Die Industrielle Revolution im England des 18. Jahrhunderts – möglicherweise die größte Revolution, die den Aufstieg des Westens erklärt – geschah genau deshalb, weil das Land zahlreiche «Tweaker» innerhalb einer nationalen Kultur besaß, die den Fortschritt ermutigte.[17]

Dem Leser, der die fünf Kapitel des Buches verfolgt hat, wird die Ähnlichkeit ins Auge springen, denn was war die Entwicklung des sowjetischen T-34-Panzers von einem schlecht konstruierten, untermotorisierten Stahlhaufen zu einer schnellen, tödlichen Waffe anderes als eine Geschichte von kontinuierlichen Verbesserungen? Galt das nicht auch für den großen amerikanischen Bomber, die B-29, die zeitweise so in Schwierigkeiten steckte, dass ihre Stornierung erwogen wurde, bis die Boeing-Teams diese Probleme lösten? Und die wundersame Geschichte der P-51-Mustang? Und Percy Hobarts ungewöhnliche Panzer? Und das so starke, aber zugleich so kleine Radarsystem, das in die Nase eines Langstreckenjägers eingebaut werden und die Atlantikschlacht wenden konnte? Alles passt zusammen, sobald man die verstreuten Teile sammelt. Aber jedes dieser Projekte brauchte Zeit und Unterstützung.

Wenn diese Bemerkungen über die Kultur der Innovation stichhaltig sind, dann ist offensichtlich, dass die hier dargestellten fünf eigenständigen und parallelen Geschichten eine wichtige Lehre für andere Bereiche, andere Berufe, andere große Auseinandersetzungen enthalten. Sie lassen sich nicht nur auf große militärische Konflikte wie die napoleonischen Kriege oder den amerikanischen Bürgerkrieg übertragen, obwohl sie dort ebenso gut passen würden und ihre eigenen hervorragenden Historiker dafür besitzen, *wie* diese Kriege gewonnen wurden.[18] Meine Sichtweise in jedem der fünf Kapitel dieses Buches schließt an die umfangreiche Literatur und Debatte der sogenannten «militärischen Innovationsstudien» an.[19] Die hier dargestellten Fallgeschichten können auch die vielen Schriften zur operativen Ebene des Krieges ergänzen. Und sie knüpfen an die bahnbrechenden Studien über «militärische Effektivität» an, was in den Anmerkungen ausführlich zum Ausdruck kommt.

Im weiteren Sinne kann auch jeder intelligente Vertreter des mittleren Managements oder Unternehmensberater in der heutigen Geschäftswelt – oder ein vielseitig interessierter CEO – die Lehren aus diesen Geschichten erkennen. Tatsächlich können die Manager der weltgrößten Unternehmen nur mit Staunen auf beispielsweise Admiral Ramsays Planung und Orchestrierung der fünf gleichzeitigen D-Day-Landungen blicken und sich wünschen, sie könnten ein Zehntel seiner Leistung vollbringen. Das Gewinnen von Kriegen erfordert letztlich immer eine überlegene Organisation und dies wiederum Menschen, die solche Organisationen steuern können, nicht mit Scheuklappen, sondern sehr kompetent und auf eine Weise, die es Außenseitern erlaubt, neue Ideen für den Sieg einzubringen. Nichts davon ist allein durch die Personen an der Spitze zu vollbringen, so genial und energisch sie auch sein mögen. Es muss ein Unterstützungssystem geben, eine Kultur der Ermutigung, wirksame Rückkopplungen, die Fähigkeit, aus Rückschlägen zu lernen und Dinge zu verwirklichen. Und all das muss besser gelingen als beim Gegner.

Also hatte der lesende Arbeiter aus Brechts berühmtem Gedicht Recht. Wer fand Lösungen für Alexander, Caesar, Philipp und Friedrich? Waren es nicht die mittlere Ebene und die «Problemlöser»? Bei allem Respekt für die Staatslenker und Kommandeure auf der einen Seite und die Soldaten und Seeleute auf der anderen, die im Zweiten Weltkrieg die Strände erobern und auf dem gefährlichen Ozean patrouillieren mussten, ist das die Antwort dieses Buches. Ohne das Personal der mittleren Ebene und die effizienten Systeme, die es managte, wäre der Sieg unerreichbar geblieben. Es bleibt rätselhaft, warum den «Problemlösern» des Zweiten

Weltkriegs bisher relativ wenig Aufmerksamkeit gewidmet wurde. Dagegen belohnte Friedrich der Große, stets ein scharfsinniger Organisator, seine Generäle, Obersten und das «mittlere Management» mit Titeln, Ehren und Land. Manche ihrer Nachkommen mit denselben Adelstiteln kämpften 180 Jahre später im Ostfeldzug unter einem ehemaligen österreichischen Gefreiten, den sie verachteten. Alexanders Kämpfer trugen seinen Leichnam so weit zurück wie möglich, begruben ihn und kehrten dann nach Makedonien heim, um ihre Ehren zu empfangen. Philipp II. von Spanien war nicht geizig bei der Belohnung jener, die ihm treu gedient hatten und trotz des Untergangs der Armada weiter für seine Sache kämpfen wollten. Was aus Caesars Koch wurde, verschweigt die Geschichte. Gewiss hat er aber eine Rolle gespielt.

Dieselbe Anerkennung gebührt sicherlich dem Personal der mittleren Ebene, das 1942 die Aggression der Achsenmächte stoppte, 1943/44 das alliierte Vorrücken und schließlich den Sieg über Deutschland und Japan ermöglichte. Einige dieser Personen, Waffen und Organisationen werden natürlich gewürdigt – etwa die Leistung derer, die den Mustang-Langstreckenjäger, die Spezialpanzer, das Miniradar oder die Seabees entwickelten –, aber meist nur auf punktuelle und popularisierte Art von Fans bestimmter Aspekte des Krieges. Nur selten hat man die Einzelstränge verbunden, um zu zeigen, wie diese Fortschritte die vielen Feldzüge beeinflussten, die in der Mittelphase des Weltkriegs zugunsten der Alliierten ausschlugen. Noch seltener war bisher das Verständnis dafür, wie die Arbeit dieser «Problemlöser» im Zusammenhang mit einer «Kultur der Ermutigung» steht, damit die bloßen Erklärungen und strategischen Ziele der Staatslenker verwirklicht wurden und nicht in den Stürmen des Krieges untergingen. Wenn es so ist, wie ich in diesem Buch zu zeigen versuchte, hat unser Verständnis, wie der Zweite Weltkrieg in seiner entscheidenden Mittelphase gewonnen wurde, bisher eine große Lücke gehabt. Vielleicht hilft dieses Werk dabei, diese Lücke ein wenig zu schließen.

Danksagung

Ich konzipierte dieses Buch 2007, ein Jahr nach Erscheinen von *Parlament der Menschheit*, meiner Studie über die Vereinten Nationen. Mit Unterstützung von Random House in New York und Penguin UK in London begann ich 2008 bei einem sechsmonatigen Forschungsaufenthalt in Cambridge mit dem ernsthaften Schreiben von Kapitel 1, 2 und 4. Meine Rückkehr zu Vollzeitlehre, -betreuung und -Fundraising in Yale bot mir wenig Zeit zum Weiterschreiben, aber 2010 konnte ich bei einem erneuten Cambridgeaufenthalt Kapitel 3 und 5 skizzieren. Einleitung und Reflexionen entwarf ich im Herbst 2010 wieder in Yale. Danach versuchte ich Kommentare und Kritik vieler Kollegen und meiner Lektoren einzubeziehen oder zumindest zu überdenken.

Es ist für vielfältig beanspruchte akademische Lehrer heutzutage unmöglich, umfangreiche Forschungen und Buchprojekte ohne die Hilfe aufgeschlossener Universitäten und Stiftungen zu verwirklichen, die solche Vorhaben unterstützen. Mein Dank geht daher zu allererst an meine Universität, Yale, die mir nicht nur eine intellektuelle Heimat, wissenschaftliche Ressourcen und den Rückhalt bemerkenswerter Kollegialität bot, sondern mich auch immer wieder für Forschungs- und Schreibaufenthalte im Ausland beurlaubte. In letzterer Hinsicht war die Gastfreundschaft, die ich von Kollegen und Colleges in Cambridge genoss, so bewegend wie unverzichtbar. Vor allem bin ich dem Master und den Fellows des St. John's College verpflichtet, die mir bei drei längeren Aufenthalten Unterstützung und Obdach boten; ohne die Großzügigkeit des Colleges hätte dieses Buch wohl nicht geschrieben werden können. Ebenso danke ich dem IDEAS-Institut der London School of Economics, das mich 2008 zu seinem ersten Phillipe Roman-Visiting Professor machte und mir so die Chance gab, sowohl zu lehren als auch Forschung und Schreiben weiterzuführen. Die Großzügigkeit von Roger Hertog erlaubte es mir, alle Teile zusammenzufügen.

Meine Kollegen in Yale, vor allem John Gaddis, Charles Hill und Minh Luongh, haben seit vielen Jahren meine Äußerungen über die praktischen Aspekte des Krieges ertragen und es mir erlaubt, einige der Ideen des Buches in den von uns gemeinsam geleiteten Strategie-Seminaren zu präsentieren. Die gleiche Toleranz und Ermutigung zeigten Arne Westad und Michael Cox an der LSE. Was die Ermutigung durch Forscher und Administratoren in Cambridge betrifft, weiß ich kaum, wo ich beginnen soll, und habe sicher ein oder zwei Namen vergessen. Zara Steiner, Christopher Andrew, David Reynolds, Jonathan Haslam, Richard Drayton (jetzt in London), Adam Tooze (jetzt in Yale) und Brendan Sims brachten mich zum Überdenken meiner Hypothesen. Allan Packwood vom Archiv des Churchill College war eine große Hilfe. Am St. John's College fand ich stets die Hilfe des Masters Richard Perham und seines Nachfolgers Christopher Dobson, der Präsidenten Jane Heal und Mark Nicholls, sowie besonders des marinegeschichtlich bewanderten Verwalters John Harris.

Als der Umfang des publizierten und unpublizierten Materials für dieses Projekt immer weiter anwuchs, wurden meine wissenschaftlichen Hilfskräfte unverzichtbar. Will Chou, Will Owen, Evan Wilson, Joyce Arnold, Elisabeth Leake, Gabriel Perlman und Daniel Hornung halfen mir bei der Sichtung der Literatur, suchten obskure Quellen und lasen Frühfassungen meiner Kapitel. Elisabeth war zugleich eine grausam genaue Lektorin. Elizabeth Ralph brachte mich dazu, Kapitel 2 über den Luftkrieg neu zu überdenken. Igor Biryukov half mir während der Zeit in Yale, vor allem bei Kapitel 3, aber auch sonst konnte ich immer auf ihn und Daniel Hornung zählen. Es hat mir große Freude bereitet, mit ihnen allen zu arbeiten und von ihnen zu lernen, was mich stets an meine eigene Rolle als Forschungsassistent von Sir Basil Liddell Hart vor vier Jahrzehnten erinnerte, wo ich die Aufgabe hatte, die ersten Skizzen der Kapitel über den Pazifikkrieg, die Atlantikschlacht, den strategischen Bombenkrieg und die späteren Kämpfe in Italien vorzubereiten.

Eine Reihe akademischer Kollegen war so freundlich, ihre eigene Arbeit beiseitezulegen, um einzelne Kapitel zu lesen und zu kritisieren oder auch längere Diskussionen über mein Buch im «The Granta Pub» in Cambridge zu führen. Zu ihnen zählten Kathy Barbier, Tami Biddle,

Michael Coles, John Harris, Jonathan Haslam, John Hattendorf, Milan Hauner, David Kahn, Rich Muller, Geoffrey Parker, Andrew Preston, John Reeve, Nicholas Rodger und John Thompson. Bestimmt habe ich ein oder zwei Namen vergessen.

Außerdem hatte ich das Glück, einige frühe Ideen in verschiedenen anregenden akademischen Umgebungen vorzustellen: in Yale und Cambridge, an der Ohio State University, dem King's College London (die Annual War Studies Lecture), dem Naval War College (Rhode Island), der Duke University, dem Council on Foreign Relations, der National Defense University und vielen anderen Orten in den letzten drei Jahren. Die Society for Military History lud mich ein, im Januar 2009 meine Ideen auf der alljährlichen Tagung der American Historical Association unter dem Titel «History from the Middle» vorzutragen (und in ihrem *Journal of Military History* zu veröffentlichen). Diese Ideen wurden im März 2010 in anderer Form auch als erste Lady Houston Lecture in Cambridge (organisiert von dem aktiven Martin Lawrence) präsentiert, eine schöne Erinnerung an die eindrucksvolle Dame, deren Großzügigkeit die Entwicklung der Spitfire förderte.

Dieses Buch beansprucht nicht, als einziges die Bedeutung der praktischen Aspekte des Krieges herauszustellen; es ist gewiss nicht das erste. Wie andere Werke mit einem ehrgeizigen Thema steht es auf den Schultern bedeutender Wissenschaftler, die zuvor auf diesem Gebiet gearbeitet haben: allgemeiner Martin van Creveld und der unvergleichliche Geoffrey Parker, direkt auf den Zweiten Weltkrieg bezogen Rick Atkinson, Bruce Ellis, David Glantz, Richard Overy, Allan Millett und Williamson Murray, Marc Milner, Ronald Spector, Paddy Willmott, sowie der verstorbene John Erickson, ein Ingenieur, der zum Historiker wurde. Außerdem verdanke ich vieles den Forschern, die die offiziellen Geschichten des Weltkrieges in den USA, England, Kanada und Westdeutschland schrieben; viele dieser Bände sind 50 oder 60 Jahre alt, aber ihre Qualität bleibt unangefochten.

Es ist fast 40 Jahre her, dass ich meinem Agenten Bruce Hunter vorgestellt wurde, dessen Urteilsvermögen und Integrität mich in so vielen Fragen geleitet haben und dessen Rolle nun der fähige Andrew Gordon übernommen hat. Phyllis Westberg (Agentur Harold Ober) half mir bei der New Yorker Seite, Ania Corless bei den internationalen Verträgen. Meine Lektoren Will Murphy (Random House, New York) und Stuart

Proffitt (Penguin U.K.) waren beispielhafte Wegweiser, hilfreich, fest und äußerst geduldig. Stuart schickte mich viele Male zurück an den Schreibtisch; ich hoffe, das ist zu merken. Was ich ihnen allen verdanke, ist kaum zu ermessen.

Das Gleiche gilt für meine Familie, deren größte Tugend es war, noch mehr Geduld zu zeigen. Ich nenne Jim, John und Matthew, Sophia, Cinnamon, Catherine und Olivia und meinen Enkel Charlie Parker Kennedy, der noch gar nicht da war, um das Leben interessant zu machen, als ich mit dem Buch begann.

Mein größter Dank gilt der Frau, die seit über einem Jahrzehnt meinen Weg, mein Lachen und Weinen geteilt hat und der ich dieses Buch widme.

New Haven, 2011.

Anhang

Anmerkungen

Einleitung

1 Nachdem unsere UN-Berichterstattergruppe zunächst große konstitutionelle Änderungen an der Spitze der Organisation vorschlug – eine Änderung der Charta, um den Sicherheitsrat durch neue ständige Mitglieder zu erweitern – und dann die großen politischen Hindernisse für so umfassende Vorschläge erkannte, wurde klar, dass der beste Weg zur Reform der UN darin bestand, ihre Wirksamkeit *auf mittlerer Ebene* zu stärken, bei der Friedenssicherung, Entwicklungspolitik und dem Schutz der Menschenrechte. Vgl. die umfassendere Agenda in P. Kennedy & B. Russett, «Reforming the United Nations», *Foreign Affairs*, 74, 5 (1995), S. 56–71, mit den vorsichtigeren Formulierungen in P. Kennedy, *Parlament der Menschheit: die Vereinten Nationen und der Weg zur Weltregierung*. München 2007, Kap. 8.

2 Interessierte finden mehr zu diesem Kurs unter http://iss.yale.edu.

3 Ausnahmen zu dieser Verallgemeinerung finden sich in vielen Aufsätzen in *The Making of Strategy: Rulers, States and War*, hrsg. von W. Murray et al. Cambridge 1994, einem bewussten Gegengewicht zu dem älteren Klassiker *Makers of Modern Strategy: Military Thought from Machiavelli to Hitler*, hrsg. von E. M. Earle et al. Princeton 1943 u. ö., der das Hauptgewicht auf strategische Schriften und strategisches Denken legte.

4 Siehe G. Parker, *The Army of Flanders and the Spanish Road: The Logistics of Spanish Victory and Defeat in the Low Countries War*. Cambridge 1972; P. Padfield, *Waffen auf See*. Bielefeld 1973, Kap. 10–11; J. C. Riley, *International Government Finance and the Amsterdam Capital Market 1740–1815*. Cambridge 1980; P. M. Kennedy, «Imperial Cable Communications and Strategy 1870–1914», *English Historical Review*, 86 (1971), S. 728–752.

5 Diese operativen Anweisungen sind am besten zusammengefasst in dem Klassiker des Historikers des US-Außenministeriums H. Feis, *Churchill, Roosevelt, Stalin: The War They Waged and the Peace They Sought*. Princeton 1957, S. 105–108.

6 Am besten lässt sich diese Bemerkung durch den Vergleich von vier der nützlichsten Geschichten des Zweiten Weltkriegs nachprüfen, die ich wiederholt zitiere, und ihrer Beschreibung (oder Nichterwähnung) von Puzzleteilen wie der P-51 Mustang mit Merlin-Motor, dem Hohlraummagnetron, dem Hedgehog-Granatwerfer und Hobarts Spezialpanzern: B. Ellis, *Brute Force: Allied Strategy and Tactics in the Second World War*. New York 1990; R. Overy, *Die Wurzeln des Sieges: Warum die Alliierten den Zweiten Weltkrieg gewannen*. München 2000; W. Murray & A. R. Millett, *A War to Be Won: Fighting the Second World War*. Cambridge, MA 2000; B. H. Liddell Hart, *Geschichte des Zweiten Weltkrieges*. München 1972 u. ö. Ein weiterer nützlicher Vergleich bietet sich mit zwei aktuellen und hochgelobten Werken über den Zweiten Weltkrieg an. Das eine ist Ian Kershaw, *Wendepunkte: Schlüsselentscheidungen im Zweiten Weltkrieg*. München 2008, eine faszinierende Lektüre, obwohl Kershaw bewusst «von oben nach unten» erzählt (z. B. Kap. 2: «Hitler beschließt, die Sowjetunion anzugreifen», Kap. 7: «Roosevelt beschließt, einen unerklärten Krieg zu führen»). Das andere ist das packende Buch von Andrew Roberts, *Masters and Commanders: How Roosevelt, Churchill, Marshall and Alanbrooke Won the War in the West*. London 2008, das in erstaunlicher Weise die «obere Ebene» zu meinem auf die «mittlere Ebene» gerichteten Buch hinzufügt.

Kapitel 1: Wie schickt man Geleitzüge sicher über den Atlantik?

1 Die britische Praxis, einer in den erblichen Adelsstand erhobenen Person die Namensänderung oder -zusammenziehung zu erlauben, sorgt hier für Verwirrung. Während der meisten Zeit des Krieges war er General, später Feldmarschall Sir Alan Brooke (oder einfach Brooke). Mit der Erhebung in den erblichen Adelsstand wurde er Viscount Alanbrooke (oder einfach Alanbrooke). So hieß er im Krieg also nur Brooke, aber so viele spätere Historiker wie Danchev, Bryant und Roberts haben Alanbrooke vorgezogen, dass es schwer ist, auf den bekannteren Namen zu verzichten.

2 Liddell Hart, *Geschichte*, I, S. 403. Alanbrookes Kommentare zu den Reiseverschiebungen finden sich in seinen *War Diaries 1939–1945*, hrsg. von A. Danchev & D. Todman. London 2001.

3 Liddell Hart, *Geschichte*, I, S. 487 [N. B. Liddell Harts Zahlen würden nahelegen, dass Dönitz Ende 1942 204 kampfbereite U-Boote von insgesamt 366 besaß, aber der Unterschied ist nicht signifikant.] Großadmiral Karl Dönitz war zunächst Befehlshaber der U-Boote, dann der gesamten Kriegsmarine. In den letzten 60 Jahren sind so viele Bücher über diesen Feldzug geschrieben worden, dass eine Auswahl schwer fällt. Man könnte mit Marc Milners ausgezeichneter Zusammenfassung *Battle of the Atlantic*. Stroud 2005, beginnen und von dort weitergehen, d. h. seiner Auswahlbibliographie auf S. 265–267.

Die offizielle Geschichte der Royal Navy von S. W. Roskill, einem der größten Marinehistoriker aller Zeiten: *The War at Sea, 1939–1945*. 3 Bde. London 1954–1961. Die offizielle US-Geschichte ist S. E. Morisons fünfzehnbändige *History of the United States Naval Operations in World War II*. Boston 1947–1962, von der Bd. I u. X für die Atlantikschlacht am relevantesten sind. Milners zusätzlicher Nutzen liegt in der Betonung der wachsenden Bedeutung von kanadischer Marine und Luftwaffe. David Syrett und Eric Grove haben nützliche Bände der Navy Records Society herausgegeben, und eine Menge weiterer Informationen stehen in den vielen Veröffentlichungen des Militärgeschichtlichen Forschungsamts der Bundeswehr.

4 Roskill, *War at Sea*, II, S. 367.

5 Siehe zur allgemeinen Strategie J. Winton, *Convoy: The Defence of Seatrade, 1890–1990*. London 1983; S. W. Roskill, *The Strategy of Sea Power*. London 1962; und Sir Julian Corbett, *Some Principles of Maritime Strategy*. London 1962.

6 Die am leichtesten zugänglichen Tabellen finden sich in den Anhängen von Roskill, *War at Sea*, III, 2, wo der Seekrieg als Ganzer zusammengefasst wird.

7 Der Fall Frankreichs vielleicht? Aber nur für die Franzosen. Stalingrad? Aber die Wehrmacht rückte im Frühjahr 1943 wieder nach Osten vor. Midway? Aber es war der Endpunkt der japanischen Expansion im Pazifik, nicht der Beginn von Nimitz' großer Gegenoffensive, die erst ein Jahr später vorüber war.

8 Es gibt viele gute Bücher über die entscheidenden Monate der Atlantikschlacht, darunter die schon erwähnten von Roskill und Milner, dazu Corelli Barnett, *Engage the Enemy More Closely: The Royal Navy in the Second World War*. London 1991. Das vielleicht bemerkenswerteste ist aber das des Historikers und früheren Marineoffiziers Jürgen Rohwer, *Geleitzugschlachten im März 1943*. Stuttgart 1975, ein Meisterstück historischer Rekonstruktion. Ebenfalls sehr beeindruckend ist Martin Middlebrook, *Konvoi*. Frankfurt a. M. 1977.

9 Rohwer, *Geleitzugschlachten*, S. 90.

10 *Ibid.*, S. 326, zu den technischen Einzelheiten der U-Boot-Typen.

11 Barnett, *Engage the Enemy*, S. 599.

12 Allgemeiner zu diesem Thema D. Howse, *Radar at Sea: The Royal Navy in the Second World War*. London 1993, *passim*, eine ausgezeichnete Studie; Sir A. Hezlet, *The Electron and Sea Power*. London 1976; und G. Hartcup, *The Effect of Science on the Second World War*. Basingstoke 2000, v. a. Kap. 3–4 (eine von vielen hervorragenden Studien dieses Autors).

13 Rohwer, *Geleitzugschlachten*, S. 171.

14 *Ibid*, S. 184.

15 Siehe zu Alanbrookes vielen Sorgen in dieser Zeit seine *War Diaries*, etwa S. 330–425.

16 Siehe z. B. Vizeadmiral Sir Peter Grettons Analyse im letzten Kapitel («Warum verloren die Deutschen die Atlantikschlacht im Frühjahr 1943?») seines Buches

Crisis Convoy: The Story of HX 231. London 1974, das sich genau um diese Frage herummogelt – keineswegs der einzige Autor, der dies tut, und dies von einem wichtigen Zeugen und Akteur des Geschehens.

17 Roskill, *War at Sea*, II, Karte 38, gegenüber S. 365.

18 Milner, *Battle of the Atlantic*, S. 127.

19 Siehe wieder Roskill, *War at Sea*, II, Kap. 5, und das Punktediagramm der Verluste von Konvoi PQ 17 gegenüber S. 141.

20 Zit. n. Barnett, *Engage the Enemy*, S. 600.

21 Die Bedeutung von HX 231 in der Atlantikschlacht zu bewerten, ist nicht einfach. Roskill erwähnt ihn in *War at Sea*, II, überhaupt nicht. Vielleicht brachte das seinen Geleitzugkommandeur Peter Gretton dazu, *Crisis Convoy* zu schreiben, ein selbstgefälliges Werk, wenn auch mit einigen interessanten Details zu Kampfmoral und Ausbildung, sowie zur Ladung der Frachter, Zahl der Tanker usw. Milner, *Battle of the Atlantic*, S. 158, widmet dem Kampf nur einen Satz, in dem er Dönitz' Enttäuschung über die Versenkung von nur sechs Schiffen erwähnt. Overy schreibt in *Wurzeln des Sieges*, S. 83: «Als sich der von Neufundland aufbrechende Geleitzug HX 231, verfolgt von einem Rudel von 17 U-Booten, vier Tage lang durch die sturmgepeitschte See kämpfte, konnte er vier U-Boote bei geringen eigenen Verlusten versenken.» Nach Roskills minutiöser Auflistung der deutschen U-Boot-Verluste (Anhang J, S. 470) wurden aber an diesen Tagen nur zwei U-Boote im Nordatlantik versenkt.

22 R. Seth, *The Fiercest Battle: The Story of Convoy O.N.S. 5*. New York 1962, S. 157.

23 *Ibid.*, S. 173.

24 Die Aktionen der einzelnen Kriegsschiffe – und Gruppenfotos ihrer bemerkenswert jungen Kommandanten – finden sich in Sir Peter Gretton, *Convoy Escort Commander*. London 1964, sein Bericht auf S. 149–162.

25 Dönitz zit. n. B. Kroener u. a., *Das Deutsche Reich und der Zweite Weltkrieg*, VI: *Der globale Krieg … 1941–1943*. Stuttgart 1990, S. 366 (21.5.1943).

26 Dönitz' nüchterne Bewertung im Kriegstagebuch zit. n. J. Rohwer, «Der U-Bootkrieg und sein Zusammenbruch 1943», in: *Entscheidungsschlachten des zweiten Weltkrieges*, hrsg. von H.-A. Jacobsen & J. Rohwer. Frankfurt a. M. 1960, S. 389. Zu seinem politischen Charakter siehe P. Padfield, *Dönitz: des Teufels Admiral*. Berlin 1984, *passim*; zu seinen Berichten an Hitler von Mitte Mai: Liddell Hart, *Geschichte*, I, S. 490; zu seiner Bewertung der Rolle der alliierten Luftwaffe bei der Abwehr der Angriffe auf HX 239 und SC 130: Barnett, *Engage the Enemy*, S. 611.

27 Dönitz, *Zehn Jahre und zwanzig Tage*. Bonn 1958, S. 323.

28 Bomber Harris' abschätziges Memo zit. n. M. Howard, *Grand Strategy*, IV. London 1972, S. 21. Das trostlose Bild auf britischer Seite ist kürzlich bestätigt worden durch die Studien von D. Redford, «Inter- and Intra-Service Rivalries in the Battle of the Atlantic», *Journal of Strategic Studies*, 32, 6 (2009), S. 899–

928. Grettons erstaunliche Behauptungen über seine persönlichen Erfahrungen bei der Luft-See-Kooperation stehen in seiner Einleitung zu Seth, *The Fiercest Battle*, S. 14–15. Gretton berichtet auch, es habe an der Liverpool Tactical School «gemeinsame Kurse» für Offiziere der Navy und des RAF-Küstenkommandos gegeben, was äußerst bemerkenswert wäre.

29 Auch als Mark 24-Mine bekannt. Siehe «Mark 24 Mine», http://en.wikipedia.org/wiki/Mark_24_Mine und Kathleen Williams' Vortrag beim marinehistorischen Symposium 2009 an der US Naval Academy: «See Fido Run: A Tale of the First Anti-U-Boat Acoustic Torpedo».

30 Willmott, The *Great Crusade*. New York 1989, S. 266–267.

31 Bilder einer Wasserbombencrew im Einsatz in Roskill, *War at Sea*, III, 1, gegenüber S. 257; zum verbesserten Sonar: Hartcup, *Effect*, S. 60–69.

32 Hartcup, *Effect*, S. 72–74. Ein Hedgehog ist auf S. 70 des vorliegenden Buches zu sehen.

33 G. Pawle, *The Secret War 1939–1945*. London 1956, Kap. 12. Eine Korrektur des Bildes, dass der Krieg durch «britische Exzentriker» gewonnen wurde, bieten Edgerton, *Britain's War Machine*, und mein Schlusskapitel «Reflexionen».

34 Rohwer, *Geleitzugschlachten*, S. 310. Hartcup, *Effect*, S. 47–49, erklärt, wie es funktioniert.

35 Die beste Zusammenfassung erneut bei Hartcup, *Effect*, S. 24–27, 28–31.

36 Liddell Hart, *Geschichte*, I, S. 491. E. G. Bowen, *Radio Days*. Bristol 1987, Kap. 9–12, erklärt die Technologie und seine Rolle beim Transfer zum RadLab. John Burchard, *Q.E.D.: M.I.T. in World War II*. New York 1948, S. 219, bemerkt: «Die britische Leistung des Hohlraummagnetrons war vielleicht der wichtigste Beitrag zur technischen Entwicklung in den ersten Kriegsjahren.» Vgl. Howse, *Radar at Sea*, S. 67–68, 156.

37 J. Baxter, *Scientists against Time*. Boston 1946, S. 142.

38 In Barnett, *Engage the Enemy*, S. 588/589, gibt es ein Foto eines Leigh-Scheinwerfers. Auf S. 258–259 stellt er die endlosen Verzögerungen dar. Im Allgemeinen ist er sehr kritisch gegenüber den Schwächen der britischen Industrie und der Behörden, die richtigen Waffen an die Front zu bringen. Nach meinem Gefühl war der belagerte Inselstaat unter den Bedingungen des totalen Krieges recht erfolgreich, was inzwischen durch Edgerton, *Britain's War Machine*, unterstützt wird.

39 Barnett, *Engage the Enemy*, S. 609. Eine ausgewogene (sogar eher kühle) Einschätzung des Beitrags von Ultra zum alliierten Sieg bei Hardcup, *Effect of Science*, Kap. 5. Rohwer, *Geleitzugschlachten*, S. 344–349, erklärt die Dechiffrierung von Marinefunksprüchen. David Kahn, «Intelligence in World War II: A Survey», *Journal of Intelligence History*, I, 1 (2001), S. 1–20, ist ebenfalls nicht geneigt, Ultra oder irgendeinem anderen Dechiffriersystem zu große Bedeutung beizumessen.

40 Herbert A. Werner, *Die eisernen Särge*. Hamburg 1970, ein düsterer und faszinierender Bericht mit hervorragenden Abbildungen.

41 Roskill, *War at Sea*, III, 1, Kap. 2–3, u. Morison, *History*, X, Kap. 7, S. 97, mit einer großen Ausklappkarte aller U-Boot-Versenkungen im Golf von Biskaya. Die Gleitbomben werden sehr gut in Milner, *Battle of the Atlantic*, S. 193–194, dargestellt.

42 Siehe *ibid*, S. 189, zu den Nationalitäten der Fliegerstaffeln.

43 Barnett, *Engage the Enemy*, S. 606.

44 Die meisten detaillierteren Berichte über die Atlantikschlacht erwähnen Walkers Rolle, aber interessante Fakten, einschließlich des Zitats, finden sich auch auf www.captainwalker.info/walker.html.

45 Barnett, *Engage the Enemy*, S. 605; allgemein zur Operationsanalyse: Hartcup, *Effect*, Kap. 6.

46 Roskill, *War at Sea*, III, 1, S. 395; Morison, *History*, X, Kap. 8.

47 Werner, *Die eisernen Särge*, S. 256, berichtet, wie er und seine Kapitänskollegen den Befehl erhielten, ihre «Boote in den Angreifer oder in das nächste Ziel in der Landungsflotte zu rammen». Morison, *History*, X, S. 324–325, über den gewaltigen Schutzschirm zur See und am Himmel (und den Verlust der *Pink*).

48 Diese letzte Phase des Kampfes wird gut bei Roskill, *War at Sea*, III, Tl. 1 u. 2, beschrieben; Milner, *Battle of the Atlantic*, Kap. 9, zeigt, wie erbittert diese letzten Schlachten waren.

49 Willmott, *Great Crusade*, S. 273. Ellis, *Brute Force*, S. 160–161, ist ebenfalls überzeugt, dass Zahlen und Produktion letztlich entscheidend waren.

Kapitel 2: Wie erringt man die Luftherrschaft?

1 E. Bendiner, *The Fall of Fortresses*. New York 1980, S. 219–221.

2 *Ibid*, S. 236, 225.

3 Die Literatur hierzu ist gewaltig. Liddell Hart, *Geschichte*, I, Kap. 23, und Overy, *Wurzeln des Sieges*, Kap. 4, geben knappe Überblicke. Ich halte M. Hastings, *Bomber Command*. London 1979, für die beste Darstellung in einem Band, sehr kritisch, aber differenziert. Die offizielle britische Geschichte, C. Webster & N. Frankland, *The Strategic Air Offensive against Germany*, I–IV. London 1961, ist vorbildhaft für ihre Gattung.

4 N. Longmate, *The Bombers: The RAF Offensive against Germany 1939–1945*. London 1983, S. 298.

5 Murray & Millet, *A War to Be Won*, S. 317, und allgemeiner J. Terraine, *The Right of the Line*. London 2010, der die Rolle der RAF im europäischen Krieg von Anfang bis Ende untersucht.

6 Overy, *Wurzeln des Sieges*, S. 161–162; Hastings, *Bomber Command*, S. 318; Longmate, *The Bombers*.

7 I. F. Clarke, *Voices Prophesying War 1762–1984*. Oxford 1966.

8 A. Gollin, *No Longer an Island: Britain and the Wright Brothers 1902–1909*. London 1984, v. a. die späteren Kapitel. Siehe zu Amerys Äußerung P. Kennedy, *Strategy and Diplomacy 1870–1945: Eight Studies*. London 1983, S. 47.

9 Siehe Overys klassische vergleichende Analyse *The Air War 1939–1945*. London 1980, und R. Higham, *Air Power: a Concise History*. Yuma, KS 1984, mit hervorragenden Fotos.

10 Vgl. etwa die oben genannten äußerst kritischen Darstellungen von Longmate und Bendiner mit der standhaften Verteidigung der Maßnahmen des RAF-Bomberkommandos in D. Saward, *Victory Denied: The Rise of Air Power and the Defeat of Germany 1920–1945*. London 1985. Saward verfasste auch die autorisierte Biographie von «Bomber» Harris, dessen eigenes Buch *Bomber Offensive*. London 1947, kurz nach dem Krieg erschien und seine starken Überzeugungen gut ausdrückt.

11 Zit. n. Longmate, *The Bombers*, S. 21–22, meine Hervorhebung. Hastings, *Bomber Command*, Kap. 1, bietet eine gute knappe Zusammenfassung der RAF-Geschichte von 1917 bis 1940, und die offizielle Darstellung von Webster & Frankland, *The Strategic Air Offensive*, I, ist unverzichtbar.

12 Siehe über die Theorien des Luftkriegs *Makers of Modern Strategy*, ed. Earle. Princeton 1971, Kap. 20; und Hastings, *Bomber Command*, Kap. 1 zu Trenchard. Ein großer Teil meiner Analyse basiert auf T. Biddle, *Rhetoric and Reality: The Evolution of British and American Ideas About Strategic Bombing, 1914–1945*. Princeton 2001.

13 Trenchards bemerkenswerte Aussage und die ebenso bemerkenswerten Antworten des Generalstabschefs und des Ersten Seelords sind ausführlich zitiert in Longmate, *The Bombers*, S. 43–47.

14 U. Bialer, *The Shadow of the Bomber: The Fear of Air Attack and British Politics 1932–1939*. London, 1980. Baldwin ist zitiert nach Hastings, *Bomber Command*, S. 50.

15 B. Collier, *The Defence of the United Kingdom*. London 1957, und Overy, *Air War*, Kap. 2, geben die Gesamtsituation wieder.

16 W. Murray, *Luftwaffe*. Baltimore 1985, S. 43–61, stellt das hervorragend dar.

17 Siehe auch hier Collier, *Defence*, und T. G. C. James, *The Battle of Britain*. London 2000 (Nachdruck einer Publikation des Air Historical Branch zur internen Verwendung).

18 Siehe R. Wohl, *A Passion for Wings: Aviation and the Western Imagination 1908–1918*. New Haven 1994.

19 Liddell Hart, *Geschichte*, I, S. 124.

20 Die beste kurze Darstellung erneut bei Hartcup, *Effect of Science*, Kap. 2–3.

21 Zit. n. B. Schwarz, «Black Sunday», *The Atlantic* (April 2008), S. 85, einer Rezension von P. Stansky, *The First Day of the Blitz*. New Haven 2007.

22 Murray, *Luftwaffe*, S. 60, Tabelle XI. Die vergleichenden Produktionszahlen der Flugzeuge bei Overy, *Air War*, S. 33.

23 Murray, *Luftwaffe*, S. 60, 10, in dieser Reihenfolge.

24 Diese Zahlen bei Overy, *Air War*, S. 150.

25 Zit. n. Liddell Hart, *Geschichte*, II, S. 741; siehe auch Webster & Frankland, *Strategic Air Offensive*, I, S. 178.

26 Webster & Frankland, *Strategic Air Offensive*, I, S. 233.

27 A. Tooze, *Ökonomie der Zerstörung: die Geschichte der Wirtschaft im Nationalsozialismus*. München 2007, S. 684–686, eine brillante revisionistische Analyse.

28 Zerstörungszahlen nach Hastings, *Bomber Command*, S. 246; Speer, *Erinnerungen*, Frankfurt a. M. 1987, S. 297; Goebbels: *Tagebücher*, hrsg. von E. Fröhlich. Teil II, Bd. 9: Juli-September 1943, München 1993, S. 163, 190. Vgl. Murray, *Strategy for Defeat: The Luftwaffe 1939–1945*. Maxwell AL 1983, S. 169.

29 Siehe Longmate, *The Bombers*, Kap. 21; Harris zit. n. Hastings, *Bomber Command*, S. 319; Zitat aus d. offiziellen Geschichte: *idem*, S. 320.

30 R. Weigley, *The American Way of Warfare: A History of United States Military Strategy and Policy*. Bloomington, IN 1973, *passim*, Kap. 14 gibt aber besondere Kommentare zu den Luftoffensiven der Air Forces.

31 *The Army Air Forces in World War II*, I–VII, hrsg. von W. F. Craven & J. L. Cate. Chicago 1948–1957, ist hier aufschlussreich, siehe Bd. II, Kap. 9, «The Casablanca Directive» von A. B. Ferguson.

32 Bendiner, *Fall of Fortresses*, S. 232–234. Sein Ton ist vernichtend.

33 Diese Zahlen nach A. Furse, *Wilfrid Freeman: The Genius behind Allied Survival and Air Supremacy 1939 to 1945*. Staplehurst 1999, S. 234; etwas andere Zahlen bei Liddell Hart, *Geschichte*, II, S. 750.

34 *Army Air Forces in World War II*, II, S. 702–703, die eigentliche Beschreibung in Kap. 20 (A. Ferguson, «Pointblank»).

35 *Army Air Forces in World War II*, II, S. 706, 705 (in dieser Reihenfolge).

36 K. Mendelssohn, *Science and Western Domination*. London, 1976; diese Geschichte wird weitergeführt in D. Headrick, *Power over Peoples: Technology, Environments, and Western Imperialism, 1400 to the Present*. Princeton, NJ 2010.

37 A. Harvey-Bailey, *The Merlin in Perspective*. Derby 1983 (sehr technisch, aber wichtig durch die Betonung der Schlüsselrolle des Rolls-Royce-Direktors E. W. Hives nach Royces Tod); siehe auch H. Glancy, *Spitfire: The Biography*. London 2006, Kap. 1.

38 Harvey-Bailey, *The Merlin in Perspective*.

39 Glancy, *Spitfire*, ist am offensichtlichsten. Siehe auch A. Price, *The Spitfire Story*. London 1995, und L. Deighton, *Unternehmen Adler. Die Luftschlacht um England*. Bayreuth 1978.

40 *The Story of the Spitfire* (Pegasus DVD 2001).

41 Harvey-Bailey, *The Merlin in Perspective,* stellt die stetige Leistungssteigerung des Motors hervorragend dar.

42 Furse, *Wilfrid Freeman.*

43 D. Birch, *Rolls-Royce and the Mustang.* Derby 1987, S. 10, m. e. Foto des ursprünglichen Flugzeugs auf derselben Seite.

44 Furse, *Wilfrid Freeman,* S. 226–229, mit bemerkenswerter Detektivarbeit.

45 P. A. Ludwig, *P-51 Mustang: Development of the Long-Range Escort Fighter.* Hersham 2003, v. a. Kap. 5 über Echols' Widerstand.

46 Birch, *Rolls-Royce and the Mustang,* S. 37–39, zitiert Hitchcocks Brief vollständig, s. a. S. 147–148. Das Zitat der offiziellen Historiker stammt aus *Army Air Services,* IV, S. 217–218.

47 *Ibid,* III, S. 8.

48 Lovetts Bericht und Arnolds Reaktion werden am besten in Ludwig, *P-51 Mustang,* S. 143–145, 148, dargestellt.

49 Zwei davon sind Murray, *Luftwaffe,* und N. Frankland, *The Bombing Offensive Against Germany.* London 1965.

50 Furse, *Wilfrid Freeman,* S. 234–235.

51 www.cebudanderson.com/droptanks.htm – eine ungewöhnliche Quelle (Zugriff Mai 2008), die Erinnerungen von Donald W. Marner, US-Mechaniker bei einer 1944/45 in Suffolk stationierten Mustang-Staffel, dessen Hauptaufgabe es war, genug davon von seinen RAF-Kollegen zu beschaffen! Auch Bendiner erwähnt die Dankbarkeit der amerikanischen Flieger für diese seltsamen Abwurftanks aus Pappmaché. Die immense Bedeutung der Abwurftanks (besonders der Pappmaché-Version) im Luftkrieg betont auch Ludwig, *P-51 Mustang,* S. 168–170.

52 *Army Air Forces in World War II,* III, Kap. 3; Murray, *Luftwaffe,* S. 223 ff. Vergleichszahlen zur Abschussleistung von P-38, P-47 und P-51 bei Ludwig, *P-51 Mustang,* S. 204. Zum Teil wurden die P-47 Thunderbolts, wie E. G. Cross bemerkt, von den Mustangs ähnlich in den Schatten gestellt wie die Hurricanes von den Spitfires in der Luftschlacht um England, aber alle vier Flugzeuge spielten eine wichtige Rolle; siehe Cross, *Jonah's Feet Are Dry: The Experience of the 353rd Fighter Group During World War Two.* Ipswich 2001.

53 Furse, *Wilfrid Freeman,* S. 239–241.

54 *Army Air Forces,* III, S. 63, über Luftschlachten, die «mehr zur Niederlage der Luftwaffe [beitrugen] als die Zerstörung der Flugzeugfabriken». Die beste Zusammenfassung der umfangreichen deutschen Forschungsliteratur ist in der Geschichte des Militärgeschichtlichen Forschungsamts enthalten: H. Boog u. a., *Das Deutsche Reich in der Defensive: strategischer Luftkrieg in Europa, Krieg im Westen und in Ostasien 1943–1944/45.* Stuttgart 2001 [*Das Deutsche Reich und der Zweite Weltkrieg,* VII].

55 Overy, *Wurzeln des Sieges,* S. 163–164. Die Zahlen im vorigen Absatz stammen aus Murray & Millett, *A War to Be Won*, S. 324–325. H. Knoke, *Die große Jagd*. Rinteln 1952, S. 132, 141–142. Vgl. E. R. Hooton, *Eagle in Flames: The Fall of the Luftwaffe*. London 1997, S. 270–271, wo auch weitere in dieser Zeit gefallene Fliegerasse genannt werden. (Dies ist eine hervorragende, fast einschüchternde statistische Analyse des Luftkriegs in Europa.)

56 Frankland, *Bombing Offensive*, S. 86, ein knapper Bericht, wie sich die Ankunft der amerikanischen Langstreckenjäger auch zum Vorteil des britischen Bomberkommandos auswirkte.

57 Prozentzahlen nach Murray & Millett, *A War to Be Won*, S. 413. *Army Air Forces*, III, ist durchgehend hervorragend. Siehe auch W. Hays Parks, «‹Precision› and ‹Area› Bombing: Who Did Which and When?», *Journal of Strategic Studies*, 18, 1 (1995), S. 145–174. Persönliche Mitteilung am 30.6.2008 von Professor Tami Biddle, deren Schriften (u. a. *Rhetoric and Reality*) zum ernsthaften Überdenken der Herausforderungen zwingen, vor denen Harris ab Mitte 1942 stand.

58 Hastings, *Bomber Command*, S. 342–343.

59 J. Scutts, *Mustang Aces of the Eighth Air Force*. Oxford 1994, S. 56–60, über die Einführung der Me-262.

60 Zur sinkenden Treibstoffproduktion: M. Cooper, *The German Air Force, 1933–1945: An Anatomy of Failure*. London 1981, S. 348–349, 360.

61 Siehe dazu nochmals die Titel von Harris und Saward in Anm. 10.

62 All diese Bücher sind in den Anmerkungen zitiert. Es ist offensichtlich, wie viel ich den Werken von Hastings, Murray, Biddle und Overy verdanke und wie sehr ich ihre Schlussfolgerungen teile: Hastings, *Bomber Command*, Kap. 14–15; Murray, *Luftwaffe*, Kap. 7–8; Biddle, *Rhetoric and Reality*, Kap. 5 u. Conclusion; Overy, *Wurzeln des Sieges*, S. 161–174. Vielleicht am bedeutendsten sind aber die offiziellen Historiker Webster und Fraklin, *The Strategic Air Offensive against Germany*, III, und Craven und Cate, *Army Air Forces in World War II*, III, als Muster an Wissenschaftlichkeit, Objektivität und Verständnis.

63 Der Vergleich der Kosten von V-2-Produktion und Jägerbau bei Overy, *Wurzeln des Sieges*, S. 308. Hitlers bizarre Forderungen in Hinsicht auf die Me-262 behandelt D. Irving, *Die Tragödie der deutschen Luftwaffe. Aus den Akten und Erinnerungen von Feldmarschall Milch*. Berlin 1972, Kap. 21.

64 Die späteren Bände von *Army Air Forces in World War II* über den Pazifikkrieg sind hier am besten, aber es gibt auch einen hervorragenden Überblick in Murray & Millett, *A War To Be Won*, Kap. 17–18.

65 Der beste Nachruf auf Harker erschien in *The Times* (14.6.1999) und nannte ihn den Mann, «der den Merlin in die Mustang pflanzte». Der Autor wusste offensichtlich nichts vom Widerstand gegen die Merlin-Mustang und sagt, sie sei «in Washington wie Manna vom Himmel» empfangen worden. Aber zumindest trifft er Harker gut.

Kapitel 3: Wie stoppt man einen Blitzkrieg?

1 Der Begriff «Blitzkrieg» wird wenig präzise für unterschiedliche, wenn auch verwandte Dinge benutzt. Er ist auf viele Feldzüge anwendbar (Friedrich der Große; Israels Sechstagekrieg 1967), aber das Wort entstand, um die deutsche Kriegführung 1939–1941 zu beschreiben: schnelle Vorstöße von Panzern und motorisierter Infanterie, um den Gegner zu überrumpeln, manchmal gefolgt von einem kurzen Rückzug zur Neuformierung, dann einem neuen Vorstoß. Die taktische Luftmacht der Deutschen (Sturzkampf- und Mittelstreckenbomber) fügte ein neues Element hinzu. Es hat nichts mit dem berühmten Londoner «Blitz» von 1940/41 zu tun (obwohl die deutsche Luftwaffe natürlich auch hier im Vordergrund stand); dies war eine lange Bombenkampagne gegen die britische Hauptstadt.

2 Gedichtzitat: Alfred Lord Tennysons «Charge of the Light Brigade» (frei übersetzt von Th. Fontane), erwähnt bei R. Atkinson, *An Army at Dawn: The War in North Africa, 1942–43*. New York 2003, S. 350, die Hauptschlacht wird auf S. 359–392 beschrieben; siehe auch S. W. Mitcham, *Blitzkrieg No Longer: The German Wehrmacht in Battle, 1943*. Barnsley 2010, S. 66 ff.

3 Auch dies wird in Atkinson, *An Army at Dawn*, S. 212–213, lebhaft geschildert.

4 W. Murray, *German Military Effectiveness*. Baltimore 1992, v. a. Kap. 1. Liddell Hart, *Geschichte*, I, stellt den Polenfeldzug (Kap. 3) und den Fall Frankreichs (Kap. 7) knapp, aber gut dar. Wie überraschend letzterer war, zeigt E. R. May in seiner hervorragenden Neubewertung *Strange Victory: Hitler's Conquest of France*. New York 2000.

5 Siehe Waugh, *Sword of Honour* (dt. *Ohne Furcht und Tadel*), besonders den mittleren Band, in dem sein fiktives «Royal Halbardiers»-Regiment von den Deutschen in Griechenland und Kreta in die Flucht geschlagen wird. Nur die Neuseeländer scheinen den Invasoren Mann für Mann Widerstand geleistet zu haben, aber mit sehr hohen Verlusten.

6 Diese These vertritt E. L. Jones, *Das Wunder Europa. Umwelt, Wirtschaft und Geopolitik in der Geschichte Europas und Asiens*. Tübingen 1991; ich folge ihr weitgehend in *Aufstieg und Fall der großen Mächte*, Kap. 1.

7 Gute Details und Karten in A. Jones, *The Art of War in the Western World*. Urbana, IL 1987.

8 T. Lupfer, *The Dynamics of Doctrine: The Changes in German Tactical Doctrine During the First World War*. Leavenworth, KS 1981 [Fort Leavenworth Papers, 4], und allgemeiner T. N. Dupuy, *Der Gewinn des Krieges: Das deutsche Heer und der Generalstab. 1807–1945*. Graz 2009. Siehe auch den Beginn von R. M. Citino, «Death of the Wehrmacht», *Military History Quarterly*, 21, 1 (2008), S. 9–19.

9 Siehe die gute Darstellung der Offensive vs. Defensive-Spirale in M. Boot, *War Made New: Technology, Warfare, and the Course of History: 1500 to Today*. New York 2006.

10 Einige gute Karten zu diesem Feldzug finden sich bei Liddell Hart, *Geschichte*, I, S. 148–149, 359, 365, 381; siehe aber auch die Karten bei Messenger (Anm. 11).

11 Eine einfache, aber sehr nützliche Zusammenfassung aller Bewegungen im Afrikafeldzug findet sich in C. Messenger, *World War Two: Chronological Atlas*. London 1989, S. 46–55, 88–93, 116–123, 134–135.

12 Vgl. den ausgezeichneten Aufsatz von L. Ceva, «The North African Campaign 1940–43: A Reconsideration», in: *Decisive Campaigns of the Second World War*, hrsg. von J. Gooch (1990), S. 84–104 [Sonderheft des *Journal of Strategic Studies*, 13, 1], der u. a. an die sehr wichtige Rolle italienischer Truppen in diesem Feldzug erinnert.

13 Zit. n. Liddell Hart, *Geschichte*, I, S. 361. Siehe auch Rommels andere erstaunlich offene Briefe an seine Frau zu dieser Zeit in *The Rommel Papers*, hrsg. von B. Liddell Hart. London 1953. Die entscheidende Bedeutung der Benzinknappheit betont Ellis, *Brute Force*, Kap. 5.

14 Ein gute Zusammenfassung dieser Entwicklung ist S. Bidwell, *Gunners at War: A Tactical Study of the Royal Artillery in the Twentieth Century*. New York 1972.

15 Liddell Hart, *Geschichte*, I, S. 377.

16 Die beste (und nahezu einzige) Autorität hierzu ist M. Croll, *The History of Landmines*. London 1998. Offensichtlich ist es ein unangenehmes Thema, selbst für Militärhistoriker.

17 Zu Hobarts Minenräumpanzern (die eigentlich von dem südafrikanischen Hauptmann Abraham du Toit erfunden wurden) siehe das nächste Kapitel und http://en.wikipedia.org/wiki/Mine_flail sowie http://de.wikipedia.org/wiki/Minenpflug. Zum Minensuchgerät: http://en.wikipedia.org/wiki/Polish_mine_detector (aufgerufen im Juni 2010).

18 Es überrascht darum nicht, dass Coningham auch die taktischen Luftstreitkräfte bei den beiden späteren Feldzügen kommandierte. Siehe zu Dawsons unauffälligen, aber herausragenden organisatorischen Fähigkeiten das Lob von Ellis, *Brute Force*, S. 266–267; allgemeiner zur RAF im Nordafrikafeldzug: D. Richards & H. St. G. Saunders, *Royal Air Force 1939–1945*, II. London 1954, S. 160 ff. Die traurige Vorgeschichte bei D. I. Hall, *Strategy for Victory: The Development of British Tactical Air Power, 1919–1943*. Westport, CT 2008.

19 Alle in diesem Buch genannten allgemeinen Darstellungen des Zweiten Weltkriegs – Willmott, Messenger, Murray & Millett, Overy, Ellis, Keegan, Liddell Hart usw. – behandeln natürlich El Alamein und weisen auf die üblichen Aspekte hin: die geographische Enge, die Bedeutung des Nachschubs, die zahlenmäßige Überlegenheit der Briten, die Bedeutung von Minenfeldern und Artillerie und die Kampfkraft der Wehrmacht. Diese Gesamteinschätzung ist von neueren Studien nicht widerlegt worden.

20 Mitcham, *Blitzkrieg No Longer*, Kap. 4, behandelt hervorragend die Spannungen zwischen von Arnim und Rommel.

21 Der zweite Band von Atkinsons Trilogie, *Day of Battle*, über die Sizilien- und Italienfeldzüge, bietet eine ausgezeichnete Analyse, sowie eine Einleitung zur gewaltigen weiterführenden Literatur wie C. D'Este, *World War Two in the Mediterranean (1942–1945)*. Chapel Hill, NC 1990. Zu den alliierten Verlusten: Keegan, *Der Zweite Weltkrieg*, S. 538.

22 T. N. Dupuy, *Numbers, Prediction and War: Using History to Evaluate Combat Factors and Predict the Outcome of Battles*. Fairfax, VA 1985, mit zahlreichen Statistiken. Man braucht dem «Voraussage»-Teil des Buches nicht zu folgen, um die historischen Statistiken interessant zu finden.

23 http://en.wikipedia.org/wiki/Eastern_Front_(World_War_II), 2. Absatz (aufgerufen im Mai 2010).

24 Messenger, *Atlas*, S. 63–64; siehe auch D. M. Glantz & J. M. House, *When Titans Clashed: How the Red Army Stopped Hitler*. Lawrence, KS 1995, mit vielen guten Landkarten.

25 Halder, *Kriegstagebuch*, III. Stuttgart 1964, S. 170 (1.8.1941).

26 Weitere Einzelheiten im Schlusskapitel von J. Erickson, *The Road to Stalingrad*. London 1975, und den ersten Kapiteln seines Nachfolgebands *The Road to Berlin*. London 1983, die einander überschneiden. Tatsächlich ist es schwer bei so vielen guten angloamerikanischen Historikern neben Erickson, wie Earl F. Ziemke, David M. Glantz, Ian Bellamy, Malcolm Macintosh, Albert Seaton und den vielen ausgezeichneten deutschen Experten die Anmerkungen zum deutsch-sowjetischen Krieg nicht länger zu machen als den Text. Liddell Hart, *Geschichte*, II, v. a. S. 601, lobt den sowjetischen Generalstab für seine Vorstöße rund um Stalingrad.

27 R. Forczyk, *Erich von Manstein*. Oxford 2010, S. 36–42, mit guten Abbildungen; Erickson, *Road to Berlin*, S. 51 ff.

28 M. K. Barbier, *Kursk: The Greatest Tank Battle, 1943*. St. Pauls MN 2002; M. Healy, *Kursk 1943*. Oxford 1992, bringen bemerkenswerte Details; siehe auch L. Clarke, *The Battle of the Tanks: Kursk 1943*. New York 2011.

29 So z. B. A. Nagorski, *The Greatest Battle*. New York 2007.

30 Vgl. auch die Überlegungen in Citino, «Death of the Wehrmacht», v. a. S. 14–19.

31 B. Wegner, «The Road to Defeat: The German Campaigns in Russia, 1941–1943», *Decisive Campaigns of the Second World War*, S. 105–127, hier S. 122–123, ein höchst gedankenreicher Aufsatz.

32 Siehe besonders J. Förster, «The Dynamics of Volksgemeinschaft: The Effectiveness of the German Military Establishment in the Second World War», *Military Effectiveness*, III, hrsg. von Millett & Murray, S. 180–220, hier S. 201–202.

33 P. Carell, *Unternehmen Barbarossa: Der Marsch nach Rußland*. Frankfurt a. M. 1963, S. 509. Carell, eigentlich Paul Karl Schmidt, wurde früh Nationalsozialist und war Ribbentrops Pressechef. Bei den Nürnberger Prozessen trat er nur als Zeuge der Anklage auf und wurde dann ein erfolgreicher Journalist und Autor von Bestsellern über den Krieg – informativen Werken, die aber zweifelhafte Bewertungen enthielten.

34 Vgl. Wegner, «Road to Defeat», S. 122–123.

35 Email an den Autor von Igor Biryukov, 7. 7. 2010.

36 Die Titel sagen es bereits aus: Ellis, *Brute Force*; Glantz & House, *When Titans Clashed*; Overy, *Russlands Krieg 1941–1945*. Reinbeck bei Hamburg 2003.

37 D. Orgill, *T-34: Russian Armor*. New York, S. 171, ist voller solcher Zitate.

38 Carell, *Unternehmen Barbossa,* S. 67–71; siehe auch die Artikel http://en.wikipedia.org/wiki/T-34 (mit hervorragender Bibliographie; Zugriff Mai 2010) sowie http://de.wikipedia.org/wiki/T-34.

39 Mellenthin, *Panzerschlachten*. Neckargemünd 1963, S. 64, vgl. S. 256; Kleist und Guderian: Orgill, *T-34*. Siehe zur erstaunlichen Nachfrage nach dem T-34 in der ganzen Welt den oben genannten Wikipedia-Artikel.

40 Das wird aber nur indirekt durch die Beschreibung der Verbesserungen nach 1943 zugegeben, siehe Orgill, *T-34*, S. 73 ff.

41 Wikipedia, «T-34», s. o.

42 Mary R. Habeck, *Storm of Steel: The Development of Armor Doctrine in Germany and the Soviet Union*. Ithaca, NY 2003, enthält viele interessante Kommentare über das gegenseitige «Borgen» zwischen den Armeen der Zwischenkriegsjahre. Siehe auch http://en.wikipedia.org/wiki/J._Walter_Christie (aufgerufen Mai 2011).

43 Einige Details in Orgill, *T-34*.

44 M. Bariatinsky, «Srednii Tank T-34-85», *Istoria Sozdania*, http://www.cardarmy.ru/armor/articles/t3485.htm (aufgerufen am 26.5.2011).

45 Ein sehr informativer Aufsatz ist trotz des aggressiven Titels A. Isaev, «Against the T-34 the German Tanks Were Crap», *T-34 in Action*, hrsg. von A. Drabkin & O. Sheremet. Mechanicsburg, PA 2008, Kap. 2.

46 «Evaluation of the T-34 and KV Tanks by Engineers of the Aberdeen Proving Grounds, Submitted By Firms, Officers And Members Of Military Commissions Responsible For Testing Tanks» (http://english.battlefield.ru/evaluation-of-the-t-34-and-kv.html). Ich danke Professor Jonathan Haslam (Cambridge) für den Hinweis auf diese Quelle und die Quelle in Anm. 45.

47 *Ibid* zum Aberdeen-Bericht. Carell, *Unternehmen Barbarossa*, S. 71–72, berichtet ebenfalls, dass T-34-Kommandanten oft einen Vorschlaghammer brauchten und kein gutes Funkgerät hatten. Es ist erstaunlich, dass sie in den ersten Jahren nicht noch stärker unterlegen waren.

48 Ich verwende Kleinkrieg hier im Sinne der deutschen Marine, nämlich kleinere Waffen, die weit größere Schiffe beschädigen oder versenken konnten, im Seekrieg also Torpedos, U-Boote und Minen.

49 Healy, *Kursk 1943*, S. 31; Mitcham, *Blitzkrieg No Longer*, S. 132.

50 Die beste allgemeine Quelle hierzu ist G. L. Rottman, *World War II Anti-Tank-Tactics*. Oxford 2005, S. 45 ff.

51 Keegan, *Der Zweite Weltkrieg*, S. 599–600. Dies bestätigt Glantz, *Colossus Reborn*. Lawrence, KS 2005, S. 29.

52 Barbier, *Kursk*, S. 55; ähnliche Zahlen in dem wertvollen Buch von W. S. Dunn, Jr., *The Soviet Economy and the Red Army 1930–1945*. Westport, CT 1995, S. 179.

53 Dunn, *Soviet Economy*, nennt eindrucksvolle Zahlen.

54 Glantz, *Colossus Reborn*, S. 355 ff.

55 *Ibid*. Die Schaffung dieser massiven Pontonbrückenparks mit Lego-ähnlichen Brücken von unterschiedlicher Länge und Tragfähigkeit erinnert sehr an die Geschichte der Seabees (siehe mein Kapitel 5), ich habe aber noch kein sowjetisches Gegenstück zu Admiral Ben Moreell gefunden.

56 Glantz, *Colossus Reborn*, S. 361–362; Barbier, *Kursk*, S. 58.

57 Barbier, *Kursk*, S. 58, und Mitcham, *Blitzkrieg No Longer*, S. 138, zu den Anstrengungen der Partisanen in der Schlacht um Kursk. Schlussbetrachtung von D. R. Stone, *A Military History of Russia*. Westport, CT 2006, S. 212–213.

58 Vgl. www.dupuyinstitute.org/ubb/Forum4/HTML/000052.html.

59 Murray, *Luftwaffe*, und R. Muller, *The German Air War in Russia*. Baltimore, MD 1992, zeigen die gewaltige Wirkung, die der angloamerikanische Bombenkrieg auf den Abzug von Flugzeugen von der Ostfront hatte, so dass fast nur noch Maschinen zur Unterstützung der Bodentruppen übrigblieben. Das genannte Zahlenverhältnis bei R. J. Evans, *Das Dritte Reich*, III: *Krieg*. Stuttgart 2009, S. 579.

60 Mitchams Zahlen, die auf Niepolds älterem Werk (*Mittlere Ostfront, Juni '44*. Herford 1985) beruhen, in *Crumbling Empire: The German Defeat in the East 1944–45*. Mechanicsburg, PA 2001, S. 16, 36. V. Hardesty, *Red Phoenix: the Rise of Soviet Air Power*. Washington DC 1982, ist hier am besten.

61 Murray, *Luftwaffe*, und R. Muller, *The German Air War in Russia*, sind hierzu gute Einführungen.

62 Einzelheiten zu den Schturmowiks auf http://en.wikipedia.org/wiki/Shturmovik und http://de.wikipedia.org/wiki/Iljuschin_Il-2, sowie A. Brookes, *Air War over Russia*. Hersham 2003, S. 63.

63 Erickson, *Road to Berlin*, Kap. 5; Mitcham, *Crumbling Empire*, *passim*; Glantz & House, *When Titans Clashed*, Kap. 13.

64 Siehe http://en.wikipedia.org/wiki/Operation_Bagration und http://de.wikipedia.org/wiki/Operation_Bagration; sowie Mitcham, *Crumbling Empire*, Kap. 1, und die ausführlichere Darstellung bei S. Zaloga, *Bagration 1944: The Destruction of Army Group Centre*. Oxford 1996.

65 Siehe besonders Habeck, *Storm of Steel*, S. 232–233. Glantz & House diskutieren in *When Titans Clashed*, Kap. 9–13, die Ironie, dass die sowjetischen Armeen zu dem Zeitpunkt flexibler wurden, als die deutschen stecken blieben. Dies bespricht auch Stone, *A Military History of Russia*, S. 202 ff.

66 Zaloga, *Bagration.*

67 Mitcham, *Blitzkrieg No Longer.*

68 *Ibid* und Erickson, *Road to Berlin*, Kap. 11–16 (äußerst detailliert).

69 Siehe die schrecklichen Einzelheiten in N. Ferguson, *Krieg der Welt.* Berlin 2006, und I. Kershaw, *Das Ende: Kampf bis in den Untergang – NS-Deutschland 1944/45.* München 2011.

70 Mitcham, *Blitzkrieg No Longer*, S. 215–216. Zeitzlers Aufsatz «Mensch und Raum im Kriege (Ein deutsches Problem im zweiten Weltkrieg)», *Wehrkunde*, 11 (1961), S. 564–570, ist ebenso unbekannt wie bedenkenswert. Auch Wilmott betont diesen Punkt auf elegante, vergleichende Weise in *Great Crusade*, Kap. 5: «Time, Space, and Doctrine».

71 O. P. Chaney, *Zhukow.* Norman, OK 1996, ist sehr detailliert.

72 Es gab Zeiten beim Recherchieren und Schreiben dieses Buches, wo ich das Gefühl hatte, *zu viele* Informationen über Harker, Freeman, Moreell, Blakeslee, Ramsay, Echols, Ellis, Dowding, Christie und viele andere zu besitzen, um sie in ein Werk dieses Umfangs und Aufbaus einfügen zu können.

Kapitel 4: Wie erobert man eine feindliche Küste?

1 Siehe z. B. *Amphibious Warfare 1000–1700*, hrsg. von D. J. B. Trim & M. C. Fissel. Leiden 2006, und im Internet www.answers.com/topic/amphibious-warfare (aufgerufen am 1. 5. 2008; alle elektronischen Quellen in diesem Kapitel wurden aufgerufen, während ich von März bis Mai 2008 in Cambridge die erste Fassung schrieb). Eindrucksvoll ist auch D. Abulafia, *The Great Sea: A Human History of the Mediterranean.* London 2010, mit einer hervorragenden Darstellung der Feldzüge auf dem Mittelmeer.

2 Diese Aktionen sind beschrieben in B. Fergusson, *The Watery Maze: The Story of Combined Operations.* London 1961, neben Kapiteln über die großen Invasionen. Fergusson war aber so begeistert von *allen* Aktionen gegen den Feind, dass der operative Unterschied nicht klar wird.

3 Fergusson, *The Watery Maze*, S. 47.

4 Am einfachsten ist diese Geschichte im Abschnitt über das 16. Jahrhundert auf www.answers.com/topic/amphibious-warfare zugänglich. Wer mehr Details sucht, sollte dem Link «Terceras Landing» folgen.

5 Siehe B. H. Liddell Hart, *The British Way in Warfare.* London 1932, v. a. Kap. 1, und die modernere Untersuchung von M. E. Howard, *The Continental Commitment.* London 1972.

6 Zum Tanga-Fiasko: Fergusson, *Watery Maze*, S. 24–29.

7 Siehe auch hier Millett & Murray, *Military Effectiveness*, besonders Einleitung und Schluss von Band 1.

8 Man weiß kaum, wo man bei der Literatur über Gallipoli anfangen (oder enden) soll. Die beste militärische Darstellung ist A. Moorhead, *Gallipoli*. London 1956; R. Rhodes James, *Gallipoli*. London 1965, ist am besten zur politischen Seite; eine sehr gute aktuelle Darstellung ist L. A. Carlyon, *Gallipoli*. London 2002. Wer keine gute Bibliothek in der Nähe hat, findet eine faire Zusammenfassung (auch aus australisch/neuseeländischer Sicht) auf http://en.wikipedia.org/wiki/Battle_of_Gallipoli; siehe auch http://de.wikipedia.org/wiki/Schlacht_von_Gallipoli.

9 Siehe Barnett, *Engage the Enemy*, S. 540–543; Fergusson, *Watery Maze*, S. 36–43; und die wichtigen Memoiren des ersten ISTDC-Direktors L. E. H. Maund und *Assault from the Sea*. London 1949.

10 Roskill, *War at Sea*, I; Barnett, *Engage the Enemy*, Kap. 1–3.

11 Die beiden großen Historiker der Royal Navy im 20. Jahrhundert, Professor Arthur Marder und Captain Stephen Roskill, waren in Vielem geteilter Meinung. Über Churchills Einmischung und die schwache Leistung des Norwegen-Feldzugs stimmten sie aber weitgehend überein; siehe A. J. Marder, *Winston is Back! Churchill at the Admiralty 1939–1940*. London 1972 [*English Historical Review*, Supplement 5]; S. W. Roskill, *Churchill and the Admirals*. London 1977, Kap. 8 u. Anhang, S. 283–299.

12 Liddell Hart, *Geschichte*, I, S. 288–289. Zum Kreta-Feldzug: Barnett, *Engage the Enemy*, Kap. 11–12, v. a. aber C. MacDonald, *The Lost Battle: Crete 1941*. New York 1993, besonders das wahrhaft erschreckende Kapitel 10 («Ordeal at Sea»).

13 Murray & Millett, *A War to be Won*, S. 106. Die Zahlen zum Kräfteverhältnis am Himmel über Norwegen und zu *Prince of Wales* und *Repulse* bei Liddell Hart, *Geschichte*, I, S. 84, 289.

14 Barnett, *Engage the Enemy*, S. 203–206, ist vernichtend; Fergusson, *Watery Maze*, S. 59–69, ist erhellend. Siehe auch die ausführliche Studie von A. J. Marder, *Operation «Menace»*. Oxford 1976.

15 Fergusson, *Watery Maze*, S. 166 («nicht brillant»); Barnett, *Engage the Enemy*, S. 864–868.

16 Zum Lernprozess des Kommandos für Kombinierte Operationen s. Barnett, *Engage the Enemy*, S. 545–546, und P. Ziegler, *Mountbatten*. New York 1985, Kap. 11–15.

17 Die Literatur über Dieppe ist selber ein Minenfeld. Fergusson, *Watery Maze*, S. 175–185, betont weiterhin den Nutzen. Siehe dagegen T. Robertson, *Dieppe: The Shame and the Glory*. Toronto 1967; und D. & S. Whitaker, *Dieppe: Tragedy to Triumph*. Whitby, Ontario 1967, S. 203–304, das sehr kritisch ist, aber letztlich den Nutzen der Aktion für den späteren Erfolg von D-Day anerkennt.

18 Fergusson, *Watery Maze*, S. 185; dagegen ist Churchills Sprache etwas vorsichtiger. Er schrieb später: «Ihr Opfer war nicht vergeblich», *Der Zweite Weltkrieg*, IV, 2: *Die Befreiung Afrikas*. Stuttgart 1952, S. 118. Aus der erhellenden Studie von D. Reynolds, *In Command of History: Churchill Writing and Fighting the Second World War*. London 2004, S. 345–348, geht aber klar hervor, dass es Churchill, Ismay, Mountbatten und anderen im britischen Oberkommando nach dem Krieg nicht leicht fiel, die Operation zu erklären.

19 Zur angloamerikanischen «Gemeinsamkeit», v. a. zwischen 1942 und 1944, gibt es nichts Vergleichbares zu dem Klassiker von H. Feis, *Churchill, Roosevelt, Stalin*, S. 37–324. Zur militärischen Seite: M. Matloff, *Strategic Planning for Coalition War, 1943–1944*. Washington DC 1994; und die hervorragende Studie von M. Howard, *Grand Strategy, IV: August 1942-September 1943*. London 1972.

20 Sowohl für den Empfang von Nachschub und Millionen amerikanischer Soldaten über den Atlantik und als Ausgangspunkt für viele Seewege von England nach Übersee waren Clyde (Glasgow) und Mersey (Liverpool) während des ganzen Zweiten Weltkriegs außerordentlich wichtig. Sie waren weit von den deutschen Bomberstützpunkten in Frankreich entfernt, hatten sehr große Hafenanlagen (Liegeplätze, Docks, Trockendocks, Lagerhäuser, Werften, Verbindungen zu einem dichten Eisenbahnsystem) und leichten Zugang zum Atlantik und den Weltmeeren.

21 Barnett, *Engage the Enemy*, S. 554.

22 *Ibid*, S. 563; siehe auch die ausgezeichnete Darstellung des ganzen Chaos in R. Atkinson, *An Army at Dawn: The War in North Africa, 1942–1943*. New York 2002.

23 Siehe die kluge Studie von M. E. Howard, *The Mediterranean Strategy in the Second World War*. London 1967, wie auch seine offizielle Geschichte: *Grand Strategy*, IV: *August 1942 – September 1943*. Barnetts Kritik an der Seestrategie im Mittelmeer in *Engage the Enemy*, Kap. 17–18, 20–22, scheint mir weniger ausgewogen. S. E. Morison, *Strategy and Compromise*. Boston 1958, und seine offizielle *History*, IX: *Sicily, Salerno and Anzio*, bieten eine amerikanische Sichtweise.

24 Morison, *History*, IX, ist durchgehend hervorragend, Liddell Hart, *Geschichte*, II, Kap. 27 u. 30, eine gute Zusammenfassung. Atkinsons zweiter Band, *The Day of Battle: The War in Sicily and Italy, 1943–1944*. New York 2007, schildert ausführlich das Kampfgeschehen.

25 Liddell Hart, *Geschichte*, II, S. 559; siehe auch Barnett, *Engage the Enemy*, S. 627–650.

26 Siehe dazu Liddell Hart, *Geschichte*, II, S. 575–583; Morison, *History*, IX, 3; Atkinson, *Day of Battle*, Tl. 2.

27 Liddell Hart, *Geschichte*, II, S. 654–663; Atkinson, *Day of Battle*, Tl. 3; Morison, *History*, IX, Tl. 4. Churchill, *Der Zweite Weltkrieg*, V, 2: *Von Teheran bis Rom*. Stuttgart 1953, S. 197.

28 Ähnlich die Titel der Hauptabschnitte von Liddell Harts *Geschichte*: «Die große Wende» (V), «Der Anfang vom Ende» (VI), «Die Ebbe» (VII) und «Das Ende» (VIII).

29 Das Memo ist abgedruckt in David Eisenhowers Biographie seines Großvaters, *Eisenhower at War 1943–1945*. New York 1986, S. 252. Ein Faksimile auf www.archives.gov/exhibits/american_originals_iv/images/d_day/eisenhower_note.html.

30 Es gibt Tausende von Büchern über D-Day und die Normandie, darunter einige hervorragende offizielle Geschichten (britisch, kanadisch, amerikanisch) der jeweiligen Luftwaffe, Armee, Marine und Aufklärung. Für mich sind die besten einbändigen Darstellungen M. Hastings, *Unternehmen Overlord*. Wien 1985; S. Ambrose, *D-Day, June 6th, 1944*. New York 1994; C. Ryan, *Der längste Tag*. Gütersloh 1959. In der illustrierten *History of the Second World War*, V, S. 1793–1942, des Verlags Purnell sind einige ausgezeichnete Karten enthalten.

31 Barnett, *Engage the Enemy*, Kap. 24–25, gibt eine gute Zusammenfassung der Planung und Organisation, ebenso *History of the Second World War*, V, S. 1794–1795, 1870–1875.

32 Siehe http://en.wikipedia.org/wiki/Bertram_Ramsay und http://de.wikipedia.org/wiki/Bertram_Ramsay.

33 Overy, *Wurzeln des Sieges*, S. 192–195.

34 C. Gross & M. Postlethwaitwe, *War in the Air: The World War Two Aviation Paintings of Mark Postlethwaite*. Marlborough 2004, S. 78.

35 M. K. Barbier, *D-Day Deception: Operation Fortitude and the Normandy Invasion*. Westport, CT 2007, ist eine wirklich wichtige Studie zu diesem Thema und ergänzt C. Cruikshank, *Deception in World War II*. Oxford 1979, das bemerkenswerte, manchmal sehr komische Fotos enthält. Wer diese Täuschungsmanöver ernsthaft studiert, sollte aber auch einen skeptischeren Aufsatz lesen: C. Bickell, «Operation FORTITUDE SOUTH: An Analysis of its Influence upon German Dipositions and Conduct of Operations in 1944», *War and Society*, 18, 1 (2000), S. 91–122. Der Aufsatz hat eine hervorragende Bibliographie, enthält aber natürlich nicht die Erkenntnisse von späteren Studien wie Barbier.

36 F. H. Hinsley et al, *British Intelligence in the Second World War*, III, 2. London 1988, Tl. 13: Overlord, beschreibt eindrucksvoll Täuschungs- und Aufklärungsaspekte der Normandie-Operation. Zwei weitere wertvolle Werke sind D. Kahn, *Hitler's Spies: German Military Intelligence in World War Two*. New York 1978, und M. E. Howard, *Strategic Deception*. London 1990 [*British Intelligence in the Second World War*, V].

37 *British Intelligence*, III, 2, S. 107 Anm., 127, 153, zu Résistance-Angriffen; weitere erstaunliche Details über die Kooperation von SOE und Franzosen in M. R. D. Foot, *SOE: An Outline History of the Special Operations Executive, 1940–1945*. London 1984, v. a. S. 222–229.

38 Zit. n. Overy, *Wurzeln des Sieges*, S. 207, wie üblich eine hervorragende Zusammenfassung.

39 Dies ist in der großartigen Szene in der Verfilmung von *Der längste Tag* (mit Curd Jürgens als Blumentritt) vielleicht besser dargestellt als in jedem schriftlichen Bericht.

40 Eine unübertroffene Analyse (mit ausgezeichneten Karten und Tabellen) bietet Roskill, *War at Sea*, III, 2, S. 5–74; siehe aber auch eine andere Version bei Barnett, *Engage the Enemy*, Kap. 24–25; außerdem Ambrose, *D-Day*, Kap. 5–9.

41 Roskill, *War at Sea*, III, 2, S. 53–59, nennt sowohl die U-Boot-Verluste als auch die Verluste der Alliierten; Raeder, «Gedanken bei Kriegsausbruch», *Kriegstagebuch der Seekriegsleitung 1939–1945*, Tl. A, Bd. 1, … hrsg. von W. Rahn u. G. Schreiber. Herford 1988, S. 16 (3. 9. 1939).

42 Churchill, *Der Zweite Weltkrieg*, II, 1: *Englands größte Stunde*. Stuttgart 1950, S. 392–393 (19.10.1940).

43 Hobarts Laufbahn hat viele Studien angeregt, darunter eine schöne Biographie von K. Macksay, *Armored Crusader*. London 1967, und einen sehr lebendigen Artikel von T. J. Constable, «They Called Him Hobo: The Percy Hobart Story», *Journal of Historical Review*, 18, 1 (1999), S. 2–14 (www.ihr.org/jhr/v18/v18n1p-2_Constable.html; Zugriff 20.2.2008). Die Abbildungen dieser seltsamen Konstruktionen in Purnells *History of the Second World War*, V, S. 1834–1835, 1919, sind höchst interessant. [Siehe auch http://de.wikipedia.org/wiki/Hobart%E2%80%99s_Funnies.]

44 Zit. n. Ambrose, *D-Day*, S. 551; eine typisch großzügige Anerkennung dessen, was an anderen Stränden als Omaha und Utah geschah.

45 *Ibid*, S. 323; er widmet Omaha Beach neun Kapitel. Siehe auch Hastings, *Overlord*, S. 105–121; und Murray & Millett, *A War to Be Won*, S. 417–423, die Bradley, die US-Marine und die ganze Omaha-Operation extrem kritisch sehen. Ich danke Professor Tami Biddle dafür, dass sie mir die unzähligen Schwierigkeiten, vor denen die Omaha-Planer und-Kommandeure standen, verdeutlicht hat.

46 Ambrose, *D-Day*, S. 576; Roskill, *War at Sea*, III, 2, S. 53, der eine ungewöhnlich exakte Gesamtzahl von 132 715 gelandeten Soldaten nennt. Es ist unklar, *wann* diese Zahlen galten – bei Sonnenuntergang, um Mitternacht oder am nächsten Morgen und ob die Luftlandetruppen einbezogen werden. Es kommt aber kaum darauf an.

47 Eisenhower, *Eisenhower at War*, S. 425–426.

48 Barnett, *Engage the Enemy*, S. 843–851, und (weniger bissig) Roskill, *War at Sea*, II, 2, S. 142–153.

49 Siehe seinen Gebrauch in Purnells *History of the Second World War*, V, S. 1793.

50 J. A. Isely & P. A. Crowl, *The U.S. Marines and Amphibious War: Its Theory, and Its Practice in the Pacific*. Princeton 1951, S. 583–584, weisen hier auf eine hübsche angloamerikanische Synergie hin: die größeren Schiffe und Boote zur Landung der Infanterie waren von den Briten entworfen, die schwimmfähigen

Truppentransporter und DUKWs stammten von den Amerikanern. Zusammen funktionierte es perfekt.

51 Isely & Crowl, *The U.S. Marines and Amphibious War*, S. 581–582. Ihr Kapitel 12 («Amphibious Progress, 1941–1945»), ist eine ausgezeichnete Reflexion mit einigen Verbindungen zu europäischen Landungsoperationen.

Kapitel 5: Wie überwindet man die «Tyrannei der Distanz» im Pazifik?

1 G. Blaney, *The Tyranny of Distance*. London 1968, das vor allem davon handelt, wie gewaltige Entfernungen die Geschichte Australiens prägten, aber mit Implikationen für die Geschichte des Pazifik insgesamt.

2 Siehe zum Folgenden allgemein R. Storry, *Japan and the Decline of the West in Asia 1894–1943*. London 1979; Kennedy, *Aufstieg und Fall*, S. 317–322, 448–457.

3 Siehe R. Hackett, *Yamagata Aritomo in the Rise of Modern Japan 1838–1922*. Cambridge MA 1971.

4 Siehe neben Storry, *Japan and the Decline of the West*, auch R. Myers & M. Peattie, *The Japanese Colonial Empire 1895–1945*. Princeton 1984.

5 Die beste kurze Darstellung der Ostasienkrisen der späten dreißiger Jahre (neben vielen guten älteren Werken) ist A. Iriye, *The Origins of the Second World War in Asia and the Pacific*. London 1987. Die ökonomischen Triebfedern der japanischen Expansion behandelt auf brillante Art M. A. Barnhart, *Japan Prepares for Total War: The Search for Economic Security, 1919–1941*. Ithaca, NY 1988. Ebenfalls nützlich sind Liddell Hart, *Geschichte*, I, Kap. 16, und Willmott, *Great Crusade*, Kap. 1.

6 Die militärische Position Japans ist zusammengefasst in R. Spector, *Eagle Against the Sun: The American War with Japan*. New York 1985, Kap. 2, siehe aber v. a. A. Coox, «The Effectiveness of the Japanese Establishment in the Second World War», *Military Effectiveness*, hrsg. von A. Millett & W. Murray. London 1988, III, S. 1–44.

7 Ein schöner spekulativer Aufsatz ist J. Black, «Midway and the Indian Ocean», *Naval War College Review*, 62, 4 (2009), S. 131–140.

8 Am besten dargestellt in A. Danchev, *The Alchemist of War: The Life of Basil Liddell Hart*. London 1988.

9 Willmott, *Great Crusade*, S. 314 ff. Eine recht ähnliche Diskussion bei Liddell Hart, *Geschichte*, II, Kap. 29.

10 Siehe neben Willmott die Weiterentwicklung dieses Arguments in P. Kennedy, *Strategy and Diplomacy 1870–1945*, Kap. 7 («Japanese Strategic Decisions, 1939–1945»).

11 Die beste kurze Analyse ist W. Tao, «The China Theatre and the Pacific War», *From Pearl Harbor to Hiroshima*, hrsg. von S. Dockrill. London 1994, S. 134–152.

Es gibt zahlreiche Bücher über Stilwell in China, vor allem B. Tuchman, *Sand gegen den Wind*. Stuttgart 1972.

12 Der immens schwierige Kampf der Empire-Truppen in Indien und Burma ist sehr ausführlich in der offiziellen Geschichte analysiert: S. Woodburn Kirby et. al, *The War against Japan*, I-V. London 1957–1969, und später in C. Bayly & T. Harper, *Forgotten Armies: The Fall of British Asia 1941–1945*. London 2004. Er brachte auch die besten einbändigen Memoiren eines Generals hervor, nämlich W. Slim, *Defeat into Victory*. London 1956.

13 J. Masters, *The Road Past Mandalay*. London 1961. Die Anspielung auf Kiplings Gedicht ist offensichtlich. Das klarste und ausgewogenste Buch ist L. Allen, *Burma: The Longest War, 1941–1945*. New York 1984.

14 MacArthurs vorwärts drängender Charakter und seine strategischen Auffassungen sind dargestellt in W. Manchester, *American Caesar: Douglas MacArthur 1880–1964*. New York 1978. Weitere hellsichtige Kommentare in Spector, *Eagle*, *passim*

15 Zu Eichelberger (und dem Befehl «Kommen Sie nicht lebend zurück!»): Spector, *Eagle*, S. 216; zu den Marines der gute Artikel auf http://en.wikipedia.org/wiki/1st_Marine_Division_(United_States) (Zugriff Juni 2010).

16 Mit «leicht» meine ich nicht, dass die Operationen selbst leicht waren, sondern dass die Ziele kleine Flecken im Pazifik waren, und sobald die Garnisonen durch die Überlegenheit der Amerikaner zu Wasser und in der Luft isoliert waren, konnten sie entweder kapitulieren oder sterben. Das hatte nichts mit dem viel unsichereren Ausgang der Angriffe auf Anzio oder die Normandie zu tun.

17 Liddell Hart, *Geschichte*, II, S. 772.

18 *Ibid*, S. 767–768; und mit vielen Einzelheiten Morison, *History*, VIII, Kap. 9.

19 L. Allen, «The Campaigns in Asia and the Pacific», *Journal of Strategic Studies*, 13, 1 (1990), S. 162–193, hier S. 175. Dies ist eine außerordentlich reichhaltige Quelle und Zusammenfassung, v. a. für die japanische Seite.

20 *Ibid*, S. 165.

21 E. S. Miller, *War Plan Orange: The U.S. Strategy to Defeat Japan 1897–1945*. Annapolis, MD 1991, liefert die Gesamtgeschichte.

22 Die beste Erinnerung an diesen wichtigen Punkt ist erneut M. van Creveld, *Supplying War: Logistics from Wallenstein to Patton*. Cambridge 1977.

23 Nichts ist detaillierter als die offizielle *History of U.S. Marine Corps Operations in World War II*, I-V. Washington 1958–1968. Die klassischen einbändigen Darstellungen sind A. R. Millett, *Semper Fidelis: The History of the United States Marine Corps*. New York 1991, Kap. 12, und Isely & Crowl, *The U.S. Marines and Amphibious War*, Kap. 1–3.

24 «Erfolg … Fehlschlag»: Isely & Crowl, S. 14–21.

25 Millett, *Semper Fidelis*, S. 320.

26 Isely & Crowl, *The U.S. Marines and Amphibious War*, S. 26.

27 Eine ausführliche Darstellung ist D.A. Ballendorf & M. Bartlett, *Pete Ellis: Amphibious Warfare Prophet 1880–1923*. Annapolis, MD 1997.

28 Millett, *Semper Fidelis*, S. 327; vgl. den lebhaften Bericht bei Isely & Crowl, *The U.S. Marines and Amphibious War*, S. 30–31.

29 Millett, *Semper Fidelis*, S. 336.

30 Morisons offizielle Marinegeschichte, v. a. Bd. V–VIII, XII–XIV und die vielbändige offizielle Geschichte der US Army behandeln die jeweiligen Operationen im Pazifikraum. Einen laufenden Kommentar zu Marines, Army und amphibischer Kriegführung liefert erneut Spector, *Eagle*, *passim*.

31 Zit. n. C. G. Reynolds, *The Fast Carriers: The Forging of an Air Navy*. New York 1968, S. 1.

32 Eine gute Zusammenfassung bei Reynolds, *Fast Carriers*, S. 4–13; technische Daten bei M. Stille, *Imperial Japanese Navy Aircraft Carriers* 1921–1945. London 2005.

33 Reynolds, *Fast Carriers*, Kap. 3, liefert den Kontext in der kritischen Phase des Pazifikkriegs. Roskill, *War at Sea*, II, S. 229–231, diskutiert die ungewöhnliche Erfahrung der *Victorious*.

34 Extrem nützliche Details finden sich auf http://en.wikipedia.org/wiki/Essex_class_aircraft_carrier (Zugriff Mai 2010), mit den besten Anmerkungen und Literaturhinweisen, die ich gesehen habe. Siehe auch http://de.wikipedia.org/wiki/Essex-Klasse.

35 Diese Erprobungsmissionen behandeln Reynolds, *Fast Carriers*, Kap. 2, und Morison, *History*, VII.

36 Spector, *Eagle*, S. 257.

37 Zu den Angriffen auf Rabaul siehe Morison, *History*, VI, 2, S. 369 ff., sowie Reynolds, *Fast Carriers*, S. 96 ff.

38 Es gibt fast so viele Bücher und Artikel über die legendäre Hellcat wie über die ebenso legendäre Spitfire. Der beste Ausgangspunkt ist vielleicht ein weiterer der bemerkenswert fundierten Wikipedia-Artikel über den Pazifikkrieg: http://en.wikipedia.org/wiki/Grumman_F6F_Hellcat (Zugriff Mai 2010).

39 *Ibid*, sowie Reynolds, *Fast Carriers*, S. 57 u. *passim*.

40 Die meisten Historiker des Kriegs im Zentralpazifik erkennen eine Art Pause in den Kämpfen – zumindest den wichtigen Kämpfen – zwischen November 1943 (Tarawa) und Juni 1944 (Marianen, Rabaul), darum widmen sie den Operationen dieser Monate weniger Raum als den neuen Waffensystemen, der Einführung des Radar usw. Morison, *History*, VII, schließt diese Lücke.

41 Das «große Scheibenschießen bei den Marianen» ist neben Midway jedermanns Lieblingsluftschlacht des Pazifikkriegs. Reynolds, *Fast Carriers*, S. 190–204, ist ebenso gut wie andere. Morison, *History*, VIII, S. 257–321, liefert wichtige Details.

42 Reynolds, *Fast Carriers*, S. 163–165, 209–210, vertritt am stärksten (und meiner Meinung nach zu stark) die Jütland-Analogie, gefolgt von Spector, *Eagle*, S. 312.

43 Reynolds, *Fast Carriers*, Kap. 9, behandelt auf großzügige Weise die Leistung der britischen Pazifikflotte; dagegen ist Barnett, *Engage the Enemy*, Kap. 28, düster und fast abwertend.

44 Zwei exzellente Einführungen sind C. Berger, *B29: The Superfortress*. New York 1970, und der beeindruckende Wikipedia-Artikel: http://en.wikipedia.org/wiki/Superfortress (Zugriff Mai 2010). Beide geben gute Lektürelisten. Siehe auch http://de.wikipedia.org/wiki/Boeing_B-29.

45 All diese Einzelheiten stammen aus dem genannten Wikipedia-Artikel.

46 Berger, *Superfortress*, S. 48–59, ist ein wundervoller Abschnitt über die «Schlacht von Kansas». Der «harte Kampf um Fluggeschwindigkeit» ist eine gute Formulierung aus dem englischen Wikipedia-Artikel.

47 Berger, *Superfortress*, S. 60–107.

48 Toland, *Rising Sun*, S. 676, 745. Siehe allgemeiner die anregenden Überlegungen von M. Sherry, *The Rise of American Airpower: The Creation of Armegeddon*. New Haven, CT 1987.

49 Ich habe keine befriedigende Studie über Moreell gefunden, aber es gibt einige biographische Details in http://en.wikipedia.org/wiki/Ben_Moreell (Zugriff Frühjahr 2010). Der Artikel in der nächsten Anmerkung bietet viel mehr.

50 Fast all diese Details stammen aus http://en.wikipedia.org/wiki/Seabees_in_World_War_II (Zugriff Frühjahr 2010), einem weiteren sehr guten Wikipedia-Artikel über den Krieg im Pazifik und im Fernen Osten. Vgl. http://de.wikipedia.org/wiki/SeaBees.

51 *Ibid.*

52 Spector, *Eagle*, S. 318–319.

53 Am besten kommen diese Unabhängigkeit und der Einfallsreichtum in den Memoiren amerikanischer U-Boot-Fahrer zum Ausdruck, von denen es viele gibt. Siehe z. B. R. O'Kane, *Clear the Bridge!* New York 1981; J. F. Calvert, *Silent Running: My Years on an Attack Submarine*. New York 1995 (mit beißenden Kommentaren zum Naval Ordnance Bureau) und E. Beach, *Submarine!* New York 1952.

54 Am detailliertesten ist C. Blair, *Silent Victory*, I–II. New York 1975; gute vergleichende Kommentare liefert P. Padfield, *Der U-Boot-Krieg 1939–1945*. Frankfurt a. M. 1996, v. a. Kap. 9.

55 E. P. Hoyt, *The Destroyer Killer*. New York 1989.

56 Morison, *The Two Ocean War: A Short History of the United States Navy in the Second World War*, S. 510–511.

57 Genaue Statistiken über japanische Verluste im Pazifik lassen sich (wie bei so vielen anderen Konflikten) kaum erstellen: eine schwere Explosion konnte einem U-Boot-Fahrer suggerieren, sein Ziel sei zerstört, aber es konnte auch nur beschädigt sein oder der Torpedo war zu früh explodiert; in einem hektischen Kampf konnten auch ein Flugzeug und ein U-Boot zugleich die Versenkung beanspruchen. Orden wurden auf der Basis ausreichender Beweise für Versenkungen verliehen. Bei Kriegsende wurde aber ein gemeinsamer Überprüfungsausschuss von Army und Navy (JANAC) eingerichtet, um alle Angaben mit japanischen Quellen zu vergleichen. In fast allen Fällen – einschließlich der Gesamtzahlen – wurden die Zahlen stark reduziert, ohne aber das Gesamtbild zu verändern. Siehe zu den genannten Zahlen Padfield, *U-Boot-Krieg*, S. 660, und Morison, *Two Ocean War*, S. 511.

58 Diese Geschichte wird in jeder allgemeinen Studie (und fast allen Memoiren) über den Pazifikkrieg erzählt. Die klarste Erklärung, wenn auch mit vielen technischen Einzelheiten, ist eine fünfteilige Aufsatzserie von F. J. Milford, «U.S. Navy Torpedoes» in *The Submarine Review* (1996–1997). Siehe v. a. Teil 2: «The Great Torpedo Scandal, 1941–43» (1996).

59 Zitat und Zahlen von Roskill, *War at Sea*, III, 2, S. 367.

60 Schätzung nach M. J. Gregory, «Top Ten US Navy Submarine Captains in WW2 by Number of Confirmed Ships Sunk», http://ahoy.tk-jk.net/macslog/TopTenUSNavySubmarineCapt.html (Zugriff März 2010).

61 Zit. n. Morison, *Two Ocean War*, S. 486.

62 C. Boyd & A. Yoshida, *Japanese Submarine Forces and World War Two*. Annapolis, MD 1995. Siehe auch die verschiedenen Vergleiche in Padfield, *U-Boot-Krieg*.

63 Morison, *Two Ocean War*, S. 486.

64 Padfield, *U-Boot-Krieg*, Kap. 9, ist verlässlich wie immer.

65 R. Spector, «American Seizure of Japan's Strategic Points, Summer 1942–44», *From Pearl Harbor to Hiroshima*, S. 75–87.

66 Die beste und leicht sardonische Darstellung bei Spector, *Eagle*, S. 178–182.

67 Liddell Hart, *Geschichte*, I, S. 451–458.

68 Morison, *History*, VIII, ist hier am detailliertesten.

69 Millett, *Semper Fidelis*, S. 410–419, behandelt ausgezeichnet die Marianenschlacht.

70 Morison, *History*, VIII, S. 162.

71 J. B. Wood, *Japanese Military Strategy in the Pacific War: Was Defeat Inevitable?* Lanham, MD 2007.

72 «Dampfkessel», Churchill, *Der Zweite Weltkrieg, III, 2: Amerika im Krieg*. Stuttgart 1951, S. 270.

Reflexionen

1 A. Bryant, *The Turn of the Tide, 1939–1943: Based on the Diaries of Field Marshall Viscount Alanbrooke*. London 1957, u. *Triumph in the West 1943–1945*. London 1959.

2 Siehe Alanbrooke, *War Diaries 1939–1945*, hrsg. von A. Danchev & D. Todman. London 2001, *passim*. Diese Ausgabe ist beispielhaft. Sie enthält nicht nur viele offenere Notizen, deren Auslassung Bryant für klug hielt, solange Churchill und andere Schlüsselfiguren noch lebten, sondern unterscheidet auch zwischen Alanbrookes ursprünglichen unzensierten Einträgen, seinen späteren «Anmerkungen» und Bryants Veränderungen (S.xxxi-xxxiv: «Note on the Text»).

3 Siehe die geschickte Verwendung von Alanbrookes Tagebüchern in Roberts, *Masters and Commanders*.

4 Alanbrooke, *War Diaries 1939–1945*, S. 433.

5 *Ibid.*, S. 557: «Es war ein wundervoller Moment, als ich Frankreich wieder betrat, fast vier Jahre nachdem ich hinausgeworfen worden war ...» (12.6.1944).

6 Die Unterscheidung scheint von dem großen Historiker der Stuart-Epoche J. H. Hexter zu stammen: «The Burden of Proof», *Times Literary Supplement* (24. 10. 1974) – ein Beitrag in der damals heftigen Debatte über die Ursachen des englischen Bürgerkriegs.

7 Diese Behauptung steht im vorletzten Absatz von Hinsleys Harmon Memorial Lecture von 1988 vor der U.S. Air Force Association, «The Intelligence Revolution: A Historical Perspective» (www.usafa.edu/df/dfh/docs/Harmon31.doc). Es ist eigentlich ein hervorragender Aufsatz mit angemessener Skepsis gegenüber den vielen populären Büchern der siebziger und achtziger Jahre über Spionageringe, Dechiffriergenies und Aufklärungsdurchbrüche. Darum ist es seltsam, dass er sich zu dieser unbeweisbaren Schätzung hinreißen ließ.

8 Spector, *Eagle*, S. 457. Kapitel 20 des Buches ist ein eindrucksvoller Überblick über viele Aspekte des Aufklärungskriegs und seine Grenzen.

9 Ich hatte diese Absätze bereits geschrieben, bevor David Kahn mir seinen äußerst wichtigen Aufsatz «An Historical Theory of Intelligence», *Intelligence and National Security*, XVI, 3 (2001), S. 79–92, schickte, der mir vorher entgangen war. Siehe besonders S. 85–86: «Aufklärung ist notwendig für die Verteidigung, aber für die Offensive ist sie nur ein Nebenaspekt.»

10 D. Kahn, «Intelligence in World War II: A Survey», *Journal of Intelligence History*, I, 1 (2001), S. 1–20, ist eine gute Zusammenfassung, die wiederholt den Beweis fordert, dass Aufklärung funktionierte.

11 Ich verspüre eine gewisse Erleichterung, dass die schärfste Kritik an bestimmten US-Kommandeuren in Hinsicht auf britische Ideen und Erfindungen von amerikanischen Historikern kommt; siehe Ludwig, *P-51 Mustang*, zu Echols' Widerstand gegen die P-51; Murray & Millett, *A War to be Won*, S. 249–250, zu den Versenkungen von Frachtern vor der US-Ostküste («Es war Admiral King von seiner schlechtesten Seite; er wollte einfach nichts von den Briten lernen, koste es, was es wolle») und *ibid.*, S. 418–419 zu Bradleys Unwillen, irgendetwas über «die taktischen Probleme bei einem Angriff von See auf gegnerische Stellungen» zu lernen. Man vergleiche diesen amerikanischen Optimismus mit

Churchills Beharren, man werde nicht durch riesige Zahlen von Soldaten und Geschossen, sondern durch neue Waffen und wissenschaftliche Führung «der *überlegenen* Stärke des Feindes am besten beikommen» (Hervorhebung d. Autors), ein Schlüsselrefrain in P. Delaforce, *Churchill's Secret Weapons*. London 1998.

12 Siehe Kennedy, *Aufstieg und Fall*, S. 530–531, v. a. Tabelle 35.

13 C. Barnett, *The Swordbearers*. London 1963, S. 11.

14 Siehe u. a. A. Bullock, *Hitler und Stalin: Parallele Leben*. Berlin 1991, sowie den Kontrast zwischen *Hitlers Lagebesprechungen: die Protokollfragmente seiner militärischen Konferenzen 1942–1945*, hrsg. von H. Heiber. Stuttgart 1962, und *Stalin and His Generals*, hrsg. von S. Bialer. London 1970.

15 Siehe erneut Edgerton, *Britain's War Machine*, das in scharfem Kontrast steht zu C. Barnett, *The Audit of War: The Illusion and Reality of Britain as a Great Nation*. London 1986.

16 Churchill, *Der Zweite Weltkrieg*, V, 1: *Italien kapituliert*. Stuttgart 1953, S. 89.

17 M. Gladwell, «The Tweaker: The Real Genius of Steve Jobs», *New Yorker* (14. 11. 2011).

18 Man denkt hier an das brillante Werk von H. Hattaway & A. Jones, *How the North Won: A Military History of the Civil War*. Urbana, IL 1983.

19 Gut zusammengefasst in A. Grissom, «The Future of Military Innovation Studies», *Journal of Strategic Studies*, 29, 5 (2006), S. 905–934, wo die Arbeit von Barry Posen, Eliot Cohen, Williamson Murray, McGregor Knox, Timothy Lupfer und anderen wichtigen Vertretern dieses Fachs gewürdigt wird. Mein eigener kurzer Abstecher in diesen Bereich ist die George Marshall Memorial Lecture 2009 «History from the Middle: The Case of the Second World War», *Journal of Military History*, 74, 1 (2010), S. 35–51. Das Konzept der «militärischen Effektivität» von Millett und Murray durchzieht das vorliegende Buch und viele Anmerkungen.

Bibliographie

Die folgende Bibliographie bewegt sich weitgehend im üblichen Rahmen, aber ich möchte etwas zu den herangezogenen Quellen bemerken. Zunächst zu Wikipedia und ähnlichen Internetquellen. Viele Professoren sorgen sich um die Unvollständigkeit oder fehlenden Belege mancher Einträge und darum, dass ihre Studenten sich zu stark auf leicht zu nutzende Internetquellen verlassen und die wunderbare Erfahrung versäumen, Bücher auf staubigen Bibliotheksregalen zu suchen und Werke zu entdecken, die in den unvollkommenen elektronischen Katalogen übersehen wurden. Ich verstehe das sehr gut. Ich muss allerdings bekennen, dass ich von einigen der langen, detaillierten und anspruchsvollen (und anonymen) Wikipedia-Einträge, die ich benutze, sehr beeindruckt bin, vor allem denen zum Pazifikkrieg. Sie sind inhaltsreich und gut dokumentiert, und ich möchte ihren Autoren danken (oder dem einzelnen Autor, denn viele legen nahe, dass sie von derselben Person stammen). Viele andere Einträge sind dagegen eher peinlich.

Ich möchte auch meine Dankesschuld gegenüber den Autoren von Büchern erwähnen, von denen professionelle (promovierte) Historiker häufig abfällig sagen, sie seien einzig für «Militärfans» geschrieben. Ich glaube nicht, dass dieses Buch ohne zahlreiche Werke von Osprey Press, Pen & Sword und anderen militärtechnischen und -historischen Verlagen hätte geschrieben werden können – sicherlich nicht so detailliert. Vor vielen Jahren bemerkte Professor Lawrence Stone in einer Rezension, Klios großes Haus habe viele Korridore und Wohnungen, und es gebe Platz für alle. Dem schließe ich mich an.

Schließlich verdanke ich vieles den «offiziellen Geschichten» von Regierungen oder ihren Armeen über verschiedene militärische und zivile Aspekte des Zweiten Weltkriegs. Die Werke von amerikanischen, britischen und Commonwealth-Historikern, manche davon vor 60 Jahren geschrieben, sind beispielhaft für die Geschichtsschreibung: lesbar, ausgewogen, kritisch (z. B. die britischen und amerikanischen Geschichten ihres strategischen Bombenkriegs) und Vorbilder an unvoreingenommener Analyse. Dann ist da in jüngerer Zeit die eindrucksvolle «offizielle» deutsche Geschichte *Das Deutsche Reich und der Zweite Weltkrieg*, die die Forschung auf ein neues Niveau hebt. Meine Bibliographie enthält nur Titel, die auch in den

Anmerkungen genannt werden, aber ich wollte hier meine allgemeinere Dankesschuld erwähnen.

Bücher und Aufsätze:

Abulafia, David, *The Great Sea: A Human History of the Mediterranean*. London 2010.

Alanbrooke, Field Marshal Lord, *War Diaries 1939–1945*, hrsg. von Alex Danchev und Daniel Todman. London 2001.

Allen, Louis, *Burma: The Longest War, 1941–1945*. New York 1984.

–, «The Campaigns in Asia and the Pacific», *The Journal of Strategic Studies*, 13, 1 (1990), S. 162–193.

Ambrose, Stephen, *D-Day: June 6th, 1944*. New York 1994.

The Army Airforces in World War Two, II: Europe, Torch to Pointblank, August 1942 to December 1943, hrsg. von W. F. Craven & J. L. Cate. Chicago 1949.

Atkinson, Rick, *An Army at Dawn: The War in North Africa, 1942–1943*. New York 2002.

–, *The Day of Battle: The War in Sicily and Italy, 1943–1944*. New York 2007.

Ballendorf, Dirk A. & Merrill L. Bartlett, *Pete Ellis: Amphibious Warfare Prophet 1880–1923*. Annapolis 1997.

Barbier, Mary K., *Kursk: The Greatest Tank Battle, 1943*. St. Paul's MN 2002

–, *D-Day-Deception: Operation Fortitude and the Normandy Invasion*. Westport 2007.

Barnett, Corelli, *The Swordbearers*. London 1963.

–, *The Audit of War: The Illusion and Reality of Britain as a Great Nation*. London 1986.

–, *Engage the Enemy More Closely: The Royal Navy in the Second World War*. London 1991.

Barnhart, Michael A., *Japan Prepares for Total War: The Search for Economic Security, 1919–1941*. Ithaca, NY 1988.

Beach, E., *Submarine!* New York 1952.

Bekker, Cajus [d. i. Hans Dieter Berenbrok], *Das Bildbuch der deutschen Kriegsmarine 1939–1945*. München 1991; repr. u. d. T. *Die deutsche Kriegsmarine 1939–1945*. Augsburg 1992.

Bendiner, Elmer, *The Fall of Fortresses*. New York 1980.

Berger, C., *B29: The Superfortress*. New York 1970.

The Making of Strategy: Rulers, States and Wars, hrsg. von Alvin H. Bernstein et al. Cambridge 1994.

Bialer, Uri, *The Shadow of the Bomber: The Fear of Air Attack and British Politics 1932–1939*. London 1980.

Bickell, Craig, «Operation FORTITUDE SOUTH: An Analysis of its Influence upon German Dispositions and Conduct of Operations in 1944», *War and Society*, 18, 1 (2000), S. 91–122.

Biddle, Tami, *Rhetoric and Reality in Air Warfare: The Evolution of British and American Ideas about Strategic Bombing, 1914–1945*. Princeton, NJ 2001.

Bidwell, Shelford, *Gunners at War: A Tactical Study of the Royal Artillery in the Twentieth Century*. New York 1972.

Birch, David, *Rolls-Royce and the Mustang*. Derby 1987.

Black, Jeremy, «Midway and the Indian Ocean», *Naval War College Review*, 62, 4 (2009), S. 131–140.

Blair, Clay, *Silent Victory*, I–II. New York 1975.

Blaney, Geoffrey, *The Tyranny of Distance*. London 1968

Boog, Horst u. a., *Das Deutsche Reich in der Defensive: strategischer Luftkrieg in Europa, Krieg im Westen und in Ostasien 1943–1944/45*, Stuttgart 2001 [*Das Deutsche Reich und der Zweite Weltkrieg*, VII].

Boot, Max, *War Made New: Technology, Warfare, and the Course of History, 1500 to Today*. New York 2006.

Boyd, Carl & Akihiko Yoshida, *Japanese Submarine Forces and World War Two*. Annapolis, MD 1995.

Brookes, Andrew, *Air War over Russia*. Hersham 2003.

Bryant, Arthur, *The Turn of the Tide 1939–1943: Based on the Diaries of Field Marshall Viscount Alanbrooke*. London 1957.

–, *Triumph in the West 1943–1945: Based on the Diaries of Field Marshall Viscount Alanbrooke*. London 1959.

Bullock, Alan, *Hitler und Stalin: Parallele Leben*. Berlin 1991.

Burchard, John, *Q.E.D.: MIT in World War Two*. New York 1948.

Calvert, James F., *Silent Running: My Years on an Attack Submarine*. New York 1995.

Carell, Paul [d. i. Paul Karl Schmidt], *Unternehmen Barbarossa: Der Marsch nach Rußland*. Frankfurt a. M. 1963.

Carlyon, Les A., *Gallipoli*. London 1985.

Ceva, Lucio, «The North African Campaign 1940–43: A Reconsideration», *Decisive Campaigns of the Second World War*, hrsg. von J. Gooch (1990) [*Journal of Strategic Studies*, 13, 1], S. 84–104.

Chaney, Otto P., *Zhukow*. Norman, OK 1996.

Churchill, Winston S., *Der zweite Weltkrieg*, I–VI. Hamburg/Stuttgart 1949–1954.

Citino, Robert Michael, *Death of the Wehrmacht: The German Campaign of 1942*. Lawrence, KS 2007.

–, «Death of the Wehrmacht», *Military History Quarterly*, 21, 1 (2008), S. 9–19.

Clarke, Ignatius F., *Voices Prophesying War 1763–1984*. Oxford 1966.

Clarke, Lloyd, *The Battle of the Tanks: Kursk 1943*. New York 2011.

Collier, Basil, *The Defense of the United Kingdom*. London 1957.

Constable, Trevor J., «They Called Him Hobo: The Percy Hobart Story», *Journal of*

Historical Review, 18, 1 (1999), S. 2–14 (www.ihr.org/jhr/v18/v18n1p-2_Constable.html).

Cooper, Matthew, *The German Air Force, 1933–1945: An Anatomy of Failure*. London 1981.

Coox, Alvin D., «The Effectiveness of Japanese Establishment in the Second World War», *Military Effectiveness*, III, S. 1–44.

Corbett, Julian S., *Some Principles of Maritime Strategy*. London 1911 u. ö.

Croll, Mike, *The History of Landmines*. London 1998.

Cross, Graham E., *Jonah's Feet Are Dry: The Experience of the 353rd Fighter Group during World War II*. Ipswich 2001.

Cruikshank, Charles, *Deception in World War II*. Oxford 1979.

D'Este, Carlo, *World War II in the Mediterranean, 1942–1945*. Chapel Hill, NC 1990.

Danchev, Alex, *The Alchemist of War: The Life of Basil Liddell Hart*. London 1988.

Deighton, Len, *Unternehmen Adler. Die Luftschlacht um England*. Bayreuth 1978.

Delaforce, Patrick, *Churchill's Secret Weapons*. London 1998.

Dönitz, Karl, *Zehn Jahre und zwanzig Tage*. Bonn 1958.

Dunn, Jr., Walter S., *The Soviet Economy and the Red Army 1930–1945*. Westport, CT 1995.

Dupuy, Trevor N., *Numbers, Prediction and War: Using History to Evaluate Combat Factors and Predict the Outcome of Battles*. Fairfax, VA 1985.

–, *Der Genius des Krieges: Das deutsche Heer und der Generalstab, 1807–1945*. Graz 2009.

Edgerton David, *Britain's War Machine: Resources and Experts in the Second World War*. London 2011.

Eisenhower, David, *Eisenhower at War 1943–1945*. New York 1986.

Ellis, John, *Brute Force: Allied Strategy and Tactics in the Second World War*. New York 1990.

Erickson, John, *The Road to Stalingrad: Stalin's War with Germany*, I. London 1975.

–, *The Road to Berlin: Stalin's War with Germany*, II. London 1983.

Evans, Richard J., *Das Dritte Reich, III: Krieg*. Stuttgart 2009.

Feis, Herbert, *Churchill, Roosevelt, Stalin: The War They Waged and the Peace They Sought*. Princeton 1957.

Ferguson, Niall, *Krieg der Welt*. Berlin 2006.

Fergusson, Bernard, *The Watery Maze: The Story of Combined Operations*. London 1961.

Fissel, Mark C. & David J. B. Trim, «Amphibious Warfare, 1000–1070», *Amphibious Warfare, 1000–1700: Commerce, State Formation and European Expansion*, hrsg. von Mark C. Fissel und David J. B. Trim. Leiden 2006, S. 1–50.

Foot, Michael R. D., *SOE: An Outline History of the Special Operations Executive, 1940–1945*. London 1984.

Forczyk, Robert, *Erich von Manstein*. Oxford 2010.

Förster, Jürgen, «The Dynamics of Volksgemeinschaft: The Effectiveness of the German Military Establishment in the Second World War», *Military Effectiveness*, III, S. 180–220.

Frankland, Noble, *The Bombing Offensive Against Germany*. London 1965.

From Pearl Harbor to Hiroshima, hrsg. von Saki Dockrill. London 1994.

Furse, Anthony, *Wilfrid Freeman: The Genius Behind Allied Survival and Air Supremacy 1939–1945*. Staplehurst 1999.

Gladwell, Malcolm, «The Tweaker: The Real Genius of Steve Jobs», *The New Yorker* (14. 11. 2011).

Glancy, Jonathan, *Spitfire: The Biography*. London 2006.

Glantz, David, *Colossus Reborn: The Red Army at War, 1941–1943*. Westport, CT 1995.

Glantz, David und Jonathan House, *When Titans Clashed: How the Red Army Stopped Hitler*. Lawrence, KS 1998.

–, *The Battle of Kursk*. Lawrence, KS 2004.

Goebbels, Joseph, *Tagebücher*, hrsg. von Elke Fröhlich. Teil II, Bd. 9: Juli-September 1943, München 1993.

Gollin, Alfred M., *No Longer an Island: Britain and the Wright Brothers*. London 1984.

Gretton, Peter, *Escort Commander*. London 1964.

–, *Crisis Convoy: The Story of HX 231*. London 1974.

Grissom, Adam, «The Future of Military Innovation Studies», *Journal of Strategic Studies*, 29, 5 (2006), S. 905–934.

Gross, Chris und Mark Postlethwaite, *War in the Air: The World War Two Aviation Paintings of Mark Postlethwaite*. Marlborough 2004.

Habeck, Mary R., *Storm of Steel: The Development of the Armor Doctrine in Germany and the Soviet Union, 1919–1939*. Ithaca, NY 2003.

Hackett, Richard F., *Yamagata Aritomo in the Rise of Modern Japan 1838–1922*. Cambridge, MA 1971.

Halder, Franz, *Kriegstagebuch*, III. Stuttgart 1964.

Hall, David I., *Strategy for Victory: The Development of British Tactical Air Power, 1919–1943*. Westport, CT 2008.

Hardesty, Von, *Red Phoenix: the Rise of Soviet Air Power*. Washington DC 1982.

Harris, Arthur, *Bomber Offensive*. London 1947.

Hartcup, Guy, *The Effect of Science on the Second World War*. London 2000.

Harvey-Bailey, Alec, *The Merlin in Perspective*. Derby 1983.

Hastings, Max, *Unternehmen Overlord*. Wien 1985.

Hattaway, Herman und Archer Jones, *How the North Won: A Military History of the Civil War*. Champaign IL 1983.

Headrick, Daniel, *Power over Peoples: Technology, Environments, and Western Imperialism, 1400 to the Present*. Princeton, NJ 2010.

Healy, Mark, *Kursk 1943: The Tide Turns on the East.* Oxford 1992.
Hexter, John H., «The Burden of Proof», *Times Literary Supplement* (24. 10. 1974).
Hezlet, Arthur, *The Electron and Sea Power.* London 1975.
Higham, Robin, *Air Power: A Concise History.* Yuma, KS 1984.
Hitlers Lagebesprechungen: die Protokollfragmente seiner militärischen Konferenzen 1942–1945, hrsg. von Helmut Heiber. Stuttgart 1962.
Hinsley, Francis H. u. a., *British Intelligence in the Second World War*, III, 2. Cambridge 1988.
History of the Second World War, I–VI, hrsg. von Barrie Pitt und Basil H. Liddell Hart, London 1966–1969.
Hooton, E. R., *Eagle in Flames: The Fall of the Luftwaffe.* London 1997.
Howard, Michael E., *The Mediterranean Strategy in World War Two.* London 1972.
–, *Grand Strategy.* London 1970.
–, *The Continental Commitment.* London 1972.
Howse, Derek, *Radar at Sea: The Royal Navy in World War 2.* London 1993.
Hoyt, Edwin P., *The Destroyer Killer.* New York 1989.
Iriye, Akira, *The Origins of the Second World War in Asia and the Pacific.* London 1987.
Irving, David, *Die Tragödie der deutschen Luftwaffe. Aus den Akten und Erinnerungen von Feldmarschall Milch.* Berlin 1972
Isaev, Alexej, «Against the T-34 the German Tanks Were Crap», *T-34 in Action*, hrsg. von Artem V. Drabkin und Oleg Sheremet. Mechanicsburg, PA 2008.
Isely, Jeter A. und Philip A. Crowl, *The U.S. Marines and Amphibious War: Its Theory, and Its Practice in the Pacific.* Princeton, NJ 1951.
James, Robert R., *Gallipoli.* London 1965.
James, T. C. G., *The Battle of Britain.* London 2000.
Jones, Eric L., *Das Wunder Europa. Umwelt, Wirtschaft und Geopolitik in der Geschichte Europas und Asiens.* Tübingen 1991.
Jones, Archer, *The Art of War in the Western World.* Urbana, IL 1987.
Kahn, David, «Intelligence in World War II: A Survey», *Journal of Intelligence History*, 1, 1 (2001), S. 1–20.
–, «An Historical Theory of Intelligence», *Intelligence and National Security*, 16, 3 (2001), S. 79–92.
Keegan, John, *Der Zweite Weltkrieg.* Berlin 2004.
Kennedy, Paul M., *Strategy and Diplomacy 1870–1945: Eight Studies.* London 1983.
–, *Aufstieg und Fall der großen Mächte.* Frankfurt 1987.
–, *Parlament der Menschheit: die Vereinten Nationen und der Weg zur Weltregierung.* München 2007.
– und Bruce Russett, «Reforming the United Nations», *Foreign Affairs*, 74, 5 (1995), S. 56–71.
Kershaw, Ian, *Wendepunkte: Schlüsselentscheidungen im Zweiten Weltkrieg.* München 2008.

–, *Das Ende: Kampf bis in den Untergang – NS-Deutschland 1944/45*. München 2011
Kirby, Stanley Woodburn u. a., *The War against Japan*, I-V. London 1957–1969.
Kriegstagebuch der Seekriegsleitung 1939–1945, Tl. A, 1, hrsg. von Werner Rahn und Gerhard Schreiber. Herford 1988.
Kroener, Bernhard R. u. a., *Der globale Krieg: die Ausweitung zum Weltkrieg u. d. Wechsel d. Initiative, 1941–1943*, Stuttgart 1990 [*Das Deutsche Reich und der Zweite Weltkrieg*, VI].
Liddell Hart, Basil H., *The British Way in Warfare*. London 1932.
–, *Geschichte des zweiten Weltkrieges*, I–II. Düsseldorf 1972.
Longmate, Norman, *The Bombers: The RAF Offensive Against Germany 1939–1945*. London 1983.
Ludwig, Paul A., *P-51 Mustang: Development of the Long-Range Escort Fighter*. Hersham 2003.
Lupfer, Timothy, *The Dynamics of Doctrine: The Changes in German Tactical Doctrine during the First World War*. Leavenworth, KS 1981 [Fort Leavenworth Papers].
MacDonald, Callum A., *The Lost Battle: Crete 1941*. New York 1993.
Macksay, Kenneth, *Armored Crusader: A Biography of Major-General Sir Percy Hobart*. London 1967.
Makers of Modern Strategy: Military Thought from Machiavelli to Hitler, hrsg. von Edward Mead Earle, u. a. Princeton 1941 u. ö.
Manchester, William, *American Caesar: Douglas MacArthur 1880–1964*. New York 1978.
Marder, Arthur J., *Winston is Back! Churchill at the Admiralty 1939–1940*. London 1972 [*English Historical Review*, Supplement 5].
–, *Operation Menace*. Oxford 1976.
Masters, John, *The Road Past Mandalay*. London 1961.
Matloff, Maurice und Edwin M. Snell, *Strategic Planning for Coalition Warfare*. Washington 1953.
Maund, Loben E. H., *Assault from the Sea*. London 1949.
May, Ernest R., *Strange Victory: Hitler's Conquest of France*. New York 2000.
Mellenthin, Friedrich W. von, *Panzerschlachten*. Neckargemünd 1963.
Mendelssohn, Kurt, *Science and Western Domination*. London 1977.
Messenger, Charles, *The Chronological Atlas of World War Two*. London 1989.
Middlebrook, Martin, *Konvoi. U-Boot-Jagd auf die Geleitzüge SC-122 und HX-229*. Frankfurt a. M. 1977.
Milford, Frederick J., «U.S. Navy Torpedoes, I–VI», *The Submarine Review* (1996–1998).
Military Effectiveness, I–III, hrsg. von Allan R. Millett und Williamson Murray. London 1989–1989, repr. 2010.
Miller, Edward S., *War Plan Orange: The U.S. Strategy to Defeat Japan 1897–1945*. Annapolis, MD 1991.

Millett, Allan R., *Semper Fidelis: The History of the United States Marine Corps*. New York 1991.
Milner, Marc, *Battle of the Atlantic*. Stroud 2005.
Mitcham, Samuel W., *Blitzkrieg No Longer: The German Wehrmacht in Battle, 1943*. Mechanicsburg, PA 2010.
Moorhead, Alan, *Gallipoli*. London 1956.
Morison, Samuel E., *History of United States Naval Operations in World War II*, I–X. Boston 1947–1962.
–, *Strategy and Compromise*. Boston 1958.
–, *The Two Ocean War: A Short History of the United States Navy in the Second World War*. Boston 1965 u. ö.
Muller, Richard R., *The German Air War in Russia*. Baltimore, MD 1992.
Murray, Williamson, *Strategy for Defeat: The Luftwaffe 1939–1945*. Maxwell, AL 1983.
–, *Luftwaffe*. Baltimore 1985.
–, *German Military Effectiveness*. Baltimore 1992.
– und Allan R. Millett, *A War To Be Won: Fighting the Second World War*. Cambridge, MA 2000.
Myers, Ramon H. und Mark Peattie, *The Japanese Colonial Empire 1895–1945*. Princeton, NJ 1984.
Nagorski, Andrew, *The Greatest Battle: Stalin, Hitler, and the Desperate Struggle for Moscow That Changed the Course of World War II*. New York 2007.
Niepold, Gerd, *Mittlere Ostfront, Juni '44: Darstellung, Beurteilung, Lehren*. Herford 1985.
O'Kane, Richard H., *Clear the Bridge!* New York 1981.
Orgill, Douglas, *T-34: Russian Armor*. New York 1971.
Overy, Richard, *The Air War 1939–1945*. London 1980.
–, *Die Wurzeln des Sieges: Warum die Alliierten den Zweiten Weltkrieg gewannen*. München 2000.
–, *Russlands Krieg 1941–1945*. Reinbek bei Hamburg 2003.
Padfield, Peter, *Waffen auf See*. Bielefeld 1973.
–, *Dönitz: des Teufels Admiral*. Berlin 1984.
–, *Der U-Boot-Krieg 1939–1945*. Frankfurt a. M. 1996.
Parker, Geoffrey, *The Army of Flanders and the Spanish Road: The Logistics of Spanish Victory and Defeat in the Low Countries War*. Cambridge 1972.
Parks, W. Hays, «‹Precision› and ‹Area› Bombing: Who Did Which and When?», *Air Power*, hrsg. von John Gooch (1995) [*Journal of Strategic Studies*, 18, 1], S. 145–174.
Pawle, Gerald, *The Secret War 1939–1945*. London 1956.
Price, Alfred, *The Spitfire Story*. London 1995.
Redford, Duncan, «Inter- and Intra-Service Rivalries in the Battle of the Atlantic», *Journal of Strategic Studies*, 32, 6 (2009), S. 899–928.
Reynolds, Clark G., *The Fast Carriers: The Forging of an Air Navy*. New York 1968.

Reynolds, David, *In Command of History: Churchill Writing and Fighting the Second World War*. London 2004.

Richards, Denis & Hilary St. G. Saunders, *Royal Air Force 1939–1945*, II. London 1954

Riley, James C., *International Government Finance and the Amsterdam Capital Market 1740–1815*. Cambridge 1980.

Roberts, Andrew, *Masters and Commanders: How Roosevelt, Churchill, Marshall and Alanbrooke Won the War in the West*. London 2008.

Robertson, Terence, *Dieppe: The Shame and the Glory*. Toronto 1967.

Rohwer, Jürgen, «Der U-Bootkrieg und sein Zusammenbruch 1943», *Entscheidungsschlachten des Zweiten Weltkrieges*, hrsg. von Hans-Adolf Jacobsen und Jürgen Rohwer. Frankfurt a. M. 1960.

–, *Geleitzugschlachten im März 1943*. Stuttgart 1975.

The Rommel Papers, hrsg. von Basil H. Liddell Hart. London 1953.

Roskill, Stephen W., *The War at Sea*, I–III. London 1954–61.

–, *Churchill and the Admirals*. London 172.

–, *The Strategy of Sea Power*. London 1986.

Rottman, Gordon L., *World War II Infantry Anti-Tank Tactics*. Oxford 2005.

Ryan, Cornelius, *Der längste Tag*. Gütersloh 1959.

Saward, Dudley, *Victory Denied: The Rise of Air Power and the Defeat of Germany 1920–1945*. London 1985.

Schwarz, B., «Black Sunday», *The Atlantic* (April 2008), S. 85.

Scutts, Jerry, *Mustang Aces of the Eighth Air Force*. Oxford 1994.

Seth, Ronald, *The Fiercest Battle: the Story of North Atlantic Convoy ONS 5, 22nd April – 7th May 1943*. London 1961.

Sherry, Michael S., *The Rise of American Air Power: The Creation of Armageddon*. New Haven, CT 1987.

Slim, William, *Defeat into Victory: Battling Japan in Burma and India, 1942–1945*. London 1956.

Sobel, Dava, *Längengrad*. Berlin 1996.

Spector, Ronald H., *Eagle Against the Sun: The American War with Japan*. New York 1985.

–, «America's Seizure of Japan's Strategic Points», *From Pearl Harbor to Hiroshima*, S. 75–87.

Speer, Albert, *Erinnerungen*, Frankfurt a. M. 1987.

Stalin and his Generals, hrsg. von Seweryn Bialer. London 1970.

Stille, Mark, *Imperial Japanese Navy Aircraft Carriers 1921–1945*. Oxford 2005.

Stone, David R., *A Military History of Russia: From Ivan the Terrible to the War in Chechnya*. Westport, CT 2006.

Storry, Richard, *Japan and the Decline of the West in Asia 1894–1943*. London 1979.

Tao, Wenzhao, «The Chinese Theatre and the Pacific War», *From Pearl Harbor to Hiroshima*, S. 134–152.

Terraine, John, *The Right of the Line: The Role of the RAF in World War Two*. London 2010.

The Times (London), Nachruf auf Ronald Harker (4. 7. 1999).

Toland, John, *Rising Sun: The Decline and Fall of the Japanese Empire, 1936–1945*. New York 1970.

Tooze, Adam, *Ökonomie der Zerstörung: die Geschichte der Wirtschaft im Nationalsozialismus*. München 2007

Tuchman, Barbara, *Sand gegen den Wind: Amerika und China 1911–1945*. Stuttgart 1973.

Van Creveld, Martin, *Supplying War: Logistics from Wallenstein to Patton*. Cambridge 1977.

Waugh, Evelyn, *Ohne Furcht und Tadel*. Hamburg 1979.

Webster, Charles K. und Noble Frankland, *The Strategic Air Offensive against Germany, 1939–1945*, I–IV. London 1961.

Wegner, Bernd, «The Road to Defeat: The German Campaigns in Russia, 1941–1943», *Decisive Campaigns of the Second World War*, hrsg. von John Gooch (1990) [Sonderheft des *Journal of Strategic Studies*, 13, 1], S. 105–127.

Weigley, Russell F., *The American Way of War: A History of United States Military Strategy and Policy*. Bloomington, IN 1973.

Werner, Herbert A., *Die eisernen Särge*. Hamburg 1970.

Whitaker, Denis und Shelagh Whitaker, *Dieppe: Tragedy to Triumph*. Whitby 1967.

Willmott, Hedley P., *The Great Crusade: A New Complete History of the Second World War*. London 1989.

Winton, John, *Convoy: Defense of Sea Trade, 1890–1990*. London 1983.

Wohl, Robert, *A Passion for Wings: Aviation and the Western Imagination 1980–1918*. New Haven, CT 1994.

Wood, James B., *Japanese Military Strategy in the Pacific War: Was Defeat Inevitable?* Lanham, MD 2007.

Zaloga, Stephen, *Bagration 1944: The Destruction of Army Group Centre*. Oxford 1996.

Zeitzler, Kurt, «Mensch und Raum im Kriege (Ein deutsches Problem im zweiten Weltkrieg)», *Wehrkunde*, 11 (1961), S. 564–570

Ziegler, Philip, *Mountbatten: A Biography*. New York 1985.

Andere Quellen:

Williams, Kathleen, «See Fido Run: The Tale of an Anti-U-boat Acoustic Torpedo», Vortrag beim marinehistorischen Symposium 2009 an der US Naval Academy.

–, «The Military's Role in Stimulating Science and Technology: The Turning Point», (www.fpri.org/footnotes/1503.201005.williams.militarystimulatingscience.html).

Gregory, Mackenzie J., «Top Ten US Navy Submarine Captains in WW2 by Number of Confirmed Ships Sunk», http://ahoy.tk-jk.net/macslog/TopTenUS-NavySubmarineCapt.html

www.answers.com/topic/amphibious-warfare

www.archives.gov/exhibits/american_originals_iv/images/d_day/eisenhower_note.html; Eisenhowers Rücktrittsbrief.

Bariatinsky, M., «Srednii Tank T-34-85», *Istoria Sozdania*, (www.cardarmy.ru/armor/articles/t3485.htm).

www.captainwalker.info/walker.html; über den U-Boot-Jäger Captain «Johnny» Walker.

www.cebudanderson.com/droptanks.htm; die Erinnerungen von Donald W. Marner, einem Mechaniker bei einer 1944/45 in Suffolk stationierten Mustang-Staffel.

www.dupuyinstitute.org/ubb/Forum4/HTML/000052.html

«Evaluation of the T-34 and KV Tanks by Engineers of the Aberdeen Proving Grounds, Submitted By Firms, Officers And Members Of Military Commissions Responsible For Testing Tanks» (http://english.battlefield.ru/evaluation-of-the-t-34-and-kv.html).

Hinsley, Sir Harry, «The Intelligence Revolution: A Historical Perspective», Harmon Memorial Lecture, 31 (1988), U.S. Air Force Association (www.usafa.edu/df/dfh/docs/Harmon31.doc).

http://en.wikipedia.org/wiki/Battle_of_Gallipoli; http://de.wikipedia.org/wiki/Schlacht_von_Gallipoli; http://en.wikipedia.org/wiki/Ben_Moreell; http://en.wikipedia.org/wiki/Bertram_Ramsay; http://de.wikipedia.org/wiki/Bertram_Ramsay; http://en.wikipedia.org/wiki/Eastern_Front_(World_War_II); http://en.wikipedia.org/wiki/Essex_class_aircraft_carrier; http://de.wikipedia.org/wiki/Essex-Klasse; http://en.wikipedia.org/wiki/1st_Marine_Division_(United_States); http://en.wikipedia.org/wiki/Grumman_F6F_Hellcat; http://de.wikipedia.org/wiki/Grumman_F6F; http://en.wikipedia.org/wiki/Hobart%27s_Funnies; http://de.wikipedia.org/wiki/Hobart%E2%80%99s_Funnies; http://en.wikipedia.org/wiki/J._Walter_Christie; http://en.wikipedia.org/wiki/Mark_24_Mine; http://en.wikipedia.org/wiki/Mine_flail; http://de.wikipedia.org/wiki/Minenpflug; http://en.wikipedia.org/wiki/Operation_Bagration; http://de.wikipedia.org/wiki/Operation_Bagration; http://en.wikipedia.org/wiki/Polish_mine_detector; http://en.wikipedia.org/wiki/Seabees_in_World_War_II; http://de.wikipedia.org/wiki/SeaBees; http://en.wikipedia.org/wiki/Shturmovik; http://de.wikipedia.org/wiki/Iljuschin_Il-2; http://en.wikipedia.org/wiki/Superfortress; http://de.wikipedia.org/wiki/Boeing_B-29; http://en.wikipedia.org/wiki/T-34; http://de.wikipedia.org/wiki/T-34

DVD: *The Story of the Spitfire* (2001).

Bildnachweis

© bpk/Jakow Rjumkin: S. 203
© ddp images/AP: S. 346
© Gladwin-Simms Collection, 1000aircraftphotos.com: S. 138
© IE «Robert Hoskinson (778th Squadron, 464th Bombardment Group (H)»: S. 132
© IWM (Imperial War Museum, London): S. 67, 70, 75, 82, 121, 283
© Getty Images: S. 109, 210, 366
© Naval Historical Center: S. 292
© Robert Capa/Magnum/International Center of Photography/Agentur Focus: S. 288, Nachsatz
© The Tank Museum, Bovington: S. 286
© ullstein bild: S. 13, 73, 90, 105, 123, 129, 174, 190, 248, 266, 340, 370, 378, Vorsatz
© US Navy Seabee Museum: S. 352
© wikimedia: S. 327, 335, 350
entnommen aus: Jürgen Rohwer, Der Krieg zur See 1939–1945, Gräfelfing 1992, S. 37: S. 37
entnommen aus: Paul A. Ludwig, P-51 Mustang, Development of the Long-Range Escort Fighter, Hersham 2003, S. 89: S. 140

© Peter Palm, Berlin: S. 32, 146, 164/165, 188, 192, 195, 224, 277, 310/311. Die Karten auf den Seiten 188, 192, 195 und 224 wurden ursprünglich mit Hilfe des Autors gezeichnet für: Christian Hartmann, Unternehmen Barbarossa. Der deutsche Krieg im Osten 1941–1945, München 2011.

Register

Aachen 89, 119
Abbeville 107
Aberdeen (Maryland) 206 f.
Abukir 39
Adelaide 40
Aden 306, 346, 388
Alanbrooke, Alan Francis Brooke, 1. Viscount 13, 15, 23, 44, 185, 250, 256, 261, 377–379, 384 f., 390
Aleuten 303, 307, 309, 319, 364, 374
Alexander der Große 9, 167, 394 f.
Alexander, Sir Harold 185, 258, 260
Alexandria 32, 165, 176
Algier 164, 251, 253
Allen, Louis 319
Ambrose, Stephen 290
Amery, Leo 92
Amsterdam 12, 136, 146
Antwerpen 295
Anzio 185, 256 f., 261–264, 275, 281, 288 f., 296, 315, 351, 353, 382, 390
Archilochos 264
Argentina Bay (Neufundland) 251
Arnheim 153 f., 382
Arnim, Hans-Jürgen von 184, 252
Arnold, Henry «Hap» 13, 124–127, 129 f., 133, 141–143, 152, 345, 390 f.
Atkinson, Rick 161
Atkinson, Robert 58 f.
Attu 311, 364
Auchinleck, Claude 176, 178, 180
Augustinus 155, 348
Bahia 346
Baker Island 336
Baldwin, Stanley 99, 112
Baltimore 300
Barbier, Mary Kathryn 212
Bari 259
Barmen-Wuppertal 119
Barnett, Corelli 42, 253, 389
Basra 239
Battipaglia 260
Baxter, James 74
Bedford 68
Bell, Alexander Graham 134
Bendiner, Elmer 89 f., 127, 149, 158
Bengasi 184
Benson, Kapitän 359
Berlin 10, 15, 17, 32, 36, 73, 80, 97, 119, 122 f., 130, 133, 146 f., 149, 154, 165, 194, 197, 202, 208–210, 214, 216, 221, 223, 225, 227, 269 f., 272, 276, 280, 294
Berlin, Isaiah 264
Biak 317 f.
Biggin Hill 109
Birmingham 68, 72–74, 87, 115, 391
Bismarck, Fürst Otto von 301
Bismarck-Inseln 309, 311, 334
Blacker, Stewart 68 f.
Blackett, P. M. S. 40
Blakeslee, Donald 143, 145, 158, 391
Blakeslee, Tom 149 f.
Blenheim 168
Bletchley Park 20, 31, 38, 55, 60, 71, 74, 76 f., 79, 156, 272, 381 f.
Blumentritt, Günther 274
Bochum 119
Bombay 299
Boot, Harry 72 f.
Borneo 303, 306 f., 309 f., 314, 371, 374
Borodino 221
Bradley, Omar 265, 285, 288, 290, 293, 355, 385
Bradshaw, George 392
Brecht, Bertolt 9, 394
Bremen 115, 119, 130, 146, 153, 155, 392
Brest 35 f., 54, 63, 95, 117, 164

Brindisi 259
Brisbane 299, 311
Bristol 115, 285
Brüssel 146, 164, 377
Brunel, Sir Marc Isambard 134
Bruneval 233
Bruyant, Sir Arthur 378
Buenos Aires 32, 37, 51
Burrough, Sir Harold 253
Bush, Vannevar 391
Cadiz 232
Caen 270, 277 f., 287, 291, 293
Calais 16, 146, 270, 276
Campbell, Malcolm 134
Caporetto 170, 176
Cardiff 108
Carell, Paul (d. i. Paul Karl Schmidt) 198, 201
Cartagena de Indias 235
Casablanca 10, 12–16, 19, 23–25, 28, 32, 34, 40, 44, 87, 91, 112, 119, 126, 157, 161, 164, 228, 235, 251, 253–255, 261, 263, 308, 312, 314, 329, 379
Celebes (Sulawesi) 309 f., 322, 352
Challier, Witold 139 f.
Charkow 17, 165, 188, 191–195, 197, 203 f., 262
Chatham, John Pitt, 2nd Earl of 234, 239
Chengdu 346 f.
Chennault, Claire Lee 312
Cherbourg 164, 268, 276 f., 289, 291, 293, 351
Chesil Beach 80
Chiang, Kai-shek 302, 309, 312, 347
Christie, John Walter 204, 206, 328, 359
Churchill, Sir Winston 12–15, 23–26, 35, 38, 68 f., 87, 103 f., 116–118, 124, 126, 136 f., 139, 141, 150, 174, 176–178, 181 f., 185, 219, 227, 233–235, 237, 241 f., 244 f., 249–251, 255 f., 258, 262 f., 266, 269, 284, 291, 298, 314, 329, 343, 375, 377–379, 386, 390 f., 393
Citino, Robert Michael 197
Clark, Mark 259 f., 262, 288, 355, 385
Clausewitz, Carl Philipp Gottlieb von 11, 96, 107, 263, 389
Collins, J. Lawton 282, 293
Coningham, Arthur 182
Cotentin 265, 276, 282, 289
Coventry 113–116
Crowl, Philip A. 298
Culin, Curtis 285
Cunningham, Sir Andrew 251
Dakar 32, 243–245, 284, 390
Daniels, Pat 91, 122, 149
Darlan, François 254
Darmstadt 153
Darwin 299, 310
Dawson, G. G. 182
Delhi 314
Dempsey, Miles C. 265
Den Haag 108, 164
Derby 116, 391
Devonport 108
Diego Suarez 244
Dieppe 16, 151, 246–254, 256, 262, 268, 284, 287, 291, 298, 367
Dill, John 13
Dönitz, Karl 14, 25 f., 29–31, 33 f., 36–39, 41–43, 46 f., 49–51, 53 f., 57, 60–64, 69–72, 76–80, 83–86, 89, 148, 227, 272, 358, 362, 386
Dönitz, Peter 60
Doncaster 120
Doolittle, James Harold 143, 147, 158, 253, 313, 347, 391
Dortmund 119
Douhet, Giulio 94, 98, 100
Dover 35, 266, 270
Dowding, Sir Hugh 102, 105–107, 110, 113
Drake, Sir Francis 232
Dresden 116, 146, 153, 155
Dudley Pound, Sir Alfred 13, 53 f.
Dünkirchen 35, 37, 96, 102, 111, 151, 176, 242, 257, 266, 270, 279, 284, 377, 379
Düsseldorf 119
Duisburg 95, 119
Dupuy, Trevor 185
Duxford 137 f., 159, 391
Eaker, Ira C. 119, 125, 127 f., 143, 148
Eastwood, Clint 371
Eben-Emael 163
Echols, Oliver 141 f., 385
Edison, Thomas Alva 134, 393
Eichelberger, Robert E. 317
Eisenhower, Dwight D. 15, 122, 126, 145, 149–151, 162, 181, 183,

251–253, 256, 260, 263, 265, 273, 277 f., 281, 289, 293–295, 321, 367, 379
El Alamein 16, 121, 165, 175 f., 178–181, 183, 186, 191, 197, 209 f., 213, 221, 251, 386 f.
Ellis, Earl H. «Pete» 298, 326 f., 367
Erickson, John 196 f., 211
Essen 119, 122
Evelegh, G. M. 253
Exeter 115
Feiler, Gerhard 42
Fergusson, Bernard 249
Fisher, John «Jacky» 237
Flensburg 86
Folkestone 96 f., 271
Forczyk, Robert 194
Formosa (Taiwan) 243, 301, 309 f., 363
Frankfurt am Main 19, 122, 146
Fredendall, Lloyd 253
Freeman, Sir Wilfrid 136 f., 139–141, 144, 158–160, 349, 391
Freetown (Sierra Leone) 32, 54, 346, 388
Freiligrath, Ferdinand von 92
Friedrich der Große 9, 168, 215, 275, 394 f.
Fuller, J. F. C. 171, 176, 213, 305
Galland, Adolf 89, 136, 147, 219
Gallipoli 237, 239 f., 242, 246, 249 f., 260, 298, 324, 367, 372
Gaulle, Charles de 243, 265
Genda, Minoru 331
Geyr von Schweppenburg, Leo 275
Gibraltar 23 f., 30, 32, 36, 48, 51, 61, 78, 83, 164, 244, 251 f., 320, 388
Gibson, Guy 149
Gilbert-Inseln 18, 232, 298, 307, 309, 319 f., 324, 334, 336–339, 349, 357, 364 f., 367, 371, 387
Gladwell, Malcom 393
Glasgow 26, 56, 60, 64, 115, 164, 245, 271, 293, 387
Godt, Eberhard 34
Goebbels, Joseph 121, 219
Göring, Hermann 102, 104, 107–114, 124, 136, 147, 156, 219
Gold Beach 277, 282, 286 f.
Gollin, Alfred 92
Gorki 165, 195, 212
Gott, William 176
Gretton, Sir Peter 50, 57, 60, 64, 81, 87
Grosny 191
Guadalcanal 127, 232, 298, 311, 316–318, 323, 333, 352 f., 365 f., 373
Guam 296, 310, 354 f., 368–370, 372 f.
Guderian, Heinz 166, 172, 178, 201 f., 208, 213, 275, 305, 307, 390
Guernsey 233
Hagushi 330
Haig, Douglas 170
Halder, Franz 189, 226
Halifax 26, 28, 30, 32 f., 41, 56, 60, 62, 91, 351
Halsey, William «Bull» 320, 334, 336 f., 342, 356 f., 360
Hamburg 15, 119–122, 146, 153, 156, 165, 219
Hannover 122, 146, 165
Happe, Werner 58
Harker, Ronnie 137–139, 142, 159, 349, 391
Harriman, Averell 141
Harris, Sir Arthur «Bomber» 15, 33, 64, 118–124, 148, 150, 152, 154, 156, 158 f., 220
Harwich 115
Hawaii 17, 306, 316, 319–322, 329 f., 335 f., 346, 356, 359, 373, 387 f.
Hawkins, Sir John 12
Healy, Mark 211
Heineman, Captain 39
Heinrich V. 273
Hertz, Heinrich Rudolf 72 f.
Hewitt, H. Kent 258 f., 279, 290
Higgins, Andrew 328
Hinsley, Sir Harry 381
Hiroshima 343, 345, 348, 353, 361, 372
Hitchcock, Thomas 139, 141 f., 158
Hitler, Adolf 17, 29, 34–36, 39, 62, 64, 68, 86, 102–104, 108, 110, 113, 115, 121, 149, 152, 156, 166, 176–178, 181, 184 f., 191, 193 f., 196–199, 222 f., 225–227, 232, 241 f., 254, 257, 262 f., 269 f., 274 f., 299, 304, 307, 322, 355, 377 f., 384, 388 f.
Hives, E. W. 139
Hobart, Sir Percy 20, 180, 283–286, 297, 349, 390, 393

Höchstädt 168
Honshu 316
Hopkins, Harry 140 f.
Horton, Sir Max 30, 33, 53 f., 59 f., 82, 87, 363
Imphal 314 f.
Irwin, Noel M. S. 243 f.
Isely, Jeter A. 298
Isaev, Alexej 205
Iwojima 257, 296, 309, 311, 315, 317, 324, 339, 348, 365, 371, 373, 387
Jalta 153, 224
Jefna 162
Jobs, Steve 393
Jodl, Alfred 201, 270, 355
Julius Cäsar 9, 273, 342
Juno Beach 277, 282, 286 f.
Kairo 16, 32, 36, 165, 175 f., 178, 181 f., 346
Kapstadt 32, 51, 346
Karl der Große 27, 167
Karolinen-Inseln 301, 309, 319, 321, 325, 327, 337, 340, 354, 368, 371, 387
Keegan, John 212
Kemal, Mustafa (später Atatürk) 237
Kepner, William E. 143
Kesselring, Albert 105, 108, 113, 185, 261–263, 267, 296, 390
Kiel 130, 146, 153, 245, 334
Kiew 165, 187 f., 192, 195 f., 214, 224
Kimbolton 90
King, Ernest J. 12 f., 30, 64, 126, 256, 320 f., 342, 385, 390
Kinzel, Manfred 45–47, 49, 84
Kiska 311, 364 f.
Kleist, Paul Ludwig Ewald von 201 f.
Kluge, Günther von 194, 293
Knoke, Heinz 148
Kobe 310, 348
Köln 15, 115, 119, 122, 125, 146, 165, 220
Kohima 314 f.
Komandorski-Inseln 364
Konjew, Iwan S. 261, 370
Kosacki, Józef 181
Koschemjako, Iwan 219
Koschkin, Michail 204 f., 391
Krakau 163, 165
Kursk 17, 88, 121, 165, 175, 188, 191–197, 199 f., 202 f., 205, 207–214, 216 f., 221, 224, 317, 373, 382
Kwajalein 311, 354
Kyushu 372
Le Hamel 286
Le Havre 233, 239, 268, 277, 280, 285, 291, 351
Leahy, William D. 126, 390
Leigh-Mallory, Sir Trafford 150
Leipzig 122, 146, 165, 191
LeMay, Curtis 157, 348, 357, 360 f.
Leningrad 165, 188, 191 f., 195 f., 203, 224, 307, 388
Leonardo da Vinci 92, 393
Leyte (Golf von) 310, 315, 333, 341 f., 357, 362, 373
Liddell Hart, Sir Basil 21, 72, 106, 171, 176, 179, 193, 305, 307, 318
Lille 115, 126, 129
Lincolnshire 151
Liverpool 26, 28, 30, 33, 56, 62, 81, 115, 293
Lloyd George, David 97
Loch Fyne 69
Lockwood, Charles A. 359, 363
Łódź 163
London 20, 32, 97, 103, 106, 108–110, 113–116, 122, 124, 126, 141, 146, 155, 159, 164, 236, 258, 265, 271 f., 302, 314, 343
Londonderry 46, 351
Lovett, Robert A. 142, 145, 158, 160, 391
Lucas, John 262
Ludendorff, Erich 171
Lübeck 115
Lupfer, Timothy 170
Luther, Gordon John 43, 45, 47, 50
Luzon 243, 309 f., 356, 360
Lwów (Lviv) 163, 165
MacArthur, Douglas 18, 119, 126, 162, 296, 306, 308 f., 315–318, 320, 323 f., 329, 334, 336, 338, 352–354, 360, 365 f., 368, 371 f., 382, 387
Machiavelli, Niccolò 11
Mackensen, Eberhard von 262 f., 267
Madrid 11, 32, 164
Mahan, Alfred Thayer 27, 96, 100, 305
Majuro 311, 354
Makin 336 f., 367 f.
Maleme 242
Malplaquet 168
Malta 25, 36, 136, 165, 182, 233, 259, 261, 333, 362, 388

Malyschew, Wjatscheslaw A. 205, 207
Mandalay 310, 315 f.
Manila 310, 318, 360
Manseck, Helmut 43
Manstein, Erich von 17, 172, 193 f., 196 f., 216, 228
Manston (Kent) 109
Manteuffel, Hasso von 172
Marcus 335
Marianen-Inseln 19, 148, 218, 221, 232, 257, 294, 298, 301, 309, 315, 317–319, 321 f., 324 f., 337, 340 f., 343, 346–349, 354 f., 357, 363, 365, 368, 371, 373 f., 385, 387
Marlborough, John Churchill, 1. Herzog von 168
Marsa Matruh 183
Marshall, George C. 13, 64, 158, 320, 390
Marshall-Inseln 157, 301, 309, 319–321, 325, 337, 340, 353 f., 359, 371, 387
Masters, John 316
Mellenthin, Friedrich W. von 201
Merrill, Frank 315
Merville 277, 285
Messina (Straße von) 165, 184, 256–259
Midway-Inseln 306–308, 311, 319 f., 333 f., 341, 361, 364, 373 f., 383, 386, 388
Milch, Erhard 156, 219
Millett, Allan R. 327
Milner, Marc 52
Mindanao 310, 371
Minsk 165, 188, 214, 222–224
Mitchell, J. R. 135 f.
Mitchell, William «Billy» 98 f., 343
Mitscher, Marc 320, 341 f.
Moltke, Helmuth Karl Bernhard Graf von 168, 305
Moltke (d. J.), Helmuth Johannes Ludwig von 168
Monte Cassino 262
Montevideo 32, 65
Montgomery, Bernard 162, 169, 176, 179–186, 209 f., 259, 265 f., 276 f., 283, 287 f., 291, 293, 295
Moreell, Ben 21, 349–351, 353, 355, 375, 390
Morison, Samuel Eliot 362, 370 f.
Morton, Dudley Walker 359
Moskau 32, 165, 187–189, 191 f., 194–197, 199, 214, 221, 223, 225, 307, 373, 377 f., 388 f.
Mountbatten, Lord Louis 13, 245–247, 249, 298, 314 f.
Mukden 301, 310
Mull of Kintyre 57
Murray, Williamson 111, 163
Mussolini, Benito 14, 35, 87, 98, 103, 166, 176, 257, 373, 379
Nagasaki 310, 343, 348, 353, 361, 372
Nagoya 348
Nagumo, Chūichi 303
Napoleon I. Bonaparte 14, 27, 95 f., 168, 178, 187, 215, 221, 299, 394
Narvik 57, 165, 241
Neapel 165, 260 f.
Nelson 27, 39, 106, 178, 244
Neumünster 90
New Jersey 40
New York 26, 32, 38, 41 f., 56, 95, 309, 351, 369
Newcastle 107, 155
Newport (Rhode Island) 321, 358 f.
Nimitz, Chester W. 317–320, 329, 334 f., 337, 356, 359, 366, 368, 372
Norfolk (Virginia) 387
Northolt 109
Norwich 115
Nürnberg 91, 122, 146
Oahu 319
Okinawa 257, 296, 309 f., 316 f., 322–324, 330, 339, 357, 365, 371–373, 387
Oliphant, Mark 72
Omaha Beach 264, 277, 287–292, 296, 368
Omsk 203
Oran 164, 251, 253 f.
Orgill, Douglas 202
Osaka 348
Owen, William 56, 151
Ozawa, Admiral 341 f.
Paestum 259
Palawan 357
Panama (Culebra) 327
Papua 308, 316 f.
Paris 32, 146, 164, 181, 225, 265, 267, 273, 293, 301, 349, 377
Pas de Calais 35, 84, 106, 108, 263, 269–272, 276
Passchendaele 170

Patton, George S. 119, 126, 162, 184, 223, 254, 258, 265, 270, 293, 379
Paulus, Friedrich 16, 193
Pearl Harbor 36, 126, 216, 303 f., 306, 311, 317, 319–322, 332–334, 341 f., 349, 354, 356, 358, 360, 363, 368, 374, 382
Persano 260
Pershing, John J. 293 f.
Pétain, Philippe 15
Philipp II. von Spanien 9, 11, 14, 395
Piräus 294
Plymouth 115
Polozk 223
Pont l'Abbé 282
Port Arthur 301
Port Moresby 306, 311, 316, 318
Portal, Sir Charles 13, 113, 143
Portsmouth 108, 113, 115, 264, 271, 280, 320
Prag 133, 146, 165, 387
Priller, Josef «Pips» 279
Prochorowka 196
Rabaul 311, 318, 335–339, 341, 356, 371, 373
Raeder, Erich 29, 35 f., 241, 280
Ramillies 168
Ramsay, Sir Bertram 258, 265 f., 273, 278 f., 282, 289, 291, 390, 394
Randall, John 72 f.
Rangun 310, 314–316, 371
Reagan, Ronald 158
Regensburg 89, 141, 246
Reichenau, Walter von 163
Riga 165, 170, 188, 224
Rohwer, Jürgen 39, 42, 71
Rokossowski, Konstantin K. 217, 261, 370
Rolls, Charles 134
Rom 19, 32, 146, 165, 225, 256, 261–263, 355, 373, 377, 385
Rommel, Erwin 16 f., 148, 161 f., 167, 169 f., 172, 176–184, 209, 213, 221, 252, 254, 263 f., 270 f., 273–275, 281, 284, 286, 289, 293, 296, 307, 351, 387, 390
Roosevelt, Eleanor 142
Roosevelt, Franklin D. 12 f., 15, 23 f., 104, 117, 139–141, 234, 247, 251, 255 f., 298, 302, 312, 345 f., 349 f., 370, 390
Roskill, Stephen W. 51, 83, 359
Rosyth 241
Rotterdam 101, 116, 146, 153
Royce, Sir Henry 133–135
Rundstedt, Gerd von 197 f., 226, 270 f., 273, 275
Rutherford, Ernest 72
Ryder, Charles W. 253
Saipan 157, 221, 296, 310, 340 f., 345 f., 353–355, 368 f., 371–373
Salerno 185, 256, 259 f., 262, 264, 268, 278, 351, 382
Salisbury 171
Salomonen 127, 307–309, 311, 315–317, 324, 349, 352, 361, 365
Saloniki 165, 239
Samar 356
San Diego 311, 317, 349
San Francisco 299, 319
Sansibar 33, 65, 346
Santa Cruz 333
Scapa Flow 35 f., 241, 252
Schlieffen, Alfred Graf von 168
Schukow, Georgi 189, 209 f., 213, 217, 219, 222, 228 f.
Schweinfurt 15, 89–91, 131, 141, 146, 158, 246
Scott, Norman 359
Seattle 65, 346
Senno 201
Seth, Ronald 59
Shanghai 305, 310
Sheffield 120
Sidi Barrani 176, 184
Sims, William 331
Singapur 303 f., 307, 309 f., 314 f., 371, 378, 390
Slapton Sands 240
Slessor, Sir John 33, 87
Slim, William 315, 324, 371
Smolensk 165, 187 f., 192, 195 f., 214, 224
Smuts, Jan 97 f., 133
Somme 91, 170, 269, 289, 293, 317, 367
Southampton 108, 264, 293, 300
Spaatz, Carl Andrew 119 f., 125, 128 f., 139, 141, 143, 145, 148, 150, 154
Speer, Albert 15, 25, 121 f., 127, 131, 154, 156, 193, 219, 392
Sperrle, Hugo 105, 108, 113
Spruance, Raymond 341 f.
St. John's (Neufundland) 30, 48, 59
St. Laurent 273

St. Lô 275, 277
St. Mère-Église 277, 282
St. Nazaire 115
Stalin, Josef 17 f., 20, 117, 126, 148, 153, 166, 172, 175, 188, 191, 193, 196 f., 202, 204, 216, 219, 221–223, 227, 229, 247, 256, 308, 377, 379, 383, 389, 391
Stalingrad 16 f., 121, 163, 165, 175, 191–193, 195–197, 199, 203, 205–207, 215, 217, 220 f., 223, 226, 307, 373, 382, 386, 388
Stephenson, George 134
Stilwell, «Vinegar Joe» 312, 314
Strachan, Sir Richard 234, 239
Stuttgart 122, 146, 165
Suez(kanal) 25, 181 f., 249, 306
Suffolk 126
Sun, Tzu 11
Suworow, Alexander W. 214
Sword Beach 277, 282, 285–287
Tacoma 65, 83
Tanga 237
Tarawa 18, 296, 311, 336 f., 353 f., 367 f., 373
Tarent 256, 259
Tawi Tawi 356
Tedder, Sir Arthur 150 f., 182, 251, 265
Tennyson, Alfred Lord 92, 96, 103, 161
Thiess, Commodore 369
Thukydides 11
Tinian 310, 345, 353–355, 373
Tizard, Henry 73, 87, 391
Tobermory 69
Tobruk 165, 178, 184 f., 378
Togo, Heihachirō 301
Tojo, Hideki 303
Tokio 158, 272, 300 f., 303, 306 f., 309–311, 313 f., 317–319, 343, 347 f., 355, 368, 372, 387
Tooze, Adam 120
Toulon 36, 252
Trenchard, Sir Hugh 94, 98 f., 121, 157, 343
Trincomalee (Sri Lanka) 388
Trotzki, Leo D. 172
Troubridge, Sir Thomas Hope 253
Truman, Harry S. 92
Tsingtao 301, 310
Tsushima 301
Tuchatschewski, Michail N. 305
Tunis 165, 175
Ulithi 335
Urquhart, Brian 382
Utah Beach 277 f., 281 f., 288, 296, 369
Vaagsö 233
Verd Leigh, Humphrey de 74
Verdun 170, 193, 293
Verne, Jules 68
Vernon 267
Versailles 27, 98, 172, 301 f.
Vichy 15, 17, 23, 104, 111, 146, 164, 198, 243 f., 251 f., 254 f., 302, 388
Vilnius 165, 223
Walcheren 234, 246, 268, 295
Walker, Frederick John «Johnny» 81–83, 87, 392
Wallis, Barnes 20, 79, 349
Walter, Hellmuth 85
Warschau 101 f., 111, 116, 153, 155, 163, 165, 224 f.
Wassilewski, Alexander M. 222, 228
Washington 20, 30, 32, 126, 129, 142, 240, 251, 268, 302, 305, 325, 348–350
Watson-Watt, Sir Robert 106
Watutin, Nikolai F. 261
Waugh, Evelyn 166, 244
Wegner, Bernd 197
Wellington, Herzog von 152, 168, 234, 335
Wells, H. G. 68, 95
Werner, Herbert 84
Wichita 345
Wilhelm der Eroberer 273
Wilhelm von Oranien 231, 273
Wilson, Woodrow 301
Winant, John 139, 141
Wingate, Orde 315, 390
Witzig, Rudolf 162 f.
Wladiwostok 305, 310
Wodarczyk, Heinz 279
Wood, James B. 373 f.
Wright, Wilbur und Orville 91 f.
Yamagata, Aritomo 300 f.
Yamamoto, Isoroku 303, 305, 331, 341, 374 f., 389
Yamata 347
Yokohama 300, 310, 317
York 115
Zaloga, Steven 223
Zeebrügge 232, 239
Zeitzler, Kurt 226
Zuckerman, Solly 150
Zurmühlen, Bernhard 45